시대에듀

2025 시대에듀
세탁기능사 필기 한권으로 끝내기

Always **with you**

사람의 인연은 길에서 우연하게 만나거나 함께 살아가는 것만을 의미하지는 않습니다.
책을 펴내는 출판사와 그 책을 읽는 독자의 만남도 소중한 인연입니다.
시대에듀는 항상 독자의 마음을 헤아리기 위해 노력하고 있습니다. 늘 독자와 함께하겠습니다.

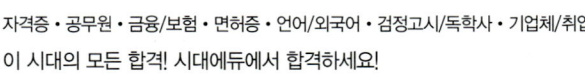

PREFACE

머리말 | **세탁 분야의 전문가를 향한 첫 발걸음!**

'시간을 덜 들이면서도 시험을 좀 더 효율적으로 대비하는 방법은 없을까?'
'짧은 시간 안에 시험을 준비할 수 있는 방법은 없을까?'

자격증 시험을 앞둔 수험생들이라면 누구나 한 번쯤 들었을 법한 생각이다. 실제로 많은 자격증 관련 카페에서도 빈번하게 올라오는 질문이기도 하다. 이런 질문들에 대해 대체적으로 기출문제 분석 → 출제경향 파악 → 이론 학습 → 관련 문제 반복 숙지의 과정을 거쳐 시험을 대비하라는 답변이 꾸준히 올라오고 있다.

이 책은 위와 같은 질문과 답변을 바탕으로 기획되었다. 세탁기능사 필기 한권으로 끝내기는 지금까지 출제된 기출문제를 철저하게 분석하여 시험에 꼭 나오는 이론들만 간추려서 수록하였고, 이론 공부 후에는 이와 관련된 적중예상문제를 풀어보면서 복습할 수 있도록 하였다. 또한 과년도 + 최근 기출복원문제를 수록하여 이론 부분에서 놓칠 수 있는 새로운 문제의 유형에 대비할 수 있도록 하였다.

최근 체류자격(F-4)을 취득하려는 해외 동포들이 늘어나면서 세탁기능사에 대한 관심이 증가하고 있다. 그래서 이 책은 국내 독자뿐만 아니라 해외 동포들도 쉽게 이해할 수 있도록 최대한 상세하게 설명하려고 노력하였다.

세탁기능사 취득을 위해서 시험 준비를 하는 국내외 수험생들에게 이 책이 많은 도움이 되기를 바란다. 수험생 여러분들의 건승을 기원한다.

편저자 올림

시험안내

개요

세탁에 관련된 일반적인 지식을 가지고 용제 또는 세제를 사용하여 의류나 이와 유사한 물품의 얼룩빼기, 훼손 부분 보수하기 등 세탁 전 처리작업과 물세탁, 드라이클리닝, 풀 먹이기, 다림질 등을 하여 세탁물을 원형에 가깝게 보전하는 업무를 수행하는 전문인력을 양성하고자 자격제도를 제정하였다.

진로 및 전망

① 주로 개인이 세탁소를 자영업으로 운영하거나 병원, 학교 및 단체 등의 기숙사, 호텔 및 이와 유사한 서비스업체 등의 세탁 담당부서, 직물생산업체 내 직물가공처리부 등으로 진출한다.
② 세탁업의 직무형태는 개인 서비스업으로 승진의 기회는 거의 없으나 직업적 실무경험과 개인의 노력에 따라 기업화될 수 있다. 현재의 세탁업은 영세성을 면하지 못하고 있으나 경제수준이 향상되고 의류가 다양화, 고급화, 특수화됨에 따라 세탁시설의 자동화가 진행되고 있는 자격직종이다.

시험일정

구분	필기원서접수 (인터넷)	필기시험	필기합격 (예정자)발표	실기원서접수	실기시험	최종 합격자 발표일
제1회	1월 초순	1월 하순	1월 하순	2월 초순	3월 중순	4월 초순
제2회	3월 중순	3월 하순	4월 중순	4월 하순	6월 초순	6월 하순
제4회	8월 중순	9월 초순	9월 하순	9월 하순	11월 초순	12월 초순

※ 상기 시험일정은 시행처의 사정에 따라 변경될 수 있으니, www.q-net.or.kr에서 확인하시기 바랍니다.

시험요강

① **시행처** : 한국산업인력공단(www.q-net.or.kr)
② **시험과목**
- **필기** : 세탁 대상, 세탁 방법, 세탁 관리
- **실기** : 세탁 실무

③ **검정방법**
- **필기** : 객관식 4지 택일형, 60문항(60분)
- **실기** : 작업형(1시간 정도)

④ **합격기준**(필기·실기) : 100점 만점에 60점 이상

출제기준

필기과목명	주요항목	세부항목	
세탁 대상, 세탁 방법, 세탁 관리	세탁 작업 준비	• 고객상담 • 약품취급	• 기계 · 전기 사용 • 환경오염 방지 · 폐기물 처리
	섬유 감별	• 감별방법 선택 • 셀룰로스섬유 감별	• 단백질섬유 감별 • 인조섬유 감별
	세탁 방법 선택	• 취급주의 표시 확인 • 의류형태별 분류	• 섬유종류별 · 가공별 분류 • 의류소재별 분류
	드라이클리닝	• 전 처리 • 세탁조건 선택	• 탈액 · 건조 • 용제 관리
	론드리	• 예비 세탁 • 본 세탁	• 탈수 · 건조
	웨트클리닝	• 세정방법 선택 • 세탁조건 선택	• 건조방법 설정
	특수제품 세탁	• 가죽 · 모피제품 세탁 • 신발 세탁	• 기타 제품 세탁
	재가공	• 풀 먹이기 • 표 백	• 기타 가공 • 보 색
	오점분석 · 제거	• 오점 판별 • 오점제거 기구 사용	• 오점 제거
	다림질	• 준비 작업 • 다림질	• 외관 검사 • 포장 보관
	세탁 운영관리	• 영업장 관리 • 작업장 관리	• 클레임 관리

2025 시대에듀 [세탁기능사] 필기 한권으로 끝내기

이 책의 구성과 특징

STRUCTURES

빨간키
핵심이론에서 중요한 부분만을 요약하여 정리하였습니다. 열 권의 참고서가 부럽지 않은 나만의 핵심 키워드 노트를 만드는 것은 합격으로 가는 지름길입니다. 시험 전날 혹은 시험장에서 빨간키만은 꼭 점검하세요!

핵심이론
최근 출제경향을 꼼꼼히 분석하여 시험에 꼭 나오는 핵심이론만을 엄선하여 수록하였습니다. 알아두기를 통해 중요 출제포인트를 파악할 수 있습니다.

합격의 공식 Formula of pass | 시대에듀 www.sdedu.co.kr

적중예상문제

각 장마다 적중예상문제를 수록하여 공부한 내용을 한 번 더 점검할 수 있도록 하였습니다. 상세하고 친절한 해설을 통해 부족한 부분을 보충 학습할 수 있습니다.

기출복원문제

지금까지 출제된 과년도 기출문제와 최근 기출복원문제를 수록하였습니다. 풍부한 기출문제 풀이를 통해 최신 출제경향을 파악하고 실전감각을 익힐 수 있습니다.

목 차

빨리보는 간단한 키워드

PART 01 | 세탁 대상

CHAPTER 01 세탁 작업 준비 ·········· 003
적중예상문제 ·········· 024

CHAPTER 02 섬유 감별 ·········· 038
적중예상문제 ·········· 065

PART 02 | 세탁 방법

CHAPTER 01 세탁 방법 선택 ·········· 085
적중예상문제 ·········· 116

CHAPTER 02 드라이클리닝 ·········· 131
적중예상문제 ·········· 153

CHAPTER 03 론드리 ·········· 167
적중예상문제 ·········· 180

CHAPTER 04 웨트클리닝 ·········· 193
적중예상문제 ·········· 204

CHAPTER 05 특수제품 세탁 ·········· 208
적중예상문제 ·········· 217

PART 03 | 세탁 관리

CHAPTER 01 재가공 ·········· 225
적중예상문제 ·········· 238

CHAPTER 02 오점 분석·제거 ·········· 249
적중예상문제 ·········· 265

CHAPTER 03 다림질 ·········· 278
적중예상문제 ·········· 286

CHAPTER 04 마무리 검사 ·········· 291
적중예상문제 ·········· 299

CHAPTER 05 세탁 운영관리 ·········· 302
적중예상문제 ·········· 328

부 록 | 과년도 + 최근 기출복원문제

2014~2016년 과년도 기출문제 ·········· 339
2017~2023년 과년도 기출복원문제 ·········· 420
2024년 최근 기출복원문제 ·········· 511

빨리보는 간단한 키워드

빨간키

#합격비법 핵심 요약집   #최다 빈출키워드   #시험장 필수 아이템

PART 01 세탁 대상

■ **세탁물 접수 시 해야 할 일**
- 고객과 함께 세탁물을 확인하고, 세탁에 필요한 것이 무엇인지 전체적으로 점검함
- 의류의 얼룩, 찌든 때, 흠, 형태 변화 및 탈색, 변색, 클리닝 대상 여부를 판별함
- 부속품 부착 여부 등을 확인함
- 고객으로부터 얼룩의 종류와 부착 시기 등을 묻고 접수증에 기록함
- 착용에 의한 의복의 마모나 훼손 정도 등을 진단하고 필요시 고객에게 알림
- 접수 받은 세탁물의 가격을 고객에게 품목별로 알림
- 별도 요금이나 손질, 가공 필요시 고객의 승낙 여부를 확인함
- 카운터에서 고객과 함께 진단 처방한 주의사항을 처방지에 기록함
- 고객의 주소·연락처, 접수 품목을 작성하여 영수증을 발부함
- 접수 받은 품목에 꼬리표 및 지시 카드를 부착함

■ **사전진단**
- 진단은 접수 시 고객 앞에서 하거나 CCTV로 확인 가능해야 함
- 진단 시 고객으로부터 충분한 정보를 얻어야 함
- 분쟁을 방지하기 위해서 진단 결과를 고객에게 설명하여야 함
- 가능한 정밀하게 진단하여야 함

■ **사무진단**
- 의류 물품의 종류, 수량, 색상 점검
- 의류의 부속품 유무 진단
- 의류에 부착된 장식품 확인(장식성이 높은 단추 등)

■ **기술진단**
- 진단기술자가 해야 할 진단 : 특수품의 진단, 고객 주문의 타당성 진단, 오점 제거 정도의 판단, 요금의 진단, 가공표시의 진단, 의류의 마모 진단, 클리닝 방법의 진단 등
- 기술진단 시 점검사항 : 형태의 변형, 부분 변·퇴색, 보푸라기, 잔털이 누운 것, 상처, 좀, 곰팡이, 얼룩, 눌린 자국, 의류의 마모도, 가공표시, 금지표시, 수축 여부 등

- 기술진단이 필요한 품목
  - 고액상품류 : 모피·실크제품, 유명 브랜드 제품, 고급 한복, 피혁제품, 희소섬유 제품
  - 파일제품류 : 롱파일 제품, 벨벳제품, 플록가공 제품
  - 특수가공 소재류 : 라메제품, 인조피혁 제품, 접착제품
  - 염색 특수품류 : 날염제품, 털 심은 제품, 초선명염색 면제품

■ 클리닝 서비스(워싱 서비스)
- 세탁업이 제공하는 의복 소재를 청결히 하는 서비스
- 의류를 중심으로 한 대상품의 가치 보전과 기능 회복이 중요

■ 패션 케어 서비스
- 의류의 세정은 물론 의류를 보다 좋은 상태로 보전하고 그 가치와 기능을 유지하도록 제공하는 서비스
- 고급품이나 희귀품의 가치와 기능성을 유지
- 섬유제품의 소재를 청결히 하는 단순함에서 고차원적인 기능을 다하는 서비스
- 몸을 보호하는 차원을 넘어 사람의 개성, 인품 등을 표현하게 하는 서비스
- 고도의 패션 가공이 되어 재생이 불가능한 제품으로 특별한 취급을 요하는 제품

■ 클리닝 공정

접수 점검 → 마킹 → 대분류 → 포켓 청소 → 세분류 → 얼룩빼기(전 처리) → 클리닝(세정) → 얼룩빼기(후처리) → 마무리 → 최종 점검 → 포장

■ 클리닝의 효과
- 일반적인 효과
  - 오점을 제거하여 위생 수준을 향상시킴
  - 세탁물에 대한 내구성을 유지시킴
  - 고급 의류는 패션성을 보전함
- 기술적인 효과
  - 오염의 제거 : 유용성·수용성·고체(불용성) 오염 제거, 특수 오염 제거, 세균·곰팡이의 오염 제거
  - 기술적 효과로서의 세탁 작용 : 침투작용, 흡착작용, 분산작용, 유화현탁작용

■ 세탁 약품의 취급과 사용
- 세탁 약품의 성상, 화재, 폭발 및 중독의 위험성을 잘 알아야 함
- 잘 모르는 약품은 극소량으로 예비 시험을 할 필요가 있음
- 화재 폭발의 위험이 있는 약품을 사용할 때는 반드시 소화기를 비치해야 함
- 중독의 염려가 발생하였을 때는 신속히 대피하거나 방독면을 착용하여야 함
- 유독 약품이나 이의 폐기물 처리는 수질·대기오염을 일으키지 않도록 유의

■ 보일러의 분류
- 원통보일러 : 입식보일러, 노통보일러, 연관보일러, 노통연관보일러
- 수관보일러 : 자연순환식, 강제순환식, 관류식
- 특수보일러 : 폐열보일러, 특수연료보일러, 특수유체보일러, 간접가열보일러, 전기보일러
- 주철보일러 : 주철제섹셔널보일러

■ 보일러 압력
- 절대압력 = 게이지압력 + 1 = $1.033 \times \dfrac{\text{실제대기압력}}{\text{표준대기압력}}$ + 게이지압력
- 게이지압력 = 절대압력 − 대기압

■ 보일러의 고장 및 작동

보일러의 고장 원인(현상)	보일러의 정상적인 작동을 위한 주의점
• 수면계에 수위가 나타나지 않음 • 증기(스팀)에 물이 섞여 나옴 • 본체에서 증기나 물이 나옴 • 작동 중 불이 꺼짐 • 압력 게이지가 움직이지 않음	• 압력과 수위를 일정하게 유지함 • 연료의 공급을 일정하게 함 • 연료를 완전하게 연소함 • 운전 상황을 항시 감시함 • 새는 것을 방지함

■ 실의 분류
- 형태별 분류 : 단사(방적사, 필라멘트사), 합연사, 코드사
- 원료(재질)별 분류 : 순사, 인조섬유사, 혼방사, 교합사, 합연사, 교연사, 피복사
- 용도별 분류 : 장식사, 레이스사, 재봉사, 수편사

■ 면섬유의 특성
- 현미경으로 보면 단면이 평편하고 중앙은 속이 빈 모양임
- 섬유의 측면은 리본 모양의 꼬임이 있음
- 산에는 약하나 알칼리에는 강함
- 흡수성이 좋고 염색이 쉬우나 충해에 약함

■ 천연섬유의 분류

식물성 섬유	종자섬유		면, 케이폭 등
	줄기섬유(인피섬유)		아마, 저마(모시), 대마, 황마, 케나프 등
	잎섬유(엽맥섬유)		마닐라마, 아바카, 사이잘마 등
	과일섬유		야자섬유, 코코넛섬유, 코이어 등
동물성 섬유	스테이플 형태	양모섬유	면양모, 산양모
		헤어섬유	염소, 낙타, 토끼, 알파카, 라마 등의 동물의 털섬유
	필라멘트 형태	견섬유	가잠견, 야잠견
광물성 섬유	석면		

■ 항장식 번수법
- 합성섬유사, 견사(면주실)에 사용
- 표준길이와 단위 중량을 정해서 표준길이에 단위 중량의 배수로 표시
- 숫자가 클수록 둟은 실
- 무게에 비례하고 길이에 반비례함
- 장섬유사(필라멘트사)의 굵기를 나타내는 데 사용함
- D(데니어), Tex(텍스)로 표시함
- 1D(Denier, 데니어)란 길이가 9,000m이고, 무게가 1g일 때를 말함

■ 항중식 번수법
- 무게에 대한 길이로 굵기를 측정하는 방법
- 면사, 마사, 모사(소모사, 방모사, 혼방사) 등의 짧은 방적사에 사용
- 표준 중량과 단위길이를 정하고 표준 중량에 단위길이의 배수로 표시함
- 길이에 비례하고 무게에 반비례함
- 번호 수는 실의 굵기에 반비례함
- 같은 중량이면서 길이가 길어질수록 번수가 높아짐
- 's 또는 S(번수 : Count)로 표시함

■ **양모섬유의 성질**
- 모든 섬유 중 흡습성이 가장 큼
- 열전도율이 작고 다공성이 커서 보온성이 좋음
- 강도가 천연섬유 중에서 가장 작음
- 산에 비교적 강하지만 알칼리에는 약함
- 스케일이 있어 방축 가공에 용이
- 섬유 중 초기 탄성률이 작고, 섬유 자체는 유연하고 부드러움
- 산성염료가 가장 친화성이 좋음
- 비눗물 중에서 비비면 서로 엉키기 쉬움
- 탄성회복률은 천연섬유 중에서 양털이 가장 우수함

■ **단백질섬유(양털, 명주)의 구성 물질**
탄소(C), 수소(H), 산소(O), 질소(N)

■ **견(명주)섬유의 성질**
- 열에 대하여 양털보다 강함
- 흡습성이 좋음(공정수분율 12%)
- 다른 천연섬유에 비하여 일광에 가장 약함
- 산에는 강한 편이나, 알칼리에 약해서 강한 알칼리에 의하여 쉽게 손상됨
- 곰팡이 등의 미생물에 대해서는 비교적 안정함
- 세탁은 드라이클리닝을 하고, 표백은 산소계 표백제로 함
- 광택과 촉감이 우수함
- 양모 다음으로 탄성회복률이 우수함
- 천연섬유 중 가장 길이가 길고, 강도가 우수한 편이며 신도는 양털보다 약함
- 섬유의 단면은 삼각형이고, 피브로인의 외부에는 세리신이 부착되어 있음

■ **재생섬유의 분류**
- 셀룰로스계 : 비스코스레이온, 폴리노직레이온, 구리암모늄레이온 등
- 단백질계 : 카세인섬유, 제인섬유, 글리시닌섬유 등
- 기타 : 고무섬유, 알긴산섬유 등

■ 비스코스레이온의 성질과 구조
- 셀룰로스가 주성분인 재생섬유
- 강도는 면보다 나쁘나 흡습성은 우수함
- 수분 흡수 시 강도가 가장 심하게 저하함
- 불에 빨리 타고 소량의 부드러운 흰색 재가 남음
- 일광에 의해 면코다 쉽게 손상됨
- 정전기가 잘 일어나지 않아 각종 양복 안감, 속치마, 블라우스 등에 이용됨
- 주로 의복의 안감으로 사용됨
- 현미경 관찰 시 단면은 불규칙하게 주름이 잡혀 있으며 톱날 모양이 나타남
- 외관에는 주름에 의한 평행된 줄이 있음

■ 합성섬유의 성질
- 석유에서 얻어지는 기초 화학물질을 고분자로 합성한 섬유
- 합성고분자를 제조하는 과정에서 축합중합 섬유와 부가중합 섬유로 구분됨
- 정전기 발생이 쉽고 흡습성이 작아서 내의로 적합하지 않음
- 일광에 매우 약해서 햇빛에 오래 두면 변색됨
- 약품, 해충, 곰팡이에 저항성이 있음
- 가볍고 열가소성이 크며, 탄성과 레질리언스가 좋음
- 비중이 작고, 산, 알칼리에 비교적 강함
- 필링현상이 많은(원형단면으로 섬유가 강하기 때문)
- 지용성 오염이 잘 부착함(수분친화력이 작고 친유성이 많아 드라이클리닝함)

■ 폴리에스터섬유의 성질
- 내구성이 아크릴보다는 강하고 나일론보다는 약함
- 탄력회복률이 좋아 구김이 잘 생기지 않음
- 세탁 수축률이 가장 작고, 약품에 일반적으로 강함
- 염색에 타 부속염료의 사용이 거의 불가능하고 분산염료가 주로 사용됨
- 열가소성이 우수하여 열고정 가공제품(주름치마)에 많이 이용됨
- 전기절연성, 대전성이 좋음
- 옷감으로 가장 많이 사용됨
- 용융온도는 250℃임

■ 섬유의 구비요건
- 탄성과 광택이 좋아야 함
- 가소성, 염색성이 풍부하여야 함
- 섬유 상호 간에 포합성(엉키는 성질)이 있어야 함
- 굵기가 가늘고 균일하여야 함
- 부드러운 성질(유연성)이 있어야 함
- 내약품성, 내열성, 내충해성이 있어야 함
- 원료가 저렴하고 구하기 쉬워야 함

■ 섬유의 주성분
- 양모, 견섬유 : 아미노산
- 면섬유 : 셀룰로스
- 마섬유 : 글루코스
- 양모의 단백질 : 케라틴
- 견의 단백질 : 피브로인

■ 섬유의 비중
폴리프로필렌(0.91) < 나일론(1.14) < 아크릴(1.17) < 폴리우레탄(1.21) < 폴리에스터(1.38)

PART 02 세탁 방법

- **경수(센물)**
  - 칼슘, 마그네슘, 철분 등의 불순물이 함유된 물
  - 세탁 시 경수를 사용하면 비누의 손실이 많아짐은 물론 세탁 효과도 저하됨

- **연수(단물)**
  - 금속 성분을 포함하지 않은 물
  - 세탁에는 비누 거품이 가장 잘 생기는 연수를 사용함

- **경수를 연수로 바꾸는 방법**
  - 끓이는 법
  - 알칼리를 가하는 법
  - 이온교환수지법

- **세탁 방법**
  - 일반적으로 건식방법과 습식방법으로 분류됨
  - 세탁물 분류에 다른 세탁 방법으로는 혼합세탁, 분류세탁, 부분세탁이 있음
  - 면, 마직물은 열과 알칼리에 강하므로 어떤 세탁 방법도 무난함
  - 세탁물의 양이 적으면 세탁기를 사용하는 것보다 손빨래를 하는 것이 경제적

- **손빨래**
  - 흔들어 빨기 : 므직, 편성물, 실크 등
  - 주물러 빨기 : 견, 모, 레이온, 아세테이트 등
  - 두들겨 빨기 : 던, 마 등
  - 비벼 빨기 : 면, 마 등

■ 주요 세탁기호 및 취급 방법

기호	설명
손세탁 30℃, 약 중성	• 물의 온도 최대 30℃에서 손으로 매우 약하게 손세탁할 수 있다(세탁기 사용 불가). • 세제 종류는 중성 세제를 사용한다. ※ 매우 약한 손세탁은 약한 손세탁 후 비탈수 건조함을 의미한다.
(물세탁 금지)	물세탁을 하면 안 된다.
산소 표백	산소계 표백제로만 표백할 수 있다.
95℃	• 물의 온도 최대 95℃에서 세탁기로 일반 세탁할 수 있다. • 세제 종류에 제한을 받지 않는다.
드라이 석유계	석유계 용제로 일반 드라이클리닝할 수 있다.
옷걸이	옷걸이에 걸어 그늘에서 자연 건조시킨다.

■ 평 직
- 직물조직 중 가장 간단한 조직
- 경사와 위사가 한 올씩 교대로 위로 올라가고, 아래로 내려가는 조직(경사와 위사가 직각으로 이루어진 형태)
- 조직점이 많아서 강하고 실용적이나 표면이 거칠고 광택이 나쁨
- 광목, 옥양목, 포플린, 머슬린, 보일, 태피터, 캘리코, 샘브레이, 깅엄 등

■ 능직(사문직)
- 경사 또는 위사가 2올 또는 그 이상이 계속 업(Up)되거나 다운(Down)되어 조직점이 대각선 방향으로 연결된 선이 나타난 직물 기본조직
- 서지, 개버딘, 데님, 치노, 트윌, 헤링본, 하운드 투스, 글렌 플레이드 등

■ 주자직(수자직)
- 경위사의 조직점을 비교적 적게 하여 직물의 표면을 경사 또는 위사만 돋보이게 한 직물(직물 표면에 경사나 위사만 드러나게 짠 직물)
- 베니션, 새틴, 목공단, 도스킨 등

- **편성물의 특성**
  - 신축성이 좋고 구김이 생기지 않음
  - 함기량이 많아 가볍고 따뜻함
  - 세탁 후 다림질이 크게 필요 없음
  - 유연하고 강도와 내구성이 작음
  - 통기성, 보온성, 투습성이 우수함
  - 몸에 잘 맞고 활동하기에 편하며 부드러움
  - 따스하고 경쾌하며 손질하기가 쉬움
  - 직물에 비하여 기계로 고속생산과 성형이 가능함
  - 세탁 시 강한 마찰이나 교반 등의 기계적인 힘은 필링과 보풀의 원인이 됨

- **직물과 편성물 비교**
  - 보온성, 탄력성, 흡습성, 함기성, 통기성 : 직물 < 편성물
  - 강도, 형태안정성, 마찰저항성, 내구성 : 직물 > 편성물

- **염색견뢰도**
  - 염색된 섬유 제품에 있어 제조공정, 착용과정, 클리닝 또는 보관 시 받는 여러 가지 작용에 대해 그 색이 견디는 정도
  - 크게 변·퇴색과 오염의 두 종류로 분류하여 판정함
  - 견뢰도 판정은 오염을 판정할 때 사용하는 표준회색 색표에 비교함
  - 견뢰도 등급은 1급에서 5급까지 표시함(5급이 가장 우수)
    ※ 일광견뢰도는 평가 방법에 차이가 있어 8급까지 표시할 수 있음

- **세탁견뢰도**
  - 염색된 옷이 세탁에 견디는 능력
  - 세탁으로 인해 옷의 물감이 빠지는 것을 평가함
  - 세탁 의약품 중에는 용해견뢰도가 낮은 의복이 많으므로 주의하여야 함
  - 결과 판정은 표준회색 색표에 의해 변·퇴색과 오염 정도를 판정함
  - 견뢰도 등급은 1급에서 5급까지 표시함(5급이 가장 우수)

■ 섬유에 따른 염료의 선택
- 아크릴 : 염기성염료
- 양모, 견, 나일론 : 산성염료
- 아세테이트, 폴리에스터 : 분산염료
- 무명, 마 : 직접염료(연한 색), 반응성염료·배트염료(중색 이상), 황화염료(검은색)
- 폴리에스터섬유와 면섬유를 혼방한 직물 : 분산염료와 반응성염료

■ 이색염색법(Cross Dyeing)
혼방직물이나 교직물 염색 시 섬유의 종류에 따른 염색성의 차이를 이용하여 섬유의 종류에 따라서 각기 다른 색으로 염색하는 염색법

■ 부직포의 특성
- 보온성, 통기성, 내습성, 치수안정성, 형태안정성이 좋고 함기량이 많음
- 방향성이 없고 절단 부분이 풀리지 않아 재단이 용이하여 심지로 사용함(70~80%)
- 인열, 인장 마모 강도가 작고 유연성이 부족함
- 드레이프성(자연스럽게 아래로 흘러내리면서 부드럽게 몸을 감싸는 성질)이 부족하고 필이 생기기 쉬움
- 수술복, 간이복, 실험복, 티슈 페이퍼 등 1회용으로 사용
- 가정용의 벽지, 테이블크로스 등과 산업용의 절연재, 충전재 등으로 사용

■ 부직포 심지의 특성
- 제작 속도가 빠르고 비용이 적게 듦
- 절단면이 잘 풀리지 않음
- 함기량이 많고 보온성, 투습성이 큼
- 강도가 비교적 작으나 마찰에 약함
- 직물 심지에 비해 가볍고, 건조가 잘되며 구김이 덜 생김
- 접착 심지의 경우 다림질을 했을 때 표면에 수지가 새어 나오지 않음
- 세탁에 의해 변하지 않으며, 가격이 저렴하여 널리 이용됨

- **드라이클리닝의 특징**
  - 물 대신 휘발성 유기용제(벤젠) 등을 사용하여 오염물질을 녹여 분산시키는 방법
  - 물세탁으로 인하여 손상(수축, 형태 변화) 받기 쉬운 모섬유, 견섬유, 아세테이트나 탈색, 변색되기 쉬운 염색제품 등에 이용됨
  - 세정, 탈수, 건조가 단시간 내에 이루어짐
  - 기름의 얼룩을 잘 제거함
  - 형태 변화가 작고, 이염되지 않음
  - 옷감의 손상이 적으며 원상회복이 용이함
  - 신축의 우려가 적고, 색상의 변화를 방지함
  - 옷감의 염료가 유기용제에 용해되지 않으므로 색상에 관계없이 동시에 세탁할 수 있음

- **드라이클리닝의 공정**
  - 먼지 털기 → 얼룩빼기 → 세탁 → 다림질
  - 전 처리 → 세척 → 헹굼 → 탈액 → 건조

- **소프(Soap)의 사용 방법에 따른 드라이클리닝의 분류**
  - 차지시스템(Charge System)
  - 배치시스템(Batch System)
  - 배치-차지시스템(Batch-charge System)
  - 논차지시스템(Non-charge System)

- **용제의 구비조건**
  - 오구를 용해, 분산하는 능력이 커야 함
  - 표면장력이 작아 옷감에 침투가 용이해야 함
  - 세탁 시 피복 및 염료를 용해 또는 손상시키지 않아야 함
  - 비중이 적당히 커서 세탁기가 회전할 때 충격에 의한 기계력을 줄 수 있어야 함
  - 건조가 쉽고 세탁 후 냄새가 없어야 함
  - 기계를 부식시키지 않고 인체에 독성이 없어야 함
  - 인화점이 높거나(인화성이 작거나) 불연성이어야 함
  - 증류나 흡착에 의한 정제가 쉽고 분해가 어려워야 함
  - 세탁 후 찌꺼기 회수가 쉽고 환경오염을 유발하지 않아야 함
  - 값이 싸고 공급이 안정적이어야 함

■ 드라이클리닝 용제의 점검사항

투명도, 산가, 습도, 불휘발성 잔류물, 세제의 농도 등

■ 용제의 가장 적합한 세정시간
- 석유계 용제 : 20~30℃에서 소프의 세정작용이 골고루 미치는 20~30분이 적합
- 퍼클로로에틸렌 : 세정액 온도를 35℃ 이하로 유지하여 7분 이내가 적합

■ 세정액(용제)의 청정화 방법

여과 방법, 흡착 방법, 증류 방법, 침전 방법 등

■ 여과제와 탈산제
- 여과제 : 필터에 부착해서 불순물이나 고형입자를 여과하여 제거하기 위해 사용
- 탈산제 : 용제 중에 용해된 불순물이나 유지 등이 분해하여 발생하는 지방산 같은 유성 오염물을 제거하기 위하여 사용

■ 청정제의 특성

흡착제이면서 탈색력이 뛰어난 청정제	흡착제이면서 탈산력이 뛰어난 청정제
• 활성탄소 : 탈색, 탈취 • 활성백토, 실리카겔 : 탈색, 탈수 • 산성백토 : 탈색	• 알루미나겔 : 탈산, 탈취 • 경질토 : 탈산, 탈취

■ 세정액 청정장치의 종류

필터식, 청정통식, 카트리지식, 증류식 등

■ 색상에 의한 용제의 성능 판정
- 청주색 : 색상이 양호한 상태
- 맥주색 : 한계 색상에 이른 상태
- 콜라색 : 불량한 색상이 된 상태

■ 론드리의 특징
- 비누나 알칼리 세제를 사용하여 와셔(Washer)로 온수 빨래하는 것
- 면, 마직물로 된 백색 세탁물의 백도를 회복하기 위한 고온세탁 방법
- 살에 직접 닿는 내의류, 와이셔츠류, 타월, 운동복, 땀이나 더러움이 쉽게 타는 작업복류, 침구 등 견고한 백색 직물이 대상
- 와셔는 대형 이중 드럼식을 사용함
- 알칼리제를 사용하므로 오점이 잘 빠지고 공해가 조음
- 용수가 절약되고 세탁물의 손상이 비교적 작음
- 표백이나 풀 먹임이 효과적이며 용이함
- 오점 제거에는 효과적이나 섬유가 상할 염려가 있음
- 수질오염 방지 등을 위한 배수시설이 필요하여 원가가 높음

■ 론드리의 세탁 순서
- 애벌빨래 → 본 빨래 → 표백 → 헹굼 → 산욕 → 풀 먹임 → 탈수 → 건조 → 다림질
- 예세 → 본세 → 표백 → 헹굼 → 산세 → 증백 → 푸새 → 건조

■ 산욕의 효과
- 의류 살균·소독
- 산가용성의 얼룩 제거
- 천에 광택 부여, 황변 방지

■ 론드리 기계
- 와셔 : 사이드 로딩(Side Loading)형, 와셔(Washer)형, 엔드 로딩(End Loading)형
- 원심 탈수기, 텀블러
- 면 프레스기 : 캐비닛형(상자형), 시저스형(가위형)
- 와이셔츠 프레스기 : 칼라(깃)·커프스(소매)·슬리브(소매) 프레스기, 어깨 프레스기, 몸통 프레스기, 인체에어 프레스기, 칼라포머
- 시트 롤러 : 캘린더타입, 체스트타입, 시트 롤러 마무리기(스프레더, 피더, 폴더, 스태커)

■ 론드리용 도구
다리미, 마무리대(다리미대, 베큠프레스대, 베큠·블로프레스대, 말)

- **비누의 특성**
  - 피부를 거칠게 하지 않고 합성세제보다 환경을 적게 오염시킴
  - 세탁한 직물의 촉감이 양호함
  - 거품이 잘생기고 헹굴 때는 거품이 사라짐
  - 기름 성분을 잘 유화하고 미립화하여 유성 오염, 고형 오염 세탁에 효과적임
  - 양모 세탁이나 나일론 세탁에는 효과가 작음
  - 산성용액에서 가수분해되어 유리지방산을 생성하므로 산성용액에서는 세탁 효과가 없음

- **계면활성제의 종류**
  - 친수성의 특성에 따른 분류 : 음이온계, 양이온계, 양성계 및 비이온계
  - 용도에 따른 분류 : 가용화제, 유화제, 세정제, 분산제, 습윤제

- **음이온계 계면활성제**
  - 수용액 중 이온 해리되어 음이온 부분이 계면활성을 나타내는 물질
  - 비누뿐 아니라 합성세제에 사용되는 계면활성제의 대부분이 여기에 속함
  - 계면활성제 중 세제로 가장 많이 사용됨
  - 고급알코올황산에스터염, 알킬벤젠설폰산염, 지방의 황산화물 등

- **양이온계 계면활성제**
  - 세척력이 작아 세제보다는 섬유유연제, 대전방지제, 발수제 등으로 사용됨
  - 양이온 활성제는 산성 쪽에는 안정적이지만 알칼리나 음이온 활성제와 배합하면 물에 녹지 않는 물질을 생성하여 효력을 잃음
  - 4차 암모늄염, 부식방지제인 아민염 등이 이용

- **양성이온계 계면활성제**
  - 물에 용해되었을 때 해리되어 양이온과 음이온으로 계면활성을 나타냄
  - 알칼리성 용액에서는 음이온으로, 산성용액에서는 양이온으로 작용
  - 중성 부근에서는 비이온 활성제로서 작용
  - 세정작용이 있으면서 피부에 자극이 적어 저자극 샴푸, 베이비 샴푸 등 피부에 자극이 적은 화장품을 만들 때 사용

- **비이온계 계면활성제**
  - 수산기, 에터기와 같은 해리되지 않은 친수기를 가진 계면활성제
  - 세척 작용이 우수하고 거품이 덜 생기는 등의 특성으로 세제에도 많이 사용됨
  - 직물의 유연제, 칼슘비누 분산제, 침투제, 섬유 마무리제로 사용
  - 고급알코올, 스팬계, 트윈계, 폴리옥시에틸렌 라우릴에터, 폴리옥시에틸렌 알킬에터류, 야자유, 지방산 다이에탄올아마이드, 라우르산 다이에탄올아마이드 등

- **계면활성제의 성질**
  - 분자가 모여서 미셀을 형성함
  - 한 개의 분자 내에 친수기와 친유기를 동시에 가짐
  - 비누와 합성세제의 주성분으로 사용됨
  - 수용액은 표면이나 계면에 흡착하여 표면장력, 계면장력을 낮추고 기름을 유화함
  - 습윤·침투·흡착·분산·보호·기포 등의 작용
  - 직물에 묻은 오염물질을 유화·분산시킴
  - 기포성을 증가하고 세척작용을 향상시킴

- **계면활성제와 HLB**

HLB	용 도	HLB	용 도
1~3	소포제	8~13	유화제(물속에 기름 분산)
3~4	드라이클리닝용 세제	13~15	세탁용 세제
4~8	유화제(기름 속에 물 분산)	15~18	가용화(물속에 기름 분산)

- **계면활성제의 작용**
  - 직접작용 : 습윤, 침투, 유화, 분산, 가용화, 기포, 세척
  - 간접작용 : 매끄럽게 함, 마찰 감소, 균염, 염료 고착, 대전 방지, 살균, 녹 방지, 방수작용

- **재오염**
  - 세정과정에서 용제 중에 분산된 더러움이 피세탁물에 다시 부착되어 흰색이나 연한 색 물이 거무스름한 회색 기미를 보이는 현상
  - 세정액 중에 분산된 오염이 의류에 재부착하는 현상
  - 부착, 흡착(정전기, 점착, 물의 적심), 염착 등의 형태로 나타남

- **소프**
  - 재오염 방지 효과가 있어 용제와 함께 첨가시키는 물질
  - 세정력이 강화되고 재오염을 저하시킴

- **재오염률의 측정**
  - 재오염률 = $\dfrac{\text{원포반사율} - \text{세정 후 반사율}}{\text{원포반사율}} \times 100(\%)$ (3% 이내면 양호, 5% 이상이면 불량)

- **웨트클리닝의 특징**
  - 드라이클리닝 또는 론드리에서 상해가 우려되는 제품을 세척함
  - 중성세제나 양질의 비누를 사용함
  - 표면 처리된 피혁제품의 세탁 방법
  - 가정에서의 손빨래와 같은 종류의 세탁법
  - 세탁 전에 형이 흐트러지는지, 색이 빠지는지 등을 사전에 반드시 검토해야 함
  - 의류의 종류, 성질에 따라 차별적으로 처리함
  - 색이 빠지기 쉬운 것이나 작은 물품은 손빨래

- **웨트클리닝 대상품**
  - 론드리가 불가능한 제품 : 양모나 견 등 회전력을 이용한 기계 사용이 불가능한 소재
  - 드라이클리닝이 불가능한 제품 : 합성수지(염화비닐 합성피혁, 표면 처리된 피혁), 고무를 입힌 제품, 수지안료 가공제품, 안료 염색된 제품
  - 드라이클리닝으로 오점이 떨어지지 않는 제품
  - 염료가 빠져 용제를 훼손시킬 수 있는 제품

- **웨트클리닝의 처리법**
  손빨래, 솔빨래, 기계빨래, 오염을 닦아내는 것, 탈수, 건조 등

- **인조피혁**
  - 부직포뿐 아니라 직포로 제조되는 것까지 포함하여 분류함
  - 면이나 인조섬유로 된 직물 위에 염화비닐수지나 폴리우레탄수지를 코팅한 것
  - 표면을 기모시켜 스웨이드와 같이 만듦
  - 통기성, 투습성이 있으나 내구성은 불량
  - 기온이 떨어지면 촉감이 딱딱하고 강도도 떨어질 수 있음

■ 가죽의 처리공정 순서와 내용

1. 물에 침지	원피에 붙은 오물, 소금 등을 씻어내고 가죽 중에 있는 가용성 단백질을 녹여낸 후 원피에 수분을 충분히 흡수하여 생피 상태로 연하게 환원시키는 작업
2. 제 육	원피에 붙은 기름 덩어리나 고기를 제거하는 작업
3. 탈 모	기계적으로 가죽에 붙은 털을 제거하는 작업
4. 석회 침지	• 석회액에 담가 가죽을 팽윤시켜 모근을 느슨하게 하는 작업 • 가죽의 촉감 향상을 위해 털과 표피층, 불필요한 단백질, 지방, 기름 등을 제거
5. 분 할	분할기를 사용해 가죽 이면을 깎고 두꺼운 가죽은 2층(은면층, 육면층)으로 나눔
6. 때 빼기	가죽제품이 깨끗하고 염색이 잘 되게 은면에 남은 모근, 지방, 상피층의 분해물 제거
7. 회분 빼기	석회에 담그기가 끝난 가죽은 알칼리가 높아 가죽 재료로 사용하기에 부적당하므로 산, 산성염으로 중화시킴
8. 산에 담그기	산(pH 2.0~3.5)을 가하여 산성화하여 가죽을 부드럽게 하는 작업
9. 유 성	• 동물피를 가죽으로 만드는 작업 • 이 공정을 거친 것을 가죽, 즉 레더(Leather)라고 함

■ 오점 종류별 제거 방법

- 수용성 오점 : 땀, 술, 설탕, 간장, 겨자, 아이스크림, 커피, 케첩 등 물에 녹는 오점
  → 물이나 중성세제로 제거
- 유용성 오점 : 동·식물성 기름, 광물성 기름, 유용성 수지, 화장품 등 기름에 녹는 오점
  → 유기용제로 제거
- 불용성 오점 : 매연, 토사, 먼지 등 무기물과 섬유 같은 고분자 화합물 등 녹지 않는 오점
  → 녹지 않으므로 밀어내야 함

PART 03 세탁 관리

■ 풀 먹이기의 목적

세탁을 하면 직물의 종류에 따라 탄성이 없어지고 신도가 증가하는 경우가 발생되므로 풀을 먹여서 형태의 안정과 천의 질감을 살려 줌

■ 표백제의 종류
- 산화표백제
  - 염소계 : 석회분, 차아염소산나트륨, 아염소산나트륨 등
  - 산소계 : 과산화수소, 과붕산나트륨, 과탄산나트륨, 과망가니즈산칼륨 등
- 환원표백제 : 아황산수소나트륨, 아황산가스, 하이드로설파이드 등

■ 표백제별 적용 섬유

산화 표백제	염소계	• 표백에 적합한 섬유
		  – 무명, 흰색 면·마직물 등의 셀룰로스섬유
		  – 레이온 등의 셀룰로스계 재생섬유
		  – 폴리에스터섬유, 아크릴섬유 등의 합성섬유
		• 차아염소산나트륨
		  – 론드리에 가장 많이 쓰이는 표백제이다.
		  – 식물성 섬유의 표백에 효과가 가장 크다.

	산소계 (과산화물계)	• 표백에 적합한 섬유 : 셀룰로스섬유, 명주, 양모, 나일론 등 • 표백 가공에서 모, 견 등 단백질섬유에 가장 적합한 것은 과산화수소다.
환원표백제		• 모·견직물 등 질소를 함유한 섬유를 표백하거나 철분이나 염소계표백제에 의해 황색으로 변색된 섬유를 원상태로 복구할 때 효과적이다. • 아황산나트륨(하이드로설파이드)을 비단, 양모 등에 이용한다.

■ 형광증백제의 특성
- 0.1~0.5%(o.w.f) 정도의 미량 사용으로도 충분한 증백 효과를 거둘 수 있음
- 염소분이 섬유에 존재하면 형광증백 후 색소가 착색됨
- 내일광성이나 내염소성에 비교적 취약함
- 증백제의 용량이 지나치면 백도가 저하하는 경향이 있음(농도소광)

- **대전방지 가공**
  - 합성섬유를 착용했을 때 정전기의 발생을 방지함
  - 직물에 유연제 처리를 하여 정전기를 방지함
  - 세탁물을 드라이 클리닝 세정액과 대전방지제 액에 침지함
  - 대전방지제로 양이온 계면활성제를 사용함

- **방수 가공**
  - 염화비닐수지, 폴리우레탄수지 등을 사용하여 섬유 표면에 고분자 피막을 형성하여 비나 이슬을 내부에 침입하지 못하게 막는 동시에 내부의 땀이나 열을 밖으로 배출시킬 수 있도록 하는 가공
  - 방수 가공제 : 아크릴수지, 폴리우레탄수지, 염화비닐수지, 합성고무 등

- **방충 가공**
  - 의복이 벌레에 의해 손상이 되는 것을 방지하기 위한 가공
  - 의복을 침식하는 해충류
    - 단백질섬유(양모, 견, 모피 등)를 해치는 충류 : 옷좀나방, 털좀나방, 애수시렁이, 알수시렁이 등[충해는 단백질계 섬유 중에서도 양모(모)가 압도적으로 많음]
    - 셀룰로스섬유(면, 마 등)를 해치는 충류 : 의어(좀), 바퀴벌레, 귀뚜라미 등
  - 방충 가공제
    - 알레스린(Allethrin), 가드나, 인디고 염료 등
    - 방충 가공 시에는 오일란(Eulan)을 사용
  - 가정용 방충제 : 장뇌, 파라다이클로로벤젠, 나프탈렌 등

- **곰팡이 방지 방법**
  - 옷의 더러움을 깨끗이 없앰
  - 의류를 충분히 건조시킴
  - 비닐포장 내부의 산소를 제거하는 포장법을 이용함
  - 습도가 낮은 곳, 환기가 잘되는 곳, 먼지가 없는 곳의 3가지 조건의 실내에서는 곰팡이가 번식하지 못함

- **살균위생 가공**
  - 몸에서 나오는 땀에 의한 체취나 세균의 번식을 방지하기 위한 방법
  - 감염병의 병원체에 의한 오염의 우려가 있는 것, 물수건, 기저귀, 병원의 흰 가운 등이 대상

- **푸새 가공(풀 먹임 가공)**
  - 섬유 자체의 성능이 저하된 경우에 실시하는 재가공법
  - 옷감에 힘을 주어 팽팽하게 하고, 내구성이 부여됨
  - 형태 유지가 좋아지며 세탁 시 더러움이 잘 빠지게 됨
  - 전분, 텍스트린, 씨엠씨(CMC), 피브이에이(PVA) 알긴산나트륨 등 사용

- **오점의 분류**
  - 유용성 오점 : 기계유, 식용유, 지방산, 그리스, 왁스, 지질, 구두약, 니스, 껌, 래커, 화장품, 버터, 양초, 인주, 페인트
  - 수용성 오점 : 간장, 과즙, 겨자, 곰팡이, 구토물, 과자, 달걀, 땀, 술, 배설물, 설탕, 소스, 아이스크림, 케첩, 커피
  - 고형(고체) 오점 : 흙, 시멘트, 석고, 매연, 철분, 점토, 유기성 먼지 등

- **오염의 부착 형태**

단순 부착(기계적 부착)	물리적 힘이 작용하여 오염 입자가 직접 피복의 표면에 부착된 상태
정전기에 의한 부착	오염 입자와 피복의 서로 다른 전기적 성질로 인하여 오염 입자가 섬유에 부착된 상태
화학 결합에 의한 부착	오점이 섬유에 부착된 후 시간이 흘러 섬유와 오점이 화학적으로 결합하여 부착된 상태
유지 결합에 의한 부착	오염 입자가 기름의 막을 통하여 섬유에 부착된 상태
분자 간 인력에 의한 부착 (반데르발스의 힘)	오염 입자와 섬유 사이에 분자 간 인력에 의하여 부착된 상태

- **오염되기 쉬운 섬유 순서**

  비스코스레이온 → 마 → 아세테이트 → 면 → 비닐론 → 실크(견) → 나일론 → 양모

- **오염 제거가 쉬운 섬유 순서**

  양모 → 나일론 → 비닐론 → 아세테이트 → 면 → 레이온 → 마 → 견

- **얼룩빼기 기계와 도구**
  - 얼룩빼기 기계 : 스포팅 머신, 제트 스포트, 스팀 건, 초음파 건(초음파 얼룩빼기 기계)
  - 얼룩빼기 도구 : 솔, 스패튤러(주걱), 면봉, 붓, 유리봉, 고무 지우개, 인두, 천, 받침판, 분무기, 에어스포팅, 스포이드 등

- **얼룩빼기 방법(조작)**
  - 물리적 조작 : 기계적 힘을 이용하는 방법(스팀 건, 스패튤러, 솔 등), 분산법, 흡착법
  - 화학적 조작 : 표백제법, 알칼리법, 효소법 등

- **다림질의 목적**
  - 디자인 실루엣의 기능을 복원시킴
  - 소재의 주름살을 펴서 매끈하게 함
  - 의복에 필요한 부분에 주름을 만듦
  - 의복의 솔기 부분과 전체 형태를 바로잡아 외관을 아름답게 함
  - 옷감의 형태를 바로 잡아 원형으로 회복시킴
  - 살균과 소독의 효과
  - 스팀은 수분과 열에 의하여 의복 소재에 가소성을 부여함

- **다림질의 3대 요소**
  온도(열), 수분(습도), 압력

- **섬유별 다리미의 적정 온도**

합성섬유 · 아세테이트	100~200℃
견	120~130℃
레이온	130~140℃
모	130~150℃
면	180~200℃
마	180~210℃

- **다림질 온도**
  식물성 섬유 > 동물성 섬유 > 재생섬유 > 합성섬유

■ 기계 마무리의 조건
   열(온도), 스팀, 압력, 진공(공기흡입)

■ 기계 마무리의 주의점
   • 비닐론은 충분히 건조시켜서 마무리함
   • 아세테이트, 아크릴 등은 깔개 천을 사용함
   • 마무리할 때 증기를 쏘이면 수축과 늘어남의 우려가 있음
   • 플리츠 가공된 것은 스팀터널이나 스팀박스에 넣으면 주름이 소실될 수 있음
   • 다리미에 미끄러움을 주기 위해 다리미 바닥에 실리콘이나 왁스를 칠함
   • 고무벨트를 이용한 바지, 스커트는 다리미로 마무리하면 안 됨

■ 마무리기계의 종류
   • 프레스형 : 만능프레스(주로 모직물), 오프셋프레스(실크, 얇은 직물)
   • 포머형 : 인체프레스(상의, 코트), 팬츠토퍼(하의)
   • 스팀형 : 스팀터널(상의-편성물, 코트), 스팀박스(상의, 코트)

■ 프레스기의 점검
   • 공기흡입구는 항상 청결히 유지함
   • 사용하지 않을 때나 청소 시에는 발판덮개를 닫아 둠
   • 사용하지 않을 때나 청소 시에는 전원을 차단함

■ 기계 · 기구 일상 점검
   • 프레스 등 기계는 벽에서 30cm 정도의 공간을 확보함
   • 프레스 등 기계의 하단부는 고무판을 사용하여 수평을 맞춤
   • 프레스 작업 중에는 절대 프레스 벅에 손이나 막대를 넣지 않음
   • 히터식 건조기의 온도는 60℃ 이상 올리지 않음
   • 히터함 위에는 물건을 올려놓지 않아야 함
   • 세탁 시 주머니 검사를 철저히 함(라이터 등)
   • 기계 조작 방법을 완전히 숙지한 후 사용

■ 공중위생관리법의 목적 등(법 제1조·제2조)
- 「공중위생관리법」은 공중이 이용하는 영업의 위생관리 등에 관한 사항을 규정함으로써 위생수준을 향상시켜 국민의 건강증진에 기여함을 목적으로 한다.
- 공중위생관리법 시행령은 대통령령으로, 시행규칙은 보건복지부령으로 한다.
- 공중위생관리법령 중 공중위생영업의 종류별 시설 및 설비기준을 규정해 놓은 것은 공중위생관리법 시행규칙(별표 1)이다.
- "세탁업"이라 함은 의류 기타 섬유제품이나 피혁제품 등을 세탁하는 영업을 말한다.

■ 세탁업의 신고기관(법 제3조)
- 공중위생영업 신고의 방법 및 절차 등에 관하여 필요한 사항은 보건복지부령으로 정한다.
- 공중위생영업을 하고자 하는 자는 공중위생영업의 종류별로 보건복지부령이 정하는 시설 및 설비를 갖추고 시장·군수·구청장에게 신고하여야 한다. 보건복지부령이 정하는 중요사항(영업소의 명칭 또는 상호, 영업소의 주소, 신고한 영업장 면적의 3분의 1 이상의 증감, 대표자의 성명 또는 생년월일)을 변경하고자 하는 때에도 또한 같다.
- 공중위생영업의 신고를 한 자는 공중위생영업을 폐업한 날부터 20일 이내에 시장·군수·구청장에게 신고하여야 한다.

■ 세탁물관리 사고로 인한 분쟁의 조정(영 제10조)
공중위생관리법에 의하여 설립된 세탁업자단체는 그 정관이 정하는 바에 의하여 세탁업자와 소비자 간의 분쟁 조정을 위하여 노력하여야 한다.

■ 세탁업과 관련한 위생교육(법 제7조·규칙 제23조)
- 위생교육의 방법·절차 등에 관하여 필요한 사항은 보건복지부령으로 정한다.
- 위생교육은 집합교육과 온라인 교육을 병행하여 실시하되, 교육시간은 3시간으로 한다.
- 위생교육의 내용은 「공중위생관리법」 및 관련 법규, 소양교육(친절 및 청결에 관한 사항 포함), 기술교육, 그 밖에 공중위생에 관하여 필요한 내용으로 한다.
- 위생교육 대상자 중 보건복지부장관이 고시하는 섬·벽지지역에서 영업을 하고 있거나 하려는 자에 대하여는 교육교재를 배부하여 이를 익히고 활용하도록 함으로써 교육에 갈음할 수 있다.
- 위생교육 대상자 중 「부가가치세법」에 따른 휴업신고를 한 자에 대해서는 휴업신고를 한 다음 해부터 영업을 재개하기 전까지 위생교육을 유예할 수 있다.
- 영업신고 전에 위생교육을 받아야 하는 자 중 다음의 어느 하나에 해당하는 자는 영업신고를 한 후 6개월 이내에 위생교육을 받을 수 있다.
  - 천재지변, 본인의 질병·사고, 업무상 국외출장 등의 사유로 교육을 받을 수 없는 경우
  - 교육을 실시하는 단체의 사정 등으로 미리 교육을 받기 불가능한 경우

- 위생교육을 받은 자가 위생교육을 받은 날부터 2년 이내에 위생교육을 받은 업종과 같은 업종의 영업을 하려는 경우에는 해당 영업에 대한 위생교육을 받은 것으로 본다.
- 위생교육을 실시하는 단체(위생교육 실시단체)는 보건복지부장관이 고시한다.
- 위생교육 실시단체는 교육교재를 편찬하여 교육대상자에게 제공하여야 한다.
- 위생교육 실시단체의 장은 위생교육을 수료한 자에게 수료증을 교부하고, 교육실시 결과를 교육 후 1개월 이내에 시장·군수·구청장에게 통보하여야 하며, 수료증 교부대장 등 교육에 관한 기록을 2년 이상 보관·관리하여야 한다.
- 위 규정 외에 위생교육에 관하여 필요한 세부사항은 보건복지부장관이 정한다.

■ 공중위생감시원의 자격(영 제8조)
- 위생사 또는 환경기사 2급 이상의 자격증이 있는 사람
- 「고등교육법」에 따른 대학에서 화학·화공학·환경공학 또는 위생학 분야를 전공하고 졸업한 사람 또는 법령에 따라 이와 같은 수준 이상의 학력이 있다고 인정되는 사람
- 외국에서 위생사 또는 환경기사의 면허를 받은 사람
- 1년 이상 공중위생 행정에 종사한 경력이 있는 사람

■ 공중위생감시원의 업무범위(영 제9조)
- 시설 및 설비의 확인
- 공중위생영업 관련 시설 및 설비의 위생상태 확인·검사, 공중위생영업자의 위생관리의무 및 영업자 준수사항 이행여부의 확인
- 위생지도 및 개선명령 이행여부의 확인
- 공중위생영업소의 영업의 정지, 일부 시설의 사용중지 또는 영업소 폐쇄명령 이행여부의 확인
- 위생교육 이행여부의 확인

■ 명예공중위생감시원의 업무(영 제9조의2)
- 공중위생감시원이 행하는 검사대상물의 수거 지원
- 법령 위반행위에 대한 신고 및 자료 제공
- 그 밖에 공중위생에 관한 홍보·계몽 등 공중위생관리업무와 관련하여 시·도지사가 따로 정하여 부여하는 업무

■ 위생관리등급(규칙 제21조)
- 최우수업소 : 녹색등급
- 우수업소 : 황색등급
- 일반관리대상 업소 : 백색등급

- **1년 이하의 징역 또는 1천만원 이하의 벌금(법 제20조)**
  - 공중위생영업의 신고 규정에 따른 신고를 하지 아니하고 공중위생영업(숙박업은 제외)을 한 자
  - 영업정지명령 또는 일부 시설의 사용중지명령을 받고도 그 기간 중에 영업을 하거나 그 시설을 사용한 자 또는 영업소 폐쇄명령을 받고도 계속하여 영업을 한 자

- **6월 이하의 징역 또는 500만원 이하의 벌금(법 제20조)**
  - 공중위생영업의 변경신고 규정에 의한 변경신고를 하지 아니한 자
  - 공중위생영업자의 지위를 승계한 자로서 규정에 의한 신고를 하지 아니한 자
  - 건전한 영업질서를 위하여 공중위생영업자가 준수하여야 할 사항을 준수하지 아니한 자

- **행정처분권자가 위반사항에 대한 처분기준을 경감할 수 있는 경우(규칙 별표 7)**
  - 위반사항의 내용으로 보아 그 위반 정도가 경미한 경우
  - 해당 위반사항에 관하여 검사로부터 기소유예의 처분을 받은 경우
  - 해당 위반사항에 관하여 법원으로부터 선고유예의 판결을 받은 경우

- **행정처분기준(규칙 별표 7)**

위반행위	1차 위반 시 행정처분기준
영업신고를 하지 않은 경우	영업장 폐쇄명령
신고를 하지 않고 영업소의 명칭 및 상호 또는 영업장 면적의 3분의 1 이상을 변경한 경우	경고 또는 개선명령
신고를 하지 않고 영업소의 소재지를 변경한 경우	영업정지 1월
세제를 사용하는 세탁용 기계의 안전관리를 위하여 밀폐형이나 용제회수기가 부착된 세탁용 기계 또는 회수건조기가 부착된 세탁용 기계를 사용하지 아니한 경우	개선명령(2차 위반 시 영업정지 5일)
영업정지처분을 받고도 그 영업정지 기간에 영업을 한 경우	영업장 폐쇄명령
공중위생영업자가 정당한 사유 없이 6개월 이상 계속 휴업하는 경우	영업장 폐쇄명령

- **200만원 이하의 과태료(법 제22조)**

세탁업을 하는 자는 세제를 사용함에 있어서 국민건강에 유해한 물질이 발생되지 아니하도록 기계 및 설비를 안전하게 관리하여야 한다. 이를 위반하여 세탁업소의 위생관리 의무를 지키지 아니한 자는 200만원 이하의 과태료에 처한다.

■ 과태료의 부과기준(영 별표 2)

위반행위	과태료 금액
법 제9조에 따른 보고를 하지 않거나 관계공무원의 출입·검사 기타 조치를 거부·방해 또는 기피한 경우	150만원
법 제10조에 따른 개선명령에 위반한 경우	150만원
법 제17조제1항을 위반하여 위생교육을 받지 않은 경우	60만원*

* 다만, 2024년 1월 1일부터 2026년 12월 31일까지의 기간 중 위생교육을 받지 않은 경우에는 20만원으로 한다.

■ 과징금 일반기준(영 별표 1)
- 영업정지 1개월은 30일을 기준으로 한다.
- 위반행위의 종별에 따른 과징금의 금액은 영업정지 기간에 산정한 영업정지 1일당 과징금의 금액을 곱하여 얻은 금액으로 한다. 다만, 과징금 산정금액이 1억원을 넘는 경우에는 1억원으로 한다.
- 1일당 과징금의 금액은 위반행위를 한 공중위생영업자의 연간 총매출액을 기준으로 산출한다.
- 연간 총매출액은 처분일이 속한 연도의 전년도의 1년간 총매출액을 기준으로 한다. 다만, 신규사업·휴업 등에 따라 1년간 총매출액을 산출할 수 없거나 1년간 매출액을 기준으로 하는 것이 현저히 불합리하다고 인정되는 경우에는 분기별·월별 또는 일별 매출액을 기준으로 연간 총매출액을 환산하여 산출한다.

PART 01

세탁 대상

CHAPTER 01　　세탁 작업 준비
CHAPTER 02　　섬유 감별

합격의 공식 시대에듀 www.sdedu.co.kr

CHAPTER 01 세탁 작업 준비

01 | 고객 상담

1. 세탁물 접수 및 접객 예절

(1) 세탁물 접수

① 세탁물 접수 시 해야 할 일
- ㉠ 고객과 함께 세탁물을 확인하고, 세탁에 필요한 것이 무엇인지 전체적으로 점검한다.
- ㉡ 의류의 얼룩·찌든 때, 흠, 형태 변화 및 탈색, 변색, 클리닝 대상 여부를 판별한다.
- ㉢ 부속품 부착 여부 등을 확인한다.
- ㉣ 고객으로부터 얼룩의 종류와 부착 시기 등을 묻고 접수증에 기록한다.
- ㉤ 착용에 의한 의복의 마모나 훼손 정도 등을 진단하고 필요시 고객에게 알린다.
- ㉥ 접수 받은 세탁물의 가격을 고객에게 품목별로 알린다.
- ㉦ 별도 요금이나 손질, 가공 필요시 고객의 승낙 여부를 확인한다.
- ㉧ 카운터에서 고객과 함께 진단 처방한 주의사항을 처방지에 기록한다.
- ㉨ 고객의 주소·연락처, 접수 품목을 작성하여 영수증을 발부한다.
- ㉩ 접수 받은 품목에 꼬리표 및 지시 카드를 부착한다.

② 세탁물 접수 시 고객으로부터 입수해야 할 정보
- ㉠ 품질 표시가 없는 제품의 정보
- ㉡ 얼룩의 생성 동기
- ㉢ 고급 제품일 경우 구입한 나라의 번역된 취급표시 정보

(2) 접객 예절

① 고객의 신뢰를 얻기 위해서는 우선 먼저 미소 띤 얼굴로 친절하게 고객을 맞이해야 한다.
② 고객이 편안하게 느낄 수 있도록 대화하고 고객의 요구사항을 귀담아 들어야 한다.
③ 세탁물 손질법이나 세탁물의 원상복구·기능성 향상법 등을 알려주는 것도 좋다.
④ 요금을 내는 시기는 고객의 요구에 맞춘다.

2. 오염원 점검 및 생성 원인 파악

(1) 오염원 점검
① 가스나 햇볕 혹은 이전 오점 제거에 따른 퇴색이나 변색이 있는지 점검한다.
② 의류에 곰팡이나 좀 등이 있는지 점검한다.

(2) 오염원 생성 원인 파악
① 의복의 성능을 향상시키기 위해 세탁물에 생긴 오점의 오염원을 분석한다.
② 오점의 생성 원인과 경과 시간, 응급처치 유무 등을 정확하게 진단해야 한다.
③ 지방이 주성분인 유용성 오점을 판별해야 한다.
④ 물에 용해된 물질에 의해 생긴 수용성 오점을 판별해야 한다.
⑤ 불용성 오점을 판별해야 한다.
⑥ 의복의 오염 정도와 관계있는 것은 의복 재료의 표면 형태, 흡습성, 대전성 등이다.
⑦ 적합한 약제와 기구 및 기계를 사용하여 세탁물의 오점을 제거해야 한다.
⑧ 오점 제거의 목적
　㉠ 피복의 통기성, 흡수성, 보온성 등 저하 방지
　㉡ 세균 번식으로 인한 악취 제거와 변색 방지

3. 의복의 기능과 진단

(1) 의복의 기능
① 실용적 기능
　㉠ 빈부 차별 없이 누구나 사용할 수 있는 편리한 기능이다.
　㉡ 내구성, 내마모성, 내열성이 있다.
② 위생적 기능
　㉠ 더위와 추위로부터 몸을 보호하는 기능이다.
　㉡ 보온성과 열전도성, 대전성이 있다.
　㉢ 함기성, 통기성 및 흡수성이 있다.
③ 감각적 기능
　㉠ 장식성, 감각성 등의 기능이다.
　㉡ 외적으로는 우아하고 품위 있는 느낌을 준다.
　㉢ 내적으로는 부드럽고 경쾌한 느낌을 준다.
　㉣ 색상, 광택, 촉감 등이 있다.

④ 관리적 기능
    ㉠ 장기간 보관 시 형태를 흩트리지 않고 좀이나 곰팡이가 발생하지 않게 하는 기능이다.
    ㉡ 형태안정성, 방충성 등이 있다.

(2) 의복의 진단
    ① 사전진단
        ㉠ 클리닝 처리 전에 해당 세탁물의 클리닝성을 구분하여 진단해야 한다.
        ㉡ 진단을 위해 섬유조직, 가공 유무, 천 구조, 조직 소재, 특수염색 등을 점검해야 한다.
        ㉢ 사전진단을 엄격하게 하여야 고객과의 분쟁을 줄일 수 있다.
        ㉣ 사전진단은 접수 시 고객 앞에서 하거나 CCTV로 확인 가능해야 한다.
        ㉤ 사전진단 시 고객으로부터 충분한 정보를 얻어야 한다.
        ㉥ 가능한 한 정밀하지 진단해야 한다.
        ㉦ 사전진단 결과를 고객에게 설명하여야 한다.
    ② 사무진단
        ㉠ 의류 물품의 종류, 수량, 색상을 점검한다.
        ㉡ 의류의 부속품 유두를 진단한다.
        ㉢ 의류에 부착된 장식품을 확인한다(장식성이 높은 단추 등).
    ③ 기술진단
        ㉠ 방 법

오점의 진단	• 다음의 사항을 진단해야 한다. - 오점 및 얼룩 제거 정도 - 형태의 변형 유무 - 햇빛, 가스, 오점 제거에 의한 (부분) 변·퇴색 - 고객 주문의 타당성 - 의류의 마모(소매·깃 부분) - 특수염색의 유무 - 특수 의류 또는 패션 의류 • 오점의 완전 제거가 어려우면 고객에게 설명하고 동의를 구하야 한다.
가공표시의 진단	• 의류에 부착된 품질·클리닝처리 표시에 따라 처리한다. • 표시와 다른 처리를 할 때는 반드시 고객에게 동의를 구해야 한다. • 등록상표, 승인번호 등 회사명이 기록된 표시가 있어도 기초실험 후 처리한다.
클리닝 가능 유무의 진단	• 클리닝이 가능하면 요금의 진단을 한다. • 클리닝이 불가능하면 그 자리에서 설명하고 의복을 돌려준다.

㉡ 기술진단이 필요한 품목

고약 상품류	모피·실크제품, 유명 브랜드 제품, 고급 한복, 피혁제품, 희소섬유 제품
파일제품류	롱파일 제품, 발벳제품, 들록가공 제품(파일직물 : 코듀로이, 타월 등)
특수가공 소재류	라메제품, 인조피혁 제품, 접착제품
염색 특수품류	날염제품, 털 심은 제품, 초선명염색 면제품

ⓒ 기술진단 시 기타 점검사항
　　　　• 보푸라기
　　　　• 잔털이 누운 것
　　　　• 상처, 좀, 곰팡이, 얼룩, 눌린 자국
　　　　• 의류의 마모도, 가공표시, 금지표시, 수축 여부 등
　　④ 진단기술자가 해야 할 진단
　　　　㉠ 특수품 진단
　　　　㉡ 고객 주문의 타당성 진단
　　　　㉢ 오점 제거 정도 진단
　　　　㉣ 가공표시 진단
　　　　㉤ 의류의 마모 진단
　　　　㉥ 클리닝 방법 진단
　　　　㉦ 요금 진단

4. 클리닝 서비스 및 클리닝 경영

(1) 클리닝 서비스
　① 워싱 서비스
　　㉠ 세탁업이 단순하게 제공하는 서비스로 가장 기본적인 것은 의복 소재를 청결히 하는 것이다.
　　㉡ 의류를 중심으로 대상품의 가치 보전과 기능 회복이 중요한 클리닝 서비스이다.
　　　※ 세탁물 보전기능의 유지 : 보전기능이 떨어지지 않도록 미리 보수를 하지 않으면 안 되므로 상품의 구조나 기능의 원리에 대해 필요한 지식과 기술이 반드시 필요하다.
　② 패션 케어 서비스
　　㉠ 의류의 세정은 물론 의류를 더 좋은 상태로 보전하고 그 가치와 기능을 유지할 수 있도록 제공하는 서비스이다.
　　㉡ 고도로 패션 가공되어 재생이 불가능하기 때문에 특별한 취급을 요하는 제품에 대한 서비스로, 고급품이나 희귀품의 가치와 기능성을 유지한다.
　　㉢ 섬유제품의 소재를 청결히 하는 단순함에서 고차원적 기능을 다하는 서비스이다.
　　㉣ 몸을 보호하는 차원을 넘어 사람의 개성·인품 등을 표현하게 하는 서비스이다.

(2) 클리닝 경영

① 클리닝의 정의
  ㉠ 용제(溶劑) 또는 세제(洗劑)를 사용하여 의류, 기타 섬유제품, 피혁제품 등을 원형에 가깝게 세탁하는 것을 말한다.
  ㉡ 물을 사용하는 습식세탁(론드리, 웨트클리닝)과 유성의 휘발성 유기용제를 사용하는 건식세탁(드라이클리닝) 등의 상업세탁을 말한다.

② 세탁업의 정의
  ㉠ 클리닝 과정을 직업으로 하여 영업하는 행위를 클리닝(洗濯)업이라 한다.
  ㉡ 「공중위생관리법」상 의류, 기타 섬유제품이나 피혁제품 등을 세탁하는 영업을 말한다.

③ 클리닝 경영의 본질
  ㉠ 오점을 제거하여 위생 수준을 향상시키고 파손 부분을 수선한다.
  ㉡ 의복의 패션성이나 착용성 또는 모양을 함께 회복하고 재생하여 보존한다.

④ 클리닝 경영 관리
  ㉠ 경영관리란 사람을 통해서 하는 것이므로 협동이라 할 수 있다.
  ㉡ 경영은 주로 최고층이 하는 것이며, 관리는 중간층에서 활동하는 것으로 구분한다.
  ㉢ 고객 계층을 설정하고 고객의 지역 특수성을 고려하여 사업 방향을 잡아야 한다.
  ㉣ 세탁 영업
    - 소비자가 바라는 것이 무엇인지 확인한다.
    - 질의 추구에 중점을 둔다.
  ㉤ 고객관리
    - 고객과 접촉하기 위해 노력하고 관리를 철저히 한다.
    - 고객에게 의류 보전이나 손질 방법에 대한 정보를 제공하는 등 서비스를 계속한다.

5. 클리닝 공정 및 효과

(1) 클리닝 공정

> 접수 점검 → 마킹 → 대분류 → 포켓 청소 → 세분류 → 얼룩빼기(전 처리) → 클리닝(세정) → 얼룩빼기(후처리) → 마무리 → 최종 점검 → 포장

① 접수 점검
  ㉠ 고객과의 신뢰를 유지하고 클리닝 사고를 방지하기 위해 탈색, 흠집, 얼룩, 형태 변화 등 기술진단을 하고 진단처방지에 기술한다.
  ㉡ 클리닝 가부 판별 후 부속품, 벨트, 단추, 의복 숫자 등을 확인한다.
  ㉢ 세탁물에 대한 정보(특수품 여부·취급상 문제점 등)를 고객으로부터 알아둔다.

② 마킹(꼬리표)
　㉠ 기호나 성명을 마킹종이나 천에 기재하여 세탁물에 부착한다.
　㉡ 마킹은 물품의 분실과 납품의 잘못을 방지하는 중요한 공정이다.
③ 대분류
　㉠ 세탁물의 본체와 부속품을 체크하고 세탁 방법을 분류한다.
　㉡ 세탁물의 클리닝성을 고려하여 론드리, 웨트클리닝, 드라이클리닝 등으로 분류한다.
④ 포켓 청소
　㉠ 주머니 속 먼지와 찌꺼기를 제거하는 공정이다.
　㉡ 인화성 물질(성냥·라이터 등), 귀중품, 볼펜, 화장품, 도장 등을 확인한다.
⑤ 세분류
　㉠ 론드리는 고온, 중온, 저온으로 분류한다.
　㉡ 웨트클리닝은 기계세탁, 손세탁으로 분류한다.
　㉢ 해지기 쉬운 직물은 망에 넣고 단추는 은종이로 싼다.
　㉣ 색상별, 오점별, 단시간 처리물, 표백과 풀 먹임, 건조생략 의류 등으로 구분한다.
⑥ 얼룩빼기(전 처리)
　㉠ 부분적으로 부착된 특수한 오염을 얼룩이라고 한다.
　㉡ 얼룩빼기는 보통 세탁법으로는 제거할 수 없거나 통째로 세탁할 수 없어서 부분세탁을 해야 하는 경우 행하는 조작이다.
　㉢ 세탁 전 약제를 사용하여 얼룩빼기를 한다.
⑦ 클리닝(세정)
　㉠ 기계에 의한 세탁으로 세탁량은 최고한도 양의 80%만 넣고 세탁한다(과다하게 넣으면 오점 제거가 안 되기 때문).
　㉡ 화학섬유, 부피가 있는 제품은 약간 적은 정도에서 세정이 잘된다.
⑧ 얼룩빼기(후 처리) : 세탁 후 남은 얼룩을 다시 제거한다.
⑨ 마무리
　㉠ 손다리미나 기계(프레스)에 의한 마무리를 말한다.
　㉡ 의복의 변형을 막고 구김을 펴며 광택을 낸다.
⑩ 최종 점검
　㉠ 세탁물의 얼룩, 파손, 변형 내용 등을 진단처방서와 비교한다.
　㉡ 파손된 부분 등 미비한 점은 보수한다.
⑪ 포 장
　㉠ 접거나 옷걸이에 걸어 비닐봉지나 종이봉지에 넣는다.
　㉡ 고객별로 분류하여 정리한다.

(2) 클리닝 효과

① 오점으로 인한 의복의 성능 변화
  ㉠ 직물 오염으로 촉감이 뻣뻣해지고 중량이 증가되어 착용감이 좋지 않다.
  ㉡ 함기율은 감소하고 열전도성이 증가되어 옷의 보온성이 떨어진다.
    ※ 함기율 : 섬유 내부에 보존할 수 있는 공기의 양
  ㉢ 오점으로 섬유의 통기성이 저하되면 땀의 체외 발산 저하, 악취 발산이 유발된다.
  ㉣ 흰색 옷의 경우 오염이 심하면 세탁을 해도 백도가 저하되는 경향이 있다.
  ㉤ 오염되면 전체적으로 흡수성이 감소하나 양모의 경우는 흡수성이 증가한다.
  ㉥ 저습상태에서는 섬유의 흡습성이 감소하고 고습상태에서는 증가하므로 비위생적이며 곰팡이나 세균 번식의 염려가 있다.
  ㉦ 나일론은 방충성이 감소하나 다른 섬유는 크게 영향을 받지 않는다.
  ㉧ 양모는 큰 변화는 없으나 대부분 유연해져 제 도양이 나지 않는다. 즉, 의복의 미관을 해친다.
  ㉨ 음식물이 옷에 묻으면 곰팡이와 기생충이 생기므로 바로 클리닝을 하는 것이 좋다.

② 클리닝의 일반적인 효과
  ㉠ 오점을 제거하여 위생 수준을 향상시킨다.
  ㉡ 세탁물의 내구성을 유지한다.
  ㉢ 고급 의류는 패션성을 보전한다.

③ 클리닝의 기술적인 효과
  ㉠ 유용성·수용성·고체(불용성) 오염을 제거한다.
  ㉡ 특수 오염과 세균·곰팡이 오염을 제거한다.
  ㉢ 기술적 효과로서의 세탁 작용

침투작용	• 세제액이 천과 오점 사이에 들어가는 작용이다. • 세제는 표면장력을 낮추는 힘이 있어 물보다 천이 젖기 쉽도록 작용한다. • 세제의 주성분인 계면활성제의 작용에 의해 세제 용액이 섬유와 섬유 사이, 섬유와 오염 사이로 쉽게 침투한다.
흡착작용	• 천과 오점 사이에 스며든 세제가 오점이나 천 주위에 흡착하여 오점이 떨어지게 하는 작용이다. • 계면활성제 분자는 섬유와 오염에 흡착하여 결합력을 약화시키고 세제 용액이 섬유와 오염을 팽윤시켜 쉽게 분리할 수 있는 상태가 되게 한다.
분산작용	• 오점을 작게 분산시키는 작용이다. • 섬유에서 오점 입자가 작게 부서져 용액 중에 균일하게 흩어져 있는 상태이다 • 세제액 중에 나온 오점의 입자 주위에 다량의 세제 분자가 흡착하고 이때 세제액을 흔들면 오점의 입자는 더욱더 작게 분산된다.
유화현탁 작용	• 오점이 세제액 중에서 안정화되는 작용이다. • 세제 분자로 완전히 쌓인 오점의 입자가 빠르게 서로 집합하여 큰 오점 입자가 되는 등 천에 재부착하는 일이 없어진다. • 계면활성제 분자로 둘러싸인 오점은 유화되고 고형 입자는 현탁되어 세탁액 속에서 분산된다.

※ 세탁 작용 순서 : 침투작용 → 흡착작용 → 분산작용 → 유화현탁작용

02 | 약품 취급

1. 세탁 약품의 이해와 종류

(1) 세탁 약품의 이해

① 어떤 세탁이든 가장 중요한 것은 세탁 방법 선택이고 그다음이 세탁 약품 선택이다.
② 세탁에 쓰이는 화학약품의 특성과 종류는 아주 많으며 어떤 세탁 기술을 사용하느냐에 따라 그에 맞는 약품을 선택하는 능력이 필요하다.
③ 세탁 약품은 알칼리와 산성으로 나누며 보통 pH(수소이온농도) 1~11까지의 약품을 쓰임에 맞추어 사용한다.
④ 약알칼리는 pH 8~9, 강알칼리는 pH 10~14이다.
⑤ 강산성은 pH 1~3, 중성은 pH 7, 약산성은 pH 4~6이다.
⑥ 산성은 단백질을 가수분해하고 면, 마, 레이온 등 셀룰로스 섬유를 용해한다.
⑦ 알칼리는 단백질을 용해한다.
⑧ 강알칼리는 금속을 부식시키며 모, 견 등의 단백질 섬유를 용해한다.
⑨ 알칼리는 세탁에 유용하여 세제의 90% 이상을 차지한다.
⑩ 비누는 알칼리와 지방산을 일정 비율로 배합하여 만든 것이다.

(2) 세탁 약품의 종류

무기계 화학약품	과망가니즈산칼륨	• 산화성이 강하여 산화제로 사용하며, 수용액은 강력한 산화표백제가 되어 온도가 낮아도 표백이 가능하다. • 어떤 의류에도 사용할 수 있다. • 부분적인 얼룩빼기에 더 좋은 표백제이다.
	과붕산나트륨	• 백색 결정성분말로 찬물에서는 잘 녹지 않지만 60℃ 이상의 온수에 잘 녹는다. • 알칼리를 첨가하지 않고 사용할 수 있다. • 분해촉진제를 첨가하면 온도를 낮출 수 있으나 사용 시 주의해야 한다.
	아염소산나트륨	• 온도가 낮고 어두운 장소에 보관해야 한다. • pH 3~4 정도로 산성화시키면 표백작용이 생긴다. • 수온 60~80℃에서 표백을 한다. • 단백질섬유에는 사용하면 안 되는 약품이다.
	차아염소산나트륨	• 엷은 녹황색 또는 무색의 액체이고, 염소냄새가 난다. • 살균소독제, 표백제, 산화제로서 사용한다. • 장기간 보관 시 효력이 떨어진다. • 알칼리 pH 영역이 낮을수록 표백작용이 강하여 pH 8~9로 조절한 것이 가장 좋다. • 부식성이 강하므로 금속용기와는 접하지 않도록 해야 한다. • 염소에 의한 섬유 손상이 있을 수 있다. • 취급 부주의로 표백 얼룩이 생기는 사고를 조심해야 한다. • 단백질섬유에는 사용하면 안 되는 약품이다.

무기계 화학약품	과탄산나트륨	• 백색분말로 냉수에도 용해된다. • 60℃ 이상 고온에서 효과가 좋으며 저온에서도 표백이 가능하다. • 주로 가정용 세제와 혼합하여 사용한다.
	수산화나트륨	• 공기 중에서 수분을 흡수하여 스스로 녹는 성질이 있다. • 보통 가성소다 또는 양잿물로 불린다. • 단백질·셀룰로스 오점 및 광물성 오점까지 알칼리 세제에 대부분 쓰인다. • 염색, 식품 및 기계류 등에도 사용한다.
	구산염	• 물속 유기성 물질을 분해하는 능력이 있다. • 세탁 과정에서 나오는 폐수의 정화와 세탁 기능 향상을 위해 사용한다. • 알칼리 증강제로 작용하며 물의 연수 작용도 한다.
	탄산나트륨	• 나트륨(Na)과 탄산이 화합하여 만들어진 화합물이다. • 탄산소다라고도 하며 알칼리성을 띠고, 백색 분말의 흡습성이 강한 소다회이다. • 보통 세탁소다라고 하며, 비누에 혼합하기도 한다.
	탄산수소나트륨	• 중탄산나트륨, 베이킹소다, 중탄산소다, 중조라고도 한다. • 오염물질을 흡착해서 제거하는 효과가 있다. • 염색이나 알칼리 세탁에서 냄새 제거제로도 사용한다.
	과산호·아세트산	• 36~40% 농도를 과초산이라고 한다. • pH 6~7.5 중성 부근에서 알칼리 표백이 불가능한 양모, 견, 아세테이트, 나일론, 레이온 등을 표백할 수 있다.
	초산	• 무색의 강한 산성을 띠는 액체이며 휘발성이 있다. • 색 빠짐 멈춤, 얼룩 제거, 알칼리 중화와 산이 필요한 오점 제거에 다른 약품과 배합하여 식물성 타닌, 잉크, 향수 등의 오점을 제거한다. • 알칼리에 의해 발생된 변색 부정 등 사용 범위가 매우 넓다. • 농도가 진한 것은 아세테이트, 나일론 섬유를 용해하므로 28% 이하의 것은 안전하지만 염기성 염료에는 사용하지 말아야 한다.
	불화(플루오린화) 수소산	• 철의 녹, 기타 금속성 얼룩, 철분 잉크, 땀 얼룩 등을 제거한다. • 수산(옥살산)보다 후처리가 간단하여 사용이 수월하다. • 농도가 높으면 강한 용해성 때문에 섬유를 상하게 하거나 염기성 염료를 퇴색시킬 수 있다. • 나일론 섬유는 농도가 낮아도 상하기 쉬워 유의해야 한다.
유기계 화학약품	아세톤	• 향이 있는 무색의 휘발성 액체이다. • 물, 알코올, 드라이클리닝 용제에 잘 녹는다. • 수지, 페인트, 니스, 접착제, 매니큐어 등과 같이 물로 제거할 수 없는 오점 제거용으로 사용된다. • 염기성 염료를 손상시키고 아세테이트를 용해한다. • 알칼리 섬유는 서서히 연화시켜 용해한다. • 인화성이 강한 위험물 제4류이다.
	염화메틸렌	• 물에 약간 녹으며, 알코올과 에탄올에 녹는다. • 저비점 유기용제에 배합하여 사용한다. • 페인트, 수지, 왁스, 고무 등의 얼룩 제거에 쓰인다. • 아세테이트에 손상을 준다. • 물과 혼합하면 분해를 촉진하므로 사용하지 않는 것이 좋다.
	초산에스터류	• 초산에틸, 초산부틸, 초산아밀 등이 있다. • 알코올, 벤젠, 드라이클리닝 용제에 잘 녹고 물에는 어느 정도 녹는다. • 식물류, 매니큐어, 고무, 접착제, 페인트, 래커(Lacquer), 에나멜 등의 수지에 의한 오점 제거에 쓸 수 있다. • 염기성 염료에는 주의해야 한다.

유기계 화학약품	초산아이소아밀	• 알코올, 안식향산, 벤젠, 광물유, 드라이클리닝 용제 등에 잘 용해·혼합한다. • 매니큐어, 접착제, 페인트, 래커 등의 오점 제거에 사용한다. • 아세테이트지에도 쓸 수 있지만 분산염료에는 주의해야 한다.
	프탈레이트류	• 다이메틸프탈레이트(DMP), 다이옥틸프탈레이트(DOP) 등이 있다. • DMP는 석유에 용해하지 않고 DOP는 용해한다. • 합성피혁의 가소제로 사용한다. • 자일렌(크실렌) 등에 희석하여 사고품 수복(Reform)에 사용한다. • 눈이나 피부에 노출되면 최소 15분, 많은 양의 물로 충분히 씻어야 한다.
	다이메틸폼 아마이드	• 무색의 휘발성 액체로 대부분 유기용제와 잘 섞인다. • 잉크, 페인트, 순간접착제, 타닌 등의 얼룩 제거에 사용한다. • 아세테이트는 용해되고 염료를 녹이기도 한다.
	부틸셀로솔브	• 물과 여러 종류의 유기용제에 용해한다. • 도료용제, 농약, 자동차공업용 세제, 드라이클리닝제, 염료용제, 가소제(프탈산 에스터), 침투제, 연화제 등으로 사용한다. • 드라이 소프(Soap)의 원료와 역오염 수정에도 사용된다. • 세탁 섬유와 염료에는 특별한 영향이 없다. • 눈이나 피부에 노출되면 많은 양의 물로 충분히 씻어야 한다.
	모노클로로벤젠	• 물에는 용해하지 않으나 알코올에는 용해한다. • 여러 종류의 유기용제와 혼합하여 사용한다. • 드라이클리닝에서는 볼펜, 페인트, 산화한 유성 오점, 잉크의 얼룩 제거에 사용한다. • 아세테이트 섬유는 손상이 우려되며 염료를 녹일 수도 있다. • 드라이클리닝 한 의류 등의 클로로벤젠 성분은 충분히 배출시켜야 한다.

2. 세탁 약품의 안전한 취급

(1) 세탁 약품의 저장과 운반

① 세탁 약품의 저장

㉠ 세탁 약품은 모두 별개의 저장 공간이 있어야 한다.

㉡ 세탁 약품은 모두 이름, 구매 날짜, 위험성, 응급 절차를 표시한 라벨을 부착해야 한다.

㉢ 대개 위험한 물질은 직사광선을 피하고 냉암소에 저장해야 한다.

㉣ 위험물 관리 사항을 준수하여야 한다.

㉤ 소량의 가연성 액체를 안전하게 보관하기 위해서는 다음 사항을 따라야 한다.

• 증기를 발산하지 않는 내압성 보관 용기를 사용한다.

• 저장소는 환기를 위한 창이 있어야 한다.

• 가능한 한 모든 점화원을 제거해야 한다.

② 세탁 약품의 운반

㉠ 손으로 운반할 때는 적당한 용기에 넣어 옮기고 넘어지거나 깨지지 않게 해야 한다.

㉡ 수레로 운반할 때는 고르게 회전할 수 있는 바퀴가 달린 수레를 이용하여 바닥이 평평하지 않은 곳에서 튀거나 갑자기 멈추지 않게 해야 한다.

(2) 세탁 약품의 취급과 사용

① 세탁 약품의 성상, 화재, 폭발 및 중독의 위험성을 잘 알아야 한다.
② 위험한 약품은 가능한 한 적게 사용해야 한다.
③ 잘 모르는 약품은 극소량으로 예비 시험을 할 필요가 있다.
④ 위험한 약품을 사용하기에 앞서 재해 발생에 대한 방호 수단을 미리 대비해야 한다.
⑤ 화재 폭발의 위험이 있는 약품을 사용할 때는 반드시 소화기를 비치해야 한다.
⑥ 중독의 염려가 발생하였을 때는 신속히 대피하거나 방독면을 착용하여야 한다.
⑦ 유독 약품이나 이의 폐기물 처리는 수질·대기오염을 일으키지 않도록 유의하야 한다.

(3) 세탁 약품의 안전조치

독성 약품	• 사용하는 약품의 독성에 대해 알아야 한다. • 체내에 들어가지 않도록 조치를 취해야 한다. • 밀폐 지역에서 많은 양을 사용하면 안 되며 환기가 잘되는 곳에서만 사용해야 한다.
산과 염기 약품	• 희석된 산·염기를 쓰며, 항상 물에 산을 가하며 희석하고 반대 방법으로 희석하면 안 된다. • 강산과 강염기는 공기 중 수분과 반응하여 치명적 증기를 생성하기 때문에 사용하지 않을 때는 뚜껑을 닫아야 한다. • 산이나 염기가 눈 혹은 피부에 묻었을 때는 곧바로 15℃ 정도의 물로 씻어내고 도움을 청해야 한다. • 불화(플루오린화)수소는 가스 및 용액이 맹독성을 나타내며 화상 같은 즉각적 증상 없이 피부에 흡수되므로 주의하여 취급해야 한다. • 과염소산은 강산의 특성이 있고 유기화물, 무기화물 모두와 폭발성 물질을 생성하며, 가열, 화기 접촉, 충격, 마찰로 인해 저절로 폭발하므로 특히 주의해야 한다.
산화제	• 강산화제는 미량으로도 강력한 폭발을 일으킬 수 있기 때문에 장갑, 안면 보호대 같은 보호구를 착용하고 다루어야 한다. • 많은 산화제를 사용하고자 할 때는 폭발 방지용 방벽 등의 조치가 필요하다.
미세 분말	• 초미세한 금속분진들은 폐·호흡기 질환 등을 일으킬 수 있기 때문에 호흡기 보호 대책을 세워야 한다. • 많은 미세 가연성 분말은 공기에 노출되면 폭발할 수도 있으므로 주의해야 한다. ※ 석면섬유와 유사 결정들은 미세 입자로 공기 중에 분포해 있기 때문에 피부에 묻지 않고 흡입하지 않도록 주의하여 다루어야 한다.

3. 얼룩의 종류와 특성

(1) 동물성 섬유와 단백질 얼룩

① 동물성 섬유의 주성분은 단백질이다.
② 단백질에 생긴 얼룩은 알칼리에는 녹지만 열을 가하면 굳는다.
③ 동물성 섬유에 알칼리 성분이 남으면 누렇게 변색하므로 세심한 주의가 필요하다.

(2) 식물성 섬유와 타닌 얼룩

① 타닌(Tannin)은 식물성 음료, 식품에 있는 성분으로 산성이다.
② 산성 얼룩 제거제로 얼룩을 제거한다.
③ 식물성 섬유에 산이 남으면 섬유가 상하고 누렇게 변색된다.
④ 타닌 얼룩(갈색)은 타닌 성분과 환원당의 복합적 작용으로 생성되므로 산성 제거제와 물을 같이 사용하여 없앨 수 있다.

(3) 합성섬유와 지용성 얼룩

① 합성섬유는 석유나 석탄에서 얻는다.
② 기름에 녹는 오염(지용성 오염)을 잘 흡착하므로 드라이클리닝이나 유기용매에서 잘 제거된다.

(4) 비용해성 오염(불용성 오염)

① 불용성 오염(흙, 먼지, 매연, 린트, 안료 등)은 합성섬유에는 잘 발생하지 않고 천연섬유에 잘 발생한다.
② 약품에 대한 저항력이 강하여 잘 녹지 않기 때문에 윤활제와 흡착제를 활용하여 섬유와의 결합을 풀어서 없앨 수 있다.

03 | 기계·전기 사용

1. 세탁기계

(1) 세정기의 기본 원리

① 섬유는 물과 세제의 화학작용으로 세정된다.
② 정·역회전 낙하교반 동작으로 세탁이 된다.
③ 충동력과 마찰력으로 세탁이 이루어진다.

(2) 드라이클리닝 기계

① 석유계용 드라이클리닝 기계

오픈와셔 (개방형 세정기)	• 3~4개의 가로대가 있는 내통을 회전시켜 세탁물을 끌어올리고 떨어뜨려 두들겨 빠는 방식이며, 원통형이라고도 한다. • 대형·대량 세탁물, 심하게 찌든 세탁물에 적합하다. • 세정만 할 수 있고 탈액은 원심 탈수기를 사용한다. • 인화 위험으로 방폭형 구조이며 용제청정장치가 필요하다. • 현재 거의 사용하지 않고 론드리에만 주로 사용한다.
콜드머신 (준밀폐형 세정기)	• 석유계 용제를 사용하는 드라이클리닝 기계로, 세정과 탈액이 가능하다. • 방폭형 구조이며 용제청정장치가 부착되어 있다. 용제청정장치는 카트리지 필터를 장착한 것과 활성탄 종이 필터를 따로 장착한 것 등이 있다. • 용제탱크는 하나보다는 두 개로 분리된 것이 연한 색상 의류의 재오염 방지에 효과가 크다. • 건조에는 콘덴서가 장착된 회수용 텀블러를 사용한다.
탈액기	• 오픈와셔의 경우 사용하며 론드리의 탈수기와 같은 구조로 탈액한다. • 방폭형 구조이며 용제회수장치가 부착되어 있다.
텀블러	• 론드리와 같은 구조로 건조한다. • 방폭형 구조이며 용제회수장치가 부착되어 있다.

② 합성용제용 드라이클리닝 기계 : 핫머신(밀폐형 세정기)

㉠ 밀폐형 세탁기는 퍼클로로에틸렌용 기계, 핫머신, 불소(Fluorine)계 용제용 기계라 한다.
㉡ 합성용제를 사용하여 세정, 탈액, 건조까지 연속 처리한다(일체형).
㉢ 세정기계(Dry Cleaning Machine)의 종류 중 기밀구조로 되어 있고 일부의 기계에서는 스프레이 가공까지 할 수 있다.
㉣ 높은 효율의 용제회수 시스템으로 구성되어 있다.
㉤ 운전조작이 다양한 컨트롤시스템이다.
㉥ 세정부에는 필터장치가 되어 있다.
㉦ 다양한 안전장치가 있다.
㉧ 콘덴서로 회수되지 않은 용제증기를 탈취 시 흡착한다.
㉨ 건조 시 발생한 용제의 증기는 콘덴서에 의하여 회수된다.

③ 드라이클리닝 기계의 특징

㉠ 용제를 청정, 회수, 재사용할 수 있는 구조로 되어 있다.
㉡ 석유계 용제용은 완전 방폭형 구조여야 한다.
㉢ 합성 용제용은 기밀장치가 있어야 바람직하다.
㉣ 기계의 재질은 용제의 부식에 견딜 수 있는 재질이어야 한다.
㉤ 퍼크로 기계는 증류 과정에서 용제회수율이 높은 것이 바람직하다.
㉥ 세정기는 용제를 청정하게 하고, 재사용할 수 있는 견고한 기계가 좋다.

> **알아두기** 드라이클리닝 기계의 유형
>
> • 석유계용 : 오픈와셔(개방형 세정기), 콜드머신(준밀폐형 세정기), 탈액기, 텀블러
> • 합성용제용 : 핫머신(밀폐형 세정기), 용제회수장치, 수분분리기 등

(3) 론드리 와셔 기계
① 형 태
- ㉠ 사이드 로딩형(Side Loading) : 내통 양쪽 끝에 지지축을 가설하고 개폐구가 내통 동(胴)부에 있으며 드럼 측면이 열린다.
- ㉡ 엔드 로딩형(End Loading) : 내통 한쪽에 지지축을 가설하고 다른 한쪽에 투입구를 설치하며 끝에 있는 투입구에 세탁물을 넣는다.

② 구조와 장치

원심 탈수기	많은 수의 작은 구멍이 있는 내통을 고속으로 회전시켜 물을 털어낸다.	
텀블러	• 열풍을 불어 넣으면서 내통을 회전시켜 세탁물과 열풍의 접촉을 이용하여 건조하는 기계이다. • 뜨거운 공기를 불어 넣어 세탁물과 뜨거운 공기의 접촉으로 건조한다. • 취급 표시에 건조 불가 제품이 많으므로 확인 후 작업하는 것이 좋다. • 피혁·토끼털·아크릴 소재의 파일제품이 젖었을 때는 절대 사용을 금해야 한다.	
면 프레스기	캐비닛형(상자형), 시저스형(가위형) 등이 있다.	
와이셔츠 프레스기	칼라(깃)·커프스(소매)·슬리브(소매) 프레스기, 어깨 프레스기, 몸통 프레스기, 인체에어 프레스기, 칼라포머 프레스기 등이 있다.	
시트 롤러	캘린더 타입, 체스트 타입, 시트 롤러 마무리기 등이 있다.	
시트 롤러 마무리기	스프레더	물품을 시트 롤러에 잘 들어가도록 한 장씩 펴 주는 기계
	피 더	물품을 좌우 양방향과 앞쪽으로 당기면서 시트 롤러에 밀어 넣는 기계
	폴 더	마무리 다림질한 물품을 접어 넣는 기계
	스태커	시트를 접어 갠 후 쌓고 일정 장 수가 되면 컨베이어로 물품을 포장하는 곳으로 보내는 기계

③ 특 징
- ㉠ 물빨래 세탁 과정으로 세정작용이 강한 클리닝을 말한다.
- ㉡ 애벌빨래, 본 빨래의 용도로 적당하다.
- ㉢ 론드리의 세정 공정은 애벌빨래, 본 세탁, 표백, 헹굼, 산욕, 풀 먹임, 탈수, 건조 등의 순서이다.
- ㉣ 알칼리세제, 합성세제, 비누 등을 세정제로 사용하여 온수 세탁한다.
    ※ 세탁 온도는 80℃까지 가능하다.
- ㉤ 세탁물을 내통에 붙어 있는 가로대 위아래로 끌어올리고 떨어뜨리면서 두들겨 빤다.
- ㉥ 이중 드럼식이므로 용수가 절약되고 세탁물의 손상이 적으며 세정효과도 좋다.
- ㉦ 내부드럼의 회전속도는 세탁 효과에 크게 영향을 미친다.

(4) 가정용 세탁기
① 세탁물을 회전시키는 방법에 따라 와류·교반·드럼·진동식 등으로 분류한다.
② 와류식
- ㉠ 세탁조의 회전과 바닥에 있는 날개의 회전으로 물이 소용돌이치면서 세탁한다.
- ㉡ 세탁 효과는 크나 세탁물이 쉽게 꼬이고 손상이 비교적 심한 방식이다.

ⓒ 와류식 세탁기에서 세탁 효율이 최대가 되는 세제의 농도는 0.2%이다.
ⓔ 가격이 저렴하며 간단한 구조로 고장이 적고, 세탁 시간이 짧아 전력 소모가 적다.
ⓜ 빨랫감이 많이 엉켜서 옷감이 손상될 수 있다는 단점이 있다.
③ 교반식 : 세탁통 가운데 봉이 솟아 있어 세탁물 엉킴을 방지하는 방식의 세탁기이다.
④ 드럼식
ⓐ 주로 유럽에서 사용하며 액량비가 적고 저포성 세제를 사용하는 세탁기이다.
ⓑ 세탁물이 들어 있는 내통을 세제가 들어 있는 외통 내에서 회전시키며 외통의 회전에 따라 세탁물이 위아래로 움직이면서 세탁한다.
ⓒ 물의 양이 많거나 거품이 있으면 세탁에 방해가 된다.
⑤ 진동식 : 기계에 충격을 가해 진동판을 진동시키는 세탁기이다.

(5) 가정용 세탁기와 비교한 론드리용 세탁기의 특성
① 세탁 온도가 높아 세탁 효과가 크다.
② 마무리에 상당한 시간과 기술을 필요로 한다.
③ 물에 침지하여 헹구는 방식으로 가정용 세탁기에 비해 세제, 물 등의 절약효과가 크다.
④ 와셔는 원통형이므로 의류가 상하지 않고 오점이 잘 빠진다.
⑤ 외통 속에 수용된 물을 회전시키며 세제를 공급한다.

> **알아두기** 용제 공급펌프
>
> - 펌프 형식에는 가스, 기어, 원심 등이 있다.
> - 용제의 필터 순환 횟수의 많고 적음에 따라 세정과 재오염 방지의 효과가 좌우된다.
> - 펌프능력이 저하되면 서정기 내의 용제 교환 횟수가 줄어든다.
> - 필터 압력이 상승하면 유량이 저하한다.
> - 필터압이 $1kg/cm^2$ 오르면 유량은 1/2 이하가 된다.
> - 필터압이 상승하여 유량이 저하하는 것은 펌프 기능 저하에 영향을 받는다.
> - 펌프능력의 저하는 와셔의 액심도(외통 반경을 10등분한 수치) 3까지 달하는 펌프의 소요시간을 측정하면 알 수 있다.
> - 용제를 순환시키는 펌프의 능력은 액심도 3까지 소요되는 시간을 측정하여 45초 이내이면 양호하고, 60초 이상이면 불량하다.

2. 전기 안전사고

(1) 전기 안전
① 전기 재해는 일반적으로 인체에 직접 전기가 흘러 발생하는 감전 재해와 전기가 점화원으로 작용하여 발생하는 화재, 폭발 재해 등이 있다.
② 전기 안전은 전기로 인하여 발생하는 재해를 막고, 전기를 안전하게 공급하고 사용하기 위한 조치를 말한다.
③ 전기기구를 안전하게 사용하려면 정격에 맞게 사용해야 한다.
④ 전선에 한꺼번에 많은 전류가 흐르면 열이 발생하여 불이 날 수 있다.
　㉠ 소비 전력이 큰 전기기구를 동시에 사용하지 말아야 한다.
　㉡ 한 개의 콘센트에 여러 개의 전기기구를 동시에 연결하여 사용하지 않아야 한다.
⑤ 전기는 물기가 있을 때 더욱 잘 통한다.
　㉠ 젖은 손으로는 전기기구를 만지지 말아야 한다.
　㉡ 물기가 많은 곳에서는 전기기구를 땅과 연결하여 접지시키거나 콘센트의 뚜껑을 덮는 등의 생활 습관을 길러야 한다.

(2) 전기 안전사고의 유형
① 합 선
　㉠ 전기가 공급되는 두 선이 접촉하면서 저항이 작아져 센 전류가 흐르는 것이다.
　㉡ 주로 전선의 고무 부분이 찢어지거나 전기 플러그의 접속 부분 등에서 전선이 끊어져 있을 때 일어나기 쉽다.
　㉢ 회로가 과열되어 화재가 발생할 수 있다.
② 누 전
　㉠ 전류가 정상적인 회로에서 벗어나 주변의 금속이나 물 등으로 흘러나가는 현상이다.
　㉡ 자주 사용하는 전기기구에서 누전이 발생하면 전기기구의 표면을 통해 전류가 흐를 수 있기 때문에 사람이 감전될 수 있다.
③ 감 전
　㉠ 인체에 전류가 흘러서 생리적 변화를 일으키는 현상이다.
　㉡ 최초 감지 전류는 사람에 따라 다르지만 교류는 1mA, 직류는 5mA 정도이다.

(3) 전기 안전사고의 특성 및 예방
  ① 특 성
    ㉠ 전기는 보이지 않고 냄새와 소리도 없다.
    ㉡ 전류가 흐르는 전선을 접촉하면 감전된다.
    ㉢ 전선이나 전기기기에 이상이 생기면 화재가 발생할 수 있다.
    ㉣ 사고가 나면 대피할 시간을 판단하여 대응할 시간적 여유가 거의 없다.
  ② 예 방
    ㉠ 충전으로부터 격리하여 감전 사고를 방지한다.
    ㉡ 전기기기는 반드시 땅에 접지하여 누전 전류의 전위를 제거한다.
    ㉢ 누전 차단기를 설치하여 단락에 의해 비정상적으로 흐르는 큰 전류를 차단한다.
    ㉣ 과전류를 방지하기 위하여 퓨즈나 차단기로 정해진 용량 이상의 전류를 차단한다.
    ㉤ 젖은 손으로의 조작을 금지하고 바닥의 고인 물은 바로 제거한다.
    ㉥ 정전 작업 및 활선 작업 시에는 감전에 유의한다.
    ㉦ 불량 전기기기의 사용을 절대 금지한다.
    ㉧ 누전 및 감전의 위험 제거 및 정기적인 전기기기 점검을 실시한다.

3. 보일러

(1) 보일러의 개요
  ① 보일러의 분류

원통보일러	입식보일러, 노통보일러, 연관보일러, 노통연관브일러
수관보일러	자연순환식, 강제순환식, 관류식
특수보일러	폐열보일러, 특수연료보일러, 특수우체보일러, 간접가열보일러, 전기보일러
주철보일러	주철제섹셔널보일러

  ② 보일러의 3대 구성요소 : 본체, 연소장치, 부속설비
  ③ 보일러의 특징
    ㉠ 보일러는 온수보일러와 증기보일러가 있고 클리닝에서는 주로 증기보일러가 사용된다.
    ㉡ 증기를 가압하면 100℃ 이상의 고온을 얻을 수 있다.
    ㉢ 보일러의 보전은 그장이나 손상을 막고 오래 유지하기 위해서이다.
    ㉣ 일반적으로 연료의 연소에 의해서 대기오염 물질이 생긴다.
  ④ 보일러 매연의 종류
    ㉠ 황화물 : 아황산가스, 무수황산 등의 황산화물
    ㉡ 질화물 : 일산화질소, 이산화질소 등의 질소산화물
    ㉢ 일산화탄소 및 그을음과 분진

(2) 보일러의 증기 일반요소

① 보일러에서 0℃의 물 1mL를 1℃ 올리는 데 필요한 열량은 1cal이다.
② 증기압과 증기의 온도

압력(kg/cm^2)	온도(℃)	압력(kg/cm^2)	온도(℃)
1.0	99.1	6.0	158.1
2.0	119.6	7.0	164.2
3.0	132.9	8.0	169.6
4.0	142.9	9.0	174.5
5.0	151.1	10.0	179.0

- 보일러의 증기압이 4.0kg/cm^2일 때 온도는 약 142.9℃이다.
- 보일러 사용 시 99.1℃에서의 증기압은 1kg/cm^2이다.
- 보일러 수증기 온도를 약 120℃로 하려면 보일러의 압력은 약 2기압(kg/cm^2)이 되어야 한다.

③ 보일러 압력

- 절대압력 = 게이지압력 + 1
  $= 1.033 \times \dfrac{실제대기압력}{표준대기압력} + 게이지압력$
- 게이지압력 = 절대압력 − 대기압

(3) 보일러의 장치

① **증기보일러** : 밀폐된 용기에 물을 채우고, 등유나 가스 혹은 전기로 가열하여 증기를 발생시키는 장치이다.
② 모터와 컴프레서에 가장 많이 사용되는 동력원은 전기이다.
③ 보일러 고장 원인(현상)
  ㉠ 수면계에 수위가 나타나지 않는다.
  ㉡ 증기(스팀)에 물이 섞여 나온다.
  ㉢ 본체에서 증기나 물이 샌다.
  ㉣ 작동 중 불이 꺼진다.
  ㉤ 압력 게이지가 움직이지 않는다.

(4) 보일러 취급 방법과 주의사항

① 보일러 취급 방법
  ㉠ 보일러의 수위와 압력을 항상 살핀다.
  ㉡ 연료의 완전 연소를 수시로 조정·관찰한다.
  ㉢ 공기가 새어 들어가지 않도록 막고, 전열면 내외를 청소한다.

② 초기에는 서서히 연소시킨다.
⑩ 보일러의 압력을 급격하게 올리면 보일러에 악영향을 주고 파괴의 원인이 된다.
※ 보일러의 부피를 일정하게 유지하고 증기의 온도를 상승시켰을 때 압력은 상승한다.
② 보일러의 정상적 작동을 위한 주의사항
㉠ 수위를 일정하게 유지한다.
㉡ 연료를 일정하게 공급한다.
㉢ 압력을 일정하게 유지한다.
㉣ 운전 상황을 항시 감시한다.
㉤ 연료를 완전하게 연소한다.
㉥ 새는 것을 방지한다.

04 | 환경오염 방지·폐기물 처리

1. 수질오염

(1) 수질오염의 개념과 원인

① 수질오염의 개념
㉠ 수질오염이란 물의 자연 정화능력을 초과하는 오염물질이 천연의 자연 수역에 인위적으로 배출되어 이용 목적에 적합하지 않게 된 상태를 말한다.
㉡ 수질오염은 인간이 생활과정에서 배출하는 오수가 유입되거나 지질 및 대기 등의 영향으로 수질이 화학적, 물리적, 생물학적으로 변하여 고유의 자정능력을 상실할 때 발생한다.

② 수질오염의 원인
㉠ 생활하수, 산업폐수, 농·축산폐수
㉡ 도로, 야영지, 낚시터, 유원지 등에서 나오는 기름·분뇨·음식 찌꺼기·비닐봉지·빈병 등
㉢ 생활하수(가장 큰 비중 차지)

(2) 수질오염의 영향

① 인체에 미치는 영향
㉠ 수질오염의 원형이라 할 수 있는 것은 생활하수에 의한 수인성전염병의 발생으로, 이는 병원균이 음료수원을 오염시켜 콜레라, 장티푸스, 이질 등의 질병을 일으키는 것을 말한다.
㉡ 그 후 산업의 발전으로 생긴 공장 폐수 등에 의해 구리, 수은, 카드뮴, 납, 크로뮴, 비소, 플루오린, 폴리염화바이페닐(PCBs ; Polychlorinated Biphenyls) 등 유독성 유해물질에 의한 급·만성 중독이 생겼다.

ⓒ 특히 중금속이나 특정 유기물질은 농도가 낮아도 먹이 연쇄에 축적되어 최종 소비자인 인간에게는 고농축으로 유입되므로 중독 증상이 발생한다.
② 생활환경에 미치는 영향
ⓐ 인체에 영향을 크게 미치지 않는다고 해도 부유물질(기름·쓰레기 등)에 수질이 오염될 경우 상당한 불쾌감을 느끼게 된다.
ⓑ 유기오염물 등에 의한 부영양화는 녹조, 적조 등의 조류 생장을 촉진시켜 수중 생명체를 폐사시키며 수영 등의 수상 여가생활에 나쁜 영향을 미친다.

2. 세탁폐기물 처리 방법

(1) 주요 정의(폐기물관리법 제2조)

① 폐기물 : 쓰레기, 연소재(燃燒滓), 오니(汚泥), 폐유(廢油), 폐산(廢酸), 폐알칼리 및 동물의 사체(死體) 등으로서 사람의 생활이나 사업활동에 필요하지 아니하게 된 물질을 말한다.
② 생활폐기물 : 사업장폐기물 외의 폐기물을 말한다.
③ 지정폐기물 : 사업장폐기물 중 폐유·폐산 등 주변 환경을 오염시킬 수 있거나 의료폐기물(醫療廢棄物) 등 인체에 위해(危害)를 줄 수 있는 해로운 물질로서 대통령령으로 정하는 폐기물을 말한다.

(2) 폐유기용제(폐기물관리법 시행령 별표 1)

① 할로겐족(환경부령으로 정하는 물질 또는 이를 함유한 물질로 한정한다)
② 그 밖의 폐유기용제(① 외의 유기용제를 말한다)

(3) 폐유기용제 중 할로겐족에 해당되는 물질(폐기물관리법 시행규칙 별표 2)

① 다이클로로메탄(Dichloromethane)
② 트라이클로로메탄(Trichloromethane)
③ 테트라클로로메탄(Tetrachloromethane)
④ 다이클로로다이플루오로메탄(Dichlorodifluoromethane)
⑤ 트라이클로로플루오로메탄(Trichlorofluoromethane)
⑥ 다이클로로에탄(Dichloroethane)
⑦ 트라이클로로에탄(Trichloroethane)
⑧ 트라이클로로트라이플루오로에탄(Trichlorotrifluoroethane)
⑨ 트라이클로로에틸렌(Trichloroethylene)
⑩ 테트라클로로에틸렌(Tetrachloroethylene)
⑪ 클로로벤젠(Chlorobenzene)
⑫ 다이클로로벤젠(Dichlorobenzene)

⑬ 모노클로로페놀(Monochlorophenol)
⑭ 다이클로로페놀(Dichlorophenol)
⑮ 1,1-다이클로로에틸렌(1,1-Dichloroethylene)
⑯ 1,3-다이클로로프로펜(1,3-Dichloropropene)
⑰ 1,1,2-트라이클로로-1,2,2-트라이플로로에탄(1,1,2-Trichloro-1,2,2-trifluroethane)
⑱ ①부터 ⑰까지 규정에 해당하는 물질을 중량비를 기준으로 하여 5% 이상 함유한 물질

(4) 폐유기용제의 처리기준(폐기물관리법 시행규칙 별표 5)
① 기름과 물 분리가 가능한 것은 기름과 물 분리 방법으로 사전처분하여야 한다.
② 할로겐족으로 액체 상태의 것은 다음의 어느 하나에 해당하는 방법으로 처분하여야 한다.
　㉠ 고온소각하여야 한다.
　㉡ 증발·농축 방법으로 처분한 후 그 잔재물은 고온소각하여야 한다.
　㉢ 분리·증류·추출·여과의 방법으로 정제한 후 그 잔재물은 고온소각하여야 한다.
　㉣ 중화·산화·환원·중합·축합의 반응을 이용하여 처분하여야 하며, 처분 후 발생하는 잔재물은 고온소각하거나, 응집·침전·여과·탈수의 방법으로 다시 처분한 후 그 잔재물은 고온소각하여야 한다.
③ 할로겐족으로 고체 상태의 것은 고온소각하여야 한다.
④ 그 밖의 폐유기용제로서 액체 상태의 것은 다음의 어느 하나에 해당하는 방법으로 처분하여야 한다.
　㉠ 소각하여야 한다.
　㉡ 증발·농축 방법으로 처분한 후 그 잔재물은 소각하여야 한다.
　㉢ 분리·증류·추출·여과의 방법으로 정제한 후 그 잔재물은 소각하여야 한다.
　㉣ 중화·산화·환원·중합·축합의 반응을 이용하여 처분하여야 하며, 처분 후 발생하는 잔재물은 소각하거나, 응집·침전·여과·탈수의 방법으로 다시 처분한 후 그 잔재물은 소각하여야 한다.
⑤ 그 밖의 폐유기용제로서 고체 상태의 것은 소각하여야 한다.

CHAPTER 01 적중예상문제

01 세탁물의 접수 점검 시 진단해야 될 사항과 가장 거리가 먼 것은?
① 카운터에서 고객과 함께 진단처방지에 주의사항을 기입한다.
② 얼룩, 변색, 흠, 형태 변화 등과 클리닝의 대상 여부를 판별한다.
③ 세탁물의 본체와 부속품을 체크하고 세탁 방법을 분류한다.
④ 얼룩의 종류와 부착 시기, 그리고 세탁물에 대한 정보를 알아본다.

해설
③은 대분류 공정을 말한다.

02 진단 시 고객으로부터 충분히 입수해야 할 정보로 가장 관계가 없는 것은?
① 품질 표시가 없는 제품
② 얼룩의 생성 동기
③ 고급 제품인 경우 구입한 나라의 번역된 취급표시 정보
④ 제품에 사용된 염료의 종류

해설
사전진단
• 사전진단은 접수 시 고객 앞에서 하거나 CCTV로 확인 가능해야 한다.
• 사전진단 시 고객으로부터 충분한 정보를 얻어야 한다.
• 가능한 한 정밀하게 진단해야 한다.
• 사전진단 결과를 고객에게 설명하여야 한다.

03 진단기술자가 해야 할 진단이 아닌 것은?
① 의류의 판매 가격
② 고객 주문의 타당성
③ 오점 제거 정도의 판단
④ 요금의 진단

해설
진단기술자가 해야 할 진단
• 특수품 진단
• 고객 주문의 타당성 진단
• 오점 제거 정도 진단
• 가공표시 진단
• 의류의 마모 진단
• 클리닝 방법 진단
• 요금 진단

04 다음 중 사무진단이 아닌 것은?
① 의류 물품의 종류, 수량, 색상
② 의류 부속물의 유무
③ 의류에 부착된 장식성이 높은 단추
④ 의류의 변형에 관한 사항

해설
④ 의류의 변형에 관한 사항은 기술진단에 속한다.

정답 1 ③ 2 ④ 3 ① 4 ④

05 벨벳(Velvet)과 같은 옷감은 어떤 제품에 속하는가?
① 파일제품   ② 부직포 제품
③ 편직물 제품   ④ 모피제품

해설
① 파일제품류로는 롱파일 제품, 벨벳제품, 플록가공 제품 등이 있다.

06 기술진단이 필요한 품목의 분류로 옳지 않은 것은?
① 고액상품류 - 모피제품, 고급 한복
② 파일제품류 - 벨벳제품, 통파일 제품
③ 론드리 대상품류 - 접착제품, 합성피혁
④ 염색 특수품류 - 날염제품, 털 심은 제품

해설
③ 접착제품, 합성피혁 등은 특수가공 소재류에 속하는 기술진단 품목이다.

07 가장 전문적 진단이 필요한 특수가공 제품은 무엇인가?
① 인조피혁 제품   ② 안료제품
③ 날염제품   ④ 합성섬유 제품

해설
특수가공 소재류에는 라미제품, 인조피혁 제품, 접착제품 등이 있다.

08 클리닝 처리를 하기 전에 선행되어야 할 기술진단 항목이 아닌 것은?
① 소매, 깃 부분의 마모 상태
② 가공 일자의 유무
③ 형태의 변형 유무
④ 특수염색의 유무

해설
② 가공표시의 진단을 해야 한다.

09 클리닝 처리 전 사전진단 사항이 아닌 것은?
① 직물의 조직   ② 가공의 유무
③ 가격 결정   ④ 염색 상태

해설
클리닝 처리를 하기 전에 그 물품의 클리닝성을 구분하여 진단할 필요가 있다. 진단을 위해 섬유의 조직, 가공의 유무, 천의 구조, 조직의 소재, 특수염색 등을 점검해야 한다.

정답 5 ① 6 ③ 7 ① 8 ② 9 ③

10 진단의 내용으로 옳지 않은 것은?

① 세탁물의 진단은 고객 앞에서 해야 한다.
② 진단은 고객으로부터 접수 시 해야 한다.
③ 취급표시의 정보를 입수하고 작업자 임의대로 취급해야 한다.
④ 진단 시 고객으로부터 충분한 정보를 입수해야 한다.

해설
옷에 부착된 취급표시의 정보를 숙지해야 하며 작업자 임의대로 취급하는 것은 금물이다.

11 섬유제품 표시의 진단 방법에 대한 설명으로 가장 옳은 것은?

① 섬유제품에 부착된 표시는 그대로 믿어도 된다.
② 표시가 부착되지 않은 것은 실험 없이 물세탁도 가능하다.
③ 등록상표나 승인번호 등 회사명이 기록된 표시가 있어도 일단 기초실험 후 처리한다.
④ 유명회사 제품은 실험 없이 바로 공정에 들어가는 것도 가능하다.

해설
가공표시의 진단
- 의류에 부착된 품질·클리닝처리 표시에 따라 처리한다.
- 표시와 다른 처리를 할 때는 반드시 고객에게 동의를 구해야 한다.
- 등록상표, 승인번호 등 회사명이 기록된 표시가 있어도 기초실험 후 처리한다.

12 세탁물 보전기능의 유지를 위해 필요한 지식으로 가장 거리가 먼 것은?

① 상품의 구조
② 상품의 기능 원리
③ 상품의 기능 내용
④ 상품의 제조 방법

해설
보전기능이 떨어지지 않도록 미리 보수를 하지 않으면 안 되므로 상품의 구조나 기능의 원리에 대한 필요한 지식과 기술이 반드시 필요하다.

13 워싱 서비스(Washing Service)의 가장 기본적인 서비스에 해당하는 것은?

① 청결 서비스
② 보전 서비스
③ 패션성 제공
④ 기능성 부여

해설
워싱 서비스는 단순한 세탁업이 제공하는, 의복 소재를 청결히 하는 서비스이다.

정답 10 ③ 11 ③ 12 ④ 13 ①

14 의류의 세정은 물론, 의류를 보다 좋은 상태로 보관하고 그 가치와 기능을 유지토록 제공하는 서비스는?

① 일반 서비스
② 단순 서비스
③ 패션 케어 서비스
④ 재생 서비스

> 해설
> 패션 케어 서비스는 섬유제품의 소재를 청결히 하는 단순함에서 고차원적 기능을 다하는 서비스이다.

15 클리닝 서비스의 분류에서 패션 케어 서비스(Fashion Care Service)의 설명으로 옳지 않은 것은?

① 의류의 세정은 물른 의류를 더욱 좋은 상태로 보전하고 그 가치와 기능을 유지하도록 제공하는 서비스이다.
② 클리닝도 섬유제품의 소재를 청결히 해 주는 단순함에서 고차원적인 기능을 다하는 서비스이다.
③ 옷의 기능도 몸을 보호하기 위해 감싸는 차원에서 사람의 개성·인품 등을 표현하게 하는 서비스이다.
④ 의류를 중심으로 한 대상품의 가치보전과 기능 회복이 중요한 포인트인 서비스이다.

> 해설
> ④ 의류를 중심으로 한 대상품의 가치보전과 기능 회복이 중요한 포인트인 클리닝 서비스는 워싱 서비스이다.

16 세탁업의 경영 본질과 관계없는 것은?

① 파손 부분을 수선해 준다.
② 의복의 착용성을 회복 재생한다.
③ 오점을 제거하여 위생 수준을 향상시킨다.
④ 현금장사이므로 수지를 맞출 수 있다.

> 해설
> "세탁업"이라 함은 의류, 기타 섬유제품이나 피혁제품 등을 세탁하는 영업을 말한다(공중위생관리법 제2조).

17 경영관리에 대한 설명으로 옳은 것은?

① 경영관리란 사람을 통해서 하는 것이므로 협동이라 할 수 있으며 경영은 주로 최고층이 하는 것이며, 관리는 중간층에서 활동하는 것으로 구분된다.
② 지역마다 고객의 특수성을 고려해서 사업방향을 잡을 필요는 없다.
③ 세탁영업에서는 소비자가 바라는 것이 별로 없기 때문에 신경 쓸 필요가 없다.
④ 고객에게 서비스는 단 한 번으로 끝내고 고가의 물품에 대해서는 가볍게 손질하는 방법을 알려 줘서는 안 된다.

> 해설
> ② 고객 계층을 설정하고 고객의 지역 특수성을 고려하여 사업 방향을 잡아야 한다.
> ③ 세탁영업에서는 소비자가 바라는 것이 무엇인지 확인해야 한다.
> ④ 고객에게 의류 보전이나 손질 방법에 대한 정보를 제공하는 등 서비스를 계속하여 고객을 관리한다.

18 클리닝의 각 공정을 설명한 것 중 옳지 않은 것은?

① 마킹은 물품의 분실과 납품의 잘못을 방지하는 중요한 공정이다.
② 대분류는 세탁물의 클리닝성을 고려해서 론드리, 웨트클리닝, 드라이클리닝으로 분류한다.
③ 얼룩빼기는 의복의 변형과 구김을 펴고 또 광택을 나게 한다.
④ 세분류에서 론드리는 고온, 중온, 저온으로 분류하며 웨트클리닝은 기계세탁, 손세탁으로 분류한다.

해설
③은 마무리 공정에 대한 설명이다. 얼룩빼기란 부분적으로 묻은 오염을 제거하는 것을 말한다.

19 클리닝의 일반적인 공정에서 제일 먼저 해야 할 일은 무엇인가?

① 접수 점검　② 대분류
③ 얼룩빼기　④ 포켓 청소

해설
클리닝의 일반 공정
접수 점검 → 마킹 → 대분류 → 포켓 청소 → 세분류 → 얼룩빼기(전 처리) → 클리닝(세정) → 얼룩빼기(후처리) → 마무리 → 최종 점검 → 포장

20 오염으로 인한 의복의 변화가 아닌 것은?

① 직물의 오염으로 인해 촉감이 뻣뻣해지고 중량이 증가되어 착용감이 좋지 않다.
② 함기율은 감소하고 또한 열전도성이 감소되어 옷의 보온성이 좋아진다.
③ 흰색 옷의 경우, 오염이 심하면 세탁을 해도 백도가 저하되는 경향이 있다.
④ 의복의 미관을 해친다.

해설
오염으로 인하여 함기율은 감소하고 열전도성이 증가되어 옷의 보온성이 떨어진다.

21 클리닝의 일반적인 효과에 관한 설명 중 옳지 않은 것은?

① 음식물이 옷에 묻으면 곰팡이와 기생충이 생기므로 바로 클리닝을 하는 것이 좋다.
② 오점이 묻은 옷을 다림질만 계속하여 착용하여도 섬유와 오점빼기에 어려움이 없다.
③ 오점이 묻으면 유용성 오점인지 수용성 오점인지 진단이 필요하다.
④ 오점이 오래되면 제거하기가 매우 어려워진다.

해설
오점이 묻은 옷을 다림질만 계속하여 착용하면 섬유와 오점 빼기에 어려움이 많다.

22 드라이클리닝의 기술적 효과로서의 세탁 작용 과정 순서가 옳게 나열된 것은?

① 침투작용 → 흡착작용 → 분산작용 → 유화현탁작용
② 침투작용 → 흡착작용 → 유화현탁작용 → 분산작용
③ 흡착작용 → 침투작용 → 유화현탁작용 → 분산작용
④ 흡착작용 → 침투작용 → 분산작용 → 유화현탁작용

해설
세탁 작용 순서 : 침투작용 → 흡착작용 → 분산작용 → 유화현탁작용

23 세탁 작용 중 침투작용에 대한 설명으로 가장 옳은 것은?

① 천에 젖기 어렵게 하는 것이다.
② 세제는 물의 표면장력을 높이는 힘을 가지고 있다.
③ 세제액이 천과 오점 사이에 들어가는 작용이다.
④ 오점이 천에서 분리되기 어렵게 하는 작용이다.

해설
침투작용 시 세제의 주성분인 계면활성제의 작용에 의해 세제 용액이 섬유와 섬유 사이, 섬유와 오염 사이로 쉽게 침투한다.

24 세탁 작용 중에서 유화현탁작용에 대한 설명으로 가장 옳은 것은?

① 젖기 쉽게 하는 것
② 오점이 떨어지게 하는 것
③ 세제를 작게 분산시키는 것
④ 오점이 액 중에서 안정화되는 것

해설
① 침투작용, ② 흡착작용, ③ 분산작용

25 클리닝 순서가 옳은 것은?

① 접수 점검 → 마킹 → 대분류 → 포켓 청소 → 세정
② 접수 점검 → 포켓 청소 → 대분류 → 세정 → 마킹
③ 접수 점검 → 세정 → 마킹 → 대분류 → 세정
④ 접수 점검 → 대분류 → 마킹 → 세정 → 포켓 청소

해설
클리닝의 공정 순서
접수 점검 → 마킹 → 대분류 → 포켓 청소 → 세분류 → 얼룩빼기(전 처리) → 클리닝(세정) → 얼룩빼기(후처리) → 마무리 → 최종 점검 → 포장

26 다음 중 세탁의 원리가 아닌 것은?

① 침 투
② 흡 착
③ 승 화
④ 유 화

해설
세탁의 원리 : 침투작용, 흡착작용, 분산작용, 유화현탁작용

정답 22 ① 23 ③ 24 ④ 25 ① 26 ③

27 세탁 약품에 관한 설명으로 옳지 않은 것은?

① 아세톤은 물, 알코올, 드라이클리닝 용제에 잘 녹는다.
② 과붕산나트륨은 찬물에는 잘 녹지 않고 60℃ 이상의 온수에 잘 녹는다.
③ 과탄산나트륨은 유기계 화학약품으로 대부분 유기용제에 잘 섞인다.
④ 탄산수소나트륨은 무기계 화학약품으로 염색이나 알칼리 세탁에서 냄새 제거제로도 사용한다.

해설
과탄산나트륨은 무기계 화학약품으로 냉수에도 용해되며 주로 가정용 세제와 혼합하여 사용한다.

28 세탁 약품의 안전한 저장·운반 방법으로 옳지 않은 것은?

① 세탁 약품은 모두 별개의 저장 공간이 있어야 한다.
② 소량의 가연성 액체를 저장하는 장소에는 창문이 없어야 한다.
③ 손으로 운반할 때는 적당한 용기에 넣어 옮기고 넘어지거나 깨지지 않게 해야 한다.
④ 수레로 운반할 때는 고르게 회전할 수 있는 바퀴가 달린 수레를 이용하여야 한다.

해설
② 소량의 가연성 액체를 보관하는 저장소는 환기를 위한 창이 있어야 한다.

29 다음 중 세탁 약품의 안전조치로 옳지 않은 것은?

① 독성 약품은 체내에 들어가지 않도록 조치를 취해야 한다.
② 산과 염기 약품은 항상 산에 물을 가하여 희석한다.
③ 강산화제는 장갑, 안면 보호대 같은 보호구를 착용하고 다루어야 한다.
④ 초미세 금속분진 사용 시는 호흡기 보호 대책을 세워야 한다.

해설
② 산과 염기 약품은 항상 물에 산을 가하며 희석하고 반대 방법으로 희석하면 안 된다.

30 세정기의 기본 원리에 대한 설명으로 옳지 않은 것은?

① 정·역회전 낙하교반 동작으로 세탁이 된다.
② 섬유는 물과 세제의 화학작용으로 세정된다.
③ 충동력과 마찰력으로 세탁이 이루어진다.
④ 외통에 오염된 세탁물을 교반시키는 장치가 있으므로 세척이 이루어진다.

해설
드럼식 세탁기는 세탁물이 들어 있는 내통을 세제가 들어 있는 외통 내에서 회전시키며 외통의 회전에 따라 세탁물이 위아래로 움직이면서 세탁한다. 물의 양이 많거나 거품이 있으면 세탁에 방해가 된다.

31 다음 중 콜드머신이 해당하는 것은?

① 론드리　　② 웨트클리닝
③ 드라이클리닝　　④ 얼룩빼기

해설
콜드머신은 석유계 용제를 사용하는 드라이클리닝 기계이다.

32 세정기(클리닝 기계)에 대한 설명으로 옳지 않은 것은?

① 퍼크로 기계는 증류과정에서 용제회수율이 낮은 것이 바람직하다.
② 기계의 재질은 용제의 부식에 견딜 수 있는 재질이어야 한다.
③ 석유계 용제의 기계는 완전 방폭형 구조가 바람직하다.
④ 세정기는 용제를 청정하게 하고, 재사용할 수 있는 견고한 기계가 좋다.

해설
퍼크로 기계는 증류과정에서 용제회수율이 높은 것이 바람직하다.

33 퍼클로로에틸렌용 기계 구조 중 가장 상관이 적은 것은?

① 세 정　　② 탈 액
③ 여 과　　④ 건 조

해설
밀폐형 세정기(퍼클로로어틸렌 기계)는 세정, 탈액, 건조 작업이 가능하다.

34 드라이클리닝 기계 중 합성용제를 사용하여 세정, 탈액, 건조까지 연속적으로 처리하는 것은?

① 개방형 세정기
② 반개방형 세정기
③ 준밀폐형 세정기
④ 밀폐형 세정기

해설
드라이클리닝 기계의 유형
- 석유계용 : 오픈와셔(개방형 세정기), 콜드머신(준밀폐형 세정기), 탈액기, 텀블러
- 합성용제용 : 핫머신(밀폐형 세정기), 용제회수장치, 수분분리기 등

정답 31 ③　32 ①　33 ③　34 ④

35 밀폐형 세정기(핫머신)에 대한 설명으로 옳지 않은 것은?

① 세정, 탈액, 건조까지 연속적으로 처리한다.
② 다양한 안전장치가 있다.
③ 석유계 용제를 사용하는 드라이클리닝 기계이다.
④ 운전조작이 다양한 컨트롤시스템이다.

> 해설
> ③ 밀폐형 세정기(핫머신)는 합성용제를 사용하는 드라이클리닝 기계이다.

36 론드리 기계에 대한 설명으로 옳은 것은?

① 텀블러 – 많은 수의 작은 구멍이 있는 내통을 고속으로 회전시켜 물을 털어낸다.
② 원심 탈수기 – 열풍을 불어 넣으면서 내통을 회전시켜서 건조하는 기계이다.
③ 와셔 – 마무리 다림질한 물품을 접어 넣는 기계이다.
④ 면 프레스기 – 종류로 캐비닛형과 시저스형이 있다.

> 해설
> ① 텀블러 : 열풍을 불어 넣으면서 내통을 회전시켜서 건조하는 기계이다.
> ② 원심 탈수기 : 많은 수의 작은 구멍이 있는 내통을 고속으로 회전시켜 물을 털어낸다.
> ③ 와셔 : 일반적으로 빨래하는 기계(세탁기)를 말한다.

37 론드리용 기계인 와셔(Washer)에 대한 설명으로 옳지 않은 것은?

① 이중 드럼식으로 용수가 절약된다.
② 드럼식이므로 세탁물의 손상이 비교적 적다.
③ 내부드럼의 회전속도는 세탁 효과에 크게 영향을 미친다.
④ 이중 드럼식은 드럼의 측면이 열리는 엔드 로딩형과 드럼의 끝에서 세탁물을 넣게 된 사이드 로딩형이 있다.

> 해설
> 이중 드럼식은 드럼 측면이 열리는 사이드 로딩형과 드럼 끝에 있는 투입구에 세탁물을 넣는 엔드 로딩형이 있다.

38 론드리용 세탁기의 특성이 아닌 것은?

① 세탁 온도가 높아 세탁 효과가 크다.
② 마무리에 상당한 시간과 기술을 필요로 한다.
③ 담가서 헹구는 방식이므로 헹굼의 수량이 많아 물의 소요량이 많다.
④ 와셔는 원통형이므로 의류가 상하지 않고 오점이 잘 빠진다.

> 해설
> 론드리용 세탁기는 물에 침지하여 헹구는 방식으로 가정용 세탁기에 비해 세제, 물 등의 절약효과가 크다.

39 다음 중 텀블러에 대한 설명으로 옳지 않은 것은?

① 뜨거운 공기를 불어 넣어서 세탁물과 뜨거운 공기가 접촉되어 건조시키는 기계이다.
② 취급표시에 건조 불가 제품이 많으므로 확인 후 작업하는 것이 좋다.
③ 피혁, 토끼털, 아크릴 소재의 파일제품이 젖어 있을 때는 절대 사용을 금지해야 한다.
④ 종류는 캐비닛형과 시저스형으로 나눌 수 있다.

해설
④ 면 프레스기 종류는 캐비닛형과 시저스(Scissors)형으로 나눌 수 있다.

40 론드리용 기계 중 텀블러와 관계 있는 것은?

① 본 빨래   ② 열풍 건조
③ 탈 수   ④ 다림질

해설
텀블러는 열풍을 불어 넣으면서 내통을 회전시켜 세탁물과 열풍의 접촉을 이용하여 건조하는 기계이다.

41 가정용 세탁기 중 세탁 효과는 크나 세탁물이 쉽게 꼬이고 손상이 비교적 심한 세탁 방식은?

① 와류식   ② 교반식
③ 회전드럼식   ④ 침전식

해설
와류식 세탁기
- 특성 : 세탁조의 회전과 바닥 날개의 회전으로 물이 소용돌이치면서 빨랫감을 세탁한다.
- 장점 : 가격이 싸고, 구조가 간단해 고장이 적으며 세탁 시간이 짧아 전력 소모가 적다.
- 단점 : 빨랫감이 많이 엉켜서 옷감이 손상될 수 있다.

42 와류식 세탁기에서 세탁 효율이 최대가 되는 세제의 농도는?

① 0.05%   ② 0.1%
③ 0.2%   ④ 0.3%

해설
와류식 세탁기는 세탁조의 회전과 바닥에 있는 날개의 회전으로 물이 소용돌이치면서 세탁한다. 세탁 효율이 최대가 되는 세제의 농도는 0.2%이다.

정답 39 ④ 40 ② 41 ① 42 ③

43 용제 공급펌프의 성능에 대한 설명으로 옳지 않은 것은?

① 액심도 3까지 60초 이상 요하는 펌프는 불량이다.
② 액심도 3까지 45~60초를 요하는 펌프는 한계이다.
③ 액심도 3까지 60초까지는 이상이 없다.
④ 액심도 3까지 45초 이내는 양호하다.

해설
액심도는 외통 반경을 10등분한 수치로, 용제 공급펌프가 액심도 3까지 달하는 시간이 45초 이내이면 양호, 60초 이상이면 불량하다.

44 용제 공급펌프의 설명 중 옳지 않은 것은?

① 용제의 필터 순환 횟수는 세정과 재오염 방지 효과와는 무관하다.
② 필터 압력이 상승하면 유량이 저하한다.
③ 펌프능력이 저하되면 세정기 내의 용제 교환 횟수가 줄어든다.
④ 펌프 형식에는 가스, 기어, 원심 등이 있다.

해설
① 용제의 필터 순환 횟수의 많고 적음에 따라 세정과 재오염 방지 효과가 좌우된다.

45 다음 중 론드리용 기계가 아닌 것은?

① 사이드 로딩(Side Loading)형
② 킬달(Kieldahl)형
③ 와셔(Washer)형
④ 엔드 로딩(End Loading)형

해설
론드리 와셔 기계 : 사이드 로딩형, 엔드 로딩형

46 수질오염에 관한 내용 중 옳지 않은 것은?

① 수질오염이란 물의 자연 정화능력을 초과하는 오염물질이 배출되어 이용 목적에 적합하지 않게 된 상태를 말한다.
② 수질오염은 수질이 화학적, 물리적, 생물학적으로 변하여 고유의 자정능력을 상실할 때 발생하는 현상이다.
③ 수질오염의 원인으로는 생활하수, 산업폐수, 농·축산폐수가 있다.
④ 수질오염의 원인 중 가장 큰 비중을 차지하는 것은 산업폐수이다.

해설
수질오염의 원인 중 가장 큰 비중을 차지하는 것은 생활하수이다.

정답 43 ③ 44 ① 45 ② 46 ④

47 일반적으로 보일러의 증류에 해당하지 않는 것은?

① 원통보일러　② 수관보일러
③ 특수보일러　④ 상용보일러

[해설]
보일러는 본체의 구조에 따라 원통보일러, 수관보일러, 특수보일러, 주철보일러 등으로 나눈다.

48 전기 안전사고의 유형을 설명한 것으로 옳은 것은?

① 감전 – 전류가 정상적인 회로에서 벗어나 주변 금속이나 물 등으로 흘러나가는 현상이다.
② 누전 – 회로가 과열되어 화재가 발생할 수 있다.
③ 누전 – 자주 사용하는 전기기구에서 누전이 발생해도 사람에게 감전되지는 않는다.
④ 합선 – 전기가 공급되는 두 선이 접촉되면서 저항이 작아져 센 전류가 흐르는 것이다.

[해설]
① 누전에 대한 설명이다.
② 합선에 대한 설명이다.
③ 자주 사용하는 전기기구에서 누전이 발생하면 전기기구의 표면을 통해 전류가 흐를 수 있기 때문에 사람이 감전될 수 있다.

49 다음 중 원통보일러에 해당하는 것은?

① 자연순환식 수관보일러
② 노통연관보일러
③ 강제순환식 수관보일러
④ 관류보일러

[해설]
①, ③, ④는 수관보일러에 해당한다.

50 폐유기용제의 처리기준으로 옳지 않은 것은?

① 기름과 물 분리가 가능한 것은 기름과 물을 분리하여 사전 처분하여야 한다.
② 할로겐족으로 액체 상태의 것은 고온소각하여야 한다.
③ 폐유기용제로서 액체 상태의 것은 증발·농축 방법으로 처분한 후 그 잔재물은 소각하여야 한다.
④ 폐유기용제로서 고체 상태의 것은 매립하여야 한다.

[해설]
폐유기용제로서 고체 상태의 것은 소각해야 한다[폐유기용제의 처리기준(폐기물관리법 시행규칙 별표 5)].

정답 47 ④　48 ④　49 ②　50 ④

51 보일러 사용 시 99.1℃에서의 증기압은 얼마인가?(단, 단위는 kg/cm²)

① 1 ② 2
③ 3 ④ 4

해설
증기압과 증기의 온도

압력(kg/cm²)	온도(℃)	압력(kg/cm²)	온도(℃)
1.0	99.1	6.0	158.1
2.0	119.6	7.0	164.2
3.0	132.9	8.0	169.6
4.0	142.9	9.0	174.5
5.0	151.1	10.0	179.0

52 다음 관계식 중 옳은 것은?

① 절대압력 = 게이지압력 − 대기압
② 게이지압력 = 절대압력 − 대기압
③ 진공압력 = 게이지압력 + 대기압
④ 대기압 = 게이지압력 + 진공압력

해설
보일러 압력
• 절대압력 = 게이지압력 + 1
  $= 1.033 \times \dfrac{\text{실제대기압력}}{\text{표준대기압력}} + \text{게이지압력}$
• 게이지압력 = 절대압력 − 대기압

53 보일러의 게이지압력이 6kg/cm²을 나타내고 있다. 이때 절대압력은 얼마인가?(단, 대기압력은 750mmHg이고, 절대압력은 1.033 × 실제대기압력/표준대기압력 + 게이지압력으로 구하시오)

① 6.019 ② 7.019
③ 8.019 ④ 9.019

해설
$\text{절대압력} = 1.033 \times \dfrac{\text{실제대기압력}}{\text{표준대기압력}} + \text{게이지압력}$
$= 1.033 \times \dfrac{750}{760} + 6$
$= 7.019 \text{kg/cm}^2$

54 다음 중 보일러에 관한 설명으로 옳지 않은 것은?

① 보일러는 온수보일러와 증기보일러가 있고 클리닝에서는 주로 증기보일러가 사용된다.
② 증기를 가압하더라도 100℃ 이상의 고온을 얻을 수 없다.
③ 보일러의 보전은 고장이나 손상을 막고 오래 유지하기 위해서이다.
④ 일반적으로 연료의 연소에 의해서 대기오염 물질이 생긴다.

해설
증기를 가압하면 100℃ 이상의 고온을 얻을 수 있다.

51 ①　52 ②　53 ②　54 ②

55 다음 중 모터와 컴프레서에 가장 많이 사용되는 동력원은?

① 휘발유　　② 석 탄
③ 가 스　　　④ 전 기

해설
보일러 장치 모터와 컴프레서에서 가장 많이 사용되는 동력원은 전기이다.

56 보일러의 고장 현상 중 옳지 않은 것은?

① 수면계에 수위가 나타나지 않는다.
② 증기에 물이 섞여 나온다.
③ 작동 중 불이 꺼진다.
④ 압력 게이지가 움직인다.

해설
보일러 고장 원인(현상)
- 수면계에 수위가 나타나지 않는다.
- 증기(스팀)에 물이 섞여 나온다.
- 본체에서 증기나 물이 샌다.
- 작동 중 불이 꺼진다.
- 압력 게이지가 움직이지 않는다.

57 보일러의 수명을 오래 유지하고 고장과 손상을 일으키지 않도록 하기 위한 취급 방법으로 옳지 않은 것은?

① 보일러의 수위와 압력을 항상 살핀다.
② 연료의 완전 연소를 수시로 조정·관찰한다.
③ 공기가 새어 들어가지 않도록 막고, 전열면 내외를 청소한다.
④ 연소는 초기에는 급격 연소시켜 단시간에 증기가 발생토록 한다.

해설
냉각된 보일러를 갑자기 고온으로 연소시키면 급격한 팽창 수축으로 용접부 누수가 발생되는 등 수명이 짧아진다.

58 보일러의 압력을 급격하게 올려서는 안 되는 이유로 가장 적당한 것은?

① 보일러 내 물의 순환을 해친다.
② 압력계를 파손한다.
③ 보일러 효율을 저하시킨다.
④ 보일러에 악영향을 주고 파괴의 원인이 된다.

해설
보일러나 노내 벽돌에 악영향을 끼치므로 보일러의 압력을 급격하게 올려서는 안 된다.

정답 55 ④　56 ④　57 ④　58 ④

CHAPTER 02 섬유 감별

01 | 감별 방법 선택

1. 세탁물에 부착된 품질 표시 이해
[안전기준준수대상생활용품의 안전기준 부속서 1(국가기술표준원고시 제2024-72호)]

(1) 용 어

① **조성섬유** : 섬유제품을 구성하고 있는 섬유의 명칭을 말한다.
② **혼용률** : 조성섬유가 2종 이상의 섬유로 혼용(혼방·교직)되었을 때, 각 조성섬유의 무게를 전 조성섬유 무게에 대한 백분율(%)로 나타낸 것을 말한다.
③ **취급상 주의사항** : 세탁 등의 취급 방법을 알리기 위하여 섬유제품에 표시하는 것을 말한다.
④ **방염제품** : 방염 처리하거나 난연성 소재로 제조한 제품을 말하며 방염제품이라고 표시하였을 경우에는 소방청고시 방염제품의 성능인증 및 제품검사의 기술기준에 적합하여야 한다.
⑤ **섬유제품** : 일상생활에서 사용하는 피부에 직접 또는 간접 접촉하는 섬유로 만들어진 제품을 말한다.
⑥ **내의류**
  ㉠ 지속적으로 피부에 직접 접촉하는 제품
  ㉡ 슈미즈, 드로어즈, 브래지어류, 팬티류, 슬립류, 가터벨트류, 코르셋류(거들), 파니에, 브리프류, 런닝류, 임부속옷류, 잠옷류, 양말류(타이즈·스타킹 포함), 복대, 레깅스류, 목욕가운, 가슴패드, 속치마 등
⑦ **중의류**
  ㉠ 피부에 직접 접촉하는 제품
  ㉡ 블라우스, 원피스, 바지, 치마, 셔츠, 타월, 장갑, 수영복, 체조복, 체육복, 수면안대, 스포츠용 보호대, 헤어밴드, 가발, 귀마개, 토시 등(학생복 및 한복 포함)
⑧ **외의류**
  ㉠ 피부에 간접 접촉하는 제품
  ㉡ 슈트, 스웨터, 재킷, 코트, 커버올, 점퍼, 모자, 숄, 머플러, 넥타이, 조끼, 스카프, 앞치마, 우의, 신발(운동화, 장화류, 슬리퍼, 샌들, 아쿠아 슈즈 등을 말하며, 섬유의 원료인 합성수지를 사용하여 사출 성형한 100% 합성수지제 신발과 천연가죽·인조가죽 또는 모피로 된 신발은 제외), 벨트류, 멜빵 등(학생복 및 한복 포함)

⑨ 침구류
    ㉠ 잠을 자는 데 이용하는 제품
    ㉡ 이불 및 요, 베개, 크포, 침낭, 시트, 해먹, 카펫(면적이 1m² 미만), 매트류(합성수지 재질인 바닥매트는 제외) 등
⑩ 기타 제품류
    ㉠ 성인용 섬유제품 중 직접 착용하지 않는 제품으로서, 유해물질 안전요건 적용 대상 제품으로 보지 않는다.
    ㉡ 가방, 쿠션류, 방석류, 모기장, 커튼, 수의, 덮개 등

(2) 표시사항 및 표시 방법

① 개별제품
    ㉠ 개별제품에는 세탁 또는 드라이클리닝을 하더라도 떨어지거나 지워지지 않도록 박음질 또는 그와 동등한 효과의 방법으로 [표 1]에 따라 표시사항을 표시하여야 하며, 한글로 표시하여야 한다. 다만, 제조자명, 모델명 등은 한글로 표시가 곤란할 경우 영문으로 표시할 수 있다. '표시자' 표시는 제품하자 및 리콜에 대해 책임을 지는 '제품 문의처', '소비자상담실', '제조자명(국산품에 한함)', '수입자명(수입품에 한함)' 또는 '판매자명'으로 표시할 수 있다. 또한, 치수는 표시할 것을 권장한다.
    ㉡ 개별제품에는 제품의 추적이 가능한 제조연월, 최초 판매시즌, 로트번호, 제품의 스타일번호, 바코드번호, QR코드 등의 어느 하나를 표시하여 동제품이 언제 만들어졌는지 객관적으로 추적할 수 있도록 하여야 한다. 다만, 수입제품의 경우 수입연월을 표시할 수 있다.

② 개별제품의 포장 또는 꼬리표, 스티커 등의 표시
    ㉠ 개별제품의 박음질 표시가 제품의 사용에 불편을 주거나 미관을 심히 해할 수 있는 파운데이션류, 런닝셔츠, 팬티류, 양말류, 장갑류, 수영복, 체조복, 스카프, 머플러, 손수건, 가발류, 모자류, 기저귀류, 신발류, 수의류, 타월류, 넥타이, 모기장, 덮개류, 턱받이류, 가방류, 지갑류, 벨트류, 양면제품, 베개 등은 ①의 규정에도 불구하고 개별제품의 포장, 꼬리표 또는 스티커 등으로 소비자에게 판매 또는 전달될 때까지 표시할 수 있다. 또한 침낭 및 카펫은 방염여부를 표시하여야 한다. 다만, ①에 따라 박음질 또는 그와 동등한 효과의 방법으로 개별제품에 표시한 경우라 하더라도 소비자가 포장을 개봉하지 않는 한 표시사항을 확인할 수 없는 경우 포장 또는 꼬리표, 스티커 등의 표시를 추가로 하여야 한다.
    ※ 겉감 재질, 치수, 취급상 주의사항 등 신발류 제품의 중요 정보는 ①의 ㉠에 명시된 방법으로 표시할 것을 권장한다.
    ㉡ 동일 종류의 제품을 2개 이상의 개수로 모아서 포장된 상태로 판매할 경우는 최소 판매 포장 단위 표면에 표시할 수 있다.

[표 1] 개별제품별 표시사항

구 분	품질 표시사항
의 류	1. 섬유의 조성 또는 혼용률 　– 겉 감 　– 안 감 　– 충전재(충전재를 사용한 제품에 한함) 2. 제조자명 또는 수입자명 3. 제조국명 4. 제조연월, 최초 판매시즌, 로트번호, 제품의 스타일번호, 바코드번호, QR코드 등의 어느 하나 또는 수입연월(수입제품에 한함) 표시 5. 치수(권장) 6. 취급상 주의사항 7. 표시자 주소 및 전화번호
의류 이외의 섬유제품	1. 섬유의 조성 또는 혼용률 　– 겉 감 　– 안 감 　– 충전재(충전재를 사용한 제품에 한함) 2. 제조자명 또는 수입자명 3. 제조국명 4. 제조연월, 최초 판매시즌, 로트번호, 제품의 스타일번호, 바코드번호, QR코드 등의 어느 하나 또는 수입연월(수입제품에 한함) 표시 5. 치수(권장) 6. 취급상 주의사항 7. 표시자 주소 및 전화번호

※ 제품이 언제 만들어졌는지 객관적으로 추적이 가능하여야 하며, 치수는 표시할 것을 권장한다.

(3) 세부 표시 방법

① 섬유의 조성 또는 혼용률 표시

　㉠ 섬유제품별로 표기하여야 할 조성섬유는 [표 2]에 따른다. 섬유의 조성 또는 혼용률 표시는 KS K 0210에 따라 조성섬유의 명칭을 표시하는 문자에 섬유의 조성 또는 혼용률을 백분율로 나타내는 수치를 병기하며 혼용률의 표시는 소수점 첫째자리에서 반올림하여 정수로 표기하여야 한다. 다만, 섬유의 조성이 단일섬유인 경우는 100%로 표시한다.

　㉡ 조성이 다른 2종류 이상의 실로 된 원단, 그 원단 또는 조성이 다른 2종류 이상의 원단을 사용하여 제조하거나 가공한 섬유상품에 대하여는 다른 실 또는 원단의 매사용 부분을 분리하여 그 사용부분을 알기 쉽도록 표시하고 각 사용부분별 섬유의 조성 또는 혼용률을 병기하여 표시할 수 있다. 또한, 제품 면적대비 5% 이상의 가죽 또는 모피를 사용한 경우에는 그 부위를 알기 쉽도록 표시할 수 있고, 안전기준준수 안전기준 부속서 3(가죽제품)에 따른 용어를 병기하여 표시할 수 있다.

[표 2] 조성섬유

> 1. 직물에 있어서는 이를 조직하고 있는 실(변사를 제외한다)을 조성하는 섬유
>   다만, 파일직물에 있어서는 파일을 조성하는 섬유
> 2. 편성물에 있어서는 이를 편성하고 있는 실을 조성하는 섬유
> 3. 부직포에 있어서는 이를 구성하고 있는 섬유
> 4. 레이스 원단에 있어서는 이를 구성하고 있는 실을 조성하는 섬유
> 5. [표 1]의 섬유제품은 그 원단을 구성하는 섬유 및 충전재섬유

② 우모제품의 조성 또는 혼용률 표시

　㉠ 우모제품은 제품에 사용된 전체 충전재가 KS K 2620의 솜털(다운) 제품의 품질 기준을 충족하는 경우에 한하여 '솜털(다운) 제품'으로 표시할 수 있다. 조성혼합률은 솜털, 깃털, 조성섬유로 구분하여 퍼센트(%)로 표시하여야 한다. 제품에 사용된 충전재가 2종류 이상이거나, 사용 부위별 충전재의 함량이 상이한 경우, 이를 각각 구분하여 표시하여야 한다.

　㉡ 재사용 우모가 사용될 경우, 조성 혼합률은 원모와 동일하게 구분하며, "재사용 우모가 사용되었음" 문구를 표시하여야 한다. 수조류(거위, 오리 등)에서 채취한 우모가 사용된 경우, 동물명을 병기할 수 있다. 다만, 수조류 이외의 우모를 사용하거나 우모 충전재가 제품 구분에 따른 품질 기준을 충족하지 못하는 경우에는 지정외우모로 분류하고 함량을 퍼센트(%)로 표시할 수 있다.

③ 특수한 표시 방법 : ①에 갈음하여 다음의 방법으로 조성 또는 혼용률을 표시할 수 있다.

　㉠ 조성섬유 중 어느 한 종류의 섬유의 혼용률이 80%를 초과하는 경우에는 그 혼용률을 표시하는 수치에 "이상"이라 쓰기고 기타의 섬유의 명칭을 표시하는 문자는 일괄하여 기재하고 그들 섬유의 혼용률을 합계한 수치에 "미만"이라 부기하여 표시하는 방법

　㉡ [표 3]에 적힌 섬유제품(그 조성섬유 중 섬유의 종류가 2 이상인 것에 한한다)에 대하여 그 조성섬유 중 혼용률이 큰 것부터 순차로 섬유의 명칭을 나타내는 문자를 열기하는 방법

[표 3] 혼용률이 큰 것부터 순차로 섬유명칭의 문자를 열거하여 표시하는 방법

> 1. 방모방식의 실 및 이를 사용하여 제조하거나 가공한 섬유제품
> 2. 넵사, 슬럽사 등 섬유조성이 불균일한 실 및 이를 사용하여 제조하거나 가공한 섬유제품
> 3. 기모된 직물 및 편성물과 이를 사용하거나 가공한 섬유제품
> 4. 조성섬유의 일부가 마인 섬유제품(마 이외의 조성섬유의 전부 또는 일부가 면·모·견·비스코스섬유 또는 아세테이트섬유인 것에 한한다)
> 5. 지조직에 무늬가 있는 원단이 무늬부분 또는 연속무늬가 있는 원단을 사용하여 제조하거나 가공한 섬유제품의 무늬부분
> 6. 오팔 가공한 직물이나 편성물을 사용하여 제조하거나 가공한 섬유제품

　㉢ [표 4]의 섬유제품(그 조성섬유 중 섬유의 종류가 2 이상인 것에 한함)은 [표 3]과 같이 표시하거나 또는 조성섬유 중 혼용률이 큰 것부터 적어도 2 이상의 섬유의 명칭을 표시하는 문자를 순차로 열기하고, 나머지의 섬유를 "기타" 또는 "기타섬유"로 일괄하여 표시하는 방법

[표 4] 혼용률이 큰 것부터 2 이상의 섬유명칭의 문자를 순차로 열기하고 나머지는 기타로 표시하는 방법

1. 양말
2. 장갑
3. 케미컬레이스 원단 및 겉감에 케미컬레이스 원단만을 사용하여 제조하거나 가공한 섬유제품
4. 레이스원단(지조직을 갖는 것에 한함) 및 겉감에 레이스원단만을 사용하여 제조하거나 가공한 섬유제품 등의 지조직 이외의 부분
5. 수공레이스 섬유제품
6. 레이스원단을 사용하여 제조하거나 가공한 섬유제품 등(3. 및 4.에 적힌 것을 제외한다)의 레이스원단을 사용한 부분
7. 수영복, 체조복
8. 브래지어, 코르셋, 기타의 파운데이션
9. 이불 및 요의 솜, 침낭의 충전재(다운제품 제외)
10. 이불 및 요의 겉감과 안감의 조성섬유가 다를 때의 이불 및 요의 겉감

ㄹ 안감을 사용하는 섬유제품에 대하여는 그 안감을 분리하여 섬유조성 또는 혼용률을 표기한다.

ㅁ 이불 및 요의 솜, 침낭의 충전재로 방적공정의 폐설물, 천 조각 또는 실 부스러기 등을 섬유상태의 것으로 사용한 경우에는 "재용면 사용"으로 표시하는 방법

ㅂ 혼용률 산정이 불가능한 섬유제품의 경우에는 특수한 표시 방법의 ㄴ 또는 ㄷ에 따르는 것을 원칙으로 하며, 이 방법으로 표기가 불가능할 경우는 조성섬유 명칭 다음에 "혼용률 불명"이라 표시한다.

ㅅ 신발의 섬유의 조성 또는 혼용률 표시는 겉감(또는 겉피), 안감, 창으로 구분하여 표시할 수 있으며, 창의 표시는 생략할 수 있다.

ㅇ 보온 목적 이외의 용도로 우모 충전재가 사용된 제품은 우모제품의 조성 또는 혼용률 표시 규정에 따라 표시할 수 있다.

(4) 혼용률에 관한 특례

① 섬유제품 중 [표 5]에 적힌 조성섬유가 있을 때에는 이를 조성섬유로부터 제외하여 섬유의 조성 또는 혼용률을 산정할 수 있다. 이 경우 "심지 제외" 등과 같이 조성섬유에서 제외하고 산정하였음을 부기할 수 있다.

② 원단의 장식 또는 조직의 모양에 사용한 실 및 섬유제품의 장식보강 또는 가장자리 등 특정 부분의 효용을 증가시키기 위한 보강재, 상표, 무늬, 레이스, 밴드 등에 사용된 실 또는 원단으로서 그 조성섬유의 전체에 대한 혼용률이 5% 이하인 것에 대하여는 이를 조성섬유로부터 제외하여 혼용률을 산정할 수 있다. 이 경우 "상표 제외" 등과 같이 조성섬유에서 제외하고 산정하였음을 부기할 수 있다.

③ 일부 조성섬유에 대해 그 혼용률의 산정이 곤란한 경우에는 그 조성섬유의 혼용률에 대하여는 혼용률을 나타내는 수치에 갈음하여 "혼용률 불명" 또는 "불명"이라 표시하여야 한다.

[표 5] 조성섬유로부터 제외하여 혼용률을 산정할 수 있는 경우

1. 모포의 모우를 구성하고 있는 섬유 이외의 조성섬유
2. 이모편직물 또는 이모편직물을 원단으로 사용하고 있는 섬유제품 등에 대하여는 이모의 조성섬유("겉"이라는 뜻을 나타내는 문자를 부기하는 경우에 한한다)
3. 금속사, 첨사 기타의 섬유 이외의 것으로 가공된 실, 슬릿사, 셀로판사의 조성섬유(금속사, 첨사, 기타의 섬유 이외의 것으로 가공된 실, 슬릿사, 셀로판사를 사용하고 있다는 뜻을 부기하는 경우에 한한다)
4. 넵 또는 슬럽의 부분과 넵 또는 슬럽 이외의 부분의 조성이 다른 넵사 및 슬럽사와 이를 사용하여 제조하거나 가공한 섬유제품의 넵 또는 슬럽의 조성섬유(넵 또는 슬럽의 조성섬유의 종류 및 넵사나 슬럽사를 사용하고 있는 뜻을 부기하는 경우에 한한다)
5. 겉감의 일부에 레이스원단(지조직을 갖는 것에 한한다)을 사용하여 제조하거나 가공한 섬유제품 등의 레이스원단을 사용한 부분의 지조직 이외의 조성섬유("지조직"이라는 뜻을 나타내는 문자를 부기하는 경우에 한한다)
6. 섬유제품의 심지·재봉사 등의 부속재료 또는 장식보강재 등으로 사용한 가죽, 인조가죽, 비닐 등의 비섬유재료

(5) 혼용률 오차 허용범위

1. 섬유의 조성이 100%인 뜻을 표시하는 경우 혼용률 오차의 허용범위
   (1) 모에 있어서는 −3%, 단, 방모방식 실 및 이를 사용하여 제조하거나 가공한 섬유제품인 경우는 −5%로 표시하고, "방모사 사용" 등과 같이 방모방식 실을 사용한 뜻을 부기하여야 한다.
   (2) 모 이외의 섬유에 있어서는 −1%
   (3) 위 (1), (2)는 불순물이 혼입되는 경우 등과 같이 제조공정상 불가피한 변동요인을 고려하여 설정된 오차 허용범위이므로 의도적으로 사용한 섬유에 더해서는 허용범위 이내라도 혼용률을 표기하여야 하고 허용범위를 감안하여 혼용률 표시를 조정하지 말아야 한다.
2. 혼용률을 나타내는 수치에 "이상"이라 부기하여 표시하는 경우에는 −0%, "미만"이라 부기하는 경우에는 +0%
3. 혼용률을 나타내는 수치를 5의 정수배(100을 제외한다)로 표시하는 경우에는 ±5
4. 섬유제품분야 품질표시 기준 규정에 의하여 조성섬유의 혼용순서를 열기한 경우에 그 열기순서가 2% 이내의 혼용률의 차이로 잘못된 것은 이를 실제의 혼용순서와 일치하는 것으로 본다.
5. 그 이외의 경우에는 ±4

알아두기 | **혼방직물 표시**

- A/W직물 : 아크릴과 울 혼방직물
- N/C직물 : 나일론과 면 혼방직물
- T/C직물 : 폴리에스터와 면 혼방직물
- T/W직물 : 폴리에스터와 양모 혼방직물

(6) 제조국명
① 제조국은 제조자가 속한 국가를 말한다.
② 여러 제조자가 포함된 경우에는 제품의 기능을 부여한 자가 속한 국가명을 쓴다.
③ 국내에서 제조된 경우에는 한국산 등으로 소비자가 알 수 있게 표기한다.
④ 수입제품인 경우에는 대외무역법에 의거 표기한다.

(7) 취급상 주의사항
① 취급상 주의사항은 제품에 적합한 내용을 물세탁 또는 드라이클리닝 방법 등을 포함해 4종류 이상을 KS K 0021에 따라 한글 또는 기호로 표시하여야 한다. 다만 수의류, 손수건, 타월류, 모기장, 덮개류, 가방류 등은 취급상 주의사항을 생략할 수 있다.
② 금속 액세서리를 사용한 제품에는 다음과 같이 녹 및 피부 접촉 주의사항을 표시해야 한다.
㉠ 물세탁 시 녹이 발생할 수 있음
㉡ 체질에 따라 피부 알레르기가 발생할 수 있음
③ 불꽃 접근 시 제품에 옮겨 붙을 가능성이 있어 주의를 요하는 제품에 대해서는 다음과 같이 "불꽃주의" 기호를 추가할 수 있다.

취급상 주의사항
 • 불꽃 접근 시 불길이 옮겨 붙을 가능성이 있음 • 다음 기호로 병행 표시할 수 있다.

④ 섬유제품의 치수표시
㉠ 섬유제품의 치수를 표시할 경우는 한국산업표준에 따라 cm 또는 mm와 같은 미터법 단위를 사용하여 표시할 수 있다.
㉡ 치수 측정은 정밀도를 가진 자로 명확히 재며 제품의 치수는 평평한 대 위에 놓고 부자연한 주름이나 장력이 없도록 한 후 잰다.
㉢ 치수의 범위 표시가 가능한 제품 중 한국산업표준에 명시되지 않은 범위의 제품을 제조 판매하는 경우 소비자가 쉽게 인식할 수 있는 문자를 사용하여 표기할 수 있으며 치수 범위를 병기할 수 있다.

(8) 안전요건 적합 표시
안전요건에 적합함을 수요자에게 알리기 위해서 표시사항에 "안전기준에서 정한 유해물질 안전요건에 적합함"을 뜻하는 문구를 추가로 표시할 수 있다.

2. 섬유 감별 방법의 이해

(1) 섬유의 분류

천연 섬유	식물성 섬유	종자섬유		면, 케이폭 등	
		줄기섬유(인피섬유)		아마, 저마(모시), 대마, 황마, 케나프 등	
		잎섬유(엽맥섬유)		마닐라마, 야카, 사이잘마 등	
		과일섬유		야자섬유, 코코넛섬유, 코이어 등	
	동물성 섬유	스테이플 형태	양모섬유	면양모(Sheep Wool), 산양모(Goat Wool)	
			헤어섬유 (수모섬유)	염소, 낙타, 토끼, 알파카, 라마 등의 동물의 털섬유	
				캐시미어 (Cashmere)	• 산양의 털이 원료 • 인도의 캐시미르 지방에서 유래
				모헤어 (Mohair)	앙고라산양 모헤어의 총칭
				낙타모 (Camel's Hair)	중앙아시아 사막에 사는 쌍봉낙타에서 저절로 탈락되는 털을 모은 섬유
		필라멘트 형태	견섬유	가잠견, 야잠견	
	광물성 섬유	석면			
인조 섬유	유기질 섬유	재생 섬유	셀룰로스계 (섬유소계)	비스코스레이온, 폴리노직레이온, 구리암모늄레이온 등	
			단백질계	카세인섬유 등	
			기타	고무섬유, 알긴산섬유 등	
		반합성 섬유	셀룰로스계	아세테이트, 트라이아세테이트 등	
		합성 섬유	축합중합형	폴리아마이드계	아라마이드, 나일론 4, 6, 6.6, 11, 6.10
				폴리에스터계	폴리에스터
				폴리우레탄계	폴리우레탄(스판덱스)
			부가중합형	폴리에틸렌계	폴리에틸렌
				폴리염화비닐계	PVC
				폴리염화비닐라이덴계	폴리염화비닐라이덴
				폴리플루오르데틸렌계	폴리플루오르에틸렌
				폴리비닐알코올계	비닐론, PVA
				폴리아크릴로나이트릴계	아크릴, 모다크릴
				폴리프로필렌계	폴리프로필렌
	무기질 섬유	금속섬유, 유리섬유, 암석섬유, 탄소섬유, 스테인리스강섬유 등			

(2) 섬유의 감별 방법
① 외관 관찰법 : 섬유의 광택, 촉감, 굵기, 길이, 강도, 형태 등을 육안으로 관찰
② 광학적 방법 : 현미경법, 적외선 흡수 스펙트럼법
③ 물리적 방법 : 비중법, 융점 측정법
④ 화학적 방법 : 연소시험법, 용해법, 정색법, 염색법 등

(3) 섬유의 분석 방법
① 화학적 정성 분석 방법
  ㉠ 섬유의 특이한 성능·성질을 화학적 방법으로 감별한다.
  ㉡ 불을 붙여 연소할 때 타는 진행 상태를 평가한다.
  ㉢ 산이나 알칼리 등 시약에 대한 반응(용해성·정색 등)을 관찰한다.
  ㉣ 염료에 의한 염착 상태를 살핀다.
  ㉤ 섬유분자 중에 포함된 원소나 원자단을 화학적 분석으로 검출한다.
② 물리적 정성 분석 방법
  ㉠ 섬유의 특이한 성능·성질을 물리적 방법으로 감별한다.
  ㉡ 강·신도, 습윤강도, 흡습성, 비중 등을 측정한다.
    ※ 신도 : 섬유가 절단되기 전까지 늘어난 길이를 백분율로 표시하는 것
  ㉢ 가열에 의한 연화나 용융하는 온도를 관찰한다.

(4) 연소법에 의한 섬유소재 감별법

섬 유	타는 모양	냄 새	특 징
면	불그스름한 불꽃을 내며 쉽게 탄다.	종이 타는 냄새	• 부드러운 연한 회색의 재가 된다. • 불꽃에 그을림, 연기가 없다.
마	불그스름한 불꽃을 내며 쉽게 빨리 탄다.	종이 타는 냄새	• 진한 회색(비둘기색)의 부드러운 재가 남는다. • 불꽃에 그을림, 연기가 없다. • 섬유가 거칠며 구김이 잘 간다.
견	빨리 타고 지글지글 덩어리가 생기면서 탄다.	모발 태우는 냄새	• 흑갈색의 재가 부풀어 뭉쳐져 있다. • 섬유가 부드럽고 촉감이 좋다.
모	견과 같으며 바지직거리며 얼마간 더디게 탄다.	모발 태우는 냄새	• 흑갈색의 재가 부풀어 뭉쳐져 있다. • 섬유가 일반적으로 견에 비해 두껍고 무겁다.
레이온	불그스름한 불꽃을 내며 종이처럼 빨리 탄다.	종이 타는 냄새	• 하얗고 부드러운 재가 남는다. • 견처럼 부드럽다. • 물이 묻으면 오그라들고 경화된다.
아세테이트	녹으면서 탄다.	초산(식초) 냄새	• 검은색의 재가 굳어 있다. • 식초냄새가 난다.
폴리에스터	녹으면서 검은 연기를 내며 빨리 탄다.	달콤한 냄새	• 검은 연기가 나면서 탄다(아크릴보다 다소 딱딱하게 굳어진다). • 타고난 후의 형태는 검고 광택이 나며 딱딱하게 굳어 있다.

섬 유	타는 모양	냄 새	특 징
나일론	불을 가까이 대면 녹아서 동그랗게 되며 불을 떼면 즉시 꺼진다. 탈 때 녹은 섬유의 색은 연한 회색 또는 흰색에 가깝다.	독특한 악취 (아마이드)	• 뜨거울 때 당기면 실같이 늘어난다. • 식으면 유리처럼 딱딱해진다.
아크릴	불을 가까이 대면 쪼그라들면서 잘 타지 않고 불을 떼면 즉시 꺼진다.	약간 특수한 냄새	• 단단한 흑갈색 덩이가 남는다. • 탈 때 검은 연기가 난다.

알아두기 섬유 연소 시 발생하는 냄새

- 견·양모 : 모발 태우는 냄새가 난다.
- 면·마·비스코스레이온 : 종이 태우는 냄새가 난다.
- 글라스섬유 : 냄새가 없다.
- 아세테이트 : 식초 냄새가 난다.
- 나일론 : 특이한 냄새(아마이드)가 난다.
- 폴리에스터 : 달콤한 냄새가 난다(녹으면서 검은 그을음을 낸다).
- 비닐론 : 특유의 달콤한 냄새가 난다(오그라들며 녹는다).
- ※ 불꽃 속에서도 잘 타지 않는 섬유 : 석면섬유[자연적으로 생성되며 섬유상 형태를 갖는 규산염(硅酸鹽) 광물류]

3. 실의 분류 및 특성

(1) 실의 분류

① 형태별 분류 : 단사(방적사, 필라멘트사), 합연사, 코드사
② 원료(재질)별 분류 : 순사, 인조섬유사, 혼방사, 교합사, 합연사, 교연사, 피복사
③ 용도별 분류 : 장식사, 레이스사, 재봉사, 수편사

(2) 실의 종류

① 섬유는 길이에 따라 스테이플과 필라멘트로 구분한다.
  ㉠ 단섬유(Staple Fiber) : 면, 마, 모로 보통 20~100mm의 짧은 길이의 섬유이다.
  ㉡ 장섬유(Filament Fiber)
    - 한 가닥, 한 올의 실은 모노필라멘트라 하는데, 보통 직물(패브릭) 니트제품을 만들 때는 몇 가닥의 긴 필라멘트를 합해 한 올의 실을 형성한다.
    - 장섬유에는 견섬유(실크)와 합성섬유(나일론, 폴리에스터, 아크릴)가 있다.
    - 견사는 천연섬유 중 유일한 필라멘트사(장섬유)이다.

② 방적사(스테이플사)
  ㉠ 단섬유를 방적해서 만드는 실을 말한다.
  ㉡ 비교적 부드러우며 감촉이 따뜻하다.
  ㉢ 굵기나 보풀상태가 불균일하고, 강도는 필라멘트사보다 약하다.
  ㉣ 면사(무명실), 마사, 모사(털실) 등이 있다.
③ 필라멘트사(Filament Yarn)
  ㉠ 견섬유나 인조섬유처럼 길이가 무한히 긴 섬유(수천 미터 이상)로 만들어진 실을 말한다.
  ㉡ 광택이 우수하고 촉감이 차다.
  ㉢ 모노필라멘트사(Monofilament) : 한 가닥의 필라멘트사, 일반적으로 매우 강하다.
  ㉣ 멀티필라멘트사(Multifilament) : 여러 가닥의 필라멘트사, 대부분의 장섬유사는 멀티필라멘트를 말한다.
  ㉤ 필라멘트사의 종류(여러 가닥을 합쳐서 만든 실)
    • 천연섬유 : 길이가 긴 견사
    • 재생섬유 : 레이온사
    • 합성섬유 : 나일론사, 폴리에스터사, 아크릴사 등

(3) 실의 굵기
  ① 실의 번수 : 실의 굵기를 나타내는 수치이다.
  ② 실의 번수 구분

구 분	특 징	표시기호

항장식
번수법
	• 합성섬유사, 견사(면주실)에 사용한다.
	• 표준 길이와 단위 중량을 정해서 표준 길이에 단위 중량의 배수로 표시한다.
	• 숫자가 클수록 굵은 실이다.
	• 무게에 비례, 길이에 반비례한다.
	• 장섬유사(필라멘트사)의 굵기를 나타내는 데 사용한다.
		• D(데니어), Tex(텍스)
		• 1D(Denier, 데니어)
		  → 길이 9,000m, 무게 1g
		• 1Tex(텍스)
		  → 길이 1,000m, 무게 1g

항중식 번수법	• 면사, 마사, 모사(소모사, 방모사, 혼방사) 등 짧은 방적사에 사용한다. • 표준 중량과 단위길이를 정하고 표준 중량에 단위길이의 배수로 표시한다. • 번호 수는 실의 굵기에 반비례해서 번호 수가 클수록 가늘다. • 같은 중량이면서 길이가 길수록 번수가 높아진다. • 무게에 대한 길이로 굵기를 측정하는 방법이다. • 길이에 비례, 무게에 반비례한다.	• 's 또는 S(번수 : Count) • 면사 50번수 → 실의 무게가 453g 일 때 길이가 768×50m • 면사 100번수 → 실의 무게가 453g 일 때 길이가 768×100m
공통식 번수	• 방적사, 필라멘트사 모두 사용한다. • 우리나라에서는 공통식을 모사와 마사의 굵기 표시에 사용한다.	• Nm(뉴턴미터) • 50Nm → 실의 무게가 1,000g일 때 길이가 1,000×50m

> **알아두기 용어**
> - 섬도 : 섬유의 굵기를 나타내는 것
> - 권축성 : 섬유의 굴곡 형태
> - 섬유장 : 섬유의 면조
> - 가소성 : 직물 등에 어떤 모양을 주고, 일정한 열고· 압력을 가하면 그 모양이 그대로 있는 성질

(4) 실의 꼬임
① 실의 꼬임은 실의 형태와 강도를 유지하도록 한다.
② 꼬임 방향
  ㉠ 모든 실에는 꼬임이 존재하며, 꼬임의 방향과 수에 따라서 여러 가지 종류가 있다.
  ㉡ 꼬임 방향에는 S꼬임과 Z꼬임이 있는데, S꼬임을 우연, Z꼬임을 좌연이라 한다.
  ㉢ 일반적으로 방적사의 단사는 좌연, 필라멘트사는 우연이다.
  ㉣ 합연사에서 단사의 꼬임을 하연이라 하고 합연사의 꼬임을 상연이라 하는데, 보통 하연과 상연은 반대 방향이다.

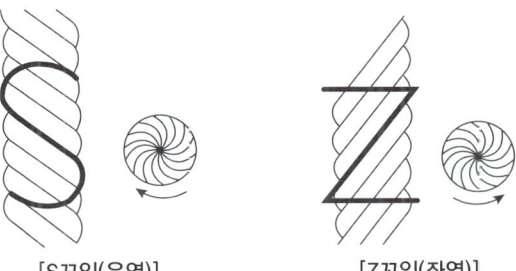

[S꼬임(우연)]   [Z꼬임(좌연)]

③ 꼬임수
  ㉠ 실의 꼬임수를 나타내는 방법

방적사	1인치(2.54cm)당 꼬임수 → TPI(Twist Per Inch)로 표시
필라멘트사	1m 간의 꼬임수 → TPM(Twist Per Meter)으로 표시

  ㉡ 면사나 모사의 경우 꼬임수가 적은 실은 부드럽고, 꼬임수가 많은 실은 섬유 간 마찰이 커서 실이 강하고 딱딱하다.
  ㉢ 꼬임수가 크다고 강한 것은 아니며, 일정 한도의 꼬임수가 넘어가면 강도는 저하된다.

꼬임수가 많은 경우	꼬임수가 적은 경우
• 실이 딱딱하고 까칠까칠해진다. • 필라멘트사의 경우 실의 강도가 감소한다. • 방적사의 경우 실의 강도가 향상된다. • 실의 광택이 줄어든다. • 경사로 사용한다.	• 부드럽고 부푼 실을 형성한다. • 위사로 사용한다.

02 | 셀룰로스섬유 감별

1. 면섬유

(1) 종 류

원산지에 의한 종류	생산지	등 급
해도면 (Sea Island Cotton)	카리브해의 여러 섬	• 최고급 면 • 가늘고 길며 광택이 있다.
이집트 면	나일강 유역	• 고급 면 • 가늘고 길지만 해도면보다 낮다.
미국 면	미국 내륙	중급 면
호주 면	호 주	
인도 면	인 도	• 저급 면 • 굵고 짧아 탄력이 있다.
중국 면	중 국	

※ 미국 면은 세계 면 생산의 약 1/4을 점유, 세계 면값의 등락을 좌우한다.

(2) 물리·화학적 성질

① 주성분은 셀룰로스이고, 분자 구조식은 $(C_6H_{10}O_5)_n$이다.
② 섬유의 측면은 리본 모양의 꼬임이 있다.
③ 품질이 우수한 면일수록 천연 꼬임의 숫자는 많아진다.
④ 구 조
  ㉠ 단세포 구조이다.
  ㉡ 현미경(검경)으로 보면 단면이 평편하고 중앙은 속이 빈 모양(중공)이다.
  ㉢ 면섬유의 중공
    • 성숙한 섬유에 발달되어 있다.
    • 제2차 세포막의 안층이다.
    • 보온성이 좋다.
    • 전기절연성이 크다.
⑤ 면섬유의 온도에 의한 변화

온도	변화
100~105℃	수분을 방출한다.
110℃	24시간 가열하면 점도가 반으로 떨어진다.
105~140℃	현저한 변화가 없다.
140~160℃	약간의 강도와 신도의 저하를 일으키기 시작한다.
160℃	분자 내 탈수를 일으킨다.
180~250℃	섬유는 탄화하여 갈색으로 변한다.
320~350℃	연소한다.

(3) 특성 및 용도

① 특 성
  ㉠ 면섬유의 정련에 사용할 수 있는 약제로는 수산화나트륨, 탄산나트륨이 있다.
  ㉡ 면섬유는 습윤하면 강도가 가장 많이 증가하는 섬유다.
  ㉢ 산에는 약하나 알칼리에 강해서 합성세제에 비교적 안전하다.
  ㉣ 산에 의해서 쉽게 분해되므로 묽은 무기산에 의해서도 손상된다.
    ※ 무명섬유를 용해할 수 있는 약품 : 온도 25℃에서 70% 황산
  ㉤ 물기에 젖었을 때 강도가 증가하고, 물빨래 세탁에도 잘 견딘다.
  ㉥ 옷이 질겨 내구성이 크지만 탄성이 좋지 않아 구김이 잘 생기며 형태 변형이 쉽다.
  ㉦ 흡수성이 좋고 염색이 쉬우나 충해에 약하다.
  ㉧ 신장도는 견이나 양모보다 작고, 탄성은 양모보다 불량하다.
  ㉨ 내열성이 우수하여 다림질의 온도가 높다.
  ㉩ 면섬유의 염색에는 직접염료, 배트염료, 반응성염료가 주로 사용된다.
  ㉮ 면섬유의 꼬임은 방적할 때 섬유의 방적성과 탄력성을 부여한다.
  ㉯ 환원표백제에는 일반적으로 강하고, 염소표백제에는 농도·온도가 높아도 잘 견딘다.
  ㉰ 머서화 면의 특성
    • 강력과 흡습성이 증가하고 비단 광택이 생긴다.
    • 머서화 가공을 한 면봉사는 수축을 방지하고 매끄럽다.
    • 다림질할 때 200℃ 이상의 온도에는 약하다.

> **알아두기** 머서화 가공(Mercerizing, 실켓 가공)
> 면사나 면섬유를 진한 가성소다(수산화나트륨) 용액이 담가 처리하여 광택이 나게 하는 가공법이다.

② 용 도
  ㉠ 내구성·보온성·흡습성이 좋은 위생적·실용적인 섬유로 내의용 소재로 적당하다.
    ※ 속옷의 재료로서 가장 중요한 성질 : 흡습성
  ㉡ 다른 섬유와 혼방하여 겉옷용으로도 많이 쓰인다.
  ㉢ 알칼리나 약품에 강해 쉽게 취급할 수 있다.
  ㉣ 열에 강해서 삶을 수 있고 물세탁과 고온에서의 다림질도 가능하며 염색도 잘된다.
  ㉤ 면섬유 중 품질이 가장 좋은 것은 가늘고 긴 것이다.

2. 마섬유

(1) 물리·화학적 성질

① 탄성과 레질리언스가 나빠서 구김이 잘 생긴다.
　　※ 레질리언스(Resilience) : 섬유가 외부 힘의 작용으로 굴곡, 압축 등의 변형을 받았다가 외부 힘을 제거하였을 때 원래의 상태로 되돌아가는 능력
② 면에 비해 흡수와 건조가 빠르고 약품에 약하다.
③ 아마(린넨)는 마섬유 중 가장 섬세하고 광택이 있어 일반의용으로 가장 많이 사용된다.
④ 대마(삼베)는 강도는 매우 크나 섬유가 거칠고 표백하면 크게 손상된다.
⑤ 양도체이므로 시원한 감이 있다.
⑥ 강도가 커서 질기다.
⑦ 신도는 모섬유보다 적은 편이다.
⑧ 수분 흡습 시 강도가 커진다.
⑨ 열의 전도성이 좋다.
⑩ 뻣뻣하며, 물에 젖으면 강도가 커지고, 흡습성과 통기성이 좋다.
⑪ 수분의 흡수와 발산이 빠르다.
⑫ 탄성회복률이 매우 낮아 구김이 잘 생기고, 잘 펴지지 않는다.
　　※ 탄성회복률 : 섬유가 늘어난 길이에 대해 회복된 길이를 백분율로 표시하는 것
⑬ 면보다 인장강도는 우수하나 신축성은 거의 없는 편이다.
⑭ 내열성은 크나 탄성이 부족하다.

(2) 구조 및 특성

① 현미경으로 보면 측면은 투명하고 긴 원통을 이루며 길이 방향으로 많은 줄이 있다.
② 측면에는 마디가 있고, 중심부에는 작은 도관이 있다.
③ 단면은 5~6각의 다각형을 이룬다.
④ 마섬유의 주요 불순물은 펙틴질이다.
⑤ 열에 대하여 양도체이므로 열의 전도성이 좋아 시원한 감을 준다.
⑥ 내구력이 풍부하고 세탁성이 강하다.
⑦ 화학약품에 대해서는 무명섬유와 비슷하다.
⑧ 신축성이 없고 딱딱한 소재이기 때문에 주름이 쉽게 잡히는 편이다.
⑨ 아마섬유를 면섬유와 비교하였을 때의 성질
　　㉠ 면섬유보다 산에 대한 저항력은 크고, 알칼리에는 손상되기 쉽다.
　　㉡ 면에 비해 염료의 침투 및 친화력이 적다.
　　㉢ 아마는 천연 불순물이 많기 때문에 면보다 표백하기 어렵다.

② 면보다 차아염소산염에 의한 영향을 받기 쉽다.
⑩ 흡습과 건조속도가 면섬유보다 빠르다.
⑪ 아마섬유의 신도는 면섬유보다는 작다.
⊗ 면섬유보다 강도가 크다.
⊙ 면섬유보다 열전도성이 크다.
⊛ 면섬유보다 탄성이 낮다.

(3) 용도
① 열에 강해 다림질을 230℃에서도 할 수 있다.
② 열전도성이 좋아서 피부에 닿으면 시원한 느낌을 주어 여름용 소재로 쓰인다.
③ 물기를 흡수하는 흡습성과 배출하는 방습성이 좋아 빨리 마르고 내구성이 강하다.
④ 탄성률이 커서 빳빳하기 때문에 몸에 붙지 않는다.
⑤ 모시직물과 아마직물과의 비교
   ㉠ 모시는 고급직물이고, 아마는 다소 떨어진다.
   ㉡ 모시와 아마는 인피섬유이다.
   ㉢ 모시와 아마는 하절기 옷감용이다.
   ㉣ 모시와 아마는 흡습 시 강도가 증가한다.
⑥ 저마섬유의 성질 및 용도
   ㉠ 인피섬유(껍질섬유) 중에서 의복 재료로서의 가치가 가장 크다.
   ㉡ 섬유가 린넨보다 좀 굵고 길이는 길다.
   ㉢ 천연섬유 중 가장 강력이 세다(면의 2배).
   ㉣ 색상이 희고 실크 같은 광택이 있다.
   ㉤ 까칠까칠한 맛이 있고 스티프니스[Stiffness, 휨강성(빳빳이)]가 있다.
   ㉥ 흡습성, 발산성, 통기성이 우수해 시원한 맛이 있다.
   ㉦ 일명 모시라고도 하며, 오래전부터 한복감으로 많이 사용했다.
   ㉧ 붕대와 (의료용) 거즈 등에 가장 적합한 마섬유이며 여름 옷감, 어망 등에 사용한다.

03 | 단백질섬유 감별

1. 양모섬유

(1) 물리·화학적 성질

① 섬유의 단면은 원형이고 겉비늘이 있다.
② 측면에는 비늘 모양의 스케일이 있어 방적성과 축융성이 좋다.
③ 겉비늘(Scale)
  ㉠ 평평한 표피세포가 서로 겹쳐서 비늘 모양을 하고 있다.
  ㉡ 잘 발달될수록 양털이 섬세하며 피질부(내층)를 보호한다.
  ㉢ 광택과 밀접한 관계가 있으며 방적성을 좋게 해 준다.
④ 단백질을 주성분으로 한다.
  ※ 단백질섬유(양털·명주)의 구성 물질 : 탄소(C), 수소(H), 산소(O), 질소(N)
⑤ 양털섬유를 형성하는 단백질의 주성분은 케라틴이다.
⑥ 양모의 축융성
  ㉠ 모직물을 비누용액, 산성용액 및 뜨거운 물에서 비벼주면 섬유가 서로 엉켜서 굳어지는 현상이다.
  ㉡ 양모섬유는 마찰에 의해 섬유가 서로 엉켜 조밀한 옷감이 되는데, 이것은 표면에 겉비늘(스케일)과 크림프(양털이 곱슬거리는 것)가 있기 때문이다.

(2) 특 성

① 흡습성은 모든 섬유 중에서 가장 큰 섬유이다.
② 열전도율이 작고, 신축성이 좋다.
③ 강도가 천연섬유 중에서 가장 작다.
④ 산에는 비교적 강하지만 알칼리에 약하다.
⑤ 스케일이 있어 방축 가공에 용이하다.
⑥ 다공성이 커서 보온성이 좋다.
⑦ 섬유 중에서 초기 탄성률이 작으며 섬유 자체는 유연하고 부드럽다.
⑧ 양모섬유에 가장 친화성이 좋은 염료는 산성염료이다.
⑨ 양모섬유를 비눗물 중에서 비비면 서로 엉키기 쉽다.
⑩ 탄성회복률은 천연섬유 중에서 양털이 가장 우수하다.

(3) 주요 용어

방적성	• 양모섬유의 크림프 및 스케일, 면섬유의 천연 꼬임, 아마섬유의 마디에 의해서 향상되는 성질이다. • 모섬유는 스케일이 있으며, 면에는 꼬임이 있고, 마에는 마디가 있어서 서로 얽히기 쉬우므로 짧은 섬유로 실을 만들 수 있다. • 이와 같이 실을 만들 수 있는 성질을 방적성이라고 한다.
펠트	• 양모섬유를 재료로 양모의 축융성을 이용하여 만든 천이다. • 실을 거치지 아니하고 직접 섬유가 엉켜서 천의 형태로 만들어진 것으로 보온성과 탄력성이 좋으나 마찰에 약하여 내구성이 떨어진다. • 펠트는 축융성에 의해, 부직포는 접착제나 열융착에 의해 옷감이 된다. ※ 실을 거치지 않고 바로 만든 옷감 : 펠트, 부직포
색스니	독일산 메리노 양(가장 가는 양털)의 양모를 원료로 평직 혹은 능직으로 짠 부드러운 감촉의 방모직물이다.
플리스	면양으로부터 털을 깎으면 마치 한 장의 모피와 같은 형태가 되는 것이다.
래널린	양모에서 추출하는 오일이다.
스킨울	도살한 양의 가죽에서 나온 털을 말한다.
메리노종	스페인 원산으로 양모섬유 중 가장 가늘며 길이가 짧고 부드러우며 탄성이 풍부하여 품질이 우수하다.
강 모	털의 분류에서 동물의 수염이나 눈꺼풀 위 뻣뻣한 털을 지칭한다.

알아두기 양모섬유 세탁 시 유의사항

• 양모섬유를 용해시키는 용액 : 수산화나트륨
• 양모섬유로 된 내의를 세탁할 때 부주의로 많이 줄어드는 주된 원인은 표피층에 스케일 구조를 가지고 있기 때문이다.

(4) 용 도

① 초기 탄성률이 낮아서 섬유 자체는 부드럽고 유연하지만 축융하면 힘 있는 옷감이 된다.
② 보온성·흡습성이 커서 위생적이다.
③ 직물은 겨울 외투부터 여름옷까지 가능하다.
④ 편성물은 속에 입는 내의에서 스웨터와 외의용 옷감까지 가능하다.
⑤ 실내 장식·카펫·모포 등에 사용된다. 클로리네이션(스케일의 일부를 용해·제거하는 가공법)으로 스케일층을 얇은 합성수지피막으로 덮어 축융을 방지한다.

2. 견(명주)섬유

(1) 물리·화학적 성질

① 단면이 삼각형 구조인 동물성 섬유로, 광택이 우수하다.
② 2가닥의 피브로인과 그 주위를 감싼 1가닥의 세리신으로 되어 있다.
③ 주성분은 피브로인 75~80%, 세리신 20~25%로 구성되어 있다.
④ 피브로인의 외부에 세리신이 부착되어 있다.

⑤ 누에고치에서 실을 뽑을 때는 뜨거운 물이나 증기 속에 넣어 처리한다.
⑥ 천연섬유 중 가장 길이가 길고 강도가 우수한 편이며 신도는 양털보다 약하다.
⑦ 견섬유와 다른 천연섬유(면·마·양모)의 비교
　㉠ 일광에 약하다.
　㉡ 열의 불량도체이다.
　㉢ 흡습성이 좋다.
　㉣ 신도는 양털보다 약하다.

(2) 특성 및 용도
① 특 성
　㉠ 열에 대하여 양털보다 강하고 광택과 촉감이 우수하다.
　㉡ 흡습성이 좋아 공정수분율은 12%이다.
　　※ 공정수분율 : 국가에서 정한 섬유 거래의 표준이 되는 수분율
　㉢ 섬유장은 긴 편이나 탄성회복률이 양모 다음으로 우수하다.
　㉣ 다른 천연섬유에 비하여 일광에 가장 약하다.
　㉤ 산에는 강한 편이나, 알칼리에 약해서 강한 알칼리에 의하여 쉽게 손상된다.
　㉥ 곰팡이 등의 미생물에 대해서는 비교적 안정하다.
　㉦ 타닌산이 명주 섬유의 증량이나 매염제로 이용된다.
　㉧ 명주섬유를 가장 상해시키는 시약은 알칼리이다.
　㉨ 산소계 표백제로 표백하고 세탁은 드라이클리닝한다.
② 용 도
　㉠ 우아하고 아름다운 광택으로 고급스럽고 장식적인 느낌을 준다.
　㉡ 촉감도 뛰어나며 매끄럽고, 가늘어서 섬세한 느낌을 준다.
　㉢ 여성의 옷감, 넥타이, 스카프, 한복감에 사용한다.

> **알아두기** 섬유의 주성분
> - 양모·견섬유 : 아미노산
> - 면섬유 : 셀룰로스
> - 마섬유 : 글루코스
> - 양모의 단백질 : 케라틴
> - 견의 단백질 : 피브로인

04 | 인조섬유 감별

1. 유기질 섬유

(1) 재생섬유

① 종 류

셀룰로스계	비스코스레이온 (Viscose Rayon)	• 레이온은 주로 비스코스레이온을 의미 • 목재펄프 섬유소를 재생한 섬유 ※ 비스코스 원액을 일정 온도에서 일정 시간 방치하여 점도를 저하시키는 것을 '숙성'이라고 한다.
	고습강력 레이온 (High-tenacity Rayon)	결정성과 배향성을 향상시킨 레이온
	폴리노직레이온 (Polynosic Rayon)	탄성을 높이고 광택을 없앤 섬유
	구리암모늄레이온	큐프라(Cupra) 또는 벰베르그(Bemberg)
단백질계	제인섬유	옥수수의 단백질 제인 원료
	글리시닌섬유	대두의 단백질 글리시닌 원료
	카세인섬유	우유의 단백질 카세인 원료
기 타	알긴산섬유	해조류의 섬유질 이용
	고무섬유	고무나무 수액 라텍스 원료

② 특 징
- ㉠ 면·마와 달리 물속에서는 강도가 많이 떨어지므로 물세탁에 주의하여야 한다.
- ㉡ 목재펄프 중에서도 α-셀룰로스가 많은 용해펄프나 린터펄프를 원료로 한다.

③ 비스코스레이온의 성질과 구조
- ㉠ 강도는 면보다 나쁘나 흡습성은 우수하다.
  - ※ 레이온섬유는 수분 흡수 시 강도가 가장 심하게 저하하는 섬유이다.
- ㉡ 불에 빨리 타고 소량의 부드러운 흰색 재가 남는다.
- ㉢ 일광에 의해 면보다 쉽게 손상된다.
- ㉣ 습윤할 때 강도 저하가 가장 심하다.
- ㉤ 정전기가 잘 일어나지 않아 각종 양복 안감, 속치마, 블라우스 등에 이용된다.
- ㉥ 현미경 관찰 시 단면은 불규칙하게 주름이 잡혀 있으며 톱날 모양이다.
- ㉦ 외관에는 주름에 의한 평형된 줄이 있다.
- ㉧ 셀룰로스가 주성분이다.

(2) 반합성섬유

① (셀룰로스계) 아세테이트, 트라이아세테이트 등이 있다.
② 섬유용 고분자 화합물에 어떤 화학기를 결합해 에스터나 에터형으로 만든 섬유이다.

③ 아세테이트의 특징
  ㉠ 견과 같은 광택과 촉감을 가져서 안감에 많이 쓰인다.
  ㉡ 마찰과 당김에는 약하며, 흡습성이 적다.
  ㉢ 다리미 얼룩이 잘 남으며, 땀이나 가스에 의해 변색되기 쉽다.
  ㉣ 면섬유나 목재 펄프를 초산으로 처리하여 만든 섬유이다.
  ㉤ 광택이 좋고 촉감이 부드러워 여성용 옷감, 양복 안감 등에 많이 쓰이는 섬유이다.
  ㉥ 곰팡이에 안전하고, 흡습성이 비스코스레이온과 같이 약해진다.
  ㉦ 셀룰로스섬유에 비해 구김이 덜 생기고 쉽게 펴진다.
  ㉧ 장기간 일광에 노출되면 강도가 떨어진다.
  ㉨ 열가소성이 좋고 산과 강한 알칼리에 약하다.
  ㉩ 물에 대한 친화성이 작다.

(3) 합성섬유

① 유 형

  ㉠ 축합중합체 섬유 : 분자 간 결합 시 작은 분자가 제거되는 축합반응으로 형성

폴리아마이드계	나일론 6, 나일론 66, 아라마이드(Aramid), 노멕스(Nomex)
폴리에스터계	폴리에스터
폴리우레탄계	폴리우레탄(스판덱스)

  ㉡ 부가중합체 섬유 : 단위체를 직접 가하는 부가반응으로 형성

폴리에틸렌계	폴리에틸렌
폴리염화비닐계	PVC
폴리염화비닐라이덴계	폴리염화비닐라이덴
폴리플루오르에틸렌계	폴리플루오르에틸렌
폴리비닐알코올계	비닐론, PVA
폴리아크릴로나이트릴계	아크릴, 캐시미론, 보넬, 엑슬란
폴리프로필렌계	폴리프로필렌

② 종 류

  ㉠ 나일론 섬유
    • 폴리아마이드계 합성섬유로, 아마이드 결합(-CONH-)으로 단량체가 연결된 긴 사슬모양 고분자를 이룬다.
    • 노멕스, 케블러, 퀴아나 등이 있다.
    • 비중은 1.14로 양모섬유에 비해 가볍다.
      ※ 비중 : 폴리프로필렌(0.91) < 나일론(1.14) < 아크릴(1.17) < 폴리우레탄(1.21) < 폴리에스터(1.38)
    • 강도, 마찰에 대한 저항도, 탄성회복률이 크다.
    • 내마모성과 내굴곡성이 섬유 중에 가장 우수하다.

- 강신도가 커서 양말, 스타킹, 기타 의류에 사용한다.
- 산소계 표백제에는 비교적 안정하므로 표백제로 사용한다.
- 신도가 크고 산성염료에 염색성이 양호하다.
- 햇빛에 의한 황변이 일어난다.
- 수축·황변 방지를 위해 통풍량을 많이 하고, 저온에 건조시켜야 한다.
- 흡습성이 작아서 빨래가 쉽게 마른다.
- 내열성, 일광성이 작다(나일론은 합성섬유 중 열에 가장 약함).
- 열가소성이 좋다.
- 국내에서는 주로 나일론 6을 생산한다.

ⓛ 폴리에스터 섬유
- 제2차 세계대전 중 영국의 캐리코 프린터즈사가 발명하였으며 1947년 영국의 CIC사가 '테릴렌(Terylene)'이라는 상품명으로 대량 생산했다.
- 내구성이 아크릴보다는 강하고 나일론보다는 약하다.
- 염색에 타 부속염료의 사용이 거의 불가능하고 분산염료가 주로 사용된다.
- 옷감으로 가장 많이 사용하는 합성섬유이다.
- 폴리에스터섬유의 용융온도는 250℃이다.

장점	· 탄력회복률이 좋아 구김이 잘 안 간다. · 세탁할 때 세탁 수축률이 가장 작다. · 열가소성이 우수하여 열고정 가공제품(주름치마)에 많이 이용된다. 　※ 열가소성 : 열과 힘의 작용으로 영구적 변형이 생기는 것 · 전기절연성이 가장 뛰어나고 대전성이 좋다. · 약품에 일반적으로 강하다.
단점	· 염색하기가 까다롭고 땀을 잘 흡수하지 못한다. · 흡습성이 낮아 정전기가 쉽게 발생한다.

ⓒ 아크릴 섬유
- 제품의 종류에 따라 염색성에 차이가 있다.
- 벌크 가공(섬유를 부풀려 보온성, 신축성을 증가시킨 가공)이 된 아크릴섬유는 레질리언스가 더욱 좋다.
- 적절한 열처리를 하면 그 형체는 상당한 기간 보존된다.
- 강도는 나일론보다 작다.
- 양모섬유와 같이 가볍고 보온성이 좋다.
- 탄성회복률이 우수하여 주름이 안 생긴다.
- 산과 알칼리에 대한 내성이 우수하다.
- 모든 드라이클리닝 용매와 표백제에 안정하다.
- 모든 섬유 중에서 내일광성이 가장 우수하다.

③ 특 징
   ㉠ 3대 합성섬유는 나일론, 아크릴, 폴리에스터이다.
   ㉡ 석유에서 얻어지는 기초 화학물질을 고분자로 합성한 섬유이다.
   ㉢ 합성고분자를 제조하는 과정에 축합중합 섬유와 부가중합 섬유로 구분하기도 한다.
   ㉣ 정전기 발생이 쉽고, 흡습성이 작아서 내의로 적합하지 않다.
   ㉤ 약품, 해충, 곰팡이에 저항성이 있다.
   ㉥ 가볍고 열가소성이 크며 열에 약하다.
      ※ 합성섬유 중 가열 시 연화되고 용융되는 대표적인 열가소성 섬유로는 폴리에스터, 나일론, 트라이아세테이트 등이 있다.
   ㉦ 비중이 작다.
   ㉧ 필링현상이 많다(원형단면으로 섬유가 강하기 때문).
      ※ 필링 : 옷감 표면에 섬유나 실이 빠져나와 뭉치는 현상
   ㉨ 지용성 오염이 잘 부착한다(수분친화력이 작고 친유성이 많아 드라이클리닝 함).
   ㉩ 탄성과 레질리언스가 좋다.
   ㉪ 산, 알칼리에 비교적 강하다.
   ㉫ 합성섬유의 방사법으로 용융방사가 가장 많이 사용된다.
      ※ 용융방사 : 방사 후의 세척·건조 등의 공정을 필요로 하지 않는 생산성이 높은 방사법

④ 폴리비닐알코올계 섬유의 특징
   ㉠ 강도가 크나 나일론보다 탄성이 약하다.
   ㉡ 물에 녹기 쉬운 성질이 있어 젖으면 약해진다.
   ㉢ 합성섬유 중 흡습성이 가장 커서 속옷감으로 사용할 수 있다.
   ㉣ 열에 약해서 열을 가하면 굳어질 우려가 있다.
   ㉤ 산과 알칼리에 강하고 일광에도 잘 견딘다.

⑤ 폴리아크릴계 섬유의 특징
   ㉠ 동물성 섬유와 비슷한 성질을 가지고 있다.
   ㉡ 섬유는 모섬유와 같이 부드럽다.
   ㉢ 인견, 아세테이트, 나일론, 면, 양모 등과 혼방하여 사용한다.
   ㉣ 비중은 1.14~1.19로 인견보다 가볍다.
   ㉤ 나일론보다 작은 흡습성으로 세탁 후 건조가 빠르다.
   ㉥ 정전기 발생이 잘되어 쉽게 오염된다.
   ㉦ 수증기에 황변하며 수분이 많을 때 다림질하면 수축하고 뜨거운 물속에서 오그라든다.
   ㉧ 섬유 가운데 가장 우수한 내일광성이 있다.

2. 무기질 섬유

(1) 개념
금속섬유나 탄소섬유와 같이 섬유상태가 아닌 무기물을 원료로 하는 섬유를 말한다.

(2) 종류

석면	사문석이나 각섬석에서 얻어지는 유일한 천연의 광물성 섬유이다.
금속섬유	• 직물장식용 실이다. • 금속 필라멘트의 변색을 막기 위해 코팅한다. • 스테인리스강섬유 : 정전기를 없애기 위해 카펫에 사용한다.
유리섬유	• 원료로는 규사, 석회석, 붕사 등이 주를 이루며, 불연성 섬유이다. • 강도는 매우 우수하고 신도는 작다(3~4%). • 내일광성・내화성 우수로 커튼, 전기담요, 천장과 벽의 내장재로 사용한다. • 내열성이 우수하여 방음, 보온재, 석유곤로의 심으로 사용한다. • 열가소성이 우수하다. • 세탁 시 떨어진 유리섬유가 다른 직물에 부착될 수 있으므로 단독 세탁해야 한다.
세라믹섬유	• 무기물을 고온으로 열처리하여 만든다. • 내열성과 탄성이 매우 높아서 우주항공용 소재나 스포츠 용구에 사용된다.

3. 신소재 섬유

(1) 초극세섬유(Ultra Fine Fiber)
① 초극세사의 굵기(0.1~0.5μm 정도)
  ㉠ 섬유가 가늘어질수록 직물은 유연하게 되고 부드러운 촉감과 은은한 광택을 지닌다.
  ㉡ 표면적이 커지기 때문에 흡수성 및 흡유성이 증가된다
  ㉢ 세척성, 치밀성, 우수한 열차단성의 기능을 가진다.
② 투습・방수, 발수직물
  ㉠ 초극세섬유를 사용하여 고밀도로 저직한 것이다.
  ㉡ 직물 표면은 미세한 요철구조를 형성하여 외부의 물방울(100μm)은 굴러 떨어진다.
  ㉢ 체내에서 발산되는 땀과 수증기는 방출되어 쾌적한 상태를 유지한다.
  ㉣ 고어텍스, 필름라미네이팅, 코팅직물 등이 있다.

> **알아두기** 고어텍스(Gore-tex)
> • 완벽한 방수성, 뛰어난 투습성, 방풍성, 방한성, 너오염성, 내구성이 있다.
> • 봉제선에 Tape 처리(Seam Sealing 기법)를 하여 완전방수를 실현한다.
> • 방수가 일반 라미네이팅 코팅 소재보다 20배 더 우수하다.
> • 레저, 스포츠 웨어(등산복・스키복・운동복・골프웨어), 오리털 파카, 레인코트 등에 쓰인다.

③ 인조스웨이드
  ㉠ 극세섬유로 부직포 또는 직물이나 편성물을 만든 후, 폴리우레탄수지를 코팅하여 표면을 사포로 기모한 것이다.
  ㉡ 통기성과 투습성이 좋다.
  ㉢ 가볍고, 냄새가 없으며 물세탁이 가능하여 관리가 편하다.

(2) 이형 단면섬유

① 특수원사 단면 제어 기술을 적용한 이형 단면사로, 4개의 모세관이 수분 이동을 빠르게 진행시킨다.
② 천연섬유보다 빠른 흡수 및 건조가 가능한 흡한 속건 기능성 소재이다.
  ㉠ 땀의 흡수 및 발산 기능이 뛰어나다.
  ㉡ 일반 원단 대비 20% 이상 더 넓은 표면적으로 수분을 빠르게 증발시켜 쾌적한 상태를 유지한다(옷이 몸에 달라붙지 않게 해 준다).
③ 면, 레이온, 아크릴 등의 섬유와의 혼방이 용이하다.
④ 취급용이성, 경량감이 특징이다.
⑤ 쿨맥스, 에어로쿨, 에어로 실버, 쿨론 등이 있다.

(3) 빛을 이용한 신소재

① 카멜레온(Cameleon)섬유
  ㉠ 감온 변색 색소를 마이크로캡슐에 봉입한 후 수지와 함께 직물에 도포한다.
  ㉡ 빛이나 온도에 따라 색상이 변하는 섬유이다.
  ㉢ 레저·스포츠 웨어·패션상품으로 사용한다.
② 촉광섬유
  ㉠ 빛을 차단시킨 상태에서도 빛 에너지를 서서히 방출하여 오랫동안 발광할 뿐만 아니라 몇 초 동안 빛을 비춰 주면 특수 안료층이 활성화되어 빛 에너지를 축적하여 다시 촉광이 가능한 섬유이다.
  ㉡ 아동용 침실의 커튼, 야간 안전복 등에 사용된다.
③ 재귀반사섬유
  ㉠ 직물 표면에 반사성능이 큰 유리구슬 등의 반사재를 도포시켜 어둠 속에서의 가시거리를 높인 섬유이다.
  ㉡ 스포츠 웨어, 야간작업복, 완장, 환경 미화원복 등에서 안전을 도모한다. 또 무대의상, 클럽웨어 등에 사용된다.

④ 자외선 차단 소재
  ㉠ 지나친 양의 자외선은 피부를 노화시키거나 면역기능을 저하시키므로 산란제나 자외선흡수제를 사용하여 유해 자외선을 차단한다.
  ㉡ 티셔츠, 양산, 모자, 텐트지, 파라솔, 커튼, 야외운동복, 스키웨어 등에 사용된다.

(4) 전자파 차단섬유
  ① 금속판, 금속망, 탄소섬유 등을 이용한다.
  ② 각종 전자제품(전자레인지, 컴퓨터, TV 등)으로부터 발생되는 유해 전자파(인체의 면역을 저하, 세포로부터 칼슘 유실, 임신 초기의 유산과 이상출산, 폐암, 피로, 불면, 두통, 생리불순 등을 유발)를 차단한다.
  ③ 아동복, 임산부용 거들, 전자파보호 앞치마 등어 사용된다.

(5) 축열 보온섬유
  ① 알루미늄이나 세라믹을 이용한 원적외선 방사소재이다.
  ② 세라믹을 섬유 내부에 혼합 방사하면 태양광을 흡수하여 빛 에너지를 열에너지로 전환시키고, 인체에서 발생하는 원적외선의 방열을 차단시키는 2중의 축열효과를 갖는다.
  ③ 극한 추위에 견디어야 할 작업복, 방한복 등에 사용된다.

(6) 방향, 항균, 소취섬유
  ① 방향(향기)섬유
    ㉠ 향기가 나는 섬유이다.
    ㉡ 방향성 약제가 들어 있는 무수한 마이크로캡슐(Microcapsule)을 섬유에 도포하는 방법으로 마찰에 의해 캡슐이 점차적으로 파괴되어 향기가 난다.
    ㉢ 향 성분을 섬유의 중공부분에 넣어서 방출시키는 방법이다.
    ㉣ 아로마향은 다이어트, 지방분해에 효과적이고 로즈마리향은 정신집중력 증대, 신경이완에 효과적이다.
  ② 항균소취섬유
    ㉠ 미생물 번식 억제 및 불쾌한 악취 제거로 쾌적한 환경을 유지시켜 주는 섬유이다.
    ㉡ 항균(균 억제) → 정균(균 정리 정돈) → 제균(균 숫자 감소) → 살균(균 없애는 것)
    ㉢ 섬유 내 혼입된 바이오 세라믹과 은(Silver, Ag)이온으로 항균·방취 기능이 발현된다.
    ㉣ 항균 가공제와 소취 가공제를 방사원액에 혼합방사하거나 후가공으로 기능이 부여된다.
    ㉤ 대나무의 항균, 소취효과와 키틴, 키토산을 이용한 항균, 방취 가공이 있다.

(7) 제전성, 도전성 섬유
① 마찰에 의해 발생되는 정전기를 억제시킨 섬유이다.
② 제전 방법
   ㉠ 제전제를 침투 또는 표면에 부착시키는 방법
   ㉡ 도전성 섬유를 이용하는 방법

(8) 자동온도 조절섬유와 방오성 섬유
① **자동온도 조절섬유** : PCM이라는 상변환 물질로 인해 체온과 주위의 온도 변화에 따라 자동으로 열을 흡수하거나 방출해 몸의 온도를 항상 일정하게 유지시켜 주는 기능을 갖는 섬유이다.
② **방오성 섬유**
   ㉠ 소수성인 합성섬유가 쉽게 오염되는 단점을 개선한 섬유이다.
   ㉡ 오염이 부착하기 어렵게 만드는 가공과 오염이 쉽게 떨어지게 하는 가공 방법이 있다.

> **알아두기** 섬유의 구비요건
> - 탄성과 광택이 좋아야 한다.
> - 가소성, 염색성이 풍부하여야 한다.
> - 섬유 상호 간에 포합성(엉키는 성질)이 있어야 한다.
> - 굵기가 가늘고 균일하여야 한다.
> - 부드러운 성질(유연성)이 있어야 한다.
> - 내약품성, 내열성, 내충해성이 있어야 한다.
> - 원료가 저렴하고 구하기 쉬워야 한다.

적중예상문제

01 조성표시의 설명으로 옳은 것은?
① 섬유소재명과 혼용률을 표시한 것
② 수축률, 난연성 등의 성능을 표시한 것
③ 크기와 같은 치수를 표시한 것
④ 방염 가공 등의 가공한 것을 표시한 것

> **해설**
> 조성표시란 의류 등의 겉감과 안감의 소재명과 혼용률을 표시한 것이다.

02 섬유제품의 표시에서 방모제품의 경우 혼용률 허용공차는?
① 1% ② 3%
③ 5% ④ 7%

> **해설**
> 섬유의 조성이 100%인 뜻을 표시하는 경우 혼용률 오차의 허용범위(안전기준준수대상생활용품의 안전기준)
> ⓐ 모에 있어서는 -3%, 단, 방모방식 실 및 이를 사용하여 제조하거나 가공한 섬유제품인 경우는 -5%로 표시하고, "방모사 사용" 등과 같이 방모방식 실을 사용한 뜻을 부기하여야 한다.
> ⓑ 모 이외의 섬유에 있어서는 -1%
> ⓒ 위 ⓐ, ⓑ는 불순물이 혼입되는 경우 등과 같이 제조공정상 불가피한 변동요인을 고려하여 설정된 오차 허용범위이므로 의도적으로 사용한 섬유에 대해서는 허용범위 이내라도 혼용률을 표기하여야 하고 허용범위를 감안하여 혼용률 표시를 조정하지 말아야 한다.

03 폴리에스터섬유와 양모섬유가 혼방된 직물을 표시하는 것은?
① T/C직물 ② N/C직물
③ T/W직물 ④ A/W직물

> **해설**
> ① T/C직물 : 폴리에스터와 면 혼방직물
> ② N/C직물 : 나일론과 면 혼방직물
> ④ A/W직물 : 아크릴과 울 혼방직물

04 다음 중 인조섬유에 속하지 않는 것은?
① 나일론
② 아세테이트
③ 비스코스레이온
④ 석 면

> **해설**
> 석면은 자연적으로 생성되며 섬유상 형태를 갖는 규산염 광물류로서 환경부령으로 정하는 물질을 말한다(석면안전관리법 제2조제1호).

정답 1 ① 2 ② 3 ③ 4 ④

05 다음 마크가 뜻하는 것은 무엇인가?

① 100% 견제품 ② 100% 양모제품
③ 100% 면제품 ④ 100% 나일론제품

> **해설**
> 울마크

WOOLMARK (신모 100%)	
WOOLMARK BLEND (신모 50% 이상)	
WOOLBLEND (신모 30% 이상)	

06 다음 중 관련 없는 것끼리 연결된 것은?

① 식물섬유 - 인피섬유(마)
② 동물섬유 - 견섬유(비단)
③ 재생섬유 - 섬유소계(레이온)
④ 광물섬유 - 수모섬유(모)

> **해설**
> • 광물섬유 : 천연섬유(석면)
> • 동물섬유 : 수모섬유(모)

07 다음 중 천연섬유에 해당하는 것은?

① 비스코스레이온 ② 캐시미어
③ 나일론 ④ 폴리에스터

> **해설**
> 캐시미어는 천연섬유 중 동물성 섬유에 해당한다.
> ① 비스코스레이온 : 인조섬유(셀룰로스계 재생섬유)
> ③ 나일론 : 인조섬유(폴리아마이드계 합성섬유)
> ④ 폴리에스터 : 인조섬유(폴리에스터계 합성섬유)

08 각 섬유의 연소 시 발생하는 냄새를 설명한 것으로 옳지 않은 것은?

① 견 - 모발 태우는 냄새가 난다.
② 면·마 - 종이 태우는 냄새가 난다.
③ 양모 - 약간 특수한 악취가 난다.
④ 글라스섬유 - 냄새가 없다.

> **해설**
> ③ 양모 : 모발 태우는 냄새가 난다.

09 다음은 인조섬유에 불꽃이 닿았을 때 타는 냄새를 설명한 것이다. 잘못 설명한 것은?

① 아세테이트는 식초 냄새가 난다.
② 나일론은 특이한(아마이드) 냄새가 난다.
③ 폴리에스터는 달콤한 냄새가 나며 녹으면서 검은 그을음을 내며 탄다.
④ 비닐론은 종이 타는 냄새가 나며 탁탁 튀면서 탄다.

> **해설**
> 비닐론은 특유의 달콤한 냄새가 나며 오그라들며 녹는다.

정답 5 ② 6 ④ 7 ② 8 ③ 9 ④

10 합성섬유로 만들어진 실이 아닌 것은?

① 나일론사   ② 폴리에스터사
③ 레이온사   ④ 아크릴사

해설
레이온사는 재생섬유로 만들어진 실이다.

11 양모섬유의 크림프 및 스케일, 면섬유의 천연 꼬임, 아마섬유의 마디에 의해서 향상되는 성질은?

① 방적성   ② 탄 성
③ 보온성   ④ 드레이프성

해설
천연섬유인 모섬유는 스케일이 있으며, 면에는 꼬임이 있고, 마에는 마디가 있어서 서로 얽히기 쉬우므로 짧은 섬유로 실을 만들 수 있다. 이외 같이 실을 만들 수 있는 성질을 방적성이라고 한다.

12 다음 중 열에 가장 약한 섬유는?

① 나일론   ② 양 모
③ 비스코스레이온   ④ 면

해설
나일론은 합성섬유 중에서 열에 가장 약하다.

13 다음 섬유 중에서 수분을 흡수하면 강력이 가장 많이 떨어지는 것은?

① 면   ② 폴리에스터
③ 대 마   ④ 레이온

해설
레이온직물은 습윤하면 강도가 크게 저하되므로 세탁 시 큰 힘을 가하면 안 된다.

14 셀룰로스의 화학 구조식으로 적절한 것은?

① $[C_6H_7O_5(OH)_3]_n$
② $[C_6H_7O_3(OH)_3]_n$
③ $[C_6H_7O_2(OH)_3]_n$
④ $[C_6H_5O_2(OH)_3]_n$

해설
셀룰로스 분자식은 $(C_6H_{10}O_5)_n$이다.

정답 10 ③   11 ①   12 ①   13 ④   14 ③

15 속옷의 재료로서 가장 중요한 성질은?

① 흡습성　　② 염색성
③ 내열성　　④ 열가소성

해설
면섬유는 내구성, 보온성, 흡습성이 좋은 위생적·실용적인 섬유로 내의용 소재로 적당하다.

17 ( ) 안에 들어갈 숫자로 옳은 것은?

> 1D(Denier, 데니어)란 길이가 ( )m이고, 무게가 1g일 때를 말한다.

① 840　　② 1,000
③ 9,000　　④ 10,000

해설
데니어(Denier)는 항장식 길이 표시법으로 1D는 길이가 9,000m이고 무게가 1g일 때를 표시한 것이다.

18 항중식 번수 중 공통식 번수인 것은?

① 영국식 면번수　　② 영국식 마번수
③ 미터번수　　④ 재래식 모사번수

해설
미터식은 항중식의 공통식 번수로 우리나라에서는 공통식을 모사와 마사의 굵기 표시에 사용한다.

16 실의 번수에 대한 설명으로 옳지 않은 것은?

① 실의 굵기를 나타내는 수치이다.
② 항중식 번수, 항장식 번수, 공통식 번수 등으로 구분한다.
③ 항장식 번수는 숫자가 작을수록 굵은 실이다.
④ 공통식 번수는 필라멘트사, 방적사 모두 사용한다.

해설
③ 항장식 번수는 숫자가 클수록 굵은 실이다.

19 다음 중 산에 가장 약한 섬유는?

① 면　　② 양모
③ 견　　④ 폴리에스터

해설
면은 산에는 약하나 알칼리에는 강하다.

정답 15 ① 16 ③ 17 ③ 18 ③ 19 ①

20 면섬유의 중공에 대한 설명으로 옳지 않은 것은?

① 미성숙한 섬유에 발달되어 있다.
② 제2차 세포막의 안층이다.
③ 보온성이 좋다.
④ 전기절연성이 크다.

해설
① 성숙한 섬유에 발달되어 있다.
면섬유의 중공은 면화가 개화하기 전에는 원형질이 차 있던 곳으로 건조됨에 따라 공간이 줄어들고 원형질 성분이었던 단백질, 염류, 색소 등이 남아 있어 원면의 누런색의 원인이 된다.

21 면(Cotton)섬유의 특성을 설명한 것으로 옳은 것은?

① 우수한 신축성과 탄성이 있다.
② 열전도성이 좋고, 촉감이 차고 시원하여, 여름 복지로 가장 적당하다.
③ 알칼리에 약하고, 산에 강하다.
④ 물에 젖었을 때 강도가 증가하고, 물세탁에도 잘 견딘다.

해설
면섬유는 습윤하면 강도가 가장 많이 증가하는 섬유로, 산에는 약하나 알칼리에 강해서 합성세저에 비교적 안전하다.

22 모시직물과 아마직물과의 차이점으로 옳은 것은?

① 모시는 종자섬유이고 아마는 인피섬유이다.
② 모시는 하절기 옷감용이고 아마는 동절기 옷감용이다.
③ 모시는 고급직물이고, 아마는 다소 떨어진다.
④ 모시는 흡습 시 강도가 증가하고 아마는 감소한다.

해설
① 모시와 아마는 인피섬유이다.
② 모시와 아마는 하절기 옷감용이다.
④ 모시와 아마는 흡습 시 강도가 증가한다.

23 아마섬유의 성질을 면섬유와 비교한 설명으로 옳지 않은 것은?

① 아마섬유의 신도는 면섬유보다는 작다.
② 아마섬유의 강도는 면섬유보다는 약하다.
③ 아마섬유의 탄성은 면섬유보다는 낮다.
④ 아마섬유의 열전도성은 면섬유보다 크다.

해설
② 아마섬유의 강도는 면섬유보다는 크다.

정답 20 ① 21 ④ 22 ③ 23 ②

24 면섬유의 성질로 옳은 것은?

① 흡습성이 나쁘다.
② 산에 의해 쉽게 분해된다.
③ 염색하기가 곤란하다.
④ 내구성이 약하다.

해설
① 흡습성이 양호하다.
③ 염색하기 쉽다.
④ 내구성이 크다.

25 면섬유의 물리적, 화학적 성질을 설명한 것으로 옳지 않은 것은?

① 수분을 흡수하면 강도와 신도가 증가한다.
② 면섬유의 염색에는 직접염료, 배트염료, 반응성염료가 주로 사용된다.
③ 내열성이 좋아 다림질 온도가 높다.
④ 산에는 비교적 강하고, 알칼리에는 약하다.

해설
④ 산에는 약하나 알칼리에 강해서 합성세제에 비교적 안전하다.

26 여름에 삼베옷을 입으면 시원한 느낌을 주는 가장 큰 이유는?

① 가볍기 때문
② 흡습성이 크기 때문
③ 열전도성이 좋기 때문
④ 촉감이 까칠까칠하기 때문

해설
마섬유는 열전도성이 좋아서 피부에 닿으면 시원한 느낌을 주어 여름용 소재로 쓰인다.

27 현미경으로 관찰하면 측면은 투명하고 긴 원통을 이루고, 길이 방향으로 많은 줄이 있다. 측면은 마디가 있고, 중심부에는 작은 도관이 있다. 단면은 5~6각의 다각형을 이루고 있는 이 섬유는?

① 무 명
② 아 마
③ 양 털
④ 명 주

해설
단면 모양
• 무명 : 편평한 단면
• 양털 : 원형 단면
• 명주 : 삼각형 단면

28 저마섬유에 대한 설명으로 옳은 것은?

① 현미경으로 관찰하면 측면은 리본 모양으로 되어 있고 꼬임이 있다.
② 열전도성이 작아서 보온성이 좋다.
③ 삼베라고도 하며 섬유의 단면은 삼각형이고 측면에는 마디와 선이 있다.
④ 모시라고도 하며 오래전부터 여름 한복감으로 사용되었다.

해설
① 길이 방향으로 줄이 있고 섬유의 단면은 다각형이다.
② 열전도성이 커서 보온성은 작다.
③ 저마섬유는 일명 모시라고도 한다.

정답 24 ② 25 ④ 26 ③ 27 ② 28 ④

29 다음 중 무명섬유를 용해할 수 있는 약품으로 가장 적합한 것은?

① 온도 25℃에서 35% 염산
② 온도 25℃에서 100% 아세톤
③ 온도 25℃에서 70% 황산
④ 온도 100℃에서 5% 수산화나트륨

[해설]
황산, 염산, 질산 등의 극히 묽은 무기산은 냉액일 때는 별 영향이 없으나 가열하거나 처리시간이 길면 섬유가 상한다.

30 면섬유에 대한 설명으로 옳지 않은 것은?

① 셀룰로스를 주성분으로 하고, 분자 구조식은 $(C_6H_{10}O_5)_n$이다.
② 섬유의 측면은 투명하고 긴 원통형을 이루고 있다.
③ 품질이 우수한 면일수록 천연 꼬임의 숫자는 많아진다.
④ 단세포 구조로 현미경으로 도면 단면이 평편하고 중앙은 속이 비어 있는 모양이다.

[해설]
면섬유의 측면은 리본 모양의 꼬임을 갖고 있다.

31 다음 중 습윤하면 강도가 가장 많이 증가하는 섬유는?

① 면   ② 양 모
③ 견   ④ 나일론

[해설]
① 면은 습윤하면 강도가 가장 많이 증가한다.
② 양모는 강도가 천연섬유 중에서 가장 작다.
③ 견은 천연섬유 중 강도가 우수한 편이다.
④ 나일론은 강도가 크다.

32 붕대와 거즈 등에 가장 적합한 마섬유는?

① 아 마   ② 대 마
③ 저 마   ④ 황 마

[해설]
저마 : 여름옷감, 어망, 의료용 거즈와 붕대 등

33 머서화 면의 특성을 설명한 것으로 옳지 않은 것은?

① 강력이 증가한다.
② 흡습성이 증가한다.
③ 비단 광택이 생긴다.
④ 엉킴성이 증가한다.

[해설]
머서화 가공을 한 면봉사는 수축을 방지하고 매끄러우며, 강도가 높아지고 광택이 난다. 그러나 다림질할 때 200℃ 이상의 온도에는 약하다.

정답 29 ③ 30 ② 31 ① 32 ③ 33 ④

34 다음의 목화 중 평균길이, 굵기, 꼬임수, 신장도 등이 가장 우수한 것은?

① 미국 면
② 이집트 면
③ 중국 면
④ 인도 면

해설
이집트 면은 나일강 유역에서 생산되는 고급 면으로 가늘고 길지만 해도면보다는 낮다.

35 양모의 주요 용어에 대한 설명으로 옳지 않은 것은?

① 래널린 – 양모에서 추출하는 오일이다.
② 메리노종 – 양모섬유로서 품질이 가장 우수하다.
③ 면모 – 동물의 수염이나 눈꺼풀 위에 뻣뻣한 털을 말한다.
④ 펠트 – 양모섬유를 재료로 양모의 축융성을 이용하여 만든 천이다.

해설
강모 : 털의 분류에서 동물의 수염이나 눈꺼풀 위에 뻣뻣한 털을 지칭한다.

36 다음 중 가장 가는 양털에 속하는 것은?

① 메리노종
② 햄프셔
③ 링 컨
④ 코리데일

해설
메리노종은 양모섬유 중 가장 가늘고 길이가 짧고 부드러우며 탄성이 풍부하여 품질이 우수하다.

37 실을 거치지 아니하고 직접 섬유가 엉켜서 천의 형태로 만들어진 것으로 보온성과 탄력성이 좋으나 마찰에 약하여 내구성이 떨어지는 것은?

① 펠 트
② 레이스
③ 편성물
④ 피 혁

해설
펠트는 축융성에 의해, 부직포는 접착제나 열융착에 의해 옷감으로 된다.

38 다음 중 스테이플(Staple)섬유로 실을 구성할 수 없는 것은?

① 양 모
② 면
③ 견
④ 마

해설
섬유의 길이에 따른 구분
- 단섬유(Staple Fiber) : 보통 20~100mm의 짧은 길이의 섬유로 면, 마, 모가 있다.
- 장섬유(Filament Fiber) : 한 가닥, 한 올의 실은 모노필라멘트라 하는데, 보통 직물(패브릭) 니트제품을 만들 때는 몇 가닥의 긴 필라멘트를 합해 한 올의 실을 형성한다. 견섬유(실크)와 합성섬유(나일론, 폴리에스터, 아크릴)가 있다.

정답 34 ② 35 ③ 36 ① 37 ① 38 ③

39 면양으로부터 털을 깎으면 마치 한 장의 모피와 같은 형태가 되는 것은?

① 선 모 ② 플리스
③ 래널린 ④ 스킨울

해설
① 선모 : 양모의 품질을 선별하는 공정
③ 래널린 : 양모에서 추출하는 오일
④ 스킨울 : 피부 양털

40 양모저지 니트를 나일론 트리코트 니트에 본딩시켜 의류용 원단으로 이용할 때 트리코트의 역할이 아닌 것은?

① 의류의 세탁성을 향상시킨다.
② 부드러움을 느끼게 한다.
③ 옷의 수축을 방지한다.
④ 천의 늘어짐을 방지한다.

해설
트리코트(Tricort)는 얇아도 형태안정성이 좋은 직물로 코가 빠지지 않으며 가로방향으로 약간의 신축성이 있으며, 다공성이기 때문에 투습과 통기성이 좋고, 부드러우며 구김살이 잘 생기지 않고 가장자리가 풀리지 않는 장점이 있다. 속옷, 잠옷, 결혼예복, 실내복, 안감, 드레스, 가구류에 쓰인다.

41 다음 중 양모섬유로서 품질이 가장 우수한 것은?

① 재래종 ② 잡 종
③ 산악종 ④ 메리노종

해설
메리노종은 양모섬유 중 가장 가늘고(Fine Wool) 부드러우며 탄성이 풍부하여 품질이 우수하다.

42 단백질섬유(양털·명주)의 구성 물질이 아닌 것은?

① 탄 소 ② 인
③ 질 소 ④ 수 소

해설
단백질의 구성 원소 : 탄소(C), 수소(H), 산소(O), 질소(N)

43 견섬유에 대한 설명으로 옳지 않은 것은?

① 단백질섬유이다.
② 다른 섬유에 비하여 내일광성이 우수하다.
③ 알칼리에 약해서 강한 알칼리에 의하여 쉽게 손상된다.
④ 곰팡이 등의 미생물에 대해서는 비교적 안정하다.

해설
일광에 약해 오랜 시간 노출되면 황변, 추하하여 강도 및 신도가 눈에 띄게 약해진다.

정답 39 ② 40 ① 41 ④ 42 ② 43 ②

44 명주섬유의 물리적 성질과 화학적 성질을 설명한 것 중 옳은 것은?

① 천연섬유 중 가장 길이가 길고 일광에는 강하다.
② 강도가 우수한 편이고 신도도 양털보다는 우수하다.
③ 광택과 촉감은 우수하나 다른 섬유보다 일광에는 약하다.
④ 산에는 약하나 알칼리에는 강한 편이다.

해설
① 천연섬유 중 가장 길이가 길고 일광에는 약하다.
② 강도가 우수한 편이고 신도는 양털보다 약하다.
④ 알칼리에는 약하나 산에는 강한 편이다.

45 알칼리 세탁으로 탈색의 위험이 가장 높은 섬유는?

① 견   ② 폴리에스터
③ 아크릴   ④ 마

해설
① 견은 알칼리에는 약하나 산에는 강한 편이다.

46 다음은 견섬유와 다른 천연섬유(면, 마, 양모)를 비교한 설명이다. 옳지 않은 것은?

① 일광에 약하다.
② 열의 불량도체이다.
③ 흡습성이 좋다.
④ 신도가 양털보다 강하다.

해설
④ 신도는 양털보다 약하다.
신도는 섬유가 늘어나 절단되기 전까지 늘어난 길이를 백분율로 표시한 것이다.

47 양모섬유의 특징이 아닌 것은?

① 마디가 있고 광택이 좋다.
② 흡수성과 신축성이 좋다.
③ 스케일이 있어 방축 가공에 용이하다.
④ 다공성이 커서 보온성이 좋다.

해설
①은 아마섬유의 특징이다.

48 양모섬유를 비눗물 중에서 비비면 서로 엉키기 쉬워 세탁할 때 특히 주의해야 한다. 이것은 주로 양모의 어떤 형태 구조 때문인가?

① 스케일   ② 천연 꼬임
③ 케라틴   ④ 세리신

해설
① 양모제품을 비누로 세탁하면 스케일끼리 서로 물고 엉키어 제품이 줄어든다.
겉비늘(Scale) : 평평한 표피세포가 서로 겹쳐 비늘모양을 하고 있으며 잘 발달될수록 양털이 섬세하며, 피질부(내층)를 보호하고 광택과 밀접한 관계가 있으며 방적성을 좋게 해 준다.

정답 44 ③ 45 ① 46 ④ 47 ① 48 ①

49 양모섬유와 약품과의 관계가 옳은 것은?

① 산에는 비교적 강한 편이다.
② 알칼리에는 비교적 강한 편이다.
③ 산과 알칼리에 모두 강한 편이다.
④ 산과 알칼리에 모두 약한 편이다.

해설
모섬유는 산에는 비교적 강하지만 알칼리에 약하다.

50 다음 중 강도가 가장 큰 섬유는?

① 면   ② 견
③ 아크릴   ④ 나일론

해설
나일론은 강도가 매우 강하고 섬유 중 가장 우수한 내마모성과 내굴곡성을 지닌다.

51 흡수할 때 가장 강도 저하가 심한 것은?

① 양모   ② 레이온
③ 나일론   ④ 면

해설
레이온은 수분의 침투가 쉬워서 자체 두께의 13%까지 수분을 흡수하며 습윤 시에는 팽창하여 강도가 떨어진다.

52 나일론섬유의 특성 중 옳지 않은 것은?

① 강도가 크고 마찰에 대한 저항도가 크다.
② 비중은 1.14로 양모섬유에 비해 가볍다.
③ 햇빛에 의한 황변이 일어나지 않는다.
④ 흡습성이 작아서 빨래가 쉽게 마른다.

해설
나일론은 내일광성이 매우 약해 일광에 오래 노출되면 색이 변색되고 강도가 현저히 약해진다.

53 아세테이트섬유의 특성으로 옳은 것은?

① 흡습성은 비스코스레이온과 비교하였을 때 훨씬 크다.
② 셀룰로스섬유에 비해 구김이 잘 생긴다.
③ 장기간 일광에 노출하여도 강도는 변함이 없다.
④ 곰팡이에 안전하다.

해설
① 흡습성이 비스코스레이온과 같이 약해진다.
② 셀룰로스섬유에 비해 구김이 덜 생기고 쉽게 펴진다.
③ 장기간 일광에 노출되면 강도가 떨어진다.

정답 49 ① 50 ④ 51 ② 52 ③ 53 ④

54 견과 같은 광택과 촉감을 가져 안감에 많이 쓰이나 마찰과 당김에는 약하며, 흡습성이 적고, 다리미 얼룩이 잘 남으며, 땀이나 가스에 의해 변색되기 쉬운 섬유는?

① 나일론 ② 레이온
③ 폴리에스터 ④ 아세테이트

해설
아세테이트는 드레이프성(자연스럽게 아래로 흘러내리면서 부드럽게 몸을 감싸는 성질)이 좋고 촉감이 부드러워 드레스 안감으로 널리 사용한다.

55 다음 섬유 중 PET섬유가 해당하는 것은?

① 나일론 ② 폴리프로필렌
③ 폴리에틸렌 ④ 폴리에스터

해설
폴리프로필렌(PP), 폴리에틸렌(PE), 폴리에스터(PET)

56 다음 중 합성섬유가 아닌 것은?

① 나일론 ② 폴리에스터
③ 아크릴 ④ 비스코스레이온

해설
④ 비스코스레이온은 재생섬유이다.

57 다음 중 내일광성이 가장 좋은 섬유는?

① 나일론 ② 폴리에스터
③ 아크릴 ④ 비닐론

해설
아크릴은 모든 섬유 중에서 일광에 대한 저항력이 가장 우수하여 수천 시간 이상 일광에 노출되어도 강도의 변화가 거의 없다.

58 아크릴섬유의 특성 중 옳지 않은 것은?

① 합성섬유 중에서 가장 강도가 높다.
② 제품의 종류에 따라 염색성에 차이가 있다.
③ 벌크 가공이 된 아크릴섬유는 더욱 좋은 레질리언스를 가지고 있다.
④ 적절한 열처리를 하면 그 형체는 상당한 기간 보존된다.

해설
① 강도는 나일론보다 작다.

정답 54 ④ 55 ④ 56 ④ 57 ③ 58 ①

59 합성섬유 중 부가중합에 의해서 제조되는 섬유는?

① 나일론 ② 폴리에스터
③ 아크릴 ④ 스판덱스

해설
합성섬유의 유형

축합중합형 합성섬유	• 폴리아미드계 : 나일론 • 폴리에스터계 : 폴리에스터 • 폴리우레탄계 : 폴리우레탄(스판덱스)
부가중합형 합성섬유	• 폴리에틸렌계 : 폴리에틸렌 • 폴리염화비닐계 : PVC • 폴리염화비닐라이덴계 : 폴리염화비닐라이덴 • 폴리플루오르에틸렌계 : 폴리플루오르에틸렌 • 폴리비닐알코올계 : 비닐론, PVA • 폴리아크릴로나이트릴계 : 아크릴 • 폴리프로필렌계 : 폴리프로필렌

60 인조섬유에 해당하지 않는 것은?

① 재생섬유 ② 합성섬유
③ 무기섬유 ④ 광물성 섬유

해설
천연섬유의 종류 : 식물성(셀룰로스) 섬유, 동물성(단백질) 섬유, 광물성 섬유

61 고무처럼 자유로이 신축하는 성질을 가진 것으로 스판덱스라고도 부르는 섬유는?

① 폴리에스터계 섬유
② 폴리우레탄계 섬유
③ 폴리아미드계 섬유
④ 폴리아크릴로나이트릴계 섬유

해설
폴리우레탄이 주성분이고 고무와 같이 신축성이 큰 섬유를 스판덱스(Spandex)라고 한다.

62 비스코스섬유에 대한 설명으로 옳은 것은?

① 면보다 흡습성이 떨어진다.
② 주로 의복의 안감으로 사용된다.
③ 불에 빨리 타고 검은 덩어리가 남는다.
④ 자외선에 의한 상해가 면보다 작다.

해설
① 면보다 강도는 나쁘니 흡습성은 크다
③ 불에 빨리 타고 소량의 부드러운 흰색 재가 남는다.
④ 일광에 의해 견보다 쉽게 손상된다.

63 다음 중 폴리아미드계 합성섬유에 속하는 것은?

① 나일론 ② 폴리에스터
③ 스판덱스 ④ 비닐론

해설
폴리아미드계 : 나일론, 노멕스(Nomex) 등

정답 59 ③ 60 ④ 61 ② 62 ② 63 ①

64 수축과 황변 방지를 위하여 통풍량을 많이 하고, 저온에 건조시켜야 하는 섬유는?

① 아마 – 대마
② 면 – 마
③ 나일론 – 폴리에스터
④ 양모 – 산양모

해설
나일론은 일광에 약해 강도가 떨어지고 변색된다.

65 자연계에 있는 생물이나 무생물 중에서 섬유 형태인 것을 채취하여 사용되는 섬유가 아닌 것은?

① 식물성 섬유　② 동물성 섬유
③ 광물성 섬유　④ 합성섬유

해설
④ 합성섬유는 석탄, 천연가스 등을 원료로 한 화학 공업에서 얻어지는 섬유를 말한다.

66 다음 중 재생섬유가 아닌 것은?

① 레이온　② 큐프라
③ 폴리노직　④ 나일론

해설
④ 나일론은 합성섬유이다.

67 재생 셀룰로스섬유로만 나열된 것은?

① 비스코스레이온, 폴리노직레이온, 구리암모늄레이온
② 폴리에틸렌, 폴리프로필렌, 폴리염화비닐
③ 아세테이트, 폴리에스터, 구리암모늄레이온
④ 비닐론, 비누화아세테이트, 폴리우레탄

해설
재생섬유의 종류

셀룰로스계 (섬유소계)	비스코스레이온, 폴리노직레이온, 구리암모늄레이온 등
단백질계	제인섬유, 글리시닌섬유, 카세인섬유 등
기 타	고무섬유, 알긴산섬유 등

68 3대 합성섬유에 해당하지 않는 것은?

① 나일론　② 스판덱스
③ 아크릴　④ 폴리에스터

해설
② 스판덱스는 폴리우레탄 섬유이다.
합성섬유 : 3대 합성섬유인 나일론·폴리에스터·아크릴과 같이 석유나 석탄 그리고 천연가스 등을 원료로 한 화학 공업에서 얻어지는 섬유를 말한다.

정답 64 ③　65 ④　66 ④　67 ①　68 ②

69 합성섬유에 대한 설명으로 옳은 것은?
① 정전기 발생이 쉽고, 흡습성이 작아서 내의로 적합하지 않다.
② 자외선에 강해서 햇빛에 오래 두어도 변색이 없다.
③ 가볍고 열가소성이 없다.
④ 약품, 해충, 곰팡이에 저항성이 없다.

해설
② 일광에 매우 약해서 햇빛에 오래 두면 변색된다.
③ 가볍고 열가소성이 크다.
④ 약품, 해충, 곰팡이에 저항성이 있다.

70 합성섬유의 방사법으로 가장 많이 사용되는 것은?
① 건식방사   ② 습식방사
③ 용융방사   ④ 에멀션방사

해설
용융방사는 방사 후 세척·건조 등의 공정이 필요하지 않은 생산성이 높은 방사법이다.

71 다음 중 반합성섬유에 속하는 것은?
① 아세테이트   ② 폴리에스터
③ 스판덱스   ④ 비닐론

해설
반합성섬유에는 아세테이트, 트라이아세테이트 등이 있다.

72 재생섬유에 대한 설명으로 가장 옳은 것은?
① 재생섬유는 면, 마와 달리 물속에서는 강도가 많이 떨어지므로 물세탁에 주의하여야 한다.
② 재생섬유는 면, 마와 달리 물속에서는 강도가 어느 정도 증가한다.
③ 재생섬유는 면, 마와 물속에서 강도가 같다.
④ 재생섬유는 면, 마와 달리 물속에서는 강도가 80% 정도 떨어진다.

73 폴리노직레이온은 어느 계통의 섬유에 속하는가?
① 동물성 섬유   ② 식물성 섬유
③ 재생섬유   ④ 합성섬유

해설
폴리노직레이온은 비스코스레이온을 개질(改質)한 재생섬유이다.

정답 69 ① 70 ③ 71 ① 72 ① 73 ③

74 비스코스레이온의 구조와 성질에 대한 설명으로 옳지 않은 것은?
① 현미경 관찰 시 단면은 톱날 모양이다.
② 셀룰로스가 주성분이다.
③ 강도는 면보다 나쁘나 흡습성은 우수하다.
④ 정전기가 많이 발생하여 의류의 안감으로 부적합하다.

해설
④ 정전기가 발생하지 않아 의류의 안감으로 적합하다.

75 합성섬유의 성질로 옳지 않은 것은?
① 폴리에스터 – 내추성이 크다.
② 아크릴 – 내일광성이 크다.
③ 나일론 – 탄성회복률이 크다.
④ PP섬유 – 흡습성이 크다.

해설
④ 폴리프로필렌(PP) 섬유는 흡습성이 낮다.

76 피복 재료용 섬유의 성질 중 적절한 것은?
① 흡습성이 작은 섬유는 내의용으로 적당하다.
② 일정한 강신도는 없어도 섬유장은 길어야 한다.
③ 나일론은 강도가 작아 내의용으로 적당하다.
④ 아크릴섬유는 벌커성이 있어 보온성이 좋다.

해설
벌크 가공이 된 아크릴섬유는 더욱 좋은 레질리언스를 가지고 있다.

77 폴리에스터섬유의 성질로 옳은 것은?
① 내구성이 아크릴보다는 강하고 나일론보다는 약하다.
② 신장회복률이 좋아 주름이 잘 간다.
③ 흡습성이 커서 세탁을 하면 쉽게 잘 줄어든다.
④ 대부분의 염료에 의해 쉽게 염색이 잘된다.

해설
② 탄력회복률이 좋아 구김이 잘 안 간다.
③ 흡습성이 낮아 정전기가 쉽게 발생한다.
④ 염색에 타 부속염료의 사용이 거의 불가능하고 분산염료가 주로 사용된다.

78 다음 중에서 가장 소수성(물과 친화성이 작은 성질)인 섬유는?
① 무명섬유
② 비스코스레이온섬유
③ 양털섬유
④ 폴리에스터섬유

해설
소수성 섬유 : 폴리에스터, 나일론, 아세테이트 등

정답 74 ④ 75 ④ 76 ④ 77 ① 78 ④

79 다음 중 열가소성이 가장 좋은 섬유는?

① 폴리에스터
② 아크릴
③ 비스코스레이온
④ 스판덱스

해설
폴리에스터는 열가소성이 우수하여 열고정 가공제품(주름치마)에 많이 사용한다.

80 다음은 Polyester섬유의 단점이다. 옳지 않은 것은?

① 약품에 일반적으로 약하다.
② 염색하기가 까다롭다.
③ 정전기가 잘 발생한다.
④ 땀을 잘 흡수하지 않는다.

해설
폴리에스터는 내약품성이 좋다.

합격의 공식 시대에듀

교육은 우리 자신의 무지를 점차 발견해 가는 과정이다.

– 윌 듀란트 –

PART 02
세탁 방법

CHAPTER 01	세탁 방법 선택
CHAPTER 02	드라이클리닝
CHAPTER 03	론드리
CHAPTER 04	웨트클리닝
CHAPTER 05	특수제품 세탁

합격의 공식 시대에듀 www.sdedu.co.kr

CHAPTER 01 세탁 방법 선택

01 | 세탁물과 세탁

1. 세탁물의 형태

(1) 세탁물의 외관 관찰 방법
① 비정상 부위의 현상 관찰 : 변·퇴색, 오염, 이염, 얼룩, 형태 이상, 황변, 이물질 부착·혼입 등의 현상을 분류하고 주된 작용의 종류를 추정하기 위해 관찰한다.
② 비정상 부위의 분포와 형태 관찰 : 비정상 부위의 형태를 관찰하여 원인이 된 시기(공정)와 그 발생 상황 등을 추정하기 위해 관찰한다.
③ 분해 관찰 : 현상, 분포, 형태 관찰을 더욱 정밀하게 관찰하기 위한 추가 관찰이다.

(2) 비정상 부위의 원인 및 관찰 방법
① 비정상 부위의 현상 관찰
  ㉠ 퇴색은 산화, 환원, 킬레이트금속의 빠짐 등 염료 구조의 분해와 관련 있다.
  ㉡ 변색은 가교, 킬레이트 반응, 다른 분자와의 화학 결합 등의 반응과 관련 있다.
  ㉢ 오염은 다른 오염 섬유 또는 가공제의 흡착 특성과 일치하는 경우가 많다.
  ㉣ 염색 조건의 불량에 의한 염색 얼룩 이외의 색 얼룩은 가공의 불균일과 관련 있다.
  ㉤ 이물질 혼입은 작업 공정의 환경과 원료의 출처에 의존하고, 그 종류의 범위는 한정되어 있다. 그 혼입 형태로 혼입 경로를 추적할 수 있다.
② 비정상 부위의 분포와 형태 관찰 시 착안사항
  ㉠ 원단 겉과 안의 차이
  ㉡ 의류의 접거져 있는 상태와의 관계
  ㉢ 포장 상태에서의 포장 비닐과의 접촉 및 개피구와의 관계
  ㉣ 착용에서 소매 끝부분, 피부와의 접촉 부분, 겨드랑이 밑 또는 등 쪽의 땀 방출 부분이 빛이 쬐이는 어깨와 등과의 관계
  ㉤ 세탁 중 각종 세제 또는 표백제 등의 화공 약품과의 관계
  ㉥ 세탁 후 세탁기 회전이 정지된 상태에서 장시간 수돗물을 흘러 보낸 것과의 관계
  ㉦ 탈수 후에 젖은 상태로 다른 의류와의 접촉 장치와의 관계

ⓒ 옷걸이에 걸어서 건조시키는 데 있어서 일광과의 관계
ⓔ 소비자의 일상생활(세탁용 표백제, 화장실 세척제, 자동차 축전지액 중 산성 물질, 펌액 등)과의 관계

(3) 분해 관찰
① 동일한 소재 부분 간의 관찰
　㉠ 비정상 발생 시기가 봉제 전인지 봉제 후인지 판단에 중요한 정보를 제공한다.
　㉡ 비정상 현상이 부분 간에 연속적으로 걸쳐져 있다면 이 비정상의 발생이나 요인을 만든 공정은 봉제된 이후라고 판단한다.
　㉢ 연속하지 않은 경우는 원단 단계에서 이미 요인이 만들어졌다고 생각해야 한다.
② 다른 소재 부분 간의 관찰 : 염료·소재·가공이 다른 각 부분과 비정상 발생 및 비정상 원인에 미치는 영향의 선택성을 조사하여 비정상 발생의 원인을 추정한다.
③ 주머니 안 또는 봉합된 부분의 안쪽 관찰
　㉠ 주머니 안 또는 봉합된 부분의 안쪽은 봉제된 이후 비정상 발생의 작용이 미치기 어려운 부분이다.
　㉡ 비정상 현상이 전체적으로 나타나는 경우 봉제한 안쪽 또는 주머니 안이 정상적인 부분이라고 간주될 수 없는 경우가 꽤 있다.

2. 세탁 기초

(1) 세탁 방법의 일반적 분류
① 세탁 방법은 크게 건식방법과 습식방법으로 나눈다.
② 세탁물의 분류에 따라 혼합세탁, 분류세탁, 부분세탁으로 나눈다.
③ 부분세탁은 세탁물 분류 후 극소부분 세탁이 필요할 때 그 부분만 세탁하는 방법이다.

(2) 일반적인 세탁 조건
① 적당한 세제 농도는 0.2~0.3%이다.
② 세탁 시 사용하는 물의 온도는 35~40℃가 적당하다.
③ 가정용 세탁기 사용 시 세탁용수의 한계온도는 40℃이다.
④ 세탁용수의 분량은 직물 무게의 20~30배이다.
⑤ 섬유의 종류, 오점 형태, 세탁 방법에 따라 적절한 세제를 선택하여야 한다.
⑥ 세탁에 가장 적절한 알칼리의 농도는 pH 11 정도이다.
⑦ 양모·견·아세테이트직물은 알칼리에 침해가 일어날 수 있으므로 중성에서 세탁한다.

⑧ 잿물의 주성분은 탄산칼슘이 물에 녹아 있어 알칼리성을 나타낸다.
⑨ 세탁은 물의 온도, 세제 농도, 세제 종류, 세탁 시간, 알칼리성 등에 큰 영향을 받는다.

(3) 세탁기의 세탁 시간
① 오염 제거에 드는 시간은 오구(汚垢)의 종류, 세탁 온도, 세탁기 구조에 따라 달라진다.
② 표준 세탁 시간
㉠ 와류식 세탁기 : 약 10분
㉡ 교반식 세탁기 : 약 20분
㉢ 회전드럼식 : 약 30분

(4) 세탁 온도와 세탁 효과
① 세탁 온도는 오점이 옷에 묻을 때보다 약간 높은 온도가 적합하다.
② 고체 상태의 기지를 액체 상태로 완전 융해할 수 있는 온도는 37℃이다.
③ 오점을 섬유로부터 제거하기 위해서는 외부로부터 에너지가 필요하다.
④ 세탁 온도가 적당히 올라가면 섬유와 오점의 결합력이 약해져서 세탁 효과가 상승한다.
⑤ 세탁 온도가 지나치게 높은 온도에서는 오히려 재오염이 일어날 수 있다.

3. 세탁용수

(1) 경수(센물)
① 경수의 개념
㉠ 칼슘, 마그네슘, 철분 등의 불순물이 함유된 물은 세탁에 크게 방해가 되는데 이들 금속을 함유한 물을 경수라고 한다.
㉡ 세탁 시 경수를 사용하면 비누의 손실이 많아짐은 물론 세탁 효과도 저하한다.
㉢ 경수에 포함된 금속 성분은 비누와 결합하여 비누의 성능을 떨어지게 하는 등 세탁 효과가 저하되고, 의복의 촉감이 불량해진다.
② 경수(센물)를 연수(단물)로 바꾸는 방법

끓이는 법	물을 끓여서 미세한 앙금(찌꺼기)을 가라앉혀 윗물을 사용하고 찌꺼기 물은 버려 사용한다.
알칼리를 가하는 법	경수에 수산화나트륨, 암모니아 같은 염기나 탄산나트륨을 가하면 연수가 된다.
이온교환수지법	이온교환수지에 센물을 통과시키면 수지의 성분인 나트륨이온이나 센물 속의 칼슘이온이나 마그네슘이온과 교환되어 연수가 된다.

③ 경수를 연화해 세탁력을 향상하는 경수 연화제 : 폴리인산염, EDTA(에틸렌다이아민4초산)

(2) 연수(단물)
  ① 연수의 개념
    ㉠ 금속 성분을 포함하지 않은 물이다.
    ㉡ 세탁에는 연수를 사용한다.
    ㉢ 비누 거품이 가장 잘 생기는 물이다.
  ② 세탁용수인 물의 장점
    ㉠ 수용성 오점에 대하여 용해력이 강하다.
    ㉡ 인화성이 없을 뿐 아니라 불연성이므로 대단히 안정하다.
    ㉢ 값이 싸고 풍부하여 원가절감에 큰 도움이 된다.
    ㉣ 세탁에서는 열을 많이 이용하는데 열의 전달매체로서 대단히 좋다.
    ㉤ 면이나 마직 혼방제품의 클리닝 대상품은 용재보다 세척력이 우수하다.
    ㉥ 무독·무해하고, 비열과 증발열이 크다.
  ③ 세탁용수인 물의 단점
    ㉠ 표면장력이 너무 크기 때문에 세탁물의 이염률이 높다.
    ㉡ 유용성 오점에 대한 용해력이 부족하다.
    ㉢ 옷의 형태가 일그러지고 신장 또는 수축되기 쉽다.
    ㉣ 철분이 많은 경수는 흰색 종류의 옷이 누렇게 변할 수도 있다.
      ※ 표백, 염색은 연수를 사용해야 경제적이고, 염색견뢰도가 낮은 견직물은 중화 처리해 사용한다.

> **알아두기** 세탁용수의 불순물 제거 방법
> - 정치침전법
> - 응집침전법
> - 이온교환수지법

(3) 경 도
  ① 물속에 용해된 경화염류의 함유량을 표시하는 단위이다.
  ② 경도 1도는 약 18ppm, 경도 6도를 기준으로 높으면 경수, 낮으면 연수로 분류한다.
  ③ 경도가 과도하게 높으면 세척력을 떨어뜨린다.
  ④ 경도가 과도하면 보일러의 열전도율이 낮아지고, 급배수관의 부식을 초래한다.
  ⑤ 경도표시법은 영국식, 프랑스식, 독일식 등이 있으나 우리나라는 독일식을 사용한다.
  ⑥ 독일식 표현법은 1L의 물속에 산화칼슘이 10mg 함유된 경우를 1의 경도로 한다.
  ⑦ 미국식은 칼슘이온을 탄산칼슘으로 환산하여 ppm으로 나타낸다.

4. 세탁 기술

(1) 수축 현상
① 섬유 사이로 물이 스며들어 열을 받아 서로 밀어내는 분자운동에 의해 섬유가 뜯어지고, 실이 약해져 전체적으로 수축 현상이 일어난다.
② 열, 수분, 기계적 작용에 의한 섬유의 맞물린 상태의 펠팅 수축과 직물제조 시 잡아당겨 두었던 힘이 없어지면서 줄게 되는 이완수축이 있다.
   ※ 펠팅 수축은 모직물, 털섬유에서 많이 나타난다.
③ 수축 현상의 요인
   ㉠ 세탁 시 유기용제 속의 수분이나 젖어 있는 직물에 의해
   ㉡ 클리닝 기계의 기계적 작용에 의해
   ㉢ 드라이클리닝 시 건조 온도에 의해
   ㉣ 마무리 작업의 스팀에 의해
④ 모직물, 니트, 가죽, 합성섬유 혼방, 본딩된 합성섬유직물 등에서 일어난다.
⑤ 세탁 시 수분과 온도가 적절해야 예방이 된다.

(2) 오염의 원인과 방지
① 동물성 섬유와 단백질 얼룩
   ㉠ 단백질 얼룩은 알칼리에 녹지만 열을 가하면 굳어진다(달걀흰자, 피, 호르몬 등).
   ㉡ 동물성 섬유(단백질이 주성분)에 알칼리가 남아 있으면 상해서 황변한다.
   ㉢ 세심한 주의와 후처리를 잘해야 한다.
② 식물성 섬유와 타닌 얼룩
   ㉠ 식물성 섬유에 산이 남아있으면 섬유가 상하고 황변한다.
   ㉡ 타닌은 식물성 음료와 식품에 들어 있는 성분으로 산성이며, 산성 얼룩 제거제(타닌 포뮬러)로 뺀다.
③ 합성섬유와 지용성 얼룩
   ㉠ 합성섬유는 석유나 석탄으로부터 얻어지며 기름에 녹는 때(지용성 오염)를 잘 흡착한다.
   ㉡ 드라이클리닝이나 유기용매에서 잘 제거된다.
④ 비용해성의 때(불용성 오염)
   ㉠ 불용성 오염(흙, 먼지, 매연, 린트, 안료 등)은 천연섬유에 잘 낀다(합성섬유에는 잘 끼지 않는다).
   ㉡ 약품들에 대한 저항력이 강해서 잘 녹지 않으므로 윤활제와 흡착제를 이용해서 섬유와의 결합을 풀어낸다.

⑤ 합성섬유의 타닌 얼룩
  ㉠ 타닌이 합성섬유에 붙었을 때는 산이 없는 중성세제만으로도 쉽게 빠진다.
  ㉡ 물에 친화력이 적은 합성섬유에 수용성의 타닌이 잘 붙지 않기 때문에 쉽게 빠진다.
  ※ 수용성 얼룩은 친수성 섬유에 잘 붙고 또 이것을 뺄 때는 물을 이용해야 한다.

(3) 이염 예방
① 가장 쉽게 발생하는 이염은 물 빠짐에 의한 이염이다.
② 색상이 있는 옷은 세탁 전에 사전 염색 시험을 거치는 것이 좋다.
③ 색상별, 두께별로 분류해서 세탁한다.
④ 세제 사용에 주의한다.

5. 세탁 방법

(1) 손세탁(손빨래) 방법

방법	내용	적합한 직물
흔들어 빨기	• 세탁물을 세제 용액에 담그고 좌우 또는 상하로 흔들어 용액을 유동시켜 세탁하는 방법이다. • 세액이 세탁물에 대해서 평행으로 이동하므로 세탁 효과는 좋지 못하지만 옷감의 손상이 적다.	모직, 편성물, 실크
주물러 빨기	• 세탁물을 세액용제에 넣어 두 손으로 가볍게 주무르는 방법이다. • 흔들어 빨기보다 세탁 효과가 좋고, 섬유 손상도 적다.	견, 모, 레이온, 아세테이트 등 부드러운 직물
두들겨 빨기	손빨래 중 세탁 효과가 가장 좋고 노력이 적게 든다.	• 면, 마 등 • 습윤강도가 큰 직물 • 형태가 변하지 않는 직물 • 삶아서 빠는 세탁물
눌러 빨기	• 양손으로 가볍게 세탁물을 누르는 방법이다. • 세탁 효과가 좋고 섬유 손상도 적다.	양모, 울, 실크, 견, 아세테이트, 레이온
비벼 빨기	• 세탁물에 비누를 칠하거나 세제 용액에 담가 두었다가 두 손 사이에서 또는 빨래판 위에서 비비는 방법이다. • 우리나라에서 가장 많이 쓰인다. • 섬유의 마찰과 충돌이 반복되어 세탁 효과가 매우 좋으나 섬유가 손상되기 쉽다. • 옷의 깃, 소매 끝 등의 심한 오염부위 세탁에 적합하다.	면, 마 등 내구성이 큰 직물
솔로 문질러 빨기	• 옷의 변형, 섬유의 손상이 비교적 적고 세탁 효과가 좋다. • 청바지, 작업복 같은 두꺼운 면직물에 적합하다.	면, 마, 인조섬유 등
삶아 빨기	• 흰 면 속옷이나 시트와 같은 면제품이 심하게 오염되었을 때 사용하는 세탁 방법이다. • 세탁과 함께 살균·소독 효과가 있어서 위생에도 좋다.	면

(2) 섬유별 세탁 방법

① 천연 셀룰로스 직물
  ㉠ 면, 마직물은 열과 알칼리에 강하므로 어떤 세탁 방법도 무난하다.
  ㉡ 직접염료로 염색된 직물이나 수지 가공된 직물은 알칼리성 세제를 피하고 저온 세탁을 하여 그늘에서 건조해야 한다.
  ㉢ 백색 직물은 비누나 알칼리성 합성세제를 사용함이 좋다.
  ㉣ 오염이 심한 직물은 탄산나트륨을 첨가하여 삶아도 좋다.
  ㉤ 드라이클리닝 시 역오염되기 쉬우므로 물세탁하는 것이 바람직하다.
  ㉥ P.P 가공직물은 염소표백제 사용을 피하고 온도는 40℃ 이하로 한다.
    ※ P.P 가공 : 퍼머넌트 프레스 가공으로 의류에 주름이 잘 가지 않게 한다.
  ㉦ 습윤 시 강도가 증가하며, 세탁조작에 특별히 유의하지 않아도 되고, 비누나 약알칼리성 합성세제를 쓰며, 뜨거운 물로 세탁할 수 있다.
  ㉧ 표백제는 차아염소산나트륨이나 과산화수소를 사용한다.

② 천연 동물성 섬유
  ㉠ 양모섬유, 견직물은 드라이클리닝이 안전하다.
  ㉡ 양모직물은 중성세제를 사용한다.
  ㉢ 견직물은 세탁용수를 연수로 사용한다.
  ㉣ 양모직물은 세탁 시 알칼리성 수용액에서 흔들면 축융현상이 일어나므로 각별히 유의하여야 한다.
  ㉤ 견, 모의 클라우스나 와이셔츠는 땀 오염이 심하므로 웨트클리닝이 좋다.
  ㉥ 일반적으로 모직물 양복의 세탁은 드라이클리닝 한다.
  ㉦ 견직물을 세탁할 때는 드라이클리닝 또는 중성세제로 미지근한 물에서 잘 눌러서 세탁해야 한다.
  ㉧ 모, 실크는 알칼리에 약하고 산에 강하다.

> **알아두기** 양모섬유로 만든 코트의 드라이클리닝
> - 양모섬유는 드라이클리닝이 안전하다.
> - 가볍게 눌러 빠는 정도로 한다.
> - 용제에 수분이 과잉 공급되면 수축과 손상을 받는다.
> - 바람이 통하는 그늘에서 건조하여야 좋다.

③ 레이온직물
  ㉠ 습윤하면 강도가 크게 저하되므로 세탁 시 큰 힘을 가하지 말아야 한다.
  ㉡ 강한 알칼리와 고온을 피한다.
  ㉢ 천연 셀룰로스 섬유와 달리 습윤하면 강도가 반으로 감소되므로 세탁할 때는 비누나 약알칼리성 합성세제에서 주물러 빨아야 옷감을 보호할 수 있다.

ⓒ 약알칼리성 세제를 사용하고 심하게 비비거나 두드리는 일을 피해야 하며 세탁기를 사용할 때는 그물주머니에 넣어서 세탁하는 것이 안전하다.
　　ⓓ 탈수는 원심 탈수를 하며 비틀어 짜지 않는다.
④ 아세테이트직물
　　㉠ 아세테이트는 물세탁에 의해 광택을 잃기 쉬우므로 드라이클리닝을 원칙으로 한다.
　　㉡ 물세탁을 하고자 할 때는 중성세제를 사용하고 레이온과 같은 물세탁을 한다.
　　㉢ 40℃ 이상에서 세탁하면 주름이 생기고 변형되기 쉬우므로 주의해야 한다.
　　㉣ 수용성 얼룩은 중성세제를 사용한다.
　　㉤ 아세톤에 용해되므로 사용을 금한다.
　　㉥ 클리닝 후 저온에서 단시간 내에 건조한다.
　　㉦ 건조기의 온도는 85℃ 이하여야 한다.
　　　※ 아세테이트는 온도 85℃ 이상의 물이나 비누액 중에서 천천히 분해되어 섬유의 특성을 잃는다.

⑤ 피혁제품
　　㉠ 피혁제품 세탁에는 물세탁 방법과 드라이클리닝 방법이 있는데 각각 장단점이 있다.
　　㉡ 치수 변화를 최소화하기 위해서 가능한 한 드라이클리닝을 한다.
　　㉢ 염료가 용출되어 색상이 변할 수 있으므로 짧은 시간에 세탁을 마쳐야 한다.
　　㉣ 탈지성이 작은 석유계 용제를 사용하는 것이 좋다.
　　㉤ 물품에 따라 처리시간을 조절한다.
　　㉥ 세탁을 하면 원래 품질보다 떨어지게 된다.
　　㉦ 모피류는 파우더클리닝으로 한다(모피전문 세탁업체에 맡겨야 한다).
　　㉧ 염화비닐 합성피혁은 드라이클리닝에서 경화되므로 웨트클리닝을 한다.
　　　※ 피혁류는 지방의 보전이 품질 보전의 중요한 요령 중의 하나이다.

⑥ 합성섬유 직물
　　㉠ 습윤강도가 좋고 내알칼리성이 있기 때문에 세탁 방법에 별다른 제한을 받지 않는다.
　　㉡ 겨울철에는 정전기 발생이 심하고 끌어당기는 성질이 있어 재오염률이 높다.
　　㉢ 열가소성이 있어 고온세탁, 고온건조에 의해 변형이 생길 수 있으므로 세탁 시 온도는 40℃, 건조는 60℃ 이하가 안전하다.
　　㉣ 아크릴, 나일론은 알칼리세탁 시 황변할 수 있으므로 사용을 피해야 한다.
　　㉤ 중성세제를 사용해야 하지만 폴리에스터는 알칼리성 세제도 무난하다.
　　㉥ 나일론은 일광에 약하므로 그늘에서 건조한다.
　　㉦ 기름 오점이 오래 경과하면 완전히 제거하기 어려우므로 묻은 즉시 신속히 제거하여야 한다.
　　㉧ 유기용제로 제거가 안 되는 오점은 세제를 사용하여 제거한다.

⑦ 한 복
　　㉠ 품질관리 표시상 물세탁이 가능한 표시가 없으면 드라이클리닝을 하는 것이 원칙이다.
　　㉡ 오염이 심한 견으로 만든 한복은 드라이클리닝이 적합하다.

ⓒ 견으로 만든 한복을 물세탁하면 광택이나 촉감이 저하하고, 풀기로 인한 맵시가 알칼리성에 의해 손상받기 쉽다.
ⓔ 물세탁만 하면 변색, 수축되고 기름세탁만 하면 수용성 오점이 제거되지 않아 세정효율이 낮으므로 발수법을 이용한 기름세탁 후 물세탁 하는 것이 바람직하다.
ⓜ 다른 세탁물과 혼합해서 세탁해서는 안 된다.
ⓗ 친수성 오염을 제거할 수 없고 세척률이 낮으며 연한 색은 오염물이 용해, 분산되기 때문에 재오염되기 쉽다.

⑧ 바 지
  ㉠ 개어놓은 바지를 펼쳐서 세탁액에 담가 전체를 눌러 빤다.
  ㉡ 오점이 심한 부분은 오점 처리를 한 다음 손빨래를 한다.
  ㉢ 탈수기에는 여유동간이 있게 넣는다.
  ㉣ 건조는 뒤집어서 그늘에서 자연 건조한다.
    ※ 특수 세정에는 파우더 세정, 초음파 세정, 샤워 세정 등이 있다.

> **알아두기** 오점이 잘 제거되는 순서
>
> 양모 → 나일론 → 비닐론 → 아세테이트 → 면 → 레이온 → 마 → 견(비단)

6. 세탁기호 및 취급 방법

섬유 제품의 취급에 관한 표시기호 및 그 표시 방법(KS K 0021)

(1) 물세탁 방법

기 호	기호의 정의	기 호	기호의 정의
95℃	물의 온도 최대 95℃에서 세탁기로 일반 세탁할 수 있다. 세제 종류에 제한받지 않는다.	70℃	물의 온도 최대 70℃에서 세탁기로 일반 세탁할 수 있다. 세제 종류에 제한받지 않는다.
60℃	물의 온도 최대 60℃에서 세탁기로 일반 세탁할 수 있다. 세제 종류에 제한받지 않는다.	60℃ 약	물의 온도 최대 60℃에서 세탁기로 약하게 세탁할 수 있다. 세제 종류에 제한받지 않는다.
50℃	물의 온도 최대 50℃에서 세탁기로 일반 세탁할 수 있다. 세제 종류에 제한받지 않는다.	50℃ 약	물의 온도 최대 50℃에서 세탁기로 약하게 세탁할 수 있다. 세제 종류에 제한받지 않는다.
40℃	물의 온도 최대 40℃에서 세탁기로 일반 세탁할 수 있다. 세제 종류에 제한받지 않는다.	40℃ 약	물의 온도 최대 40℃에서 세탁기로 약하게 세탁할 수 있다. 세제 종류에 제한받지 않는다.

기 호	기호의 정의	기 호	기호의 정의
40℃ 매우 약	물의 온도 최대 40℃에서 세탁기로 매우 약하게 세탁할 수 있다. 세제 종류에 제한받지 않는다.	30℃	물의 온도 최대 30℃에서 세탁기로 일반 세탁할 수 있다. 세제 종류에 제한받지 않는다.
30℃ 약	물의 온도 최대 30℃에서 세탁기로 약하게 세탁할 수 있다. 세제 종류에 제한받지 않는다.	30℃ 매우 약	물의 온도 최대 30℃에서 세탁기로 매우 약하게 세탁할 수 있다. 세제 종류에 제한받지 않는다.
30℃ 약, 중성	물의 온도 최대 30℃에서 세탁기로 약하게 세탁할 수 있다. 세제 종류는 중성 세제를 사용한다.	손세탁 40℃	물의 온도 최대 40℃에서 손으로 약하게 손세탁할 수 있다(세탁기 사용 불가). 세제 종류에 제한받지 않는다.
손세탁 40℃, 약 중성	물의 온도 최대 40℃에서 손으로 매우 약하게 손세탁할 수 있다(세탁기 사용 불가). 세제 종류는 중성 세제를 사용한다.	손세탁 30℃, 약 중성	물의 온도 최대 30℃에서 손으로 약하게 손세탁할 수 있다(세탁기 사용 불가). 세제 종류는 중성 세제를 사용한다.
⊠	물세탁을 하면 안 된다.		

비고 : 물세탁 방법 기호 중 온도 기호 "℃"는 생략할 수 있다.
　　　약한 손세탁에는 흔들어 빨기, 눌러 빨기 및 주물러 빨기가 있다.
　　　매우 약한 손세탁은 약한 손세탁 후 비탈수 건조함을 의미한다.

(2) 산소 또는 염소표백 방법

기 호	기호의 정의	기 호	기호의 정의
염소 표백	염소계 표백제로만 표백할 수 있다.	산소 표백 (X)	산소계 표백제로 표백하면 안 된다.
염소 표백 (X)	염소계 표백제로 표백하면 안 된다.	염소, 산소 표백	염소계 또는 산소계 표백제로 표백할 수 있다.
산소 표백	산소계 표백제로만 표백할 수 있다.	염소 산소 표백 (X)	염소계 및 산소계 표백제로 표백하면 안 된다.

(3) 다림질 방법

기 호	기호의 정의	기 호	기호의 정의
3 210℃	다리미 온도 최대 210℃로 다림질할 수 있다.	1 120℃	다리미 온도 최대 120℃로 다림질할 수 있다.
3 210℃	다리미 온도 최대 210℃로 헝겊을 덮고 다림질할 수 있다.	1 120℃	다리미 온도 최대 120℃로 헝겊을 덮고 다림질을 할 수 있다.

기호	기호의 정의	기호	기호의 정의
2 160℃	다리미 온도 최대 160℃로 다림질할 수 있다.	1 120℃	다리미 온도 최대 120℃로 스팀을 가하지 않고 다림질할 수 있다. 스팀 다림질은 되돌릴 수 없는 손상을 일으킬 수 있다.
2 160℃	다리미 온도 최대 160℃로 헝겊을 덮고 다림질할 수 있다.	✕	다림질을 하면 안 된다

비고 : 다림질 방법 기호 중 온도 기호 "℃"는 생략할 수 있다.

(4) 전문적 드라이클리닝 및 웨트클리닝 방법

기호	기호의 정의	기호	기호의 정의
드라이	퍼클로로에틸렌, 석유계, 메테인계 및 실리콘계 용제 등 적합한 용제로 일반 드라이클리닝할 수 있다.	드라이	퍼클로로에틸렌, 석유계, 메테인계 및 실리콘계 용제 등 적합한 용제로 약하게 드라이클리닝할 수 있다.
드라이 석유계	석유계 용제로 일반 드라이클리닝할 수 있다.	드라이 석유계	석유계 용제로 약하게 드라이클리닝할 수 있다.
드라이 메테인계	다이부톡시메테인(메테인계) 용제로 일반 드라이클리닝할 수 있다.	드라이 메테인계	다이부톡시메테인(메테인계) 용제로 약하게 드라이클리닝할 수 있다.
드라이 실리콘계	데카메틸사이클로펜타실록세인(실리콘계) 용제로 일반 드라이클리닝할 수 있다.	드라이 실리콘계	데카메틸사이클로펜타실록세인(실리콘계) 용제로 약하게 드라이클리닝할 수 있다.
드라이 전문점	드라이클리닝을 특수 전문점에서만 할 수 있다. 특수 전문점이란 취급하기 어려운 가죽, 모피, 헤어 등의 제품을 전문적으로 취급하는 업소를 말한다.	드라이 ✕	드라이클리닝을 하면 안 된다.
웨트	웨트클리닝 전문점에서 일반 웨트클리닝할 수 있다.	웨트	웨트클리닝 전문점에서 약하게 웨트클리닝할 수 있다.
웨트	웨트클리닝 전문점에서 매우 약하게 웨트클리닝할 수 있다.	웨트 ✕	웨트클리닝을 하면 안 된다.

(5) 짜는 방법

기호	기호의 정의
약 하 게	손으로 짜는 경우에는 약하게 짜고, 원심 탈수기인 경우는 짧은 시간 안에 탈수한다.
✕	짜면 안 된다.

(6) 건조 방법

기 호	기호의 정의	기 호	기호의 정의
옷걸이	옷걸이에 걸어 햇빛에서 자연 건조시킨다.	뉘어서 비탈수	탈수하지 않고, 뉘어서 햇빛에서 자연 건조시킨다.
옷걸이	옷걸이에 걸어 그늘에서 자연 건조시킨다.	뉘어서 비탈수	탈수하지 않고, 뉘어서 그늘에서 자연 건조시킨다.
옷걸이 비탈수	탈수하지 않고, 옷걸이에 걸어 햇빛에서 자연 건조시킨다.	기계건조 80℃	최대 80℃에서 기계 건조할 수 있다.
옷걸이 비탈수	탈수하지 않고, 옷걸이에 걸어 그늘에서 자연 건조시킨다.	기계건조 60℃	최대 60℃에서 기계 건조할 수 있다.
뉘어서	뉘어서 햇빛에서 자연 건조시킨다.	기계 건조	기계 건조하면 안 된다.
뉘어서	뉘어서 그늘에서 자연 건조시킨다.		

비고 : 기계 건조 기호 중 온도 기호 "℃"는 생략할 수 있다.

02 | 의류형태별 분류

1. 의복의 구성성분 파악

(1) 내의류

① 내의류는 팬티류와 런닝류의 면제품과 브래지어류나 란제리류의 나일론 제품으로 나뉜다.
② 면소재의 속옷은 물에 담근 후 세탁하거나 삶는 것도 가능하다. 나일론 소재는 중성세제로 주물러 손세탁하거나 세탁기를 사용할 경우 세탁망을 이용하여 반드시 찬물로 세탁해야 한다.

(2) 중의류

① 형태와 용도에 따라 중의류를 구분한다.
② 중의류는 소재의 종류에 따라 세탁 방법을 선택한다.

(3) 외의류

① 형태와 용도에 따라 외의류를 구분한다.

② 슈트, 재킷, 코트와 같이 형태를 유지해야 하는 외의류는 소재의 종류와 관계없이 드라이클리닝을 권장한다.
③ 가죽코트와 모피코트는 드라이클리닝 해야 하며 가죽·모피 세탁전문점에 의뢰해야 한다.

2. 직 물

(1) 직물의 조직

① 직물은 세로방향의 실(경사, 날실)과 가로방향의 실(위사, 씨실)이 직각으로 교차하여 이루어진 형태 또는 위사와 경사를 조합해서 만든 천(피륙)을 말한다.
② 직물을 구성하는 경사와 위사가 교차하는 상태를 조직이라고 한다.
③ 직물은 조직에 따라 외관, 강도, 강연성, 드레이프성 등과 같은 성능이 달라지기 때문에 의복의 용도나 관리 방법도 다르다.
   ※ 드레이프성 : 자연스럽게 아래로 흘러내리면서 부드럽게 몸을 감싸는 성질
④ 직물의 조직으로 가장 기본적인 것은 삼원조직 즉 평직, 능직(사문직), 주자직(수자직)이다.
⑤ 삼원조직 이외의 다른 조직들은 이 세 가지 조직을 변형, 조합, 반복시켜 도비직, 자카드직, 이중직, 크레이프직, 파일직 등을 얻는다.

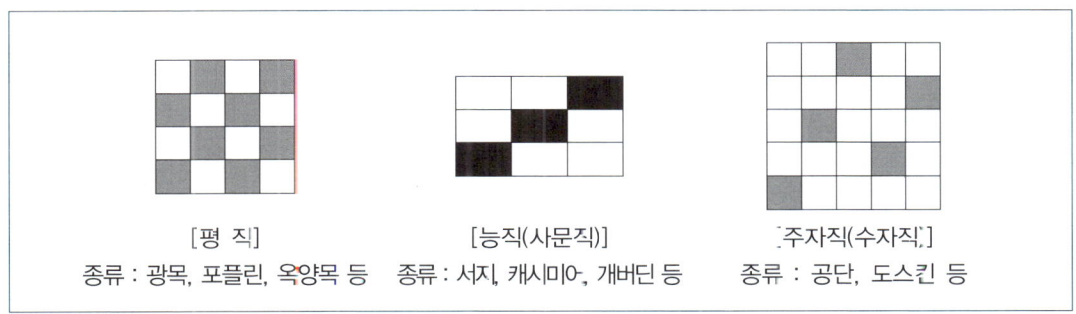

[평 직]　　　　　　　　　[능직(사문직)]　　　　　　　[주자직(수자직)]
종류 : 광목, 포플린, 옥양목 등　종류 : 서지, 캐시미어, 개버딘 등　종류 : 공단, 도스킨 등

> **알아두기　용 어**
> - 편물 : 한 가닥의 실이 고리를 만들어 얽혀 합쳐진 것
> - 접착포 : 천과 폼, 천과 천을 접착한 것

(2) 평직물

① 평직의 개념
  ㉠ 직물조직 중 가장 간단한 조직으로 경사(날실)와 위사(씨실)가 한 올씩 상하 교대로 위로 올라가고, 아래로 내려가는 조직이다.
  ㉡ 경사와 위사가 직각으로 이루어진 형태이다.

② 평조직 직물의 특징
　㉠ 날실과 씨실의 굴곡이 가장 많으며, 직축률이 가장 크다.
　㉡ 직물의 겉과 안의 구분이 없다(조직의 겉과 뒤가 같다).
　㉢ 다른 조직 직물에 비하여 마찰이 크며 광택이 적다.
　㉣ 삼원조직 중 가장 간단한 조직이며 제직이 간단하다.
　㉤ 구김이 쉽게 생긴다.
　㉥ 조직점이 많아 강하고 실용적이나, 표면이 거칠고 광택이 나쁘다.
③ 종류 : 광목, 옥양목, 포플린(Poplin), 머슬린(Muslin), 브로드클로스(Broadcloth), 보일(Voile), 트로피컬(Tropical), 태피터(Taffeta), 캘리코(Calico), 샘브레이(Chambray), 깅엄(Gingham) 등

(3) 능직물

① 능직(사문직)의 개념
　㉠ 경사 또는 위사가 2올 또는 그 이상이 계속 업(Up)되거나 다운(Down)되어 조직점이 대각선 방향으로 연결된 선이 나타난 직물의 기본조직이다.
　㉡ 능선의 방향에 따라 좌능직과 우능직으로 구분한다.
　㉢ 위사는 경사 2올을 건너뛰어 원단 표면에 비스듬한 골(사선방향의 선)이 나타난다.
　㉣ 오른쪽 아래에서 왼쪽 위로 능선이 나타나는 것을 좌능직이라 하고, 왼쪽 아래에서 오른쪽 위로 능선이 나타나는 것을 우능직이라 한다.
② 능직물의 특성
　㉠ 광택이 좋고 표면이 고운 직물을 만들 수 있다.
　㉡ 평직 다음으로 많이 사용되며, 평직에 비해 마찰에 약하다.
　㉢ 능선각이 급할수록 내구성이 좋다.
　㉣ 조직점이 평직보다 적어 유연하며 내구성, 드레이프성, 레질리언스가 좋고 실의 밀도를 크게 할 수 있고 두께감이 있는 직물을 만들 수 있다.
　㉤ 능직은 분수로 조직을 표시하는데 경사가 위사 위로 올라온 것을 분자로 하고 내려간 것을 분모로 한다(2/1, 2/2, 3/1 등).
③ 종류 : 서지(Serge), 개버딘(Gabardine), 데님(Denim), 치노(Chino), 트윌(Twill), 헤링본(Herringbone), 하운드 투스(Hounds Tooth), 글렌 플레이드(Glen Plaid), 드릴(Drill), 진(Jean), 수라(Surah), 블랭킷(Blanket) 등

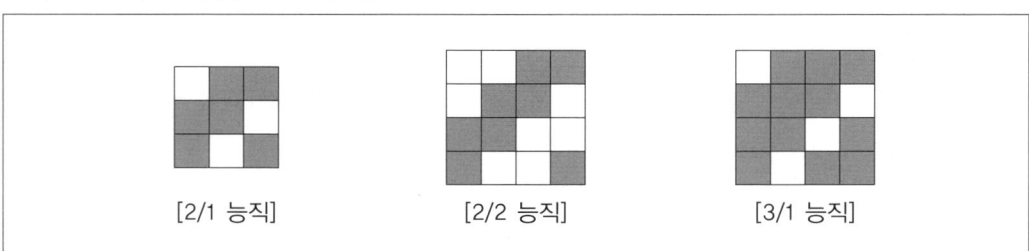

[2/1 능직]　　[2/2 능직]　　[3/1 능직]

(4) 주자직물

① 주자직(수자직)의 개념
   ㉠ 경·위사의 조직점을 비교적 적게 하여 직물 표면에 경사나 위사만 드러나게 짜서 경사 또는 위사만 돋보이게 한 직물이다.
   ㉡ 경사와 위사가 교차하는 방법에 따라 여러 가지 무늬를 얻을 수 있다.
   ㉢ 경사가 많이 나타나는 것을 경수자직, 위사가 많이 나타나는 것을 위수자직이라 한다.

② 주자직물의 특성
   ㉠ 직물의 조직 중 밀도는 가장 높게 할 수 있으나 마찰에 약한 조직이다.
   ㉡ 조직점이 적어서 구김도 덜 생기고 장식효과가 좋다.
   ㉢ 실의 굴곡이 가장 적어서 부드럽고 매끄러워 광택이 좋다.
   ㉣ 강도, 마찰에 약하여 실용적이지 못하다(외출복·파티복).
   ㉤ 실 사이에 공간이 없어 두꺼운 겨울용 소재로 많이 사용된다.
   ㉥ 내구력이 약해 표면 손상이 우려되는 조직으로, 견과 유사한 직물은 수자직이 많다.

③ 종류 : 베니션(Venetian), 새틴(Satin), 목공단(Sateen), 도스킨(Doeskin) 등
   ※ 수자직 원단은 수자직(Satin)으로, 단섬유로 만든 수자직은 목공단(Sateen)으로 부른다.

> **알아두기** 직물 비교
>
> - 강도 크기 : 평직 > 능직 > 주자직
> - 광택 크기 : 주자직 > 능직 > 평직
> - 유연성 크기 : 주자직 > 능직 > 평직

(5) 변형직물

① 익조직
   ㉠ 두 가닥의 날실이 한 조가 되어 얽히면서 씨실을 얽어 속이 비치고 통기성이 뛰어나다.
   ㉡ 조직이 엉성하여 클리닝 조작은 가능한 한 가볍게 하고 조심해서 다루어야 하는 직물이다.

② 특별조직
   ㉠ 삼원조직 또는 변화조직 이외의 다른 특수한 외관 성능을 나타내는 직물을 만들기 위해 응용되는 조직이다.
   ㉡ 대표적인 것으로는 날실, 씨실을 사각형으로 뜨오르게 해서 그 가운데를 들어가게 평직으로 조직한 붕소직이 있다.
   ㉢ 표면의 요철에 의해서 흡수성이 좋고 산뜻하여 몸에 닿는 감촉이 좋다.

③ 문직조직
   ㉠ 직물에 무늬를 표현하고자 하는 직물로 기본조직의 교차법을 변화시켜 구조상의 무늬가 생기게 한 직물이다.

ⓒ 문직의 대표적인 것으로는 주자직에 무늬를 나타낸 윤자(緞子), 단자, 주자바닥에 색이 있는 씨실을 써서 무늬를 낸 주진, 모루, 브로케이드, 비단 등이 있다.
ⓒ 문직은 무늬부분의 실이 떠 있어 여기에 걸리기 쉬우므로 취급할 때 주의해야 한다.
④ 변화조직 : 삼원조직(평직・능직・주자직)을 기본으로 짜는 방법을 변화시킨 것이다.
㉠ 변화평직 : 위휴직, 사자직 등
㉡ 변화사문직 : 삼능직, 비사문 등
㉢ 변화주자직 : 변칙주자직, 주야주자직 등

알아두기 직물의 겉면 식별

- 문직기나 도비기로 짠 직물은 조직이나 무늬가 겉면에 분명히 드러나 있다.
- 직물의 앞・뒤끝이나 언저리에 품명 등의 표시가 있으면 겉면이다.
- 가공・염색 등이 되어 있거나 광택, 무늬 등이 뚜렷하고 좋은 실이 많이 보이면 겉면이다.
- 열처리의 핀 자국이 돌출된 쪽이 겉면이다.
- 조직이 규칙적으로 나타나 있는 쪽이 겉면이다.
- 날실에 매듭이 거의 지어지지 않은 쪽이 겉면이다.
- 능직물은 능선이 오른쪽 위로 향하는 면이 겉면인 경우가 대다수이다.
- 날 주자직은 날실이, 씨 주자직은 씨실이 겉면에 많이 드러나 있다.
- 모직물은 광택이 많은 쪽이 겉면이다.
- 소모직물은 날실로 무늬를 나타낸 쪽이 겉면이다.
- 두둑직물은 두둑이 뚜렷하게 나타나 있는 쪽이 겉면이다.
- 줄무늬 직물은 줄무늬가 분명히 드러나 있는 쪽이 겉면이다.
- 털실 직물은 광택이 많고 털깎기가 말끔히 되어 있으며 잔털이 남아 있더라도 정돈이 잘 된 쪽이 겉면이다.
- 파일 직물은 파일이 나온 쪽이 겉면이다.
- 골짜기 직물은 골이 많이 보이는 쪽이 겉면이다.
- 기모, 샌딩(Sanding)을 처리한 경우에는 잔털이 고르게 일어난 쪽이 겉면이다.

3. 편성물

(1) 개 념

① 한 가닥 또는 여러 가닥의 실로 고리 모양의 편환(Loop)을 만들어서 이것을 상하와 좌우로 얽어서 만든 천이다.
② 한 가닥 실이 고리를 형성하며 좌우로 왕복하거나 원형으로 회전하면서 천을 형성한다.
③ 천의 구조상 수축 신장이 일어나기 쉬우며 조직이 일그러지거나 보풀이 가장 잘 일어나기 쉬운 직물이다.

(2) 특성

① 신축성이 좋고 구김이 생기지 않는다.
② 함기량이 많아 가볍고 따뜻하다.
③ 세탁 후 다림질이 크게 필요 없다.
④ 유연하고 강도와 내구성이 작다.
⑤ 통기성, 보온성, 투습성이 우수하다.
⑥ 몸에 잘 맞고 활동하기에 편하며 부드럽다.
⑦ 따스하고 경쾌하며 손질하기가 쉽다.
⑧ 직물에 비하여 기계로 고속생산과 성형이 가능하다.
⑨ 세탁 시 강한 마찰이나 교반 등 기계적 힘은 필링과 보풀의 원인이 되는 단점이 있다.
⑩ 경편성물 소재는 조직 형태가 복잡하여 기계로만 생산이 가능하다.

(3) 용도

① 위편성물의 용도

평 편	양말, 스웨터 셔츠 등
고무편	스웨터, 셔츠의 목 아랫단, 장갑의 손목 부분, 허릿단 등
펄 편	유아복, 목도리 등
양면편	양복, 셔츠, 코트, 수영복 등

② 경편성물의 용도

트리코트	란제리, 블라우스, 셔츠, 스포츠웨어의 안감, 장갑의 본딩 등
라 셀	레이스, 란제리, 장갑 등 ※ 레이스 : 바늘 또는 보빈 등의 기구를 사용하여 실을 엮거나 꼬아서 만든 무늬 있는 천

알아두기 직물과 편성물 비교

- 보온성, 탄력성, 흡습성, 함기성, 통기성 : 직물 < 편성물
※ 구조의 특성상 편성물의 함기율은 80% 이상으로 일반 직물의 함기율(50~70%)보다 크므로 보온성, 투습성, 통기성이 우수하다.
- 강도, 형태안정성, 마찰저항성, 내구성 : 직물 > 편성물
※ 내구성 : 반복되는 마찰, 신장, 굴곡 등에 견뎌내는 성질을 표시하는 것

4. 단일직물과 복합직물의 특성

(1) 단일직물(단일천)

① 구조
  ㉠ 천의 단면이 한 겹이고 균질로 된 평면물을 갈한다.

ⓛ 직물, 편물, 레이스, 펠트, 부직포, 이중직 등이 있다.
　※ 이중직은 3가지 이상의 서로 다른 실로 만든다.
② 단일천의 구분
　㉠ 직물 : 평직물, 사문직, 주자직, 기타
　㉡ 편물 : 횡편, 종편
　㉢ 레이스 : 자수레이스, 편물레이스
　㉣ 펠트, 부직포 등

(2) 복합직물

① 구 조
　㉠ 2개 이상의 직물을 접착시킨 직물이다.
　㉡ 천과 파일, 천과 천, 천과 수지 등을 결합시킨 입체적인 것을 말한다.
　㉢ 파일제품, 피혁, 모피, 코팅 가공 천, 접착 제품, 솜 넣은 제품 등이 있다.
　㉣ 대표적인 복합천으로 퀼트 천, 본딩 직물, 인조피혁 등이 있다.
② 복합천 구조의 분류

구 분	특 성
파일제품	• 천 표면에 파일이 있는 제품 • 첨모조직(벨벳·별진·골덴·타월천), 풀옥가공천, 기모직물, 편물 등
인조모피	• 직물 표면에 긴 파일을 갖는 것 • 합성모피(브로드테일, 실스킨)와 독자적인 특성을 살린 하이파일 등
천연모피	• 강모 : 동물의 입수염, 눈꺼풀 위의 경모 • 조모 : 몸에 난 긴 털로 광택이 있고 색채가 풍부한 얼룩무늬 등 동물마다의 특징을 나타냄 • 면모 : 조모 밑에 숨어 있는 짧고 부드러운 털 ※ 모피의 가치는 주로 면모의 밀도상태에 따라 결정된다.
인공피혁	• 겉과 안이 천연피혁을 닮음 • 부직포나 니트에 합성수지를 배어들게 해서 만듦 • 은면타입, 스웨이드타입 등
합성피혁	은면타입, 스웨이드타입
코팅가공천	• 직물, 편물의 표면에 합성수지를 입힌 것 • 아크릴수지 가공천, 에나멜 가공천, 고무 가공천 등
천연피혁	• 생피와 무두질한 가죽을 포함 • 은면, 스웨이드 등
접착제품	• 접착제를 발라 쓰는 방법과 열로 녹여서 접착하는 방법이 있음 • 폼레미네이트(천과 폼을 접착), 본디드패브릭(서로 다른 천과 천을 접착)
솜 넣은 제품	• 천과 천의 중간에 솜, 우모(깃털), 부직포 등을 넣음 • 중간 솜을 고정하기 위해 퀼팅(누비무늬를 한 천)되어 있음

5. 염색견뢰도와 세탁견뢰도

(1) 염색견뢰도

① 개 념
  ㉠ 염색된 섬유제품에 있어 제조공정, 착용과정, 클리닝 또는 보관 시에 받는 여러 가지 작용에 대해 그 색이 견디는 정도를 나타내는 용어이다.
  ㉡ 염색된 염료가 일광이나 세탁, 기타 여러 가지 처리에 견디는 능력을 견뢰도라 한다.
  ㉢ 견뢰도는 염료의 종류에 따라 각각 다르다.
  ㉣ 염색견뢰도의 판정은 크게 변·퇴색과 오염의 두 종류로 분류된다.
  ㉤ 변·퇴색은 원래의 색상과 변·퇴색된 색상을 비교하여 판정하고, 오염은 첨부백포 또는 연한 색상으로 오염된 정도를 각각 표준회색 색표(그레이 스케일)와 비교하여 판정한다.
  ㉥ 견뢰도의 등급 숫자가 높을수록 견뢰도가 우수하다.
  ㉦ 등급은 1급에서 5급까지 표시한다(5급이 가장 우수한 것).
    ※ 일광견뢰도는 평가 방법에 차이가 있어 8급까지 표시할 수 있다.

② 염색견뢰도 시험
  ㉠ 시험의 종류 : 일광견뢰도(내광견뢰도) 시험, 세탁견뢰도 시험, 물견뢰도 시험, 염소표백견뢰도 시험, 마찰견뢰도 시험 등
  ㉡ 사용 시약 : 염화나트륨(NaCl, 촉염제), 탄산나트륨(고착제) 등

③ 염색견뢰도의 등급 평어

염 료	일 광	세 제	땀	다리미	마 찰	알칼리
직접염료	양	양	우	양	우	양
산성염료	양	우	우	우	우	양
염기성염료	가	가	가	양	양	양
매염염료	수	우	우	우	우	양
산성매염염료	수	우	우	우	우	양
배트염료	수	수	우	수	수	수
황화염료	우	우	우	우	우	수
아조익염료	우	우	우	우	우	수
분산염료	우	양	우	우	우	양
반응성염료	수	수	우	우	우	우

④ 일광견뢰도의 등급 평어

일광견뢰도 등급	평 어	일광견뢰도 등급	평 어
1	최하(Very Poor)	5	미(Good)
2	하(Poor)	6	우(Very Good)
3	가(Fair)	7	수(Excellent)
4	양(Fair Good)	8	최상(Outstanding)

⑤ 마찰견뢰도의 등급 평어

마찰견뢰도 등급	견뢰도 평어	마찰 시험편의 변·퇴색 또는 시험용 백면포의 오염
1	가	심하다.
2	양	다소 심하다.
3	미	분명하다.
4	우	약간 눈에 띈다.
5	수	눈에 띄지 않는다.

(2) 세탁견뢰도

① 개 념
  ㉠ 염색된 옷이 세탁에 견디는 능력을 세탁견뢰도라 한다.
  ㉡ 세탁으로 인해 옷의 물감이 빠지는 것을 평가한다.
  ㉢ 세탁 의약품 중에는 용해견뢰도가 낮은 의복이 많으므로 주의하여야 한다.
  ㉣ 결과 판정은 표준회색 색표에 의해 변·퇴색과 오염 정도를 판정한다.
  ㉤ 1~5급까지 등급이 있는데, 5급이 가장 우수하고 1급이 가장 열등하다.
② 세탁견뢰도 시험에 사용하는 시약 : 무수탄산나트륨, 메타규산나트륨, 초산 등
③ 세탁견뢰도의 등급 평어

세탁견뢰도 등급	견뢰도 평어	세탁 시험편의 변·퇴색 또는 시험용 백면포의 오염
1	가	심하다.
2	양	다소 심하다.
3	미	분명하다.
4	우	약간 눈에 띈다.
5	수	눈에 띄지 않는다.

03 | 섬유종류별·가공별 분류

1. 염료·안료의 분류

(1) 염료와 안료의 차이

① 염 료
  ㉠ 섬유, 실, 천 등에 물을 들이는 염색약이다.
  ㉡ 염료의 보색은 색상이 빠진 부분을 채워 넣어야 하므로 색을 맞추는 기술이 필요하다.
  ㉢ 색의 삼원색 관계를 이용하여 탈색된 부분의 빠진 색상을 찾아서 보색한다.

ㄹ 두껍게 도색을 해도 쉽게 굳어지지 않는다.
※ 같은 색상으로 덮어씌워서 색을 맞추기 쉬운 안료보다 기술적으로 어렵지만 염료를 먼저 선택하고 안료를 나중에 도포한다.

② 안 료
㉠ 용제에 녹지 않는 색을 가진 미세한 돌가루이다.
㉡ 안료의 보색은 원래 색상과 똑같이 만들어서 탈색된 부분에 덮어씌운다.
㉢ 두껍게 색을 입힐수록 칠한 부위가 점점 굳어진다.

(2) 염료의 분류

염 료	주요 적용 섬유류
직접염료	셀룰로스, 재생셀룰로스
산성염료	단백질계, 폴리아마이드
금속착염염료	단백질계, 폴리아마이드
염기성염료	아크릴, 단백질계
매염염료	셀룰로스, 단백질계
산성매염염료	단백질계
황화염료	셀룰로스
배트염료	셀룰로스
가용성배트염료	단백질계, 셀룰로스
나프톨염료	셀룰로스, 아세테이트
산화염료	셀룰로스
분산염료	폴리에스터, 폴리아마이드, 아크릴
반응염료	셀룰로스

2. 염 료

(1) 직접염료

① 대체로 값이 싸고, 염색법이 간단하며 용이하다.
② 염색할 수 있는 색상의 범위는 넓으나 색상이 선명하지 않다.
③ 일광마찰 및 세탁견뢰도가 나쁘다.
④ 주로 면섬유의 연한 색에 사용한다.
⑤ 셀룰로스계 섬유에 염색이 가장 잘되는 염료이다.
⑥ 산성하에서 단백질섬유와 나일론에도 염착된다.

(2) 염기성염료
① 일명 캐티온(카치온)염료 또는 양이온염료라 한다.
② 물에 잘 녹으며 중성 또는 약산성에서 단백질섬유에 잘 염착되고 아크릴섬유에도 염착되는 염료이다.
③ 면섬유의 염색에 가장 적당한 염료이다.
④ 적은 양으로도 진한 색으로 염색이 가능하나 견뢰도가 나쁘다.
⑤ 폴리아크릴섬유와 양모섬유가 혼방된 직물에 가장 많이 사용하는 염색법이다.
⑥ 염기성염료로 염색 가능한 섬유는 양모, 견, 아크릴섬유, 셀룰로스섬유 등이다.

(3) 산성염료
① 물에 잘 녹으며 알코올에도 잘 녹는다.
② 색상이 선명하고, 직접염료에 비해 견뢰도가 좋다.
③ 일광, 산, 마찰, 다림질에 약하다.
④ 양모섬유에 가장 친화성이 좋은 염료이다.
⑤ 양모섬유에 견뢰도가 양호하고 염색이 잘되는 염료이다.
⑥ 산성염료는 모, 견, 나일론에 쓰인다(무명은 산성에 약하다).

(4) 반응성염료
① 섬유와 물감 사이에 화학반응을 일으켜 고착하는 염료의 총칭이다.
② 색상이 선명하고 견뢰도가 우수하다.
③ 값이 싼 편이나 저장 시 고온과 습기를 피해야 한다.
④ 견뢰도와 색상이 좋아 면섬유에 가장 많이 사용한다.
⑤ 염색이 가능한 섬유는 주로 셀룰로스섬유지만, 현재 단백질섬유와 합성섬유에도 사용된다.

> **알아두기** 공유 결합
> - 셀룰로스섬유를 반응성염료로 염색할 때 일어나는 섬유와 염료와의 결합현상이다.
> - 고착된 뒤에는 얼룩이 수정되지 않으므로 고착되기 전에 염색이 균일하게 되도록 주의해야 한다.

(5) 배트염료
① 건염염료라고도 하며 물, 알칼리에 녹지 않으나 환원제용액으로 처리하면 녹는다.
  ※ 환원염료 : 식물성 섬유용 염료로 견뢰도가 좋고 염색 시 환원제 및 알칼리를 이용한다.
② 면직물에 사용되는 염료 중 염색견뢰도가 가장 우수하다.
③ 공기 중 산소와 결합하여 발색된다.
④ 셀룰로스계의 연한 색과 단백질섬유에도 이용된다.

(6) 분산염료

① 불용성물감을 로드유와 같은 분산제로 분산시키고 섬유 속의 염료를 용해시켜서 직접염색(콜로이드염색)하는 것이다.
② 폴리에스터, 아세테이트섬유의 염색에 가장 많이 사용하는 염료이다.
③ 소수성이므로 소수성 섬유(폴리에스터·나일론·아세테이트)에 친화력을 갖는다.
④ 분산염료는 셀룰로스섬유의 염색에 적합하지 못하다.

(7) 황화염료

① 값이 싸고 견뢰도가 좋다.
② 동물성 섬유의 염색에는 부적당하고, 면직물의 검은색 염색에 주로 사용한다.
③ 알칼리, 산, 마찰에 강하다.
④ 색상이 선명하지 못하다.

> **알아두기** 섬유에 따른 염료의 선택
>
> - 아크릴 : 염기성염료
> - 양모, 견, 나일론 : 산성염료
> - 아세테이트, 폴리에스터 : 분산염료
> - 무명, 마 : 직접염료(연한 색), 반응성염료·배트염료(중색 이상), 황화염료(검은색)
> - 폴리에스터섬유와 면섬유를 혼방한 직물 : 분산염료와 반응성염료

3. 염색법의 분류와 구분

① 염색법의 분류
  ㉠ 염색법은 염색 원리에 따라 분류한다.
  ㉡ 염료와 섬유 결합기구, 친화력 등에 따라 직접염법, 매염염법, 환원염법, 현색염법, 분산염법, 반응염색법, 고착염색법 등으로 분류한다.
  ㉢ 천연염료는 대개 직접염법, 매염염법, 환원염법에 의하여 염색한다.

② 염색법의 구분
  ㉠ 침염(Dip Dyeing)
    • 원단을 염료와 기타조제(염색에 사용하는 약제)의 용액 속에 담가서 열을 가하여 전체를 동일한 색상으로 염색하는 것이다.
    • 섬유·실·원단, 완제품에서 염색한다.

• 종 류

이색염색법 (Cross Dyeing)	혼방직물이나 교직물 염색 시 섬유의 종류에 따른 염색성의 차이를 이용하여 섬유의 종류에 따라서 각기 다른 색으로 염색하는 것이다.
서모졸염색법 (Thermosol Dyeing)	• 건열처리 기술로 폴리에스터 섬유나 그 혼방포 등을 분산염료로 염색하고 건열 처리하여 염료를 굳히는 염색법이다. • 직물을 염액에 침지하고 건조한 다음, 서모졸 장치 내에서 180~220℃에서 30~60초 동안 처리하여 염료를 고착시킨 후 세척한다.
톱염색법 (Top Dyeing)	• 선염이라고도 하며 섬유를 원료 또는 솜, 모, 실인 상태에서 염색하는 염색법으로, 염색과정에서 크게 변하는 양모 등을 주로 염색한다. • 양모 방적 공정 중 소모사 직물용 실의 제조에서 양모를 톱(Top) 상태로 염색하는 방법이다.

ⓒ 날염(Printing)
- 완성된 직물에 염료와 안료를 사용하여 여러 가지 모양의 무늬를 염색하는 것이다.
- 프린트된 무늬는 원단의 올 방향과 맞춰야 정확한 재단이 가능하여 제품의 품질을 높일 수 있다.
- 습식날염과 건식날염 등이 있다.
- 종 류

직접날염법	염료, 조제, 호료를 배합한 날염호로 직물의 표면에 무늬를 날인한 후 증기로 쪄서 염료를 섬유의 내부까지 침투·염착시키는 염색법이다.
방염법	염료가 스며들지 못하게 미리 처리한 후 원하는 무늬 천에 물들이는 염색법이다.

4. 염색 방법

(1) 직접염색

① 염료수용액에 적당한 조제를 첨가한 후 피염물을 넣어 염색하는 방법이다.
② 직접염료 : 무명, 마, 레이온 등의 셀룰로스계 섬유를 염색한다.
③ 산성염료 : 명주, 나일론, 양모 등을 염색한다.
④ 염기성염료 : 아크릴을 염색한다.

(2) 매염염색

① 피염물과 염료가 친화성이 부족한 경우 적당한 매염물을 사용하여 피염물을 처리한 후 염색하거나 염색 후 매염 처리하여 발색을 돕는 염색법을 말한다.
② 매염염료 : 양모를 염색한다.

(3) 환원염색
① 물에 녹지 않는 염료(불용성염료)를 알칼리성환원제로 환원하여 가용성으로 한 다음 피염물을 흡수시키고 공기산화에 의하여 본래의 불용성염료를 발색시키는 염색법을 말한다.
② 황화염료나 배트염료 : 셀룰로스계 섬유를 염색한다.

(4) 현색염색
① 기존의 염료를 사용하지 않고 염료가 될 수 있는 두 성분을 사용하여 피염물을 현석, 염착시키는 방법이다.
② 아조익염료 : 셀룰로스계 섬유, 합성섬유를 염색한다.
③ 현색형 분산염료 : 아세테이트, 폴리에스터를 염색한다.

(5) 분산염색
① 물에 용해되지 않는 염료를 적당한 분산제로 분산시킨 다음 염색하는 방법으로 소수성 섬유를 분산염료로 염색하는 방법이다.
② 분산염료 : 아세테이트, 폴리에스터를 염색한다.

(6) 반응염색법
① 섬유와 염료가 각각 가지고 있는 반응기를 이용하여 반응기간에 공유 결합을 이룰 수 있는 염색조건을 만들어 주어서 염색시키는 방법이다.
② 반응성염료 : 무명, 마, 레이온섬유를 염색한다.

(7) 고착염색법
① 섬유에 결합력이 없는 안료를 에멀션화(유화) 분산상태로 만들어 고착제(수지 등)의 힘에 의해서 섬유에 부착시키는 방법이다.
② 수지안료염료 : 각종 섬유에 날염하는 염색을 한다.

5. 후처리법

(1) 직접염료에 의한 염색물의 후처리
① 금속염 후처리법
  ㉠ 직접염료로 염색한 염색물을 황산구리, 초산알루미늄, 중크롬산칼륨(다이크로뮴산칼륨) 등과 같은 금속염으로 처리한다.
  ㉡ 염료와 금속염 사이에 착염이 형성되어 일광, 세탁견뢰도가 증진한다.

② 포르말린 처리법
　㉠ 포르말린용액(1~3% 함유)으로 60℃에서 20~30분간 처리한다.
　㉡ 세탁견뢰도가 우수하고, 조작이 용이하며, 색상 변화를 크게 일으키지 않는다.
　㉢ 포르말린이 잔류되는 문제가 있다.

③ 현색 후처리법
　㉠ 다이아조(Diazo)화할 수 있는 아미노기를 함유한 것은 염색 후, 아질산나트륨과 염산으로 다이아조화하여 적당한 현색제의 용액 중에 결합되면 아조기가 하나 증가된 새 염료가 형성된다.
　㉡ 이 처리로 염료의 용해도가 저하되므로 세탁견뢰도가 증진된다.
　㉢ 현색제로는 페놀류, 나프톨류, 아민류 등이 있다.

④ 커플링 후처리법
　㉠ 처리 원리는 현색 후처리법과 비슷하나 그것을 역으로 이용하여 처리하는 방법이다.
　㉡ p-나이트로아닐린이나 불용성 아조염료의 베이스류를 다이아조화시켜 이것을 염료에 결합시키는 처리법이다.

⑤ 고착법
　㉠ 염료 고착제(Fix제라고 하는 양이온 계면활성제) 처리액으로 20~60℃에서 20분간 침지 처리한 후 수세한다.
　㉡ 이 고착제는 모두 양이온화합물로서 염료 이온과 결합해서 불용성염을 형성한다.
　㉢ 염료의 친수기가 봉쇄되므로 견뢰도가 증진된다.

(2) 황화염료에 의한 염색물의 후처리

① 금속염 후처리법
　㉠ 황화염료로 염색한 염색물에 일광견뢰도를 증진시키기 위하여 황산구리나 중크롬산칼륨 등으로 처리한다.
　㉡ 염색물을 침지한 후 30분간 끓여서 처리한다.
　㉢ 황화염료의 염색물은 견뢰도를 증진시켜 주기 위하여 중크롬산칼륨에 초산을 섞은 용액으로 뒤처리를 한다.

② 섬유의 손상 방지 처리법
　㉠ 염료 속의 황에 의한 자연 산화로 황산이 생성되어 셀룰로스계 섬유를 취하시키므로, 이를 방지하기 위해 황산을 중화시키는 물질을 미리 섬유에 부여한다.
　㉡ 아세트산나트륨 또는 폼산나트륨 2~3g/L의 용액에 처리한 후 그대로 건조하는 방법 또는 탄산나트륨 처리나 과산화수소 처리 후 세정, 타닌산과 수산화칼슘에 의한 처리 등이 있다.

04 | 의류부자재별 분류

1. 안감과 심지

(1) 안 감
① 안감이 들어간 옷은 형태를 잘 유지하며 솔기와 바느질 부위가 말쑥하게 덮이게 하고 얇은 옷감은 덜 비쳐 보이게 한다.
② 안감은 바깥 주머니나 안주머니 같은 디테일, 라펠의 덮개와 작은 조각, 허리 밴드의 처리 및 조끼의 등 부위에 사용한다.
③ 종 류
  ㉠ 용도별 : 신사복용 안감, 부인복용 안감 등
  ㉡ 소재별 : 나일론 안감, 레이온 안감, 아세테이트 안감, 알파카 안감 등
④ 안감이 구비하야 할 조건
  ㉠ 가볍고 착용감이 좋으며 통기성과 흡습성이 좋아야 한다.
  ㉡ 겉감과 조화롭게 어울려야 한다.
  ㉢ 내구성, 마찰성이 좋아야 한다.
  ㉣ 내마멸성, 염색견뢰도가 높고 수축성이 작아야 한다.
  ㉤ 안감의 아름다움(심미성)이 있고, 조형 면에서 실루엣을 살릴 수 있어야 한다.

(2) 심 지
① 심지의 특성
  ㉠ 의복에 아름다운 실루엣(Silhouette)을 부여한다.
  ㉡ 착용 또는 세탁 등에 의하여 형태가 변형되는 것을 방지해 주는 부속재료이다.
  ㉢ 심지의 역할은 의복의 형태를 유지하는 것이다.
  ㉣ 심지로 사용하는 심감은 직물, 편성물, 부직포 등이 있다.
  ㉤ 심지는 봉제를 하거나 접착하여 부착시킨다.
② 접착 심지의 특성
  ㉠ 다리미 또는 프레스 처리만으로 접착할 수 있다.
  ㉡ 봉제 방법이 간단하다.
  ㉢ 겉감의 신축성을 감소시킬 수 있기 때문에 형태안정성이 증진된다.
  ㉣ 접착 심지는 내세탁성이 매우 우수하다.
③ 심감에 따른 특성
  ㉠ 부직포 심지의 특성
    • 제작 속도가 빠르고 비용이 적게 든다.

- 절단면이 잘 풀리지 않는다.
- 함기량이 많고 보온성, 투습성이 크다.
- 강도가 비교적 작고 마찰에 약하다.
- 직물 심지에 비해 가볍고 건조가 잘되며 구김이 덜 생긴다.
- 접착 심지의 경우 다림질을 했을 때 표면에 수지가 새어 나오지 않는다.
- 세탁에 의해 변하지 않으며 가격이 저렴하여 널리 사용된다.

ⓒ 합성 심지의 특성
- 거의 줄지 않을 정도로 내수축성이 우수하다.
- 플리트성(Pleat, 주름잡는 성질)이 우수하다.
- W&W성이 우수하다.
- 보강 심지와의 접착성이 좋지 못하다.

※ 면 심지의 특성 : 대전성이 없으므로 때가 잘 타지 않는다.

> **알아두기** W&W(Wash and Wear)성
> 그대로 세탁하여 바로 입을 수 있다는 의미를 나타내는 것으로 건조가 빠른 점, 구김이 생기지 않는 점, 세탁에 의한 구김에도 다림질이 필요하지 않고 치수안정성이 좋은 것이 특징이다.

2. 부직포

(1) 개 념

① 어느 방향에 대해서도 신축성이 없고, 형이 변형되는 일이 적은 것이 특징이며 짜거나 뜨지 않고 섬유를 천 상태로 만든 것으로 실로 만들어진 피륙이 아니다.
② 부직포는 가볍고 통기성이 좋으며, 절단 부분이 풀리지 않아 솔기 처리가 필요하지 않지만 강도나 유연성은 부족하여 일반 의복보다 심감, 위생용품 등에 널리 쓰인다.
③ 부직포는 섬유를 얇은 시트 상으로 만들어 접착제, 열융착, 바늘 등에 의해 접착시켜서 만든 옷감이다.

(2) 장점과 단점

① 장 점

㉠ 함기율이 높아서 보온성이 좋고 가볍다.
※ 함기율 : 섬유 내부에 보존할 수 있는 공기의 양
㉡ 부피가 크고 다공성이므로 통기성이 좋고 내습성, 치수안정성, 형태안정성이 우수하다.
㉢ 절단 부분이 풀리지 않고 방향성이 없으며, 값이 저렴하다.
㉣ 재단이 용이해서(풀리지 않기 때문에) 심지로 사용한다(70~80%).

ⓜ 탄성과 레질리언스가 좋다.
ⓑ 섬유와 접착제는 합성 고분자 화합물이 대부분이므로 탄성이 풍부하고 주름이 잘 생기지 않으며 모양이 변형되는 경우가 적다.
ⓢ 두께를 자유롭게 바꿀 수 있으며, 종이 모양, 펠트 모양, 천 모양, 가죽 모양 등과 같은 여러 가지 모양의 것을 만들 수 있다.

② 단 점
㉠ 내열성, 내구성, 유연성이 부족하여 의복 제작에서 주로 심감으로 사용한다.
㉡ 가볍고 드레이프성이 부족하다.
㉢ 필(보풀)이 생기기 쉬우며 인열, 인장 마모 강도가 작다.
㉣ 매끄럽지 못하며 광택이 적고 거칠다.

(3) 부직포의 쓰임
① 수술복, 간이복, 실험복, 티슈 페이퍼 등 1회용으로 사용된다.
② 가정용의 벽지, 테이블크로스 등과 산업용의 절연재, 충전재 등으로 사용된다.

3. 의복의 부속품

(1) 단 추
① 의류의 소재나 디자인에 어울리는 모양, 색깔 등을 선택함으로써 의류의 조형 기능이나 착용 기능을 높일 수 있다.
② 단추가 갖추어야 할 기능
㉠ 가볍고 내충격성이 커야 한다.
㉡ 세탁에 의하여 색이나 광택이 변하지 않아야 한다.
㉢ 다림질에 의하여 녹거나 변색되지 않아야 한다.
③ 단추의 특성과 취급
㉠ 고온고압을 피해야 한다.
㉡ 드라이클리닝 여부를 체크해야 한다.
㉢ 가죽단추와 후염된 플라스틱 단추는 색이 빠지거나 번지기 쉬우므로 떼어내거나 포일로 싼 다음 세탁해야 한다.
㉣ 스티롤 단추는 드라이클리닝 용제에 녹거나 점착, 연화한다.
㉤ 결합된 단추는 드라이클리닝 용제에 의해 접착이 벗겨지거나 파손되기 쉽다.

(2) 지 퍼

① 개 념
   ㉠ 단추 다음으로 많이 사용하는 잠금장치이다.
   ㉡ 이빨 모양의 금속 또는 플라스틱으로 만들어져 있다.
   ㉢ 스포츠용품에 사용되는 금속지퍼는 폭이 넓고 단단하다.

② 특 성
   ㉠ 지퍼에는 금속지퍼(양백·단동·알루미늄 합금), 수지지퍼(나일론·폴리에스터·아세탈), 테이프 등이 있다.
   ㉡ 양백(동·아연, 니켈의 합금)은 가장 고급지퍼로 산화와 변색 등을 방지한다.
   ㉢ 단동(동과 아연의 합금)은 강한 힘이 요구되는 것에 사용되며, 일반적으로 널리 쓰인다.
   ㉣ 알루미늄 합금은 값이 싸고 개폐가 부드러우며 가볍다.
   ㉤ 나일론, 폴리에스터는 마찰에 강하고, 가벼우며, 이까지 염색된다.
   ㉥ 아세탈은 금속과 같은 경도로 플라스틱 특유의 색깔을 내며, 가볍고 저온에 강하다.
   ㉦ 테이프는 천으로 색채가 풍부하다.

③ 파스너(지퍼)의 취급
   ㉠ 슬라이더의 손잡이를 정상으로 해놓고 프레스한다.
   ㉡ 슬라이더에 직접 다림질하지 않는다.
   ㉢ 프레스 온도는 130℃ 이하로 유지한다.
   ㉣ 클리닝 및 프레스 할 때는 파스너(지퍼)를 잠근 상태에서 한다.

(3) 기 타

① 벨크로(Hook and Loop)
   ㉠ 나일론으로 된 작은 고리가 덮인 면과 루프가 덮인 면이 한 쌍을 이루는 잠금장치이다.
   ㉡ 옷과 가방에 지퍼 대신 널리 사용되는 부착식 테이프다.
   ㉢ 속칭 찍찍이라고도 한다.

② 훅(Hook)
   ㉠ 훅 앤 아이(Hook and Eye)와 훅 앤 바(Hook and Bar) 두 종류가 있다.
   ㉡ 훅은 아이 또는 바와 한 세트로 아이와 바에 훅을 거는 것이다.
   ㉢ 바지, 스커트, 드레스 및 파운데이션에 사용한다.

③ 스냅(Snap) : 볼(Ball)과 소켓(Socket)으로 짝을 이루며 똑딱단추라고도 한다.

④ 버 클
   ㉠ 혁대를 죄어 고정시키는 장치를 겸한 장식물의 총칭이다.
   ㉡ 금속, 가죽 및 플라스틱으로 만든다.
   ㉢ 벨트와 멜빵 같은 너비가 좁은 품목을 잠그는 데 사용한다.

4. 장식용 부자재와 충전재

(1) 장식용 부자재

① 레이스
  ㉠ 여러 올의 실을 엮거나 꼬아서 만든 무늬가 있는 천을 말한다.
  ㉡ 다공성이고 섬세하며 자수를 놓은 듯한 외관을 나타낸다.
  ㉢ 투시무늬를 나타내며 외관이 아름답고 통기성이 우수하다.
  ㉣ 모양이 우아하여 옷 장식, 옷깃, 장갑, 액세서리, 여성복 등에 사용한다.

② 브레이드
  ㉠ 3세트 이상의 실이나 끈을 땋아서 만든 리본 또는 튜브 형태로 폭이 좁은 끈을 말한다.
  ㉡ 의복이나 인테리어 용품의 장식, 운동화 끈 등에 사용한다.

③ 리본과 테이프
  ㉠ 리본은 주로 장식용으로 쓰인다.
  ㉡ 테이프는 헴 테이프나 바이어스 테이프와 같이 피복 구성상 필요한 것 이외에, 장식용 테이프로 겉감 쪽에 얹거나 테두리용의 테이프 등이 있다.
  ㉢ 새틴(공단), 오건디, 태피터, 벨벳, 조젯, 코듀로이, 그로그랭 등 많은 소재가 쓰인다.

④ 비 즈
  ㉠ 여성복, 수예품, 실내 장식 따위에 쓰는 구멍 뚫린 작은 구슬을 말한다.
  ㉡ 빛깔이나 모양이 여러 가지이며 대개 유리로 만든다.

⑤ 스팽글
  ㉠ 금속이나 합성수지로 만든 얇은 조각을 말한다.
  ㉡ 빛을 반사하여 한결 반짝거리는 효과가 있다.

(2) 충전재

① 겉감과 안감 사이에 넣어 보온성을 높이기 위해 사용되는 것으로 솜과 우모가 있다.

② 솜
  ㉠ 솜은 섬유의 집합체로서, 이불, 요, 옷 등에 넣어 보온의 목적으로 사용한다.
  ㉡ 솜에 쓰이는 섬유는 옷감에 쓰이는 것보다 굵은 것이 적당하다.

③ 우 모
  ㉠ 다운(Down)이라고도 하며 오리, 거위 등의 가슴 깃털에 있는 부드러운 솜털을 말한다.
  ㉡ 핵을 중심으로 섬유가 방사상으로 뻗쳐 다운 볼(Down Ball)을 형성하고 서로 반발하면서 뭉치는 일이 없다.
  ㉢ 함기량이 많아 가벼우며, 보온성이 대단히 좋다.
  ㉣ 방한복, 이불의 충전재로 매우 우수하다.

적중예상문제

01 다음 중 세탁물의 외관 관찰에 대한 설명으로 옳지 않은 것은?
① 세탁 품질 평가에 외관 관찰은 매우 중요하다.
② 퇴색은 산화, 환원, 킬레이트금속의 빠짐 등 염료 구조의 분해와 관련 있다.
③ 비정상 부위의 분포와 형태 관찰 시 착안 사항 중에는 원단 겉과 안의 차이가 있다.
④ 주머니 안 또는 봉합된 부분의 안쪽은 봉제된 이후 비정상 발생의 작용이 미치기 쉽다.

해설
④ 주머니 안 또는 봉합된 부분의 안쪽은 봉제된 이후 비정상 발생의 작용이 미치기 어려운 부분이다.

02 세탁 온도와 세탁 효과에 대한 설명으로 옳지 않은 것은?
① 세탁 온도가 올라가면 섬유와 오점의 결합력이 약해져서 세탁 효과가 좋아진다.
② 세탁 온도는 오점이 옷에 묻을 때보다 약간 낮은 온도가 적합하다.
③ 고체 상태의 피지를 액체 상태로 완전 용해할 수 있는 온도는 37℃이다.
④ 오점을 섬유로부터 제거하기 위해서는 외부로부터 에너지가 필요하다.

해설
세탁 온도는 오점이 옷에 묻을 때보다 약간 높은 온도가 적합하다. 하지만 지나치게 높은 온도에서는 오히려 재오염이 일어날 수도 있으므로 주의해야 한다.

03 일반적인 세탁조건에 대한 설명으로 옳지 않은 것은?
① 적당한 세제 농도는 2~3%이다.
② 적당한 세탁 물 온도는 35~40℃이다.
③ 세탁용수의 분량은 직물 무게의 20~30배이다.
④ 섬유의 종류, 오점 형태, 세탁 방법에 따라 적절한 세제를 선택하여야 한다.

해설
적당한 세제 농도는 0.2~0.3%이다.

04 세탁 시간에 대한 설명으로 옳지 않은 것은?
① 와류식 세탁기는 드럼식 세탁기보다는 표준 세탁 시간이 짧다.
② 세탁 시간을 길게 하면 할수록 세탁 효과와 결과는 좋아진다.
③ 드럼식 세탁기는 교반식 세탁기보다 표준 세탁 시간이 길다.
④ 오염 제거에 필요한 시간은 오구(汚垢)의 종료, 세탁 온도, 세탁기 구조에 따라 달라진다.

해설
세탁 시간은 와류식 세탁기는 약 10분, 교반식 세탁기는 약 20분, 회전드럼식은 약 30분 정도가 표준이다.

정답 1 ④ 2 ② 3 ① 4 ②

05 세탁용수인 물의 특성을 설명한 것 중 옳지 않은 것은?

① 값이 싸고 풍부하여 원가절감에 큰 도움이 된다.
② 인화성이 없을 뿐 아니라 불연성이므로 대단히 안정하다.
③ 유용성 오점에 대한 용해력이 우수하다.
④ 세탁에서는 열을 많이 이용하는데 열의 전달매체로서 대단히 좋다.

해설
세탁용수인 물의 단점 중 하나는 유용성 오점에 대한 용해력이 부족하다는 것이다.

07 경수를 사용하는 경우의 세탁 효과는?

① 용수를 가열하면 철분이 무색으로 되어 세탁 효과를 좋게 한다.
② 표백에서 촉매 역할을 하여 표백효과를 좋게 한다.
③ 섬유의 손상을 방지하며 세탁 효과를 상승시킨다.
④ 비누의 손실이 많아짐은 물론 세탁 효과도 저하시킨다.

해설
경수에 포함되어 있는 금속 성분은 비누와 결합하여 비누의 성능을 떨어지게 하므로 비누의 손실이 많아짐은 물론 세탁 효과도 저하시킨다.

06 세탁용수로 가장 적합한 것은?

① 수용성 물질을 용해할 수 있어야 한다.
② 칼슘, 마그네슘이 함유되어 있어야 한다.
③ 금속 성분이 없는 센물이어야 한다.
④ 세탁하기 전 소금을 가하여야 한다.

해설
칼슘, 마그네슘, 철분 등 불순물이 함유된 물은 세탁에 크게 방해가 되는데 이들 금속을 함유한 물을 경수라고 하며, 이러한 불순물을 적게 함유한 물을 연수라고 한다.

08 센물을 단물로 바꾸는 방법으로 가정에서 쉽게 할 수 있는 것은?

① 이온교환수지법
② 끓이는 법
③ 산을 가하는 법
④ 알칼리를 가하는 법

해설
경수(센물)를 연수(단물)로 바꾸는 방법
• 끓이는 법
• 이온교환수지법
• 알칼리를 가하는 법

정답 5 ③ 6 ① 7 ④ 8 ②

09 세탁용수의 불순물 제거 방법이 아닌 것은?
① 정치침전법 ② 응집침전법
③ 가열공급법 ④ 이온교환수지법

12 손세탁 중 솔로 문질러 빨기에 적당하지 않은 옷감은?
① 면직물 ② 마직물
③ 레이온 ④ 인조섬유

해설
레이온은 주물러 빨기나 눌러 빨기에 적당한 옷감이다.

10 다음에서 경수를 연화하여 세탁력을 향상시키는 경수 연화제는?
① EDTA ② LSDA
③ 표백제 ④ 형광증백제

해설
경수 연화제 : 폴리인산염, EDTA(에틸렌다이아민4초산)

11 비누 거품이 가장 잘 생기는 물은?
① 연 수 ② 경 수
③ 해 수 ④ 지하수

해설
경수는 그 속에 들어 있는 금속 성분이 비누의 성능을 떨어뜨려서 비누의 손실도 커지고 세탁 효과도 떨어뜨린다. 연수는 금속 성분이 없는 물이다.

13 면직물, 마직물 등 습윤강도가 크고 형태가 변하지 않는 직물과 삶아 빠는 세탁물 등에 적당하며, 세탁 효과가 가장 좋은 손빨래 방법은?
① 비벼 빨기 ② 흔들어 빨기
③ 눌러 빨기 ④ 두들겨 빨기

해설
두들겨 빨기는 손빨래 중 세탁 효과가 좋고 노력이 적게 든다.

정답 9 ③ 10 ① 11 ① 12 ③ 13 ④

14 섬유의 마찰과 충돌이 반복되어 세탁 효과는 매우 좋으나 섬유가 손상되기 쉽고 옷의 깃, 소매 끝 등의 심한 오염 부위 세탁에 적합한 손빨래 방법은?

① 솔로 문질러 빨기
② 주물러 빨기
③ 눌러 빨기
④ 비벼 빨기

해설
① 솔로 문질러 빨기 : 옷의 변형, 섬유의 손상이 비교적 적고 세탁 효과가 좋다.
② 주물러 빨기 : 세탁물을 세액용제에 넣어 두 손으로 가볍게 주무르는 방법으로, 흔들어 빨기보다 세탁 효과가 좋고 섬유 손상도 적다.
③ 눌러 빨기 : 양손으로 가볍게 세탁물을 누르는 방법으로, 세탁 효과가 좋고 섬유 손상도 적다.

15 다음 중 삶아 빨기에 적당한 의류는?

① 흰 폴리에스터 와이셔츠
② 흰 나일론 양말
③ 흰 아세테이트 블라우스
④ 흰 면 속옷

해설
삶아 빨기는 속옷이나 시트와 같은 면제품이 심하게 오염되었을 때 사용하는 세탁 방법이다.

16 피혁 세탁 방법에 대한 설명으로 옳지 않은 것은?

① 치수 변화를 최소화하기 위해서 가능한 한 물세탁을 한다.
② 염료가 용출되어 색상이 변할 수 있으므로 짧은 시간에 세탁을 마쳐야 한다.
③ 탈지성이 적은 석유계 용제를 사용하는 것이 좋다.
④ 세탁을 하면 원래 품질보다 떨어지므로 사용 중 청결을 유지하도록 관리하는 것이 좋다.

해설
① 치수 변화를 최소화하기 위해서 가능한 한 드라이 클리닝을 한다.

17 양모섬유로 만든 코트를 드라이클리닝 할 때의 설명으로 옳은 것은?

① 용제에 수분이 과잉 공급되면 수축과 손상을 받는다.
② 물로 애벌빨래 후 건식세탁을 한다.
③ 직사광선에 바짝 건조하여야 좋다.
④ 광택, 촉감을 위해 문질러 빤다.

해설
② 양모섬유는 드라이클리닝이 안전하다.
③ 바람이 통하는 그늘에서 건조하여야 좋다.
④ 가볍게 눌러 빠는 정도로 한다.

정답 14 ④ 15 ④ 16 ① 17 ①

18 천연 셀룰로스 직물의 세탁 방법으로 적절하지 않은 것은?

① 면, 마직물은 열과 알칼리에 강하므로 어떤 세탁 방법도 무난하다.
② 직접염료로 염색된 직물이나 수지 가공된 직물은 알칼리성 세제를 사용하고 고온 세탁을 하여야 한다.
③ 백색 직물은 비누나 알칼리성 합성세제를 사용함이 좋다.
④ 오염이 심한 직물은 탄산나트륨을 첨가하여 삶아도 좋다.

> 해설
> 직접염료로 염색된 직물이나 수지 가공된 직물은 알칼리성 세제를 피하고 저온 세탁을 하여 그늘에서 건조해야 한다.

19 한복 세탁에 대한 설명으로 옳지 않은 것은?

① 친수성 오염을 제거할 수 없고 세척률이 낮으며 연한 색은 오염물이 용해 분산되기 때문에 재오염되기 쉽다.
② 오염이 심한 견으로 만든 한복은 물세탁을 하여도 무방하다.
③ 견으로 만든 한복을 물세탁하면 광택이나 촉감이 저하하고, 풀기로 인한 맵시가 알칼리성에 의해 손상받기 쉽다.
④ 견으로 만든 한복이라도 제품의 품질관리 표시상에 물세탁이 가능한 표시가 없으면 드라이클리닝 하는 것이 원칙이다.

> 해설
> 견직물은 드라이클리닝이 적합하다.

20 아세테이트 블라우스를 세탁할 때, 필요한 사항이 아닌 것은?

① 클리닝 후 저온에서 단시간 내에 건조한다.
② 수용성 얼룩은 중성세제를 사용한다.
③ 아세톤에 용해되므로 사용을 금한다.
④ 건조기의 온도는 85℃가 적당하다.

> 해설
> 아세테이트는 온도 85℃ 이상의 뜨거운 물이나 비누액 중에서 천천히 분해되어 섬유의 특성을 잃는다.

21 털의 분류에서 동물의 수염이나 눈꺼풀 위에 뻣뻣한 털을 지칭하는 것은?

① 강 모   ② 면 모
③ 조 모   ④ 은 모

> 해설
> **털의 분류**
> • 강모 : 동물의 입수염, 눈꺼풀 위의 경모를 말한다.
> • 면모 : 조모 밑에 숨어 있는 짧고 부드러운 털을 말한다.
> • 조모 : 몸에 나 있는 긴 털로 광택이 있고 색채가 풍부한 얼룩무늬 등 동물마다의 특징을 나타낸다.

18 ② 19 ② 20 ④ 21 ① **정답**

22 다음 그림과 같은 기호로 표시된 제품의 취급 방법은?

① 물세탁을 하면 안 된다.
② 물세탁을 낮은 온도에서 한다.
③ 물세탁은 하되 세제를 사용하지 않는다.
④ 드라이클리닝을 하지 말고 중성세제로 물세탁 한다.

23 다음에 해당하는 섬유제품의 취급에 관한 표시기호는?

- 세탁기로 일반 세탁할 수 있다.
- 세제 종류에 제한받지 않는다.

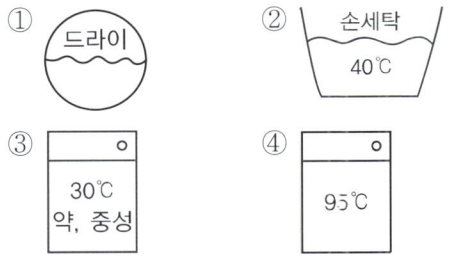

해설
① 퍼클로로에틸렌, 석유계, 메틸인켸 및 실리콘계 용제 등 적합한 용제로 일반 드라이클리닝할 수 있다.
② 물의 온도 최대 40℃에서 손으로 약하게 손세탁할 수 있다(세탁기 사용 불가. 세제 종류에 제한받지 않는다.
③ 물의 온도 최대 30℃에서 세탁기로 약하게 세탁할 수 있다. 세제 종류는 중성 세제를 사용한다.

24 다음과 같은 표시가 된 제품을 드라이클리닝 하는 방법은?

① 용제의 종류는 구별하지 않아도 된다.
② 석유를 섞은 물을 조금 넣어 세탁한다.
③ 석유계 용제로 일반 드라이클리닝할 수 있다.
④ 석유계 용제로 약하게 드라이클리닝할 수 있다.

25 다음의 그림과 같은 섬유 상품 취급표시 기호를 사용하는 의류 제품은?

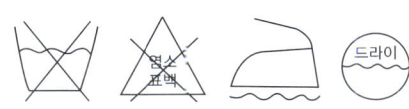

① 면 코트류
② 모 신사복
③ 면 아동복
④ 면 스커트

해설
첫 번째 그림은 '물세탁을 하면 안 된다', 두 번째 그림은 '염소계 표백제로 표백하면 안 된다', 세 번째 그림은 '헝겊을 덮고 다림질할 수 있다', 네 번째 그림은 '일반 드라이클리닝할 수 있다'는 취급표시 기호이고, 이러한 기호를 사용하는 의류 제품은 모 제품이다.

정답 22 ① 23 ④ 24 ③ 25 ②

26 다음 그림은 섬유의 건조 방법 중 어떠한 방법인가?

① 옷걸이에 걸어 일광에서 자연 건조시킬 것
② 옷걸이에 걸어 그늘에서 자연 건조시킬 것
③ 일광에 뉘어서 자연 건조시킬 것
④ 그늘에 뉘어서 자연 건조시킬 것

27 다음 설명으로 옳지 않은 것은?
① 면 소재의 속옷은 물에 담근 후 세탁하거나 삶는 것도 가능하다.
② 나일론 소재 내의류는 세탁기로 세탁할 경우 반드시 온수로 세탁해야 한다.
③ 가죽코트와 모피코트는 드라이클리닝 해야 하며 가죽·모피 세탁전문점에 의뢰한다.
④ 다운 의류는 웨트클리닝이 권장된다.

> **해설**
> 나일론 소재 내의류는 세탁기로 세탁할 경우 세탁망을 이용해야 하며 반드시 찬물로 세탁해야 한다.

28 편성물의 특징에 해당하지 않는 것은?
① 함기량이 많고 구김이 생기지 않는다.
② 유연하고 신축성이 크다.
③ 강도가 크고 비교적 강직하다.
④ 생산속도가 직물에 비해 빠르다.

> **해설**
> **직물과 편성물 비교**
> • 보온성, 탄력성, 흡습성, 함기성, 통기성 : 직물 < 편성물
> • 강도, 형태안정성, 마찰저항성, 내구성 : 직물 > 편성물

29 직물조직 중 가장 간단한 조직으로 경사와 위사가 한 올씩 교대로 위로 올라가고, 아래로 내려가는 조직은?
① 평 직   ② 능 직
③ 주자직   ④ 익조직

> **해설**
> ② 능직 : 경사 또는 위사가 2올 또는 그 이상이 계속 업(Up)되거나 다운(Down)되어 조직점이 대각선 방향으로 연결된 선이 나타난 직물 기본조직이다.
> ③ 주자직 : 경위사의 조직점을 비교적 적게 하여 직물의 표면을 경사 또는 위사만 돋보이게 한 직물이다.
> ④ 익조직 : 두 가닥의 날실이 한 조가 되어 얽히면서 씨실을 얽어 속이 비치고 통기성이 뛰어나다.

30 편성물의 특성으로 옳지 않은 것은?
① 신축성이 좋고 구김이 생기지 않는다.
② 함기량이 많아 가볍고 따뜻하다.
③ 세탁 후 다림질이 크게 필요 없다.
④ 조직이 튼튼하고 간단하다.

해설
편성물은 천의 구조상 수축 신장이 일어나기 쉬우며 조직이 일그러지거나 보풀이 가장 잘 일어나기 쉬운 직물이다.

31 직물의 삼원조직 중 조직점이 가장 많아 딱딱하며 광택이 적은 것은?
① 능직(사문직)   ② 주자직
③ 평 직   ④ 특별조직

해설
평직은 조직점이 많아 강하고 실용적이나, 표면이 거칠고 광택이 나쁘다.

32 다음 그림에 해당하는 직물조직은?

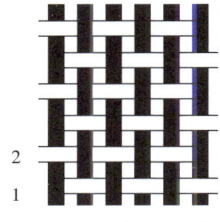

① 평 직   ② 능 직
③ 수자직   ④ 사 직

해설
평직은 직물 조직의 겉과 뒤가 같다

33 데님직물의 조직에 해당하는 것은?
① 평 직   ② 능 직
③ 수자직   ④ 변화평직

해설
능직물의 종류
서지(Serge), 개버딘(Gabardine), 데님(Denim), 치노(Chino), 트윌(Twill), 헤링본(Herringbone), 하운드 투스(Hounds Tooth), 글렌 플레이드(Glen Plaid), 드릴(Drill), 진(Jean), 수라(Surah)

34 경사 또는 위사가 2올 또는 그 이상이 계속 업(Up)되거나 다운(Down)되어 조직점이 대각선 방향으로 연결된 선이 나타난 직물 기본조직은?
① 평 직   ② 능 직
③ 수자직   ④ 변화조직

해설
능직은 사문직이라고도 하며 능선의 방향에 따라 좌능직과 우능직으로 구분한다.

정답 30 ④ 31 ③ 32 ① 33 ② 34 ②

35 견본을 검사하였을 때, 직물의 겉면이라고 할 수 있는 것은?

① 실 이은 매듭이 많거나 잔털이 비교적 많이 나온 쪽이다.
② 날 주자 조직에서는 씨실이 직물 겉면에 많이 나타나 있고, 씨 주자 조직에서는 날실이 겉면에 많이 나타나 있다.
③ 사문 조직인 경우 사문선이 왼쪽 윗 방향으로 달리고 있다.
④ 도비기 또는 문직기로 짠 직물은 무늬 또는 조직이 확실하게 나타나 있다.

해설
① 털실직물의 경우에는 아름답고 광택이 많으며, 균일하게 털깎기가 되어 있다. 그러나 매듭이 많은 면이나 비교적 잔털이 많은 면은 뒷면이다.
② 씨 주자직물에서는 씨실이 많이 나타나 있고, 날 주자에서는 날실이 많이 나타나 있다.
③ 사문직은 능선의 방향에 따라 좌능직과 우능직으로 구분한다.

36 그림과 같은 조직도를 가진 직물조직은?

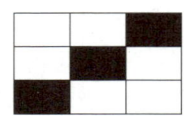

① 능 직 ② 평 직
③ 수자직 ④ 무 직

해설
능직은 위사가 경사 2올을 건너뛰어 원단 표면에 비스듬한 골(사선 반향의 선)이 나타난다.

37 다음 조직도에서 직물 조직명은?

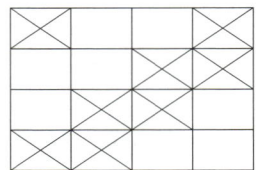

① $\dfrac{2}{2}$ ↗ ② $\dfrac{3}{1}$ ↗
③ $\dfrac{2}{2}$ ↖ ④ $\dfrac{1}{3}$ ↖

해설
능직은 경사가 위사 위로 올라온 것을 분자로 하고 내려간 것을 분모로 표시한다(2/1, 2/2, 3/1 등).

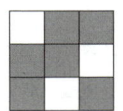

[2/1 능직]

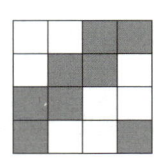 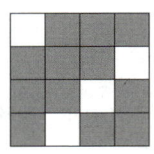

[2/2 능직]   [3/1 능직]

38 다음 중 능직의 특징에 해당하는 것은?

① 경사와 위사가 한 올씩 상하 교대로 교차되어 있다.
② 광택이 좋고 표면이 고운 직물을 만들 수 있다.
③ 앞뒤의 구별이 없다.
④ 제직이 간단하다.

해설
①, ③, ④는 평조직 직물의 특징이다.

정답 35 ④ 36 ① 37 ① 38 ②

39 다음의 직물 조직명은?

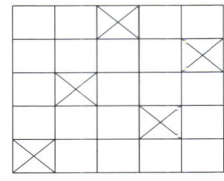

① 평 직
② 능 직
③ 여 직
④ 주자직

해설
주자직은 경위사의 조직점을 비교적 적게 하여 직물의 표면을 경사 또는 위사만 돋보이게 한 직물이다.

40 평조직 직물의 특징으로 옳은 것은?

① 직물의 겉면과 뒷면에 사문선이 나타난다.
② 다른 조직 직물에 비하여 마찰에는 약하지만 광택은 우수하다.
③ 날실과 씨실의 굴곡이 가장 많으며, 직축률이 가장 크다.
④ 기본조직의 구성 올 수는 최소한 3올이다.

해설
① 직물의 겉과 안의 구분이 없다.
② 다른 조직 직물에 비하여 마찰이 크며 광택이 적다.
④ 날실과 씨실이 한 올씩 교대로 교차된 간단한 조직이다.

41 단일천 구조에 속하지 않는 것은?

① 직 물
② 편 물
③ 펠 트
④ 천연피혁

해설
단일직물 구조는 천의 단면이 한 겹이고 균질로 되어 있는 평면물을 말하며 직물, 편물, 레이스, 펠트, 부직포 등이 있다.

42 다음 염색견뢰도에 대한 설명으로 옳지 않은 것은?

① 견뢰도는 염료의 종류에 따라 각각 다르다.
② 견뢰도 판정은 오염 판정 시 사용하는 표준색표와 비교한다.
③ 견뢰도의 종류에 관계 없이 등급의 수는 모두 같다.
④ 판정은 크게 변·퇴색과 오염의 두 종류로 분류된다.

해설
염색견뢰도 결과는 1급에서 5급 사이의 등급으로 표시한다. 단, 일광견뢰도는 평가 방법에 차이가 있어 8급까지 표시할 수 있다.

정답 39 ④ 40 ③ 41 ④ 42 ③

43 다음 중 일광견뢰도가 가장 양호한 등급은?

① 1급 ② 4급
③ 5급 ④ 8급

> **해설**
> 일광견뢰도의 등급 평어

일광견뢰도 등급	평 어
1	최하(Very Poor)
2	하(Poor)
3	가(Fair)
4	양(Fair Good)
5	미(Good)
6	우(Very Good)
7	수(Excellent)
8	최상(Outstanding)

44 다음 세탁견뢰도에 대한 설명으로 옳지 않은 것은?

① 염색된 옷이 세탁에 견디는 능력을 말한다.
② 세탁으로 인해 옷의 물감이 빠지는 것을 평가한다.
③ 견뢰도 등급 숫자가 높을수록 물감이 잘 빠지고 숫자가 낮을수록 물감이 빠지지 않는다는 것이다.
④ 세탁 의약품 중에는 용해견뢰도가 낮은 의복이 많으므로 주의하여야 한다.

> **해설**
> 세탁견뢰도는 1~5급까지 등급이 있는데, 5급이 가장 우수, 1급이 가장 열등하다.

45 세탁견뢰도 등급의 평어에서 세탁 시험편의 변·퇴색 또는 시험용 백면포의 오염을 표시하는 것 중 "가"가 의미하는 것은?

① 눈에 띄지 아니한다.
② 분명하다.
③ 약간 눈에 띈다.
④ 심하다.

> **해설**
> 세탁견뢰도 등급의 평어

세탁견뢰도 등급	견뢰도 평어	세탁 시험편의 변·퇴색 또는 시험용 백면포의 오염
1	가	심하다.
2	양	다소 심하다.
3	미	분명하다.
4	우	약간 눈에 띈다.
5	수	눈에 띄지 않는다.

46 견뢰도가 나쁘나 염색법이 간단하여 주로 면섬유의 연한 색에 많이 사용하는 염료는?

① 아조익염료 ② 배트염료
③ 직접염료 ④ 황화염료

> **해설**
> ① 아조익염료 : 현색염료에 속하며 셀룰로스계 섬유, 합성섬유를 염색한다.
> ② 배트염료 : 면직물에 사용되는 염료 중 염색견뢰도가 가장 우수하다.
> ④ 황화염료 : 동물성 섬유의 염색에는 부적당하고, 면직물의 검은색 염색에 주로 사용한다.

정답 43 ④ 44 ③ 45 ④ 46 ③

47 폴리에스터섬유의 염색에 가장 많이 사용되고 있는 염료는?

① 직접염료 ② 염기성염료
③ 산성염료 ④ 분산염료

해설
분산염료는 폴리에스터섬유나 합성섬유에 일반적으로 사용되며, 소수성이므로 소수성 섬유(폴리에스터·나일론·아세테이트)에 친화력을 갖는다.

48 직접염료에 대한 설명으로 옳지 않은 것은?

① 산성하에서 단백질섬유와 나일론에도 염착된다.
② 색의 종류는 풍부하고 염색법이 간단하다.
③ 색상이 선명하다.
④ 일광마찰 및 세탁견뢰도가 나쁘다.

해설
직접염료는 염색법이 간단하나 색상이 선명하지 않다.

49 염료에 대한 설명으로 옳지 않은 것은?

① 견뢰도를 좋게 하기 위해서는 직접염료를 사용해야 한다.
② 직접염료는 염색법이 간단하나 색상이 선명하지 않다.
③ 산성염료는 일광, 산, 마찰, 다림질에 약하다.
④ 염기성염료는 적은 양으로도 진한 색으로 염색이 가능하나 견뢰도가 나쁘다.

해설
직접염료는 견뢰도가 나쁘나 염색법이 간단하여 주로 면섬유의 연한 색에 많이 사용한다.

50 섬유에 따른 염료의 선택이 옳지 않은 것은?

① 아크릴 – 염기성염료
② 양모 – 산성염료
③ 아세테이트 – 직접염료
④ 폴리에스터 – 분산염료

해설
• 분산염료 – 아세테이트
• 직접염료 – 무명

정답 47 ④ 48 ③ 49 ① 50 ③

51 황화염료의 염색물은 중크롬산칼륨(다이크로뮴산칼륨)에 초산을 섞은 용액으로 뒤처리를 하는데 그 이유는 무엇인가?

① 견뢰도를 증진시켜 주기 위하여
② 색상을 좋게 하기 위하여
③ 섬유의 상해를 막기 위하여
④ 염료의 불순물을 제거해 주기 위하여

해설
황화염료로 염색한 염색물에 일광견뢰도를 증진시키기 위하여 황산구리나 중크롬산칼륨(다이크로뮴산칼륨) 등으로 처리한다.

52 염료, 조제 그리고 호료를 배합한 날염호로 직물의 표면에 무늬를 날인한 후 증기로 쪄서 염료를 섬유의 내부까지 침투·염착시키는 염색법은?

① 착색발염법　② 발염법
③ 직접날염법　④ 방염법

해설
날염법은 완성된 직물에 염료와 안료를 사용하여 여러 가지 모양의 무늬를 염색하는 것이다.

53 물에 잘 녹으며 중성 또는 약산성에서 단백질섬유에 잘 염착되고 아크릴섬유에도 염착되는 염료는?

① 반응성염료　② 직접염료
③ 염기성염료　④ 산성염료

해설
염기성염료로 염색 가능한 섬유는 양모, 견, 아크릴섬유, 셀룰로스섬유 등이다.

54 견뢰도와 색상이 좋아 면섬유에 가장 많이 사용하는 염료는?

① 분산염료　② 염기성염료
③ 산성염료　④ 반응성염료

해설
면섬유 중 연한 색상은 값이 싼 직접염료로, 견뢰도가 필요한 중색 이상은 반응성염료와 배트염료로, 검은색은 염료 소모가 최다이므로 값이 싼 황화염료로 염색한다.

55 폴리에스터섬유와 면섬유를 혼방한 직물에 가장 적합한 염료는?

① 분산염료와 반응성염료
② 산성염료와 직접염료
③ 분산염료와 산성염료
④ 염기성염료와 직접염료

해설
• 아크릴 : 염기성염료
• 양모, 견, 나일론 : 산성염료
• 아세테이트, 폴리에스터 : 분산염료
• 무명, 마 : 직접염료(연한 색), 반응성염료·배트염료(중색 이상), 황화염료(검은색)
• 폴리에스터섬유와 면섬유를 혼방한 직물 : 분산염료와 반응성염료

정답 51 ① 52 ③ 53 ③ 54 ④ 55 ①

56 반응성염료로 염색이 불가능한 것은?

① 아세테이트   ② 면
③ 나일론   ④ 마

해설
반응성염료 염색이 가능한 섬유는 주로 셀룰로스섬유지만, 현재는 단백질섬유와 합성섬유에도 사용되고 있다.

57 폴리아크릴섬유와 양모섬유가 혼방된 직물에 가장 많이 사용도는 염색법은?

① 분산염료로 염색 후 배트염료로 염색
② 분산염료로 염색 후 황화염료로 염색
③ 염기성염료로 염색 후 직접염료로 염색
④ 염기성염료로 염색 후 산성염료로 염색

해설
폴리아크릴섬유와 양모섬유가 혼방된 직물에 가장 많이 사용하는 염색법은 염기성염료로 염색하는 것이고, 산성염료는 양모섬유에 가장 친화성이 좋은 염료이다.

58 염색 방법에 관한 설명으로 옳은 것은?

① 침염법은 실이나 직물을 염료용액에 담가서 열을 가하고 전체를 동일한 색상으로 염색하는 것이다.
② 이색염색법은 두 가지 섬유를 동일한 색상으로 염색하는 것이다.
③ 날염법은 한 가지 섬유에 한 가지 색만 염색하는 것이다.
④ 방염법은 무늬 부분만 표백하여 표현하는 것이다.

해설
② 이색염색법은 혼방직물이나 교직물 염색 시 섬유의 종류에 따른 염색성의 차이를 이용하여 섬유의 종류에 따라서 각기 다른 색으로 염색하는 것이다.
③ 날염법은 완성된 직물에 염료·안료를 사용하여 여러 가지 모양의 무늬를 염색하는 것이다.
④ 방염법은 염료가 스며들지 못하게 미리 처리한 후 원하는 무늬 천에 둘들이는 방법이다.

59 다음은 접착 심지의 특징을 설명한 것이다. 옳지 않은 것은?

① 다리미 또는 프레스 처리만으로 접착할 수 있다.
② 봉제 방법이 간단하다.
③ 겉감의 신축성을 감소시킬 수 있기 때문에 형태 안정성이 증진된다.
④ 내세탁성이 약하다.

해설
접착 심지는 내세탁성이 매우 우수하다.

60 다음 중 부직포의 특성으로 옳은 것은?

① 직물과 파일, 직물과 직물 위에 수지 등을 입혀 특수목적으로 사용되는 직물이다.
② 용도는 실용적인 옷감으로 사용되고 광목, 옥양목, 포플린 등이 있다.
③ 함기량이 많으나 내열성, 내구성이 불량하여 주로 심감으로 사용한다.
④ 겉모양이 우아하여 부인복에 이용되고 통기성이 좋아 시원한 감을 준다.

해설
부직포의 특성
- 부직포는 섬유를 얇은 시트 상으로 만들어 접착제, 열용착, 바늘 등에 의해 접착시켜서 만든 옷감이다.
- 부직포는 가볍고 통기성이 좋으며, 절단 부분이 풀리지 않아 솔기 처리가 필요하지 않지만 강도나 유연성은 부족하여 일반 의복보다 심감, 위생용품 등에 널리 쓰인다.

61 레이스의 특성으로 옳지 않은 것은?

① 여러 올의 실을 엮거나 꼬아서 만든 무늬가 있는 천을 말한다.
② 모양이 우아하여 옷 장식, 옷깃, 장갑, 액세서리, 여성복 등에 사용한다.
③ 외관은 아름다우나 통기성이 좋지 않다.
④ 다공성이고 섬세하며 자수를 놓은 듯한 외관을 나타낸다.

해설
레이스는 투시무늬를 나타내며 외관이 아름답고 통기성이 우수하다.

62 파스너의 취급으로 옳지 않은 것은?

① 클리닝 및 프레스할 때는 파스너를 열어 놓은 상태에서 한다.
② 슬라이더의 손잡이를 정상으로 해 놓고 프레스한다.
③ 슬라이더에 직접 다림질하지 않는다.
④ 프레스 온도는 130℃ 이하로 유지한다.

해설
① 클리닝 및 프레스할 때는 파스너(지퍼)를 잠근 상태에서 한다.

63 지퍼에 대한 설명으로 옳지 않은 것은?

① 단추 다음으로 많이 사용되는 잠금장치이다.
② 이빨 모양의 금속 또는 플라스틱으로 만들어져 있다.
③ 방모 등의 두꺼운 천에만 다는 흡입장치로 잡아당겨야만 사용된다.
④ 스포츠용품에 사용되는 금속 지퍼는 폭이 넓고 단단하다.

CHAPTER 02 드라이클리닝

01 | 드라이클리닝

1. 드라이클리닝의 특성과 장단점

(1) 드라이클리닝의 특성
① 물 대신 휘발성 유기용제(벤젠) 등을 사용하여 오염물질을 녹여 분산시키는 방법이다.
② 공정은 기본적으로 세척·헹굼·탈액·건조 등 론드리와 다를 바가 없다.
③ 론드리와 달리 기름 오구는 잘 제거되지만 수용성 오구는 제거하기 어렵다.
④ 휘발성 유기용제와 이 용제에 세정을 도와주는 세계를 첨가하고, 수용성 오점을 세정하기 위하여 소량의 물을 가한다.
⑤ 물세탁으로 인해 손상(수축, 형태 변화) 받기 쉬운 모섬유·견섬유·아세테이트나 탈색, 변색되기 쉬운 염색제품 등에 사용한다.

(2) 드라이클리닝의 장단점
① 드라이클리닝의 장점
  ㉠ 기름의 얼룩을 잘 제거한다.
  ㉡ 세정·탈수·건조가 단시간 내에 이루어진다.
  ㉢ 형태 변화가 적다.
  ㉣ 옷감의 손상이 적으며 원상회복이 용이하다.
  ㉤ 신축의 우려가 적고, 색상의 변화를 방지한다.
  ㉥ 옷감의 염료가 유기용제에 용해되지 않으므로 색상에 관계없이 동시에 세탁할 수 있다.
② 드라이클리닝의 단점
  ㉠ 용제가 비싸고, 독성과 가연성의 문제가 있다.
  ㉡ 특수의류의 진단과 처리기술이 필요하다.
  ㉢ 용제의 청정장치와 회수장치가 필요하다.
  ㉣ 빠진 얼룩이 재오염되기 쉽다.
  ㉤ 유기용제를 사용하므로 수용성 오염은 제거하지 못한다.
  ㉥ 섬유별 세탁 시간에 기술이 필요하다.

Ⓢ 용제는 헹구기가 생략되거나 미흡하여 오염을 충분히 제거하지 못한다.
ⓞ 석유계 용제는 인화성으로 화재 또는 폭발의 위험이 있다.
ⓩ 불연성 용제는 증기 독성이 커서 위생상 해롭다.
ⓒ 의류에 사용되는 일부 재료 중에는 용제에 의해 변질 또는 손상되는 것이 있다.
ⓚ 용제에 약한 색상은 빠지기 쉽다.
ⓔ 용제는 플라스틱류를 변형시키고 가소제와 접착제를 녹이며 고무류를 노화시킨다.

2. 드라이클리닝의 대상과 공정

(1) 드라이클리닝의 대상
① 슈트류(양복·셔츠·투피스 등), 드레스류, 작업복류 등
② 슬랙스류(바지·판타롱 등), 스커트류, 스웨터류
③ 아세테이트제품, 견섬유제품, 한복제품
④ 순모제품, 방축 가공된 모제품
⑤ 등유에 오염된 식탁보
  ※ 드라이클리닝으로 인한 손상이 가장 적은 것은 모직물, 합성섬유, 견직물류이다.

(2) 드라이클리닝의 공정
① 공정 순서 : 전 처리 → 세척 → 헹굼 → 탈액 → 건조
② 공정(세정기)의 주요 사항
  ㉠ 꼬리표(마킹) 부착은 물품의 분실 및 납품에 잘못을 방지하는 중요한 공정이다.
  ㉡ 클리닝 기계에 넣을 물건의 비율은 부하율로 표시한다.
  ㉢ 검사 과정에서 오염 제거와 구김이 잘 펴져 있는지를 확인한다.
  ㉣ 클리닝 시 세탁량은 기계가 세탁할 수 있는 적정량의 80% 정도만 넣고 세탁한다.

알아두기	일반 공정 순서

먼지 털기 → 얼룩빼기 → 세탁 → 다림질

02 | 전 처리

1. 개 요

(1) 전 처리의 개념
① 세정에서 제거하기 어려운 오점과 얼룩을 쉽게 제거하기 위해 세정에 앞서 하는 처리과정을 말한다.
② 세정 과정에서 제거하기 어려운 얼룩을 미리 제거하기 쉽도록 하는 처리이다.
③ 일반적으로 브러싱법과 스프레이법이 있다.

(2) 전 처리의 목적
① 전 처리를 잘하면 후처리에서 얼룩빼기에 드는 시간과 인력을 절약할 수 있다.
② 드라이클리닝은 친수성 오구(오점)에 대한 세척력이 좋지 않다.
③ 배색·단색 의복은 드라이클리닝 용제로 염색견뢰도의 이상 여부를 확인할 수 있다(품질 표시 불량).

(3) 전 처리 시 주의사항
① 전 처리액의 사용은 이로 인해서 염료의 흐름이나 수축이 없다는 것을 확인한 후에 사용해야 한다.
② 수용성 얼룩은 전혀 제거되지 않기 때문에 드라이클리닝을 하기 전에 수용성 얼룩 제거를 위한 전 처리 작업을 해야 한다.

(4) 전 처리 방법
① 브러싱 방법
  ㉠ 브러싱액을 묻힌 브러시로 얼룩 있는 곳을 두드려서 더러움을 분산시킨다.
  ㉡ 브러싱할 때는 옷감의 털이 일어나지 않게 오점만 문질러 내는 정도로 끝나야 한다.
  ㉢ 브러싱액에 쓰는 소프(Soap)로는 포수능이 큰 브러싱 용액을 쓰는 것이 바람직하다.
    ※ 포수능 : 용제 중의 수분 수용 능력을 말한다.
② 스프레이법 : 더러운 곳에 처리액을 뿌려 오점을 풀리게 하거나 또는 뜨게 한 후 와셔에 넣어 오점을 제거하는 방법이다.

2. 섬유별 전 처리

(1) 모섬유와 실크(견)
① 모섬유
ㄱ. 모직물은 원사가 케라틴이라는 단백질로 되어 있어 헐겁다.
ㄴ. 케라틴이라는 고기비늘 모양인 스케일이 수분으로 엉키면서 수축되므로 주의하여야 한다.

② 실크(견)섬유
ㄱ. 실크블라우스는 견 섬유 고유의 광택이 나고 촉감이 부드럽고 강도가 약하므로 주의하여야 한다.
ㄴ. 실크블라우스 의류는 수용성 얼룩이나 땀 얼룩이 대부분이므로 차지 전 처리제에 물을 약간 첨가하는데, 견섬유는 물속의 금속 성분을 잘 흡착하므로 경수를 사용하면 광택과 촉감이 나빠지고 조직 미어짐, 광택 저하, 색상 탈락에 신경을 써야 한다.

(2) 면 식물성 섬유
① 면 레인코트(바바리)는 특성상 수분 흡수력이 좋아 수용성 얼룩 전 처리 시 소프를 이용하여 수분 가용화를 충분히 해 주어야 수용성 얼룩 전 처리 부분에 역오염이 발생하지 않는다.
② 가용화가 충분히 이루어지지 않을 경우에는 수용성 얼룩 전 처리 부분에 불순물이 붙어 까맣게 역오염이 발생된다.

(3) 아크릴 섬유 의류
① 소수성 섬유 의류이므로 재오염이나 구김이 고정되지 않도록 주의한다.
② 하이벌크사로 된 아크릴 편성 의류의 경우 기계·물리적 형태 변형이 쉽기 때문에 전 처리 과정에서 심한 액션을 주는 스팀건을 사용하는 작업은 신중을 기해야 하고 변형 의류는 회복이 어려우므로 주의를 요한다.

(4) 폴리우레탄·폴리비닐론·가공제품
① 의류 패션성을 높이기 위하여 옷깃, 손목 부분에 배색으로 가공한 제품 의류가 많다.
② 폴리우레탄·폴리비닐론 배색 부분은 오구, 얼룩, 인체 지방산 등 전 처리 시 물리적 작용에 의해 코팅물의 분리 및 탈락 현상이 일어나기 쉽다.

(5) 가죽제품
① 스웨이드 점퍼가 충분하게 담겨질 정도의 기름을 준비하여 스웨이드 점퍼를 담근다.
② 잠시 후에 건져 내어 전 처리 바닥에 펴놓고 빳빳한 솔을 사용하여 약제를 묻혀서 때가 많은 곳을 긁어서 제거한다.

③ 때를 제거한 다음에는 기름에 담근 후 솔질을 하면서 세탁하여 헹군다.
④ 가죽제품은 습기에 약해 곰팡이에 의해 변형되기 쉬우므로 보관을 잘 해야 한다.

(6) 한 복

① 100% 생견사로 만든 고급 한복은 최근 한복의 우아한 자태를 살리기 위하여 정련을 약하게 하여 세라신이 잔존하지 되어 염색견뢰도가 매우 약하고, 은은한 색상을 내기 위해 분산염료로 스프레이 염색 또는 연하게 침염하는 경우가 많다.
② 염색견뢰도가 매우 약하므로 특히 치맛자락이 더럽다.
③ 전 처리할 때는 부분적으로 빵빵이(스프레이건) 사용은 금물이다.
④ 필요시 치마 끝자락 전체를 살며시 모아서 전 처리솔에 약제를 묻혀 약하게 두세 번 두드리면 좋다. 이때 꺾임 현상이나 올 미어짐 탈염에 주의하여 강하게 두드리지 않도록 한다.

> **알아두기** 드라이클리닝 시 유의사항
>
> - 드라이클리닝의 주요 사고 형태 : 변·퇴색, 탈색, 이염
> - 드라이클리닝 시 손상된 예
>   - 벗겨짐 : 엠보싱 가공품
>   - 용해 : 단추·비즈 등의 부속품
>   - 탈락 : 금·은박 무늬
>   - 찢어짐 : 주름잡은 곳

03 | 세탁 조건 선택

1. 드라이클리닝용 용제와 세제

(1) 드라이클리닝용 용제

① 유기용제
  ㉠ 상온 상압 하에서 다른 물질을 녹이는 성질이 있는 유기화합물이다.
  ㉡ 휘발성 있는 액체로 섬유에 함유된 유지류(예 양모의 그리스)나 섬유 표면에 묻은 기름 또는 불순물을 용해하여 제거한다.
  ㉢ 사염화탄소, 트라이클로로에틸렌, 벤젠, 에탄올, 휘발유, 석유 등이 있다.
② 드라이클리닝에서 지용성 오구는 유기용제로 제거되면 지용성 오구를 매개로 부착된 고형 오구도 섬유로부터 탈락되지만 유기용제 중에서 섬유와 오구 입자의 전기이중층에 의한 반발력은 별로 없고, 반데르발스 인력이 크게 작용하므로 재오염이 일어나기 쉽다.
③ 수용성 오구, 즉 극성 오구는 유기용제에 용해되지 않으므로 제거가 어렵다.

(2) 드라이클리닝용 세제

① 계면활성제
  ㉠ 기체와 액체, 액체와 고체 등의 계면에 흡착하여 계면장력을 저하시키는 화합물이다.
  ㉡ 물의 표면장력을 현저히 감소시켜 대상 물질의 침투에 대한 방어력을 약화시킨다.
  ㉢ 현재는 드라이클리닝에 알맞은 계면활성제를 사용한다.
② 지방산 비누·지방산의 혼합물
  ㉠ 과거에 주로 사용한 것으로, 비누는 용제의 여과 장치를 잘 투과하지 못한다.
  ㉡ 클리닝 후 소량이라도 옷에 남으면 지방산이 변질되어 냄새가 나는 등 결점이 있다.
③ 드라이클리닝의 전 처리제로서 '세제(소프) 1 : 물 1 : 석유계 용제 8'의 비율이 적합하다.

2. 섬유에 따른 세탁 조건 선택

(1) 면과 마
① 면은 물에 침지되면 강도가 15~20% 증가되고 내열성과 내알칼리성이 좋아서 어떠한 세탁 방법도 사용할 수 있다.
② 백색물은 비누나 알칼리성 합성세제를 사용하는 것이 좋고 오염이 심할 때는 탄산나트륨을 첨가하여 삶아도 된다.
③ 마직물은 불완전한 가공에 의하여 세탁 시 변색되거나 수축되는 것이 많고 세탁이 거듭될수록 마직물의 특성을 일부 상실하며 유연해지므로 주의하여 세탁해야 하며 손세탁이 안전하다.

(2) 양모와 견
① 양모는 물을 흡수하거나 알칼리가 침투하면 축융이 일어나므로 드라이클리닝이 안전하다.
② 부득이 손빨래를 할 때는 중성의 합성세제를 사용하여 가볍게 한다.
③ 양모 편성물은 그물망 속에 넣고 세탁을 하며 약한 수류를 선택한다.
④ 견은 섬유의 굵기가 가늘고 강도가 작은 섬유로 물에 약하고 세제 용액에서는 강도가 줄어들기 때문에 주의하여 세탁하여야 한다.
⑤ 견은 염색물의 경우 세탁견뢰도가 좋지 못한 것이 많고, 비비면 표면의 광택과 촉감이 떨어지므로 주의해야 한다.
⑥ 견은 내일광성이 좋지 못하므로 직사광선을 피해 건조시킨다.

(3) 비스코스레이온
① 드라이클리닝을 원칙으로 한다.
② 습윤하면 강도가 거의 반으로 감소하고 수축이 일어나므로 세탁할 때 주의하여야 한다.
③ 부득이 습식 세탁할 경우 주물러 빠는 형태의 손세탁을 하며 중성세제를 사용하고 실리콘 오일로 후가공 처리를 한다.
④ 탈수는 원심 탈수가 좋으며 약하게 하고 손으로 비틀어 짜서는 안 된다.

(4) 아세테이트
① 드라이클리닝을 하여야 한다.
② 물세탁을 하게 되면 광택을 잃게 되며 뜨거운 물에서는 쉽게 변형되고 구김이 생기기 쉬우며 열수에 의한 구김은 잘 다려지지 않는다.
③ 40℃ 이상으로 세탁하면 안 되며 탈수도 비틀려 짜거나 장시간의 원심 탈수는 피해야 한다.
④ 트라이아세테이트는 다이아세테이트보다 내세탁성이 좋아 물세탁이 가능하지만 세심한 주의가 요구된다.

(5) 합성섬유
① 종류가 많고 그 특성이 조금씩 다르지만 대부분의 합성섬유는 습윤강도가 크고 내알칼리성이 좋아서 세탁 방법에 크게 구애를 받지 않는다.
② 세제는 중성세제가 무난하나 폴리에스터 · 폴리프로필렌 섬유는 내알칼리성이 좋으므로 약알칼리성 세제를 사용하여도 괜찮다.
③ 나일론과 아크릴섬유에서 알칼리가 황변의 원인이 되므로 중성세제를 사용해야 한다.
④ 일반적으로 유성 오구에 예민하여 피지 · 화장품 · 식용유 등의 유성 오구가 섬유 내부로 침투하면 확산되기 때문에 시간이 경과할수록 제거가 어려워진다.
⑤ 유성 오염이 심한 것은 세탁에 앞서 냉·농액을 스펀지 또는 브러시에 묻혀 가볍게 문질러서 유성 오구를 분산·제거한 후 세탁하면 효과적이다.
⑥ 합성섬유는 세탁 중에 재오염이 되기 쉬우며 일단 재오염되거나 오염이 축적되면 제거가 어려워지므로 심하게 더러워지기 전에 세탁을 하는 것이 좋다.
⑦ 오염이 심한 다른 세탁물과 함께 세탁하지 말아야 하며 항상 신선한 세정액을 사용한다.
⑧ 특히 나일론은 다른 염색물로부터 이염이 되기 쉬우므로 흰 나일론은 염색된 다른 옷과 함께 세탁해서는 안 된다.
⑨ 대부분의 합성섬유는 흡수성이 작으므로 가볍게 원심 탈수하거나 자연낙수로 탈수한다.
⑩ 건조는 직사광선을 피하는 것이 좋고, 특히 나일론은 일광에 의하여 황변하므로 주의하여야 하며 건조기를 사용할 경우 50℃를 넘지 않는 것이 안전하다.

(6) 융단과 커튼
① 융단의 대부분은 마직물을 기반 직물로 하여 양모나 아크릴 혹은 나일론 등을 접착시킨 것으로 전문적인 세탁업소에 의뢰하는 것이 좋다.
② 커튼은 소재가 대부분 폴리에스터로 되어 강도가 크고 내일광성이 좋아서 비교적 세탁이 편리하다.
③ 세제는 중성세제를 사용하며 그늘에서 말리는 것이 좋다.

(7) 모피와 피혁
① 밍크, 여우, 면양 등으로 된 모피류는 물세탁은 불가능하고 일반 드라이클리닝의 경우 단시간으로 전문적 기술이 필요하므로 전문 세탁업체에 의뢰한다.
② 모피류는 파우더클리닝이라고 하여 수지(Resin)를 함유하지 않은 톱밥이나 옥수수속대 가루에 세제나 영양제, 광택제 등을 섞은 용제를 흡수시켜 다소 젖은 상태에서 모피 세탁기에 넣어 회전시켜서 오구를 가루에 흡착시키고 끝나면 진공 장치로 가루를 흡인 또는 압축 공기로 날려 제거한다. 그리고 안감이 오염된 경우에는 별도로 세탁을 하기도 한다.
③ 피혁류도 모피와 마찬가지로 지방의 보존이 품질 보존의 중요한 요소의 하나이므로 물세탁은 부적당하며 드라이클리닝을 하여야 하는데 탈지성이 작은 석유계 용제로 단시간 세탁하는 것이 좋다.

3. 세탁물에 따른 세탁 조건 선택

(1) 섬유의 종류
① 섬유의 종류에 따라 세탁물을 분리하고 각각의 섬유에 적당한 세제 및 세탁 방법을 택해야 한다.
② 2~3종의 섬유나 실을 짠 천으로 의류를 만든 혼방직이나 교직물 의류는 약한 섬유를 기준으로 세탁하는 것이 무난하다(예를 들어 양모와 폴리에스터 혼방직은 세탁에 약한 양모를 기준으로 세탁).

(2) 세탁물의 형태
① 직물과 편성물, 조직의 종류, 실의 형태 등에 따라 세탁 방법을 달리한다.
② 입체(의복)와 평면(이불 호청 등)으로 구별하여 세탁한다.
③ 겹옷과 홑옷, 속옷과 겉옷, 양말, 타월, 커튼 등으로 구별하여 세탁한다.
④ 타월과 융(Flannel)은 세탁하면 짧은 섬유가 탈락, 보풀이 되어 다른 세탁물에 붙으므로 분리하여 세탁한다.

(3) 염색물

① 백색물과 염색물로 구분하여 세탁한다.
② 색상과 농담에 따라 분류하여 세탁한다.
③ 염색된 세탁물은 중성세제를 사용하는 것이 안전하다.
④ 농색은 30℃ 이하로, 담색은 40℃ 이하에서 세탁한다.
⑤ 나일론 등 합성섬유는 색소로 오염되기 쉬워 색상이 다른 것과 함께 세탁하면 안 된다.

(4) 오염 정도

① 오염의 종류와 정도에 따라 분류하여 따로 세탁하는 것이 좋다.
② 오염이 심한 세탁물과 깨끗한 세탁물을 함께 세탁하면 깨끗한 세탁물이 역오염될 우려가 있다.
  ㉠ 심히 오염된 면직물과 백색의 합성섬유나 합성섬유 혼방직은 함께 세탁하지 않는다.
  ㉡ 합성섬유는 재오염될 가능성이 많으며 재오염되면 제거가 몹시 어렵다.

(5) 기 타

① 세탁물에 있는 액세서리나 운동복의 문자, 기호 등에 사용되는 PVC 레더, 플라스틱, 펠트, 부직포 등의 부착물은 세탁 기계를 고장낼 수 있으므로 세탁에 앞서 제거한다.
② 커튼은 장기간 강력한 일광을 받아 섬유와 염색이 손상된 경우가 많으므로 주의하여 세탁한다.

> **알아두기** 드라이클리닝용 의류
> • 양모 · 견, 폴리에스터 등 소수성 합성섬유에 대한 클리닝 효과가 좋다.
> • 면 · 레이온 등 셀룰로스 섬유는 친수성 오구와의 결합력이 커서 클리닝 효과를 기대하기 어렵다.

4. 드라이클리닝 공정시스템

(1) 배치시스템과 차지시스템

① 배치시스템(Batch System)
  ㉠ 일명 모음세탁이라고도 하며, 매회 세정 때마다 세정액을 교체하여 새로이 만들어 씻는 방법이다.
  ㉡ 필터순환을 중지하여 세정조 내에서 세탁하는 공정이다.
  ㉢ 농후한 소프의 스트롱 차지가 되므로 재오염을 방지할 뿐만 아니라 세정력이 강하다.

② 차지시스템(Charge System)
  ㉠ 용제에 소프와 함께 소량의 물을 첨가하여 세정하는 방법이다.
  ㉡ 소프를 첨가한 세정액을 필터와 와셔 간을 순환시켜 오점을 제거하면서 세정한다.
  ㉢ 용제, 계면활성제에 적정량의 물을 첨가 후 세탁하여 친유성, 친수성 오염을 제거한다.
  ㉣ 계면활성제가 첨가된 유기용제는 상당량의 물을 가용화하여 친수성 오염을 제거하는 데 좋은 효과가 있다.

(2) 그 외 시스템
① 투배치시스템
  ㉠ 솔벤트 탱크가 2개 있는데 하나는 세척제(소프)를 탄 것이고 또 하나는 순수한 솔벤트만 들어 있는 세탁기를 말한다.
  ㉡ 제1탱크 용제에 첨가된 솔벤트로 클리닝하고, 제2탱크 용제로 헹구어 주는 방식이다.
② 배치-차지시스템(Batch-charge System)
  ㉠ 헹굼 단계에서 용제에 소프를 약 1% 첨가하여 필터를 순환시킨다.
  ㉡ 세정 후 헹굼 단계에서 소프가 용제로 희석될 때 일어나기 쉬운 재오염을 방지하기 위한 시스템이다.
③ 논차지시스템(Non-charge System)
  ㉠ 소프를 첨가하지 않고 용제만으로 세탁하는 방식이다.
  ㉡ 헹구기에 주로 응용된다.

> **알아두기** 세탁할 때 소프의 사용 방법에 따른 분류
> - 차지시스템(Charge System)
> - 배치시스템(Batch System)
> - 배치-차지시스템(Batch-charge System)
> - 논차지시스템(Non-charge System)

04 | 탈액·건조

1. 섬유의 수분율

(1) 수분율
① 섬유는 수분을 빨아들이는 특성이 있다.
② 섬유가 빨아들이는 수분의 양은 섬유의 종류에 따라 차이가 크다.

③ 표준수분율
  ㉠ 섬유의 수분율은 대기 중에 있는 습도와 온도에 따라 크게 변한다.
  ㉡ 섬유의 수분을 비교할 때는 상대 습도 65%와 온도 20℃에서 측정한 값을 사용하는데, 이것을 표준수분율이라 한다.
④ 공정수분율
  ㉠ 섬유 원료는 무게로 거래하기 때문에 섬유의 수분 차이는 그 가격에 큰 영향을 끼친다.
  ㉡ 따라서 섬유의 거래에 표준이 되는 수분율을 국가에서 정하고 그에 따라 거래하게 하는데, 이것을 공정수분율이라 한다.

(2) 주요 섬유의 표준수분율과 공정수분율(KS K 0301)

섬유의 종류	표준수분율(%)	공정수분율(%)
면	8	8.5
마류(대마·아마·저마)	9	12
레이온계 섬유(재생 섬유소계 섬유)	12	13
아세테이트 섬유	6.5	6.5
폴리아마이드계 섬유(나일론)	4	4.5
폴리에스터계 섬유	0.4	0.4
양모(톱부터 실까지)	16	18.25
정련(견)	9	12
아크릴계 섬유	1.0~2.5	2
폴리비닐알코올계 섬유	5	5
올레핀계 섬유	0.01	0
유리 섬유	0.01	0

※ 공정수분율 : 양모(18.25%) > 레이온(13%) > 아마·견(12%) > 면(8.5%) > 아세테이트(6.5%) > 나일론(4.5%) > 아크릴(2%) > 폴리에스터(0.4%)

2. 탈액

(1) 탈액의 작용

① 용제의 탈액은 원심 분리기를 사용하여 될 수 있는 대로 충분히 탈액해야 건조 공정 중 화재 위험 또는 가스 중독 등을 줄일 수 있고 경제적이다.
② 탈액이 충분하지 않으면 용제 중 오구와 세제 등이 옷에 남아 세척 효과가 떨어진다.
③ 원심 분리가 너무 심하면 구김이 생기고 피복에 변형이 생길 수 있다.
④ 회수된 용제는 여과한 다음 증류·정제해 다시 사용한다.

(2) 주의사항

① 레이온이나 아세테이트 제품 니트류 등 구김과 변형이 심한 제품은 피해야 한다.
② 원심 탈수는 단시간에 탈수·탈액해야 효과적이다.
　　㉠ 면 및 양모 : 3~5분
　　㉡ 견 : 1분~1분 30초
　　㉢ 폴리에스터나 나일론 등 합성섬유 : 1분
③ 변형이 심한 제품은 자연낙수나 눌러 짜는 법으로 탈수해야 형태를 보존할 수 있다.
④ 탈수(탈액)효과는 탈수율로 나타낸다.

$$탈수율(\%) = \frac{건조포의\ 무게}{탈수포의\ 무게} \times 100$$

⑤ 탈액을 강하게 할 경우
　　㉠ 건조 및 용제의 회수효과가 좋아진다.
　　㉡ 주름이 강하게 남는다.
　　㉢ 의류의 형태나 손상이 일어날 가능성이 있다.
⑥ 탈액을 약하게 할 경우 : 헹굼액(용제) 중의 세제나 오점이 옷에 남는다.

3. 건조

(1) 풍건(자연 건조)

① 세탁물의 건조 속도는 기온과 상대습도, 풍속의 영향을 받는다.
② 바람이 없을 때는 기온이 높고 습도가 낮을수록 건조가 빠르다.
③ 바람은 세탁물 표면에서 증발하는 수분을 표면 부근에서 제거하므로 세탁물 표면 부근의 습도가 항상 대기의 습도에 가깝게 하기 때문에 풍속이 클수록 건조도 빨라진다.
④ 면, 마, 레이온, 폴리에스터 등의 섬유 제품으로 수지 가공이나 형광증백 등의 특별 처리가 되지 않은 백색 제품은 직사광선에서 건조해도 상관없다.
⑤ 양모, 견, 나일론, 아크릴 등은 직사광선에 의해 황변되기 쉬워 그늘에서 말리는 게 좋다.
⑥ 수지 가공된 섬유 제품에 사용된 수지 중에는 직사광선에 의해 황변할 수 있는 것이 있으며 염색된 것과 형광증백된 것도 변색 우려가 있으므로 직사광선을 피해서 말려야 한다.
⑦ 변형이 쉬운 의복은 건조할 때 옷걸이에 걸어 넣거나 빨래 클립 등을 사용하여 변형이 발생하지 않도록 유의해야 한다.
⑧ 워시 앤드 웨어(Wash & Wear) 제품은 다림질하지 않는 것이 원칙이므로 건조할 때 구김이나 변형이 생기지 않도록 주의해야 한다.

⑨ 편성물은 다량의 수분을 흡수하므로 줄에 바로 널면 무게가 쏠린 쪽으로 늘어나기 때문에 경사진 널판이나 펼친 발 혹은 그물 위에 널어 수분 대부분이 빠진 후 옷걸이나 줄에 널어 완전히 말려야 한다.

(2) 건조기(텀블러 열풍)
① 건조기를 쓰면 건조 시간을 단축할 수 있고 옷감이 부드러워지며 구김이 덜 생긴다.
② 건조기는 세탁물을 넣은 회전하는 원통에 열풍을 불어넣어 건조하는 텀블 건조기(Tumble Dryer)를 사용한다.
③ 습기 배출 방식

배기식	제습식
• 건조기에서 발생한 습기를 함유한 열풍을 그대로 기계 밖으로 배출하는 형식 • 실내가 고온다습해지기 때문에 건조기에서 나온 모든 공기를 옥외로 배출시키는 시설 필요	• 양면 팬(Fan)에서 외부의 찬 공기와 건조기 내 고온다습한 열 교환에 의해 수분이 응축되어 배출 • 실내의 습도가 증가하는 일이 없음

④ 석유계 용제 텀블러 건조기
  ㉠ 세탁물을 넣고 5분간 찬 공기로 돌리면 솔벤트 증기 축적에 의한 화재 위험을 피할 수 있다.
  ㉡ 직물의 종류에 따라 알맞게 스팀을 넣어 온도를 맞춘다.
  ㉢ 마지막 10분은 냉풍으로 돌려 의복이 구겨지는 것을 억제한다.
  ㉣ 열풍 텀블러 건조기 시스템 공정은 섬유별로 구분한다.
  ㉤ 두꺼운 것을 구분하여 설정하면 좋은 품질을 기대할 수 있다.

(3) 섬유별 세탁 · 건조 방법
① 면섬유
  ㉠ 물세탁과 드라이클리닝을 모두 할 수 있다.
  ㉡ 자연 건조와 열풍 건조 모두 할 수 있다.
② 마섬유
  ㉠ 드라이클리닝보다 손세탁이 안전하다.
  ㉡ 자연 건조가 바람직하다.
③ 양모와 견
  ㉠ 양모는 직사일광에 황변되기 쉽고 견은 일광에 취약하므로 직사광선을 피해서 건조시킨다.
  ㉡ 견은 비비면 표면의 광택과 촉감이 떨어지므로 주의한다.
④ 비스코스레이온
  ㉠ 드라이클리닝을 원칙으로 한다.
  ㉡ 비스코스는 습윤하면 강도가 거의 반으로 감소하며 수축이 심하기 때문에 세탁할 때 가볍게 해야 한다.

⑤ 아세테이트
　㉠ 드라이클리닝을 하여야 한다.
　㉡ 물세탁을 하면 광택을 잃게 되며 뜨거운 물에서는 쉽게 변형되고 구김이 생기기 쉬운데, 열수에 의한 구김은 잘 다려지지 않는다.
　㉢ 탈수도 비틀려 짜거나 장시간의 원심 탈수는 피해야 한다.
⑥ 합성섬유
　㉠ 종류가 많고 그 특성이 조금씩 다르지만 대부분의 합성섬유는 습윤강도가 크고 내알칼리성이 좋아서 세탁 방법에 크게 구애를 받지 않는다.
　㉡ 대부분의 합성섬유는 흡수성이 작으므로 가볍게 원심 탈수하거나 자연낙수로 탈수하는 것이 무난하다.
　㉢ 건조는 직사광선을 피하는 것이 좋으며 특히 나일론은 일광에 의하여 황변하므로 주의하여야 하고 건조기를 사용할 경우 50℃를 넘지 않는 것이 안전하다.
⑦ 융단과 커튼 : 중성세제를 사용해야 하며 그늘에서 말리는 것이 좋다.
⑧ 모피와 피혁
　㉠ 모피류는 대부분 파우더클리닝을 한다.
　㉡ 피혁류는 모피와 마찬가지로 물세탁은 부적당하며 드라이클리닝을 한다.
　㉢ 건조는 직사광선을 피하고 그늘에서 말리는 것이 바람직하다.

05 | 용제 관리

1. 유기용제의 관리

(1) 용제 관리의 목적과 구비조건
　① 용제 관리의 목적
　　㉠ 재오염을 방지한다.
　　㉡ 세정효과를 높인다.
　　㉢ 의류를 상하지 않게 한다.
　② 용제의 구비조건
　　㉠ 오구를 용해, 분산하는 능력이 커야 한다.
　　㉡ 표면장력이 작아 옷감에 침투가 용이해야 한다.
　　㉢ 세탁 시 피복 및 염료를 용해 또는 손상시키지 않아야 한다.
　　㉣ 비중이 적당히 커서 세탁기가 회전할 때 충격에 의한 기계력을 줄 수 있어야 한다.
　　㉤ 건조가 쉽고 세탁 후 냄새가 없어야 한다.

ⓑ 기계를 부식시키지 않고 인체에 독성이 없어야 한다.
ⓢ 인화점이 높거나 불연성이어야 한다.
ⓞ 증류나 흡착에 의한 정제가 쉽고 분해가 어려워야 한다.
ⓩ 세탁 후 찌꺼기 회수가 쉽고 환경오염을 유발하지 않아야 한다.
ⓒ 값이 싸고 공급이 안정적이어야 한다.

(2) 용제의 특성과 선택 및 관리

① 용제의 특성
  ㉠ 유기용제는 휘발성이 크고 인화성·독성이 있어 세탁장치는 밀폐된 것을 사용해야 한다.
  ㉡ 일단 사용한 용제는 회수·정제하여 재사용하기 때문에 시설이 많이 필요하다.

② 용제의 선택
  ㉠ 섬유와 의복의 종류, 오구의 특성에 따라 알맞은 용제를 선택한다.
  ㉡ 알맞은 온도와 세척 시간을 조절하는 것이 중요하다.
  ㉢ 일반 드라이클리닝에서는 퍼클로로에틸렌을 사용하는 것이 좋지만 섬세한 고급 의류에서는 용해력이 온화한 석유계 용제를 사용해야 한다.

③ 용제의 관리
  ㉠ 용제는 값이 비싸다 독성과 환경오염의 요인이 된다.
  ㉡ 한 번 사용한 용제를 되풀이하여 사용하고 외부 유출을 확실히 통제해야 한다.
  ㉢ 용제는 항상 깨끗이 관리해야 한다.

2. 각종 유기용제

(1) 석유계 용제

① 특 징
  ㉠ 탄소수소계 용제 중 드라이클리닝용으로 가장 많이 사용한다.
  ㉡ 우리나라에서 기계세탁용 용제로 가장 많이 사용한다.
  ㉢ 견직 한복을 비롯하여 정밀하고 섬세한 의류 클리닝에 적합하다.

② 세탁 온도와 시간
  ㉠ 일반적으로 20~30℃에서 소프의 세정작용이 골고루 미치는 20~30분 동안 세탁한다.
  ㉡ 34℃ 이상은 화재의 위험이 있어 방폭 설비를 갖추어야 한다.
    ※ 석유계용 기계 텀블러 온도는 70℃ 이하를 유지하고 완전방폭장치를 설치하여야 한다.
  ㉢ 세정 온도가 10℃ 이하면 용해력이 저하하므로 한랭지의 겨울에는 온도를 더 높여야 하나 인화의 위험이 있으므로 세정 온도는 35℃ 이하를 유지하여야 한다.
  ㉣ 재오염이 많이 발생하는 시간대는 3~5분 경과 시이다(퍼클로르에틸렌은 30~60초).

③ 장단점

장 점	단 점
• 기계부식에 안전하다. • 비중이 작다. • 독성이 약하고 값이 싸다. • 기름에 대한 용해도와 휘발성이 적정하며 안정적이다. • 자연 건조를 할 수 있다.	• 세정력이 약해서 세정 시간이 길다. • 인화에 의한 폭발이나 화재의 위험이 있다. • 의류(인공피혁 등 두꺼운 천)에 냄새가 남을 수 있다.

④ 사용상 주의사항
  ㉠ 사용한 용제를 계속하여 사용할 수 없다.
  ㉡ 대부분 증류장치 없이 여과하여 사용한다.
  ㉢ 인화 성질이 있어 용제의 보관과 취급에 주의해야 한다.
  ㉣ 진공 증류를 필요로 하기 때문에 청정통이나 카트리지 필터를 병용해서 세정액의 청정화를 적절하게 유지해야 한다.
  ㉤ 견직물은 시일 경과에 따른 황갈색으로의 변색을 막기 위해 소프가 들어 있지 않은 석유계 용제를 바르고 브러싱을 해야 한다.

(2) 퍼클로로에틸렌 용제

① 특 징
  ㉠ 세정액 온도는 35℃를 넘지 않도록 유지하고, 텀블러의 건조 온도는 60℃ 이하로 한다.
  ㉡ 세척력이 석유계 용제에 비해 우수하다.
  ㉢ 용제가 무거워 세정 중에 두들기는 힘이 강하다.
  ㉣ 세정 시간은 7분 이내가 적합하다.

② 장 점
  ㉠ 불연성이다.
  ㉡ 용해력이 석유계 용제에 비하여 크므로 오점이 잘 빠지며 세정 시간이 짧다.
  ㉢ 상압(常壓)으로 증류가 가능하다(진공 증류가 필요 없다).
  ㉣ 화재 폭발의 위험이 없다.
  ㉤ 끓는점이 121℃로 낮아서 증류 정제가 쉽다.

③ 단 점
  ㉠ 독성이 커서 밀폐장치가 필요하다.
  ㉡ 용해력과 비중이 크므로 정밀하고 섬세한 의류에는 적합하지 않은 경우가 있다.
  ㉢ 용제의 안정성이 낮아서 열분해하여 기계 부식이나 의류 손상을 일으키는 경우가 있다.
  ㉣ 동일기계(Hot Machine)로 텀블러를 60℃ 이상 처리해야 하므로 의류는 고온 용제의 작용을 받기 쉽다.

(3) 불소계(弗素系) 용제(플루오린계 용제)
① 장 점
- ㉠ 불연성이므로 화재의 위험이 없다.
- ㉡ 비점이 낮아 저온으로 건조되며 정교하고 섬세한 의류에 적합하다.
- ㉢ 독성이 약하다.
- ㉣ 매회 사용 시마다 증류가 용이하므로 용제 관리가 쉽다.

② 단 점
- ㉠ 용해력이 약하므로 오점 제거가 잘 안 된다.
- ㉡ 기밀성 및 단열성이 높은 기계 장치가 필요하다.
- ㉢ 용제 및 기계 장치가 고가이다.
- ㉣ 세정력이 약하다.
- ※ 세정 후 건조할 때 텀블러 처리시간은 5분 이내, 온도는 50℃ 이하의 상온에서 건조한다.

(4) 1,1,1-트라이클로로에탄
① 특 징
- ㉠ 드라이클리닝 용제 중 용해력이 강해 오염 제거가 용이하며 세정 시간이 가장 짧다.
- ㉡ 용제가 물에 불안정하여 분해될 우려가 많아 세정액에 물이 들어가지 않게 해야 한다.
- ㉢ 세정 시간은 5분 이내가 좋다.
- ㉣ 건조기의 온도는 50℃ 이내, 시간은 10분 이내에 처리하여야 의류의 상해를 방지한다.

② 장 점
- ㉠ 불연성이다.
- ㉡ 저온 건조(50℃ 이하)가 가능하므로 내열성이 낮은 의류에 적합하다.
- ㉢ 용해력이 강하므로 오점이 쉽게 빠지고 세정 시간이 퍼클로로에틸렌보다 짧다.
- ㉣ 매회 증류가 용이하므로 용제 관리가 쉽다.
- ㉤ 비점이 적당한 온도이므로 증류 장치가 소형이라도 괜찮다.

③ 단 점
- ㉠ 물에 대한 안정성이 낮으므로 물이 많이 들어가면 용제가 분해되어 기관의 부식 또는 의류에 손상을 주는 경우가 있고 안정제의 감소에 의해서 분해가 촉진된다.
- ㉡ 용해력이 강하므로 정밀하고 섬세한 의류에는 적합하지 않은 경우가 많다.
- ㉢ 독성이 있다.
- ※ 에틸에터 : 유기용제 중 달콤한 자극성 냄새를 띠는 무색 액체로, 유지·수지류에 대한 용해력이 가장 우수하고 휘발성·인화성이 크다.

3. 드라이클리닝 용제의 점검과 조정

(1) 드라이클리닝 용제의 점검사항

투명도	• 용제 중에 오구 입자나 다른 불순물이 있으면 투명도가 낮아진다. • 투명도가 낮아졌을 때는 여과제를 교환 또는 증류하도록 한다.
산 가	• 산가유지 1g 중 함유된 유리지방산 중화에 필요한 수산화칼륨(KOH)의 양(mg)이다. • 드라이클리닝에 용제를 계속 사용하면 용제의 안에 지방산의 농도가 증가하여 산가가 높아져 세척효율이 낮아진다(의복에 오염된 피지성분이 용해되어 나오기 때문). • 산가가 높아지면 세척 후 옷감의 품질과 성능도 나빠진다. • 산가는 0.3 이하로 유지해야 하며 그 이상이 되면 여과제를 교환하거나 증류한다. • 퍼클로로에틸렌은 증류 시 분해되어 용제가 산성이 되므로 산가가 높아지는 원인이 되는데 여과제에는 탈산제가 포함되어 있으므로 산가를 떨어트린다.

습 도	• 용제 중 가용화된 수분의 상태 즉, 용제 중에 포함된 수분을 나타내는 것이다.
	• 드라이클리닝에 가장 적당한 용제의 습도는 70~75%이다.
	• 용제는 사용 후 습도가 변하므로 다시 세탁하기 전에 항상 70~75%가 되도록 물을 보충해 주거나 많은 경우에 탈수제를 사용하며 또는 증류에 의해 수분을 제거한다.
	• 드라이클리닝에서 수축이나 색 빠짐 방지 등을 위한 가장 적정한 용제의 관계습도(용제 중에 가용화된 수분의 상태)는 70~75%이다.
	• 포수능(용제 중의 수분수용 능력)
	  – 드라이클리닝용 세제가 수분을 가용화하는 힘
	  – 상대습도(포수능에 대한 실제 수분량의 비율)는 세정력과 재오염에 가장 크게 작용함

세제의 농도	• 드라이클리닝 중 섬유와 여과제 등에 세제의 일부가 붙어버려 그 농도가 떨어진다. • 증류하면 세제가 완전히 제거되므로 필요에 따라 세제를 다시 첨가해야 한다.
불휘발성 잔류물	• 쓰고 난 용제에서 분자량이 비교적 커 잘 휘발하지 않는 지용성 오구, 수용성 오구, 미셀고형 오구 및 세제 등을 포함하게 되는데 이 중 세제량을 뺀 것이다. • 불휘발성 잔류물은 용제를 사용하면 할수록 많아지므로 사용이 끝날 때마다 확인하여 2% 이하로 유지하는 것이 좋다.

(2) 드라이클리닝 준비 공정에서 용제의 조정사항

① 소프에 소량의 물을 첨가하여 그 위에 소량의 용제로 묽게 한 것을 투입구에 넣는다.
② 분말에 용제를 첨가하여 반죽 상태로 된 것을 투입구에 투입한다.
③ 펌프를 회전시켜 용제를 탱크로부터 퍼 올려 와서, 필터 간을 순환시킨다.
④ 필터의 오점 제거 작동이 완전히 끝나고 투시유리가 투명해질 때까지 용제를 순환시킨다.

> **알아두기** 드라이클리닝 용제의 조건
>
> • 비중이 높아야 한다.
> • 표면장력이 작아야 한다.
> • 인화성이 없거나 적어야 한다.
> • 나쁜 냄새가 남지 않아야 한다.
> • 건조가 쉬워야 한다.

4. 소프의 주성분과 배합

(1) 드라이 소프의 개념
① 유기용제에 계면활성제를 첨가하면 섬유 표면과 고형 오구의 계면에 계면활성제가 친수기는 고체 표면 쪽으로, 친유기는 유기용제 쪽으로 향하면서 흡착·배열되고 친유기용제가 흡착되어 섬유와 오구 표면이 친액화되므로 극성 오구도 섬유로부터 분리·제거되고 안정된 분산이 얻어지며, 고형 오구가 응집되어 섬유의 표면에 다시 부착되는 것을 방지하므로 재오염이 방지되어 세척력이 크게 향상된다.
② 계면활성제가 첨가된 유기용제에 물이 가용화되면 수용성 오구를 제거하는 데 더욱 좋은 효과를 나타내는데, 이 방법을 차지법이라 한다.
③ 드라이클리닝에서도 계면활성제를 주로 한 세제가 사용되는데 이 세제를 드라이소프라고 한다.

(2) 드라이 소프의 특성
① 음이온계 소프
  ㉠ 세척력이 우수하다.
  ㉡ 수분의 가용화가 우수하다.
  ㉢ 섬유와 활성제의 전기(電氣)적 반발 작용으로 세제의 소모가 상대적으로 적다.
② 비이온계 소프
  ㉠ 산과 알칼리에 비교적 안정하며 다른 이온성 활성제와 혼용이 가능하다.
  ㉡ 음이온활성제와 비교하여 세탁 효과를 기대하기 어렵지만 지용성 오구에 대해서는 세정효과가 크다.
  ㉢ HLB(친유, 친수의 정도)의 조정이 쉬워 용도에 따라 활성제 선택의 폭이 넓다.
  ㉣ 물리적 변화(온도)에 세정효과가 민감하게 변화한다.
  ㉤ 생분해 안정성이 뛰어나 환경 부하가 크다.
③ 양이온활성 소프
  ㉠ 대전 방지 효과 및 유연 효과가 우수하다.
  ㉡ 활성제의 독성 작용으로 제균 작용을 한다.
  ㉢ 세척력을 기대하기 어렵다.
  ㉣ 활성제가 대부분 섬유에 흡착되어 활성제의 손실이 크다.
  ㉤ 음이온활성제와 혼용이 불가하다.

> **알아두기** 소프의 가공제 배합에 쓰이는 물질
> 소프에는 대전방지제, 유연제, 형광증백제 등이 배합된 것이 많다.

5. 용제의 청정화

(1) 여과제와 탈산제
① 여과제 : 필터에 부착해서 불순물이나 고형입자를 여과하여 제거하기 위해 사용한다.
② 탈산제
  ㉠ 용제 중에 용해된 불순물이나 유지 등이 분해하여 발생하는 지방산 같은 유성 오염물을 제거하기 위하여 사용한다.
  ㉡ 사용량은 와셔마다 세탁물 1kg당 5~10g을 여과제와 같은 양으로 혼합하여 사용한다.

(2) 드라이클리닝 용제의 청정제
① 규조토
  ㉠ 다수의 미세한 구멍이 있어 여과력은 우수하나 흡착력이 없다.
  ㉡ 청정제의 종류 중 여과제로 주로 쓰인다.
② 활성탄소
  ㉠ 흡착 표면적이 대단히 커서 오염 입자가 작은 것일수록 흡착효과가 크고 색소, 냄새, 더러움의 흡착효과가 큰 흡착제이다.
  ㉡ 제조 과정에 따라 수용성 색소 흡착성 탄소, 유용성 색소 흡착성 탄소로 구분된다.
  ㉢ 청정제 중 탈색, 탈취효과가 가장 좋다.
③ 실리카겔 : 흡수력이 강한 무색 결정으로 취급이 간단하여 식품 방습제로도 많이 쓰인다.
④ 활성백토
  ㉠ 더러움이 심한 용제를 침전법으로 청정화하는 데 적합하다.
  ㉡ 색소, 수분, 더러움, 세제의 흡착력이 크고 증류에 가까운 효과를 나타낸다.
  ㉢ 지방산 제거 효과가 탈산제보다 조금 떨어진다.
  ㉣ 비이온계 유성세제는 흡착되지 않고 남을 수 있다.
  ㉤ 침전이 4시간보다 빠르면 소프 양이 적은 것이고 긴 시간을 요하는 것은 소프 양이 많기 때문이다.
  ㉥ 침전법은 유성세제가 0.1~0.2% 남으므로 재차지 시 0.8% 차지를 하면 실제상 1%로 보고 사용한다.

알아두기 청정제의 종류

흡착제이면서 탈색력이 뛰어난 청정제	흡착제이면서 탈산력이 뛰어난 청정제
• 활성탄소 : 탈색, 탈취 • 실리카겔 : 탈색, 탈수 • 산성백토 : 탈색 • 활성백토 : 탈색, 탈수	• 알루미나겔 : 탈산, 탈취 • 경질토 : 탈산, 탈취

(3) 용제의 청정화 방법

① 여과법
  ㉠ 여과제를 필터에 부착하는 방법 또는 천이나 종이를 필터화하여 세정액을 통과시킴으로써 더러움이나 고형 입자를 여과한다.
  ㉡ 필터 망에 규조토 등 분말을 부착해 세정액을 통과시켜 용제를 청정화하는 방법이다.

② 흡착법 : 탈취, 탈색, 탈수, 탈산 등에 뛰어난 흡착력을 가진 흡착제를 사용하여 세정액을 통과시켜 청정화한다.

③ 증류법
  ㉠ 더러움이 심한 용제의 청정화 방법이다.
  ㉡ 용제별 적정 온도로 증류시켜 회수하는 방법이다.
  ㉢ 온도 관리를 잘해야 한다.
  ※ 드라이클리닝에서 용제의 정제 방법으로 가장 적합한 방법 : 여과법과 증류법

④ 침전법
  ㉠ 세탁기에 여과장치가 없거나 용제의 오염이 심할 때 사용한다.
  ㉡ 용제 200L에 대하여 활성백토 2.6kg, 탈산제 300~400g, 활성탄소 2.6~5kg을 가하고 잘 섞은 후 4시간 정도 방치하면 정제된다.

(4) 세정액 청정장치의 종류

① 필터식
  ㉠ 필터는 세정 과정에서 의류로부터 용출된 오염용제를 신속히 여과, 흡착시킨다.
  ㉡ 필터의 압력이 상승하면 청정화 기능이 상실된다.
  ㉢ 필터의 종류

리프 필터	• 스크린 필터라고도 하며 모양은 8~10매씩 나란히 세운 것이 1세트이다. • 주로 재래식 기계에 사용되며, 표면에 여과제 층을 부착시켜 사용한다. • 외부의 펌프 압력을 받아 용제가 필터 면을 거쳐서 지나가며 청정화하게 한다.
튜브 필터	• 구조는 가는 철사망으로 짠 원통형이다. • 용제는 튜브의 외부로부터 펌프 압력으로 필터 안으로 들어갈 때 청정화된다.
스프링 필터	• 용제는 코일형 모양으로 수십 본이 탱크 천정에 매달린 모양으로 연결되어 있다. • 스프링 필터식 청정장치의 스프링에는 규조토가 부착되어 있다.

② 청정통식 : 여과지와 흡착제가 별도로 되어 있고 여과 면적이 넓으며 흡착제의 양이 많아 오래 사용한다.

③ 카트리지식
  ㉠ 흡착제와 용제의 접촉 시간이 길어 청정 능력이 높아 가장 많이 사용한다.
  ㉡ 취급이 간편하고, 청정통식과 같지만 미리 필터 속에 흡착지를 넣어둔다.

④ 증류식
   ㉠ 용해성 오염물질이 포함된 세정액을 청정화할 때 성능이 가장 우수한 장치이다.
   ㉡ 오염이 심한 용제의 청정에 적합하다.
   ㉢ 여과나 침전법에 의한 청정 방법의 한계를 증류법으로 개선할 수 있다.
   ㉣ 최근 핫머신에는 증류장치가 붙어 있어 자동으로 증류가 된다.
   ㉤ 석유계 용제
      • 끓는점이 149~210℃이지만, 최적 증류온도인 80~120℃로 감압하여 증류한다.
      • 대기압에서는 증류가 불가하므로 감압하여 대기압의 1/10 이하에서 증류하기 때문에 증류기의 폭발 위험은 안전하다. 그러나 이때 무리하게 감압하면 용제가 산폐하는 돌비현상이 발생한다.
   ㉥ 퍼클로로에틸렌
      • 끓는점이 121.5℃로 대기압에서 쉽게 증류된다.
      • 증류온도가 140℃를 넘으면 분해로 염산이 되어 섬유 손상과 기계 부식이 생긴다.
      • 증류온도가 140℃ 이하가 되도록 감압하여 증류한다.

적중예상문제

01 다음 중 드라이클리닝의 세정 방법으로 가장 옳은 것은?

① 물과 섞이지 않는 휘발성 유기용제로서 세정한다.
② 휘발성 유기용제와 이 용제의 세정을 도와주는 세제를 첨가하고, 수용성 오점을 세정하기 위하여 소량의 물을 가한다.
③ 휘발성 유기용제와 약간의 물을 가한다.
④ 휘발성 유기용제와 세정액만으로 세정한다.

> **해설**
> 드라이클리닝은 물 대신 휘발성 유기용제(벤젠) 등을 사용하여 오염물질을 녹여 분산시키는 방법을 말하는데, 수용성 얼룩이나 땀 얼룩이 대부분인 의류(예를 들어, 실크블라우스)에는 물을 약간 첨가한다.

02 다음 중 드라이클리닝의 정의를 바르게 설명한 것은?

① 드라이클리닝이란 유성의 휘발성 유기용제를 사용하는 방법이다.
② 드라이클리닝이란 남녀 정장제품을 위주로 세탁하는 방법이다.
③ 드라이클리닝이란 모, 견제품만 세탁하는 방법이다.
④ 드라이클리닝이란 친수성 오점이 많이 묻은 세탁물을 세탁하는 방법이다.

03 드라이클리닝의 특성에 해당하는 것은?

① 형태 변화가 작고, 수용성 얼룩 제거가 쉽다.
② 용제가 싸고, 용제회수장치가 필요하다.
③ 용제에 약한 색상은 잘 빠지기 쉽다.
④ 세정 시간은 긴 편이나 건조 시간은 짧다.

> **해설**
> ① 형태 변화가 작고, 수용성 얼룩 제거가 어렵다.
> ② 용제가 비싸고, 용제회수장치가 필요하다.
> ④ 세정 및 건조 시간이 짧다.

04 다음 중 드라이클리닝의 장점으로 옳지 않은 것은?

① 염색물의 이염이 되지 않는다.
② 단시간 내에 세정·건조할 수 있다.
③ 형태 변화가 없고, 신축의 우려가 적다.
④ 수용성 얼룩 제거가 쉽고, 재오염이 없다.

> **해설**
> 드라이클리닝은 수용성 얼룩 제거가 어렵고, 빠진 얼룩이 재오염되기 쉽다.

정답 1 ② 2 ① 3 ③ 4 ④

05 드라이클리닝 공정의 순서로 옳은 것은?

① 헹굼 → 전 처리 → 세척 → 탈액 → 건조
② 헹굼 → 세척 → 전 처리 → 탈액 → 건조
③ 전 처리 → 헹굼 → 세척 → 탈액 → 건조
④ 전 처리 → 세척 → 헹굼 → 탈액 → 건조

06 다음의 드라이클리닝 공정 중 가장 먼저 해야 할 것은?

① 얼룩 제거   ② 포 장
③ 클리닝   ④ 대분류

> 해설
> **대분류**
> • 세탁물의 본체와 부속품을 체크하고 세탁 방법을 분류한다.
> • 세탁물의 클리닝성을 고려하여 론드리, 웨트클리닝, 드라이클리닝 등으로 분류한다.

07 드라이클리닝의 전 처리에 관한 설명으로 옳지 않은 것은?

① 브러싱액에 쓰는 소프(Soap)로는 포수능이 큰 브러싱 용액을 쓰는 것이 바람직하다.
② 세정 과정에서 제거하기 어려운 얼룩을 제거하기 쉽도록 세정에 앞서 하는 처리이다.
③ 전 처리액의 사용은 이로 인해서 염료의 흐름이나 수축이 없다는 것을 확인한 후에 사용해야 한다.
④ 브러싱법은 더러운 곳에 처리액을 뿌려 오점을 풀리게 하거나 또는 뜨게 한 후 와셔에 넣어 오점을 제거하는 방법이다.

> 해설
> ④는 스프레이법을 설명한 것이다. 브러싱법은 브러싱액을 묻힌 브러시로 얼룩 있는 곳을 두드려서 더러움을 분산시키는 방법이다.

08 드라이클리닝을 하기에 앞서 하는 전 처리 공정을 설명한 것 중 옳지 않은 것은?

① 브러싱액을 묻힌 브러시로 얼룩 있는 곳을 두드려서 더러움을 분산시키는 법을 브러싱법이라 한다.
② 세정에서 제거하기 어려운 오점을 쉽게 제거하기 위해 세정 전에 하는 처리 과정이다.
③ 더러운 곳에 처리액을 뿌려 오점을 풀리게 하거나 또는 뜨게 한 후 와셔에 넣어 오점을 제거하는 방법을 스프레이법이라 한다.
④ 수용성 오점은 전 처리를 하지 않은 그대로 넣어도 오점 제거가 된다.

> 해설
> ④ 수용성 얼룩은 전혀 제거되지 않기 때문에 드라이클리닝 하기 전에 수용성 얼룩 제거를 위한 전 처리 작업을 해야 한다.

정답 5 ④ 6 ④ 7 ④ 8 ④

09 드라이클리닝의 전 처리제로서 '세제 : 물 : 석유계 용제'의 비율로 가장 적당한 것은?
① 1 : 1 : 8
② 1 : 2 : 6
③ 1 : 3 : 8
④ 2 : 7 : 2

12 드라이클리닝 시 사고 내용이 아닌 것은?
① 형태 변화
② 변·퇴색
③ 탈색
④ 이염

해설
드라이클리닝은 형태 변화가 작다.

10 다음 중 반드시 드라이클리닝을 해야 하는 의류 제품은?
① 방축 가공된 모제품
② 합성피혁제품
③ 고무를 입힌 제품
④ 안료로 염색된 제품

해설
②, ③, ④는 웨트클리닝 대상품이다.

11 드라이클리닝으로 인한 의류 제품의 손상이 가장 적은 것은?
① 합성피혁, 고무제품, 코팅제품, 비닐제품
② 모직물, 합성섬유, 견직물류
③ 은박이나 금박 접착제품, 합성수지제품
④ 모피류, 세무(섀미)제품, 고무제품류

해설
드라이클리닝은 물에 약한 양모, 견, 아세테이트나 세탁견뢰도가 낮은 염색물에 이용된다.

13 드라이클리닝 세정 공정 중 배치시스템에 대한 설명으로 옳지 않은 것은?
① 매회 세정 시마다 세정액을 새로 만들어 사용한다.
② 스트롱 차지가 되므로 재오염을 방지할 수 있다.
③ 일명 모음세탁이라고도 한다.
④ 필터순환을 계속하며 세정하는 공정이다.

해설
배치 시스템은 필터순환을 중지하여 세정조 내에서 세탁하는 공정이다.

정답 9 ① 10 ① 11 ② 12 ① 13 ④

14 다음의 설명은 드라이클리닝 공정 중 어느 System에 해당하는가?

> 솔벤트 탱크가 두 개 있는데 하나는 세척제(소프)를 탄 것이고 또 하나는 순수한 솔벤트만 들어 있는 세탁기를 말한다. 제1탱크 용제에 첨가된 솔벤트로 클리닝하고, 제2탱크 용제로 헹구어 주는 방식이다.

① 차지시스템 ② 배치시스템
③ 투배치시스템 ④ 논차지시스템

15 드라이클리닝의 탈액에 대한 설명으로 옳지 않은 것은?

① 레이온이나 아세테이트 제품, 니트류 등 구김과 변형이 심한 제품은 피해야 한다.
② 원심 탈수는 단시간에 탈수·탈액해야 효과적이다.
③ 변형이 심한 제품은 기계를 이용하여 원심 탈수해야 형태를 보존할 수 있다.
④ 탈수(탈액)효과는 탈수율로 나타낸다.

해설
③ 변형이 심한 제품은 자연낙수나 눌러 짜는 법으로 탈수해야 형태를 보존할 수 있다.

16 다음 중 공정수분율이 가장 높은 섬유는?

① 나일론 ② 비스코스레이온
③ 아크릴 ④ 폴리에스터

해설
공정수분율(KS K 0301)
양모(18.25%) > 레이온(13%) > 아마·견(12%) > 면(8.5%) > 아세테이트(6.5%) > 나일론(4.5%) > 아크릴(2%) > 폴리에스터(0.4%)

17 세탁할 때 소프(Soap)의 사용 방법에 따른 분류 중 다음 설명에 해당하는 것은?

> 매회의 세정 때마다 세정액을 교체하여 새로이 만들어 씻는 방법으로 일명 모음세탁이라고도 한다.

① 차지시스템(Charge System)
② 배치시스템(Batch System)
③ 배치-차지시스템(Batch-charge System)
④ 논차지시스템(Non-charge System)

해설
배치시스템(Batch System)은 농후한 소프의 스트롱 차지가 되므로 재오염을 방지할 뿐만 아니라 세정력이 강하다.

18 드라이클리닝을 할 때 탈액을 강하게 할 경우 나타나는 효과가 아닌 것은?
① 건조 및 용제의 회수효과가 좋아진다.
② 주름이 강하게 남는다.
③ 의류의 형태나 손상이 일어날 가능성이 있다.
④ 용제 중의 오점과 세제 등이 옷에 남는다.

해설
드라이클리닝 시 탈액이 너무 약하면 헹굼액 중의 세제나 오점이 옷에 남게 된다.

19 용제 관리 방법으로 적절하지 않은 것은?
① 세정액의 청정화 방법에는 여과와 흡착 및 증류 등이 있다.
② 세정액의 청정장치에는 필터, 청정통, 카트리지, 증류기 등이 있다.
③ 필터의 압력 상승·누출, 막힘과는 용제 관리 면에서 상관이 없다.
④ 증류는 온도 상승에 따른 돌비와 용제의 분해에 주의하여야 한다.

해설
③ 필터의 압력이 상승하였다는 것은 청정화 기능이 상실되었음을 의미한다.

20 다음 중 소프의 가공제 배합에 쓰이는 물질이 아닌 것은?
① 유연제   ② 형광증백제
③ 무연제   ④ 대전방지제

해설
소프에는 대전방지제, 유연제, 형광증백제 등이 배합된 것이 많다.

21 다음 중 용제의 구비조건이 아닌 것은?
① 증류나 흡착에 의한 정제와 분해가 쉬울 것
② 세탁 시 피복을 손상시키지 않을 것
③ 기계를 부식시키지 않고 인체에 독성이 없을 것
④ 건조가 쉽고 세탁 후 냄새가 없을 것

해설
① 증류나 흡착에 의한 정제가 쉽고 분해가 어려워야 한다.

22 드라이클리닝 용제의 점검사항이 아닌 것은?
① 투명도
② 산 가
③ 불휘발성 잔류물
④ 가공제의 탈락 유무

해설
드라이클리닝 용제의 점검사항 : 투명도, 산가, 습도, 세제의 농도, 불휘발성 잔류물

정답 18 ④ 19 ③ 20 ③ 21 ① 22 ④

23 용제에 관한 관계습도를 가장 잘 표현한 것은?

① 용제 중에 가용화된 수분의 상태
② 용제와 수분의 평형상태 습도
③ 물에 용해된 용제의 농도
④ 용제 중 녹일 수 있는 물의 양

해설
• 관계습도 : 용제 중에 가용화된 수분의 상태
• 상대습도 : 포수능에 대한 실제 수분량의 비율

24 드라이클리닝용 세제가 수분을 가용화하는 힘을 무엇이라고 하는가?

① 세제 농도   ② 산
③ 포수능   ④ 소프농도

해설
③ 포수능은 용제 중의 수분수용 능력을 의미한다.

25 용제 중의 수분수용 능력에 대한 실제의 수분량의 비율인 상대습도는 세정력과 재오염에 가장 크게 작용한다. 이때 수축이나 색 빠짐 등을 방지하기 위해서 용제습도를 유지하여야 하는 비율은?

① 40~50%   ② 70~75%
③ 80~85%   ④ 95~100%

해설
드라이클리닝에 가장 적당한 용제의 습도는 70~75%인데 사용하고 나면 습도가 변하기 때문에 다시 세탁하기 전에 항상 70~75%가 되도록 물을 보충해 주거나 많을 경우에는 탈수제를 사용하며 또는 증류에 의해 수분을 제거한다.

26 용제별 드라이클리닝 처리 방법 중 세정의 온도는 20~30℃가 적당하며, 34℃ 이상은 화재의 위험이 있어 방폭 설비를 갖추어야 하는 것은?

① 석유계
② 퍼클로로에틸렌
③ 불소계
④ 1,1,1-트라이클로로에탄

해설
석유계용 기계 텀블러 온도는 70℃ 이하를 유지하고 폭발방지를 위하여 완전방폭장치를 설치하여야 한다.

27 석유계 용제의 장점으로 옳은 것은?

① 인화점이 낮아 화재 위험이 전혀 없다.
② 기계부식성이 있고 독성이 강하다.
③ 세정 시간이 짧다.
④ 약하고 섬세한 의류의 클리닝에 적합하다.

해설
① 인화점이 낮아 화재 위험이 있다.
② 기계부식성은 안정적이고 독성이 약하다.
③ 세정 시간이 길다.

정답 23 ① 24 ③ 25 ② 26 ① 27 ④

28 드라이클리닝 석유계 용제의 장점은?

① 매회 증류가 용이하여 용제를 관리하기 쉽다.
② 용해력이 약하고 비점이 낮아 저온건조가 가능하며 건조가 빠르다.
③ 기름에 대한 용해도와 휘발성이 적정하며 안정적이다.
④ 불연성이므로 화재 위험이 없다.

해설
①, ②는 불소계 용제(플루오린계 용제), ④는 퍼클로로에틸렌 용제의 장점이다.

29 석유계 용제의 클리닝 처리 방법에 대한 설명으로 옳지 않은 것은?

① 비중이 높아 견과 같이 약하고 섬세한 의류의 드라이클리닝에는 적합하지 않다.
② 세정 시간은 소프의 세정작용이 골고루 미치는 20~30분이 적합하다.
③ 온도가 높으면 화재의 위험이 있어 방폭설비를 갖추어야 한다.
④ 가연성이며 세정력이 약하다.

해설
비중이 적고 독성이 약하며 다른 제품에 비하여 저렴하고 자연건조를 할 수 있어 견직 한복을 비롯하여 정밀하고 섬세한 고급 의류의 세정 처리에 사용한다.

30 다음 중 드라이클리닝에 사용되는 용제가 아닌 것은?

① 석유계 용제
② 수용성 용제
③ 불소계 용제
④ 퍼클로로에틸렌

해설
드라이클리닝은 유성의 휘발성 유기용제를 사용한 클리닝 방법이다.

31 다음 중 드라이클리닝 용제의 특징으로 옳은 것은?

① 석유계 용제 – 기계부식에 안정하고 비중도 적으며 독성이 약하고 저가이다.
② 불소계 용제 – 저온건조(50℃ 이하)가 가능하므로 내열성이 낮은 의류도 세탁이 가능하고 저가이다.
③ 퍼클로로에틸렌 – 기름에 대한 용해력이 작고 상압으로 증류할 수 없다.
④ 1,1,1-트라이클로로에탄 – 상압으로 증류되므로 진공 증류가 필요 없고 독성이 없다.

해설
② 불소(플루오린)계 용제 : 저온으로 건조되며 정교하고 섬세한 의류에 적합하고 고가이다.
③ 퍼클로로에틸렌 : 용해력이 석유계 용제에 비하여 크고 상압으로 증류가 가능하다.
④ 1,1,1-트라이클로로에탄 : 매회 증류가 용이하므로 용제 관리가 쉽고 독성이 있다.

정답 28 ③ 29 ① 30 ② 31 ①

32 용제별 드라이클리닝 처리 방법으로 옳지 않은 것은?

① 퍼클로로에틸렌의 세정액 온도는 60℃를 넘지 않도록 하고, 텀블러의 건조 온도는 30℃ 전후로 한다.
② 석유계 용제의 경우는 인화폭발의 위험방지를 위하여 사전에 충분히 배려해야 한다.
③ 트라이클로로에탄의 경우에는 분해방지를 위하여 용제에 물을 첨가하는 것은 피해야 한다.
④ 전 처리로 필요 이상의 수분이 생기면 의류 수축, 형태 변형, 색 번짐 등이 발생하기 쉽다.

해설
① 퍼클로로에틸렌의 세정액 온도는 35℃를 넘지 않도록 하고, 텀블러의 건조 온도는 60℃ 이하로 한다.

33 석유계 용제로 드라이클리닝 할 때 재오염이 많이 발생하는 시간대는?

① 3~5분 경과 시
② 9~10분 경과 시
③ 12~15분 경과 시
④ 17~20분 경과 시

해설
재오염이 많이 발생하는 시간대
• 석유계 용제 : 3~5분
• 퍼클로로에틸렌 : 30~60초

34 견직물은 소프(Soap)가 들어 있지 않은 석유계 용제를 바르고 나서 브러싱해야 한다. 그 이유는 무엇인가?

① 염료의 흐름을 살펴보기 위해서이다.
② 섬유의 수축 상태를 확인하기 위해서이다.
③ 시일의 경과에 따른 황갈색으로의 변색을 막기 위해서이다.
④ 더러움을 잘 분산시키기 위해서이다.

35 용제의 독성을 나타내는 허용농도(TLV) 값이 가장 작은 것은?

① 퍼클로로에틸렌
② 벤 젠
③ 1,1,1-트라이클로로에탄
④ 삼염화삼플루오린화에탄

36 불연성으로 상압에서 증류되고 독성이 강하며, 용제의 안전성이 낮으므로 열분해하여 기계 부식이나 의류 손상을 일으킬 수 있는 드라이클리닝 용제는?

① 석유계 용제
② 사염화탄소
③ 퍼클로로에틸렌
④ 불소계 용제

37 세정 과정에서 용제 중 분산된 더러움이 피세탁물에 다시 부착하여 흰색이 거무스레한 회색 기미를 띠는 현상을 재오염 또는 역오염이라 하는데, 퍼클로로에틸렌과 석유계 용제에서는 각각 얼마의 시간이 지난 시점부터 재오염이 시작되는가?

① 퍼클로로에틸렌 – 1~2분,
　 석유계 용제 – 5~10분
② 퍼클로로에틸렌 – 30~60초,
　 석유계 용제 – 3~5분
③ 퍼클로로에틸렌 – 20~40초,
　 석유계 용제 – 10~15분
④ 퍼클로로에틸렌 – 2~3분,
　 석유계 용제 12~15분

38 석유계 용제로 세정 시 세정 온도가 몇 ℃ 이하가 되면 용해력이 저하되는가?

① 10℃　　② 15℃
③ 20℃　　④ 35℃

[해설]
세정 온도가 10℃ 이하가 되면 용해력이 저하되므로 한랭지의 겨울에는 온도를 더 높여야 하나 인화의 위험이 있으므로 세정 온도는 35℃ 이하를 유지하여야 한다.

39 드라이클리닝 용제 중 불소계 용제의 특성으로 옳지 않은 것은?

① 불연성이고, 독성이 약하다.
② 비점이 낮아 저온건조가 되며 섬세한 의류에 적합하다.
③ 용해력이 강해 오점 제거가 충분하다.
④ 매회 증류가 용이하며 용제 관리가 쉽다.

[해설]
③ 용해력이 낮아 오염 제거가 쉽지 않다.

40 퍼클로로에틸렌 용제에 대한 설명으로 옳지 않은 것은?

① 용제가 무거워 세정 중에 두들기는 힘이 강하다.
② 세정 시간은 20~30분이 적합하다.
③ 세정액 온도는 35℃ 이하로 유지한다.
④ 텀블러를 60℃ 이상 처리를 해야 하므로 의류는 고온 용제의 작용을 받기 쉽다.

[해설]
② 세정은 되도록 7분 이내로 끝낸다.

정답　37 ②　38 ①　39 ③　40 ②

41 불소계 용제(F-113)에 관한 설명으로 옳지 않은 것은?

① 불연성이므로 화재의 위험이 없다.
② 섬세한 의류에 적합하다.
③ 독성이 약하다.
④ 단열성이 높은 기계장치가 필요 없다.

해설
불소계 용제는 기밀성 및 단열성이 높은 기계장치가 필요하다.

42 1,1,1-트라이클로로에탄 세정을 설명한 것으로 옳지 않은 것은?

① 용제가 물에 불안정하여 분해될 우려가 많아 세정액에 물이 들어가지 않게 주의해야 한다.
② 세정 시간은 5분 이내가 좋다.
③ 건조기의 온도는 50℃ 이내, 시간은 10분 이내에 처리하여야 의류의 상해를 방지한다.
④ 용제의 용해력이 크므로 섬세한 의류세탁에 적합하다.

해설
④ 용제의 용해력이 강하므로 정밀하고 섬세한 의류에는 적합하지 않다.

43 유기용제 중 달콤한 자극성 냄새를 띤 무색 액체로 유지·수지류에 대한 용해력이 가장 우수한 것은?

① 클로로벤젠 ② 메틸알코올
③ 에틸에터 ④ 아세톤

해설
에틸에터
• 달콤한 자극성 냄새를 띤 무색 액체이다.
• 증기는 마취성이 있어서 마취제로 사용한다.
• 물과는 친화성이 아주 적으나 미량이 서로 혼합한다.
• 유지·수지류에 대한 용해력이 크다.
• 휘발성·인화성이 크므로 특별한 주의가 필요하다.

44 용제를 재생시켜 세정액을 청정화하기 위한 방법이 아닌 것은?

① 여과법 ② 중화법
③ 흡착법 ④ 증류법

해설
세정액의 청정화 방법
• 여과법 : 여과제를 필터에 부착하는 방법 또는 천이나 종이를 필터화하여 세정액을 통과시킴으로써 더러움이나 고형 입자를 여과한다.
• 흡착법 : 탈취, 탈색, 탈수, 탈산 등에 뛰어난 흡착력을 가진 흡착제를 사용하여, 세정액을 통과시켜 청정화한다.
• 증류법 : 더러움이 심한 용제의 청정화 방법으로 용제별 적정 온도로 증류시켜 회수하는 방법이다.
• 침전법 : 세탁기에 여과장치가 없거나 용제의 오염이 심할 때 사용되며, 용제 200L에 대하여 활성백토 2.6kg, 탈산제 300~400g, 활성탄소 2.6~5kg을 가하고 잘 섞은 후 4시간 정도 방치하면 정제되는 방법이다.

정답 41 ④ 42 ④ 43 ③ 44 ②

45 필터의 망에 규조토 등의 분말을 부착해 세정액을 통과시켜 용제를 청정화하는 방법을 무엇이라고 하는가?

① 탈수 방법 ② 증류 방법
③ 여과 방법 ④ 흡착 방법

해설
② 증류 방법 : 더러움이 심한 용제의 청정화 방법으로 용제별 적정 온도로 증류시켜 회수하는 방법이다.
④ 흡착 방법 : 탈취, 탈색, 탈수, 탈산 등에 뛰어난 흡착력을 가진 흡착제를 사용하여, 세정액을 통과시켜 청정화한다.

46 세탁기에 여과장치가 없거나 용제의 오염이 심할 때 사용하며, 용제 200L에 대하여 활성백토 2.6kg, 탈산제 300~400g, 활성탄소 2.6~5kg를 가하고 잘 섞은 후 4시간 정도 광치하면 정제되는 청정화 방법은?

① 증류법 ② 흡착법
③ 침투법 ④ 침전법

47 다음 중 증류법에 대한 설명으로 옳지 않은 것은?

① 최근 핫머신에는 증류장치가 붙어 있어 자동으로 증류가 된다.
② 석유계 용제는 대기압 하에서 증류가 가능하여 온도가 140℃ 이상에서 행해진다.
③ 여과나 침전법에 의한 청정 방법의 한계를 증류법으로 개선할 수 있다.
④ 퍼클로로어틸렌은 끓는점이 121.5℃로 대기압에서 쉽게 증류된다.

해설
석유계 용제는 대기압에서는 증류가 불가하므로 대기압의 1/10 이하에서 증류한다. 이때 무리하게 감압하면 용제가 산패하는 '돌비'현상이 발생한다. 끓는점이 149~210℃이지만, 최적 증류온도인 80~120℃로 감압하여 증류한다.

48 외부에서 펌프 압력에 의해 필터 면을 통과하면서 청정화하는 필터는?

① 튜브 필터 ② 스프링 필터
③ 특수 필터 ④ 리프 필터

해설
리프 필터는 금속테의 양면에 쇠망을 붙인 표면에 여과제 층을 부착시킨 구조이다.

정답 45 ③ 46 ④ 47 ② 48 ④

49 세정액의 청정장치에 관한 설명으로 옳지 않은 것은?

① 종류로는 필터식, 청정통식, 카트리지식, 증류식 등이 있다.
② 스프링 필터의 용제는 튜브 외부에서 펌프 압력으로 필터 안으로 들어갈 때 청정화한다.
③ 리프 필터의 모양은 8~10매씩 나란히 세운 것이 1세트이다.
④ 튜브 필터의 구조는 가는 철사망으로 짠 원통형이다.

해설
② 튜브 필터의 용제에 관한 설명이다.

50 세정액 청정장치 중 여과지와 흡착제가 별도로 되어 있고 여과 면적이 넓으며 흡착제의 양이 많아 오래 사용하는 것은?

① 필터식
② 카트리지식
③ 청정통식
④ 증류식

해설
① 필터식 : 필터가 세정 과정에서 의류로부터 용출된 오염용제를 신속히 여과, 흡착시킨다.
② 카트리지식 : 흡착제와 용제의 접촉 시간이 길어 청정 능력이 높아 가장 많이 사용한다.
④ 증류식 : 용해성 오염물질이 포함된 세정액을 청정화할 때 성능이 가장 우수한 장치이다.

51 다음 중 카트리지식 청정장치를 설명한 것으로 옳은 것은?

① 흡착제와 용제의 접촉이 길어 청정 능력이 높아 가장 많이 사용한다.
② 표면에 여과제 층을 부착시킨 장치이며 재래식 방식이다.
③ 여과지와 흡착제가 별도고, 여과 면적이 넓고 흡착제의 양이 많아 오래 사용한다.
④ 스크린 필터라고도 하며 모양은 8~10매씩 나란히 세운 것이 1세트이다.

해설
②, ④ 필터식 청정장치 중 리프 필터에 대한 설명이다.
③ 청정통식 청정장치에 대한 설명이다.

52 드라이클리닝의 용제 청정화에 관한 내용 중 옳지 않은 것은?

① 세정 과정에서 의류에서 용출된 오염용제를 신속히 여과·흡착하는 것이 필터의 역할이다.
② 청정제(여과제, 흡착제)는 구멍이 많지 않아서 용제를 자유롭게 통과시키지 못한다.
③ 더러움이 심한 용제의 청정으로는 증류식 방법이 이상적이다.
④ 필터의 압력이 상승하면 청정화 기능이 상실됨을 의미한다.

해설
② 청정제는 분말로서 구멍이 많아 용제를 자유롭게 통과시킨다.

53 청정제 중 여과제로 주로 쓰이는 것은?
① 규조토 ② 활성탄
③ 고지토 ④ 활성백토

해설
규조토는 여과력은 우수하나 흡착력이 없고, 탈진효과가 가장 우수하다.

54 다음 중 흡수력이 강한 무색 결정으로 취급이 간단하여 식품의 방습제로도 많이 사용하는 것은?
① 실리카겔 ② 염화칼슘
③ 나프탈렌 ④ 장 뇌

해설
실리카겔은 드라이클리닝 용제 중 탈수, 탈색효과가 있다.

55 드라이클리닝 용제의 청정제가 내는 효과에 대한 설명으로 옳지 않은 것은?
① 알루미나겔 – 탈색, 탈수효과
② 활성탄소 – 탈색, 탈취효과
③ 실리카겔 – 탈수, 탈색효과
④ 경질토 – 탈산, 탈취효과

해설
① 알루미나겔 : 탈산, 탈취효과

56 흡착제의 종류에 따른 기능을 설명한 것 중 옳지 않은 것은?
① 알루미나겔은 탈산과 탈취에 뛰어나다.
② 활성백토는 탈색작용이 뛰어나다.
③ 경질토는 칼수에 뛰어나다.
④ 산성백토는 탈색에 뛰어나다.

해설
③ 경질토는 탈산, 탈취에 쓰인다.

57 다음 청정제 중 탈색·탈취효과가 가장 좋은 것은?
① 실리카겔 ② 산성백토
③ 활성탄소 ④ 규조토

해설
활성탄소는 색소, 냄새, 더러움의 흡착효과가 큰 흡착제이다.

정답 53 ① 54 ① 55 ① 56 ③ 57 ③

58 활성백토의 기능을 설명한 것 중 옳지 않은 것은?

① 활성백토는 더러움이 심한 용제를 침전법으로 청정화하는 데 적합하다.
② 침전이 4시간보다 빠르면 소프 양이 적고 긴 시간을 요하는 것은 소프 양이 많기 때문이다.
③ 활성백토는 색소, 수분, 더러움, 세제의 흡착력이 적고 증류에 가까운 효과를 얻지 못한다.
④ 침전법의 경우 유성세제가 0.1~0.2% 남게 되므로 재차지 시 0.8% 차지를 하게 되면 실제상 1%로 보고 사용한다.

해설
활성백토는 색소, 수분, 더러움, 세제의 흡착력이 크고 증류에 가까운 효과를 나타낸다.

59 용제 중 용해된 더러움이나 지방산 같은 유성 오염물을 제거하는 데 일반적으로 많이 사용하는 것은?

① 여과제
② 탈산제
③ 수용성 활성탄소
④ 활성백토

60 다음 중 ( ) 안에 가장 알맞은 것은?

| 클리닝 시 세탁량은 기계가 세탁할 수 있는 적정량의 ( )% 정도만 넣고 세탁한다. |

① 50   ② 60
③ 80   ④ 100

정답 58 ③ 59 ② 60 ③

CHAPTER 03 론드리

01 | 개 요

1. 론드리의 개념 및 특성

(1) 개 념
① 세제를 사용하여 물로 세탁하는 세탁 방법이다.
② 면·마직물로 된 백색 세탁물의 백도를 회복하기 위한 고온세탁 방법이다.
③ 수지 가공 면직물이나 면·폴리에스터 혼방직물, 염색물의 중온세탁 방법이다.
④ 비누나 알칼리 세제를 사용하여 와셔(Washer)로 온수 빨래하는 것이다.
⑤ 50℃ 이상의 높은 온도에서 세탁하는 세탁법이다.

(2) 특 성
① 론드리는 가정세탁에 비하여 물품이 상하지 않고 얼룩이 쉽게 빠진다.
② 고온과 고압을 사용하므로 끝마무리가 좋으나 마무리에는 상당한 시간과 기술이 필요하다.
③ 물에 침지하여 헹구는 방식으로 가정용 세탁기에 비해 세제, 물 등의 절약 효과가 크다.
④ 표백이나 풀 먹임이 효과적이고 용이하다.
⑤ 오점 제거에는 효과적이나 섬유가 상할 염려가 있다.
⑥ 세정력이 강하므로 오염의 정도가 심한 세탁물의 세탁에 적합하다.
⑦ 와셔는 대형 이중 드럼식을 사용한다.
⑧ 와셔 내부 드럼의 회전속도는 세탁 효과에 큰 영향을 미친다.
⑨ 병원, 숙박시설, 식당 등의 세탁물을 처리하므로 대규모 시설과 위생 처리를 위한 고온 표백이 필요하다.

(3) 장단점
① 장 점
  ㉠ 세탁 온도가 높아 세탁 효과가 좋다.
  ㉡ 용수가 절약되고 세탁물의 손상이 비교적 적다.
  ㉢ 알칼리제를 사용하므로 산성 오점이 잘 빠진다.
  ㉣ 표백이나 풀 먹임이 효과적이며 용이하다.

ⓜ 주로 알칼리제와 비누를 사용하므로 공해가 적다.
　　　ⓗ 와셔기는 원통형이므로 물품이 상하지 않고 오점이 잘 빠진다.
　② 단 점
　　　㉠ 백도가 저하되므로 형광증백 가공이 필요하다.
　　　㉡ 수질오염 방지 등 배수시설이 필요하므로 원가가 높다.
　　　㉢ 마무리에 상당한 시간과 기술이 필요하며, 마무리 처리나 형을 바로잡기가 드라이클리닝보다 어렵다.
　　　㉣ 처리조건이 강력하여 물품의 변형이나 수축의 사고가 일어나기 쉽다.

> **알아두기 론드리의 사고 방지**
> - 표백제 사용 시는 농도, 온도, 시간에 주의해야 한다.
> - 과탄산나트륨을 사용할 때는 충분히 녹여서 와셔를 돌리면서 투입한다.
> - 세탁물은 충분히 헹구어서 세제 등이 세탁물에 남아 있지 않게 해야 한다.
> - 과붕산나트륨을 사용할 때는 온수에 희석하여 녹이거나, 와셔를 회전시키면서 바깥쪽에서 서서히 넣어 준다.

2. 론드리 용수 및 대상품

(1) 용 수
　① 영구 경수는 금속이온 봉쇄제를 이용해서 금속 이온의 작용을 없앤 물을 사용한다.
　② 영구 경수는 물을 저장했다가 불순물 성분을 침전시킨 물을 사용한다.
　③ 일시 경수는 끓여서 불순물 성분을 침전시킨 물을 사용한다.
　④ 경수는 이온교환수지법 등을 이용해서 연수로 바꿀 수 있다.
　⑤ 물세탁에서 론드리용 자재 중 알칼리제의 역할
　　　㉠ 변질된 당이나 단백질을 제거한다.
　　　㉡ 유화력, 분산력에 의해 세정을 돕는다.
　　　㉢ 경수를 연화시켜 비누 찌꺼기 생성을 방지한다.
　　　㉣ 산성의 오점을 중화하고 산성비누 생성을 방지한다.

(2) 대상품
　① 살에 직접 닿거나 땀·더러움이 쉽게 타는 세탁물을 대상으로 한다.
　② 와이셔츠, 블라우스, 작업복, 운동복, 책상보, 시트·커버류, 타월, 물수건, 기저귀, 그 밖의 튼튼한 백색 직물 등이 대상이 된다.
　③ 론드리 과정에서 손상되지 않고 견딜 수 있는 튼튼한 직물이어야 한다.

> **알아두기** 론드리용 도구
> - 다리미
> - 마무리대 : 다리미대, 베큠프레스대, 베큠·블로프레스대, 말(다리미받침대)

02 | 세탁 순서 및 예비 세탁

1. 세탁 순서

> - 애벌빨래 → 본 빨래 → 표백 → 헹굼 → 산욕 → 풀 먹임 → 탈수 → 건조 → 다림질
> - 예비 세탁 → 본세 → 표백 → 헹굼 → 산세 → 증백 → 푸새 → 건조

(1) 애벌빨래

① 알칼리 세제를 사용하여 저온으로 오염을 제거하는 것이다.
② 오염이 많아 세제가 낭비되는 것을 막을 수 있다.
③ 금속비누가 되는 것을 방지한다.
④ 애벌빨래에 충분한 세제를 가하지 않으면 오히려 재오염될 가능성이 있다.
⑤ 전분 풀로 가공된 물품은 애벌빨래하면 전분 풀이 떨어진다.
 ※ 합성섬유는 애벌빨래를 할 필요가 없다.

(2) 본 빨래

① 세탁물의 종류와 성질에 따라 섬유가 손상되지 않도록 와셔(Washer)에서 온수 알칼리제를 섞어 세정하는 작업이다.
② 1회 처리보다는 2~3회에 걸쳐 처리하는 것이 세정효과가 좋다.
③ 비누 농도는 1회 때 0.3%, 2회 때 0.2%, 3회 때 0.1%와 같은 비율로 점차 감소한다.
④ 욕비는 1 : 4로 한다.
⑤ 그을음의 오점 제거에는 CMC를 0.1%로 하면 좋다.
⑥ 70℃ 이상에서 세탁하면 섬유가 손상되고 재오염되기 쉽다.
⑦ 세제의 pH는 10~11로 유지한다.

(3) 표백·헹굼

① 섬유에 남은 색소물질을 제거하여 섬유를 희게 한다.
② 같은 양의 물을 3~4회로 나누어 헹구며, 비누와 세제가 섬유에 남지 않도록 몇 차례 씻어 낸다.
③ 첫 번째 헹굼에서는 세탁 온도와 같게 한다.
④ 헹굼과 헹굼 사이에 탈수를 해 주면 물의 사용량이 절약된다.
⑤ 헹굼 시 수위는 25cm, 시간은 3~5분으로 한다.
⑥ 세탁 후 비누를 깨끗이 헹구는 방법은 세탁 온도와 같은 물로 헹구는 것이다.
⑦ 표백 온도는 절대로 70℃를 넘으면 안 되고, 표백 처리 중에는 스팀을 가하지 않는다.

(4) 산 욕

① 표백으로 인해 천에 남은 알칼리를 중화하고 금속비누, 표백제, 철분 등을 용해하여 제거하는 것을 말한다.
② 산욕제로는 규불화나트륨을 사용한다.
③ 효 과
  ㉠ 의류를 살균·소독한다.
  ㉡ 산가용성의 얼룩을 제거한다.
  ㉢ 천에 광택을 주고 황변을 방지한다.
④ 주의사항
  ㉠ 식물성 섬유는 산에 약하므로 산을 많이 사용하지 않는다.
  ㉡ 산을 넣을 때 직접 천에 닿지 않도록 한다.
  ㉢ 온도를 올리면 산의 작용이 너무 강하므로 온도는 올리지 않는다.
  ㉣ 온도는 40℃ 이하에서 3~4분간 처리한다.

(5) 푸새(풀 먹임)

① 면직물에는 주로 전분 풀을 사용한다.
② 전분 풀 전량이 완전히 용해될 때까지 끓여서 풀이 되면 와셔에 넣는다.
③ 수위는 10~15cm, 온도는 50~60℃, 시간은 5~10분으로 한다.
④ 목적 및 효과
  ㉠ 천을 희고 광택 있게, 팽팽하게 한다.
  ㉡ 오염을 방지하고 세탁 효과를 좋게 한다.
  ㉢ 천의 촉감을 변화하고 내구성을 좋게 한다.
  ㉣ 부착된 오점을 세탁에서 용이하게 떨어지도록 한다.

(6) 탈 수

① 여분의 수분을 제거하여 건조를 빠르게 한다.
② 색이 빠지는 것을 방지한다.
③ 보통 원심 탈수기로 5분 정도 탈수한다.
④ 주의사항
    ㉠ 세탁물은 바깥 부의에서부터 조금씩 뭉쳐서 고르게 넣는다.
    ㉡ 정해진 양 이상의 세탁물을 넣지 않는다.
    ㉢ 덮개 보를 씌운 후 뚜껑을 닫는다.
    ㉣ 유색 세탁물은 다른 옷에 물드는 것을 주의한다.

(7) 건 조

① 기온이 높고 습도가 낮을수록 건조가 빠르다.
② 양모, 견, 나일론, 아크릴 등의 섬유제품은 직사광선에 의하여 황변되기 쉬우므로 그늘에서 말리는 것이 좋다.
③ 면, 마, 레이온, 폴리에스터제품에서 수지 가공이나 형광증백 등 특별한 가공이 되어 있지 않은 백색제품은 직사광선에서 건조해도 무방하다.
④ 특징과 효과
    ㉠ 살균·소독작용이 있다.
    ㉡ 알칼리제를 사용하므로 오점이 잘 빠진다.
    ㉢ 표백이나 풀 먹임이 효과적이면 용이하다.
    ㉣ 와셔는 원통형이므로 의류가 상하지 않는다.
    ㉤ 마무리에 상당한 시간과 기술이 필요하다.
⑤ 주의사항
    ㉠ 수분을 완전히 제거하고 말린다.
    ㉡ 두꺼운 옷감일 때는 그냥 말려 마무리를 한다.
    ㉢ 저온의 경우 회전통에 넣는 양을 적게 한다.
    ㉣ 비닐론제품은 젖은 상태로 다림질하는 것을 피한다.
    ㉤ 배기구는 자주 청소하여 주어야 건조효율을 높일 수 있다.
    ㉥ 늘어나거나 수축될 우려가 있는 섬유는 자연 건조를 시킨다.
    ㉦ 화학섬유를 텀블러에서 건조할 경우 수축·홍변이 쉬우므로 60℃ 이하에서 건조한다.
    ㉧ 건조기(텀블러)에서 꺼내는 즉시 펼쳐놓아야 축열하여 우는 것을 방지할 수 있다.
    ㉨ 가열을 정지시킨 후라도 텀블러 안에 물품을 방치해서는 안 된다.
    ㉩ 텀블러의 배기 도관은 수평으로 길게 하거나 굴곡은 피해야 한다.
    ㉪ 텀블러의 굴품은 회전통의 반 정도 넣고 20~30분간 처리한다.

2. 예비 세탁

(1) 목 적
① 예비 세탁은 애벌빨래 또는 예세라고 불리기도 한다.
② 본 세탁을 하기 전에 간단히 처리할 수 있거나 고온 세탁을 하면 제거하기가 어려워지는 오점을 충분히 제거하여 본 세탁에서 재오염의 여지를 줄이고 세탁 효과를 상승시키는 것이 목적이다.
③ 예비 세탁을 사용하는 경우
　㉠ 세제만 사용해도 쉽게 빠지는 오점일 때
　㉡ 고온에서 빠지기 힘든 오점일 때
　㉢ 오점의 양이 많아서 재오염이나 세제의 낭비가 예상될 때
　㉣ 금속비누가 되기 쉬운 오점일 때

(2) 처리 방법
① 예비 세탁은 전 처리를 겸하므로 세탁 전에 충분한 시간을 투자하여 전 처리를 해서 옷에 무리를 주지 않고 나중에 오점이 남지 않도록 해야 한다.
② 빠지기 쉬운 오염물이 대량으로 묻어 있어서 본 세탁에서 제거는커녕 오히려 재오염을 유발하거나 고온 세탁 시에 오염이 고착될 수 있는 경우가 있는데 본 세탁 전에 짧은 시간 동안 간단히 제거하고 남아 있는 얼룩을 본 세탁에서 제거한다.
③ 본 세탁이 2회 이상일 때는 상황에 따라 생략하기도 한다.

03 | 본 세탁

1. 세제의 선택과 종류

(1) 세제의 선택
① 세탁용 세제는 알칼리성에 따라 약알칼리성, 중성, 다목적 세제 등으로 구분하며, 성상에 따라 액상과 분말 세제로도 분류한다.
② 세제의 종류를 선택할 때 섬유의 종류, 오염의 상태, 세탁 방법 등을 고려한다.

(2) 세제의 종류
① 약알칼리성 세제
　㉠ 세탁 효과를 높인다.
　㉡ 센물에도 세탁이 잘된다.

ⓒ 중질세제라고 한다.
ⓔ 면, 마, 레이온, 합성섬유 등에 적합하다.

② 알칼리성 합성세제
ⓐ 변질된 당이나 단백질을 제거한다.
ⓑ 유화력, 분산력에 의해 세정을 돕는다.
ⓒ 산성의 오점을 중화하고 산성비누 생성을 방지한다.
ⓓ 경수를 연화시켜 비누 찌꺼기의 생성을 방지한다.

③ LAS계 합성세제
ⓐ 세탁이 잘되며 수질오염의 우려가 가장 적다.
ⓑ 현재 사용하는 대부분의 LAS계 합성세제는 생분해가 잘되는 합성세제이다.
　※ ABS계 합성세제는 미생물이 분해할 수 없으므로 수질을 오염시켜 간접적인 인체 오염을 가져온다.
ⓒ 용해가 빠르고 헹구기가 쉽다.
ⓓ 거품이 잘 생기고, 침투력이 우수하다.
ⓔ 값이 싸고 원료 제한을 받지 않는다.
ⓕ 센물에서 비누보다 세척력이 우수하다.
ⓖ 세탁 시 센물을 사용해도 무방하다.

④ 다목적 세제
ⓐ 양모나 견과 같은 동물성 섬유는 약알칼리성 세제로 세탁하기에는 pH가 너무 높아서 섬유가 손상되기 쉽다.
ⓑ 세탁물을 일일이 구분하여 세탁하는 것이 불편해서 pH를 9.5 정도로 낮추어 모든 세탁물에 사용할 수 있도록 만든 세제이다.
ⓒ 약알칼리성 세제보다 세탁력이 조금 떨어진다.

⑤ 중성·산성세제
ⓐ 중성세제 : 세제의 pH를 중성에 맞추어 알칼리에 약한 섬유와 고급옷의 세탁에 알맞은 세제로서 경질세제로도 불린다.
ⓑ 산성세제 : 전문가용 세제로서 동물성 섬유나 가죽 세탁에 주로 사용된다.

> **알아두기**　세탁 온도와 세액의 pH와의 관계
>
> 세탁 온도가 변하면 세액의 pH도 변한다. 온도가 올라가면, 분자 진동도 증가하여 더 많은 물이 이온화되고 그에 따라 수소이온이 더 많이 생성된다. 수소이온농도가 높으면 pH는 낮고 수소이온농도가 낮으면 pH는 높다. 따라서 세탁 온도가 높으면 세액의 pH는 낮다.

2. 비누의 작용 및 장단점

(1) 비누의 작용
① 세액 중의 기름이나 고형 오염을 흡착하여 세액 표면으로 떠올린다.
② 물에서 가수분해해서 알칼리성을 나타낸다.
③ 세탁기에서는 거품이 세탁기의 기계적 힘의 작용을 방해하여 세탁 효과를 떨어뜨린다.
　※ 기름과 음식 찌꺼기가 많은 식기 세척기에는 기포성이 좋은 계면활성제와 거품 안정제가 쓰인다.
④ 기포작용은 오점 제거에는 직접적 관계는 없으나 오점 입자는 거품 표면에 흡착되어 액면상에 떠오르고 세액 중의 더러움은 적어지므로 세정효과를 간접적으로 돕는다.
⑤ 거품은 섬유에서 오염을 분리, 제거하는 데 간접 작용을 하여 세탁력을 높인다.
⑥ 한국산업표준에서(KS M 2703) 정하는 순품 고형 세탁비누의 수분 및 휘발성 물질의 기준량은 30% 이하이다.

(2) 비누의 장단점
① 장 점
　㉠ 피부를 거칠게 하지 않고 합성세제보다 환경을 적게 오염시킨다.
　㉡ 세탁한 직물의 촉감이 양호하다.
　㉢ 거품이 잘 생기고 헹굴 때는 거품이 사라진다.
　㉣ 기름 성분을 잘 유화하고 미립화하여 세탁에 효과적이다.
　㉤ 세탁 효과가 우수하다(유성 오염, 고형 오염에 효과가 좋음).
② 단 점
　㉠ 산성용액에서 가수분해되어 유리지방산을 생성하므로 세탁 효과가 없다.
　㉡ 알칼리성을 첨가해야 세탁 효과가 좋다.
　㉢ 경수를 사용하면 금속이온과 결합하여 침전물이 생겨 세척력이 저하된다.
　㉣ 동·식물성 유지를 원료로 사용하여 양과 가격에 제한을 받는다.
　㉤ 양모 세탁이나 나일론 세탁에는 효과가 작다.

3. 계면활성제의 종류 및 특성

(1) 계면활성제의 종류
① 친수성의 특성에 따라 음이온계, 양이온계, 양성이온계 및 비이온계로 나눌 수 있다.
② 용도에 따라 가용화제, 유화제, 세정제, 분산제, 습윤제로 구분된다.
③ 음이온계 계면활성제
　㉠ 수용액 중에서 이온 해리되어 음이온 부분이 계면활성을 나타내는 물질이다.
　㉡ 비누뿐만 아니라 합성세제에 사용되는 계면활성제의 대부분이 여기에 속한다.

ⓒ 계면활성제 중 세제로 가장 많이 사용된다.
　　ⓓ 비누, 고급알코올황산에스테르염, 알킬벤젠설폰산염, 지방의 황산화물 등이 있다.
④ 양이온계 계면활성제
　　ⓐ 세척력이 작아 세제보다는 섬유 유연제, 대전방지제, 발수제 등으로 사용된다.
　　ⓑ 수중에서 음으로 하전된 섬유에 잘 흡착되며, 살균, 소독의 목적으로 사용되기도 한다.
　　ⓒ 양이온 활성제는 산성 쪽에는 안정적이지만 알칼리나 음이온 활성제와 배합하면 물에 녹지 않는 물질을 생성하여 효력을 잃는다.
　　ⓓ 대전방지제인 4차 암모늄염, 부식방지제인 아민염 등이 이용된다.
⑤ 양성이온계 계면활성제
　　ⓐ 알칼리성 용액에서는 음이온으로, 산성용액에서는 양이온으로 작용한다.
　　ⓑ 중성 부근에서는 비이온 활성제로써 작용한다.
　　ⓒ 물에 용해되었을 때 해리되어 양이온과 음이온으로 계면활성을 나타내는 것이다.
　　ⓓ 세정작용이 있으면서 피부에 자극이 적어 저자극 샴푸, 베이비 샴푸 등의 화장품을 만들 때 사용한다.
⑥ 비이온계 계면활성제
　　ⓐ 수산기, 에터기와 같은 해리되지 않은 친수기를 가진 계면활성제이다. 즉, 물에 용해시켰을 때 이온화하지 않는다.
　　ⓑ 수용액에서 이온으로 해리된 기를 갖지 않은 계면활성제를 총칭하여 비이온 활성제라 부른다.
　　ⓒ 세척 작용이 우수하고 거품이 덜 생기는 등의 특성으로 근래에 세제에도 많이 쓰인다.
　　ⓓ 대체로 거품이 일어나는 것이 적고 다른 거품을 억제하는 경향이 있으므로 시판되고 있는 저기포성 세정제에 배합되어 있다.
　　ⓔ 직물의 유연제, 금속비누 분산제, 침투제, 섬유 마무리제로 사용된다.
　　ⓕ 고급알코올, 스팬계, 트윈계, 폴리옥시에틸렌 라우릴에터, 폴리옥시에틸렌 알킬에터류, 야자유, 지방산 다이에탄올아마이드, 라우르산 다이에탄올아마이드 등이 있다.

알아두기	계면활성제의 특성
미셀 (Micelle)	계면활성제의 수용액은 농도가 낮을 때는 계면활성제가 분자 또는 이온 상태로 분산되나, 어느 한계보다 높은 농도에서는 계면활성제 분자들이 서로 모여 덩어리를 이루는데, 이러한 계면활성제 분자의 집합체를 미셀이라고 한다.
CMC (Critical Micelle Concentration)	• 계면활성제가 미셀을 형성하기 시작하는 농도로, 임계미셀농도라고도 한다. • CMC 이상의 농도에서는 계면활성제 수용액의 성질 변화가 농도의 영향을 덜 받게 된다. • 한편 계면활성제의 가용화(드라이클리닝 차지법)는 계면활성제의 임계미셀농도 이상에서만 나타나므로 가용화현상이 미셀과 밀접한 관계가 있다는 것을 알 수 있다.
에멀션 (Emulsion)	• 계면활성제 수용액에서 기름이 물과 분리되지 않아 안정하게 분산된 혼합액체를 에멀션 또는 유탁액이라고 한다. • 이것은 계면활성제가 친수기를 밖에 두고 기름 입자를 흡착하여 기름 입자의 표면이 친수화되기 때문이며, 반대로 기름 속에 물이 분산되는 경우도 있다. • 물 중에 기름이 유화된 상태를 수중유에멀션이라 한다. • 기름 중에 물이 유화된 상태를 유중수에멀션이라 한다.
HLB (Hydrophile-lipophile Balance)	• 계면활성제의 친수성과 친유성의 정도를 수치로 나타낸 것이다. • 친유성이 가장 큰 것을 1, 친수성이 가장 큰 것을 40으로 정하여, 계면활성제의 특성과 용도를 표시한다.

(2) 계면활성제의 특성

① 계면활성제의 성질

㉠ 비누와 합성세제의 주성분으로 사용된다.

㉡ 수용액 중에서 표면이나 계면에 흡착하여 표면장력이나 계면장력을 낮추고 기름을 유화하는 특성이 있다.

㉢ 한 개의 분자 내에 친수기와 친유기를 동시에 가진다.

㉣ 분자가 모여서 미셀을 형성한다.

㉤ 직물에 묻은 오염물질을 유화 · 분산시킨다.

㉥ 기포성을 증가하고 세척작용을 향상시킨다.

㉦ 물과 공기 등에 흡착하여 경계면의 계면장력을 저하시킨다.

㉧ 직물의 습윤 효과를 향상시킨다.

㉨ 직물의 약제에 침투효과를 증가시킨다.

㉩ 습윤 · 침투 · 흡착 · 분산 · 보호 · 기포 등의 작용을 한다.

㉠ 계면활성제의 친수기 작용이 친유기에 비하여 강하면 그 계면활성제는 물에 잘 녹고 반대의 경우는 드라이 용제에 잘 녹는다.

② 계면활성제와 HLB

HLB	용도
1~3	소포제
3~4	드라이클리닝용 세제
4~8	유화제(기름 속에 물 분산)
8~13	유화제(물속에 기름 분산)
13~15	세탁용 세제
15~18	가용화(물속에 기름 분산)

③ 계면활성제의 세정작용 : 습윤 → 침투 → 흡착 → 분산 → 보호 → 기포

습 윤	표면장력이 저하되어 천에 잘 젖어드는 현상
침 투	모세관 현상에 의하여 젖는 현상이 내부로 스며드는 것
흡 착	천으로부터 오점이 떨어지게 하는 것
분 산	용액 중에 오점 입자가 균일하게 흩어져 있는 상태
보 호	• 오점끼리 큰 입자가 되었거나 천에 재부착되지 않고 미셀이 핵으로 되는 것 • 미셀이 오점을 핵으로 하여 안정화되는 작용
기 포	• 세제에 의하여 보호되는 입자가 공기일 경우 이것은 거품으로 기포작용에 의해 발생함 • 세정효과를 간접적으로 도움

④ 계면활성제의 직간접작용

㉠ 직접작용 : 습윤, 침투, 유화, 분산, 가용화, 기포, 세척
㉡ 간접작용 : 매끄럽지 만듦, 마찰 감소, 균염, 염료 고착, 대전 방지, 살균, 녹 방지, 방수작용

> **알아두기** 용제의 세척력을 결정하는 요인
>
> • 용해력 : KB값(카우리 부탄올가, KBV ; Kauri Butanol Value)이 결정한다.
> • 표면장력 : 용제의 표면장력이 작을수록 침투력이 좋아서 세척력이 좋아진다.
> • 용제의 비중 : 비중이 무거울수록 세척력이 커진다.

04 | 탈수·건조

1. 탈 수

(1) 탈수 방법

① 손으로 짜는 방법

㉠ 비틀어 짜는 법 : 양손으로 비틀어 짜는 방법으로 탈수 효과가 작고 옷감의 손상이 심하다.
㉡ 눌러 짜는 법 : 세탁물을 평편한 곳에 놓고 눌러서 짜는 방법으로 탈수 효과가 작으나 옷감의 손상이 적다.

ⓒ 수건으로 흡수하는 법 : 마른 수건으로 세탁물의 수분을 흡수하는 방법으로 탈수 효과도 좋고, 옷감의 손상이 적다.
　　ⓓ 자연낙수법 : 세탁물을 탈수 없이 그대로 말리는 방법으로 옷의 구김과 변형이 적다.
　② 기계로 짜는 방법
　　㉠ 원심 탈수 : 물 빠짐 구멍이 있는 원통에 세탁물을 넣고 고속 회전하여 탈수하는 방법으로 옷감의 손상이 적고 효과적이다.
　　㉡ 롤러 탈수 : 두 개의 고무롤러 사이에 세탁물을 통과시켜 탈수하는 방법으로 옷의 변형과 부속품의 손상이 심하여 현재는 쓰이지 않는다.

> **알아두기　탈수기 조작**
> - 1단계 : 탈수기의 뚜껑을 연다.
> - 2단계 : 탈수 시 균형이 맞도록 세탁물을 고르게 넣는다.
> - 3단계 : 진한 색은 바깥쪽, 옅은 색은 안쪽으로 배치한다.
> - 4단계 : 뚜껑을 닫는다.
> - 5단계 : 탈수기의 전원을 켠다.
> - 6단계 : 탈수를 선택한다.
> - 7단계 : 탈수기를 작동시킨다.

(2) 탈수 시 유의점
① 탈수 시간이 3분 이상이면 탈수 효과가 거의 없다.
② 장시간 탈수 시 옷의 구김이 심해지고 편성물의 경우 필링의 원인이 된다.
③ 탈수 회전 방향의 바깥쪽에 짙은 색, 안쪽에 옅은 색을 두어 이염을 방지한다.
④ 탈수 시 반드시 덮개 보를 씌워 세탁물의 손상을 방지한다.

2. 건 조

(1) 건조 방법
① 자연 건조
　㉠ 자연 바람으로 말리는 방법이다.
　㉡ 건조 속도는 온도, 습도, 풍속의 영향을 받는다.
② 기계 건조
　㉠ 배기식 : 건조에서 생기는 습기를 옥외로 배출하는 방식으로 배출 시설이 필요하다.
　㉡ 제습식 : 건조에서 생기는 습기를 응축시켜 배출하는 방식으로 대부분의 가정용 건조기에 해당한다.

(2) 텀블 건조기 조작

① 건조기 뚜껑을 연다.
② 건조할 세탁물을 텀블러 용량의 80% 이하로 넣는다.
③ 정전기 방지제를 함께 넣어서 정전기를 방지한다.
④ 건조기 뚜껑을 닫는다.
⑤ 50~70℃의 온도를 설정한다.
⑥ 20~30분간 온풍 시간을 설정한다.
⑦ 5~10분간 냉풍 시간을 설정한다.
⑧ 건조를 시작한다.

3. 열에 대한 안정성 및 온도 조절

(1) 섬유의 열에 대한 안정성

① 의복은 외부로부터 열의 작용을 많이 받으므로 섬유는 어느 정도 고온에 견뎌야 한다.
② 천연섬유는 비교적 열에 안전하고 고온에서 분해된다.
③ 인조섬유는 대체로 열에 약하고 가열하면 융해된다.
④ 외부로부터의 열의 작용은 섬유의 연화점보다 낮아야 섬유가 열로부터 안전하다.
   ※ 융점(융해되는 온도)보다 낮은 온도에서 급속하게 변형되는 온도를 연화점이라 한다.

(2) 공정별 온도 조절

① 건조 작업 : 60~80℃의 온도에서 20~30분간 건조한다.
② 건조 마무리 : 의복이 건조기 안에서 축열된 상태로 건조를 끝마치면 그 열로 인하여 섬유가 오그라들거나 주름이 많아지고 부착물이 녹을 수 있으므로 꺼내어 펼쳐 놓아 축열된 열을 식혀 주거나 마무리 건조 시에 냉풍으로 5~10분 정도 회전하여 열을 식혀 주면 잔주름을 없애고 촉감을 살려 준다.
③ 화학섬유의 건조 : 고온에서 건조하면 섬유가 수축되거나 황변되고 오그라들거나 녹을 수 있으므로 60℃ 이하에서 저온 건조한다.

적중예상문제

01 론드리의 본 빨래에 대한 설명으로 옳지 않은 것은?

① 본 빨래는 1회보다 2~3회 걸쳐 하는 것이 좋다.
② 비누 농도는 1회 때 0.3%, 2회 때 0.2%, 3회 때 0.1%와 같은 비율로 점차 감소한다.
③ 본 빨래의 욕비는 1 : 4로 한다.
④ 70℃ 이상의 고온 세탁을 해야 세탁 효과가 높다.

해설
70℃ 이상에서 세탁하면 섬유가 손상되고 재오염되기 쉽다.

03 론드리 공정에서 본 빨래에 대한 설명으로 옳지 않은 것은?

① 본 빨래는 1회 처리보다는 2~3회에 걸쳐 처리하는 것이 세정효과가 좋다.
② 그을음의 오점 제거에는 CMC를 0.1%로 하면 좋다.
③ 70℃ 이상에서의 세탁은 섬유가 재오염되기 쉽다.
④ 비누의 농도는 2~3%, 세제의 pH는 4~6으로 유지한다.

해설
비누 농도는 1회 때 0.3%, 2회 때 0.2%, 3회 때 0.1%와 같은 비율로 점차 감소하며, pH는 10~11로 유지한다.

02 본 빨래 시 세제의 가장 적합한 욕비는?

① 1 : 1   ② 1 : 2
③ 1 : 3   ④ 1 : 4

04 론드리에서 본 빨래를 할 때 세제의 pH로 가장 적당한 것은?

① pH 1~2   ② pH 4~5
③ pH 7~8   ④ pH 10~11

정답 1 ④ 2 ④ 3 ④ 4 ④

05 표백으로 인하여 천에 남아 있는 알칼리를 중화하고 금속비누, 표백제, 철분 등을 용해하여 제거하는 작용을 하는 것을 무엇이라 하는가?

① 산 욕　　② 헹 굼
③ 본 빨래　　④ 호 부

> **해설**
> 산욕을 하는 주된 이유는 황변을 방지하고, 살균을 하기 위함이다.

06 다음 중 산욕작용의 효과에 대한 설명으로 옳지 않은 것은?

① 천에 남아 있는 알칼리를 중화한다.
② 의류를 살균·소독한다.
③ 더러운 오염을 깨끗이 제거한다.
④ 천에 광택을 주고 황변을 방지하며, 산가용성의 얼룩을 제거한다.

> **해설**
> 산욕을 하는 주된 이유는 황변을 방지하고, 살균을 하기 위함이다.

07 산욕 시 주의사항으로 옳은 것은?

① 온도를 올리면 산의 작용이 상승하므로 온도를 많이 올려야 한다.
② 어떤 섬유든지 구분할 필요 없이 산을 사용한다.
③ 산욕제로는 표백분을 사용하여 황변을 방지한다.
④ 산을 넣을 때 직접 천에 닿지 않도록 한다.

> **해설**
> ① 온도를 올리면 산의 작용이 너무 강하므로 온도는 올리지 않는다.
> ② 식물성 섬유는 산에 약하므로 산을 많이 사용하지 않는다.
> ③ 산욕제로는 규불화나트륨을 사용한다.

08 다음 중 론드리의 헹굼 방법으로 옳지 않은 것은?

① 같은 양의 물을 3~4회로 나누어 헹구며, 비누와 세제가 섬유에 남지 않도록 몇 차례 씻어낸다.
② 첫 번째 헹굼은 세탁 온도보다 낮은 것이 효과적이다.
③ 헹굼과 헹굼 사이에 탈수를 해 주면 물의 사용량이 절약된다.
④ 수위는 25cm, 시간은 3~5분으로 한다.

> **해설**
> ② 첫 번째 헹굼에서는 세탁 온도와 같게 한다.

정답 5 ① 6 ③ 7 ④ 8 ②

09 물세탁(론드리)에서의 사고 방지에 대한 설명으로 옳지 않은 것은?

① 표백제 사용 시는 농도, 온도, 시간에 주의해야 한다.
② 과탄산나트륨을 사용할 때는 충분히 녹여서 와셔를 돌리면서 투입한다.
③ 세탁물은 충분히 헹구어서 세제 등이 세탁물에 남아 있지 않게 해야 한다.
④ 과붕산나트륨을 사용할 때는 와셔에 투입한 후 돌린다.

해설
과붕산나트륨을 녹이지 않고 직접 와셔에 넣으면 표백제가 섬유에 고착하므로, 과산화표백제는 가능한 한 온수에 희석하여 녹이거나, 와셔를 회전시키면서 바깥쪽에서 서서히 넣는다.

10 다음 중 론드리 용수에 대한 설명으로 가장 적절한 것은?

① 영구 경수는 끓여서 불순물 성분을 침전시킨 물을 사용한다.
② 영구 경수는 물을 저장했다가 경도 성분을 침전시킨 물을 사용한다.
③ 연수는 오직 이온교환수지법을 이용해서 불순물을 제거시킨 물만을 사용한다.
④ 영구 경수는 금속이온 봉쇄제를 이용해서 금속이온의 작용을 없앤 물을 사용한다.

해설
① 일시 경수에 대한 설명이다.
② 영구 경수는 물을 저장했다가 불순물 성분을 침전시킨 물을 사용한다.
③ 경수는 이온교환수지법 등을 이용해서 연수로 바꿀 수 있다.

11 물세탁에서 론드리용 자재 중 알칼리제의 역할이 아닌 것은?

① 변질된 당이나 단백질을 제거한다.
② 유화력, 분산력에 의해 세정을 돕는다.
③ 연수를 경화시켜 비누 찌꺼기를 생성케 한다.
④ 산성의 오점을 중화하고 산성비누 생성을 방지한다.

해설
③ 경수를 연화시켜 비누 찌꺼기 생성을 방지한다.

12 론드리 세탁 방법에 대한 설명으로 옳지 않은 것은?

① 면·마직물로 된 백색 세탁물의 백도를 회복하기 위한 고온세탁 방법이다.
② 수지 가공 면직물이나 면·폴리에스터 혼방직물, 염색물의 중온세탁 방법이다.
③ 용수가 절약되고 세탁물의 손상이 비교적 적다.
④ 표면 처리된 피혁제품의 세탁 방법이다.

해설
④ 표면 처리된 피혁제품의 세탁 방법은 웨트클리닝이다.

13 다음 중 론드리 대상품이 아닌 것은?

① 와이셔츠류　② 타 월
③ 작업복류　　④ 합성피혁

해설
④ 합성피혁은 웨트클리닝 대상품이다.

정답 9 ④　10 ④　11 ③　12 ④　13 ④

14 습식세탁(Laundry)에 대한 설명으로 옳지 않은 것은?

① 세탁 후 마무리 처리나 형태를 바로잡기가 드라이클리닝보다 어렵다.
② 섬유의 변형이나 수축 및 손상이 일어나기 쉽다.
③ 세척력이 강하며 수용성 오점, 찌든 때의 섬유 처리에 효과적이다.
④ 알칼리세제 투입으로 유용성 오점 제거에 높은 효과가 있다.

해설
④ 알칼리제를 사용하므로 산성 오점이 잘 빠진다.

15 론드리와 가정세탁에 관한 설명으로 옳지 않은 것은?

① 알칼리제, 비누와 온수로 세탁한다.
② 세제와 물을 사용해서 세탁하는 것을 물세탁이라고 한다.
③ 론드리는 가정세탁에 비하여 물품이 상하지 않고 얼룩이 쉽게 빠진다.
④ 가정세탁 대상품은 와이셔츠, 더러움이 쉽게 타는 작업복류, 견고한 백색물이다.

해설
론드리 대상품은 살에 직접 닿는 내의류, 와이셔츠류, 더러움이 쉽게 타는 작업복류, 침구 등 견고한 백색물 등이다.

16 론드리에 적용되는 의류가 아닌 것은?

① 흰 옷류
② 직접 피부에 닿지 않는 의류
③ 땀이나 더러움이 부착되기 쉬운 의류
④ 론드리에 견딜 수 있는 의류

해설
론드리는 살에 직접 닿거나 땀·더러움이 쉽게 타는 세탁물을 대상으로 한다.

17 가정용 세탁기와 비교한 론드리(Laundry) 방법의 특징이 아닌 것은?

① 끝마무리에서 고온, 고압이 사용되므로 마무리 효과가 좋다.
② 알칼리 조제의 사용으로 오염이 잘 빠진다.
③ 마무리하는 시간이 짧고 기술적인 숙달이 필요 없다.
④ 물에 침지하여 헹구는 방식으로 가정용 세탁기에 비해 세제, 물 등의 절약 효과가 크다.

해설
론드리 방법은 마무리에 상당한 시간과 기술이 필요하다.

정답 14 ④ 15 ④ 16 ② 17 ③

18 론드리의 세탁 공정 순서로 옳은 것은?

① 애벌빨래 → 본 빨래 → 표백 → 헹굼 → 산욕 → 풀 먹임 → 탈수 → 건조 → 다림질
② 애벌빨래 → 산욕 → 본 빨래 → 건조 → 표백 → 풀 먹임 → 탈수 → 헹굼 → 다림질
③ 애벌빨래 → 산욕 → 탈수 → 건조 → 헹굼 → 본 빨래 → 표백 → 풀 먹임 → 다림질
④ 애벌빨래 → 헹굼 → 산욕 → 표백 → 본 빨래 → 탈수 → 풀 먹임 → 건조 → 다림질

19 론드리(Laundry) 공정에서 애벌빨래에 관한 설명으로 옳지 않은 것은?

① 알칼리 세제를 사용하여 저온으로 오염을 제거할 수 있다.
② 오염이 많아 세제의 낭비가 되는 것을 막을 수 있다.
③ 금속비누가 되는 것을 방지한다.
④ 일반적으로 합성섬유에 많이 이용하고, 주로 와셔를 사용하며 세제로 때를 완전히 없앤다.

해설
④ 합성섬유는 애벌빨래를 할 필요가 없다.

20 론드리에서 백색 의류에 형광염료가 떨어졌다. 어떤 공정에 해당하는 사고인가?

① 본 빨래 중에 의한 것
② 산욕 처리에 의한 것
③ 건조 처리 중에 의한 것
④ 헹굼 과정에 의한 것

21 론드리에서 예비 세탁을 해야 하는 경우가 아닌 것은?

① 세제만 사용해도 쉽게 빠지는 오점일 때
② 저온에서 빠지기 힘든 오점일 때
③ 오점의 양이 많아서 재오염이나 세제의 낭비가 예상될 때
④ 금속비누가 되기 쉬운 오점일 때

해설
② 고온에서 빠지기 힘든 오점일 때 예비 세탁을 해야 한다.

22 세탁물의 종류와 성질에 따라 섬유가 손상되지 않도록 와셔(Washer)에서 온수 알칼리제를 섞어 세정하는 작업은?

① 산 욕　　　② 본 빨래
③ 드라이클리닝　④ 헹 굼

정답 18 ① 19 ④ 20 ② 21 ② 22 ②

23 세탁 후 비누를 깨끗이 헹구는 방법으로 옳은 것은?

① 세탁 온도와 같은 온도의 물로 헹군다.
② 세탁은 뜨거운 물로, 헹굼은 찬물로 한다.
③ 삶은 세탁물을 식히기 위해 찬물로 헹군다.
④ 찬물로 세탁하고, 찬물로 헹군다.

해설
헹굼 시 같은 양의 물을 3~4회로 나누어 헹구며 비누와 세제가 섬유에 남지 않도록 몇 차례 씻어내는데, 첫 번째 헹굼에서는 세탁 온도와 같게 해야 비누를 깨끗이 헹굴 수 있다.

24 탈수할 때의 주의사항으로 옳지 않은 것은?

① 세탁물을 탈수기의 중심부에서부터 고르게 채워서 넣는다.
② 정해진 양 이상의 세탁물을 넣지 않는다.
③ 덮개 보를 씌운 후 뚜껑을 닫는다.
④ 유색 세탁물은 다른 옷에 물드는 것을 주의한다.

해설
① 세탁물은 바깥 부위에서부터 조금씩 뭉쳐서 고르게 넣는다.

25 알칼리성 합성세제의 성질이 아닌 것은?

① 변질된 당이나 단백질을 제거한다.
② 유화력, 분산력에 의해 세정을 돕는다.
③ 산성의 오점을 중화하고 산성비누를 생성한다.
④ 경수를 연화시켜 비누 찌꺼기의 생성을 방지한다.

해설
③ 산성의 오점을 중화하고 산성비누 생성을 방지한다.

26 세탁이 잘되고 수질오염의 우려가 가장 적으며 현재 사용되는 대부분의 합성세제는?

① LAS계 합성세제
② ABS계 합성세제
③ 지방산나트륨 비누
④ AES계 합성세제

해설
LAS계 합성세제는 생분해가 잘되는 합성세제이다. ABS계 합성세제는 미생물이 분해할 수 없으므로 수질을 오염시켜 간접적인 인체 오염을 가져온다.

27 세탁용 세제를 알칼리성에 따라 구분할 때 해당하지 않는 것은?

① 중성세제
② 다목적 세제
③ 강알칼리성 세제
④ 약알칼리성 세제

해설
세탁용 세제는 알칼리성에 따라 약알칼리성, 중성, 다목적 세제 등으로 구분하며, 성상에 따라 액상과 분말 세제로도 분류한다.

정답 23 ① 24 ① 25 ③ 26 ① 27 ③

28 다음 중 비누의 특성으로 옳은 것은?

① 산성에서 세탁 효과가 좋다.
② 알칼리성 용액에서 사용할 수 없다.
③ 연수와 반응해서 침전을 만든다.
④ 물에서 가수분해해서 알칼리성을 나타낸다.

해설
① 산성용액에서 가수분해되어 유리지방산을 생성하므로 세탁 효과가 없다.
② 알칼리성을 첨가해야 세탁 효과가 좋다.
③ 경수를 사용하면 금속이온과 결합하여 침전물이 생겨 세척력이 저하된다.

29 한국산업표준에서 정하는 순품 고형 세탁비누의 수분 및 휘발성 물질의 기준량은?

① 30% 이하
② 35% 이하
③ 87% 이하
④ 95% 이하

해설
순품 고형 세탁비누의 수분 및 휘발성 물질의 기준량은 30% 이하이다(KS M 2703).

30 비누의 특성 중 장점이 아닌 것은?

① 거품이 잘 생기고 헹굴 때는 거품이 사라진다.
② 세탁한 직물의 촉감이 양호하다.
③ 산성용액에서도 사용할 수 있다.
④ 합성세제보다 환경을 적게 오염시킨다.

해설
③ 산성용액에서는 사용할 수 없다.
비누의 장점
• 합성세제보다 환경을 적게 오염시킨다.
• 세탁한 직물의 촉감이 양호하다.
• 거품이 잘 생기고 헹굴 때는 거품이 사라진다.
• 기름 성분을 잘 유화하고 미립화하여 세탁에 효과적이다.

31 다음 중 비누의 효과에 관한 설명으로 옳지 않은 것은?

① 유성 오염에 효과가 좋다.
② 고형 오염에 효과가 좋다.
③ 양모 세탁에 효과가 좋다.
④ 나일론 세탁에 효과가 적다.

해설
양모제품을 비누로 세탁을 하면 스케일끼리 서로 물고 엉키어 제품이 줄어든다.

32 거품의 작용에 대한 설명으로 옳지 않은 것은?

① 거품은 섬유에서 오염을 분리, 제거하는 데 직접 작용을 하여 세탁력을 높인다.
② 세액 중의 기름이나 고형 오염을 흡착하여 세액 표면으로 떠올린다.
③ 세탁기에서는 거품이 세탁기의 기계적 힘의 작용을 방해하여 세탁 효과를 떨어뜨린다.
④ 기름과 음식 찌꺼기가 많은 식기 세척기에는 기포성이 좋은 계면활성제와 거품 안정제가 쓰인다.

해설
기포작용은 오점 제거에는 직접적 관계는 없으나 오점 입자는 거품 표면에 흡착되어 액면상에 떠오르고 세액 중의 더러움은 적어지므로 세정효과를 간접적으로 돕는다.

33 다음 중 비누와 같이 에멀션화 작용을 하는 물질은?

① 탄수화물 ② 계면활성제
③ 단백질 ④ 효소

해설
에멀션
- 계면활성제 수용액에서 기름이 물과 분리되지 않아 안정하게 분산된 혼합액체를 에멀션 또는 유탁액이라고 한다.
- 이것은 계면활성제가 친수기를 밖에 두고 기름 입자를 흡착하여 기름 입자의 표면이 친수화되기 때문이며, 이와 반대로 기름 속에 물이 분산되는 경우도 있다.

34 계면활성제에 대한 설명으로 옳은 것은?

① 계면활성제는 그 친수성의 특성에 따라 음이온계, 양이온계, 양성계 및 비이온계로 나눌 수 있다.
② 계면활성제는 비누, 고급 알코올, 황산에스터염, 알킬벤젠설폰산염 등으로 나눌 수 있다.
③ 계면활성제는 섬유의 유연제, 대전방지제, 발수제 등으로 나눌 수 있다.
④ 계면활성제는 아미노산형, 비타형 등으로 나눌 수 있다.

35 계면활성제가 물에 용해되었을 때 해리되며, 세제로 가장 많이 사용하는 것은?

① 음이온계 계면활성제
② 양이온계 계면활성제
③ 비이온계 계면활성제
④ 양성이온계 계면활성제

해설
② 양이온계 계면활성제 : 세제보다는 섬유의 유연제, 대전방지제, 발수제 등으로 사용
③ 비이온계 계면활성제 : 직물의 유연제, 칼슘비누 분산제, 침투제, 섬유 마무리제로 사용
④ 양성이온계 계면활성제 : 알칼리성 용액에서는 음이온으로, 산성용액에서는 양이온으로 작용

36 다음 중 음이온 계면활성제의 설명으로 옳은 것은?

① 세척력이 작아 세제로 사용하지 않으나 섬유 유연제, 대전방지제, 발수제 등으로 사용된다.
② 세제로 사용되는 계면활성제는 대부분 음이온 계면활성제이다.
③ 물에 용해되었을 때 해리되어 양이온과 음이온으로 계면활성을 나타내는 것이다.
④ 수산기, 에터기와 같은 해리되지 않은 친수기를 가진 계면활성제이다.

해설
① 양이온 계면활성제
③ 양성 계면활성제
④ 비이온 계면활성제

정답 33 ② 34 ① 35 ① 36 ②

37 알칼리성 용액에서는 음이온으로, 산성용액에서는 양이온으로 작용하는 계면활성제는?

① 양이온계 계면활성제
② 음이온계 계면활성제
③ 비이온계 계면활성제
④ 양성이온계 계면활성제

해설
양성이온계 계면활성제는 세정작용이 있으면서 피부에 자극이 적어 저자극 샴푸, 베이비 샴푸 등의 화장품을 만들 때 사용한다.

38 비이온계 계면활성제에 해당하는 것은?

① 피리디늄염
② 알킬벤젠설폰산나트륨
③ 4차 암모늄염
④ 다이에탄올아마이드

해설
비이온 계면활성제의 종류
폴리옥시에틸렌 라우릴에터 및 폴리옥시에틸렌 올레일에터 등의 폴리옥시에틸렌 알킬에터류 및 야자유 지방산 다이에탄올아마이드 및 라우르산 다이에탄올아마이드 등의 알칸올아마이드 등

39 다음 설명에 해당하는 계면활성제는?

> 세척력이 작아서 세제로 사용되는 일은 적고, 수중에서 음으로 하전된 섬유에 잘 흡착되므로 섬유의 유연제, 대전방지제, 발수제 등으로 사용되거나, 살균, 소독의 목적으로 사용되기도 한다.

① 음이온계 계면활성제
② 양이온계 계면활성제
③ 비이온계 계면활성제
④ 양성계 계면활성제

40 계면활성제의 분자 구조는?

① 소수성 부분과 친수성 부분으로 되어 있다.
② 소수성 부분으로만 되어 있다.
③ 친수성 부분으로만 되어 있다.
④ 소수성 부분과 친유성 부분으로 되어 있다.

해설
한 개의 분자 내에 친수기와 친유기를 가진다.

41 다음 계면활성제에 대한 설명으로 옳지 않은 것은?

① 물의 계면장력을 증가시켜 준다.
② 친수기와 친유기를 동시에 갖는다.
③ 직물에 묻은 오염물질을 유화·분산시킨다.
④ 기포성을 증가하고 세척작용을 향상시킨다.

해설
물과 공기 등에 흡착하여 경계면에 계면장력을 저하시킨다.

42 계면활성제의 성질 중 옳지 않은 것은?

① 물과 공기 등에 흡착하여 경계면에 계면장력을 저하시킨다.
② 한 개의 분자 내에 친유성기만 갖는다.
③ 습윤·침투·흡착·분산·보호·기포 등의 작용을 한다.
④ 분자가 모여서 미셀을 형성한다.

해설
② 한 개의 분자 내에 친수기와 친유기를 가진다.

43 계면활성제의 친수기, 친유기에 대한 설명으로 옳은 것은?

① 계면활성제는 물이나 기름에 잘 녹는다.
② 계면활성제는 친수기와 친유기와는 관계없이 물이나 기름에 잘 녹는다.
③ 계면활성제의 친수기도 기름에 잘 녹는다.
④ 계면활성제의 친수기의 작용이 친유기에 비하여 강하면 그 계면활성제는 물에 잘 녹고, 반대의 경우는 드라이 용제에 잘 녹는다.

해설
계면활성제는 서로 다른 성질을 가진 두 개의 화학적 작용기(친수성기와 소수성기)를 한 분자 내에 보유한 특이한 구조의 물질로서 고체·기체, 고체·액체, 고체·고체, 액체·기체, 액체·액체 사이의 경계면에서 활성을 나타내어, 분리된 두 물질을 섞이게 하거나 경계면에 흡착을 쉽게 해주는 역할을 한다.

44 계면활성제의 친수성과 친유성의 정도를 수치로 나타낸 것을 HLB라고 한다. HLB 13~15는 어느 용도에 사용하는 세제의 수치인가?

① 소포제 ② 드라이클리닝 방법
③ 세탁용 세제 ④ 유화제

해설
계면활성제와 HLB

HLB	용 도
1~3	소포제
3~4	드라이클리닝용 세제
4~8	유화제(기름 속에 물 분산)
8~13	유화제(물속에 기름 분산)
13~15	세탁용 세제
15~18	가용화(물속에 기름 분산)

정답 41 ① 42 ② 43 ④ 44 ③

45 계면활성제와 HLB의 그 용도가 잘못 짝지어진 것은?

① HLB 1~3 - 소포제
② HLB 3~4 - 유화제
③ HLB 13~15 - 세탁용 세제
④ HLB 15~18 - 가용화

해설
② HLB 3~4 : 드라이클리닝용 세제

46 계면활성제의 세정작용이 아닌 것은?

① 방 수   ② 분 산
③ 보 호   ④ 흡 착

해설
계면활성제의 세정작용 순서 : 습윤 → 침투 → 흡착 → 분산 → 보호 → 기포

47 계면활성제의 기본적인 성질과 직접 관계하는 작용이 아닌 것은?

① 습윤작용   ② 침투작용
③ 분산작용   ④ 살균작용

해설
계면활성제
• 직접작용 : 습윤, 침투, 유화, 분산, 가용화, 기포, 세척
• 간접작용 : 매끄럽게 함, 마찰 감소, 균염, 염료 고착, 대전 방지, 살균, 녹 방지, 방수 작용

48 계면활성제의 세정작용 중 미셀이 오점을 핵으로 하여 안정화되는 작용은?

① 분산작용   ② 보호작용
③ 흡착작용   ④ 침투작용

해설
① 분산작용 : 용액 중에 오점 입자가 균일하게 흩어져 있는 상태
③ 흡착작용 : 오점이 떨어지게 하는 것
④ 침투작용 : 모세관 현상에 의하여 젖는 현상이 내부로 스며드는 것

49 론드리에서 풀을 먹이는 목적과 관계가 없는 것은?

① 곰팡이 발생을 방지한다.
② 오염을 방지하고 세탁 효과를 좋게 한다.
③ 천의 촉감을 변화하고 광택을 준다.
④ 천의 내구성을 좋게 한다.

해설
풀 먹임의 목적 및 효과
• 천을 희고 광택 있게, 팽팽하게 한다.
• 오염을 방지하고 세탁 효과를 좋게 한다.
• 천의 촉감을 변화하고 내구성을 좋게 한다.
• 부착된 오점을 세탁에서 용이하게 떨어지도록 한다.

정답 45 ② 46 ① 47 ④ 48 ② 49 ①

50 용제의 색상을 보고 청정도를 판단할 때 용제가 콜라색으로 변할 때 판정 기준은?

① 용제 색상 양호
② 한계 색상
③ 불량
④ 불량하나 사용할 수 있음

해설
용제의 색상 판정 기준
- 사용횟수에 관계없이 정종(청주)삭을 유지하여야 재오염이 되지 않는다.
- 청주색 – 정상, 맥주색 – 한계, 콜라색 – 불량

51 다음 중 용제 청정화 관리에 대한 설명으로 옳은 것은?

① 2~3개월에 1회씩만 청정화시켜 주면 된다.
② 필터나 카본이 있기 때문에 콜라색의 빛깔이라도 괜찮다.
③ 용제의 색깔이 맥주색이면 양호하다.
④ 사용횟수에 관계 없이 정종(청주)색을 유지하여야 재오염되지 않는다.

52 세정 과정에서 용제 중에 ( )된 더러움이 피세탁물에 다시 부착되어 흰색이나 연한 색 물이 거무스름한 회색 기미를 보이는 현상을 재오염, 역오염, 재부착이라 한다. ( ) 안에 들어갈 말은?

① 분산
② 유화현탁
③ 침투
④ 흡착

53 건조에 대한 설명으로 옳은 것은?

① 기온이 높고, 습도가 낮을수록 건조가 빠르다.
② 나일론, 아크릴 등의 섬유제품은 건조기에서 말리는 것이 좋다.
③ 면, 마, 레이온 등 백색제품은 직사광선 아래서 건조하면 안 된다.
④ 열풍 건조기를 사용할 경우 모든 세탁물을 건조시켜도 무방하다.

해설
② 양모, 견, 나일론, 아크릴 등의 섬유제품은 직사광선에 의하여 황변되기 쉬우므로 그늘에서 말리는 것이 좋다.
③ 면, 마, 레이온, 폴리에스터 제품에서 수지 가공이나 형광증백 등 특별한 가공이 되어 있지 않은 백색제품은 직사광선에서 건조해도 무방하다.
④ 열풍 건조기를 사용할 경우 세탁물의 종류에 따라 건조시켜야 한다. 고급 직물, 양모, 고무 및 프린터 제품은 열풍 건조기를 사용하면 안 된다.

54 론드리에서 텀블러 건조 시 주의사항으로 옳은 것은?

① 화학섬유는 수축, 황변되기 쉬우므로 될 수 있는 대로 80℃ 이하에서 건조시킨다.
② 가열이 끝났더라도 여열을 이용하여 물품을 그대로 두어 완전히 건조시킨다.
③ 텀블러의 배기 도관은 수평으로 길게 하거나 굴곡은 피해야 한다.
④ 텀블러의 물품은 4/5 정도 넣고 10~20분간 처리한다.

해설
① 화학섬유의 경우는 수축·황변되기 쉬우므로 60℃ 이하에서 건조시킨다.
② 가열을 정지시킨 후일지라도 텀블러 안에 물품을 내버려 두면 안 된다.
④ 텀블러의 물품은 회전통의 반 정도 넣고 20~30분간 처리한다.

55 론드리에서 건조 시 주의사항으로 옳지 않은 것은?

① 화학섬유의 경우는 수축·황변되기 쉬우므로 60℃ 이하에서 건조한다.
② 가열을 정지시킨 후라도 텀블러 안에 물품을 방치해서는 안 된다.
③ 저온의 경우 회전통에 넣는 양을 많게 한다.
④ 비닐론 제품은 젖은 상태로 다림질하는 것을 피한다.

해설
③ 저온의 경우 회전통에 넣는 양을 적게 한다.

CHAPTER 04 웨트클리닝

01 | 개 요

1. 웨트클리닝(Wet Cleaning)의 목적과 방법

(1) 목 적

① 일반적으로 행해지는 세탁 방법으로 불가능한 의류를 대상품에 따라 기계 또는 손으로 물품을 적신 후 단시간에 처리해서 세탁물에 손상을 주지 않는 풍부한 경험과 기술을 필요로 하는 고급 세탁 방법이다.
② 웨트클리닝은 기본적으로 물로 처리한다.
③ 드라이클리닝을 해야 하는 의류의 형태, 치수, 외관, 감촉 등을 해치지 않고 드라이클리닝에서 충분히 제거하지 못하는 땀 등의 수용성 성분을 제거한다.
④ 드라이클리닝에서 문제가 발생하는 염화비닐 제품이나 안료・프린트 제품 등을 물로 단시간에 클리닝하는 방식이다.

(2) 방 법

① 드라이클리닝 또는 론드리에서 상해가 우려되는 제품을 세척한다.
② 일반적으로 손빨래 또는 솔빨래로 단시간 처리한다.
③ 중성세제나 양질의 비누를 사용한다.
④ 오점에 따라 국제를 써서 닦아낸 뒤 중성세제로 가볍게 손빨래한다.
⑤ 표면 처리된 피혁제품의 세탁 방법이다.
⑥ 가정에서의 손빨래와 같은 종류의 세탁법이다.

2. 웨트클리닝 대상품

(1) 드라이클리닝이 불가능한 것

① 합성수지(염화비닐 합성피혁)
  ㉠ 합성수지는 드라이클리닝 하면 염화비닐수지에 사용한 가소제가 녹아 없어져 경화하며 표면에 코팅한 합성피혁은 표면이 갈라지고 떨어진다.

ⓛ 가볍게 물세탁을 하거나 중성세제를 물에 희석해서 스펀지나 수건으로 가볍게 훔치듯 닦아내고 헹궈 세제가 남지 않도록 닦아낸다.
② 고무를 입힌 제품
  ㉠ 석유계 솔벤트를 비롯한 드라이클리닝 용제로, 드라이클리닝할 경우 고무가 부풀어 오르거나 용해, 열화하거나 또는 벗겨진다.
  ㉡ 일반적 세탁 방법으로 중성세제로 솔빨래를 하고 헹굼과 탈수를 충분히 해야 한다.
  ㉢ 헹굼 등이 부족할 경우 세제가 의류 내부에 남아 보존 중 습기에 의해 붙을 수 있다.
  ㉣ 일부 고무 제품 중에는 물세탁에서 고무가 벗겨지고 갈라지는 제품도 있으므로 품질 표시사항을 꼭 지켜야 한다.
③ 수지안료 가공제품
  ㉠ 일반적으로 안료 프린트라고 불리는 제품으로 드라이클리닝을 하면 탈색된다.
  ㉡ 주로 안료의 벗겨짐으로 안료가 탈락하는 일이 많다.
  ㉢ 안료 프린트라 하더라도 드라이클리닝 용제에 용해되지 않는 제품이 다수 있으므로 모든 프린팅 제품에 대해 시험해 볼 필요가 있다.

(2) 드라이클리닝에서 오점이 빠지지 않는 것
  ① 직접 살에 닿는 의류는 땀 등이 많아 드라이클리닝 처리로 더러움을 완전히 제거하는 것이 어렵다.
  ② 반대로 론드리가 가능한 소재(면이나 합성섬유)라 해도 슈트, 원피스, 코트, 슬랙스, 외출복은 론드리가 불가능하고 드라이클리닝으로는 완전히 더러움이 제거되지 않는 일이 많다.
  ③ 이러한 제품은 중성세제로 손빨래하거나 조심스럽게 단시간 하는 것을 원칙으로 한다.

(3) 기 타
  ① 론드리가 불가능한 제품 : 양모나 견 등 강한 회전력을 이용한 기계 사용이 불가능한 소재
  ② 염료가 빠져 용제를 훼손할 수 있는 제품

3. 각종 가공 제품의 특성

(1) 폴리우레탄 코팅 가공
  ① 합성피혁 제품의 겉면은 대부분 폴리우레탄 수지로 되어 있다.
  ② 폴리우레탄 수지는 습기를 흡입하면 수지가 분해하는 가수분해 성질이 있다.
  ③ 일반적으로 3년 정도 착용하면 분해가 눈에 띄게 된다.
  ④ 많은 경우 클리닝에 의해 분해가 촉진된다.

⑤ 가수분해에 의한 열화의 원인
  ㉠ 폴리우레탄 수지의 가수분해에 의한 열화에는 피지의 영향도 크다.
  ㉡ 때문에 상의나 코트라면 옷깃 주위의 분해가 선행하는 경향이 있으므로 옷깃 주위에 물집 모양으로 박리가 있으면 세탁은 피하고 가볍게 닦아내는 등의 처리를 권장한다.
⑥ 산화방지제에 의한 황변
  ㉠ 폴리우레탄 수지에는 산화에 의한 열화를 방지하기 위해서 다이부틸하이드록시톨루엔 등의 산화방지제가 첨가된다.
  ㉡ 흰색, 엷은 색의 제품이 황변하는 것은 이 산화방지제가 연소가스인 산화질소가스와 반응하여 DBNP라고 하는 레몬옐로의 물질로 화학 변화하기 때문이다.
  ㉢ DBNP는 드라이클리닝에서도 떨어뜨릴 수 있고 승화성이 높아서 햇볕을 받거나 바람에 건조하면 지울 수 있다.
    ※ DBNP가 산화된 경우 황색을 돌이킬 수 없다.

(2) 본딩 가공
① 겉감은 부드러운 면인데 전체적으로 평활감이 있는 코트 등은 면 등의 겉감 뒤에 다른 섬유 소재를 전면에 수지 접착제로 당겨 접착시킨 것으로 이를 본딩이라고 부른다.
② 접착 수지로 폴리우레탄 등이 사용되지만 이는 습도나 자외선의 영향을 받아 분해된다.
③ 분해되면 수지의 접착력이 없어져 부분적으로 벗겨지고 요철이 생기거나 드라이클리닝 용제를 흡수하여 접착 수지가 용출되어 표면이 끈적이게 된다.
④ 분해한 접착 수지는 본래 상태로 되돌릴 수 없다.
⑤ 비닐 커버에 넣은 채로 장기간 보관을 하면 습기가 가득 차 분해가 촉진된다.
⑥ 건조하고 맑은 날에는 의류를 그늘에 말려서 통풍을 하여 건조하는 게 좋다.

02 | 세탁 조건

1. 세탁 온도와 시간 및 과정

(1) 세탁 온도
① 오점이나 인체 분비물이 의류에 묻을 때보다 약간 높은 온도인 40℃ 내외가 적합하다.
② 웨트클리닝에서는 일반적인 세탁 온도보다 낮아야 의류의 수축이나 신장, 변형, 색 빠짐 등을 예방할 수 있다.

(2) 세탁 시간
① 웨트클리닝의 세탁 시간은 세탁물의 종류나 오염의 정도에 따라 세탁 시간을 달리한다.
② 대체로 오염이 심하지 않은 경우는 1~2분 정도, 오염이 심한 경우는 4~5분 정도로 세탁을 하는 것이 좋다.

(3) 세탁 과정
① 예비 세탁
  ㉠ 오염이나 얼룩 제거의 효과를 높이기 위한 전 처리이다.
  ㉡ 상온에서 단시간 동안 세탁물을 세제액에 담금 처리한다.
  ㉢ 얼룩이나 오염이 심한 부위는 미리 제거하거나 세척 처리한다.
  ㉣ 담금 처리 시 물 빠짐이나 재오염에 주의하여 적절한 시간을 선택해야 한다.
② 본 세탁
  ㉠ 세탁 효과는 세제의 농도와 세탁 온도, 물리적 힘 등 여러 조건이 복합적으로 작용하지만 웨트클리닝 특성상 전 처리에서 미리 오점이나 얼룩을 제거한 뒤 본 세탁은 가급적 짧게 해야 의류의 변형을 어느 정도 예방할 수 있다.
  ㉡ 기계 세탁 시 의류를 망에 넣어 회전속도를 낮게 해서 세탁을 한다.
  ㉢ 세탁 시 마찰력을 줄이기 위해 세탁용수를 일반적인 양보다 20% 정도 더 첨가한다.
  ㉣ 저온에서 가급적 짧은 시간 안에 세탁을 한다.
  ㉤ 반드시 중성세제를 사용해야 한다.

2. 물과 세탁 세제

(1) 물
① 세탁에 쓰이는 물의 좋고 나쁜 정도는 세탁 효과에 큰 영향을 미친다.
② 세탁에 사용되는 물은 의류에 묻은 오염 중 수용성 물질을 용해하여 옷으로부터 오염 물질을 제거할 수 있어야 한다.
③ 센물(경수)
  ㉠ 칼슘, 마그네슘, 철 등의 금속이 함유된 물이다.
  ㉡ 센물에 포함된 금속 성분은 비누와 결합하여 비누의 성능을 떨어지게 하므로 비누의 손실이 많아짐은 물론 세탁 효과도 저하시킨다.
  ㉢ 센물로 세탁하면 세탁 과정 중 불용성 비누가 의복에 잔존할 수도 있어 의복의 촉감이 불량해지는 원인이 되기도 한다.
④ 단물(연수) : 금속 성분이 없는 물이며 세탁 시에는 가급적 단물을 사용해야 한다.

(2) 세탁 세제

① 섬유의 종류, 오염의 형태, 세탁 방법에 따른 적당한 세제의 선택이 중요하다.
② 세탁 성능이 좋고 형태 변화가 적은 세제가 적합하다.
③ 단시간에 아주 약한 마찰로 오염을 제거해야 하는 웨트클리닝 특성상 물에 용해가 빠르며 세척력, 저포성을 가져야 하므로 계면활성제와 그에 따른 첨가제를 적절히 배합한 세제를 선택해서 사용해야 한다.
④ 비교적 오염이 적고 섬세한 제품은 거품 발생이 적어 헹굼이 쉬운 저포성 중성세제를 사용하는 것이 좋다.
⑤ 비 누
  ㉠ 유성 오염과 고형 오염에는 효과가 좋으나 양모, 견, 나일론 등에는 적절하지 않다.
  ㉡ 손빨래나 고온 세탁에서는 효과가 좋으나 세탁기에는 합성세제가 더 좋다.
⑥ 양모, 견, 아세테이트, 벅색 나일론 직물에는 중성서제를 쓰고 면, 마, 레이온, 기타 합성섬유에는 알칼리성 세제를 선택함이 좋다.
⑦ 약알칼리성 세제와 중성세제
  ㉠ 약알칼리성 세제
    • 중질세제라고도 하며 세탁 효과가 가장 좋은 pH 10.5~11.0 내외가 되도록 한 것이다.
    • 내알칼리성이 좋은 섬유의 오염이 심한 경우 세탁하기에 알맞은 세제로, 면·마·레이온·폴리에스터, 폴리프로필렌 등에 사용된다.
    • 알칼리에 약한 모직·견·아세테이트 제품의 웨트클리닝 시에는 부적합하다
  ㉡ 중성세제
    • 웨트클리닝 시 많이 사용하며 경질세제라고도 한다.
    • pH는 7~8 정도이며 오염이 적은 제품의 웨트클리닝 시 사용한다.
    • 모(울), 견, 아세테이트 등 알칼리어 약한 섬유에 적합한 편이다.

03 | 웨트클리닝 처리

1. 웨트클리닝 방법과 주의사항

(1) 방 법
  ① 손빨래
    ㉠ 중성세제나 양질의 비누를 사용하여 색이 빠지기 쉽거나 작은 것을 빨 때 손빨래한다.
    ㉡ 스웨터, 니트, 실크 등의 처리 방법은 중성세제를 사용하여 눌러 빨기를 한다.

② 솔빨래
　㉠ 비교적 큰 물품이나 형이 잘 흐트러지는 것을 빨 때 사용한다.
　㉡ 솔을 사용할 때 두들기거나 세게 문지르지 않아야 한다.
③ 기계빨래(와셔빨래)
　㉠ 와셔는 소형이며 회전이 느린 것을 사용하여 단시간에 처리한다.
　㉡ 염색이 약한 것은 중성세제와 빙초산을 쓰고, 세탁망을 사용한다.
④ 오염을 닦아내는 것
　㉠ 물, 드라이 용제에 담글 수 없는 물품의 오점이나 얼룩을 빼기 위함이다.
　㉡ 용제는 중성세제 수용액, 알코올, 드라이클리닝 용제, 브러시액 등을 천에 적셔 합성피혁, 발포성 고무 등을 닦아낸다.
⑤ 탈수와 건조
　㉠ 탈수 시 형의 망가짐에 유의하고 가볍게 원심 탈수한다.
　㉡ 색 빠짐 우려가 있는 것은 타월에 싸서 가볍게 손으로 눌러 짠다.
　㉢ 늘어날 위험이 있는 것은 평평한 곳에 뉘어서 말린다.
　㉣ 건조는 될 수 있는 대로 자연 건조를 한다.

(2) 주의사항
① 세탁 전에 색 빠짐, 형태 변형, 수축성 여부를 조사한다.
② 수축되기 쉬운 세탁물은 미리 치수를 재어 놓는다.
③ 세탁 전에 형이 흐트러지는지, 색이 빠지는지 등을 사전에 반드시 검토해야 한다.
④ 색이 빠지기 쉬운 것은 될 수 있는 대로 한 점씩 손작업으로 한다.
⑤ 색이 빠지기 쉬운 것이나 작은 물품은 손빨래로 한다.
⑥ 고도의 세탁기술과 마무리 기술을 터득해야 한다.
⑦ 의류의 종류, 성질에 따라 차별적으로 처리한다.
⑧ 마무리 다림질을 생각하여 형이 흐트러지지 않게 빠는 것이 중요하다.
⑨ 가장 알맞은 세제는 알칼리성을 피하고 될 수 있는 대로 중성세제를 써야 한다.
⑩ 중성세제의 가장 적당한 pH는 7이다.

2. 의류별 웨트클리닝 처리

(1) 바 지
① 허리를 왼쪽에, 끝자락을 오른쪽에, 앞을 위로 하여 양다리를 가지런히 놓는다.
② 지퍼는 반쯤 잠그고 좌우의 솔기를 맞추어 뒤편 가랑이 선을 잘 개어 놓고 길이로 세 번 개어 놓는다.

③ 개어 놓은 바지를 세탁액에 담가 전체를 눌러 빤다.
④ 웨트클리닝대에 올려놓고 오점이 심한 부분을 솔빨래한다.
⑤ 눌러 빠는 요령으로 2~3회 반복하여 헹군다.
⑥ 탈수기는 여유 있게 세탁물을 넣어 탈수한다.
⑦ 건조는 뒤집어서 그늘에서 자연 건조시킨다.

(2) 스웨터

① 먼저 의류의 치수를 재어서 기록해 둔다.
② 부분적 오점에 물을 묻히고, 액체 세제의 원액을 묻힌 솔로 두드려 빤다(문지르면 마찰로 인해 늘어짐과 탈색을 초래할 수 있음).
③ 오염이 심한 앞판이나 소맷부리가 잘 보이게 갠 스웨터를 중성세제 용액으로 눌러 빤다.
④ 빨래보다 2배 정도의 상온수에서 눌러 빠는 요령으로 2~3회 헹군다.
⑤ 탈수기로 가볍게 짠다
⑥ 세탁하기 전의 치수에 맞추어 형을 다듬고 평평한 곳에 타월을 깔고 널어 말린다.

> **알아두기** 니트웨어의 올바른 세탁 방법
> - 스웨터를 뒤집어 단추나 그리는 잠가 둔다.
> - 대발 같은 것 위에 평평하게 널어 그늘에 말린다.
> - 세탁하기 전에 각 요소의 사이즈를 측정하여 메모해 둔다.
> - 스웨터에서 물을 짤 때 비틀거나 너무 세게 힘을 주면 옷의 변형과 옷의 수명이 수축될 수 있으니 주의해야 한다.

(3) 여름 원피스와 블라우스

① 사전 얼룩빼기
  ㉠ 깃의 오점이나 얼룩에 물을 묻히고 중성세제를 바르고 솔로 얼룩 주변을 천이 상하지 않도록 두드린다.
  ㉡ 스파팅 기계 작업이 가장 효과적이다.
  ㉢ 스파팅 기계 작업으로 안 되면 얼룩 주변을 천이 상하지 않도록 두드린다.
② 전체 세탁 : 의류를 접어 중성세제 수용액에 담가 가볍게 눌러 빤다.
③ 헹굼 : 눌러 빠는 요령으로 2~3회 헹군다.
④ 탈수 및 건조
  ㉠ 탈수는 탈수기로 가볍게 한다.
  ㉡ 가벼운 것은 옷걸이에 걸어 그늘에 말리고 니트 같은 것은 평평한 곳에 널어 말린다.

(4) 커튼
① 일정 부분이 장시간 빛에 노출된 것이 많으므로 신중히 작업해야 한다.
② 웨트클리닝 후 수축 시 양쪽 끝을 맞잡고 공중에서 다리면 원형으로 복원된다.
③ 방법
　㉠ 전체 길이와 폭을 재어서 기록해 둔다.
　㉡ 망에 넣어 기계로 저온에서 단시간에 세탁한다.
　㉢ 금속 장식이나 레이스 커튼은 담금 세탁이나 약한 손세탁을 권장한다.
　㉣ 금속 장식을 안으로 들어가게 수건으로 말아 접는다.
　㉤ 부피가 알맞게 병풍식처럼 접어 담금이나 손세탁을 한다.
　㉥ 오염이 심한 것은 온수에 표백제를 첨가해서 담금한다.
　㉦ 탈수는 30초 내외로 짧게 해서 구김을 예방한다.
　㉧ 원래대로 걸어서 자연 건조를 한다.

3. 웨트클리닝에서의 의류 변형

(1) 웨트클리닝의 변형
① 대체로 드라이클리닝에서 제거하지 못하는 땀이나 얼룩 등 수용성 물질을 제거하기 위해 물을 이용해 세탁하는 과정 중에서 발생한다.
② 의류의 수축이나 늘어짐 등 형태의 변화와 구김, 변색, 퇴색 등 색상의 변화가 많다.

> **알아두기**　웨트클리닝 시 유의사항
> • 웨트클리닝의 주요 사고 형태 : 탈색, 형태 변화, 이염
> • 웨트클리닝의 사고를 방지할 수 있는 제일 중요한 방법은 내웨트클리닝성 시험을 거치는 일이다.

(2) 형태 변화
① 수축
　㉠ 의류 전체가 줄기도 하고 부분적으로 수축하기도 한다.
　㉡ 웨트클리닝 시 수축은 세탁 과정 중에서 많이 발생하는데 의류의 제조 과정에서 큰 장력을 받고 신장된 상태에서 제조된다.
　㉢ 이러한 장력이 세탁 중에서 제거되었을 때 피륙은 안정된 상태로 돌아가려는 성질이 있어 수축이 일어난다.
　㉣ 세탁 과정에서 물을 흡수하면 섬유가 팽윤하여 실이 굵어지고 그에 따라 굵어진 실과 교착하는 실의 주행거리가 길어지면서 수축된다.

⑪ 수축은 직물 밀도가 적고 레이온같이 흡습성이 큰 직물일수록 두드러지게 나타난다.
　　　⑭ 양모 섬유는 표면에 일정한 방향의 스케일이 있는데 웨트클리닝 시 물에서 서로 마찰하면서 엉켜 수축이 발생한다.
　　② 신 장
　　　㉠ 물에서 세척력을 높이기 위해 물리적인 힘을 가하면 발생한다.
　　　㉡ 의류는 세탁이나 착용 등 외부에서 가하는 물리적인 힘이 옷감의 탄성 회복 범위 이상의 큰 힘일 때 또는 그 외력이 반복해서 가해지거나 장시간 가해질 때 전체적·부분적으로 늘어나는 신장 현상을 나타낸다.
　　　㉢ 특히 웨트클리닝 시 조직이 느슨한 제품을 물에서 압력을 많이 가하거나 탈수 후 건조 과정에서 방법이 잘못되었을 때 쉽게 신장된다.

(3) 색 까짐 및 색상 변화
① 세탁 중 마찰이나 얼룩 제거 시 과도한 액션이나 잘못된 약제 사용 등으로 발생한다.
② 색 까짐은 식물성 섬유로 이루어진 의류, 견으로 이루어진 의류, 염색견뢰도가 떨어지는 청(진)바지 종류에서 많이 일어난다.
③ 색 까짐과 색상 변화의 원인

색 까짐	색상 변화
• 알칼리성 세제를 사용해 세탁한 경우 • 과다한 세탁 시간으로 마찰에 인해 발생한 경우 • 얼룩 제거 시 과도한 기계적인 힘을 가한 경우 • 강한 약제 사용으로 얼룩 제거를 할 경우	• 의류에서 떨어져 나온 오구들이 다시 세탁물에 부착되는 경우 • 염색견뢰도가 낮은 의류에서 발생한 물빠짐이 다시 의류에 부착되는 경우 • 의류에 부착된 부자재(액세서리 등)를 떼어 내지 않고 세탁한 경우

04 | 탈수·건조

1. 탈 수

(1) 웨트클리닝의 탈수
① 웨트클리닝에서의 탈수는 무엇보다 의류의 형태안정성이 우선시되어야 한다.
② 탈수는 건조의 촉진을 위해 필요하지만 헹구기 과정에서도 헹굼 효과를 올리는 데 중요한 역할을 한다.
③ 탈수는 형태가 변형되는 것을 주의하고 구김이 가지 않도록 가볍게 원심 탈수를 하거나 타월에 싸서 손으로 눌러 짠다.

(2) 방법

① 자연낙수법
  ㉠ 세탁물을 물에서 건져 그대로 줄에 너는 방법이다.
  ㉡ 합성섬유 제품과 같이 흡수율이 낮고 건조가 빠른 것은 탈수하지 않고 자연낙수 건조하는 것이 옷의 변형과 구김이 덜 생긴다.

② 비틀어 짜는 법
  ㉠ 세탁물을 양손에 잡고 비틀어 짜는 방법이다.
  ㉡ 일반 가정에서 빨래할 때 널리 쓰이는 방법이다.
  ㉢ 탈수 효과가 좋지 않으면서 옷감의 손상이 심하므로 강도가 크고 변형의 우려가 작은 세탁물에만 사용할 수 있는 방법이다.

③ 눌러 짜는 법
  ㉠ 세탁물을 평판 위에 놓고 그 위에서 눌러서 짜는 방법이다.
  ㉡ 탈수 효과는 좋지 않으나 옷의 손상이 적다.
  ㉢ 레이온, 아세테이트 제품이나 편성물과 같이 변형되기 쉬운 의류에 적합한 방법이다.

④ 수건에 감싸 짜는 법
  ㉠ 세탁물을 마른 수건으로 감싸서 수분을 빨아내는 방법이다.
  ㉡ 탈수 효과도 좋고 옷감의 손상이 적다.
  ㉢ 모, 견직물이나 편성물의 탈수 방법으로 이용할 수 있다.
  ㉣ 감싸는 수건이 많이 필요하고 또 젖은 수건을 말려야 하는 번거로움이 뒤따른다.
  ㉤ 소량의 세탁물을 빨리 말려야 할 필요가 있을 경우에 이용하는 방법이다.

⑤ 기계 탈수
  ㉠ 원통에 세탁물을 넣고 고속으로 회전시켜 탈수하는 방법이다.
  ㉡ 단시간에 많은 양의 탈수가 가능하고 회전속도가 클수록 탈수 효과도 크다.
  ㉢ 의류 형태안정성이 좋지 않고 구김이 많이 발생하여 고정될 수 있다.
  ㉣ 편성물의 실이 빠져나와 필링의 원인이 될 수 있다.

(3) 주의사항

① 이염 방지를 위해 색상별, 섬유별로 분리해서 탈수를 한다.
② 구김을 예방하기 위해 섬유별 탈수 속도를 달리 해야 한다.
③ 스팽글, 비즈 등은 뒤집거나 감싸서 파손되지 않도록 주의해야 한다.

2. 건조

(1) 방법
① 고온 열풍 시 살균 소독 작용을 한다.
② 두꺼운 옷감일 때는 그냥 말려 마무리한다.
③ 건조기는 보통 텀블러를 사용하고, 텀블러를 사용할 경우 물품을 회전통에 반 정도 넣고 40℃ 내외에서 5~10분간 처리한다.
④ 웨트클리닝한 의류는 저온에서 단시간 처리한다.

(2) 자연 건조와 저온 건조
① 자연 건조법
  ㉠ 자연 건조 시 수축 및 늘어짐에 의한 의류 변형에 주의해야 한다.
  ㉡ 햇볕에 노출되어 탈색되지 않도록 바람이 통하는 그늘에서 말린다.
  ㉢ 구김이 많은 의류는 스팀다리미로 구김을 편 뒤 널어서 자연 건조한다.
② 저온 건조법
  ㉠ 탈수 후 구김이 많이 발생한 의류는 섬유에 따라 텀블러에 의한 건조로 구김을 편다.
  ㉡ 텀블러 사용 시 온도는 40℃ 이하의 저온에서 한다.
  ㉢ 텀블러 안에서의 마찰력에 의한 까짐 현상에 주의해야 한다.

(3) 주의사항
① 건조는 가능한 자연 건조를 하고 늘어날 우려가 있는 것은 평평한 곳에 뉘어서 말린다.
② 화학섬유로 된 의류는 높은 온도에서 장시간 열풍 건조 시 수축·황변되기 쉬우므로 60℃ 이하에서 건조해야 한다.
③ 레이온 소재의 혼방 직물을 건조기에 넣고 돌리면 마찰로 까지는 현상이 발생한다.
④ 나일론 및 실크류는 직사광선을 받으면 황변하므로 그늘에서 말려야 한다.
⑤ 고급 직물, 양모, 고무 및 프린터 제품은 열풍 건조기를 사용하면 안 된다.
⑥ 단추나 파스너 등 의류의 부자재는 밖으로 노출되지 않게 하고 건조해야 한다.
⑦ 구김이 많이 생기는 의류는 표준 건조 용량의 80% 미만으로 넣어 구김이 덜 생기게 한다.
⑧ 자연 건조 시 색이 다른 천은 겹치지 않게 펼쳐서 건조해야 이염 사고를 방지할 수 있다.
⑨ 다량의 면 부스러기가 나오므로 건조효율 저하를 막기 위해 배기구는 매일 청소해야 한다.
⑩ 건조 작업 종료 즈음에는 가열을 중지하고 냉풍으로 5~10분 정도 회전시킨다.
⑪ 저온의 경우는 회전통에 넣는 양을 적게 한다.
⑫ 고온의 경우 건조가 끝나는 대로 즉시 의류를 꺼내지 않으면 많이 구겨진다. 가열을 멈춘 후에도 물품을 텀블러 안에서 방치하면 안 된다.

적중예상문제

01 드라이클리닝을 하는 데 어려움이 있는 의류를 손빨래를 원칙으로 물품을 손상하지 않고, 가볍게 처리하는 세탁 작업은?
① 론드리 ② 웨트클리닝
③ 건식클리닝 ④ 드라이클리닝

해설
웨트클리닝은 드라이클리닝을 못하는 제품이나 드라이클리닝을 하여도 오점이 많이 남아 할 수 없이 중성세제를 사용하여 물세탁을 하거나 간단히 하는 세탁 방법이다.

02 웨트클리닝 방법에 해당하지 않는 것은?
① 손빨래 ② 솔빨래
③ 기계빨래 ④ 애벌빨래

해설
웨트클리닝의 처리 방법에는 손빨래, 솔빨래, 기계빨래, 오염을 닦아내는 것 등이 있다.

03 다음 중 가정에서의 손빨래와 같은 종류의 세탁법은?
① 상업세탁 ② 드라이클리닝
③ 웨트클리닝 ④ 재염색법

해설
웨트클리닝(Wet Cleaning)
손작업으로 간단하게 세탁하거나 브러시하여 짧은 시간에 약식으로 클리닝하는 방법

04 웨트클리닝 대상품이 아닌 것은?
① 합성수지제품
② 고무를 입힌 제품
③ 수지안료 가공제품
④ 드라이클리닝이 가능한 제품

해설
웨트클리닝은 드라이클리닝이 불가능한 제품(염화비닐 합성피혁, 코팅된 제품, 고무를 입힌 제품, 수지안료 가공제품), 론드리에서 상해가 우려되는 제품 등을 세척하는 것이다.

정답 1 ② 2 ④ 3 ③ 4 ④

05 다음 설명으로 옳지 않은 것은?

① 수축되기 쉬운 것은 미리 치수를 재어 놓는다.
② 염화비닐 합성피혁은 웨트클리닝에서 경화되므로 드라이클리닝한다.
③ 웨트클리닝의 와셔는 소형이고 회전이 느린 것을 사용한다.
④ 견, 모의 블라우스나 와이셔츠는 땀 오염이 심하므로 웨트클리닝이 좋다.

해설
염화비닐 합성피혁은 드라이클리닝에서 경화되므로 웨트클리닝 한다.

06 다음 중 웨트클리닝 할 때 잘못하여 발생하는 사고가 아닌 것은?

① 탈 색
② 이 염
③ 형태 변화
④ 용 융

해설
웨트클리닝할 때 용융현상(고체가 녹아서 액체로 변하는 현상)은 일어나지 않는다.

07 웨트클리닝의 주요 사고 형태와 가장 관계가 먼 것은?

① 탈 색
② 이 염
③ 형태 변이
④ 중량 감소

08 다음 중 웨트클리닝(Wet Cleaning)을 하는 방법으로 옳지 않은 것은?

① 드라이클리닝 또는 론드리에서 상해가 우려되는 제품을 세척하는 것이다.
② 일반적으로 손빨래 또는 솔빨래로 단시간 처리한다.
③ 합성용제의 용액으로 주로 가볍게 눌러 빤다.
④ 오점에 따라 용제를 써서 닦아낸 뒤 중성세제로 가볍게 손빨래한다.

해설
웨트클리닝용 세제는 약알칼리 세제와 중성세제(pH는 7~8 정도)가 주로 사용된다.

09 웨트클리닝에서 주의하여야 할 사항 중 옳지 않은 것은?

① 수축되기 쉬운 세탁물은 미리 치수를 재어 놓는다.
② 세탁 전에 형이 흐트러지는가 색이 빠지는가 등은 사전에 반드시 검토할 필요는 없다.
③ 색이 빠지기 쉬운 것은 될 수 있는 대로 한 점씩 손작업으로 한다.
④ 고도의 세탁기술과 마무리 기술을 터득해야 한다.

해설
세탁 전에 색 빠짐, 형태 변형, 수축성 여부를 조사해야 한다.

정답 5② 6④ 7④ 8③ 9②

10 웨트클리닝에서 스웨터의 처리 방법으로 옳지 않은 것은?

① 중성세제를 사용한다.
② 눌러 빨기를 한다.
③ 60℃에서 건조한다.
④ 축융 방지를 위해 유연제를 사용한다.

해설
웨트클리닝에서 니트웨어는 대발 같은 것 위에 평평하게 널어 그늘에 말린다.

11 다음 중 웨트클리닝의 처리법에 대한 설명으로 옳은 것은?

① 염색이 강한 것은 중성세제와 빙초산을 쓰고, 세탁망을 사용한다.
② 모든 대상품에 대해 동일한 처리법으로 처리해야 한다.
③ 비교적 큰 물품이나 형이 잘 흐트러지는 것은 손빨래로 한다.
④ 색이 빠지기 쉬운 것이나 작은 물품은 손빨래로 한다.

해설
① 염색이 약한 것은 중성세제와 빙초산을 쓰고, 세탁망을 사용한다.
② 대상이 되는 의류는 종류가 많고 성질도 다르므로 처리법도 다르다.
③ 비교적 큰 물품이나 형이 잘 흐트러지는 것은 솔빨래로 한다.

12 다음 중 웨트클리닝에 가장 적합한 세제는?

① 비 누
② 가루비누
③ 중성세제
④ 강알칼리성 세제

해설
웨트클리닝에는 주로 약알칼리 세제와 중성세제가 사용된다.

13 웨트클리닝의 탈수와 건조에 대한 설명으로 옳지 않은 것은?

① 형의 망가짐에 상관없이 강하게 원심 탈수한다.
② 늘어날 위험이 있는 것은 평평한 곳에 뉘어서 말린다.
③ 건조는 될 수 있는 대로 자연 건조를 한다.
④ 색 빠짐 우려가 있는 것은 타월에 싸서 가볍게 손으로 눌러 짠다.

해설
웨트클리닝의 탈수 시 형의 망가짐에 유의하고 가볍게 원심 탈수한다.

정답 10 ③ 11 ④ 12 ③ 13 ①

14 다음의 설명 중 옳은 것은?

① 론드리는 면, 마의 백색 세탁물을 50℃ 이상의 높은 온도에서 행하는 세탁법이다.
② 웨트클리닝은 일반적으로 론드리에 비해 세탁물에 많은 상해를 준다.
③ 웨트클리닝은 100℃ 이상의 물을 사용하여 세탁한다.
④ 론드리는 알칼리제나 비누 등을 사용하므로 공해가 크다.

해설
②, ③ 웨트클리닝은 중성세제로 낮은 온도에서 섬세한 물품을 상하지 않게 세탁하는 것이다.
④ 론드리는 알칼리제나 비누 등을 사용하므로 공해가 적다.

15 니트웨어의 올바른 세탁 방법이 아닌 것은?

① 스웨터를 뒤집어 단추나 고리는 잠가 둔다.
② 대발 같은 것 위에 평평하게 널어 그늘에 말린다.
③ 탈수하여 옷걸이에 뒤집어 걸어 말린다.
④ 세탁하기 전에 각 요소의 사이즈를 측정하여 메모해 둔다.

해설
스웨터에서 물을 짤 때 비틀거나 너무 세게 힘을 주면 옷의 변형과 옷의 수명이 수축될 수 있으므로 주의해야 한다.

정답 14 ① 15 ③

CHAPTER 05 특수제품 세탁

01 | 가죽·모피제품 세탁

1. 가죽 및 모피

(1) 가 죽

① 천연가죽
 ㉠ 양, 소, 돼지, 악어 등과 같은 동물의 피부를 벗겨 낸 것이다.
 ㉡ 가죽에서 털을 제거하고 적당한 약품으로 처리한다.
 ㉢ 스웨이드는 가죽의 내면 쪽을 기모 가공한 것이다.

② 인조가죽
 ㉠ 부직포와 폴리우레탄을 소재로 하여 인공적으로 만든 가죽 모조품이다.
 ㉡ 인조 스웨이드는 극세섬유로 부직포 또는 직물이나 편성물을 만들고 여기에 폴리우레탄 수지를 입힌 후에 표면을 기모한 것이다.
 ㉢ 천연피혁 대체품으로 개발된 인조피혁 원단(파이룩신레더, 비닐레더, 스펀지레더, 나일론도장 합성레더, 폴리아마이드계 합성레더, 우레탄계 합성레더, 아미노산계 합성피혁 등 인조가죽의 총칭)을 의미한다.

③ 천연가죽과 인조가죽의 구분
 ㉠ 천연가죽은 가죽 특유의 냄새가 나므로 냄새로 구분한다.
 ㉡ 천연가죽은 가죽 안 내피가 수에드(Suede)와 같으나 인조가죽은 직물이나 편성물 원단으로 되어 있으므로 원단 안쪽의 상태로 구분한다.
 ㉢ 천연가죽의 스킨은 부드러운 광택과 모공, 잔주름이 있으나 인조가죽은 광택이 많고 모공, 잔주름이 관찰되지 않는다.
 ㉣ 인조가죽은 불에 의해 쉽게 오그라들고 쉽게 타나, 천연가죽은 쉽게 타지 않는다.
 ㉤ 인조가죽은 천연가죽에 비하여 가볍다.
 ㉥ 접었을 때 천연가죽은 부드럽게 접히고 탄력이 있으나 인조가죽은 접었을 때 탄력이 없고 부드럽게 접히지 않는다.
 ㉦ 방수 코팅 가공된 가죽을 제외하고 천연가죽은 물방울을 쉽게 흡수하나 인조가죽은 전혀 흡수하지 않는다.

(2) 모피(毛皮)
  ① 천연모피
    ㉠ 동물의 털이 붙은 채로 가공한 것이다.
    ㉡ 모피의 구조는 면모, 강모, 조모로 구분할 수 있다.
    ㉢ 모피의 가치는 무두질 가공과 관계가 많다.
    ㉣ 모피에는 매우 고가의 표범, 밍크 등과 저렴한 양, 토끼 등이 있다. 이 외에 여우, 담비, 친칠라, 바다표범, 비버 등이 있다.
    ㉤ 겨울철에 털이 잘 자라며, 값도 가장 비싸다.
    ㉥ 면모의 밀도는 모피의 가치를 결정짓는 가장 중요한 요인이 된다.
  ② 인조모피 : 직물 또는 편성물의 바탕에 동물의 털 대신 폴리에스터사 또는 아크릴사를 사용하여 만든 것이다.

> **알아두기 가죽제품**
>
> 천연가죽(피혁) 및 인조가죽(피혁), 천연모피 제품(모피) 원단이 표면 가죽면적 비율의 60% 이상인 제품으로 가죽 및 모피의류 제품류(장갑류 포함), 벨트류(벨트, 허리띠), 가방류(핸드백류), 소파류, 지갑류, 신발류 등을 포함한다.

2. 가죽의 특성과 처리 공정

(1) 가죽의 특성
① 내열성이 증대한다.
② 유연성과 탄력성이 크다.
③ 산성염료에 염색성이 좋다.
④ 부패하지 않는다.
⑤ 화학약제에 대한 저항력이 크다.

(2) 가죽의 처리 공정

구분	설명
물에 침지	원피에 붙어 있는 오물, 소금 등을 씻어내고, 가죽 중에 있는 가용성 단백질을 녹여낸 후 원피에 수분을 충분히 흡수하여 생피 상태로 연하게 환원시키는 것이다.
제 육	원피에 붙어 있는 기름 덩어리나 고기를 제거하는 것이다.
탈 모	기계적으로 가죽에 붙어 있는 털을 제거하는 것이다.
석회 침지	석회액에 담가 가죽을 팽윤시켜 모근을 느슨하게 하는 것으로 가죽의 촉감 향상을 위하여 털과 표피층, 불필요한 단백질, 지방과 기름 등을 제거하는 공정이다.
분 할	분할기를 사용해 가죽 이면을 깎고 두꺼운 가죽은 2층(은면층·육면층)으로 나눈다.
때 빼기	가죽제품이 깨끗하고 염색이 잘되도록 은면에 남아 있는 모근, 지방 또는 상피층의 분해물을 제거하는 것이다.

회분 빼기	석회에 담그기가 끝난 가죽은 알칼리가 높아 가죽 재료로 사용하기에 부적당하므로 산, 산성염으로 중화시키는 작업이다.
산에 담그기	산을 가하여 산성화하여 가죽을 부드럽게 하는 공정으로, 이때 가장 적합한 pH는 2.0~3.5이다.
유 성	동물피를 가죽으로 만드는 것으로 이 공정을 거친 것을 가죽, 즉 레더(Leather)라 한다.

3. 피 혁

(1) 피혁의 개념과 특성

① 피혁의 개념
  ㉠ 피혁이란 날가죽과 무두질한 가죽의 총칭이다.
    ※ 무두질 : 생피에서 지질이나 결체조직을 떼어내고 남은 가죽 부분을 명반, 기름, 크로뮴 등으로 처리해서 가죽의 부패를 방지하고 유연성을 부여하는 작업이다.
  ㉡ 원피는 스킨(Skin)과 하이드(Hide)로 구별된다.
  ㉢ 원피의 단면구조는 표피층, 진피층, 피하조직으로 이루어져 있다.
  ㉣ 진피는 가죽에서 표피층 아랫부분으로 원피 두께의 50% 이상을 차지하며 제혁작업 후 최종까지 남아서 피혁이 되는 중요한 부분이다.
  ㉤ 화학적 조성은 콜라겐이라는 섬유상 단백질로 되어 있다.
  ㉥ 소, 말, 사슴처럼 큰 동물의 생가죽은 하이드라고 부른다.
  ㉦ 양, 염소, 돼지처럼 작은 동물(원피 상태에서의 무게가 30파운드 이내)의 가죽은 스킨이라 부른다.

② 피혁의 특성
  ㉠ 열에 약해서 55℃ 이상의 온도에서는 굳어지고 수축된다.
  ㉡ 건조하고 신선한 곳에 보관해야 한다.
  ㉢ 합성피혁은 드라이클리닝을 하면 경화·탈색되는 것이 많다.
  ㉣ 인장, 굴곡, 마찰강도가 좋고 통기성과 열전도성이 없어 보온성이 높다.
  ㉤ 염색견뢰도가 나빠서 일광, 클리닝에 의해 퇴색되기 쉽다.
  ㉥ 곰팡이가 생기기 쉽다.

> **알아두기** 크로뮴법(크롬법)
>
> 처리시간이 짧고 부드러우며 색이 청색이어서 원하는 색으로 염색할 수 있으므로 의복재료로 사용하는 피혁제조 방법이다.

(2) 천연피혁

① 천연피혁의 장단점

장 점	단 점
• 인장·인열 강도가 우수하다. • 신장률·내굴곡성이 적당하다. • 순응성이 있다. • 통풍성 및 차단성이 있다. • 열처리 및 보온성이 있다. • 표면이 아름답고 내구성이 있다. • 염색 가공이 용이하다.	• 면적이 한정되어 있다. • 표면의 균일성이 없다. • 내수성이 약하다. • 건조 시 수축된다. • 곰팡이 발생이 용이하다. • 알칼리성에 약하다.

② 천연피혁의 손질 및 보전 방법

㉠ 젖었을 때는 직사일광 또는 불로 건조시키지 않는다.
㉡ 보관할 때는 온도나 습도가 낮은 곳에서 보관해야 한다.
㉢ 손질할 때는 일주일에 한 번 정도 가죽 전용 크림으로 닦아야 한다.
㉣ 건조시킬 때는 반드시 응달에서 말려야 한다.

(3) 인조피혁

① 부직포뿐 아니라 직포로 제조되는 것까지 포함하여 분류된다.
② 면이나 인조섬유로 된 직물 위에 염화비닐수지나 폴리우레탄수지를 코팅한 것이다.
③ 초기의 것은 주로 비닐레더라 하며 면포나 부직포에 염화비닐수지를 코팅한 것이다.
④ 부직포 상태로 만든다.
⑤ 표면을 기모시켜 스웨이드와 같이 만든다.
  ※ 스웨이드는 가죽의 내면 쪽을 기모 가공한 것이고, 털이 붙어 있는 채로 처리한 것을 모피라 한다.
⑥ 통기성, 투습성이 있다.
⑦ 기온이 떨어지면 촉감이 딱딱하고 강도도 떨어질 수 있다.
⑧ 내구성이 불량하다.

(4) 합성피혁의 손질 및 보존 방법

① 건조시킬 때는 응달에서 말려야 한다.
② 기름이 있는 장소는 피해야 한다.
③ 온도나 습도가 높은 곳에 보존하면 좋지 않다.
④ 오염되었을 때는 물수건 등으로 가볍게 닦아내는데, 이때 세척제나 벤졸을 사용하지 않는다.
※ 합성피혁에 주로 사용되는 수지는 폴리우레탄수지, 염화비닐수지, 나일론수지이다.

> **알아두기** | **토끼털**
> - 섬유 간의 엉킴성이 작아 단독으로 방적사를 만들 수 없는 섬유이다.
> - 토끼털 중 피복 재료로 사용하는 것은 주로 앙고라 토끼털이며, 권축과 스케일이 없어서 양모와 혼방하여 방적한다.

02 | 신발 세탁

1. 신발 재질과 접착제

(1) 신발 재질

① 천연피혁
   ㉠ 물에 닿거나 젖었을 때 햇빛에 말리면 변색이나 변형이 된다.
   ㉡ 통기성이 좋지 않아 곰팡이가 생기기 쉽다.
   ㉢ 염색견뢰도가 나쁘고 얼룩이 생기면 제거하기 어렵다.

② 합성피혁
   ㉠ 오염과 방수에 강하지만 마찰력에 약하다.
   ㉡ 기름과 열에 약하다.

③ 매 시
   ㉠ 나일론이나 폴리에틸렌을 사용한 합성섬유로 가볍고 통풍이 잘된다.
   ㉡ 가죽보다 내구성이 약하다.
   ㉢ 방수와 보온이 약하다.
   ㉣ 착용감이 좋고 가장 많이 사용한다.

④ 에나멜 가죽(Patent Leather)
   ㉠ 표면이 매끄러워 오염에 강하지만 마찰에 흠이 생기기 쉽다.
   ㉡ 모양이 견고하지만 신축성이 없어서 약간 큰 사이즈로 구입하는 게 좋다.

⑤ 스웨이드·누벅 : 촉감이 부드럽고 고급스러운 느낌이 있으나 물 얼룩이 잘생기고 쉽게 오염된다.

⑥ 네오프렌 : 신축성이 좋아서 부드럽게 감싸 주는 느낌이 있다.

⑦ 우레탄 : 높은 내마모성, 저온 유연성, 내열성, 내산화성, 내유성, 높은 탄성률 등의 특성이 있다.

(2) 접착제

① 성 분

천연 고분자계	아교, 전분	
반합성 고분자계	아세틸 셀룰로스	
합성분자계	열가소성	폴리비닐아세테이트, PVC
	열경화성	에폭시, 우레탄
	고무계	클로로프렌 고무, NBR
	복합수지계	나이트릴 고무, 페놀수지
무기고분자계	규산염계, 알루미나시멘트	

② 접착제 선택

㉠ 유연하여 작업성이 좋고 강인하고 고정성이 좋아야 한다.
㉡ 내수성, 내유성, 내열성, 내후성이 좋아야 한다.
㉢ 상온에서 고속 경화하고 햇빛에 변색이 적어야 한다.
㉣ 독성이 적고 저장성이 좋으며 가격이 적당해야 한다.

2. 오염의 원인 분석과 약품 선택

(1) 부위에 의한 분류

① 내부로부터의 오구 : 신체 분비물, 신진대사 탈락물, 배설물 등 생리 작용에 의한 오염
② 외부로부터의 오구 : 먼지, 음식물, 필기도구, 화장품, 식용유, 도료 등 생활환경에 의한 오염

(2) 녹는 물질에 의한 분류

① 수용성 오구 : 땀, 술, 설탕, 간장, 겨자, 아이스크림, 커피, 케첩 등 물에 녹는 오점
 ⇨ 물이나 중성세제로 제거한다.
② 유용성 오구 : 동·식물성 기름, 광물성 기름, 유용성 수지, 화장품 등 기름에 녹는 오점
 ⇨ 유기용제로 제거한다.
③ 불용성 오구 : 매연, 토사, 먼지 등 무기물과 섬유 같은 고분자 화합물 등 녹지 않는 오점
 ⇨ 녹지 않으므로 밀어내야 한다.

(3) 성분에 의한 분류

① 동물성 오구(단백질 오구) : 단백질 제거제나 효소를 사용하여 제거한다.
② 식물성 오구(타닌 오구) : 타닌 제거제를 사용하여 제거한다.
③ 철분 오구 : 수산, 불산(플루오린산) 등으로 제거한다.

3. 제품 소재와 그에 따른 세제

(1) 동물성 소재
① 산성세제나 중성세제로 세탁한다.
② 세액을 pH 5에 맞추어 세탁해야 줄어듦이나 색 빠짐이 덜하다.
③ 젖은 상태로 심하게 문지르지 않아야 한다.
④ 헹굼 과정에서 가지제를 첨가하여 가죽이 뻣뻣해지는 것을 막아 준다.

(2) 식물성 소재
① 중성이나 알칼리성 세제로 세탁한다.
② 물 빠짐이 있을 경우에는 알칼리성 세제를 사용하지 않아야 한다.
③ 알칼리성 세제로 세탁했을 경우에는 헹굼을 확실히 해 주고 중화 과정을 거쳐서 알칼리 황변을 방지해야 한다.

(3) 합성 소재
① 대부분의 세제에 안전하지만 알칼리성 세제를 사용한 경우에는 헹굼을 확실히 해 주고 중화 과정을 거쳐서 알칼리 황변을 방지해야 한다.
② 기능성 가공이 되어 있는 경우에는 전용 세제를 사용하고 실리콘 유연제를 사용하지 않아야 한다.

03 | 기타 제품 세탁

1. 각종 침구류의 구성 및 카펫의 특성

(1) 각종 침구류의 구성
① 침대커버 세트 : 이불, 침대커버, 패드, 베개로 이루어져 있다.
② 차렵이불 : 봄, 가을에 사용하는 이불이다.
③ 누비이불 : 여름에 사용하는 이불로 얇고 촘촘하게 누벼서 만든 이불이다.
④ 삼베이불 : 삼베로 만든 여름용 이불이다.
⑤ 원앙금침
   ㉠ 원앙을 수놓은 이불과 베개란 뜻으로 부부용 침구를 뜻한다.
   ㉡ 매트(요), 이불, 베개로 이루어져 있다.
⑥ 보료 세트 : 등침, 단침, 장침, 보료, 방석으로 구성되어 있다.

(2) 카펫의 특성
   ① 흡음성 : 다른 바닥재에 비해 소리의 흡수가 잘 되어 조용하다.
   ② 보온성과 보랭성 : 열전도율이 낮아서 온도 유지가 뛰어나다.
   ③ 보행성 : 우수한 보행성과 미끄러지지 않는 성질로 신체의 피로도를 감소시킨다.
   ④ 쾌적한 환경 : 공기 중의 먼지를 흡착하여 실내 공기를 깨끗하게 한다.
   ⑤ 오염성
      ㉠ 관리가 불량하면 섬유 사이에 오염물이 들어가 피부염, 호흡기 질환을 유발할 수 있다.
      ㉡ 세탁 방식이 잘못됐을 때 카펫의 마모가 심하고 세탁 찌꺼기로 인해 곰팡이나 세균이 번식할 수 있다.

2. 침구류의 소재에 따른 적합한 세제

(1) 식물성 소재
   ① 식물성 섬유는 알칼리더 강하고 산에 약하기 때문에 중성세제나 알칼리성 세제를 사용해야 한다.
   ② 알칼리성 세제가 중성세제보다 세척력은 더 좋으나 물 빠짐이 있을 수 있고 세탁 후에 황변 방지를 위해서 잔류 알칼리 성분을 없애야 한다.
   ③ 잔류 알칼리를 없애기 위해서는 헹굼을 철저히 하거나 산욕 처리를 해야 한다.
   ④ 산욕은 마지막 헹굼 시에 휘발성 산인 개미산, 초산 등을 넣어서 pH 5~5.5를 만들어 담금 처리하면 잔류 알칼리를 중화하는 효과가 있다.

(2) 동물성 소재
   ① 일반적으로 드라이를 해야 하나 침구류는 살에 직접 닿는 제품이므로 물세탁을 해야 한다.
   ② 동물성 섬유는 산에 강하고 알칼리에 약하므로 중성세제나 산성세제를 사용해야 한다.
   ③ 모직물은 축융에 주의해야 하고 견섬유는 물 빠짐에 주의해야 한다.
   ④ 세탁 시간을 짧게 하고 세탁 시에 물리적 힘을 심하게 주지 않아야 한다.

(3) 합성 소재
   ① 중성세제, 알칼리성 세제, 산성세제에 안전하다.
   ② 소수성이어서 건조 속도가 빠르다.
   ③ 알칼리성 세제 사용 시에 황변이 올 수 있으므로 헹굼을 철저히 하거나 산욕을 해서 잔류 알칼리를 중화하는 것이 좋다.

> **알아두기** 침구류 겉감과 충전재
> - 겉감 소재 : T/C직물(폴리에스테르와 면 혼방직물), 실크 목공단 등
> - 충전재 소재 : 거위·오리털, 목화·양모·천견실크 솜 라텍스, 화학솜(폴리에스테르 솜) 등

3. 벨벳제품의 제조 공정과 다림질

(1) 벨벳제품의 제조 공정
① 가호 공정 : 실에 풀 먹임을 하는 공정이다.
② 제직 공정 : 벨벳 직물을 만드는 공정이다.
③ 전모 공정 : 벨벳의 털을 기준에 맞게 일정하게 자르는 공정이다.
④ 염색 공정
　㉠ 탱크(Tank) 염색 : 아세테이트 벨벳이나 레이온 벨벳 염색 방법이다.
　㉡ 래피드 염색 : 폴리에스터 벨벳 염색 방법이다.
　㉢ CPB 염색 : 면 벨벳 염색 방법이다.
⑤ 브러시 가공 공정 : 털을 일정한 방향으로 정렬시키고 세워 준다.
⑥ 열처리 공정 : 정렬시킨 털을 열처리하여 고정시킨다.

(2) 벨벳제품 다림질
① 벨벳제품은 다림질 시 퍼프(Puff) 작업으로 털이 눕는 사고를 방지한다.
② 벨벳제품을 착용하다 보면 팔 안쪽과 무릎 뒤쪽, 엉덩이, 허리 쪽에 벨벳이 접히거나 주름져 파일이 눕는 현상이 생기는데, 빛의 반사가 일정하지 않아서 얼룩이 생긴다.
③ 다림질 방법이 잘못되었거나 다림질 실수로 털이 누워 사고를 일으킬 수 있다.
④ 보통 수건을 덮어 다리거나 벨벳 다림질 전용 덮개를 사용하여 다리는데, 다림판의 퍼프 기능을 사용하면 간편하게 다릴 수 있다.
⑤ 다리미의 기능
　㉠ 베큠(Vacuum) 기능 : 다림판에서 다림질할 때 다리미로부터 나오는 스팀을 다림판에서 빨아들여 옷의 고정을 빠르게 하는 기능이다.
　㉡ 퍼프(Puff) 기능 : 신형 다리미에서 베큠과는 반대로 다림판에서 바람이나 스팀을 불어내어 옷을 띄우거나 스팀을 불어넣는 기능이다.

적중예상문제

01 다음 중 가죽과 모피에 대한 설명으로 옳지 않은 것은?
① 천연가죽은 양, 소, 돼지, 악어 등과 같은 동물의 피부를 벗겨 낸 것이다.
② 인조가죽은 부직포와 폴리우레탄을 소재로 하여 인공적으로 만든 가죽 모조품이다.
③ 천연모피는 동물의 털을 떼어 내고 가공한 것이다.
④ 인조모피는 직물 또는 편성물의 바탕에 동물의 털 대신 폴리에스터사 또는 아크릴사를 사용하여 만든 것이다.

해설
③ 천연모피는 동물의 털이 붙은 채로 가공한 것이다.

02 모피(毛皮)의 가치를 결정짓는 가장 중요한 요인이 되는 것은?
① 면모의 밀도
② 강모의 강도
③ 조모의 길이
④ 조모의 색채

03 다음 중 가죽제품에 대한 설명으로 옳지 않은 것은?
① 천연가죽(피혁) 및 인조가죽(피혁), 천연모피제품(모피) 원단이 표면 가죽면적 비율의 80% 이상인 제품을 말한다.
② 가죽 및 모피의류 제품류(장갑류 포함)를 포함한다.
③ 벨트류(벨트, 허리띠), 가방류(핸드백류)를 포함한다.
④ 소파류, 지갑류, 신발류 등을 포함한다.

해설
가죽제품이란 천연가죽(피혁) 및 인조가죽(피혁), 천연모피제품(모피) 원단이 표면 가죽면적 비율의 60% 이상인 제품을 말한다.

04 가죽의 특성으로 옳지 않은 것은?
① 유연성과 탄력성이 크다.
② 산성염료에 염색성이 좋다.
③ 부패하지 않는다.
④ 화학약제에 대한 저항력이 작다.

해설
④ 화학약제에 대한 저항력이 크다.

정답 1 ③ 2 ① 3 ① 4 ④

05 다음 중 피혁에 대한 설명으로 옳지 않은 것은?

① 날가죽과 무두질한 가죽의 총칭이다.
② 열에 약해서 55℃ 이상의 온도에서는 굳어지고 수축된다.
③ 천연피혁은 젖었을 때 직사일광 또는 불로 건조시킨다.
④ 합성피혁은 건조시킬 때 응달에서 말려야 한다.

해설
③ 천연피혁은 젖었을 때 반드시 응달에서 말려야 한다.

06 다음 중 섬유 간의 엉킴성이 작아 단독으로 방적사를 만들 수 없는 섬유는?

① 캐시미어　　② 메리노
③ 알파카　　　④ 토끼털

해설
토끼털 중에 피복 재료로 사용되는 것은 주로 앙고라 토끼털로 권축과 스케일이 없어서 양모와 혼방하여 방적한다.

07 가죽의 처리 공정에 대한 설명으로 옳지 않은 것은?

① 물에 침지 – 원피에 붙어 있는 오물, 소금 등을 씻어내고, 가죽 중에 있는 가용성 단백질을 녹여낸 후 원피에 수분을 충분히 흡수하여 생피 상태로 연하게 환원시키는 것이다.
② 석회 침지 – 석회액에 담가 가죽을 팽윤시켜 모근을 느슨하게 하는 것으로 가죽의 촉감 향상을 위하여 털과 표피층, 불필요한 단백질, 지방과 기름 등을 제거하는 공정이다.
③ 때 빼기 – 가죽제품이 깨끗하고 염색이 잘되게 은면에 남아 있는 모근, 지방 또는 상피층의 분해물을 제거하는 것이다.
④ 회분 빼기 – 산을 가하여 산성화하여 가죽을 부드럽게 하는 것이다.

해설
회분 빼기
석회에 담그기가 끝난 가죽은 알칼리가 높아 가죽 재료로 사용하기에 부적당하므로 산, 산성염으로 중화시키는 작업이다.

08 가죽 처리 공정 중 가죽제품이 깨끗하고 염색이 잘되게 은면에 남아 있는 모근, 지방 또는 상피층의 분해물을 제거하는 것은?

① 물에 침지
② 산에 침지
③ 때 빼기
④ 효소분해

정답 5 ③　6 ④　7 ④　8 ③

09 다음 가죽 처리 공정에서 회분 빼기에 해당하는 것은?

① 가죽제품이 깨끗하고 염색이 잘되게 은면에 남아 있는 모근, 지방 또는 상피층의 분해물을 제거하는 것이다.
② 석회에 담그기가 끝난 제품은 알칼리가 높아 가죽 재료로 사용하기가 부적당하므로 산, 산성염 등으로 중화시키는 것이다.
③ 가죽의 촉감 향상을 위하여 털과 표피층, 불필요한 단백질, 지방과 기름 등을 제거하는 것이다.
④ 산을 가하여 산성화하여 가죽을 부드럽게 하는 것이다.

해설
① 때 빼기, ③ 석회 침지, ④ 산에 담그기

10 피혁에 대한 설명 중 틀린 것은?

① 날가죽과 무두질한 가죽의 총칭이다.
② 원피는 스킨과 하이드로 구별된다.
③ 원피의 단면구조는 표피층, 진피층, 피하조직이 있다.
④ 작은 동물의 원피는 하이드, 큰 동물의 원피는 스킨이라 부른다.

해설
소, 말, 사슴처럼 큰 동물의 생가죽은 하이드(Hide)라고 부르고 양, 염소, 돼지처럼 작은 동물(원피 상태에서의 무게가 30파운드 이내)의 가죽은 스킨(Skin)이라 부른다.

11 다음 중 피혁의 결점에 대한 설명으로 틀린 것은?

① 열에 약하므로 온도 55℃ 이상에서는 굳어지고 수축된다.
② 염색견뢰도가 나빠서 일광, 클리닝에 의해 퇴색되기 쉽다.
③ 곰팡이가 생기기 쉽다.
④ 인장, 굴곡, 마찰에 약하고 보온성이 나쁘다.

해설
피혁은 인장, 굴곡, 마찰강도가 좋고 통기성과 열전도성이 없어 보온성이 높다.

12 모피의 특징으로 적절하지 않은 것은?

① 토끼 - 짧은 털
② 폭스 - 긴 털
③ 비버 - 긴 털
④ 친칠라 - 짧은 털

해설
③ 비버 : 짧은 털

정답 9 ② 10 ④ 11 ④ 12 ③

13 천연피혁의 손질 및 보전 방법에 대한 설명 중 가장 옳은 것은?

① 젖었을 때에는 직사일광 또는 불로 건조시켜야 원형이 보전된다.
② 보전할 때에는 온도나 습도가 높은 곳에서 보관해야 된다.
③ 손질 시 알코올 수건만 사용해야 한다.
④ 건조시킬 때는 반드시 응달에서 말려야 한다.

해설
① 젖었을 때는 직사일광 또는 불로 건조시키지 않는다.
② 보전할 때는 온도나 습도가 낮은 곳에서 보관해야 된다.
③ 손질할 때는 일주일에 한 번 정도 가죽 전용 크림으로 닦아야 한다.

14 인공피혁에 주로 사용되는 수지는?

① 폴리우레탄
② 폴리아크릴
③ 폴리에스터
④ 폴리펩타이드

해설
인조피혁은 면이나 인조섬유로 된 직물 위에 염화비닐수지나 폴리우레탄수지를 코팅한 것이다.

15 천연모피의 설명을 바르게 한 것은?

① 모피의 가치는 무두질 가공과 큰 관계가 없다.
② 모피에는 매우 고가의 양, 토끼 등과 저렴한 표범, 밍크 등이 있다.
③ 여름철에 털이 잘 자라며, 값도 가장 비싸다.
④ 모피의 구조는 면모, 강모, 조모로 구분할 수 있다.

해설
① 모피의 가치는 무두질 가공과 관계가 많다.
② 모피에는 매우 고가의 표범, 밍크 등과 저렴한 양, 토끼 등이 있다.
③ 겨울철에 털이 잘 자라며, 값도 가장 비싸다.

16 인조피혁에 대한 설명 중 틀린 것은?

① 초기의 것은 주로 비닐레더라고 하며 면포나 부직포에 염화비닐수지를 코팅한 것이다.
② 투습성이 있다.
③ 기온이 떨어지면 촉감이 딱딱하고 강도도 떨어질 수 있다.
④ 통기성이 없다.

해설
인조피혁은 통기성, 투습성이 있으나 내구성은 불량하다.

13 ④ 14 ① 15 ④ 16 ④

17 가죽의 특성이 아닌 것은?

① 내열성이 증대한다.
② 유연성과 탄력성이 좋다.
③ 물을 짜내면 물이 잘 빠져 나오지 않는다.
④ 산성염료에 염색성이 좋다.

해설
가죽은 물에 젖은 경우 열에 약해지며 습기가 차면 늘어나고 건조하면 줄어들며 곰팡이가 생기기 쉽다.

18 합성피혁의 손질 및 보존 방법 중 틀린 것은?

① 건조시킬 때는 응달에서 말려야 한다.
② 기름이 있는 장소는 피해야 한다.
③ 온도나 습도가 높은 곳에 보존하면 좋지 않다.
④ 오염되었을 때는 세척제나 벤졸을 사용해야 한다.

해설
합성피혁은 오염되었을 때 물수건 등으로 가볍게 닦아낸다. 이때 세척제나 벤졸을 사용하지 않는다.

19 피혁에 관한 설명으로 틀린 것은?

① 피혁은 포유동물의 피부를 벗겨 낸 것으로 가죽에서 털을 제거하고 약품으로 처리한 것이다.
② 인공피혁은 천연피혁보다 강도가 떨어지나 의류용으로 사용하는 데에는 지장이 없다.
③ 천연피혁은 인공피혁보다 내굴곡성이 떨어져서 표면에 굴곡이 생기는 단점이 있다.
④ 스웨이드는 가죽의 내면 쪽을 기모 가공한 것을 말한다.

해설
천연피혁의 장단점

장 점	• 인장·인열강도가 우수함 • 신장률·내굴곡성이 적당함 • 순응성이 있음 • 통풍성 및 차단성이 있음 • 열처리 및 보온성이 있음 • 표면이 아름답고 내구성이 있음 • 염색 가공이 용이함
단 점	• 면적이 한정되어 있음 • 표면의 균일성이 없음 • 내수성이 약함 • 건조 시 수축됨 • 곰팡이 발생이 용이함 • 알칼리성에 약함

20 가죽 처리 공정 중 가죽의 촉감 향상을 위하여 털과 표피층, 불필요한 단백질, 지방과 기름 등을 제거하는 공정은?

① 무 두 질
② 산에 담그기
③ 회분 빼기
④ 석회 침지

정답 17 ③ 18 ④ 19 ③ 20 ④

21 가죽의 처리 공정으로 옳은 것은?

① 물에 침지 → 산에 담그기 → 제육 → 석회 침지 → 분할 → 때 빼기 → 탈회 및 효소분해 → 탈모 → 유성
② 물에 침지 → 제육 → 탈모 → 석회 침지 → 분할 → 때 빼기 → 탈회 및 효소분해 → 산에 담그기 → 유성
③ 물에 침지 → 제육 → 석회 침지 → 산에 담그기 → 분할 → 때 빼기 → 탈회 및 효소분해 → 탈모 → 유성
④ 물에 침지 → 산에 담그기 → 제육 → 석회 침지 → 분할 → 탈모 → 탈회 및 효소분해 → 때 빼기 → 유성

22 다음 중 신발의 재질에 대한 설명으로 적당하지 않은 것은?

① 천연피혁은 통기성이 좋아서 곰팡이가 생기지 않는다.
② 합성피혁은 오염과 방수에 강하지만 마찰력에 약하다.
③ 매시는 가죽보다 내구성이 약하고 방수와 보온도 약하다.
④ 에나멜 가죽은 표면이 매끄러워 오염에 강하지만 마찰에 흠이 생기기 쉽다.

[해설]
① 천연피혁은 통기성이 좋지 않아 곰팡이가 생기기 쉽다.

23 신발의 제품 소재와 세제에 대한 설명으로 옳지 않은 것은?

① 동물성 소재는 세액을 pH 5에 맞추어 세탁해야 줄어듦이나 색 빠짐이 덜하다.
② 식물성 소재는 어떤 상태든 중성이나 알칼리성 세제로 세탁한다.
③ 합성 소재는 알칼리성 세제를 썼을 경우 중화과정을 거쳐 알칼리 황변을 방지해야 한다.
④ 기능성 가공이 되어 있는 경우에는 전용 세제를 사용하고 실리콘 유연제는 사용하지 않는다.

[해설]
② 식물성 소재는 물 빠짐이 있을 경우에는 알칼리성 세제를 사용하지 않아야 한다.

24 다음 중 벨벳제품의 제조 공정에 대한 설명으로 옳은 것은?

① 가호 공정은 벨벳 직물을 만드는 공정이다.
② 염색 공정에는 탱크(Tank) 염색, 레피드 염색, CPB 염색이 있다.
③ 전모 공정은 실에 풀 먹임을 하는 공정이다.
④ 열처리 공정은 털을 일정한 방향으로 정렬시키고 세워 준다.

[해설]
① 가호 공정은 실에 풀 먹임을 하는 공정이다.
③ 전모 공정은 벨벳의 털을 기준에 맞게 일정하게 자르는 공정이다.
④ 열처리 공정은 정렬시킨 털을 열처리하여 고정시킨다. 털을 일정한 방향으로 정렬시키고 세워 주는 공정은 브러시 가공 공정이다.

정답 21 ② 22 ① 23 ② 24 ②

PART 03

세탁 관리

CHAPTER 01　　재가공

CHAPTER 02　　오점 분석·제거

CHAPTER 03　　다림질

CHAPTER 04　　마무리 검사

CHAPTER 05　　세탁 운영관리

합격의 공식 시대에듀 www.sdedu.co.kr

CHAPTER 01 재가공

01 | 풀 먹이기

1. 개 요

(1) 목 적

① 대개 직물을 제직할 때는 경사에 강력을 부여하기 위해 풀을 먹이는 경우가 많으나 옷 같은 성형품의 경우는 세탁을 하면 직물의 종류에 따라 탄성이 없어지고 신도가 증가하는 경우가 발생한다.

② 따라서 모양새가 나빠지는 섬유의 경우 형태의 안정과 천의 질감을 살려 주기 위하여 풀을 먹이는 작업을 한다.

③ 풀 선택 시 고려해야 할 사항
   ㉠ 의류 등에 사용할 풀을 선택할 때 가장 중요한 사항은 풀 제조가 쉽고 사용이 간편해야 하며 풀을 먹인 후 색상에 변화가 없어야 한다.
   ㉡ 풀의 가격이 저렴하고 세탁물에서 나쁜 냄새가 나지 않고 피부에 해가 없어야 한다.
   ㉢ 촉감이 거칠거나 끈끈한 느낌이 들지 않아야 한다.
   ㉣ 원래 이외의 얼룩이나 반점 등의 결점이 없어야 한다.

④ 풀을 먹였을 때의 장점
   ㉠ 직물 조직의 홈을 메워 빛의 정반사에 의해 광택이 증가하며 강력이 증가되어 내구성이 향상된다.
   ㉡ 때가 섬유 표면에 직접 붙지 않고 풀에 들러붙기 때문에 수세 시 탈락이 쉽다.

(2) 방 법

① 침지법
   ㉠ 강하게 풀을 먹이거나 대량으로 풀을 먹이고자 할 경우에 의류를 희석된 풀에 넣고 풀을 먹이는 것이다.
   ㉡ 물의 온도는 50~60℃ 정도가 좋으며, 온도가 낮으면 풀의 유동성이 떨어져서 골고루 부착되지 않지만 그렇게 큰 차이가 나지 않고 손이 많이 가므로 물에 충분히 녹인 후에 상온에서 헹굼물에 바로 사용하는 경우가 많다.

② 스프레이법 : 주로 흡습성이 큰 소재의 의류에 뿜어서 풀을 먹일 때 사용하는 방법이다.

(3) 풀의 농도와 탈수와의 관계

① 풀 먹임의 정도는 사람마다 좋아하는 정도가 다르므로 1~2% 농도를 기준으로 강약을 조절하여 넣어보고 경험상 농도를 맞춘다.
② 풀의 종류가 다르면 느낌이 달라지므로 이에 맞추어서 농도를 조절한다.
③ 풀 먹임 후 탈수가 너무 많으면 기껏 먹인 풀이 물과 함께 빠져나가 풀 먹임의 효과가 적어지므로 탈수율이 60~70%가 되도록 조정하여 풀기를 남기도록 해야 한다.

2. 풀감의 종류 및 성질

(1) 풀감의 종류

① 녹말과 그 유도체
  ㉠ 녹말류 : 밀가루, 밀녹말, 쌀가루, 쌀겨, 옥수수녹말, 감자녹말, 고구마녹말 등
  ㉡ 가공녹말 : 덱스트린, 브리티시 고무 등
  ㉢ 녹말유도체 : 카복시메틸녹말, 하이드록시에틸녹말, 아세틸녹말 등
② 셀룰로스 유도체 : 메틸셀룰로스, 카복시메틸셀룰로스(CMC), 아세틸셀룰로스 등
③ 알긴산나트륨과 그 유도체 : 알긴산나트륨(갈색류 해초에서 얻어짐), 알긴산 유도체 등
④ 합성수지
  ㉠ 열경화성 수지 : 요소수지, 멜라민수지, 페놀수지 등
  ㉡ 열가소성 수지 : PVA, 아크릴수지, 폴리우레탄수지 등
⑤ 기타 풀감 : 천연고무, 천연고무 유도체, 단백질계(젤라틴), 에멀션풀, 광물성풀 등

(2) 풀감의 성질

① 녹말과 그 유도체

유 형	특 징	종 류
녹말류	• 녹말 풀감의 껍질을 구성하는 물질은 글루코스가 24~30개 모양으로 결합된 아밀로펙틴으로 형성되어 있다. • 알갱이 내용물은 글루코스가 100개 이상 선상으로 결합된 아밀로스로 형성되어 있다.	밀가루, 밀녹말, 쌀가루, 쌀겨, 멥쌀가루, 찹쌀가루, 옥수수가루, 감자가루
가공녹말	• 풀의 종류에서 가공이란 사용하기 편리하도록 본래의 성질을 변화시킨 것으로 생각할 수 있다. • 녹말을 가수분해하여 말토스로 되기까지의 중간 생성물이다. • 녹말을 그대로 또는 산을 넣어 200℃ 정도로 가열하여 만든다.	덱스트린, 브리티시 고무
녹말 유도체	• 에터화 녹말이 주된 것이다. • 찬물에 용해가 잘 된다. • 안정성이 풍부하여 겔화하기 어렵다.	카복시메틸녹말, 하이드록시에틸녹말

② 셀룰로스 유도체
  ㉠ 셀룰로스 유도체 중에서 풀로 이용되는 것은 셀룰로스 중 -OH기의 활성화를 이용하여 다른 기를 도입한 것이다.

ⓒ 에터화한 것과 에스터화한 것의 두 종류로 대별된다.
　　　ⓒ 보통 풀의 피막형성 능력이 우수하다.
　　　ⓔ 에터화 셀룰로스에는 메틸셀룰로스, 카복시메틸셀룰로스가 있다.
　　　ⓜ 에스터화 셀룰로스로는 아세틸셀룰로스가 있다.
　③ 알긴산나트륨과 그 유도체
　　　㉠ 알긴산은 갈조류의 해초(미역·다시마)가 주성분으로 탄산나트륨 용액으로 추출한 다음 그 추출액에 산을 넣어서 석출시킨 것이다.
　　　ⓒ 알긴산 유도체는 알긴산의 카복시기를 에스터화한 것으로 산, 금속염, 알코올과 반응하지 않지만 알칼리에 약하다.
　　　ⓒ 합성섬유에 풀 먹이기에 사용된다.
　④ 합성수지
　　　㉠ 합성수지는 풀감으로서 안료의 바인더로 주로 사용된다.
　　　ⓒ 종래에는 요소수지, 멜라민수지, 페놀수지 등의 열경화성 수지와 폴리비닐알코올, 아크릴수지, 폴리우레탄수지 등의 열가소성 수지가 쓰였으나, 최근에는 사용하지 않는다.
　　　ⓒ 폴리비닐알코올
　　　　· 비닐기에 아세트산을 붙여 아세트산비닐을 만들고 수산기와 치환시켜 제조하는데, 바로 비닐기에 수산기가 붙지 않기 때문이다.
　　　　· 물에도 쉽게 용해되어 쉽게 풀을 만들 수 있다.
　　　　· 실이나 직물 및 의류 등의 풀을 먹이는 데 많이 사용한다.
　　　ⓔ 바인더
　　　　· 수성의 우윳빛을 띠는 액상이다.
　　　　· 합성고무 라텍스나 아크릴산에스터 공중합 에멀션, 또는 여기에 반응성 작용기나 자기다리 결합성 작용기를 가지는 수지다.
　　　　· 일반적으로 안료수지염료를 각종 섬유에 고착시키는 데 사용한다.
　　　　· 알칼리에 약한 동물성 섬유나 재생 섬유 등에 풀을 먹이는 데도 사용한다.

3. 푸새 가공(풀 먹임 가공)

(1) 푸새 가공의 개념과 효과
　① 푸새 가공 : 섬유 자체의 성능이 저하된 경우에 실시하는 재가공법을 말한다.
　② 푸새 가공의 효과
　　　㉠ 천을 희고 광택이 나게 하고 옷감에 힘을 주어 팽팽하게 한다.
　　　ⓒ 형태 유지가 좋아지며 세탁 시 더러움이 잘 빠진다.
　　　ⓒ 오점이 섬유에 직접 붙지 않도록 한다(오염 방지).

㉣ 천을 질기게 하고, 내구성을 좋게 한다.
㉤ 부착된 오점을 세탁에서 쉽게 떨어지게 한다(세척효과 향상).

(2) 푸새 가공에 사용하는 풀의 종류
① 전분 풀 : 전분, 소맥, 콘스타치(Cornstarch) 등
② 합성 풀 : CMC, PVA, PVAc 등

알아두기	콘스타치

- 옥수수나 쌀을 곱게 빻은 가루다.
- 식물성 섬유의 푸새에 쓰이는 풀이다.
- 점성이 강한 편으로 점착성이 좋다.

02 | 표 백

1. 개 요

(1) 표백의 개념 및 특징
① 표백의 개념
㉠ 직물의 불순물을 알칼리로 제거한 다음 섬유에 남아 있는 천연 색소를 분해하여 직물을 더 희게 만드는 것이다.
㉡ 표백은 유색물질을 화학적으로 파괴시켜 색소를 제거하는 것이다.
㉢ 착용과 세탁에서 생기는 황변 또는 염색물의 오염 상태를 제거한다.
㉣ 표백제는 산화표백제와 환원표백제로 나뉘며 산화표백제는 식물성 섬유에 주로 사용한다.
② 표백의 특징
㉠ 표백 가공이란 유색물질을 화학적으로 파괴시켜 무색화하는 것이다.
㉡ 세탁에 의한 황변, 유색 오점을 제거하는 가공을 말한다.
㉢ 천을 희게 한다.

(2) 표백 방법
① 석회분(표백분)은 산화표백제이다.
② 차아염소산나트륨은 본 빨래 마지막에 넣는다.
③ 과탄산나트륨을 사용할 때는 충분히 녹여서 와셔를 돌리면서 투입한다.
④ 일반적으로 고온일 때가 저온일 때보다 표백제의 분해가 빠르다.

⑤ 표백제의 pH와 반대의 pH 용액을 가했을 때 표백작용이 강해진다.
⑥ 산화표백제와 환원표백제를 혼합하면 효과가 없어진다.
⑦ 분말 세제에는 과붕산나트륨이나 과탄산나트륨의 표백제가 첨가된 세제도 있다.

(3) 표백의 종류

① 산화표백
  ㉠ 발생기산소로 색소를 파괴한다.
  ㉡ 환원표백보다 표백작용이 심하여 산화로 파괴된 색소는 본래대로 돌아가지 않는다.
  ㉢ 비교적 표백 작용이 강한 약품을 사용하므로 섬유소재에 손상을 주기 쉽고 장시간 반복 사용에 따른 소재의 변형을 초래할 수 있다.
  ㉣ 산화표백과 환원표백을 동시에 해야 하는 경우 반드시 산화표백을 먼저한다.

② 환원표백
  ㉠ 약품이 분해될 때 색소 중의 산소를 빼앗아 색소를 파괴한다.
  ㉡ 빼앗긴 산소가 공기 중의 산소로 다시 산화하여 오염 색으로 돌아가는 경우가 있다.

2. 표백제와 형광증백제

(1) 표백제

① 표백제의 유형 및 성질

유형		성질	종류
산화 표백제	염소계	• 산화력이 매우 커서 염색물, 모(울), 견(실크), 나일론처럼 질소를 함유한 섬유는 황색으로 변할 수 있다. • 단백질섬유나 수지 가공된 면제품을 황변시키므로 모· 견에는 사용해서는 안 되며 손세탁해야 한다. • 무색의 결정으로 시판하는 공업용 표백제다. • 아염소산나트륨의 순도 범위는 70~90%다.	아염소산나트륨, 차아염소산나트륨(하이포0·염소산나트륨), 차아염소산칼슘, 석회분(표백분) 등
	산소계 (과산화물계)	• 염소계에 비해 표백작용이 약하여 대부분 섬유에 사용할 수 있다. • 세탁용 세제에 들어 있는 것은 산소계 산화표백제다.	과산화수소, 과붕산나트륨, 과탄산나트륨, 과망가니즈산칼륨 등
환원표백제		• 환원표백은 환원작용을 사용하여 섬유의 색소불순물을 분해·탈색하는 방법이다. • 상대를 환원시키고 자기는 산화되는 것으로 상대에게 수소를 주고 산소를 빼앗는다. • 섬유를 약하게 하는 것은 적지만, 원래 색이 되기 쉽고 고도의 흰색은 얻기 어렵다.	소디움하이드로설파이드, 티오우레아디옥사이드, 아황산수소나트륨, 차아(티오)황산나트륨, 아황산가스, 하이드로설파이드(론갈리트) 등

② 표백제별 적용 섬유

산화 표백제	염소계	• 표백에 적합한 섬유 　- 무명, 흰색 면·마직물 등의 셀룰로스섬유 　- 레이온 등의 셀룰로스계 재생섬유 　- 폴리에스터섬유, 아크릴섬유 등의 합성섬유 • 차아염소산나트륨 　- 론드리에 가장 많이 쓰이는 표백제이다. 　- 식물성 섬유의 표백에 효과가 가장 크다.
	산소계 (과산화물계)	• 셀룰로스섬유, 명주, 양모, 나일론 등의 표백에 적합하다. • 표백 가공에서 모·견 등 단백질섬유에 가장 적합한 것은 과산화수소다.
환원표백제		• 모·견직물 등 질소를 함유한 섬유를 표백하거나 철분이나 염소계표백제에 의해 황색으로 변색된 섬유를 원상태로 복구할 때 효과적이다. • 아황산나트륨(하이드로설파이드)을 비단, 양모 등에 이용한다. 예 수성 잉크 얼룩을 제거하려고 과망가니즈산칼륨을 칠했더니 진한 자주색이 되었다. 이것을 환원하고자 한다면 하이드로설파이드 표백제를 사용하면 가장 좋다.

(2) 형광증백제

① 개 념
　㉠ 태양광선 중 자외선 부분의 불가시광선을 형광작용에 의하여 가시 부분의 청색 광선으로서 반사하게 하여 원단의 백도를 더욱 나타나게 하는 염료의 일종이다.
　㉡ 형광증백제는 형광등 불빛이나 태양 빛에 조금씩 들어 있는 자외선을 흡수해서 옅은 푸른색의 형광으로 바꾸어서 방출하는 물질이다.
　㉢ 자외선보다 파장이 조금 짧은 330~380nm대의 빛을 흡수하여 가시광선 영역에 속하는 420~480nm의 파란색 부분에서 자색의 빛을 내는 물질이 형광 물질이다.

② 특 성
　㉠ 흰색 의류를 더욱 희고 밝게 보이게 한다.
　㉡ 증백 작용이 물리적이므로 섬유에 손상이 없다.
　㉢ 0.1~0.5%(o.w.f)의 미량 사용으로도 충분한 증백 효과를 거둘 수 있다.
　㉣ 염소분이 섬유에 존재하면 형광증백 후 색소가 착색된다.
　㉤ 내일광성이나 내염소성에 비교적 취약한 편이다.
　㉥ 증백제 용량이 지나치면 백도가 저하하는 경향이 있는데, 이를 농도소광이라고 한다.
　㉦ 증백제 처리를 잘못했을 때 바람직하지 못한 녹색을 띠는 경우가 있다.

03 | 기타 가공

1. 가공의 의의 및 재가공의 분류

(1) 가공의 의의
① 가공이란 섬유 제품에 물리적, 화학적 처리를 하여 부가가치를 높이는 데 의의가 있다.
② 가공은 대개 소취, 향기, 방수, 발수, 방오, 대전 방지, 방축, 방염 등의 화학적 가공을 말한다.
③ 가공은 섬유 제품의 표면 상태나 결점, 각종 기능 등을 향상시키는 데 그 목적이 있다.
④ 세탁에서의 가공이란 재가공을 뜻한다.
⑤ 재가공은 세탁 후 의복의 효과를 향상시키거나 새로운 성질을 부여하기 위해 의복에 가공약제를 처리하는 작업이다.
⑥ 이미 제품으로 출시되어 사용하다가 각종 성능이 떨어지는 것을 화학적으로 후가공하여 원래의 성능으로 회복시키고자 하는 데 의의가 있다.

(2) 재가공의 분류
① 원단에 새로운 성질을 주는 경우 : 방충 가공, 방염 가공, 대전방지 가공, 방곰팡이 가공, 방오 가공, 위생 가공
② 원단 가공의 성능이 저하한 경우 : 방수 가공, 방염 가공, 대전방지 가공, 형광 가공
③ 원단 자체의 성능이 저하한 경우 : 풀 뜨임 가공, 형광 가공, 드라이사이징

> **알아두기 드라이사이징**
> • 액체나 물감 등이 번지지 않게 하는 공정이다.
> • 화학적 전착제로 만든 것으로, 누런 알갱이로 된 드라이사이징 풀과 약상이 있다.
> • 실크류, 한복, 레이온 같은 종류에 좋다.

2. 가공의 유형

(1) 대전방지 가공
① 합성섬유를 착용했을 대 정전기의 발생을 방지하기 위한 가공이다.
② 직물에 유연제 처리를 하여 정전기를 방지한다.
③ 세탁물을 드라이클리닝 세정액과 대전방지제 액에 침지한다.
④ 대전방지제로는 양이온 계면활성제를 사용한다.
⑤ 일시적인 대전방지제와 내구성 대전방지제가 있다.

(2) 형광증백 가공

① 눈에 보이지 않는 자외선을 흡수하여 눈에 보이는 푸른색 가시광선으로 바꿔 주는 형광 염색을 함으로써 흰색을 더 희고 밝게 보이게 하는 가공이다.
② 형광증백제는 과하게 사용하면 오히려 어두운 회색빛이 되므로 세액의 0.1~0.5% 정도를 사용해야 한다.
③ 형광증백은 어두운 곳을 밝게 만들어서 평균 밝기를 높여 주므로 블루잉에 비하여 전체적으로 밝은 효과가 있다.
  ※ 블루잉(Bluing) : 섬유를 청색으로 물들임으로써 황색을 제거하는 방법인데, 형광증백제가 발달하면서 현재는 거의 사용하지 않는다.
④ 형광증백제는 식물성 섬유용, 동물성 섬유용, 합성섬유용이 있으나 일반 세제에는 식물성 섬유용이 사용되며 동물성 섬유와 합성섬유는 증백 효과가 거의 없다.

(3) 기모 가공

① 초극세 섬유 방사법
  ㉠ 방사를 통해 만들어지므로 후가공이 필요 없다.
  ㉡ 단사가 가늘어서 털이 잘 끊어진다.
  ㉢ 투습이나 방수 기능이 있어서 스포츠웨어에 많이 사용된다.
② 기계적 가공
  ㉠ 방적사 직물 표면에 기계적인 마찰을 주어 잔털을 일으켜 세우는 가공법이다.
  ㉡ 기모한 직물에 먼지가 쉽게 붙으므로 제전 가공이 필요하다.
  ㉢ 기모 후 염색 농도가 떨어져 보이므로 이를 감안하여 염색하여야 한다.
  ㉣ 기모한 직물은 함기성이 높아져서 보온성이 높다.

(4) 방수 가공

① 섬유 표면에 고분자 피막을 형성하게 하여 비나 이슬이 내부에 침입하지 못하게 함으로써 섬유제품이 물에 젖거나 물 등이 침투·흡수하는 것을 방지하는 가공이다.
② 방수 가공제 : 아크릴수지, 폴리우레탄수지, 염화비닐수지, 합성고무 등
③ 고무로 처리한 직물
  ㉠ 직물에 방수성을 부여하고자 각종 수지로 섬유 표면에 도포(칠하는 것)한 직물이다.
  ㉡ 물에 견디는 성질은 우수하나 노화가 쉽고 드라이 용제에 잘 녹을 수도 있다.

(5) 투습방수 가공

① 투습성과 방수성이라는 서로 상반되는 요소를 결합한 가공이다.
② 투습방수 소재란 수분은 나가게 하고 물은 들어오지 않게 하는 소재로, 즉 비와 눈에는 젖지 않지만 땀은 나가게 하여 옷을 입은 사람의 체온을 조절하고 쾌적하게 한다.

③ 유 형
  ㉠ 특수 필름을 바른 유형 : 고어텍스, 마이크로텍스 등이 있다.
  ㉡ 습식(濕式) 코팅 유형 : 물속에서 폴리우레탄 수지를 발포하여 제작하며 엔트란트(Entrant), 포러스(Porous) 등이 있다.

(6) 발수 가공
① 발수란 물이 닿는 순간 원단 표면에 물이 스며들지 못하도록 튕겨주는 것이다.
② 특수한 수지를 통한 가공이나 극세사를 사용한 직물의 자체 특성으로 물이 반발하여 표면에서 튀기는 성질을 지니게 된다.
③ 물에 잠겨 있거나 비를 장시간 맞을 경우에는 물이 스며든다.
④ 발수 가공제 : 왁스, 금속비누, 폼알데하이드 화합물, 피리딘, 실리콘계 화합물, 플루오린(불소)계 화합물 등
⑤ 발수도 시험
  ㉠ 비에 젖지 않는 의복을 만들려고 할 때 원단은 발수도 시험을 필수로 해야 한다.
  ㉡ 발수 처리한 직물의 발수 가공한 표면에 물방울을 떨어뜨려 어느 정도 습윤에 저항성이 있는지를 측정하는 시험이다.

(7) 방미 가공(항균 · 방곰팡이 가공)
① 셀룰로스섬유나 풀을 먹인 직물에 곰팡이가 생기는 것을 방지하기 위한 가공이다.
② 드라이클리닝을 한 후 섬유에 곰팡이가 발생하지 않도록 처리하는 가공법이다.
③ 자외선 처리, 탈산소 처리, 가스 처리, 가열 처리 등이 있다.
④ 세균 · 곰팡이
  ㉠ 오염물 중에서 섬유제품을 가장 많이 손상시킨다.
  ㉡ 섬유 손상, 광택 저하, 냄새 · 오염 등의 피해가 발생한다.
  ㉢ 방지 방법
    • 옷의 더러움을 깨끗이 없앤다.
    • 의류를 충분히 건조시킨다.
    • 비닐 포장 내부의 산소를 제거하는 포장법을 이용한다.
    • 보관 장소의 습도를 낮게 하고 환기가 잘되는 곳에 보관한다.
    • 곰팡이는 습기가 없는 곳, 환기가 잘되는 곳, 잘 청소되어 먼지가 없는 곳의 3가지 조건을 충족하는 실내를 기피하며 번식을 못한다.
    ※ 곰팡이는 눅눅한 습기(70%)와 적정 온도(20~30℃), 먼지 등 3가지의 조건만 갖추어지면 어디에서든지 엄청난 속도로 포자 번식을 한다.

(8) 방충 가공

① 의복이 벌레에 의해 손상되는 것(충해, 벌레먹음)을 방지하기 위한 가공이다.
② 의복을 침식하는 해충류
　㉠ 단백질섬유(양모·견·모피 등)를 해치는 충류 : 옷좀나방, 탈좀나방, 애수시렁이, 알수시렁이 등
　　※ 충해는 단백질계 섬유 중에서도 양모(모)가 압도적으로 많다.
　㉡ 셀룰로스섬유(면·마 등)를 해치는 충류 : 의어(좀), 바퀴벌레, 귀뚜라미 등
③ 방충 가공제
　㉠ 알레스린(Allethrin), 가드나, 인디고 염료 등
　㉡ 방충 가공제를 의류에 부착시켜 영구적인 방충효과를 낸다.
　　※ 방충 가공 시에는 오일란(Eulan)을 사용한다.
④ (가정용) 방충제 : 장뇌(Camphor), 파라다이클로로벤젠(Paradichlorobenzene), 나프탈렌(Naphthalene) 등
　※ 나프탈렌 : 살충력은 크지 않으나 벌레가 그 냄새를 기피하여 방충효과를 나타낸다.
⑤ 같은 용기 속에 종류가 다른 방충제를 함께 넣으면 화학 변화를 일으켜 옷감이 변색되거나 변질되기 쉬우므로 한 종류만 넣는다. 또 승화되어 없어지므로 수시로 보충해야 한다.

(9) 기타 가공

① 방오 가공
　㉠ 오염을 막고 때가 직물 내부로 침투하는 것을 방지하며, 오염을 쉽게 제거할 수 있게 하는 가공이다.
　㉡ 오염을 미리 방지하기 위해 세탁이 어려운 카펫, 자동차 시트 등에 가공한다.
　㉢ 흡착된 지용성 오염이 세탁에 의해 제거되게 하는 가공이다.
② 살균위생 가공
　㉠ 땀에 의한 체취나 세균의 번식을 방지하기 위한 방법이다.
　㉡ 대상은 감염병의 병원체에 의한 오염의 우려가 있는 것, 물수건, 기저귀, 병원의 흰 가운 등이다.
　㉢ 보통 세균은 곰팡이보다 사멸시키기가 쉽다.
　㉣ 방곰팡이 가공을 한 것은 다시 살균위생 가공할 필요가 없다.
③ 방축 가공 : 직물의 수축을 방지하기 위해 제직·건조 또는 열에 노출되었을 때의 수축을 방지하기 위한 가공이다.
④ 방추 가공(구김방지 가공)
　㉠ 주로 면, 마, 레이온을 대상으로 주름이 잘 생기지 않도록 하는 가공이다.
　㉡ 특수한 수지를 사용한 주름방지 가공을 말하며, 세탁 후에도 다림질이 필요 없다.

⑤ 방염 가공(난연 가공)
　㉠ 직물이 불에 잘 타지 않게 하는 가공이다.
　㉡ 불이 나도 타지 않고 그보다 낮은 온도에서 미리 분해되도록 한다.
　㉢ 섬유의 연소점 이하에서 분해, 기화되도록 약품 처리를 한다.
　㉣ 커튼, 카펫, 침구류 일반 의류, 방호작업복, 비행기 기내용 담요, 자동차 경주용복, 우주복 등이 있다.
⑥ 퍼머넌트 프레스 가공(Permanent Press Finish)
　㉠ 완성된 의류에 가공을 하여 형태를 고정시키는 방법이다.
　㉡ 면직물 또는 면과 화학섬유의 혼방직물이나 그 제품에 가열 처리하여 항구성 있는 보형성(保形性), 방추성(防皺性), 주름유지성 등을 부여하는 가공이다.
⑦ 피치스킨 가공(Peach-skin Finish)
　㉠ 직물을 사포로 문질러 털을 일으킨 다음 수지 처리하고, 잔털을 일정한 길이로 잘라 부드러운 촉감과 탄력을 가지게 하는 가공이다.
　㉡ 섬유 표면에 피혁의 뒷면과 같이 미세한 털을 일으켜 복숭아 표면과 같은 부드럽고 따뜻한 촉감을 부여하는 가공이다.
　㉢ 폴리에스터, 레이온 등 대상 소재에 관계없이 표면 촉감을 변화시키기 위한 것이다.
⑧ 샌포라이징 가공(Sanforizing Finish)
　㉠ 습기나 물, 세탁 등에 의해 직물이 수축되는 것을 방지하기 위한 가공이다.
　㉡ 천을 세탁한 후 줄어들지 않도록 기계적인 처리로 미리 수축시켜서 사용 중에 있는 천의 수축을 방지하기 위한 가공법이다.
⑨ 유연 가공 : 섬유의 재가공 시 섬유를 부드럽게 하여 착용감을 높이려는 가공 방법이다.

04 | 보 색

1. 보색의 의의와 방법 및 소재 감별

(1) 보색의 의의와 방법

① 의의 : 섬유 제품에 표백제와 같은 약제나 외부적 환경으로 인해 탈색되어 부분적으로 바탕의 색상에 비하여 연하게 되어 보기가 싫은 경우에 가능한 한 원색에 가깝게 색을 복원하는 것을 말한다.

② 방 법
  ㉠ 색상이 연해진 부분이나 없어진 부분에 바탕색과 비교하여 보충해야 할 염료 용액을 조성하여 연하게 하여 반복해서 칠하거나 피스기 같은 도구로 염액을 조금씩 뿜어서 최대한 바탕색과 맞도록 염색한다.
  ㉡ 염료 용액을 조성하려면 먼저 소재의 종류를 파악할 수 있어야 하며, 그 소재에 적합한 염료의 종류와 염색 방법도 알아야 한다.

> **알아두기** 색의 3요소
> - 색상 : 빨간색, 노란색, 파란색 등으로 구분할 수 있게 하는 색 자체의 고유한 특성을 말한다.
> - 명도 : 색상의 밝고 어두운 정도를 말한다.
> - 채도 : 유채색에만 있는 색상의 선명성 정도를 말한다.
> ※ 빛의 3원색 : 빨간색(R), 초록색(G), 파란색(B)

(2) 소재 감별
① 섬유를 감별하기 전에 소재의 유지와 호제 및 수지를 제거하고 정색 시험으로 감별할 경우 탈색 또는 표백해야 한다.
② 소재 감별 방법에는 육안 판정, 연소성·용해성 시험, 현미경 시험, 건류 시험, 정색 시험, 비중 측정, 굴절률·복굴절률 측정, 융점 측정법, 적외선 흡수 스펙트럼 측정 등이 있다.
③ 두 가지 이상의 시험 방법으로 확인하는 것이 일반적이다.
④ 연구소나 실험실을 갖춘 기업이 아니고는 연소법이나 육안 또는 현미경 시험으로 판정하는 경우가 대부분이다.

2. 소재에 적합한 염료·조제 선정

소 재		염 료
식물성 섬유 적합 염료	직접 염료	• 물에 잘 녹고 산에 의해 색소산이 되어 침전하며 알칼리를 넣으면 다시 녹는다. • 환원제에 탈색되는 종류가 많고 셀룰로스섬유에 염착된다. • 중성·약산성 용액에서는 동물성 섬유도 염착 가능하다. • 견뢰도가 떨어져 요즈음은 픽스제로 후처리한다.
	반응성 염료	• 간단한 염색법으로 염착이 가능하다. • 나일론, 양모, 견의 아민기와도 공유 결합하여 염착한다. • 분자 구조 중 특수 반응기가 있어 알칼리 용액에서 면·마·레이온 등 하이드록시기와 공유 결합해 견뢰도가 우수하다.
	배트 염료	• 환원 염료는 불용성이므로 환원성 알칼리로 용해된다. • 환원제로 하이드로설파이드, 알칼리는 수산화나트륨을 주로 사용한다. • 면·마·레이온 섬유 등에 환원염법으로 염색되므로 견뢰도가 매우 우수하고 색상도 좋은 편이나 색 맞춤이 어렵다.

소재	염료	
식물성 섬유 적합 염료	아조 염료	• 주로 면섬유의 날염에 사용된다. • 먼저 섬유상에 하지제를 흡수시킨 뒤 현색제의 냉액에 커플링하여 발색시켜 염색하는 염료이다. • 특수염법에 의해 단백질·아세테이트·합성섬유에도 염착이 가능하다.
	황화 염료	• 배트 염료처럼 불용성이어서 알칼리성 환원저로 용해시켜 염색한다. • 환원제로는 황화나트륨을 사용하는 것이 배트 염료와 다르다. • 강한 알칼리를 사용하므로 알칼리에 강한 면·마·레이온·비닐론 염색에 주로 사용한다. • 마찰을 제외한 대부분 견뢰도가 우수하나 색상이 어둡다.
동물성 섬유 적합 염료	산성 염료	• 물에 해리되어 음이온성을 띠므로 양성이온을 띠는 양모·견·아마이드 결합이 있는 나일론 섬유와 이온 결합에 의하여 염착이 된다. • 균염성, 반균염성, 불균염성의 3가지로 구분된다. • 종류에 따라 강산성, 약산성, 중성 염색법으로 염색이 이루어진다.
	금속 착염 염료	• 1:1형과 1:2형 금속착염 염료가 있다. • 주로 양모 섬유의 염색에 매우 높은 견뢰도를 요구하는 경우 사용한다. • 1:1형은 약산성 용액에서는 이온 결합으로 염착이 이루어지지만 얼룩이 발생하기 쉽다. • 강산성 용액에서는 처음에는 이온 결합을 하나 수세 후 배위 결합이 일어나 염료가 섬유에 강하게 고착한다.
	산성 매염 염료	• 균염성 산성염료와 거의 같은 화학 구조를 가진다. • 균염성 산성염료와 염색 특성도 유사해서 양모 섬유에 사용된다.
	반응성 염료	• 식물성 섬유 염색에서의 설명과 같으나 동물성 섬유 염색에서도 공유 결합으로 고착된다. • 치환형과 부가형 반응성 염료가 있다.
	염기성 염료	• 양모·견의 산성용액에서 양모의 카복시기와 이온 결합으로 염착된다. • 염색견뢰도가 낮기 때문에 선명한 색을 요구할 경우 사용한다.
반합성 및 합성섬유 적합 염료	분산 염료	아세테이트	• 주로 분산염료에 의해 염색된다. • 고온에서 염색할수록 염착이 잘되고 견뢰도도 좋아지지만 80℃ 이상에서는 섬유가 광택을 잃고 구김이 생기기 때문에 주의해야 한다. • 여러 색상을 혼합할 경우 상용성이 같은 염료끼리 혼합해서 사용해야 한다.
		나일론	• 염색 방법이 간단하고 균염성이 좋다. • 염색견뢰도가 진한 색일수록 나쁘므로 연색과 중간색의 경우에만 사용해야 한다. • 나일론은 산성·분산·금속착염·산성매염 염료 등에 의해 염색된다.
		폴리에스터	• 고압 분산염료를 사용한다. • 보통 염색법과 캐리어 염색법 및 고온 염색법 있다. • 염색한 섬유의 태나 색상이 고온 염색법인 경우가 좋으므로 주로 고온 고압법에 의한 염색을 한다.
	산성 염료		염법이 간단하고 색상의 다양성 및 적당한 견뢰도 때문에 산성염료로 주로 염색한다.
	염기성 염료		• 다른 섬유에 염색하면 일광견뢰도가 떨어진다. • 아크릴 섬유에는 색상이 선명하고 아름다우며 일광견뢰도도 우수하다. ※ 아크릴 섬유는 캐티온·분산·산성염료에 의하여 염착된다.

적중예상문제

01 의류의 푸새 가공에 사용하는 풀의 종류가 아닌 것은?
① CMC ② 전 분
③ LAS ④ PVA

해설
풀의 종류 : 전분, 텍스트린, 씨엠씨(CMC), 피브이에이(PVA), 알긴산나트륨 등

02 다음 중 전분 풀감에 해당하는 것은?
① PVA ② 콘스타치
③ 젤라틴 ④ CMC

해설
전분 풀에는 옥수수가루, 감자가루, 녹말가루, 밀가루, 쌀가루 등이 있다.
콘스타치(Cornstarch) : 옥수수나 쌀을 곱게 빻은 가루로 식물성 섬유의 푸새에 쓰이는 풀이며 점성이 강한 편으로 점착성이 좋다.

03 론드리 공정 중 풀 먹임에 사용하는 풀의 원료가 아닌 것은?
① 규불화나트륨 ② 젤라틴
③ PVA ④ 전 분

해설
규불화나트륨은 산욕제로 사용한다.

04 다음 중 풀 먹임 작용의 효과가 아닌 것은?
① 천을 희고 광택이 나고 팽팽하게 한다.
② 오점이 섬유에 직접 붙지 않도록 한다.
③ 천을 질기게 하고, 내구성을 좋게 한다.
④ 천의 황변을 방지하고 산 가용성의 얼룩을 제거한다.

해설
④ 천의 황변을 방지하고 산 가용성의 얼룩을 제거하는 것은 산욕의 효과이다.

정답 1 ③ 2 ② 3 ① 4 ④

05 푸새의 효과가 아닌 것은?
① 광택이 난다.
② 오염을 방지한다.
③ 세척효과를 향상시킨다.
④ 구김이 생기지 않는다.

06 다음 중 산화표백제인 것은?
① 나프탈렌　② 장뇌
③ 실리카겔　④ 차아염소산나트륨

해설
표백제의 종류

산화 표백제	염소계	아염소산나트륨, 차아염소산칼슘, 차아염소산나트륨, 석회분 등
	산소계	과산화수소, 과붕산나트륨, 과탄산나트륨, 과망가니즈산칼륨 등
환원 표백제		소디움하이드로설파이드, 티오우레아다이옥사이드, 아황산수소나트륨, 차아(티오)황산나트륨, 아황산가스, 하이드로설파이드(론갈리트) 등

07 다음 중 산화표백제가 아닌 것은?
① 차아염소산나트륨
② 아염소산나트륨
③ 과산화수소
④ 아황산수소나트륨

해설
④ 아황산수소나트륨은 환원표백제이다.

08 다음 중 식물성 섬유의 표백에 효과가 가장 큰 것은?
① 차아염소산나트륨
② 표백분
③ 과탄산나트륨
④ 과붕산나트륨

해설
차아염소산나트륨
• 론드리에 가장 많이 쓰이는 표백제이다.
• 식물성 섬유의 표백에 효과가 가장 크다.

09 론드리에 가장 많이 쓰이는 표백제는?
① 과망가니즈산칼륨
② 과산화수소
③ 차아염소산나트륨
④ 하이드로설파이드

해설
론드리에는 염소계 표백제를 주로 사용한다(석회분, 차아염소산나트륨, 아염소산나트륨 등).

정답　5 ④　6 ④　7 ④　8 ①　9 ③

10 표백 가공에서 단백질섬유에 가장 적합한 표백제는?

① 차아염소산나트륨
② 아염소산나트륨
③ 아황산수소나트륨
④ 과산화수소

> 해설
> 표백 가공에서 모·견 등 단백질섬유에 가장 적합한 것은 과산화수소다.

11 과산화수소를 사용했을 때 표백효과가 가장 큰 섬유는?

① 양 모   ② 면
③ 아세테이트 ④ 아크릴

> 해설
> 과산화수소는 모·견섬유 표백에 적합하다.

12 염소계 표백제인 차아염소산나트륨으로 표백하기에 부적당한 것은?

① 셀룰로스섬유   ② 단백질섬유
③ 폴리에스터   ④ 아크릴

> 해설
> 염소계 표백제는 단백질섬유나 수지 가공된 면제품을 황변시킨다.

13 다음 중 셀룰로스 직물에 주로 사용하는 표백제는?

① 아염소산나트륨
② 하이드로설파이드
③ 아황산가스
④ 아황산수소나트륨

14 무색의 결정으로 시판되는 공업용 표백제 아염소산나트륨의 순도 범위는?

① 70~90%   ② 50~70%
③ 30~50%   ④ 10~30%

> 해설
> 아염소산나트륨은 염소계 산화표백제이다.

정답 10 ④ 11 ① 12 ② 13 ① 14 ①

15 표백제의 분류 중 잘못 연결된 것은?

① 염소계 표백제 – 표백분, 하이포아염소산나트륨, 아염소산나트륨
② 과산화물계 표백제 – 과산화수소, 과붕산나트륨, 과탄산나트륨
③ 환원표백제 – 유기염소표백제, 과산화아세트산, 과망가니즈산나트륨
④ 표백제 – 산화표백제, 환원표백제

해설
③ 환원표백제 : 아황산가스, 아황산수소나트륨, 하이드로설파이드 등

16 다음 중 환원표백제는 어느 것인가?

① 과산화수소
② 하이드로설파이드
③ 과붕산나트륨
④ 차아염소산나트륨

해설
① 과산화수소 : 산화표백제 중 과산화물계 표백제
③ 과붕산나트륨 : 산화표백제 중 과산화물계 표백제
④ 차아염소산나트륨 : 산화표백제 중 염소계 표백제

17 형광증백제의 설명으로 옳지 않은 것은?

① 흰색 의류를 더욱 희고 밝게 보이게 한다.
② 미량(0.1% 이하)으로 증백 효과를 기대할 수 없어 5% 이상 사용해야 한다.
③ 증백제 처리를 잘못했을 때 바람직하지 못한 녹색을 띠는 경우가 있다.
④ 내일광성이나 내염소성에 비교적 취약하다.

해설
형광증백제는 미량으로도 증백 효과를 충분히 낼 수 있다. 증백제 농도가 한계 이상으로 염착되면 백도는 도리어 떨어지는데, 이 현상을 농도소광이라고 한다.

18 형광증백제에 대한 설명으로 옳은 것은?

① 형광증백제는 섬유상에 과도하게 염착되면 도리어 나쁜 효과가 생길 수도 있다.
② 대부분의 형광증백제는 염소계 표백제에 의해 증백 능력을 상실한다.
③ 증백 효과는 증백제의 양에 따라 비례한다.
④ 형광증백제의 종류에 따라 파장 순으로 녹색, 청색, 홍색이 나타나면 주로 녹색이 쓰인다.

해설
② 염소분이 섬유에 존재하면 형광증백 후 색소가 착색된다.
③ 형광증백제는 미량으로도 증백 효과를 충분히 거둘 수 있다.
④ 형광증백제는 자외선을 흡수하고 파장이 짧은 청색계 가시광선을 복사하므로 청색을 띤다.

정답 15 ③ 16 ② 17 ② 18 ①

19 면 와이셔츠나 블라우스를 희게 하고자 할 때 가정에서 형광증백제를 사용할 수 있는데 그 사용법을 기록한 것 중 옳지 않은 것은?

① 먼저 깨끗이 세탁을 한다.
② 산화표백제를 사용하여 표백을 하고 충분히 수세를 한다.
③ 형광증백제로 형광처리를 한다.
④ 사용하는 형광제의 양을 많이 사용할수록 백도는 증가한다.

해설
④ 증백제의 용량이 지나치면 백도는 저하한다.

20 수성 잉크 얼룩을 제거하려고 과망가니즈산칼륨을 칠하였더니 진한 자주색이 되었다. 이것을 환원시키고자 한다면 어떤 표백제를 사용하는 것이 가장 좋은가?

① 하이드로설파이드
② 메탈알코올
③ 과산화수소
④ 차아염소산나트륨

해설
환원표백제 : 아황산가스, 아황산수소나트륨, 하이드로설파이드 등

21 표백 가공의 설명으로 옳지 않은 것은?

① 표백제는 산화표백제와 환원표백제로 나눈다.
② 산화표백제는 동물성 섬유에 주로 사용한다.
③ 표백은 유색물질을 화학적으로 파괴시켜 색소를 제거하는 것이다.
④ 착용과 세탁에서 생기는 황변 또는 염색물의 오염 상태를 제거한다.

해설
② 산화표백제는 식물성 섬유에 주로 사용한다.

22 환원표백제의 얼룩빼기에 사용할 수 있는 약제는?

① 차아염소산나트륨
② 과망가니즈산칼륨
③ 하이드로설파이드
④ 아염소산나트륨

해설
①, ④ 염소계 산화표백제
② 산소계(과산화물계) 산화표백제

23 형광증백제의 특성으로 옳지 않은 것은?

① 태양이나 자외선이 비치지 않는 곳에서도 증백 효과가 나타난다.
② 증백제의 용량이 지나치면 백도가 저하하는 경향이 있다.
③ 증백 작용이 물리적이므로 섬유에 손상이 없다.
④ 염소분이 섬유에 존재하면 형광증백 후 색소가 착색된다.

> **해설**
> 형광증백제는 형광등 불빛이나 태양 빛에 조금씩 들어있는 자외선을 흡수해서 옅은 푸른색의 형광으로 바꾸어서 방출하는 물질이다.

24 표백에 관한 설명으로 옳지 않은 것은?

① 일반적으로 고온일 때가 저온일 때보다 표백제의 분해가 빠르다.
② 표백제의 pH와 반대의 pH 용액을 가했을 때 표백작용이 강해진다.
③ 산화표백제와 환원표백제를 혼합하면 효과가 없어진다.
④ 산화표백제를 쓴 것은 광택이 나쁘고, 시간이 지나면 공기 중의 산소로 환원되어 원색이 나오는 결점이 있다.

> **해설**
> 산화표백의 대부분은 환원표백보다 표백작용이 심하여 산화로 파괴된 색소는 본래대로 돌아가지 않는다. 환원표백은 약품이 분해될 때 색소 중의 산소를 빼앗아 색소를 파괴하여 표백을 하는데, 건조 공정 때 빼앗긴 산소가 공기 중의 산소로 다시 산화하여 오염 색으로 돌아가는 경우가 있다. 즉, 공기 중의 산소와 결합하여 색소가 다시 살아날 수 있다.

25 표백의 작용과 방법에 대한 설명으로 옳지 않은 것은?

① 천을 희게 한다.
② 표백분은 산화표백제이다.
③ 차아염소산나트륨은 본 빨래 마지막에 넣는다.
④ 과탄산나트륨은 본 빨래가 끝날 때 넣는다.

> **해설**
> ④ 과탄산나트륨을 사용할 때는 충분히 녹여서 와셔를 돌리 견서 투입한다.

26 다음 중 세제에 첨가하는 표백제는?

① 과탄산나트륨 ② 과산화수소
③ 황 산 ④ 셀룰로스

> **해설**
> 분말 세제에 첨가하는 표백제로 과붕산나트륨이나 과탄산나트륨이 있다.

27 직물의 불순물을 알칼리로 제거한 다음 섬유에 남아 있는 천연 색소를 분해하여 직물을 보다 희게 만드는 것은?

① 정 련 ② 표 백
③ 푸 새 ④ 형 광

> **해설**
> 표백은 유색물질을 화학적으로 파괴시켜 색소를 제거하는 것이다.

정답 23 ① 24 ④ 25 ④ 26 ① 27 ②

28 합성직물로 된 폴리에스터 의복을 세탁하였더니 정전기가 심하게 일어났다. 이를 개선하기 위해서는 어떤 가공을 하여야 하는가?

① 풀 먹임 가공
② 대전방지 가공
③ 방수 가공
④ 발수 가공

해설
대전방지 가공은 합성섬유를 착용했을 때 정전기의 발생을 방지하기 위한 가공이다.

29 다음의 오염물 중에서 섬유제품을 가장 많이 손상시키는 것은?

① 땀
② 고체 오염물
③ 세균, 곰팡이
④ 유성 오염물

해설
③ 세균, 곰팡이 : 섬유 손상, 광택 저하, 냄새 · 오염 발생

30 다음 중 면직물이나 마직물 같은 셀룰로스 섬유를 해치는 벌레는?

① 애수시렁이
② 옷좀나방
③ 바퀴벌레
④ 털좀나방

해설
• 셀룰로스섬유(면 · 마)를 해치는 벌레 : 좀(의어), 바퀴벌레, 귀뚜라미 등
• 단백질섬유(양모 · 견 · 모피)를 해치는 충류 : 옷좀나방, 털좀나방, 애수시렁이, 알수시렁이 등

31 다음 중 방곰팡이 가공 방법으로 적절하지 않은 것은?

① 드라이사이징 처리
② 자외선 처리
③ 탈산소 처리
④ 가스 처리

해설
드라이사이징 처리는 액체나 물감 등이 번지지 않게 하는 공정이다. 드라이사이징은 화학적 전착제로 만든 것으로, 누런 알갱이로 된 드라이사이징 풀과 액상이 있다.

32 드라이클리닝 한 후 섬유에 곰팡이가 발생하지 않도록 처리하는 가공법을 무엇이라고 하는가?

① 방충 가공
② 방미 가공
③ 풀 먹임 가공
④ 방균 가공

해설
방미 가공은 셀룰로스섬유나 풀을 먹인 직물에 곰팡이가 생기는 것을 방지하기 위하여 하는 가공이다.

정답 28 ② 29 ③ 30 ③ 31 ① 32 ②

33 완성된 의류에 가공을 하여 형태를 고정시키는 방법은?

① 퍼머넌트 프레스 가공
② 샌포라이즈 가공
③ 압축 가공
④ 방오 가공

해설
퍼머넌트 프레스 가공(Permanent Press Finish)
면직물 또는 면과 화학섬유의 혼방직물이나 그 제품에 가열 처리하여 항구성이 있는 보형성, 방추성, 주름유지성 등을 부여하는 가공이다.

34 직물을 사포로 문질러 털을 일으킨 다음 수지 처리하고, 잔털을 일정한 길이로 잘라 부드러운 촉감과 탄력을 가지게 하는 가공은?

① 리플 가공
② 머서화 가공
③ 피치스킨 가공
④ 방추가공

해설
피치스킨 가공은 섬유 표면에 피혁의 뒷면과 같이 미세한 털을 일으켜 복숭아 표면과 같은 부드럽고 따뜻한 촉감을 부여하는 가공이다.

35 곰팡이 방지 방법으로 옳지 않은 것은?

① 옷의 더러움을 깨끗이 없앤다.
② 의류를 충분히 건조한다.
③ 비닐포장 내부의 산소를 제거하는 포장법을 이용한다.
④ 보관 장소의 습도를 높게 하고 온도를 20~30℃ 정도로 유지한다.

해설
곰팡이는 눅눅한 습기(70%)와 적정 온도(20~30℃), 먼지 등 3가지 조건만 갖추어지면 어디에서든지 엄청난 속도로 포자 번식을 한다. 반대로 습기 없는 곳, 환기 잘되는 곳, 잘 청소되어 먼지 없는 곳의 3가지 조건이 되는 실내를 기피하며 번식을 못한다.

36 다음 중 직물에 처리하는 샌포라이징(Sanforizing) 가공의 목적으로 옳은 것은?

① 습기나 물, 세탁 등에 의해 직물이 수축되는 것을 방지하기 위하여
② 사용 중 옷감이 구겨지는 것을 방지하기 위하여
③ 보관 중 섬유제품이 해충에 의해 손상되는 것을 방지하기 위하여
④ 곰팡이의 발생을 방지하기 위하여

해설
② 방추 가공, ③ 방충 가공, ④ 방미 가공

정답 33 ① 34 ③ 35 ④ 36 ①

37 다음 중 의류에 부착하여 방충효과를 내는 방충 가공제는?

① 장뇌
② 나프탈렌
③ 알레스린
④ 파라다이클로로벤젠

해설
①, ②, ④는 (가정용) 방충제이다. 방충 가공제로는 알레스린, 가드나, 인디고 염료 등이 있다.

38 살충력은 크지 않으나 벌레가 그 냄새를 기피하게 되어 방충효과를 나타내는 방충제는?

① 나프탈렌
② 실리카겔
③ 염화칼슘
④ 과산화수소

해설
(가정용) 방충제에는 장뇌(Camphor), 파라다이클로로벤젠(Paradichlorobenzene), 나프탈렌(Naphthalene) 등이 있다.

39 다음 중 가정용 방충제가 아닌 것은?

① 장뇌(Camphor)
② 파라다이클로로벤젠(Paradichlorobenzene)
③ 오일란(Eulan)
④ 나프탈렌(Naphthalene)

해설
③ 오일란(Eulan)은 방충 가공 시 사용한다.

40 다음 중 살균위생 가공이 반드시 필요하지 않은 제품은?

① 물수건
② 병원 가운
③ 어린이 점퍼
④ 아기 기저귀

해설
살균위생 가공은 몸에서 나오는 땀에 의한 체취나 세균의 번식을 방지하기 위한 방법이다.

41 직물에 유연 처리하여 정전기의 발생을 방지하는 가공은?

① 방충 가공
② 대전방지 가공
③ 방수 가공
④ 발수 가공

해설
① 방충 가공 : 의복이 벌레에 의해 손상이 되는 것을 방지하기 위한 가공이다.
③ 방수 가공 : 섬유제품이 물에 젖거나 침투·흡수하는 것을 방지하는 가공이다.
④ 발수 가공 : 물이 닿는 순간 원단 표면에 물이 스며들지 못하게 튕기도록 하는 가공이다.

정답 37 ③ 38 ① 39 ③ 40 ③ 41 ②

42 대전방지 가공 방법으로 옳은 것은?

① 텀블러 이후에 스프레이로 분사한다.
② 음이온 세제에 양이온 대전방지제를 첨가 후 처리한다.
③ 세탁 전에 스프레이로 분사한다.
④ 세탁물을 드라이클리닝 세정액과 대전방지제 액에 침지한다.

해설
대전방지 가공은 직물에 유연제 처리를 하여 정전기를 방지하는 가공이며, 대전방지제로는 양이온 계면활성제를 사용한다.

43 합성섬유를 세탁 후 유연제로 처리함으로써 얻을 수 있는 주된 효과는?

① 강도 증가   ② 통기성 증가
③ 대전성 방지   ④ 취화 감소

해설
대전성이란 섬유에서 정전기를 띠는 성질을 말하며, 직물에 유연제 처리를 하여 정전기를 방지한다.

44 섬유제품이 물에 젖거나 침투·흡수하는 것을 방지하는 가공은?

① 방오 가공   ② 방수 가공
③ 대전방지 가공 ④ 방충 가공

해설
① 방오 가공 : 오염을 막고 때가 직물 내부로 침투하는 것을 방지, 쉽게 제거할 수 있도록 하는 가공
③ 대전방지 가공 : 합성섬유를 착용했을 때 정전기의 발생을 방지하기 위한 가공
④ 방충 가공 : 의복이 벌레에 의해 손상되는 것을 방지하기 위한 가공

45 직물의 수축을 방지하기 위하여 제직 후 수축분을 미리 수축시키는 가공법은?

① 방축 가공   ② 방오 가공
③ 방추 가공   ④ 방수 가공

46 비에 젖지 않는 의복을 만들려고 할 때 원단은 어떤 시험을 필수로 해야 하는가?

① 염색견뢰도 시험
② 수축률 시험
③ 발수도 시험
④ 광염성 시험

해설
발수도 시험은 발수 처리한 직물의 발수 가능한 표면에 물방울을 떨어뜨려 어느 정도 습윤에 저항성이 있는가를 측정하는 시험이다.

정답 42 ④ 43 ③ 44 ② 45 ① 46 ③

47 직물에 방수성을 부여하기 위하여 각종 수지로 섬유 표면에 도포(칠하는 것)한 직물로서 물에 견디는 성질은 우수하나 노화가 쉽고 드라이 용제에 잘 녹을 수도 있는 직물은?

① 고무로 처리한 직물
② 동물성 섬유로 처리한 직물
③ 혼방직물로 처리한 직물
④ 아크릴수지로 처리한 직물

해설
방수 가공은 섬유제품이 물에 젖거나 침투·흡수하는 것을 방지하는 가공이며, 방수 가공제로는 아크릴수지, 폴리우레탄수지, 염화비닐수지, 합성고무 등이 있다.

48 다음 중 방수 가공제에 해당하는 것은?

① 실리카겔
② 염화칼슘
③ 아크릴수지
④ 과산화수소

해설
방수 가공제 : 아크릴수지, 폴리우레탄수지, 염화비닐수지, 합성고무 등

49 섬유 자체의 성능이 저하된 경우에 실시하는 재가공법은?

① 위생 가공
② 대전방지 가공
③ 방충 가공
④ 풀 먹임 가공

해설
풀 먹임 가공(푸새 가공)은 천을 질기게 하고, 내구성을 좋게 한다.

50 섬유 제품에 표백제와 같은 약제나 외부적 환경으로 인해 탈색되어 부분적으로 바탕의 색상에 비하여 연하게 되어 보기가 싫은 경우 가능한 한 원색에 가깝게 색을 복원하는 것은?

① 보 색　　② 표 백
③ 기 모　　④ 방 염

해설
② 표백 : 유색물질을 화학적으로 파괴시켜 색소를 제거하는 것이다.
③ 기모 : 방적사 직물의 표면을 기계적인 마찰을 주어 잔털을 일으켜 세우는 가공법이다.
④ 방염 : 직물이 불에 잘 타지 않게 하는 가공으로 난연 가공이라고도 한다.

CHAPTER 02 오점 분석 · 제거

01 | 오점 판별

1. 오점의 유형과 부착

(1) 오점의 유형

① 유용성 오점
  ㉠ 인체, 외기, 자동차의 배기가스나 기름진 음식물 등에 의하여 생긴 오점이다.
  ㉡ 유기용제에는 잘 녹으나 물에는 쉽게 녹지 않는다.
  ㉢ 종류 : 광물유, 기저유, 동·식물유, 식용유, 지방산, 그리스, 왁스, 지질, 그두약, 니스, 껌, 래커, 화장품, 버터, 양초, 인주, 페인트 등
  ㉣ 제거 방법 : 석유계 용제 또는 합성용제를 사용하여 제거한다.

② 수용성 오점
  ㉠ 물에 쉽게 녹는다.
  ㉡ 물에 용해된 물질에 의하여 생긴 오점을 말한다.
  ㉢ 종류 : 간장, 과즙, 겨자, 곰팡이, 구토물, 과자, 달걀, 땀, 술, 배설물, 설탕, 소스, 아이스크림, 케첩, 커피 등
  ㉣ 제거 방법 : 묻은 즉시 물만으로 제거 가능하나 시간이 경과한 것은 물과 세제로, 오래된 것(황변)은 표백 처리한다.

③ 고형(고체)오점
  ㉠ 유기용제나 물에도 녹지 않으므로 불용성 오점이라고도 한다.
  ㉡ 토사, 매염 등의 무기질과 단백질을 비롯한 신진대사 탈락물, 섬유를 비롯한 고분자 화합물 등의 오점이다.
  ㉢ 종류 : 흙, 시멘트, 석고, 매연, 철분, 점토, 유기성 먼지 등
  ㉣ 제거 방법 : 화학 처리, 산성약제 사용 후에는 암모니아(알칼리) 중화 처리한다.

(2) 오염의 부착

① 오염의 부착 형태

　㉠ 단순 부착(기계적 부착)
　　• 마찰이나 물리적 작용으로 직접 오염이 부착하거나 중력 등에 의하여 오염 입자가 침전하여 피복의 표면에 부착된다.
　　• 먼지나 비듬이 해당되며 털어 내거나 솔질(브러싱)에 의하여 쉽게 제거된다.

　㉡ 정전기에 의한 부착
　　• 섬유가 마찰 등에 의하여 발생된 전기적 힘에 의하여 생기는 오염 부착이다.
　　• 오염 입자와 섬유가 서로 다른 대전성(+, -로 나타나는 전기적 성질)을 띨 때 이러한 성질로 인하여 오염 입자가 섬유에 부착된 상태이다.
　　• 화학섬유에 먼지가 부착되거나 오리털이 날아와서 몸에 붙는 것이다.

　㉢ 화학 결합에 의한 부착
　　• 기름 얼룩을 장기간 방치할 때 기름이 섬유에서 산화되어 결합한 상태이다.
　　• 섬유 표면에 오염이 부착된 후 섬유와 오점 간의 결합이 화학 결합하여 부착된 것이다.
　　• 섬유 중 면, 레이온, 모, 견에서 화학 결합하는 경우가 많다.
　　• 황변이라 불리며 일반적인 방법으로 제거하기 힘들고 표백 처리하여야 한다.

　㉣ 유지 결합에 의한 부착(침투·확산에 의한 부착)
　　• 오염 입자(고체입자)가 기름의 막을 통해서 섬유에 부착하는 경우이다.
　　• 세제나 용제, 즉 휘발성 유기용제나 계면활성제, 알칼리 등으로 제거된다.

　㉤ 분자 간 인력에 의한 부착
　　• 오염 입자와 섬유 사이에 분자 간의 인력에 의하여 부착된 형태이다.
　　• 이는 반데르발스의 힘(액체가 분자 간에 서로 끌어당기는 성질)에 의한 것이며, 이로 인해 섬유와 액상의 오물이 서로 끌어당겨서 오점으로 남는 현상이다.
　　• 강한 분자 간 인력으로 인하여 입자가 크면 쉽게 떨어지나 입자가 작으면 제거하기 어렵다.

② 오염 부착·제거 순서

　㉠ 오염 부착 순서 : 오염되기 쉬운 섬유 순서
　　비스코스레이온 → 마 → 아세테이트 → 면 → 비닐론 → 실크(견) → 나일론 → 양모

　㉡ 오염 제거 순서 : 오염 제거가 쉬운 섬유 순서
　　양모 → 나일론 → 비닐론 → 아세테이트 → 면 → 레이온 → 마 → 견

③ 오염 부착·제거의 용이성 비교

　㉠ 섬유의 단면이 톱날 형태이거나 불규칙한 형태의 다각형인 섬유는 측면으로 줄이 나타나는데, 이것은 미세한 홈이 연속되는 것으로 이곳에 오염물질이 끼이기 쉬워 오염이 잘된다.
　㉡ 단면이 원형에 가깝고 정전기 발생 우려가 적은 양모는 오염 부착이 상대적으로 잘되지 않는 섬유이며 오염의 제거도 쉽다.

ⓒ 견은 단면이 매끄러워 오염이 잘 부착되지 않는 편이나 땀과 일광에 취약하며 오염의 제거가 잘되지 않는다.

2. 탈색과 변색

(1) 세탁물의 탈색

① 산화성 물질에 의한 탈색
  ㉠ 산화성 물질과 의류가 접촉하면 바로 탈색현상이 일어나는 것이 아니라 세탁 후 건조과정에서 열을 받으면 약품의 성분 중 산소가 방출되어 염색 물질의 구조를 변화시켜 탈색이 일어난다.
  ㉡ 산화성 물질에는 살균소독제, 표백제, 머리염색약, 치약, 여드름 방지제, 일부 의약품 등이 있다.

② 마모성 탈색
  ㉠ 무리한 힘을 가하여 얼룩을 제거하면 얼룩으로 인해서 약해져 있는 옷감에 손상이 와서 그 자리에 탈색현상이 일어나게 된다.
  ㉡ 바른 세탁 방법이 아닌 경우 세탁물끼리 마찰에 의해서도 탈색한다.

③ 빛과 열에 의한 탈색
  ㉠ 장기간 빛과 열(강한 열이나 강한 빛에 상관없이)에 노출되어 있으면 섬유의 손상과 염색의 퇴색이나 탈색현상이 일어나게 된다.
  ㉡ 커튼이나 실크 소재의 의류에서 탈색현상이 잘 일어난다.

④ 알칼리성 물질에서부터의 탈색
  ㉠ 실크나 양모 등은 합성세제 등 비누 가정용 세척제 등으로부터 닿으면 탈색현상이 일어난다.
  ㉡ 특히 물기에 노출된 의류에서 알칼리 성분의 물질과 접촉되면 실크나 모직물에서는 탈색현상이 일어난다.

⑤ 알코올 성분에 의한 탈색 : 향수나 방취제, 화장품, 헤어스프레이 등에는 알코올 성분이 들어 있어서 이러한 것들이 실크나 아세테이트 등에 묻으면 탈색현상이 일어난다.

⑥ 형광물질에 의한 탈색 : 주로 사용하는 합성세제에 들어 있는 형광물질이 제대로 녹지 않은 상태에서 세탁이 되면 그 자리에 탈색현상이 일어난다.

(2) 세탁물의 변색

① 염료 또는 안료로 착색된 것이 색이 변하는 일로, 색이 바래는 퇴색과 구별하기도 한다.
② 일광, 인공광, 수세, 세탁에 의한 습윤, 땀, 열, 약품, 가스 등의 요인으로 염색된 제품이 화학작용을 일으켜 색소나 어떤 물질을 분해시켜 일어난다.
③ 마찰 등의 물리적 영향으로 변색한다.

3. 산화 및 황변

(1) 산 화

① 자동산화
  ㉠ 유기화합물 또는 무기화합물이 공기 중 산소에 의해 상온에서 산화하는 반응을 말한다.
  ㉡ 생선 기름이나 물 기름을 공기 중에 방치해 두면 서서히 변질되는 경우 또는 기름을 사용한 식품을 오래 두면 맛이 떨어지는 경우 등이 자동산화이다.
  ㉢ 페놀성 화합물 등을 첨가해 두면 자동산화를 억제할 수 있다.

② 산화된 섬유의 얼룩빼기 : 얼룩에 따라 기계적인 방법 또는 세제, 용제 등 적당한 약품을 사용해서 다른 천에 옮겨 배게 한다.

(2) 황 변

① 황변의 개념
  ㉠ 섬유가 약품의 작용이나 일광의 노출 등에 의해 황색으로 변하는 것이다.
  ㉡ 일광, 습기, 온도 등에 큰 영향을 받는다.

② 황변의 원인

내부적인 원인	• 형광염료, 합성수지, 전분질 풀 등의 변질이 원인이다. • 본견이나 모직은 섬유 자체적으로 황변이 발생한다.
외부적인 요인	• 일광 등에 의한 비가역적 황변이 발생한다. • 세제에 함유된 유리 알칼리나 알칼리염 등 화학적 성분에 의하여 발생한다. • 표백제에 의하여 발생하고, 특히 환원형 표백제에 의한 발생은 형광염료가 함유된 아크릴계 섬유에서 많이 발생한다. • 가장 큰 원인은 외부에서 묻은 오염물질(과즙·음식물·땀 등 분비물)로 인한 것이다.

③ 황변의 수정 작업

구 분	원 인	수정 작업
면·마	염소계 표백제 사용 시 증백 가공에 사용된 형광염료에 의한 황변 및 합성수지에 의한 황변	• 염소계 표백제에 의한 황변은 사용량을 충분히 작용시켜 수정할 수 있다. • 합성수지에 의한 황변인 경우 70~80℃의 환원형 표백제로 수정한다.
본견(Silk)	• 풀에 포함된 습기로 인한 황변 • 알칼리성 세제·드라이클리닝 소프의 잔재로 인한 황변 • 땀 등 분비물에 의한 황변	• 1단계 : 60~70℃ 정도의 물에 알코올 세제 0.3%, 과붕산나트륨 0.3%를 완전 용해하여 담가 놓은 다음 4~5회 정도 헹굼 후 2단계 작업을 한다. • 2단계 : 50℃ 정도의 물에 알코올계 세제 0.3%, 환원형 표백제 0.2%를 녹이고 20~30분가량 담근 후, 4~5회 정도 물로 헹구어 그늘에서 말린다.
모직류	직사광선에 의한 형광염료의 변질로 인한 황변	• 1단계 : 수돗물 정도 온도의 물에 과탄산나트륨 0.5%, 알코올계 세제 0.3%, 과산화수소 0.3%를 녹여 12~14시간 정도 담가 놓은 후, 4~5회 헹굼 후 2단계 작업을 한다. • 2단계 : 50℃ 정도의 물에 알코올 세제 0.3%, 아황산수소나트륨 0.2%를 녹여 20~30분가량 담가 놓은 후, 물로 충분히 헹구어 그늘에서 말린다.

구분	원인	수정 작업
화학섬유	나일론, 아크릴계 섬유는 알칼리성 세제를 사용하여 고온 처리 시 황·갈변 발생	• 70~80℃ 정도의 온도에 아염소산나트륨 0.1% 수용액에 빙초산 0.1%를 첨가하여 30~60분 정도 담가 놓는다. • 표백액의 황색이 의류에 묻어 잘 지워지지 않으면, 온도 60~70℃ 하이포 1% 용액에 의류를 담가 색을 지운 후 4~5회 정도 헹군다.

02 | 재오염

1. 개념과 원인

(1) 개념

① 세정 과정에서 용제 중에 분산된 더러움이 피세탁물에 다시 부착하여 흰색이나 연한 색 물이 거무스름한 회색 기미를 보이는 현상이다.
② 역오염, 재부착이라고도 한다.
③ 세정액 중에 분산된 오염이 의류에 재부착하는 현상이다.

(2) 원인

① 부착
  ㉠ 본래 용제가 더러워 용제 청정의 불충분으로 그 더러움이 섬유에 부착하는 것이다.
  ㉡ 부착 후에 깨끗한 용제로 헹구면 제거되는 경우가 많다.
  ㉢ 솔벤트시스템의 경우 필터의 여과와 흡착이 불충분해 탈액이 약한 경우 재오염된다.

② 흡착
  ㉠ 용제 중의 더러움이 정전기 등의 인력과 섬유 표면의 점착력 등에 의하여 섬유에 부착되는 오염이다.
  ㉡ 흡착에 의한 재오염의 유형

정전기에 의한 재오염	• 화학섬유에서 발생하기 쉽다. • 정전기는 마찰로 인하여 발생한다.
점착에 의한 재오염	• 섬유 표면의 가공제가 용제에 의해 연화되어 표면이 점착성이 되면 이것에 접촉된 오염 입자는 섬유에 부착된다. • 아크릴산수지, 초산비닐수지 등의 접착제를 사용한 접착심지나 안료프린트 및 발수, 발유 가공품 등이 점착된 것은 제거가 어려운 것이 많다.
물의 적심에 의한 재오염	비닐론 등의 친수성 섬유가 깨끗하지 못한 용제에 적셔질 때 국부적으로 얼룩이 흡착되는 경우이다.

  ㉢ 흡착에 의한 재오염은 깨끗한 용제로 헹구어도 제거가 곤란한 경우가 많다.

③ 염 착
   ㉠ 세정액 중에 잔존해 있는 염료가 섬유에 흡착하는 경우이다.
   ㉡ 용탈된 염료가 다시 섬유에 염착하는 경우이다.
④ 기타 원인
   ㉠ 용제 중에 소프 양이 적당하지 않을 때
   ㉡ 용제 중에 염료가 분산되어 있을 때
   ㉢ 용제의 수분이 과다할 때
   ㉣ 세제 농도가 부족할 때
   ※ 퍼클로로에틸렌에 의한 드라이클리닝에서는 세척 개시에서 30~60초, 석유계 용제에서는 3~5분 경과한 때 재오염이 많이 발생한다.

2. 재오염 방지와 후처리

(1) 재오염 방지
   ① 세정액을 청정하게 유지하고 소프 농도 및 용제습도를 적정하게 유지해야 한다.
   ② 소 프
      ㉠ 세정력이 강화되고 재오염을 저하시킨다.
      ㉡ 재오염 방지 효과가 있어 용제와 함께 첨가시키는 물질이다.
   ③ 세탁 방법 : 백색물과 염색물, 연한 색과 진한 색으로 구별하여 세탁한다.
   ④ 지방산가가 높으면 탈산이나 탈색제 등의 흡착제를 사용하여 증류시킨다.
   ⑤ 용제의 색상 판정 기준
      ㉠ 용제의 색상을 보고 청정도를 판단한다.
      ㉡ 사용 횟수에 관계없이 정종(청주)색을 유지하여야 재오염되지 않는다.
         • 청주색 : 정상(색상 양호)
         • 맥주색 : 한계 색상
         • 콜라색 : 불량 색상
   ⑥ 재오염률의 측정 : 재오염률이 3% 이내면 양호, 5% 이상이면 불량이다.

$$재오염률(\%) = \frac{원포반사율 - 세정\ 후\ 반사율}{원포반사율} \times 100$$

알아두기 세척력의 측정

$$세척력(\%) = \frac{(세척\ 후\ 반사율 - 세척\ 전\ 반사율)}{(백포반사율 - 세척\ 전\ 반사율)} \times 100$$

(2) 후처리

① 드라이클리닝에 의한 재오염 시
  ㉠ 1단계로 용기에 재오염된 세탁물을 넣고 세탁물이 잠길 정도의 솔벤트를 넣은 다음 드라이 소프를 약 50~100mL 정도 넣는다.
  ㉡ 재오염된 이물질이 녹을 수 있는 시간(약 2시간) 동안 담근 후 손으로 짠 다음 깨끗한 용제를 넣어 드라이클리닝을 한다.
  ㉢ 2단계로 드라이 소프에 의한 제거가 충분치 않으면 드라이 소프 대신 유용성 얼룩 제거제나 유수 겸용 얼룩 제거제를 사용하고 솔벤트, 드라이 소프를 넣은 다음 1단계와 같이 한다.

② 물세탁에 의한 재오염 시
  ㉠ 1단계로 세탁물이 잠길 정도의 물에(뜨거운 물일수록 좋다) 중성세제를 풀고 세탁물을 넣은 후 오염이 빠졌으면 다시 세탁물을 따뜻한 물에 넣고 물이 식으면 다시 정상적으로 세탁을 한다.
  ㉡ 2단계로 오염이 빠지지 않았으면 따뜻한 물에 유수성 얼룩 제거제를 약 50~100mL 넣은 후 재오염된 세탁물을 넣은 다음 오염물이 제거되면 따뜻한 물에 헹구거나 세탁한다.

03 | 오점 제거 기계·용구

1. 오점 제거 기계

(1) 스포팅 머신(Spotting Machine)
  ① 얼룩에 약제를 바른 후 공기의 압력과 스팀을 이용하여 오점을 불어 얼룩을 제거하는 기계이다.
  ② 컴프레서에서 발생하는 에어와 스팀은 함께 사용할 수 있다.
  ③ 의복에서 떨어진 얼룩 찌꺼기, 수분, 먼지, 염료, 실 보푸라기 등이 제거된다.
  ④ 오점 처리시간을 단축한다.
  ⑤ 얼룩 제거 능력이 탁월하고 색상에 대하여 안정성이 높다.

(2) 제트 스포팅(Jet Spotting)
  ① 얼룩빼기 액을 권총형의 총에서 분사하는 기계이다.
  ② 노즐을 조정하는 데 따라 천을 관통하여 얼룩을 밀어내거나 표면 밖으로 불어주며 얼룩을 뺀 자리를 흐리게 할 수 있다.
  ③ 초음파 얼룩 제거기에 비해서 액류가 강하게 분산되므로 천의 손상이 올 수도 있다.

(3) 그 밖의 오점 제거기

① 스팀 건(Steam Gun)
- ㉠ 증기나 공기로 총(Gun)에서 분사되는 힘을 이용하여 얼룩을 날리거나 둥근 얼룩을 흐리게 하거나, 말리거나 하는 장치이다.
- ㉡ 고에너지를 가진 증기로 돋아나는 얼룩을 날리는 효과가 높다.

② 초음파 건(초음파 얼룩빼기 기계)
- ㉠ 민감하고 섬세한 직물에 물리적인 힘을 가장 적게 주면서 얼룩을 효과적으로 분쇄하는 얼룩빼기 기계이다.
- ㉡ 강력한 진동에너지(2만 사이클 이상의 고주파 진동)를 이용하는 방식이다.
- ㉢ 진폭이 작아서 섬유가 상하거나 마찰로 인한 손상이 없다.
- ㉣ 조작이 간편하고 초보자도 무리 없이 사용할 수 있는 장점이 있다.

2. 얼룩빼기 용구

(1) 브러시(솔)
① 얼룩에 약제를 바르고 두들기면서 사용하는 도구이다.
② 솔은 나무막대 손잡이에 돼지털, 말총 등의 강한 털을 심은 것이다.
③ 칫솔도 사용할 수 있으나, PVC제품은 얼룩빼기 용제에 용해될 수도 있다.

(2) 주걱(스패튤러, Spatula)
① 단단하게 부착한 얼룩을 긁어내는 데 쓰이는 것이다.
② 얼룩빼기제의 작용을 촉진시키기 위하여 사용한다.
③ 스테인리스강, 대(竹), 끝 등이 있다.
④ 대주걱은 날을 깎아서 숯불 재에 태워 사포로 끝을 예리하게 만든 것이 섬유를 덜 상하게 하므로 좋다.

(3) 오점 제거 받침판
① 받침판은 얼룩 제거 시 약제 사용으로 용해된 얼룩이 번지는 것을 방지하기 위해 얼룩의 아래에 받치는 판이다.
② 수용성 얼룩은 흰 타월이나 무명천을 감아 세제와 얼룩을 흡수할 수 있게 한다.
③ 유용성 얼룩은 나무판 그대로 사용한다.
④ 받침판의 치수는 3cm×10cm×20cm 내외의 것이 편리하다.
⑤ 판의 모서리를 둥글게 깎은 것이 좋고 목판이 적당하다.

(4) 그 밖의 도구

① 면 봉
  ㉠ 막대기 끝에 탈지면을 둥글게 감고 그 위에 얇은 면직물로 싸서 3cm 정도의 구형으로 만들어 강한 실로 단단히 묶은 것이다.
  ㉡ 용제 또는 약제를 바르고 얼룩을 두드리는 데 사용한다.
  ㉢ 진한 산은 사용할 수 없다.

② 인 두
  ㉠ 얼룩빼기제의 작용을 촉진하기 위해 가열하는 데 사용한다.
  ㉡ 철제로 된 인두를 직화용, 가열용의 가벼운 것으로 두 개 준비하는 것이 바람직하다.

③ 붓
  ㉠ 약제를 바르는 데 쓴다.
  ㉡ 털붓은 강한 알칼리에 쓸 수 없다.

④ 유리봉
  ㉠ 약제를 저으며 바를 경우에 사용한다.
  ㉡ 특히 알칼리 등 붓이 상하기 쉬운 약제를 쓸 때 사용한다.

⑤ 천
  ㉠ 여분의 약품과 수분을 제거한다.
  ㉡ 오점이나 얼룩을 흡수한다.
  ㉢ 물과 약품에 의한 둥근 얼룩을 흐리게 한다.
  ㉣ 백색의 면 메리야스, 휴지, 흰 타월 등이 있다.

⑥ 분무기 : 얼룩에 용제나 약제를 균등하게 뿌리는 데 이용된다.
⑦ 지우개(고무) : 립스틱(연지)이나 연필 자국을 지우는 데 사용한다.
⑧ 에어스포팅 : 에어건(Air Gun)을 이용하여 에어로 불어서 얼룩을 제거한다.

04 | 오점 제거

1. 얼룩의 분류와 판별 수단

(1) 얼룩의 분류

① 수용성 얼룩
  ㉠ 음식물, 술, 음료 등을 먹다 묻은 얼룩과 같은 것이다.
  ㉡ 물에는 잘 용해되나 석유계, 타르계, 유기용제 등 극성이 적은 용제에는 거의 용해되지 않는 얼룩이다.

② 유용성 얼룩
  ㉠ 기계, 아이섀도, 페인트, 식용유, 도료 등에서 묻은 얼룩 등을 말한다.
  ㉡ 모노클로로벤젠, 피리딘, 퍼클로로에틸렌과 같은 유기용제에는 잘 용해된다.
  ㉢ 물과 같이 극성이 큰 용제에는 용해되지 않는다.

③ 화학적 수단으로 제거하는 얼룩
  ㉠ 산화철 염기성탄산동(녹), 오래된 혈액, 오래된 땀, 변질된 것 등이다.
  ㉡ 유용성, 수용성 중 어느 것에도 해당하지 않는 얼룩을 말한다.
  ㉢ 물, 유기용제, 소프를 사용하여도 지워지지 않는다.
  ㉣ 표백제 및 화학약품을 사용하여 물에 가용성인 형태로 변질시켜 제거할 수 있다.
    ※ 이 방법은 다른 제거법과 병행해서 사용하여야 한다.

④ 불용성 얼룩
  ㉠ 위 ①·②·③ 이외의 것, 그을음·먹·흙탕물 등이다.
  ㉡ 물, 유기용제, 화학약품에 녹지 않고 표백이 안 된다.
  ㉢ 계면활성제로 어느 정도 제거된다.

(2) 얼룩의 판별 수단

① 외관 : 육안에 의해 색, 형상, 위치 등으로 판별한다.
② 현미경 : 미립자는 생물현미경(300~600배), 보통 입자는 실체현미경(10~50배)으로 관찰한다.
③ 확대경 : 볼록렌즈(3~5배), 라이프스코프(30~100배), 루페(3~5배) 등으로 관찰한다.
④ 자외선 램프 : 366미크론 블랙라이트로 관찰한다.
⑤ pH시험지 : 산성, 알칼리성 여부를 조사한다.
⑥ 분무 : 얼룩 부분을 물로 분무하여 친수성, 친유성 얼룩 여부를 조사한다.
⑦ 냄새 : 사람의 후각으로 식별한다.
⑧ 감촉 : 만져서 미끈미끈, 끈적끈적, 딱딱함 등을 판별한다.
⑨ 착용자의 직업 등에 의한 식별 : 고객의 정보를 알아두면 얼룩빼기에 도움이 된다.

2. 얼룩빼기 약제

(1) 유기용제
① 벤젠, 휘발유, 석유벤진 등이 있으며 기름얼룩을 제거하는 데 사용한다.
② 도료 페인트(유성), 건성유, 수지, 안료가 굳기 전에는 클로로벤젠 등의 유기용제로 제거하고 안료는 세액으로 제거한다.
  ※ 클로로벤젠 : 굳기 전의 유성페인트 얼룩을 빼기에 가장 적합한 약품
③ 굳은 것은 탈지면에 진한 암모니아수를 묻혀 얼룩 부분에 놓아 둔 후 부드러워지면 클로로벤젠으로 제거한다.
④ 아세톤, 에스터, 알코올 등의 특수용매는 오염에 따라 강한 용해력이 있다.
⑤ 로드유 : 염색 가공 시 균열제로 사용하고 잉크 제거에 효과가 있다.

> **알아두기 | 아세톤**
> - 아세테이트는 아세톤에 용해된다.
> - 아세톤은 아세테이트섬유에 묻은 얼룩을 제거하는 데 사용할 수 없다.
> - 물세탁은 아세테이트제품을 손상시킨다.
> - 유기용제인 아세톤은 초산 셀룰로스를 잘 용해시키므로 아세테이트섬유에는 절대 사용을 금한다.

(2) 산
① 초 산
  ㉠ 빙초산을 물 또는 메탄올에 용해한 10% 수용액 또는 미탄올액이 사용된다.
  ㉡ 메탄올액은 염료가 수용액에 의해 변색할 염려가 있을 때 좋다.
  ㉢ 아세테이트섬유제품은 초산에 의해 손상되기 쉬우므로 주의한다.
  ㉣ 얼룩 지우기에 사용한 알칼리성 약제를 중화하는 데도 사용하며 휘발성이므로 건조하면 휘발하여 옷에 남지 않는다.
② 옥살산액(수산)
  ㉠ 쇳물, 잉크, 땀, 과즙 등의 얼룩을 제거하는 데 사용한다.
  ㉡ 섬유를 손상시킬 우려가 있으므로 사용 후 암모니아수로 충분히 수세한다.
  ※ 쇠(철)의 녹 얼룩빼기에 사용하는 약품 : 옥살산(수산)
③ 락트산액(乳酸) : 타닌에 의한 얼룩을 지거하는 데 사용한다.

(3) 알칼리
① 암모니아
  ㉠ 기체로, 산성 얼룩을 중화하는 데 적합하다.
  ㉡ 알칼리성 얼룩을 산으로 중화한 후에도 암모니아로 다시 중화하여야 한다.
② 피리딘 : 마킹잉크 · 페인트의 얼룩을 제거한다.

(4) 표백제

① 차아염소산
  ㉠ 색소를 제거하고 알칼리에서 안정하며 산성에서 활성화된다.
  ㉡ 식물성 섬유에만 사용하고, 양모·견 섬유에는 사용할 수 없다.

② 과산화수소
  ㉠ 표백효과가 우수하다.
  ㉡ 양모·견 섬유에는 황변이 일어날 수 있으므로 물을 희석하여 사용한다.

③ 아황산수소나트륨
  ㉠ 과망가니즈산칼륨의 얼룩 제거에 효과가 있다.
  ㉡ 공기 중에서 산화되어 황산이 되므로 반드시 헹궈주어야 한다.

(5) 기타 약제

① 티오황산나트륨 : 아이오딘(요오드)의 얼룩을 제거하는 데 사용한다.
② 아이오딘화칼륨 : 아이오딘과 질산은의 얼룩을 빼는 데 사용한다.
③ 이황화탄소, 올레산
  ㉠ 황, 고무 같은 얼룩을 제거하는 데 사용한다.
  ㉡ 처리 후에는 드라이클리닝을 하여야 한다.
④ 단백질 분해효소 : 프로테아제 1%, 식염 1%, 물 20%의 혼합물로 50℃ 내외에서 사용할 때 얼룩이 가장 잘 제거된다.

(6) 얼룩빼기 약제와 가공섬유와의 반응

섬유	유기용제	알칼리	산	표백제
셀룰로스 섬유	안전	대체로 안전	진한 무기산 사용 불가 (옥살산을 제외한 유기산은 대체로 안전 처리를 거쳐 충분한 수세 후 암모니아수로 중화)	모든 표백제에 대체로 안전
단백질섬유	안전	진한 알칼리는 사용 불가 (암모니아수는 대체로 안전)	묽은 산에는 대체로 안전	염소계 표백제 사용 불가
아세테이트	아세톤·에스터류·클로로폼 등 사용 불가 (알코올류 주의)	진한 알칼리 사용 불가 (암모니아수 주의)	진한 산 사용 불가 (묽은 산 주의)	산화표백제 사용 불가
나일론	안전	진한 알칼리에 변질될 우려 있음	진한 산 주의	염소계 표백제 사용 불가
폴리에스터, 아크릴, 올레핀	안전	안전	안전	안전
폴리비닐알코올	안전	안전	진한 산 주의	안전

(7) 얼룩빼기 약제와의 반응

① 면 : 진한 무기산을 사용할 수 없고, 염소계 표백제에는 일반적으로 안정하다.
② 폴리에스터 : 진한 산을 사용할 수 있다. 즉, 화학약품에 대한 저항력이 크고 20% 이상의 황산에서도 변화를 일으키지 않는다.
③ 양모 : 유기용제에는 안전하고, 염소계 표백제는 사용하지 말아야 한다.
④ 나일론 : 진한 알칼리에는 황변할 수 있으므로 주의하여야 한다.

3. 얼룩빼기 방법(조작)

(1) 얼룩빼기 방법

① 얼룩빼기가 적절한 경우
  ㉠ 옷 전체를 세탁할 필요가 없는 부분 얼룩이 있을 때
  ㉡ 세탁 시 다른 부분으로 번질 우려가 있는 얼룩이 있을 때
  ㉢ 세탁을 하여도 제거되지 아니한 얼룩이 있을 때

② 얼룩빼기의 뒤처리
  ㉠ 얼룩을 뺀 후 일단 전체적으로 세탁한다.
  ㉡ 용제나 약제 사용에 의한 얼룩은 유기용제를 분무기로 안에서 밖으로 원을 그리듯 뿜어 주고 마른 수건으로 흡수시킨다.
  ㉢ 염색 보정은 고도의 기술을 습득한 후에 하는 것이 바람직하다.
  ㉣ 표백제를 사용할 때는 염색물의 탈색 여부를 얼룩빼기 전에 시험해 보아야 한다.

③ 주의사항
  ㉠ 얼룩이 생긴 즉시 제거해야 한다.
  ㉡ 얼룩빼기 시 생기는 반점을 제거해야 한다.
  ㉢ 피복의 재료 및 얼룩의 종류와 얼룩빼기 방법이 적당한지 충분히 검토해야 한다.
  ㉣ 얼룩빼기 시 지나치게 심한 기계적 힘을 가하지 말아야 한다.
  ㉤ 얼룩이 주위로 번져 나가지 않도록 해야 한다.
  ㉥ 얼룩빼기 후에는 반드시 뒤처리를 하여 섬유 손상을 방지해야 한다.

> **알아두기** 세탁물의 오점 제거 방법
> - 물세탁으로 제거
> - 세제로 제거
> - 유기용제로 제거
> - 털어서 제거
> - 표백제로 제거
> ※ 원인을 모르는 오점을 제거하려 할 때 가장 먼저 처리해야 할 방법은 유기용제 처리이다.

(2) 물리적·화학적 오점 제거 방법

① 물리적 방법 : 물로 얼룩을 용해·분리시킨 후 분산된 얼룩을 흡수하여 제거하는 방법이다.

기계적 힘 이용 방법	• 의복 표면에서 부착된 고형물질을 솔로 문질러 제거하는 방법이다. • 흙, 시멘트, 석회, 기타 고형물질을 제거하는 데 이용한다. • 스패튤러(Spatula)나 칼로 긁어서 제거하기도 한다. • 스팀 건(Steam Gun)을 사용하여 열과 증기의 작용으로 얼룩을 제거하기도 한다.
분산법	• 세제액, 유기용매 등을 사용하여 얼룩을 용해·분산시키고 오염이 분산된 용액을 흡수·제거한다. • 설탕·전분 등은 물이나 세제액으로, 유지·페인트·바니스 등은 유기용매로 제거한다.
흡착법	• 얼룩에 전분풀이나 CMC의 진한 액을 바른 후 오염을 흡착시켜 제거하는 방법이다. • 안료, 먹과 같이 섬유와 섬유 사이에 낀 고형물질을 제거하기 위해 사용하는 방법이다.

② 화학적 방법
- ㉠ 알칼리 사용 : 과즙, 땀, 기타 산성 얼룩을 알칼리로 용해시켜 제거
- ㉡ 산 사용 : 알칼리성 오염과 쇳물 등 금속산화물을 산으로 용해시켜 제거
- ㉢ 표백제 사용 : 흰색 의류에 생긴 유색물질의 얼룩을 표백제로 제거
- ㉣ 특수 약품 사용 : 얼룩에 따라서 특수한 약제를 사용하여 제거
- ㉤ 효소 사용 : 단백질, 유지, 전분 등의 얼룩을 단백질 분해효소로 제거

(3) 수용성·유용성 오점 제거 방법

① 수용성 오점 제거 방법
- ㉠ 수용성 얼룩은 물 또는 세제를 사용한다.
- ㉡ 시간이 경과된 것은 물과 알칼리성 또는 중성세제로 제거될 수 있다.
- ㉢ 너무 오래된 것은 공기 중에서 변질, 고착되므로 표백 처리가 필요할 수 있다.

② 유용성 오점 제거 방법
- ㉠ 유용성 얼룩은 석유계 또는 합성용제를 사용하여 제거한다.
- ㉡ 일반적으로 유기용제나 유성세제로 제거한다.
- ㉢ 오점을 용해시켜 밑의 깔개천으로 이동시켜 흡수시킨다.
- ㉣ 수용성 잔류물은 물과 세제로 처리한다.
- ㉤ 친유성이 있는 유기용제로 제거한다.
- ㉥ 계면활성제로 제거한다.
- ㉦ 알칼리로 제거한다.

(4) 얼룩의 종류에 따른 제거 방법

① 과일즙·주스
   ㉠ 과일즙의 얼룩은 물 또는 세제를 사용한다.
   ㉡ 불충분하면 중성세제로 씻어내고, 색소가 남으면 표백한다.
   ※ 딸기 얼룩 : 오염된 직후에는 물만으로, 불충분하면 중성세제로 씻어내면 잘 제거된다.

② 혈 액
   ㉠ 묻은 즉시 찬물로 세탁한다(가열하면 응고되기 때문이다).
   ㉡ 효소 세제나 암모니아수로 제거한다.
   ㉢ 제거 후 철분으로 인하여 황색이 남으면 옥살산으로 씻어낸다.

③ 우 유
   ㉠ 먼저 지방분을 유기용제로 제거한다.
   ㉡ 단백질은 암모니아수로 두드리거나 혈액을 지우는 방법으로 없앤다.

④ 커피·차·코코아 등
   ㉠ 열처리와 pH 10 이상의 알칼리에 의하여 얼룩 제거가 어렵다.
   ㉡ 온수로 수용성 얼룩을 제거하고, 중성세제 용액으로 두드린다.
   ㉢ 남아 있는 색소는 표백제를 사용하여 제거한다.

⑤ 콜 라
   ㉠ 오래되어도 변하지는 않으나 색소가 의류에 역착되는 경우도 있다.
   ㉡ 묻은 즉시 바로 제거되지만 오래되었거나 건조된 것은 색소가 남아 있으므로 표백 처리를 하여야 한다.
   ㉢ 열을 가하면 제거하기가 힘들어지므로 클리닝을 하기 전에 오점을 제거할 필요가 있다.

⑥ 립스틱
   ㉠ 립스틱 얼룩은 가벼운 것은 지우개로 지운다.
   ㉡ 유지와 왁스분을 유기용제로 빨아 낸 뒤 세제로 두드리고 색소가 남으면 표백한다.

⑦ 잉크류
   ㉠ 잉크 제거는 화학작용으로 다른 색이나 무색으로 변화시켜 제거한다.
   ㉡ 세제 용액으로 충분히 씻은 후 색소가 남으면 표백제를 사용한다.
   ㉢ 볼펜 : 알코올 또는 세제 용액으로 두드리고 색소가 남으면 표백한다.
   ㉣ 사인펜 : 유성 사인펜은 벤젠을 묻혀 닦고, 수성 사인펜은 알코올을 묻혀 둔다.
   ※ 로드유 : 스탬프 잉크의 오점을 가장 빠르게 제거할 수 있는 약품

⑧ 김치·고추장 : 고춧가루에 의한 얼룩은 물에 적셔 햇볕에 널어놓으면 대부분 제거된다.

⑨ 껌 : 얼음 주머니로 냉각하여 굳힌 후 긁어내고 남은 것은 벤젠이나 아세톤으로 두드려 뺀다.

⑩ 기름
　㉠ 식용유, 버터, 광물류 등은 세제 용액 또는 유기용제로 두드려 뺀다.
　㉡ 색소가 남으면 표백제를 사용한다.
⑪ 땀·오줌
　㉠ 오염된 직후에 세제액이나 암모니아수로 제거한다.
　㉡ 황변된 것은 옥살산으로 표백한다.
⑫ 페인트
　㉠ 얼룩 직후 수성페인트는 세제 용액으로, 유성페인트는 유기용제로 두드려 뺀다.
　㉡ 처리 후에는 액제를 충분히 씻어내야 한다.
⑬ 불용성 오점 중 녹물
　㉠ 유기용제나 물에도 녹지 않으므로 불용성 오점(고체 오점)이라 한다.
　㉡ 녹물은 수산으로 처리한다.
⑭ 먹
　㉠ 우선 세제를 묻힌 뒤 밥풀을 손가락으로 문질러 먹이 밥풀로 옮겨 가도록 한다.
　㉡ 세제 용액으로 되풀이하여 씻어낸다.

적중예상문제

01 다음 스포팅 머신에 대한 설명으로 옳지 않은 것은?
① 컴프레서에서 발생하는 에어와 스팀은 함께 사용할 수 있다.
② 의복에서 떨어진 얼룩찌꺼기, 수분, 먼지, 염료, 실 보푸라기 등이 제거된다.
③ 오점 처리시간을 단축시킨다.
④ 오점은 잘 제거되나 얼룩은 그대로 남는다.

해설
스포팅 머신은 얼룩 제거 능력이 탁월하고 색상에 대하여 안정성이 높다.

02 제트 스포팅의 주용도는 무엇인가?
① 얼룩빼기   ② 용제 관리
③ 산가 측정 ④ 소프 측정

해설
제트 스포팅은 얼룩빼기 액을 권총형의 총에서 분사하는 기계이다.

03 민감하고 섬세한 직물에 물리적인 힘을 가장 적게 주면서 얼룩을 효과적으로 분쇄하는 얼룩빼기 도구는?
① 초음파 건   ② 스팀 건
③ 스포팅 머신 ④ 브러시

해설
② 스팀 건 : 증기나 공기로 총(Gun)에서 분사되는 힘을 이용하여 얼룩을 날리거나 둥근 얼룩을 흐리게 하거나, 말리거나 하는 장치이다.
③ 스포팅 머신 : 얼룩에 약제를 바른 후 공기의 압력과 스팀을 이용하여 오점을 불어 얼룩을 제거하는 기계이다.
④ 브러시 : 얼룩에 약제를 바르고 두들기면서 사용하는 도구이다.

04 다음 중 얼룩빼기 용구가 아닌 것은?
① 주걱   ② 제트 스포팅
③ 받침판   ④ 분무기

해설
제트 스포팅은 얼룩빼기 액을 권총형의 총에서 분사하는 기계이다. 얼룩빼기 용구로는 솔, 스패튤러(주걱), 면봉, 붓, 고무지우개, 깔개와 깔개판, 분무기 등이 있다.

정답 1 ④ 2 ① 3 ① 4 ②

05 굳기 전의 유성페인트 얼룩을 빼기에 가장 적합한 약품은?

① 알코올　② 수 산
③ 클로로벤젠　④ 중성세제

해설
- 도료 페인트(유성), 건성유, 수지, 안료가 굳기 전에는 클로로벤젠 등의 유기용제로 제거하고 안료는 세액으로 제거한다.
- 굳은 것은 탈지면에 진한 암모니아수를 묻혀 얼룩 부분에 놓아 둔 후 부드러워지면 클로로벤젠으로 제거한다.

06 아세테이트섬유에 묻은 얼룩을 제거하는 데 사용할 수 없는 것은?

① 벤 젠　② 암모니아수
③ 아세톤　④ 중성세제

해설
아세테이트는 아세톤에 쉽게 녹으므로 사용할 수 없다.

07 얼룩빼기 방법 및 약품 사용에 대한 설명으로 옳은 것은?

① 아세테이트섬유는 질겨서 어느 약품을 사용해도 손상이 없다.
② 산성 약제로는 과산화수소, 수산, 올레인산 등이 있다.
③ 알칼리성 얼룩은 알칼리성 약품으로만 뺀다.
④ 쇠 녹의 얼룩은 수산으로 제거하고, 암모니아로 헹구어 중화하는 것이 바람직하다.

해설
① 아세테이트는 아세톤에 용해된다.
② 올레인산은 유지에서 분리되어 제조하는 것으로, 불포화점 1개를 가진 고급 지방산이다.
③ 알칼리성 얼룩은 산성 약품으로 중화시킨다.

08 유성 오점을 제거하는 데 쓰이는 용제로 관련이 가장 적은 것은?

① 아세톤　② 초 산
③ 알코올　④ 황 산

정답 5 ③　6 ③　7 ④　8 ④

09 얼룩빼기를 하기에 적절치 않은 경우는?

① 부분 얼룩이 있을 때
② 세탁 시에 다른 부분으로 번질 우려가 있는 얼룩이 있을 때
③ 특이한 얼룩은 없고 옷에서 음식 냄새가 날 때
④ 세탁을 하여도 제거되지 않는 얼룩이 있을 때

해설
③ 냄새는 얼룩빼기가 아닌 세탁으로 제거할 수 있다.

10 다음 얼룩의 성질에 대한 설명으로 옳은 것은?

① 음식물, 혈액 등은 유기용제에 녹는 얼룩이며, 물에는 녹지 않는다.
② 그을음, 먹, 흙탕물 등은 물이 녹지 않지만 유기용제에는 녹는다.
③ 식용유, 아이섀도는 유기용제에 녹는 얼룩이며, 물에는 녹지 않는다.
④ 쇠의 녹이나 오래된 땀은 유기용제에는 녹지 않지만 소프에는 녹는다.

해설
① 음식물, 혈액 등은 물에 녹는 수용성 얼룩이다.
② 그을음·먹·흙탕물 등은 불용성 얼룩이며, 물, 유기용제, 화학약품에 녹지 않는다.
④ 쇠의 녹이나 오래된 땀은 물, 유기용제, 소프를 사용하여도 지워지지 않는다.

11 오염된 직후에 물만으로 제거하고, 불충분하면 중성세제로 씻으면 잘 제거되는 얼룩은?

① 딸기 얼룩
② 핏물(녹물)
③ 볼펜 자국
④ 인주 자국

해설
① 딸기 얼룩(수용성 얼룩) 제거는 주로 물과 중성세제를 사용한다.
② 핏물(녹물)은 표백제 및 화학약품을 사용하여 무색이든 유색이든 물에 가용성인 형태로 변질시켜 제거할 수 있다.
③, ④ 볼펜 자국과 인주 자국은 유용성 얼룩으로 모노클로로벤젠, 피리딘, 퍼클로로에틸렌과 같은 유기용제에 잘 용해된다.

12 다음 중 얼룩빼기가 가장 어려운 것은?

① 커 피
② 구두약
③ 황변 얼룩
④ 수성 페인트

해설
드라이클리닝으로 제거할 수 없는 각종 오염은 시간이 지나면 황변으로 발전하고, 황변은 탈색이나 변색을 동반하므로 기존의 세탁법으로는 의류를 원 상태로 복원할 수 없다.

13 재료의 성분에 따라 벤젠이나 알코올을 묻혀서 닦아 주면 말끔히 제거할 수 있는 얼룩은?

① 혈 액
② 우 유
③ 접착제
④ 사인펜

해설
유성 사인펜은 벤젠을 묻혀서 닦아 주고, 수성 사인펜은 알코올을 묻혀서 닦아 주면 얼룩이 제거된다.

정답 9 ③ 10 ③ 11 ① 12 ③ 13 ④

14 얼룩의 판별 수단을 설명한 것으로 옳은 것은?

① 외관 – 사람의 후각, 촉각에 의하여 판별한다.
② pH시험지 – 얼룩 부분을 물로 분무하여 친수성, 친유성 얼룩 여부를 조사한다.
③ 분무 – 산성, 알칼리성 여부를 조사한다.
④ 현미경 – 미립자는 생물현미경(300~600배), 보통 입자는 실체현미경(10~50배)으로 관찰한다.

해설
① 외관 : 육안에 의해 색, 형상, 위치 등으로 판별한다.
② pH시험지 : 산성, 알칼리성 여부를 조사한다.
③ 분무 : 얼룩 부분을 물로 분무하여 친수성, 친유성 얼룩 여부를 조사한다.

15 다음 중 세탁물의 오점 제거 방법에 해당하지 않는 것은?

① 물세탁으로 제거
② 세제로 제거
③ 유기용제로 제거
④ 식물성 기름으로 제거

해설
세탁물의 오점 제거 방법
• 수용성 오점 : 물로 제거
• 유용성 오점 : 세제나 유기용제로 제거
• 고형 오점 : 솔로 털기

16 다음 중 오점 제거 방법이 아닌 것은?

① 털어서 제거
② 유기용제로 제거
③ 빛에 의하여 제거
④ 표백제로 제거

17 오점의 종류에 따른 제거 방법으로 옳지 않은 것은?

① 과즙은 수용성 오점에 속하며, 대부분 수성 소프(Soap)로 제거한다.
② 유용성 오점은 웨트클리닝이 바람직하다.
③ 불용성 오점 중 녹물은 수산이 좋다.
④ 잉크 제거는 화학작용으로 다른 색이나 무색으로 변화시켜 제거한다.

해설
② 유용성 얼룩은 석유계 또는 합성용제를 사용한다.

18 립스틱 얼룩빼기에 가장 적당한 방법은?

① 유기용제로 두드려 뺀다.
② 뜨거운 물로 씻어낸다.
③ 지우개로 지운다.
④ 찬물로 씻어낸다.

해설
립스틱 얼룩은 가벼운 것은 지우개로 지우고 유지와 왁스분을 유기용제로 빨아 낸 뒤 세제로 두드리고 색소가 남으면 표백한다.

정답 14 ④　15 ④　16 ③　17 ②　18 ①

19 다음 중 얼룩빼기 조작이 아닌 것은?

① 스프레이 조작
② 물리적 조작
③ 화학적 조작
④ 용제, 물, 세제에 의한 조작

20 얼룩빼기의 뒤처리로 옳지 않은 것은?

① 얼룩을 뺀 후 일단 전체적으로 세탁한다.
② 용제나 약제 사용에 의한 얼룩은 유기용제를 분무기로 안에서 밖으로 원을 그리듯 뿜어주고 마른 수건으로 흡수시킨다.
③ 색이 있는 경우 얼룩 부분을 표백제로 탈색한 후 부분 도색한다.
④ 염색 보정은 고도의 기술을 습득한 후에 하는 것이 바람직하다.

해설
③ 표백제를 사용할 때는 염색물의 탈색 여부를 얼룩빼기 전에 시험해 보아야 한다.

21 단백질, 전분 등의 얼룩을 단백질 분해효소로 제거하는 화학적 얼룩빼기 방법은?

① 표백제법
② 알칼리법
③ 산 법
④ 효소법

해설
얼룩빼기에 사용하는 효소는 전분 분해효소, 지방 분해효소, 단백질 분해효소 등이 있다.

22 다음 중 얼룩빼기의 주의사항으로 옳지 않은 것은?

① 얼룩빼기 시 생기는 반점을 제거해야 한다.
② 기계적 힘을 심하게 가해야 한다.
③ 얼룩빼기 후에는 뒤처리를 반드시 행하여 섬유 손상을 방지해야 한다.
④ 얼룩이 주위로 번져 나가지 않도록 한다.

해설
얼룩빼기 시 기계적 힘을 지나치게 가하지 말아야 하며, 얼룩빼기 후에는 반드시 뒤처리를 하여 섬유 손상을 방지해야 한다.

23 다음 중 스탬프 잉크의 오점을 가장 빠르게 제거할 수 있는 약품은?

① 로드유
② 벤 젠
③ 유성 소프
④ 신 나

해설
로드유는 계면활성이 있어 염색 가공 시 염색을 고르게 하는 균염제로 사용하고 잉크의 오염 제거에도 사용한다.

정답 19 ① 20 ③ 21 ④ 22 ② 23 ①

24 섬유의 얼룩빼기 약제와의 반응에 대한 설명으로 옳지 않은 것은?

① 면은 진한 무기산을 사용할 수 없고, 염소계 표백제에는 일반적으로 안정하다.
② 폴리에스터는 진한 산을 사용할 수 없고, 묽은 산은 주의하여야 한다.
③ 양모는 유기용제에는 안전하고, 염소계 표백제는 사용하지 말아야 한다.
④ 나일론은 진한 알칼리에는 황변할 수 있으므로 주의하여야 한다.

해설
② 폴리에스터는 진한 산을 사용할 수 있다. 즉, 화학약품에 대한 저항력이 크고 20% 이상의 황산에서도 변화를 일으키지 않는다.

25 화학적 얼룩빼기 방법에 관한 설명으로 옳지 않은 것은?

① 과즙, 땀, 기타 산성 얼룩을 알칼리로 용해시켜 제거하는 방법이다.
② 물을 사용하여 얼룩을 용해하고 분리시킨 후 분산된 얼룩을 흡수하여 제거하는 방법이다.
③ 흰색 의류에 생긴 유색물질의 얼룩을 표백제로 제거하는 방법이다.
④ 단백질, 전분 등의 얼룩을 단백질 분해효소로 제거하는 방법이다.

해설
②는 물리적으로 얼룩을 빼는 방법이다.

26 다음 중 얼룩빼기가 가장 쉬운 섬유는?
① 견   ② 양 모
③ 레이온   ④ 아세테이트

해설
오점이 잘 제거되는 섬유의 순서 : 양모 → 아세테이트 → 레이온 → 견

27 커피 얼룩을 제거하는 방법으로 가장 적당한 것은?

① 온수로 수용성 얼룩을 제거한 후 중성세제 용액으로 씻어 낸다.
② 과산화수소로 표백한다.
③ 글리세린액으로 씻어낸 후 20%의 아세트산으로 처리한다.
④ 얼음을 넣는 비닐 주머니로 냉각하여 굳힌 다음 대칼로 긁어낸다.

28 얼룩빼기에서 유기용제를 사용해서는 안 되는 섬유는?

① 폴리비닐알코올   ② 나일론
③ 아세테이트   ④ 폴리에스터

해설
유기용제인 아세톤은 초산 셀룰로스를 잘 용해시키므로 아세테이트섬유에는 절대 사용을 금한다.

정답 24 ② 25 ② 26 ② 27 ① 28 ③

29 수용성 오점 제거 방법 중 옳지 않은 것은?

① 일반적으로 오점은 묻은 즉시 물만으로도 어느 정도는 제거된다.
② 시간이 경과된 것은 물과 알칼리성 또는 중성세제로 제거될 수 있다.
③ 너무 오래된 것은 공기 중에서 변질, 고착되므로 표백 처리가 필요할 수 있다.
④ 수용성 얼룩은 일반적으로 유기용제나 유성세제로 제거한다.

해설
수용성 얼룩은 물 또는 세제를 이용한다.

30 오점 제거 방법 중 물리적 방법에 해당하지 않는 것은?

① 분산법
② 흡착법
③ 표백제 사용
④ 기계적 힘 이용

해설
③은 화학적 방법이다.

31 드라이클리닝에서 원인을 모르는 얼룩을 제거하려 할 때 가장 먼저 처리할 수 있는 약제는?

① 유기용제
② 수성 세제
③ 산 또는 알칼리
④ 표백제

32 얼룩빼기 약제와 섬유와의 반응을 나타낸 것 중 옳은 것은?

① 아세테이트는 유기용제에 아세톤 사용이 불가능하다.
② 셀룰로스섬유는 유기용제와 알칼리에 안정하고, 진한 무기산에도 안정하다.
③ 동물성 섬유는 유기용제에는 안정하나 묽은 산에는 비교적 불안정하다.
④ 나일론은 진한 알칼리에 황변현상이 나타날 수 있으나 염소계 표백제에는 사용 가능하다.

해설
② 셀룰로스섬유(면·마)는 알칼리에 안정하고, 진한 무기산을 사용할 수 없다.
③ 동물성 섬유는 유기용제에는 안정하나 알칼리에 약하고 산에는 강하다.
④ 나일론은 염소계 표벅제에는 사용할 수 없다.

정답 29 ④ 30 ③ 31 ① 32 ①

33 기름이 주성분인 것으로 광물유나 동식물유가 해당하는 오점은?

① 유용성 오점   ② 수용성 오점
③ 고체 오점   ④ 기화성 오점

해설
오염의 분류

분류	내용
유용성 오염	기름 성분에 의한 오염으로 석유계 용제에서 분해 용이
수용성 오염	땀, 소금 성분, 설탕 성분에 의한 오염으로 물로 제거 용이
타닌 오염	식물성 색소(과일, 커피, 향수, 담배 등)에 의한 오염으로 타닌(식물성 색소) 얼룩 제거 전문약품 사용
단백질 오염	인체 속에서 나오는 오염물, 우유, 달걀 성분에 의한 오염으로 효소 세제 사용
불용성 오염	특수 약품의 사용으로도 제거가 쉽지 않은 오염

34 다음 중에서 유용성 오점이 아닌 것은?

① 인주   ② 그리스
③ 구두약   ④ 술

해설
오점의 분류

분류	해당 물질
유용성 오점	구두약, 기계유, 그리스, 껌, 니스, 래커, 버터, 식용유, 양초, 왁스, 인주, 페인트, 화장품 등
수용성 오점	간장, 겨자, 달걀, 곰팡이, 과자, 구토물, 땀, 배설물, 설탕, 소스, 술, 아이스크림, 커피, 케첩 등
불용성 오점 (고체 오점)	매연, 석고, 시멘트, 유기성 먼지, 점토, 흙, 먹물 등

35 오점의 성분 중 충해의 원인이 되는 것은?

① 염류   ② 무기물
③ 요소   ④ 단백질

해설
충해(벌레 먹음)는 단백질계 섬유(모·견) 중에서도 모가 압도적으로 많다.

36 수용성 오점에 대한 내용이 아닌 것은?

① 기름이 주성분이다.
② 종류에는 간장, 겨자, 곰팡이 등이 있다.
③ 물에 쉽게 녹는다.
④ 물에 용해된 물질에 의하여 생긴 오점을 말한다.

해설
기름을 주성분으로 하는 것은 유용성 오점이다.

37 케첩의 오점 분류는 어디에 해당하는가?

① 유용성   ② 수용성
③ 표백성   ④ 불용성

해설
수용성 오점의 종류 : 간장, 겨자, 달걀, 곰팡이, 과자, 땀, 배설물, 설탕, 소스, 술, 아이스크림, 커피, 케첩 등

정답 33 ① 34 ④ 35 ④ 36 ① 37 ②

38 용해성에 따른 오점 분류로 옳지 않은 것은?

① 커피 – 수용성 오점
② 간장 – 고체 오점
③ 버터 – 유용성 오점
④ 석고 – 고체 오점

> **해설**
> ② 간장은 수용성 오점에 속한다.

39 유기용제와 물에 녹지 않으며 매연, 점토, 흙 등이 해당하는 오점은?

① 유용성 오점
② 고체 오점
③ 수용성 오점
④ 기화성 오점

40 섬유가 마찰 등에 의하여 발생된 전기적 힘에 의하여 생기는 오염 부착 형태는?

① 기계적 부착
② 정전기에 의한 부착
③ 화학 결합에 의한 부착
④ 분자 간 인력에 의한 부착

> **해설**
> ① 기계적 부착 : 마찰이나 물리적 작용으로 직접 오염이 부착하거나 중력 등에 의하여 오염 입자가 침전하여 피복의 표면에 부착된다.
> ③ 화학 결합에 의한 부착 : 기름으로 더러워진 얼룩을 장기간 방치할 때 기름이 섬유에서 산화되어 결합하며, 표백제로 분해하여 제거가 가능한 오염의 부착이다.
> ④ 분자 간 인력에 의한 부착 : 액체는 분자 간에 서로 끌어당기는 성질이 있다. 이를 반데르발스의 힘이라 하는데, 섬유와 액상의 오물이 서로 끌어당겨서 오점으로 남는 현상이다.

41 솔질(브러싱)에 의해 용이하게 제거되는 오염은 어떠한 부착에 의한 것인가?

① 화학 결합에 의한 부착
② 기계적 부착
③ 정전기에 의한 부착
④ 유지 결합에 의한 부착

> **해설**
> 기계적 부착(단순 부착)은 털거나 솔질로 쉽게 제거된다.

42 마찰이나 물리적 작용으로 직접 오염이 부착하거나 중력 등에 의하여 오염 입자가 침전하여 피복의 표면에 부착되는 오점의 부착 상태는?

① 정전기에 의한 부착
② 기계적 부착
③ 화학 결합에 의한 부착
④ 분자 간 압력에 의한 결합

정답 38 ② 39 ② 40 ② 41 ② 42 ②

43 오점의 부착 상태 중 화학 결합에 의한 부착의 설명으로 옳은 것은?

① 섬유 중 면, 레이온, 모, 견에서 화학 결합하는 경우가 많다.
② 오염 입자가 기름의 막을 통해서 섬유에 부착된 것이다.
③ 분자 간의 강한 인력으로 인하여 쉽게 제거가 되지 않는다.
④ 오염 입자가 침전하여 피복의 표면에 부착된 것이다.

> 해설
> ② 유지 결합에 의한 부착
> ③ 분자 간 인력에 의한 부착
> ④ 기계적 부착

44 고체 오점만으로 바르게 나열된 것은?

① 곰팡이, 겨자, 과자
② 매연, 시멘트, 석고
③ 간장, 술, 커피
④ 구두약, 인주, 왁스

> 해설
> • 유용성 오점 : 구두약, 인주, 왁스 등
> • 수용성 오점 : 곰팡이, 겨자, 과자, 간장, 술, 커피 등
> • 불용성 오점(고체 오점) : 매연, 시멘트, 석고 등

45 영구적인 오점을 남기기 쉬운 오점의 부착 형태는?

① 단순 부착
② 화학적 결합에 의한 부착
③ 정전기로 인한 부착
④ 침투 및 확산에 의한 부착

> 해설
> 화학 결합에 의한 부착은 화학 반응에 의해 변질되어 거의 영구적인 오점이 되기 쉽다.

46 피복의 오염 부착 상태에 대한 설명으로 옳지 않은 것은?

① 화학 결합에 의한 부착 – 섬유 표면에 오염이 부착된 후 섬유와 오점 간의 결합이 화학 결합하여 부착된 것이며, 섬유 중 면, 레이온, 모, 견에서 화학 결합하는 경우가 많다.
② 정전기에 의한 부착 – 오염 입자와 섬유가 서로 다른 대전성을 띨 때 오염 입자가 섬유에 부착하는 것이다.
③ 분자 간 인력에 의한 부착 – 오염물질의 분자와 섬유 분자 간의 인력에 의해서 부착된 것이며, 강한 분자 간의 인력으로 인하여 쉽게 제거되지 않는다.
④ 유지 결합에 의한 부착 – 오염 입자가 물의 얇은 막을 통해서 섬유에 부착된 것이며, 휘발성 유기용제나 계면활성제, 알칼리 등으로 제거된다.

> 해설
> **유지 결합에 의한 부착** : 고체입자가 기름의 막을 통해서 섬유에 부착된 것이며, 휘발성 유기용제나 계면활성제, 알칼리 등으로 제거된다.

47 다음 중 고체 오점에 해당하는 것은?

① 염 류
② 지방산
③ 철 분
④ 기계유

해설
① 염류 : 수용성 오점
②, ④ 지방산과 기계유 : 유용성 오점

48 다음 중 정전기에 의한 오염에서 정전기가 가장 많이 발생하는 섬유는?

① 폴리에스터
② 실 크
③ 비스코스레이온
④ 목 면

해설
정전기는 합성섬유와 같은 소수성(물이 대하여 친화력을 갖지 않는 성질) 섬유나 모와 같은 단백질계의 섬유에 많다.

49 일반적으로 오염이 잘 제거되는 섬유의 순서부터 잘 제거되지 않는 섬유로 나열된 것은?

① 양모 → 나일론 → 아세테이트 → 면 → 비스코스레이온 → 견
② 양모 → 면 → 나일론 → 아세테이트 → 비스코스레이온 → 견
③ 견 → 아세테이트 → 비스코스레이온 → 면 → 나일론 → 양모
④ 견 → 비스코스레이온 → 면 → 아세테이트 → 나일론 → 양모

50 다음 중 오점 제거가 가장 잘되는 섬유는?

① 면
② 마
③ 폴리에스터
④ 양 모

해설
오점이 잘 제거되는 섬유의 순서 : 양모 → 나일론 → 면 → 마

51 다음 중 오점을 가장 빼기 어려운 것은?

① 나일론
② 면
③ 견
④ 아크릴

해설
오점이 잘 제거되는 순서 : 양모 → 나일론 → 비닐론 → 아세테이트 → 면 → 레이온 → 마 → 견(비단)

정답 47 ③ 48 ① 49 ① 50 ④ 51 ③

52 오염의 부착 상태로 옳지 않은 것은?

① 기계적 부착
② 정전기에 의한 부착
③ 흡착에 의한 부착
④ 유지 결합에 의한 부착

해설
오염의 부착 상태는 기계적(단순) 부착, 정전기에 의한 부착, 화학 결합에 의한 부착, 유지 결합에 의한 부착, 분자 간 인력에 의한 부착 등으로 나누어진다.

53 재오염의 원인에 대한 설명으로 적절하지 않은 것은?

① 흡착에 의한 재오염에는 정전기에 의한 것이 있다.
② 세정 과정에서 용제 중에 용탈한 염료는 섬유에 염착되지 않는다.
③ 용제의 수분이 과다함에 따라 재오염이 발생할 수 있다.
④ 물에 젖은 의류는 수분 과다로 수용성 더러움이 흡착된다.

해설
재오염의 원인
- 부착 : 본래 용제가 더러워 용제 청정의 불충분으로 그 더러움이 섬유에 부착
- 흡착 : 용제 중의 더러움이 정전기 등의 인력과 섬유 표면의 점착력 등에 의해 섬유에 부착
- 염착 : 용탈한 염료가 다시 섬유에 염착

54 정전기에 의한 재오염을 설명한 것으로 옳지 않은 것은?

① 용제로 헹구면 쉽게 잘 제거된다.
② 화학섬유에서 발생하기 쉽다.
③ 흡착에 의한 재오염의 일종이다.
④ 정전기는 마찰로 인하여 발생한다.

해설
① 정전기에 의한 재오염은 흡착에 의한 재오염의 일종으로 깨끗한 용제로 헹구어도 제거가 곤란한 경우가 많다.

55 다음 중 염착에 의한 재오염을 설명한 것으로 옳은 것은?

① 세탁기 중의 오염물질이 세탁물에 흡착하는 경우다.
② 세정액 중에 잔존해 있는 염료가 섬유에 흡착하는 경우다.
③ 세탁물이 거무스레한 색깔을 띤다.
④ 석유계 용제에서는 3~5분 경과한 때에 오염이 많이 발생한다.

해설
세정에 의하여 용탈(물이 가용성 물질을 녹임)한 세정액 중의 염료는 섬유의 종류에 따라 염료가 섬유에 염착하는 수가 있다.

정답 52 ③ 53 ② 54 ① 55 ②

56 다음 중 재오염 방지 효과가 있어 용제와 함께 첨가하는 물질은?

① 벤젠
② 알코올
③ 소프
④ 클로로폼

해설
세정액을 청정하게 유지하고 소프 농도 및 용제 습도를 적정하게 유지해야 재오염을 방지할 수 있다.

57 재오염 측정 결과 원포반사율이 48, 세정 후 반사율이 45.5이다. 재오염률은 몇 %인가?

① 2.3
② 5.2
③ 5.5
④ 7.67

해설
$$재오염률 = \frac{원포반사율 - 세정\ 후\ 반사율}{원포반사율} \times 100$$
$$= \frac{(48 - 45.5)}{48} \times 100 = 5.2\%$$

58 다음 표면반사율로 계산된 세척률은?

- 원포의 표면반사율 : 80%
- 세탁 전 오염포의 표면반사율 : 30%
- 세탁 후 오염포의 표면반사율 : 60%

① 20%
② 50%
③ 60%
④ 167%

해설
$$세척력(\%) = \frac{(세척\ 후\ 반사율 - 세척\ 전\ 반사율)}{(백포반사율 - 세척\ 전\ 반사율)} \times 100$$
$$= \frac{(60-30)}{(80-30)} \times 100 = 60\%$$

59 용제의 세척력과 관련이 없는 요소는?

① 용해력
② 표면장력
③ 용제의 비중
④ 분산력

해설
용제의 세척력을 결정하는 요인
- 용해력 : KB값(카우리부탄올가, KBV ; Kauri Butanol Value)이 결정한다.
- 표면장력 : 용제의 표면장력이 작을수록 침투력이 좋아서 세척력이 좋아진다.
- 용제의 비중 : 비중이 무거울수록 세척력이 커진다.

60 재오염에 관한 설명으로 옳지 않은 것은?

① 세정액은 계속 청정화하면서 반복 사용하므로 오염물질이 용제 중에 축적되지 않는다.
② 재오염이란 세정 과정에서 용제 중에 분산된 오염물질이 세탁물에 부착되는 현상이다.
③ 소프를 사용하면 세정력이 강화되고 재오염을 저하시킨다.
④ 흡착에 의한 재오염은 깨끗한 용제로 헹구어도 제거가 곤란한 경우가 많다.

해설
세정액은 계속 청정화하면서 반복 사용하기 때문에 오염물질이 용제 중에 축적된다. 재오염을 방지하기 위해 세정액을 청정하게 유지하고 소프 농도 및 용제습도를 적정하게 유지해야 한다.

정답 56 ③ 57 ② 58 ③ 59 ④ 60 ①

CHAPTER 03 다림질

01 | 준비 작업

1. 다림질

(1) 다림질의 목적
　① 디자인 실루엣의 기능을 복원시킨다.
　② 소재의 주름살을 펴서 매끈하게 한다.
　③ 의복에 필요한 부분에 주름을 만든다.
　④ 의복의 솔기 부분과 전체 형태를 바로잡아 외관을 아름답게 한다.
　⑤ 옷감의 형태를 바로잡아 원형으로 회복시킨다.
　⑥ 살균과 소독의 효과를 얻는다.
　⑦ 스팀은 수분과 열에 의하여 의복 소재에 가소성을 부여한다.

(2) 다림질 시 주의사항
　① 진한 색상의 의복은 섬유소재에 관계 없이 천을 덮고 다린다.
　② 표면 처리되지 않은 피혁제품은 스팀 주는 것을 절대 금지해야 한다.
　③ 다림질은 섬유의 두께와 종류에 따라 온도 조절을 해야 한다.
　④ 다림질은 섬유의 적정 온도보다 높게 하면 의류를 손상(황변 등)시킬 수 있다.
　⑤ 견직물은 열에 약하므로 안쪽을 다리거나 물기 없는 덧헝겊을 대고 다린다.
　⑥ 혼방직물은 내열성이 낮은 섬유를 기준으로 하여서 다린다.
　⑦ 풀 먹인 직물을 고온 처리하면 황변이 될 수 있다.
　⑧ 광택이 필요한 옷은 다리미판이 딱딱한 것을 사용하면 효과적이다.
　⑨ 모직물은 위에 덮는 헝겊을 대고, 물을 뿌려 다린다.
　⑩ 면직물은 덧헝겊 없이 표면에 직접 다림질을 한다.
　⑪ 보일러의 물을 자주 교체하여 다리미에서 녹물이 나오지 않도록 한다.
　⑫ 편성물은 인체프레스기를 사용하면 회복 불가 정도로 늘어진다.
　⑬ 다림질은 나가는 방향의 뒤쪽으로 힘을 주어야 잔주름이 생기지 않는다.

⑭ 화학섬유의 다림질 부주의로 발생하는 현상
  ㉠ 아세테이트, 비닐론은 습기를 주거나 과열하면 광이 죽거나 경화된다.
  ㉡ 나일론·폴리에스터는 180~200℃의 높은 온도에 순간적으로 녹아 붙으며 용융된다.
  ㉢ 면·마의 적정 온도는 180~200℃이나 단시간 열을 받는 다림질은 비교적 높은 220℃에서도 안전하다.
  ㉣ 폴리프로필렌은 140℃ 이상에서는 갑자기 열축을 일으키므로 주의해야 한다.

> **알아두기** 다림질의 3대 요소
> 온도(열), 수분(습도), 압력

2. 열에 대한 섬유의 특성

(1) 전기 다림질 시 유의사항
① 식물성 섬유
  ㉠ 면, 마, 자생 섬유를 포함시킨다.
  ㉡ 전기 다림질 시에는 높은 온도에서 가능하며 풀 먹임 등 약 80% 건조 후에 다림질하면 더 좋은 효과를 기대할 수 있다.
  ㉢ 의류 가공 정도에 따라 두께, 색상별 변화에 대비하여 다림질 시 천을 깔고 하는 것이 바람직하다.
② 동물성 섬유
  ㉠ 모 섬유로는 양모, 산양모, 캐시미어, 낙타모, 알파카 등이 있다.
  ㉡ 가죽 피혁으로는 우피(소가죽), 양피(양가죽) 등이 있다.
  ㉢ 전기 다림질 시 중온으로 가볍게 해야 한다.
  ㉣ 고온 다림질 시 모의 누름 및 꼬임 현상이 일어날 수 있다.
③ 화학섬유
  ㉠ 반합성섬유로는 아세테이트, 다이아세테이트, 트라이아세테이트, 프로믹스가 있다.
  ㉡ 합성섬유로는 나일론, 폴리에스터, 스판덱스, 폴리에틸렌, 폴리염화비닐, 비닐론, 아크릴, 모다크릴, 폴리프로필렌이 있다.
  ㉢ 무기 섬유로는 알루미늄사, 스테인리스 스틸, 유리섬유가 있다.
  ㉣ 화학섬유는 전기 다림질 시 필히 온도에 유의하여야 한다.
  ㉤ 저온으로 압력을 많이 가하지 않고 부드러운 터치로 해야 한다.

④ 전기 다림질을 하면 안 되는 섬유
　㉠ 아크릴수지 가공 천
　㉡ 에나멜 가공 천
　㉢ 고무를 입힌 가공 천
　㉣ 폴리우레탄수지 가공 천

(2) 스팀 다림질 시 유의사항
　① 식물성 섬유
　　㉠ 모든 식물성 섬유는 스팀 다림질에 안정성이 있다.
　　㉡ 스팀다리미의 증기량과 압력을 조절해야 한다.
　　㉢ 증기압과 온도의 상관관계를 숙지하여 섬유별 온도로 다림질해야 한다.
　　㉣ 의류에 부착된 장식품이나 식물성 섬유 외 다른 섬유가 복합되었을 때는 스팀에 취약한 부분에 주의해야 한다.
　② 동물성 섬유
　　㉠ 100% 동물성 섬유는 스팀에 약하므로 적은 양의 스팀 분사 조절로 다림질해야 한다.
　　㉡ 대체로 혼방 동물성 섬유는 스팀 다림질로 양호한 결과를 얻을 수 있다.
　　㉢ 피혁 제품은 스팀에 취약하므로 스팀분사를 하지 않고 다림질 기계 열로만 천을 깔고 가볍게 해야 한다.
　③ 화학섬유
　　㉠ 전기 다림질과 달리 고온 전도율이 낮아 대체로 안전하다.
　　㉡ 폴리염화비닐계, 폴리비닐알코올계 섬유는 천을 깔고 가볍게 다림질해야 한다.

알아두기　섬유별 다리미의 적정 온도

합성섬유・아세테이트	100~200℃
견	120~130℃
레이온	130~140℃
모	130~150℃
면	180~200℃
마	180~210℃

※ 다림질 온도 : 식물성 섬유 > 동물성 섬유 > 재생섬유 > 합성섬유

02 | 다림질 방법

1. 손 다림질

(1) 다리미의 종류

① 건열(전기)다리미
  ㉠ 순수 전열만 이용하여 열과 압력을 가해 섬유를 부드럽게 하여 형태를 잡는다.
  ㉡ 표면열이 높아 눌거나 금속광이 생기므로 덮개 천을 사용해야 한다.
  ※ 마섬유 재킷을 다림질할 때 가장 좋은 것 : 전기다리미

② 스팀(증기)다리미
  ㉠ 고압스팀보일러를 가동하여 스팀을 배관을 통해 다리미에 연결하고 스팀 분사와 함께 열판에 열을 전도하여 열과 압력을 가해 다림질한다.
  ㉡ 온도 130~150℃로 가열하여 수증기를 발생시켜 사용한다.
  ㉢ 보일러의 가압계는 3~5kg/cm^2 정도이다.

③ 건열(전기)다리미와 스팀(증기)다리미의 차이점
  ㉠ 전기다리미는 운모단에 니크롬선을 감은 발열체를 바닥쇠와 중추쇠 사이에 끼워 열을 가하는 것으로 자동 온도조절장치가 부착되어 있다.
  ㉡ 증기다리미는 증기브일러에서 공급되는 건 증기를 호스로 연결 받아 다리미에 공급하여 다리미 열판을 가열시키고 다리미판을 통하여 증기를 배출할 수 있는 장치이다.

(2) 주의사항

① 전기다리미는 순수 전기열판으로 다림질하므로 전기 배선 부위의 연결점을 항상 점검하며 청결을 유지하여 합선에 주의해야 한다.
② 다리미의 표면 열이 높아 눌거나 금속광(번들거림)이 생기므로 항상 덮개 천을 사용해야 한다.
③ 스팀다리미는 고압 스팀을 공급받아 쓰는 다리미로서 배관 연결 부위의 스팀 누수로 인한 화상에 주의해야 한다.
④ 다리미 받침대에 베큠 작동 자동센서장치는 먼지로 인한 합선이 많으므로 수시로 청소해야 한다.
⑤ 다림질 기계 사용법과 의류 소재에 따른 다림질 온도의 연관관계를 숙지하여 사고를 미연에 방지해야 한다.

2. 기계 다림질

(1) 목적 및 특징

① 목 적
  ㉠ 다림질할 중요 부분에 열의 분포, 압력, 건조 환경을 빠르게 전달할 수 있다.
  ㉡ 손 다림질보다 시간 절약과 능률적인 작업에 효과적이다.

② 특 징
  ㉠ 보일러를 통한 배관으로 기계에 연결하여 기계 자체 팬을 가동하여 스팀 온풍과 냉풍을 사용하여 다림질을 한다.
  ㉡ 기계 다림질은 품질 향상, 노동력 절약, 단시간에 많은 양을 처리하는 등의 장점이 있다.
  ㉢ 기계 작업 후 손 다림질로 마무리 과정을 거쳐야 하는 단점이 있다.
  ㉣ 다림질 기계 종류는 의류 종류에 따라 다양하다.
  ㉤ 바지허리 프레스, 바지프레스, 만능프레스, 상의성형 프레스, 인체성형 프레스, 와이셔츠 프레스, 와이셔츠 커프스 프레스, 가죽모피 프레스 등이 있다.

(2) 장단점

① 장 점
  ㉠ 손 다림질은 많은 시간의 숙련이 필요하지만 기계 다림질은 기계 작동요령을 익히면 많은 숙련시간이 필요하지 않다.
  ㉡ 손 다림질보다 적은 시간에 많은 양이 작업 가능하여 능률효과가 있다.
  ㉢ 대체로 인체형 기계로서 초보자도 쉽게 적응하여 작업할 수 있다.

② 단 점
  ㉠ 기계의 특성에 맞는 의류만 다림질할 수 있다.
  ㉡ 손 다림질과 달리 실루엣의 섬세함을 살리기 힘들다.
  ㉢ 부드러운 의류는 기계 다림질 시 주의를 요한다.
  ㉣ 하나의 장비로 다림질을 완성할 수 없는 경우도 있다.

3. 다림질 기구 사용 방법

(1) 다림질판(받침판)

① 받침판(말) : 밑인두 역할을 하는 것으로 주로 어깨, 소매, 바지의 엉덩이 부분을 다리는 데 사용한다.
② 다리미 받침판 패드 : 니들펀치패드, 펠트패드 등

(2) 베큠프레스대

① 주로 웨트클리닝의 마무리에 쓰인다.
② 평판다리미 판에 공기흡인장치(베큠장치)를 부착한 것이다.
③ 위에서 열과 압력을 가하여 다림질이 됨과 동시에 밑에서 공기를 빨아들여 식히므로 단시간에 형태를 고정시킨다.
④ 다림판의 높이는 작업자의 배꼽에서 10cm 정도 낮아야 장시간 작업 시 힘이 덜 들고 다리미의 압력 효과를 높일 수 있다.

03 | 마무리

1. 마무리의 조건

(1) 기계 마무리의 조건
  ① 열(온도)
    ㉠ 열은 옷에 가소성을 높여 준다.
    ※ 가소성 : 외부로부터 가해진 힘(열 등)에 의하여 형태 변화를 일으키는 성질로, 다림질로 의복의 주름을 잡는 것은 섬유의 가소성 성질을 이용한 것이다.
    ㉡ 열은 가할수록 효과가 좋으나 적정 온도 이상은 변형을 초래한다.
  ② 스 팀
    ㉠ 스팀(수분)의 열로 옷에 가소성을 준다.
    ㉡ 스팀은 건열다리미브다 온도는 낮으나 30~40℃ 더 높은 효과를 얻을 수 있다.
    ㉢ 스팀의 양이 너무 닿으면 수축이나 변형을 일으킨다.
  ③ 압 력
    ㉠ 압력이 높을수록 효과는 좋으나, 너무 높으면 눌린 자국과 금속광택이 나타난다.
    ㉡ 나일론소재 2~3kg, 모직, 혼방, 면, 마 등의 소재는 8~9kg의 압력이 적당하다.
  ④ 흡입(공기흡입·진공)
    ㉠ 유연한 옷감의 건조와 형태안정에 효과적이다
    ㉡ 파일제품, 피치스킨제품(얇은 천에 복숭아털처럼 가공한 천), 방모 등의 두꺼운 원단은 진공 흡입 시 털이 눕거나 번들거리게 된다.

> **알아두기** 다림질한 벨벳바지가 파일이 눕고 번들거리는 현상이 나타나는 원인
> • 다리미의 강한 압력 때문이다.
> • 천을 덮고 다리지 않아서이다.
> • 흡입(베큠)이 너무 강해서이다.

(2) 기계 마무리의 주의사항

① 비닐론은 충분히 건조시켜서 마무리한다.
② 아세테이트, 아크릴 등은 깔개 천을 사용하는 것이 좋다.
③ 마무리할 때 증기를 쏘이면 수축과 늘어남의 우려가 있다.
④ 플리츠 가공된 것은 스팀터널이나 스팀박스에 넣으면 주름이 소실될 수 있다.
⑤ 다리미에 미끄러움을 주기 위해 다리미 바닥에 실리콘이나 왁스를 칠한다.
⑥ 고무벨트를 이용한 바지, 스커트는 다리미로 마무리하면 안 된다.

(3) 기계적 끝마무리 효과

① 의복의 모양을 다듬거나 수축된 것을 바로잡는다.
② 천의 주름을 수정하고 광택을 준다.
③ 의복에 주름을 만든다.

2. 마무리기계의 종류

(1) 프레스형

① 만능프레스 : 주로 모 제품 마무리에 사용한다.
② 오프셋프레스 : 주로 실크제품(정교하고 섬세하며 얇은 제품)에 사용한다.

(2) 포머형

① 인체프레스 : 의복을 기계에 입혀 증기를 안쪽에서부터 분출시켜 의복을 부드럽게 하고, 열풍으로 건조시키면서 포대를 부풀려 주름을 편다.
② 팬츠토퍼 : 드라이클리닝의 마무리 기계에서 허리형의 포대에 하의를 입혀서 인체프레스와 동일하게 마무리하는 것이다.
③ 퍼프아이론, 스팀보드 : 밑 인두판만으로 마무리하는 장치이다.

(3) 스팀형

① 스팀터널 : 스팀박스 안 옷걸이에 의류를 매달아 양측에서 증기, 가열공기, 냉공기를 차례로 불어넣어 마무리한다.
② 스팀박스 : 옷걸이를 이동 고리에 매달아서 연속적으로 마무리한다.

(4) 기타 마무리 기계

① **텀블러** : 열풍을 불어 넣으면서 내통을 회전시켜서 세탁물과 열풍의 접촉을 이용하여 건조하는 기계이다.

② **면 프레스기**
  ㉠ 캐비넷형 : 상자형으로 와이셔츠, 크트류를 마무리하는 기계이다.
  ㉡ 시저스형 : 고정된 아래다림판에 윗다림판이 가위처럼 가압하여 마무리하는 기계이다.

③ **와이셔츠 프레스기** : 깃(칼라)·소매(커프스) 프레스기, 슬리브(소매) 프레스기, 어깨 프레스기, 몸통 프레스기, 인체에어 프레스기, 칼라포머 프레스기 등이 있다.

④ **시트 롤러**
  ㉠ 시트, 책상보 같은 평편한 직물을 마무리 다림질하는 기계이다.
  ㉡ 캘린더타이프, 체스트타이프, 시트 롤러 마무리기가 있다.

(5) 기계 마무리의 방법

① **프레스기의 점검**
  ㉠ 공기흡입구는 항상 청결히 유지한다.
  ㉡ 사용하지 않을 때나 청소 시에는 발판 덮개를 닫아두고 전원을 차단한다.

② **부위별 마무리법**
  ㉠ 고시프레스 : 바지의 앞주름이나 밑단을 자연스럽게 브로잉 처리하여 최상의 상태로 마무리한다.
  ㉡ 파프보드 : 상의, 티셔츠, 스커트, 스웨터 등을 손쉽게 회전시키며 작업할 수 있다.
  ㉢ 성형기 : 신사복, 점퍼, 코트 등의 상·하의 길이를 자유롭게 조절할 수 있다.
  ㉣ 가죽프레스 : 피혁제품의 색상 변화를 방지할 수 있다.

적중예상문제

01 다음 중 다림질의 목적이 아닌 것은?
① 디자인 실루엣의 기능을 복원시킨다.
② 소재의 주름살을 펴서 매끈하게 한다.
③ 의복의 필요한 부분에 주름을 만든다.
④ 스팀은 수분과 열에 의하여 의복 소재에 기능성을 부여한다.

해설
④ 스팀은 수분과 열에 의하여 의복 소재에 가소성을 부여한다.

03 옷감에 구김이 잘 가지 않는 성능을 무엇이라 하는가?
① 내추성　　② 통기성
③ 보온성　　④ 흡수성

해설
내추성은 구김이 덜 생기는 정도를 말하는 것으로 방추성과 같은 의미로 쓰인다.

02 다음 중 다림질의 3대 요소에 해당하지 않는 것은?
① 온 도　　② 진 공
③ 압 력　　④ 습 도

해설
다림질의 3대 요소 : 온도(열), 수분(습도), 압력

04 다음 중 다림질과 관계 없는 기능은?
① 흡 입　　② 스 팀
③ 압 력　　④ 축 융

해설
축융은 모직물을 가공하는 공정의 하나로 모직물에 비누 용액, 알칼리 용액을 섞어 압력을 가하고 마찰시켜 조직을 조밀하게 하고 표면의 털끝이 서로 얽히게 만드는 일이다.

정답 1 ④　2 ②　3 ①　4 ④

05 세탁 후 다림질로 의복의 주름을 잡는 것은 섬유의 어떤 성질을 이용한 것인가?

① 가소성　　② 내열성
③ 흡습성　　④ 신축성

해설
가소성은 실이나 직물에 어떤 모양을 주고, 일정한 열과 압력을 가하면 그 모양이 그대로 있는 성질이다.

07 아마섬유의 다림질 온도에 대한 설명으로 옳은 것은?

① 무명섬유보다 약하다.
② 양모섬유보다 강하다.
③ 나일론섬유보다 약하다.
④ 견섬유보다 약하다.

해설
다림질 온도 : 아마 > 무명 > 모 > 견 > 나일론

06 다음 중 다리미 온도를 가장 낮게 하여야 하는 섬유는?

① 견　　　　② 면
③ 폴리프로필렌　　④ 비스코스레이온

해설
다림질 온도 : 면 > 비스코스레이온 > 견 > 폴리프로필렌

08 다음 중 다림질 기구가 아닌 것은?

① 컴프레서　　② 다리미
③ 다리미판　　④ 베큠프리스대

해설
① 컴프레서는 공기압축기이다.

정답　5 ①　6 ③　7 ②　8 ①

09 다림질 시 주의할 점이 아닌 것은?

① 진한 색상의 의복은 섬유소재에 관계없이 천을 덮고 다린다.
② 표면 처리되지 않은 피혁제품은 스팀 주는 것을 절대 금지해야 한다.
③ 다림질은 섬유의 종류와 상관없이 150℃를 유지하는 전기다리미를 사용한다.
④ 다림질은 섬유의 적정 온도보다 높게 하면 의류를 손상시킬 수 있다.

해설
③ 다림질은 섬유의 두께와 종류에 따라 온도 조절을 해야 한다.

10 직물을 다림질할 때의 설명으로 옳은 것은?

① 견직물은 푸새를 해서 180~210℃에서 다림질을 한다.
② 면직물은 덧헝겊을 대지 않고 표면에 직접 다림질을 한다.
③ 양모직물은 80~120℃에서 다림질을 한다.
④ 모든 식물성 섬유는 80~120℃에서 다림질을 한다.

해설
① 견직물은 열에 약하므로 안쪽을 다리거나 물기 없는 덧헝겊을 대고 다리며, 적정 다림질 온도는 120~130℃이다.
③ 모직물의 적정 다림질 온도는 130~150℃이다.
④ 모든 식물성 섬유는 스팀 다림질에 안정성이 있으며, 증기압과 온도의 상관관계를 숙지하여 섬유별 온도로 다림질해야 한다.

11 다음 중 다림질 방법에 대한 설명으로 옳지 않은 것은?

① 모직물은 위에 덧헝겊을 대고 물을 뿌려 다린다.
② 혼방직물은 내열성이 낮은 섬유를 기준하여 다린다.
③ 풀 먹인 직물을 고온 처리하면 황변이 될 수 있다.
④ 광택을 필요로 하는 옷은 다리미판이 부드러운 것을 사용한다.

해설
④ 광택이 필요한 옷은 다리미판이 딱딱한 것을 사용하면 효과적이다.

12 다림질한 벨벳 바지가 파일이 눕고 번들거리는 현상이 나타나는 원인과 관계없는 것은?

① 다리미의 강한 압력 때문이다.
② 천을 덮고 다리지 않아서이다.
③ 베큠(흡입)이 너무 강해서이다.
④ 베큠을 끄고 천을 덮고 다려서이다.

해설
④ 베큠은 스팀을 빨아내는 송풍장치이다.

13 다림질 후에 바지 주름이 한쪽으로 삐뚤어져 있다면 그 원인은 무엇인가?

① 주머니 다림질이 생략되었기 때문에
② 바지의 다림질 온도가 맞지 않아서
③ 바짓가랑이의 양쪽 봉제선이 불일치하기 때문
④ 물세탁을 하여 바지 길이가 줄었기 때문

14 마섬유 재킷을 다림질할 때 가장 좋은 것은?

① 스팀다리미
② 캐비닛형 프레스기
③ 전기다리미
④ 시트 롤러

15 시트 롤러 마무리기 중 폴더(Folder)에 대한 설명으로 옳은 것은?

① 물품을 시트 롤러에 잘 들어가도록 한 장씩 펴 주는 기계다.
② 물품을 좌우 양방향과 앞쪽으로 당기면서 시트 롤러에 밀어 넣는 기계다.
③ 마무리에서 다림질한 물품을 접어 개는 기계다.
④ 시트를 접어 갠 후 쌓고, 일정의 장 수가 되면 컨베이어에 의해 물품을 포장하는 곳으로 보내는 기계다.

> **해설**
> ① 스프레더(Spreader)
> ② 피더(Feeder)
> ④ 스태커(Stacker)

16 세탁 시 마무리의 목적이 아닌 것은?

① 옷감의 형태를 바로잡아 원형으로 회복시킨다.
② 디자인 또는 실루엣의 기능을 회복시킨다.
③ 스팀은 수분과 열에 의하여 의복 소재에 가소성을 제거한다.
④ 살균 및 소독을 한다.

> **해설**
> ③ 스팀은 수분과 열에 의하여 의복 소재에 가소성을 부여한다.

정답 13 ③ 14 ③ 15 ③ 16 ③

17 다음 중 기계 마무리 시 주의사항으로 옳지 않은 것은?

① 비닐론은 충분히 건조시켜서 마무리한다.
② 마무리할 때 증기를 쏘이면 수축과 늘어남의 우려가 있다.
③ 플리츠 가공된 것은 스팀터널이나 스팀박스에 넣으면 주름이 소실될 수 있다.
④ 고무벨트를 이용한 바지, 스커트는 다리미로 마무리해도 관계없다.

해설
④ 고무벨트를 이용한 바지, 스커트는 다리미로 마무리하면 안 된다.

18 드라이 마무리 건조 상태에서 조절하여야 할 조건이 아닌 것은?

① 적외선   ② 진 공
③ 압 력   ④ 온 도

해설
기계 마무리의 조건 : 열(온도), 스팀, 압력, 진공(공기 흡입)

19 드라이클리닝 마무리 기계의 형식과 종류가 옳게 연결된 것은?

① 스팀형 – 오프셋프레스
② 프레스형 – 팬츠토퍼
③ 프레스형 – 스팀박스
④ 포머형 – 인체프레스

해설
드라이클리닝 마무리 기계
• 프레스형 : 만능프레스, 오프셋프레스
• 포머형 : 인체프레스, 퍼프아이론, 스팀보드, 팬츠토퍼
• 스팀형 : 스팀터널, 스팀박스

20 시트, 책상보 같은 평편한 직물을 마무리 하는 기계는?

① 시트 롤러   ② 인체프레스
③ 텀블러   ④ 면 프레스기

해설
② 인체프레스 : 의복을 기계에 입혀 증기를 안쪽에서부터 분출시켜 의복을 부드럽게 하고, 열풍으로 건조시키면서 포대를 부풀려 주름을 편다.
③ 텀블러 : 열풍을 불어 넣으면서 내통을 회전시켜서 세탁물과 열풍의 접촉을 이용하여 건조하는 기계이다.
④ 면 프레스기 : 론드리에서 사용하는 프레스기이다.

17 ④ 18 ① 19 ④ 20 ① **정답**

CHAPTER 04 마무리 검사

01 | 외관 검사

1. 관찰 항목별 평가

(1) 취급주의 표시기호의 적합성 확인
  ① 의류를 구성하는 원·부자재 및 부속재로가 다양하므로 세탁 및 드라이클리닝 처리 및 마무리 작업이 중요하다.
  ② 의류 제품에는 세탁 방법(물세탁·드라이클리닝), 건조 방법, 다림질 등 취급에 관한 주의표시 라벨이 부착되어 있으나, 취급주의 표시가 잘못된 경우도 있어 유의하여야 한다.
  ③ 세탁, 건조, 다림질 등의 부적합한 처리로 수축, 뒤틀림 등의 형태 변화 및 치수 변화, 의류 손상, 외관 변화 등이 발생할 수 있으므로 이러한 결함이 세탁 전에 발생한 것인지, 세탁 후에 발생한 것인지는 확인하고 검사한다.
  ④ 의류 착용 시 발생된 외관 변화가 세탁 과정을 거치면서 확대되거나 진행되어 나타나는 경우도 있으므로 동일 제품의 원품이 확보되면 명확하게 관찰할 수 있다.

(2) 관찰 항목별 상태 평가
  ① 봉합 부분의 터짐 또는 벌어짐 현상
  ② 봉제품의 몸통, 소매, 다리 부분이 뒤틀어지는 현상(사행도)
  ③ 칼라(깃)나 지퍼 부분이 뒤틀어지는 현상
  ④ 접착 심지가 원단에서 떨어지는 현상 또는 부품 현상
  ⑤ 직물 표면에 필링이나 보풀, 스낵이 발생한 현상
  ⑥ 봉제 부위에 스티치 풀림, 봉제선 주름(Seam Puckering) 발생
  ⑦ 부위별 치수 변화
  ⑧ 촉감 및 광택의 변화
  ⑨ 손상 및 파손 여부

2. 형광·표백얼룩 및 이염의 발생 원인

(1) 형광·표백얼룩 발생 원인
① 일반적으로 가정용 세제 중 형광 염료는 면이나 나일론에 쉽게 흡착하는 성질이 있는 양이온계의 형광 염료이다.
② 물속에서 섬유의 표면 전위는 마이너스이므로 형광 염료는 섬유 표면에 흡착되기 쉽다.
③ 세제 자체를 세탁물에 직접 넣거나 손세탁 등에서 물에 비해 많은 양의 세제를 넣으면 얼룩이 발생한다.
④ 세제 사용이 부적합한 경우에도 색상이 변한다.
⑤ 세탁물 위에 세제를 희석시키지 않고, 직접 투하하여 장시간 경과 후 세탁하거나 액체 세제를 부분적으로 가해서 세탁을 하면 세제 중에 포함되어 있는 형광증백제 성분이 세탁물에 부착하게 되어 형광 얼룩이 발생할 수 있다.

(2) 이염의 발생 원인
① 염료가 수분의 존재하에서 동일계의 어떠한 부분으로 이동하는 현상을 이염 또는 색 번짐이라고 한다.
② 염색 후 염료 고착을 한 후 처리가 잘못되었거나 소핑(Soaping) 처리가 불충분했을 때 발생한다.
③ 의류를 세탁액에 장시간 담가 두거나 수축 등의 변형을 고려하여 자연 건조하는 과정에서 모세관 현상에 의해 아래에서 위로 향하는 색 번짐이 발생하기 쉽다.
④ 단시간의 텀블 건조로 색 번짐의 위험성을 피할 수 있다.

3. 세탁물의 염색견뢰도 판정

(1) 염색견뢰도 불량
① 염료 및 안료를 착색시킨 섬유 제품은 착용 중에 받은 일광, 세탁, 땀, 마찰, 침지, 염소표백, 해수, 드라이클리닝 등의 작용에 의해 색상이 변하는데, 이에 대한 저항성이 염색견뢰도이다.
② 염색견뢰도는 섬유의 종류와 물성 염색 방법, 마무리 가공 방법 등에 따라 다르고, 동일한 염료를 사용할지라도 동일하게 염색되지 않고 그 저항력이 다르게 나타나는 경우가 있다.
③ ②는 염료와 섬유와의 결합력, 염료의 존재 상태, 금속 또는 기타 약제와의 콤플렉스(Complex) 형성 유무 등에 따라 상이한 결과가 나타나기 때문이다.
④ 염료의 염착량이 적은 담색(엷은 색) 등은 염료의 양적 변화로 색이 크게 변한다. 따라서 변·퇴색은 나빠지지만 염료의 사용량이 적어 용출하는 염료의 양도 적으므로 오염의 등급은 양호하다.
⑤ 반대로 농색은 염료의 사용량이 많아 용출하는 염료의 양도 많으므로 오염의 등급은 저하하는데, 이 경우 염료가 탈락, 파괴될지라도 남은 염료가 많아 변·퇴색은 감지할 정도가 되지 않는 경우가 많다.

⑥ 염료 사용량의 증가에 따라 어느 범위까지는 명도·채도, 경우에 따라서는 색상도 변화하지만 어느 농도의 범위 이상이 되면 사용량이 증가할지라도 색의 변화가 거의 없고 포화되는데, 포화치를 초과할 정도로 과도한 농도에 의한 염색은 미고착된 염료가 섬유에 잔류하여 오염의 원인이 되기도 한다.

⑦ 염료를 배합하여 사용한 경우는 소량의 염료로 배합된 색이 크게 변화하는 경우도 있으므로 소량의 염료를 첨가할 때 염색견뢰도는 다량의 염료보다 매우 견뢰한 것을 선택해야 하는데, 이것은 배합 염료의 같은 양이 파괴되더라도 소량 염료는 대부분 파괴되어 변·퇴색이 크게 나빠지기 때문이다.

(2) 염색견뢰도 불량에 의한 변색

① 부적합 염료의 사용 또는 염색 처리 공정에서 염색시간, 압력 등의 처리조건 부적합으로 염료가 섬유 내부까지 완전히 고착되지 않았거나 후처리 및 소핑 부족으로 변색이 발생한다.
② 세탁 과정에서 염료가 용출되어 변색되고 또 마찰에 의해 변색되기도 한다.
③ 일광의 자외선 및 대기의 산화질소가스 등에 노출되어 염료 분자가 파괴되어 변색된다.
④ 마제품은 일반적으로 반응 염료, 직접 염료, 배트 염료 등으로 염색되지만 염색견뢰도가 낮아 색 얼룩이 발생하기 쉬운 소재로, 소매 옷깃 주위와 땀이나 피지 등의 분비물과 접촉하기 쉬운 부분에 변·퇴색이 발생하기 쉽다.
⑤ 일광견뢰도가 낮은 염료는 일광의 자외선의 영향을 받아 염료가 분자 구조가 바뀌어 퇴색하는데, 세탁 및 드라이클리닝에 의해서 오염과 열화한 염료에 의한 퇴색이 더 선명히 나타나는 경우도 있다.

(3) 염색견뢰도 판정 방법

① 염색견뢰도의 판정 구분
  ㉠ 변·퇴색과 오염의 두 종류로 구분한다.
  ㉡ 변·퇴색은 원래의 색상과 변·퇴색된 색상을 비교하여 판정한다.
  ㉢ 오염은 첨부백포 또는 연한 색상으로 오염된 정도를 각각 표준회색 색표(Gray Scale)와 비교하여 판정한다.

② 염색견뢰도 등급
  ㉠ 변화 전후의 색차를 북창광선 또는 600lx 이상의 밝은 곳에서 육안으로 색상, 농담의 변화 정도를 변·퇴색용 및 오염용 표준회색표의 등급과 비교하여 판정한다.
  ㉡ 염색견뢰도의 등급은 수치로 표시하는 것이 원칙이다.
  ㉢ 1급은 가장 낮은 것이고, 5급은 가장 높은 것이다.
    ※ 다만, 일광견뢰도에서는 8급이 가장 높다.

③ 염색견뢰도를 판정하는 표준회색 색표
  ㉠ 변・퇴색용과 오염용이 있다.
  ㉡ 일광견뢰도는 주로 표준청색 염포로 판정한다.

4. 판정 결과 분석

(1) 품질 기준의 적용
① 국제표준, 국가표준, 단체표준, 한국소비자원 및 회사표준을 규정한 품질 기준이 있다.
② 당사자 간 협의에 의하여 적합한 품질 기준을 정한다.

(2) 품질 불량 항목에 대한 원인 분석
① 품질 표시 및 취급주의 표시기호 내용과 검사 결과 내용의 합리성을 비교・분석한다.
② 검사 항목별 결과를 품질 기준과 비교하여 불량 여부를 평가한다.
③ 색상 변화의 원인이 명확하지 않을 경우 추가 시험을 실시하여 원인을 분석한다.
④ 품질 불량 검사 항목과 관련된 외부 요인을 추적하여 색상 변화 발생에 대한 불량 원인을 분석한다.

5. 섬유제품별 수축 현상

(1) 이완 수축(Relaxation Shrinkage)
① 제조 공정 중 섬유 구조물에 장력이 가해진 시간, 가공 처리 및 물리적 구속의 혼합 효과에 의하여 생긴 섬유 변형이 이완에 의하여 수반되는 치수의 변형이다.
② 첫 번째 물세탁 및 드라이클리닝에서 일어난다.

(2) 팽윤 수축(Swelling Shrinkage)
① 섬유가 물을 흡수하면서 팽윤되어 생기는 수축이다.
② 수축의 정도는 실이나 직물의 복잡한 구조 내에서 섬유의 상호작용에 의하여 결정된다.
③ 주로 레이온 직물에 많이 발생한다.

(3) 축융 수축(Felting Shrinkage)
① 양모와 같이 그 표면에 스케일이 있는 동물성 섬유로 된 원단에만 발생한다.
② 열과 수분 및 기계적 작용에 영향을 받아 심하게 줄어드는 현상으로 직물이 두꺼워지고 작아지게 된다.

(4) 열 수축(Melting Shrinkage)
① 화학섬유에서 일어나는 수축이다.
② 열에 의해 용융되기 직전 수축 현상이 일어난다.
③ 세탁하는 횟수에 비례하여 점차적으로 섬유의 수축이 일어난다.
④ 나중에 옷이 끼는 느낌이 들 때까지 소비자는 모를 수도 있다.
⑤ 수축 현상을 방지하기 위하여 제조 공정에서 미리 수축시키거나 방축 가공을 하고 있으나 수지, 사이징(Sizing, 풀 먹임), 코팅 가공 시 수지를 잘못 선택하거나 열처리가 부족하여 방축이 완전하지 못하면 잔류된 수축이 계속 진행될 수도 있다.

6. 장식품의 품질 특성 및 문제점

(1) 부착한 장식품
① 사슬 모양으로 바느질하여 장식물을 부착시키는 방법은 기본적으로 매우 약해서 실이 끊기면 장식물의 조각들이 떨어진다.
② 장식물이 직물에 접착된 경우 만일 그 접착제가 드라이클리닝 용제에 녹는다면 그 장식물은 분리되어 떨어진다.
③ 고정 재료를 사용하거나 조임 방식으로 의류에 고정시킨 장식물이 떨어지면 다시 회복시키기 어렵다.
④ 폴리스티렌(Polystyrene)이 장식물로 사용되었을 때는 드라이클리닝 용제에 의해 용해되거나 폴리스티렌 장식물이 부분적으로 또는 전체가 손상을 입게 되며, 장식물에 있는 염료가 세탁물 안의 다른 의류나 다른 드레스 부분에 얼룩을 만들 수 있다.
⑤ 대부분의 시퀸(Sequin)은 열에 민감하여 관례적인 스팀을 할 경우에도 흐려지거나 탈색되거나 비틀린다.
⑥ 고착되지 않은 염료로 칠해진 장식물은 탈색되거나 염료가 원단에 오염될 수 있다.
⑦ 페인팅된 장식물은 도료가 떨어져 나가거나 용해된다.

(2) 접착한 장식품
① 아교로 붙인 장식은 쉽게 눈에 띈다.
② 의류 안쪽을 잘 살펴서 봉제한 흔적이 없으면 대체로 그 반짝이(Glitter)는 접착제로 붙였다고 생각하면 된다.
③ 접착제로 붙인 반짝이는 사용된 접착제의 종류, 열처리(Curing) 조건, 반짝이를 부착시킨 직물 등의 정도에 따라 세탁도 달라진다.

④ 사용된 접착제는 드라이클리닝 용제에 대개 용해되는데, 모든 제품업자가 드라이클리닝을 염두에 두고 제조하지 않기 때문에 완전히 용해되는 접착제를 사용하여 장식을 붙인 의류는 드라이클리닝을 하면 반짝이가 모두 떨어져 나가게 된다.
⑤ 접착제는 대체로 물에는 안전한 편이나, 처리하기 전에는 반드시 반짝이의 염색이 물에 용해되는지 또는 직물, 안감 액세서리 등을 웨트클리닝할 때 주의사항이 무엇인지를 검토해야 한다.

7. 의류 제품의 손상

(1) 손상의 형태

① 의류 제품의 사용 목적 중 하나는 자연 환경에 대한 신체 보호인데, 기계적 작용에 대한 신체 보호는 의복의 사용 소재와 재질, 봉제 등의 품질이 일정 수준 이상의 것이 바람직하다.
② 자연적으로 소모되고 수명이 끝나가지만 그 중간에 취화, 경화, 노화되어 파손 등의 손상이 발생하기도 한다.
③ ②의 요인으로는 그 의류 제품의 품질 자체에 문제가 있는 경우와 착용 과정에서 문제가 발생하는 경우가 있으며, 착용 시 누적된 손상이 잠재되어 있다가 세탁 과정에서 확대되어 발견되는 경우도 많다.
④ 손상의 형태로는 원단의 파손, 섬유 및 파일 등의 탈락, 코팅 막 또는 심지의 박리 및 경화, 봉제에 의한 손상 등이 있다.
※ 표백 처리에 의한 사고
예 폴리에스터와 면을 소재로 한 와이셔츠가 자수실이 탈색되고 상해서 부분적으로 색깔이 죽어 있는 경우

(2) 세탁물의 상해 방지를 위한 주의사항

① 용제로부터 생성한 염산 등에 의한 세탁물의 변색이나 취화에 주의한다.
② 용제 중의 수분을 적게 한다.
③ 손상되기 쉬운 제품은 뒤집거나 망에 넣어 처리한다.
④ 원심 분리기에 의한 깃, 소매의 파손에 주의한다.
⑤ 원심 탈수기 작동 시 뚜껑을 덮는다.
⑥ 건조기 온도를 저온으로 하여 서서히 처리한다.

02 | 포장 보관

1. 보관 시 변·퇴색과 황변

(1) 변·퇴색

① 일광에 의한 변·퇴색
  ㉠ 형광 염료나 일광에 약한 염료는 빛에 의해 변·퇴색이 일어난다.
  ㉡ 간접 광선은 직사광선보다 강하지는 않지만, 염료에 영향을 주거나 흰색 원단을 노랗게 변색시키기도 한다.

② 산화가스에 의한 변·퇴색
  ㉠ 반응 염료를 사용한 천연섬유, 분산염료를 사용한 아세테이트 및 나일론섬유는 석유스토브, 가스풍로, 가스스토브, 가스온수기 등에서 발생하는 연소가스인 산화질소가스(NO_x)나 자동차의 배기가스, 아황산가스에 의해 변·퇴색이 일어나는 경우가 있다.
  ㉡ 비닐 덮개에 넣은 경우, 가스가 비닐 덮개 하단부로부터 스며들고 통기성이 나쁜 상태로 장기간 보관함으로서 변·퇴색이 발생할 가능성이 높다.
  ㉢ 도로변 세탁소에서 오랫동안 찾아가지 않은 의류가 방치되면 배기 가스 등의 영향으로 변·퇴색되는 경우가 있다.

(2) 황 변

① 비닐 포장재에 의한 황변
  ㉠ 의류 제품의 황변은 비닐 덮개에 함유된 산화방지제와 이산화질소(NO_2) 가스에 의한 경우가 매우 많고 이는 대부분 섬유의 저장 또는 보관 중에 발생한다.
  ㉡ 포장 물질 등에 사용된 산화방지제가 섬유로 이동하여 공기 중의 이산화질소 가스와 반응하기 때문에 발생하며 이산화질소 가스가 많은 도심 지역이나 공업 지역에서는 그만큼 황변 발생 가능성이 높다.
  ㉢ 연소가스 가운데는 산화질소가스 이외에도 유황산화물(SO_x) 및 황화수소도 영향을 미친다.

② 폴리우레탄 코팅 제품의 산화 방지제에 의한 황변
  ㉠ 폴리우레탄 수지에는 산화에 의한 열화를 방지하기 위해서 BHT(Butylated Hydroxy Toluene) 등의 산화방지제를 첨가한다.
  ㉡ 이 산화방지제가 연소가스인 산화질소가스와 반응하여 황변이 된다.

2. 행거와 의류 덮개

(1) 행거

① 철사 옷걸이
  ㉠ 구입 단가가 낮아 세탁소에서 가장 많이 사용하는 옷걸이로, 어깨 부분에 옷걸이 자국이 남지 않도록 종이를 덧댄 것이 있다.
  ㉡ 가벼운 일반 의류에 적합하나 휘어지기 쉽고 코팅 물질이 경화되어 균열이 발생하면 녹이 발생되기 쉬워 의류를 오염시킬 가능성이 있다.

② 목재 옷걸이
  ㉠ 옷걸이 전체 또는 일부가 목재로 만들어진 것으로 여러 형태가 있다.
  ㉡ 중간 정도의 무게를 가진 의류에 사용되며 주로 가정 또는 의류 매장에서 사용한다.

③ 플라스틱 옷걸이
  ㉠ 합성플라스틱 재료로 만든 것으로 어깨가 닿는 부분이 넓은 것과 좁은 것이 있다.
  ㉡ 의류 매장에서 범용적으로 많이 사용된다.
  ㉢ 상의와 바지 겸용으로 바지를 걸 수 있도록 설계한 것도 있다.
  ㉣ 주로 용융 원액에 안료를 넣어 착색시킨 것으로 견뢰도가 좋으나 경우에 따라 염색견뢰도가 낮은 것은 의류를 오염시키는 경우도 있다.

④ 바지 전용 옷걸이 : 바지를 걸 수 있도록 금속 집게 또는 플라스틱 집게가 달린 플라스틱 혼용 금속제의 옷걸이다.

(2) 의류 덮개

① 비닐 덮개
  ㉠ 폴리프로필렌 또는 폴리에틸렌 필름으로 만들어진 것으로 일반적으로 많이 사용된다.
  ㉡ 의류에 비닐 덮개를 씌우면 완전히 밀폐되어 드라이클리닝 용제의 냄새가 완전히 제거되지 않고 또 습기가 많을 때 결로가 발생되면 의류를 상하게 할 수 있다.
  ㉢ 제조과정에서 투여된 산화방지제와 산화질소와의 반응으로 의류를 황변시킬 수도 있다.

② 부직포 덮개
  ㉠ 폴리에틸렌 섬유를 부직포 제조 방식으로 제조하여 봉제한 것이다.
  ㉡ 공기가 잘 통하여 보관 시 문제 발생이 없으며 가정에서 영구적으로 사용할 수 있다.

③ 비닐-부직포 의류 덮개 : 비닐과 부직포를 혼용하여 만든 의류 덮개이다.

④ 천 덮개
  ㉠ 면 등의 천을 사용하여 전신 의류 덮개로 봉제한 것이다.
  ㉡ 고급 의류 등에 영구적으로 사용할 수 있다.

적중예상문제

01 다음 중 형광·표백얼룩 발생 원인에 대한 설명으로 옳지 않은 것은?

① 가정용 세제 중 형광 염료는 면·나일론에 쉽게 흡착하는 성질이 있는 음이온계이다.
② 물속에서 섬유의 표면 전위는 마이너스이므로 형광 염료는 섬유 표면에 흡착되기 쉽다.
③ 세제 자체를 세탁물에 직접 넣거나 물에 비해 많은 양의 세제를 넣으면 발생한다.
④ 세제 사용이 부적합한 경우에도 색상이 변한다.

해설
일반적으로 가정용 세제 중 형광 염료는 면이나 나일론에 쉽게 흡착하는 성질이 있는 양이온계의 형광 염료이다.

02 다음 중 포장 보관에 대한 설명으로 옳지 않은 것은?

① 간접 광선은 염료에 영향을 주지 않는다.
② 산화질소가스, 유황산화물, 황화수소는 황변에 영향을 미친다.
③ 비닐 덮개에 넣어 장기간 보관하면 변·퇴색이 발생할 가능성이 높다.
④ 형광 염료나 일광에 약한 염료는 빛에 의해 변·퇴색이 일어난다.

해설
간접 광선은 직사광선보다 강하지는 않지만, 염료에 영향을 주거나 흰색 원단을 노랗게 변색시키기도 한다.

03 다음 중 이염의 발생 원인에 대한 설명으로 옳지 않은 것은?

① 염료가 수분의 존재 하에서 동일계의 어떠한 부분으로 이동하는 현상을 말한다.
② 염색 후 염료 고착을 위한 후 처리가 잘못되었거나 소핑 처리가 불충분했을 때 발생한다.
③ 의류를 세탁액에 장시간 담가 두거나 수측 등의 변형을 고려하여 자연 건조하는 과정에서 모세관 현상에 의해 아래에서 위로 향하는 색 번짐이 발생하기 쉽다.
④ 장시간의 텀블 건조로 색 번짐의 위험성을 피할 수 있다.

해설
④ 단시간의 텀블 건조로 색 번짐의 위험성을 피할 수 있다.

04 폴리에스터와 면을 소재로 한 와이셔츠가 자수실이 탈색되고 상해서 부분적으로 색깔이 죽어 있다. 어떤 과정에서 오는 사고인가?

① 마무리 고온 다림질에 의한 파손
② 사무진단 중에 의한 사고
③ 고압 프레스에 의한 파손
④ 표백 처리 시에 의한 파손

정답 1 ② 2 ① 3 ④ 4 ④

05 다음 중 세탁물의 염색견뢰도 판정에 대한 설명으로 옳지 않은 것은?

① 염료 및 안료를 착색시킨 섬유 제품은 착용 중에 받은 일광, 세탁, 땀, 마찰, 침지, 염소표백, 해수, 드라이클리닝 등의 작용에 의해 색상의 변화가 발생된다.
② 여러 작용에 의해 생기는 색상의 변화에 대한 저항성을 염색견뢰도라 한다.
③ 염색견뢰도는 섬유의 종류와 물성 염색 방법, 마무리 가공 방법 등에 의해 다르다.
④ 동일한 염료를 사용하면 동일하게 염색되어 그 저항력도 같게 나타난다.

해설
염색견뢰도는 동일한 염료를 사용할지라도 동일하게 염색되지 않고 그 저항력은 다르게 나타나는 경우가 있다.

07 다음 중 섬유제품별 수축현상의 종류에 대한 설명으로 옳지 않은 것은?

① 이완 수축은 첫 번째 물세탁 및 드라이클리닝에서 일어난다.
② 열 수축은 섬유가 물을 흡수하면서 팽윤되어 생기는 수축이다.
③ 축융 수축은 표면에 비늘이 있는 동물성 섬유로 된 원단에만 발생하는 수축 현상이다.
④ 팽윤 수축은 주로 레이온 직물에 많이 발생한다.

해설
② 팽윤 수축은 섬유가 물을 흡수하면서 팽윤되어 생기는 수축이다. 열 수축은 화학섬유에서 일어나는 수축이다.

06 다음 중 염색견뢰도 판정 방법에 대한 설명으로 옳지 않은 것은?

① 염색견뢰도의 판정은 변·퇴색과 오염의 두 종류로 구분한다.
② 오염은 첨부백포 또는 연한 색상으로 오염된 정도를 각각 표준회색 색표와 비교·판정한다.
③ 염색견뢰도의 등급은 수치로 표시하는 것이 원칙이다.
④ 1급은 가장 낮은 것이고, 8급은 가장 높은 것이다.

해설
염색견뢰도 등급 중 1급은 가장 낮은 것이고, 5급은 가장 높은 것이다. 다만, 일광견뢰도에서는 8급이 가장 높다.

08 장식품의 품질 특성 및 문제점에 대한 설명으로 옳지 않은 것은?

① 고정 재료를 사용하여 의류에 고정시킨 장식물이 떨어지면 회복시키기 어렵다.
② 부착한 장식품은 기본적으로 매우 약해서 실이 끊기면 장식물의 조각들이 떨어진다.
③ 접착한 장식품 중 아교로 붙인 장식은 쉽게 눈에 띄지 않는다.
④ 접착제로 붙인 반짝이는 사용된 접착제의 종류, 열처리 조건, 반짝이를 부착시킨 직물 등의 정도에 따라 세탁도 달라진다.

해설
③ 접착한 장식품 중 아교로 붙인 장식은 쉽게 눈에 띈다.

정답 5 ④ 6 ④ 7 ② 8 ③

09 다음 중 세탁물을 보관하는 방법에 대한 설명으로 옳지 않은 것은?

① 철사 옷걸이는 코팅 물질이 경화되어 균열이 발생하면 녹이 발생되기 쉽다.
② 플라스틱 옷걸이 중 염색견뢰도가 높은 것은 의류를 오염시키는 경우도 있다.
③ 비닐 덮개는 산화방지제와 산화질소와의 반응으로 의류를 황변시킬 수도 있다.
④ 부직포 덮개는 보관 시 문제 발생이 없으며 가정에서 영구적으로 사용할 수 있다.

해설
② 플라스틱 옷걸이 중 염색견뢰도가 낮은 것은 의류를 오염시키는 경우도 있다.

10 다음은 세탁물의 상해 방지를 위한 주의사항이다. 옳지 않은 것은?

① 용제로부터 생성한 염산 등에 의한 세탁물의 변색이나 취화에 주의한다.
② 모제품은 용제 중의 수분을 많게 하고 장시간 동안 처리한다.
③ 손상되기 쉬운 제품은 뒤집거나 망에 넣어 처리한다.
④ 원심 분리기에 의한 깃, 소매의 파손에 주의한다.

해설
모직은 수분에 노출되면 장력에 의해 수축된다.

정답 9 ② 10 ②

CHAPTER 05 세탁 운영관리

01 | 영업장 및 작업장 관리

1. 영업장 경영 환경 분석

(1) 영업장의 경영 환경
① 경영 환경은 내부 환경과 외부 환경으로 구분할 수 있다.
② 내부 환경은 자점(自店)의 기술, 설비, 대상 고객, 외부 위탁(Outsourcing) 등 내부 관점의 환경요인을 의미한다.
③ 외부 환경은 경쟁점, 시장 동향, 경제 동향 등 내부 환경을 둘러싼 외부 요인을 말하며, 거시적 환경과 미시적 환경으로 구분할 수 있다.
④ 내부 환경 요인 중 고객은 범위를 넓게 잡을 경우 일반적으로 외부 환경 요인으로 분류된다.

(2) 거시적 환경 분석
① 거시적 환경은 크게 보면 일반적으로 국제 환경까지 포함되지만, 마을 단위의 지역을 중심으로 운영되는 세탁 업종의 경우는 국내 환경에 국한하여 분석하는 것이 타당하다.
② 외부 환경 분석 기법은 마이클포터의 경쟁 세력 모형, PEST 분석 등 다양한 방법이 있다.
③ 국내의 거시 환경은 정성적 분석 방법론인 스티프 분석(Steep Method)을 이용하여 수행할 수 있다.

(3) 미시적 환경 분석
① 경쟁점 분석
 ㉠ 현재 자점과 경쟁하는 점포들의 경영 형태, 비용 구조, 이익률, 시장점유율 등에 대한 분석을 의미한다.
 ㉡ 평가 기준을 도출한 후 분석표를 작성하면 효율적으로 분석을 수행할 수 있다.
② **내부 환경 분석** : 내부 환경은 자점과 직접적으로 관련된 요인을 말하며, 외부 환경과 비교하여 상대적으로 통제 가능성이 높다.

③ 미시적 환경 분석 요인

경쟁점 분석	내부 환경 분석
• 경쟁자의 종류 : 세탁소 등의 직접 경쟁자와 잠재 경쟁자 파악 • 목표 : 경쟁점들이 추구하는 목표와, 해당 목표를 달성했을 때의 자점에 미치는 심각성 • 현재 경영 전략 : 현재 경쟁점들이 사용하고 있는 전략 • 경쟁점의 장단점 : 경쟁점들의 세탁 장비, 세탁 기술 및 노하우, 인적 자원, 재무 능력, 마케팅 능력 등 • 경영자 : 경쟁점을 운영하고 있는 경영자의 특성	• 기술 : 자점이 보유한 세탁과 관련 기술 및 노하우 • 설비 : 자점이 보유한 세탁 설비의 종류, 상태 등 • 대상 고객 : 자점을 이용하거나 목표로 하는 대상 고객의 특성 • 외부 위탁 : 자점에서 모든 세탁 서비스를 처리하지 않고 외부 위탁을 줄 경우 해당 내용에 대한 특성

2. 작업장 환경

(1) 실내 온도와 습도
① 보통 실내온도를 22~25℃로 유지한다.
② 적정하고 건강한 실내습도는 40~50RH%, 즉 45±5RH%이다.

(2) 통풍과 환기
① 통풍이 잘되어야 한다.
② 자연바람이 잘 통하게 한다.

(3) 조명과 채광
① 작업환경에 맞는 적절한 조명을 설치한다.
② 천장의 조명은 작업대 측면에 오게 한다.
③ 작업대에는 부분조명을 설치하고, 그림자 부분을 제거하기 위해 간접조명을 설치한다.
④ 창문 가까이 작업대를 두고 작업장 벽과 가구에는 번쩍임이 없는 자연 색을 사용한다.

(4) 청결 상태
① 물을 사용하는 바닥은 배수가 잘되어야 한다.
② 쥐나 해충이 서식할 수 없도록 시설을 한다.
③ 작업장 청결을 위한 소독약품 등을 보관할 수 있는 시설을 마련한다.

3. 마케팅믹스

(1) 마케팅믹스의 의의
① **마케팅믹스** : 마케팅의 목표를 합리적으로 달성하기 위해 마케팅 경영자가 일정한 환경적 조건을 전제로 하여 일정한 시점에서 전략적 의사결정으로 선정한 마케팅 수단들이 적절하게 결합 또는 조화되어 있는 상태를 말한다.
② **구성요소** : 일반적으로 맥카시(McCarthy)가 제시한 제품(Product), 가격(Price), 장소(Place), 촉진(Promotion) 등 4P를 의미한다.

(2) 4P
① **제품(Product)** : 디자인, 브랜드, 보증, 상품 이미지 등 제품이 줄 수 있는 종합적인 혜택을 통괄적으로 관리하는 전략을 말한다.
② **가격(Price)** : 특정 제품의 가치를 객관적이고, 수치화된 지표로 나타내는 전략을 말한다.
③ **유통(Place)** : 제품의 판매와 관련하여 고객과의 접촉을 이루어지게 하는 전체적인 유통 경로를 관리하는 전략이다.
④ **촉진(Promotion)** : 마케팅 목표의 달성을 위해 사용되는 판매 촉진, 인적 판매, 광고 등 소비자와의 의사소통을 통해 구매를 이끌어 내는 제반 전략을 말한다.

(3) 고객 정보 수집 및 정리
① 고객 정보는 전용 정보 시스템이 없을 경우에는 일반적으로 수치 계산 프로그램을 이용하여 작성한다.
② 수치 계산 프로그램을 이용하여 작성한 자료를 데이터베이스화하여 다양한 측면에서 분석할 수 있다.
③ 고객 리스트는 개인정보가 유출되지 않도록 파일에 반드시 비밀번호를 설정해 놓고, 주민등록번호는 수집하지 않는다.

4. 기계·기구 일상 점검과 안전 점검

(1) 기계·기구 일상 점검
① 프레스 등 기계는 벽에서 30cm 정도의 공간을 확보한다.
② 프레스 등 기계의 하단부는 고무판을 사용하여 수평을 맞춘다.
③ 프레스 작업 중에는 절대 프레스 벽에 손이나 막대를 넣지 않는다.
④ 프레스 기계 주변에는 작업자 외에는 다른 사람의 접근을 금지시킨다.
⑤ 히터식 건조기의 온도는 60℃ 이상 올리지 않는다.

⑥ 히터함 위에는 물건을 올려놓지 않는다.
⑦ 세탁 시는 주머니 검사를 철저히 한다(라이터 등).
⑧ 기계 조작 방법을 완전히 숙지한 후 사용한다.

(2) 안전 점검
① 전기에 대한 안전수칙
  ㉠ 감전 및 화재 안전을 위하여 누전차단기를 설치한다.
  ㉡ 보수, 청소 시에는 플러그를 뺀다.
  ㉢ 전선 부분(모터·배선부 등)에는 액체류로 청소해서는 안 된다.
  ㉣ 감전사고 예방을 위해서 전원스위치나 연결콘센트는 습기가 없는 곳에 설치한다.
  ㉤ 프레스기 등 기계는 바닥에 물이 있으면 사용하지 않는다.
② 약품(화공약품) 사용 시 안전수칙
  ㉠ 유독성 약품을 사용할 때는 환기가 잘되는 곳에서 바람을 등지고 작업한다.
  ㉡ 피부에 상처가 있을 때는 위생용 장갑을 끼고 사용한다.
  ㉢ 약품은 서늘하고 건조한 장소에 보관한다.
  ㉣ 인화성 약품 세제를 사용할 때는 화기를 조심한다.
    ※ 안티몬(Sb) 등은 용제의 독성 중 염 중독을 일으킬 수 있다.
③ 화재 발생 시 소화기 사용 방법
  ㉠ 화재의 종류에 맞는 소화기를 사용한다.
  ㉡ 가급적 화점 가까이 접근하여 사용한다.
  ㉢ 비로 쓸듯이 골고루 뿌린다.
  ㉣ 바람을 등지고 서서 호스를 불 쪽으로 향하게 한다.

02 | 공중위생관리법

1. 공중위생관리법의 목적, 정의 등

(1) 목적(법 제1조)
이 법은 공중이 이용하는 영업의 위생관리 등에 관한 사항을 규정함으로써 위생수준을 향상시켜 국민의 건강증진에 기여함을 목적으로 한다.

(2) 정의(법 제2조)
① **공중위생영업** : 다수인을 대상으로 위생관리 서비스를 제공하는 영업으로서 숙박업·목욕장업·이용업·미용업·세탁업·건물위생관리업을 말한다.
② **세탁업** : 의류 기타 섬유제품이나 피혁제품 등을 세탁하는 영업을 말한다.

(3) 공중위생영업의 신고 및 폐업신고(법 제3조)
① 공중위생영업을 하고자 하는 자는 공중위생영업의 종류별로 보건복지부령이 정하는 시설 및 설비를 갖추고 시장·군수·구청장(자치구의 구청장에 한한다)에게 신고하여야 한다. 보건복지부령이 정하는 중요사항을 변경하고자 하는 때에도 또한 같다.

> **세탁업 시설 및 설비기준(규칙 별표 1)**
> 세탁용약품을 보관할 수 있는 견고한 보관함을 설치하여야 한다. 다만, 세탁용품을 따로 보관할 수 있는 창고 등이 있는 경우에는 그러하지 아니하다.

② ①의 규정에 의하여 공중위생영업의 신고를 한 자(이하 "공중위생영업자"라 한다)는 공중위생영업을 폐업한 날부터 20일 이내에 시장·군수·구청장에게 신고하여야 한다. 다만, 영업정지 등의 기간 중에는 폐업신고를 할 수 없다.

> **공중위생영업의 폐업신고(규칙 제3조의3제1항)**
> 폐업신고를 하려는 자는 신고서(전자문서로 된 신고서를 포함한다)를 시장·군수·구청장에게 제출해야 한다.

③ 시장·군수·구청장은 공중위생영업자가 「부가가치세법」에 따라 관할 세무서장에게 폐업신고를 하거나 관할 세무서장이 사업자등록을 말소한 경우에는 보건복지부령으로 정하는 바에 따라 신고 사항을 직권으로 말소할 수 있다.
④ 시장·군수·구청장은 ③의 직권말소를 위하여 필요한 경우 관할 세무서장에게 공중위생영업자의 폐업여부에 대한 정보 제공을 요청할 수 있다. 이 경우 요청을 받은 관할 세무서장은 「전자정부법」에 따라 공중위생영업자의 폐업여부에 대한 정보를 제공하여야 한다.
⑤ ① 및 ②에 따른 신고의 방법 및 절차 등에 필요한 사항은 보건복지부령으로 정한다.

(4) 공중위생영업의 신고(규칙 제3조)
① 공중위생영업의 신고를 하려는 자는 공중위생영업의 종류별 시설 및 설비기준에 적합한 시설을 갖춘 후 신고서(전자문서로 된 신고서를 포함한다)에 다음의 서류를 첨부하여 시장·군수·구청장(자치구의 구청장을 말한다)에게 제출해야 한다.
  ㉠ 영업시설 및 설비개요서
  ㉡ 교육수료증(미리 교육을 받은 경우에만 해당한다)

ⓒ 「국유재산법 시행규칙」에 따른 국유재산 사용허가서(국유철도 정거장 시설에서 영업하려고 하는 경우에만 해당한다)
ⓔ 철도사업자(도시철도사업자를 포함한다)와 체결한 철도시설 사용계약에 관한 서류(국유철도 외의 철도 정거장 시설에서 영업하려고 하는 경우에만 해당한다)

② ①에 따라 신고서를 제출받은 시장·군수·구청장은 「전자정부법」에 따른 행정정보의 공동이용을 통하여 다음의 서류를 확인하여야 한다. 다만, ⓒ·ⓔ의 경우 신고인이 확인에 동의하지 아니하는 경우에는 그 서류를 첨부하도록 하여야 한다.
  ⓐ 건축물대장(국유재산 사용허가서를 제출한 경우 제외)
  ⓑ 토지이용계획확인서(국유재산 사용허가서를 제출한 경우 제외)
  ⓒ 전기안전점검확인서(「전기안전관리법」에 따른 전기안전점검을 받아야 하는 경우에만 해당한다)
  ⓔ 액화석유가스 사용시설 완성검사증명서(「액화석유가스의 안전관리 및 사업법」에 따라 액화석유가스 사용시설의 완성검사를 받아야 하는 경우만 해당한다)

③ ①에 따른 신고를 받은 시장·군수·구청장은 즉시 영업신고증을 교부하고, 신고관리대장(전자문서를 포함한다)을 작성·관리하여야 한다.

④ ①에 따른 신고를 받은 시장·군수·구청장은 해당 영업소의 시설 및 설비에 대한 확인이 필요한 경우에는 영업신고증을 교부한 후 30일 이내에 확인하여야 한다.

⑤ 법 제3조제1항에 따라 공중위생영업의 신고를 한 자가 ③에 따라 교부받은 영업신고증을 잃어버렸거나 헐어 못쓰게 되어 재교부 받으려는 경우에는 영업신고증 재교부신청서를 시장·군수·구청장에게 제출하여야 한다. 이 경우 영업신고증이 헐어 못쓰게 된 경우에는 못쓰게 된 영업신고증을 첨부하여야 한다.

(5) 공중위생영업의 변경신고(규칙 제3조의2)

① 법 제3조제1항 후단에서 "보건복지부령이 정하는 중요사항"이란 다음의 사항을 말한다.
  ⓐ 영업소의 명칭 또는 상호
  ⓑ 영업소의 주소
  ⓒ 신고한 영업장 면적의 3분의 1 이상의 증감. 다만, 건물의 일부를 대상으로 숙박업 영업신고를 한 경우에는 3분의 1 미만의 증감도 포함한다.
  ⓔ 대표자의 성명 또는 생년월일

② 법 제3조제1항 후단에 따라 변경신고를 하려는 자는 영업신고사항 변경신고서(전자문서로 된 신고서를 포함한다)에 다음의 서류를 첨부하여 시장·군수·구청장에게 제출하여야 한다.
  ⓐ 영업신고증(신고증을 분실하여 영업신고사항 변경신고서에 분실 사유를 기재하는 경우에는 첨부하지 아니한다)
  ⓑ 변경사항을 증명하는 서류

③ ②에 따라 변경신고서를 제출받은 시장·군수·구청장은 「전자정부법」에 따른 행정정보의 공동이용을 통하여 다음의 서류를 확인해야 한다. 다만, ⓒ·ⓔ의 경우 신고인이 확인에 동의하지 않는 경우에는 그 서류를 첨부하도록 해야 한다.
  ⊙ 건축물대장(국유재산 사용허가서를 제출한 경우 제외)
  ⓛ 토지이용계획확인서(국유재산 사용허가서를 제출한 경우 제외)
  ⓒ 전기안전점검확인서(「전기안전관리법」에 따른 전기안전점검을 받아야 하는 경우에만 해당한다)
  ⓔ 액화석유가스 사용시설 완성검사증명서(「액화석유가스의 안전관리 및 사업법」에 따라 액화석유가스 사용시설의 완성검사를 받아야 하는 경우만 해당한다)
④ ②에 따른 신고를 받은 시장·군수·구청장은 영업신고증을 고쳐 쓰거나 재교부해야 한다. 다만, 변경신고사항이 ①의 ⓛ에 해당하는 경우에는 변경신고한 영업소의 시설 및 설비 등을 변경신고를 받은 날부터 30일 이내에 확인해야 한다.

2. 위생관리 등

(1) 공중위생영업자의 위생관리의무 등(법 제4조)

① 공중위생영업자는 그 이용자에게 건강상 위해요인이 발생하지 아니하도록 영업관련 시설 및 설비를 위생적이고 안전하게 관리하여야 한다.
② 세탁업을 하는 자는 세제를 사용함에 있어서 국민건강에 유해한 물질이 발생되지 아니하도록 기계 및 설비를 안전하게 관리하여야 한다. 이 경우 유해한 물질이 발생되는 세제의 종류와 기계 및 설비의 안전관리에 관하여 필요한 사항은 보건복지부령으로 정한다.

> **세제의 종류 등(규칙 제6조)**
> ① 유해한 물질이 발생되는 세제의 종류는 다음과 같다.
>   ⊙ 퍼클로로에틸렌(Perchloroethylene)
>   ⓛ 트라이클로로에탄(Thrichloroethan)
>   ⓒ 플루오린(불소)계 용제
>   ⓔ 석유계 용제
> ② 세탁업자가 ①에 따른 세제를 사용하는 경우 국민건강에 유해한 물질이 발생되지 아니하도록 세탁물의 건조 시 용제를 회수할 수 있는 세탁용 기계를 설치·사용하거나 세탁물의 건조 시 용제를 회수할 수 있는 기계 또는 설비를 세탁용 기계와 별도로 설치·사용하여야 한다. 다만, 세탁업자가 ①의 ⓔ에 따른 석유계 용제를 사용하는 경우에는 처리용량의 합계가 30kg 이상의 세탁용 기계를 설치한 경우만 해당한다.

③ 공중위생영업자가 준수하여야 할 위생관리기준 기타 위생관리 서비스의 제공에 관하여 필요한 사항으로서 규정된 사항 외의 사항 및 감염병환자 기타 함께 출입시켜서는 아니 되는 자의 범위와 목욕장 내에 둘 수 있는 종사자의 범위 등 건전한 영업질서유지를 위하여 영업자가 준수하여야 할 사항은 보건복지부령으로 정한다.

> **세탁업자가 준수하여야 하는 위생관리기준(규칙 별표 4)**
> ① 드라이클리닝용 세탁기는 유기용제의 누출이 없도록 항상 점검하여야 하고, 사용 중에 누출되지 아니하도록 하여야 한다.
> ② 세탁물에는 세탁물의 처리에 사용된 세제·유기용제 또는 얼룩제거 약제가 남지 아니하도록 하여야 한다.
> ③ 세탁업자는 업소에 보관 중인 세탁물에 좀이나 곰팡이 등이 생성되지 않도록 위생적으로 관리하여야 한다.

3. 영업 제한, 영업소 폐쇄

(1) 영업의 제한(법 제9조의2)

시·도지사는 공익상 또는 선량한 풍속을 유지하기 위하여 필요하다고 인정하는 때에는 공중위생영업자 및 종사원에 대하여 영업시간 및 영업행위에 관한 필요한 제한을 할 수 있다.
※ 시·도지사에서 시·도지사 또는 시장·군수·구청장으로 변경된다. [시행일 : 2025. 7. 31.]

(2) 공중위생영업소의 폐쇄 등(법 제11조)

① 시장·군수·구청장은 공중위생영업자가 다음의 어느 하나에 해당하면 6월 이내의 기간을 정하여 영업의 정지 또는 일부 시설의 사용중지를 명하거나 영업소 폐쇄 등을 명할 수 있다.
  ㉠ 제3조제1항 전단에 따른 영업신고를 하지 아니하거나 시설과 설비기준을 위반한 경우
  ㉡ 제3조제1항 후단에 따른 변경신고를 하지 아니한 경우
  ㉢ 제3조의2제4항에 따른 지위승계신고를 하지 아니한 경우
  ㉣ 제4조에 따른 공중위생영업자의 위생관리의무 등을 지키지 아니한 경우
    ※ 공중위생영업자의 위생관리의무 등이 공중위생영업자의 준수사항으로 변경된다. [시행일 : 2025. 4. 23.]
  ㉤ 제5조를 위반하여 카메라나 기계장치를 설치한 경우
  ㉥ 제9조에 따른 보고를 하지 아니하거나 거짓으로 보고한 경우 또는 관계공무원의 출입, 검사 또는 공중위생영업 장부 또는 서류의 열람을 거부·방해하거나 기피한 경우
  ㉦ 제10조에 따른 개선명령을 이행하지 아니한 경우
  ㉧ 「성매매알선 등 행위의 처벌에 관한 법률」, 「풍속영업의 규제에 관한 법률」, 「청소년 보호법」, 「아동·청소년의 성보호에 관한 법률」, 「의료법」 또는 「마약류 관리에 관한 법률」을 위반하여 관계 행정기관의 장으로부터 그 사실을 통보받은 경우
② 시장·군수·구청장은 ①에 따른 영업정지처분을 받고도 그 영업정지 기간에 영업을 한 경우에는 영업소 폐쇄를 명할 수 있다.
③ 시장·군수·구청장은 다음의 어느 하나에 해당하는 경우에는 영업소 폐쇄를 명할 수 있다.
  ㉠ 공중위생영업자가 정당한 사유 없이 6개월 이상 계속 휴업하는 경우

   ⓒ 공중위생영업자가 「부가가치세법」에 따라 관할 세무서장에게 폐업신고를 하거나 관할 세무서장이 사업자 등록을 말소한 경우
   ⓒ 공중위생영업자가 영업을 하지 아니하기 위하여 영업시설의 전부를 철거한 경우
 ④ ①에 따른 행정처분의 세부기준은 그 위반행위의 유형과 위반 정도 등을 고려하여 보건복지부령으로 정한다.
 ⑤ 시장·군수·구청장은 공중위생영업자가 ①의 규정에 의한 영업소 폐쇄명령을 받고도 계속하여 영업을 하는 때에는 관계공무원으로 하여금 해당 영업소를 폐쇄하기 위하여 다음의 조치를 하게 할 수 있다. 신고를 하지 아니하고 공중위생영업을 하는 경우에도 또한 같다.
   ㉠ 해당 영업소의 간판 기타 영업표지물의 제거
   ㉡ 해당 영업소가 위법한 영업소임을 알리는 게시물 등의 부착
   ㉢ 영업을 위하여 필수불가결한 기구 또는 시설물을 사용할 수 없게 하는 봉인
 ⑥ 시장·군수·구청장은 ⑤의 ㉢에 따른 봉인을 한 후 봉인을 계속할 필요가 없다고 인정되는 때와 영업자 등이나 그 대리인이 해당 영업소를 폐쇄할 것을 약속하는 때 및 정당한 사유를 들어 봉인의 해제를 요청하는 때에는 그 봉인을 해제할 수 있다. ⑤의 ㉡에 따른 게시물 등의 제거를 요청하는 경우에도 또한 같다.

4. 행정처분기준(규칙 별표 7)

(1) 일반기준

 ① 위반행위가 2 이상인 경우로서 그에 해당하는 각각의 처분기준이 다른 경우에는 그중 중한 처분기준에 의하되, 2 이상의 처분기준이 영업정지에 해당하는 경우에는 가장 중한 정지처분기간에 나머지 각각의 정지처분기간의 2분의 1을 더하여 처분한다.
 ② 행정처분을 하기 위한 절차가 진행되는 기간 중에 반복하여 같은 사항을 위반한 때에는 그 위반횟수마다 행정처분기준의 2분의 1씩 더하여 처분한다.
 ③ 위반행위의 차수에 따른 행정처분기준은 최근 1년간(「성매매알선 등 행위의 처벌에 관한 법률」을 위반하여 관계 행정기관의 장이 행정처분을 요청한 경우에는 최근 3년간) 같은 위반행위로 행정처분을 받은 경우에 이를 적용한다. 이 경우 기간의 계산은 위반행위에 대하여 행정처분을 받은 날과 그 처분 후 다시 같은 위반행위를 하여 적발된 날(수거검사에 의한 경우에는 해당 검사결과를 처분청이 접수한 날을 말한다)을 기준으로 한다.
 ④ ③에 따라 가중된 행정처분을 하는 경우 가중처분의 적용 차수는 그 위반행위 전 행정처분 차수(③에 따른 기간 내에 행정처분이 둘 이상 있었던 경우에는 높은 차수를 말한다)의 다음 차수로 한다.

⑤ 행정처분권자는 위반사항의 내용으로 보아 그 위반 정도가 경미하거나 해당 위반사항에 관하여 검사로부터 기소유예의 처분을 받거나 법원으로부터 선고유예의 판결을 받은 때에는 (2) 개별기준에 불구하고 그 처분기준을 다음의 구분에 따라 경감할 수 있다.
　㉠ 영업정지 및 면허정지의 경우에는 그 처분기준 일수의 2분의 1의 범위 안에서 경감할 수 있다.
　㉡ 영업장 폐쇄의 경우에는 3월 이상의 영업정지처분으로 경감할 수 있다.
⑥ 영업정지 1월은 30일을 기준으로 하고, 행정처분을 가중하거나 경감하는 경우 1일 미만은 처분기준 산정에서 제외한다.

(2) 개별기준

위반행위	근거 법조문	행정처분기준			
		1차 위반	2차 위반	3차 위반	4차 이상 위반
가. 법 제3조제1항 전단에 따른 영업신고를 하지 않거나 시설과 설비기준을 위반한 경우	법 제11조 제1항제1호				
1) 영업신고를 하지 않은 경우		영업장 폐쇄명령			
2) 시설 및 설비기준을 위반한 경우		개선명령	영업정지 15일	영업정지 1월	영업장 폐쇄명령
나. 법 제3조제1항 후단에 따른 변경신고를 하지 않은 경우	법 제11조 제1항제2호				
1) 신고를 하지 않고 영업소의 명칭 및 상호 또는 영업장 면적의 3분의 1 이상을 변경한 경우		경고 또는 개선명령	영업정지 15일	영업정지 1월	영업장 폐쇄명령
2) 신고를 하지 않고 영업소의 소재지를 변경한 경우		영업정지 1월	영업정지 2월	영업장 폐쇄명령	
다. 법 제3조의2제4항에 따른 지위승계신고를 하지 않은 경우	법 제11조 제1항제3호	경고	영업정지 10일	영업정지 1월	영업장 폐쇄명령
라. 법 제4조에 따른 공중위생영업자의 위생관리의무 등을 지키지 않은 경우	법 제11조 제1항제4호				
1) 세제를 사용하는 세탁용 기계의 안전관리를 위하여 밀폐형이나 용제회수기가 부착된 세탁용 기계 또는 회수건조기가 부착된 세탁용 기계를 사용하지 아니한 경우		개선명령	영업정지 5일	영업정지 10일	영업장 폐쇄명령
2) 드라이클리닝용 세탁기의 유기용제 누출 및 세탁물에 사용된 세제·유기용제 또는 얼룩 제거 약제가 남거나 좀이나 곰팡이 등이 생성된 경우		경고	영업정지 5일	영업정지 10일	영업장 폐쇄명령
마. 법 제5조를 위반하여 카메라나 기계장치를 설치한 경우	법 제11조 제1항 제4호의2	영업정지 10일	영업정지 20일	영업정지 1월	영업장 폐쇄명령
바. 법 제9조에 따른 보고를 하지 않거나 거짓으로 보고한 경우 또는 관계공무원의 출입·검사 또는 공중위생영업 장부 또는 서류의 열람을 거부·방해하거나 기피한 경우	법 제11조 제1항제6호	영업정지 10일	영업정지 20일	영업정지 1월	영업장 폐쇄명령

위반행위	근거 법조문	행정처분기준			
		1차 위반	2차 위반	3차 위반	4차 이상 위반
사. 법 제10조에 따른 개선명령을 이행하지 않은 경우	법 제11조 제1항제7호	경 고	영업정지 10일	영업정지 1월	영업장 폐쇄명령
아. 영업정지처분을 받고도 그 영업정지 기간에 영업을 한 경우	법제11조 제2항	영업장 폐쇄명령			
자. 공중위생영업자가 정당한 사유 없이 6개월 이상 계속 휴업하는 경우	법 제11조 제3항제1호	영업장 폐쇄명령			
차. 공중위생영업자가 「부가가치세법」 제8조에 따라 관할 세무서장에게 폐업신고를 하거나 관할 세무서장이 사업자 등록을 말소한 경우	법 제11조 제3항제2호	영업장 폐쇄명령			
카. 공중위생영업자가 영업을 하지 않기 위하여 영업시설의 전부를 철거한 경우	법 제11조 제3항제3호	영업장 폐쇄명령			

5. 과징금

(1) 과징금 산정기준(영 별표 1)

① 일반기준
  ㉠ 영업정지 1개월은 30일을 기준으로 한다.
  ㉡ 위반행위의 종별에 따른 과징금의 금액은 영업정지 기간에 ㉢에 따라 산정한 영업정지 1일당 과징금의 금액을 곱하여 얻은 금액으로 한다. 다만, 과징금 산정금액이 1억원을 넘는 경우에는 1억원으로 한다.
  ㉢ 1일당 과징금의 금액은 위반행위를 한 공중위생영업자의 연간 총매출액을 기준으로 산출한다.
  ㉣ 연간 총매출액은 처분일이 속한 연도의 전년도의 1년간 총매출액을 기준으로 한다. 다만, 신규사업・휴업 등에 따라 1년간 총매출액을 산출할 수 없거나 1년간 매출액을 기준으로 하는 것이 현저히 불합리하다고 인정되는 경우에는 분기별・월별 또는 일별 매출액을 기준으로 연간 총매출액을 환산하여 산출한다.

② 과징금 기준

등 급	연간 총매출액(단위 : 백만원)	영업정지 1일당 과징금 금액(단위 : 원)
1	100 이하	9,400
2	100 초과 ~ 200 이하	41,000
3	200 초과 ~ 310 이하	52,000
4	310 초과 ~ 430 이하	63,000
5	430 초과 ~ 560 이하	74,000
6	560 초과 ~ 700 이하	85,000
7	700 초과 ~ 860 이하	96,000
8	860 초과 ~ 1,040 이하	105,000

등 급	연간 총매출액(단위 : 백만원)	영업정지 1일당 과징금 금액(단위 : 원)
9	1,040 초과 ~ 1,240 이하	114,000
	이하 생략	이하 생략

(2) 과징금의 부과 및 납부(영 제7조의3)

① 시장·군수·구청장은 과징금을 부과하고자 할 때에는 그 위반행위의 종별과 해당 과징금의 금액 등을 명시하여 이를 납부할 것을 서면으로 통지하여야 한다.
② ①에 따라 통지를 받은 자는 통지를 받은 날부터 20일 이내에 과징금을 시장·군수·구청장이 정하는 수납기관에 납부해야 한다.
③ 과징금의 징수절차는 보건복지부령으로 정한다.

6. 위생서비스수준의 평가 등

(1) 위생서비스수준의 평가(법 제13조)

① 시·도지사는 공중위생영업소(관광숙박업의 경우를 제외한다)의 위생관리수준을 향상시키기 위하여 위생서비스평가계획(이하 "평가계획"이라 한다)을 수립하여 시장·군수·구청장에게 통보하여야 한다.
② 시장·군수·구청장은 평가계획에 따라 관할지역별 세부평가계획을 수립한 후 공중위생영업소의 위생서비스수준을 평가(이하 "위생서비스평가"라 한다)하여야 한다.
③ 시장·군수·구청장은 위생서비스평가의 전문성을 높이기 위하여 필요하다고 인정하는 경우에는 관련 전문기관 및 단체로 하여금 위생서비스평가를 실시하게 할 수 있다.
④ ① 내지 ③의 규정에 의한 위생서비스평가의 주기·방법, 위생관리등급의 기준 기타 평가에 관하여 필요한 사항은 보건복지부령으로 정한다.

(2) 위생서비스수준의 평가주기(규칙 제20조)

법 제13조제4항에 따른 공중위생영업소의 위생서비스평가는 2년마다 실시하되, 공중위생영업소의 보건·위생관리를 위하여 특히 필요한 경우에는 보건복지부장관이 정하여 고시하는 바에 따라 공중위생영업의 종류 또는 제21조에 따른 위생관리등급별로 평가주기를 달리할 수 있다.

(3) 위생관리등급의 구분 등(규칙 제21조)

① 법 제13조제4항의 규정에 의한 위생관리등급의 구분은 다음과 같다.
　㉠ 최우수업소 : 녹색등급
　㉡ 우수업소 : 황색등급
　㉢ 일반관리대상 업소 : 백색등급

② ①의 규정에 의한 위생관리등급의 판정을 위한 세부항목, 등급결정 절차와 기타 위생서비스평가에 필요한 구체적인 사항은 보건복지부장관이 정하여 고시한다.

7. 공중위생감시원 등

(1) 공중위생감시원(법 제15조)
① 제3조, 제3조의2, 제4조 또는 제8조 내지 제11조의 규정에 의한 관계공무원의 업무를 행하게 하기 위하여 특별시·광역시·도 및 시·군·구(자치구에 한한다)에 공중위생감시원을 둔다.
② ①의 규정에 의한 공중위생감시원의 자격·임명·업무범위 기타 필요한 사항은 대통령령으로 정한다.

(2) 공중위생감시원의 자격 및 임명(영 제8조)
① 법 제15조에 따라 시·도지사 또는 시장·군수·구청장은 다음의 어느 하나에 해당하는 소속공무원 중에서 공중위생감시원을 임명한다.
  ㉠ 위생사 또는 환경기사 2급 이상의 자격증이 있는 사람
  ㉡ 「고등교육법」에 의한 대학에서 화학·화공학·환경공학 또는 위생학 분야를 전공하고 졸업한 사람 또는 법령에 따라 이와 같은 수준 이상의 학력이 있다고 인정되는 사람
  ㉢ 외국에서 위생사 또는 환경기사의 면허를 받은 사람
  ㉣ 1년 이상 공중위생 행정에 종사한 경력이 있는 사람
② 시·도지사 또는 시장·군수·구청장은 ①의 ㉠~㉣의 어느 하나에 해당하는 사람만으로는 공중위생감시원의 인력확보가 곤란하다고 인정되는 때에는 공중위생 행정에 종사하는 사람 중 공중위생 감시에 관한 교육훈련을 2주 이상 받은 사람을 공중위생 행정에 종사하는 기간 동안 공중위생감시원으로 임명할 수 있다.

(3) 공중위생감시원의 업무범위(영 제9조)
법 제15조에 따른 공중위생감시원의 업무는 다음과 같다.
① 법 제3조제1항의 규정에 의한 시설 및 설비의 확인
② 법 제4조의 규정에 의한 공중위생영업 관련 시설 및 설비의 위생상태 확인·검사, 공중위생영업자의 위생관리의무 및 영업자준수사항 이행여부의 확인
③ 법 제10조의 규정에 의한 위생지도 및 개선명령 이행여부의 확인
④ 법 제11조의 규정에 의한 공중위생영업소의 영업의 정지, 일부 시설의 사용중지 또는 영업소 폐쇄명령 이행여부의 확인
⑤ 법 제17조의 규정에 의한 위생교육 이행여부의 확인

8. 명예공중위생감시원

(1) 명예공중위생감시원(법 제15조의2)
① 시·도지사는 공중위생의 관리를 위한 지도·계몽 등을 행하게 하기 위하여 명예공중위생감시원을 둘 수 있다.
② ①의 규정에 의한 명예공중위생감시원의 자격 및 위촉 방법, 업무 범위 등에 관하여 필요한 사항은 대통령령으로 정한다.

(2) 명예공중위생감시원의 자격 등(영 제9조의2)
① 법 제15조의2제1항의 규정에 의한 명예공중위생감시원(이하 "명예감시원"이라 한다)은 시·도지사가 다음에 해당하는 자 중에서 위촉한다.
　㉠ 공중위생에 대한 지식과 관심이 있는 자
　㉡ 소비자단체, 공중위생관련 협회 또는 단체의 소속직원 중에서 해당 단체 등의 장이 추천하는 자
② 명예감시원의 업무는 다음과 같다.
　㉠ 공중위생감시원이 행하는 검사대상물의 수거 지원
　㉡ 법령 위반행위에 대한 신고 및 자료 제공
　㉢ 그 밖에 공중위생에 관한 홍보·계몽 등 공중위생관리업무와 관련하여 시·도지사가 따로 정하여 부여하는 업무
③ 시·도지사는 명예감시원의 활동지원을 위하여 예산의 범위 안에서 시·도지사가 정하는 바에 따라 수당 등을 지급할 수 있다.
④ 명예감시원의 운영에 관하여 필요한 사항은 시·도지사가 정한다.

9. 공중위생 영업자단체와 분쟁의 조정

(1) 공중위생 영업자단체의 설립(법 제16조)
공중위생영업자는 공중위생과 국민보건의 향상을 기하고 그 영업의 건전한 발전을 도모하기 위하여 영업의 종류별로 전국적인 조직을 가지는 영업자단체를 설립할 수 있다.

(2) 세탁물관리 사고로 인한 분쟁의 조정(영 제10조)
법 제16조의 규정에 의하여 설립된 세탁업자단체는 그 정관이 정하는 바에 의하여 세탁업자와 소비자 간의 분쟁 조정을 위하여 노력하여야 한다.

10. 위생교육

(1) 위생교육(법 제17조)
① 공중위생영업자는 매년 위생교육을 받아야 한다.
② 제3조제1항 전단의 규정에 의하여 신고를 하고자 하는 자는 미리 위생교육을 받아야 한다. 다만, 보건복지부령으로 정하는 부득이한 사유로 미리 교육을 받을 수 없는 경우에는 영업개시 후 6개월 이내에 위생교육을 받을 수 있다.
③ ① 및 ②의 규정에 따른 위생교육을 받아야 하는 자 중 영업에 직접 종사하지 아니하거나 2 이상의 장소에서 영업을 하는 자는 종업원 중 영업장별로 공중위생에 관한 책임자를 지정하고 그 책임자로 하여금 위생교육을 받게 하여야 한다.
④ ①부터 ③까지의 규정에 따른 위생교육은 보건복지부장관이 허가한 단체 또는 공중위생 영업자단체가 실시할 수 있다.
⑤ ①부터 ④까지의 규정에 따른 위생교육의 방법·절차 등에 관하여 필요한 사항은 보건복지부령으로 정한다.

(2) 위생교육의 방법, 절차 등(규칙 제23조)
① 위생교육은 집합교육과 온라인 교육을 병행하여 실시하되, 교육시간은 3시간으로 한다.
② 위생교육의 내용은 「공중위생관리법」 및 관련 법규, 소양교육(친절 및 청결에 관한 사항을 포함한다), 기술교육, 그 밖에 공중위생에 관하여 필요한 내용으로 한다.
③ 위생교육 대상자 중 보건복지부장관이 고시하는 섬·벽지지역에서 영업을 하고 있거나 하려는 자에 대하여는 교육교재를 배부하여 이를 익히고 활용하도록 함으로써 교육에 갈음할 수 있다.
④ 위생교육 대상자 중 「부가가치세법」에 따른 휴업신고를 한 자에 대해서는 휴업신고를 한 다음 해부터 영업을 재개하기 전까지 위생교육을 유예할 수 있다.
⑤ 영업신고 전에 위생교육을 받아야 하는 자 중 다음의 어느 하나에 해당하는 자는 영업신고를 한 후 6개월 이내에 위생교육을 받을 수 있다.
   ㉠ 천재지변, 본인의 질병·사고, 업무상 국외출장 등의 사유로 교육을 받을 수 없는 경우
   ㉡ 교육을 실시하는 단체의 사정 등으로 미리 교육을 받기 불가능한 경우
⑥ 위생교육을 받은 자가 위생교육을 받은 날부터 2년 이내에 위생교육을 받은 업종과 같은 업종의 영업을 하려는 경우에는 해당 영업에 대한 위생교육을 받은 것으로 본다.
⑦ 위생교육을 실시하는 단체(이하 "위생교육 실시단체"라 한다)는 보건복지부장관이 고시한다.
⑧ 위생교육 실시단체는 교육교재를 편찬하여 교육대상자에게 제공하여야 한다.
⑨ 위생교육 실시단체의 장은 위생교육을 수료한 자에게 수료증을 교부하고, 교육실시 결과를 교육 후 1개월 이내에 시장·군수·구청장에게 통보하여야 하며, 수료증 교부대장 등 교육에 관한 기록을 2년 이상 보관·관리하여야 한다.
⑩ ①부터 ⑨까지의 규정 외에 위생교육에 관하여 필요한 세부사항은 보건복지부장관이 정한다.

11. 벌금, 과태료 등

(1) 벌칙(법 제20조)

① 다음에 해당하는 자는 1년 이하의 징역 또는 1천만원 이하의 벌금에 처한다.
  ㉠ 신고를 하지 아니하고 공중위생영업(숙박업은 제외)을 한 자
  ㉡ 규정에 의한 영업정지명령 또는 일부 시설의 사용중지명령을 받고도 그 기간 중에 영업을 하거나 그 시설을 사용한 자 또는 영업소 폐쇄명령을 받고도 계속하여 영업을 한 자

② 다음에 해당하는 자는 6월 이하의 징역 또는 500만원 이하의 벌금에 처한다.
  ㉠ 규정에 의한 변경신고를 하지 아니한 자
  ㉡ 규정에 의하여 공중위생영업자의 지위를 승계한 자로서 신고를 하지 아니한 자
  ㉢ 규정에 위반하여 건전한 영업질서를 위하여 공중위생영업자가 준수하여야 할 사항을 준수하지 아니한 자

(2) 양벌규정(법 제21조)

법인의 대표자나 법인 또는 개인의 대리인, 사용인, 그 밖의 종업원이 그 법인 또는 개인의 업무에 관하여 제20조의 위반행위를 하면 그 행위자를 벌하는 외에 그 법인 또는 개인에게도 해당 조문의 벌금형을 과(科)한다. 다만, 법인 또는 개인이 그 위반행위를 방지하기 위하여 해당 업무에 관하여 상당한 주의와 감독을 게을리하지 아니한 경우에는 그러하지 아니하다.

(3) 과태료(법 제22조)

① 다음에 해당하는 자는 300만원 이하의 과태료에 처한다.
  ㉠ 규정에 의한 보고를 하지 아니하거나 관계공무원의 출입·검사, 기타 조치를 거부·방해 또는 기피한 자
  ㉡ 규정에 의한 개선명령에 위반한 자

② 다음에 해당하는 자는 200만원 이하의 과태료에 처한다.
  ㉠ 규정에 위반하여 세탁업소의 위생관리 의무를 지키지 아니한 자
  ㉡ 규정에 위반하여 위생교육을 받지 아니한 자

(4) 과태료의 부과기준(영 별표 2)

① 일반기준
  ㉠ 보건복지부장관 또는 시장·군수·구청장은 다음의 어느 하나에 해당하는 경우에는 ②의 개별기준에 따른 과태료 금액의 2분의 1 범위에서 그 금액을 줄일 수 있다. 다만, 과태료를 체납하고 있는 위반행위자에 대해서는 그렇지 않다.
    • 위반행위자가 「질서위반행위규제법 시행령」 제2조의2제1항 각 호의 어느 하나에 해당하는 경우

- 위반행위가 사소한 부주의나 오류로 발생한 것으로 인정되는 경우
- 위반의 내용·정도가 경미하다고 인정되는 경우
- 위반행위자가 법 위반상태를 시정하거나 해소하기 위해 노력한 것이 인정되는 경우
- 그 밖에 위반행위의 정도, 위반행위의 동기와 그 결과 등을 고려하여 과태료 금액을 줄일 필요가 있다고 인정되는 경우

ⓒ 보건복지부장관 또는 시장·군수·구청장은 다음의 어느 하나에 해당하는 경우에는 ②의 개별기준에 따른 과태료 금액의 2분의 1 범위에서 그 금액을 늘려 부과할 수 있다. 다만, 늘려 부과하는 경우에도 법 제22조제1항부터 제3항까지에 따른 과태료 금액의 상한을 넘을 수 없다.
- 위반의 내용 및 정도가 중대하여 이로 인한 피해가 크다고 인정되는 경우
- 법 위반상태의 기간이 6개월 이상인 경우
- 그 밖에 위반행위의 정도, 위반행위의 동기와 그 결과 등을 고려하여 가중할 필요가 있다고 인정되는 경우

② 개별기준

위반행위	근거 법조문	과태료
법 제4조제5항 및 제7항을 위반하여 세탁업소의 위생관리 의무를 지키지 않은 경우	법 제22조제2항제3호	60만원
법 제9조에 따른 보고를 하지 않거나 관계공무원의 출입·검사, 기타 조치를 거부·방해 또는 기피한 경우	법 제22조제1항제4호	150만원
법 제10조에 따른 개선명령에 위반한 경우	법 제22조제1항제5호	150만원
법 제17조제1항을 위반하여 위생교육을 받지 않은 경우	법 제22조제2항제6호	60만원*

* 다만, 2024년 1월 1일부터 2026년 12월 31일까지의 기간 중 위생교육을 받지 않은 경우에는 20만원으로 한다.

세탁업 표준약관 [공정거래위원회 표준약관 제10039호]

제1조(목적)

본 약관은 세탁업자와 세탁 서비스를 이용하는 고객(이하 "고객") 사이에 체결한 계약에 따른 권리와 의무에 관한 사항을 규정함을 목적으로 한다.

제2조(인수증과 약관의 교부)

① 세탁업자는 고객으로부터 세탁물을 인수할 때 다음의 내용을 기재한 인수증을 작성하여 고객에게 교부하여야 한다.
  ㉠ 세탁업자의 상호, 주소 및 전화번호
  ㉡ 고객의 성명, 주소 및 전화번호
  ㉢ 세탁물 인수일

ㄹ 세탁완성 예정일
　　　ㅁ 세탁물의 구입가격 및 구입일(구입가격이 20만원 이상의 제품의 경우)
　　　ㅂ 세탁물의 품명, 수량 및 세탁요금
　　　ㅅ 피해 발생 시 손해배상기준
　　　ㅇ 기타 사항(세탁물 보관료, 세탁물의 하자 유무, 특약사항 등)
　② 세탁업자는 이 약관을 고객들이 열람하기에 용이한 장소에 게시하고, 고객이 요구할 때에는 약관을 교부하여야 한다.

제3조(세탁업자의 의무)
　① 세탁업자는 고객으로부터 세탁물을 인수할 때 세탁물의 탈색·손상·변형·수축·오점 등의 하자 여부를 확인하여야 한다. 이를 해태하여 발생한 피해는 세탁업자가 책임을 진다.
　② 세탁업자는 세탁완성 예정일까지 인수한 세탁물의 세탁을 완료하여야 한다. 부득이한 사유로 예정일까지 완료할 수 없는 때에는 고객에게 그 사유를 고지하여 동의를 받아야 한다.
　③ 세탁업자는 인수받은 세탁물의 보관·유지에 대하여 선량한 관리자의 의무를 다하여야 한다.

제4조(고객의 의무)
　① 인수증을 작성할 때 고객은 성명과 연락처, 세탁물의 구입금액 및 구입일 등에 대하여 세탁업자에게 허위로 알려서는 아니 된다.
　② 고객은 세탁업자가 세탁물 인수 시에 세탁물의 상태에 대하여 질문하는 경우에 성실히 답변하여야 한다.

제5조(세탁요금 등)
　① 세탁요금 및 보관료는 고객이 쉽게 알 수 있도록 세탁소에 게시하고, 해당 고객의 금액은 인수증에 기재한다.
　② 세탁요금은 세탁기본료와 기술료, 수선료로 이루어지며, 기술료와 수선료는 고객이 오점 제거나 수선을 요구한 경우에만 청구할 수 있다. 단, 기술료란 통상적인 드라이클리닝으로는 제거되지 않는 오점 등을 특수장비나 약품 등을 사용하여 제거하는 데 따른 대가를 말한다.
　③ 고객이 세탁완성 예정일(고객의 동의로 완성 예정일이 연기된 경우에는 연기된 완성 예정일) 이후에도 세탁물을 찾아가지 않을 경우, 세탁업자가 고객에게 세탁물 회수를 통지한 후에는 보관료를 청구할 수 있다. 이 경우 보관료는 통지일의 다음날을 기준으로 7일이 경과한 날부터 일단위로 계산하되, 일별 보관료는 세탁요금의 8%를 초과하여서는 아니 된다.
　④ 세탁업자가 제11조제1항 및 제2항에 의하여 세탁물을 임의처분하는 경우에는 보관료를 청구할 수 없다.

제6조(손해배상)

① 세탁업자는 세탁물에 손상, 색상변화, 얼룩 등의 하자가 발생한 경우에는 고객에게 원상회복을 해 주거나 그에 대한 손해배상을 하여야 한다. 단, 세탁업자가 세탁물의 하자발생이 세탁업자의 책임 없는 사유로 인한 것임을 증명한 경우에는 그 책임을 면한다.
② 세탁물의 처리 또는 인수 및 인도의 과정에서 세탁업자가 선량한 관리자의 주의의무를 다하지 못하여 세탁물을 분실하거나 손상시킨 경우에는 그에 따른 손해배상을 하여야 한다.
③ 세탁업자가 세탁완성 예정일까지 세탁대상물의 세탁을 완성하지 못하여 고객에게 손해가 발생한 경우에는 그 지체의 책임을 진다.
④ 본사와 가맹점으로 구성된 세탁업자들을 포함하여 세탁물을 인수받은 사업자와 실제로 세탁행위를 한 사업자가 다른 경우에는 양자가 연대하여 본조의 책임을 진다.

제7조(손해배상의 기준)

① 손해배상액의 산정방식은 "세탁물의 구입가격 × 배상비율"로 하며, 이 경우 배상비율은 「소비자피해보상규정」에 따른다. 단, 고객과 세탁업자 간의 특약이 있는 경우에는 그에 따른다.
② 손해배상액의 산정기준은 인수증에 기재된 바에 따른다. 단, 세탁업자가 세탁물의 품명, 구입가격, 구입일이 인수증의 기재내용과 상이함을 증명한 경우에는 그에 따른다.
③ 세탁업자가 손해배상 산정에 필요한 인수증 기재사항을 누락했거나 또는 인수증을 교부하지 않은 경우에는 고객이 입증하는 내용(세탁물의 품명, 구입가격, 구입일 등)을 기준으로 한다.
④ 고객이 세탁물의 품명, 구입가격, 구입일 등을 입증하지 못하여 배상액 산정이 불가능한 경우에는 세탁업자는 고객에게 세탁요금의 20배를 배상한다.

제8조(손해배상액의 감액)

① 세탁물의 손상 등에 대하여 고객도 일부 책임이 있는 경우에는 세탁업자의 손해배상액에서 그에 해당하는 금액을 공제한다. 단, 고객의 책임 있는 사유는 세탁업자가 입증하여야 한다.
② 고객이 손상된 세탁물을 인도받기를 원하는 경우에는 배상액의 일부를 감액할 수 있다.

제9조(세탁요금의 환급)

① 세탁업자의 책임 있는 사유로 세탁물이 손상, 색상변화, 얼룩 등의 하자가 발생하거나, 분실 등으로 고객에게 세탁물을 반환할 수 없을 때에는 해당 세탁물에 대하여 세탁업자는 고객에게 세탁요금을 청구하지 못한다.
② 전항의 경우에 세탁업자가 세탁요금을 선납받은 경우에는 그 요금을 환급한다.

제10조(면책)

① 고객이 완성된 세탁물을 회수할 때 세탁물에 이상이 없다는 확인서를 세탁업자에게 교부했을 때에는 세탁업자는 세탁물의 하자에 대한 보수나 손해배상책임을 면한다. 이 경우 확인서는 인수증에 날인 또는 기명하는 것으로 대신할 수 있다. 단, 고객이 이상이 없음을 확인하였더라도 추후 세탁업자의 고의, 과실을 입증한 경우에는 면책되지 않는다.

② 다음의 경우에 세탁업자는 세탁물의 하자 또는 세탁의 지체로 인한 제6조의 책임을 면한다.
 ㉠ 세탁업자의 세탁물 회수에 대한 통지를 했음에도 통지의 도달일부터 30일이 경과하도록 고객이 세탁물을 회수하지 않는 경우
 ㉡ 고객이 세탁완성 예정일(고객의 동의로 완성 예정일이 연기된 경우에는 연기된 완성 예정일)의 다음날부터 3개월간 완성된 세탁물을 회수하지 않는 경우

③ 고객은 완성된 세탁물을 인도받은 날부터 6개월 이내에 하자의 보수 또는 손해배상의 청구를 하여야 하며, 이 기간이 경과하면 세탁업자는 그 책임을 면한다. 이 경우 세탁완성 예정일(고객의 동의로 완성 예정일이 연기된 경우에는 연기된 완성 예정일)의 다음날부터 고객의 귀책사유로 세탁물을 회수하지 않은 기간은 이에 산입한다.

제11조(고객이 회수하지 않는 세탁물의 처분)

① 구입가격 20만원 미만의 세탁물이 제10조제2항 각 호에 해당하는 경우, 세탁업자는 고객에게 2주일 이상의 기간을 정하여 그 기간 내에 세탁물을 찾아가지 않으면 반환책임을 부담하지 않는다는 내용을 명시하여 통지하고, 고객이 통지의 도달일부터 통지에서 정한 기간 내에 세탁물을 찾아가지 않으면 세탁물을 임의처분할 수 있다.

② 구입가격 20만원 이상 세탁물의 세탁료 및 보관료 등 합산액이 세탁물의 "구입가격×소비자피해보상규정상의 배상비율"을 초과하는 경우 세탁업자는 전항과 같은 통지절차를 거친 후 임의처분할 수 있다.

③ 고객이 ①에서 정한 기간 내에 세탁물을 찾아가는 경우 세탁업자는 고객에 대하여 세탁요금, 보관료 및 통지비용을 청구할 수 있다.

④ ①, ② 및 제10조제2항제1호의 통지의 유무 및 시기에 대하여 다툼이 있을 때에는 세탁업자가 이를 입증하여야 한다.

제12조(약관의 해석 등)

본 약관에서 규정하지 않은 사항 또는 본 약관의 해석에 관하여 다툼이 있는 경우에는 세탁업자와 고객이 합의하여 해결하되, 합의가 이루어지지 않은 경우에는 관계법령 및 거래관행에 따른다.

제13조(관할법원)

본 계약과 관련된 분쟁에 관한 소송은 민사소송법상의 관할법원에 제기한다.

03 | 클레임 관리

1. 컴플레인과 클레임 대처 방법

(1) 컴플레인 대처 방법

① MTP법 : 고객의 세탁 서비스 컴플레인에 대한 대응은 사람(Man), 시간(Time), 장소(Place)를 바꾸어 불평 및 불만에 응대하는 MTP법이 주로 사용된다.

사 람	• 고객 담당자, 책임자, 세탁소 대표 등 누가 고객의 컴플레인을 처리할 것인가를 결정하는 것이다. • 때에 따라서는 컴플레인의 당사자 또는 세탁물의 접수자가 아닌 다른 사람으로 바꾸어 문제해결에 접근하는 것이 효과적일 수도 있다.
시 간	• 어느 시간에 처리할 것인가를 결정하는 것이다. • 컴플레인을 제기한 고객이 매우 흥분되어 있을 경우에는 즉시 해결방안을 제시하는 것보다는 냉각 시간을 가지는 것이 좋을 수도 있다.
장 소	• 어느 장소에서 처리할 것인가를 결정하는 것이다. • 고객의 심한 컴플레인으로 인해 냉각 시간이 필요할 경우에 장소를 세탁소 매장에서 다른 장소로 이동하여 응대한다.

② 고객 컴플레인 대응 시 유의사항
　㉠ 세탁 서비스 불평 및 불만과 관련된 고객의 말에 동조해 가며 끝까지 충분히 듣는다.
　㉡ 고객과의 논쟁이나 변명은 피한다.
　㉢ 고객의 입장에서 성의 있는 자세로 응대한다.
　㉣ 감정적 표현이나 감정의 노출을 피하고, 냉정하게 검토하여 응대한다.
　㉤ 세탁 서비스에 잘못이 있을 경우 솔직하게 사과한다.
　㉥ 설명은 감정이 아닌 사실을 바탕으로 명확하게 한다.
　㉦ 고객의 컴플레인을 최대한 신속히 처리한다.

(2) 클레임 대처 방법

① 세탁업자와 소비자 간의 분쟁이 발생하였을 때는 세탁업자 단체는 그 정관이 정하는 바에 따라 조정을 위하여 노력하여야 하며(공중위생관리법 시행령 제10조), 때에 따라서 제3의 심의기관에 클레임 제품의 심의를 의뢰할 수 있다.
② 고객과 분쟁이 생긴 세탁물에 대한 원인 분석이 필요할 경우는 한국소비자원, 소비자공익네트워크, 한국세탁업중앙회(지역별지부) 등 관련 기관 또는 단체에 심의를 신청하면 된다.
③ 심의위원회의 심의 결과는 고객과 세탁소 간의 분쟁에 대한 합의와 해결의 참고 자료가 되며, 원인 규명을 통한 분쟁 해결에 도움을 받을 수 있다.
　※ 심의위원회의 심의 결과는 법적인 구속력이 없다.
④ 클레임 제품 심의 절차는 신청하는 기관에 따라 다르며, 자세한 절차는 해당 기관의 웹사이트에 기재된 내용을 참고하여 신청한다.

2. 세탁업 분쟁 조정 기준 [소비자분쟁해결기준(공정거래위원회고시 제2023-28호) 별표 2]

분쟁 유형	해결 기준
하자 발생(탈색, 변·퇴색, 재오염, 손상 등)	사업자의 책임하에 (사업자 비용 부담) 원상회복, 불가능 시 손해배상
분실 또는 소실	손해배상

(1) 배상액의 산정방식
① 배상액 = 물품 구입가격 × 배상비율(배상비율표 참조)
② 다만, 소비자와 세탁업자 간의 배상에 대한 특약이 있는 경우에는 그에 따른다.

(2) 손해배상액의 감액
① 세탁물의 손상 등에 대하여 고객도 일부 책임이 있는 경우에는 세탁업자의 손해배상액에서 그에 해당하는 금액을 공제한다.
② 고객이 손상된 세탁물을 인도받기를 원하는 경우에는 배상액의 일부를 감액할 수 있다.

(3) 배상의무의 면제
① 고객이 세탁물에 이상이 없다는 확인서를 세탁업자에게 교부했을 때는 세탁업자는 세탁물 하자에 대한 보수나 손해배상책임을 면한다. 이 경우 확인서는 인수증에 날인 또는 기명하는 것으로 대신할 수 있다. 단 고객이 이상 없음을 확인하였더라도 추후 세탁업자의 고의, 과실이 있음을 입증한 경우에는 면책되지 않는다.
② 세탁업자는 다음의 경우 세탁물의 하자 또는 세탁의 지체로 인한 소비자피해에 대해 면책된다.
 ㉠ 세탁업자의 세탁물 회수에 대한 통지에도 불구하고 통지도달일로부터 30일이 경과하도록 미회수하는 경우
 ㉡ 고객이 세탁완성 예정일(고객의 동의로 완성 예정일이 연기된 경우 연기된 완성 예정일)의 다음날부터 3개월간 완성된 세탁물을 미회수하는 경우

(4) 세탁물 확인의무
세탁업자는 세탁물 인수 시 의뢰받은 세탁물상의 하자 여부를 확인할 책임이 있다.

(5) 세탁물 인수증 교부의무
① 세탁업자는 세탁물 인수 시 다음의 내용을 기재한 인수증을 교부하여야 한다.
 ㉠ 세탁업자의 상호, 주소 및 전화번호
 ㉡ 고객의 성명, 주소 및 전화번호
 ㉢ 세탁물 인수일

② 세탁완성 예정일
⑩ 세탁물의 구입가격 및 구입일(20만원 이상 제품의 경우)
⑪ 세탁물의 품명, 수량 및 세탁요금
⑫ 피해발생 시 손해배상기준
⑬ 기타 사항(세탁물보관료, 세탁물의 하자 유무, 특약사항)
② 인수증 미교부 시 세탁물 분실에 대해서는 세탁업소에서 책임을 진다.

> **알아두기** 손해배상대상세탁물
> - 손해배상의 산정기준은 인수증에 기재된 바에 따른다. 단, 세탁업자가 세탁물의 품명, 구입가격, 구입일이 인수증의 기재내용과 상이함을 증명한 경우에는 그에 따른다.
> - 세탁업자가 손해배상 산정에 필요한 인수증 기재사항을 누락했거나 또는 인수증을 교부하지 않은 경우에는 고객이 입증하는 내용(세탁물의 품명, 구입가격, 구입일 등)을 기준으로 한다.
> - 고객이 세탁물의 품명, 구입가격, 구입일 등을 입증하지 못하여 배상액 산정이 불가한 경우에는 세탁업자는 고객에게 세탁요금의 20배를 배상한다.

(6) 세트(Set)의류의 배상액 산정기준

① 양복 상하와 같이 2점 이상이 1벌일 때는 1벌 전체를 기준으로 하여 배상액을 산정한다.
② 단, 소비자가 1벌 중 일부만을 세탁업자에게 세탁의뢰하였을 경우에는 그 일부에 대하여만 배상한다.

(7) 세트의류의 배상액 배분

① 상·하의가 한 세트인 경우 : 상의 65%, 하의 35%
② 상·중·하의가 한 세트인 경우 : 상의 55%, 중의 10%, 하의 35%
③ 한복 중 치마저고리, 바지저고리는 상의 50%, 하의 50%
④ 세트의류라 하더라도 각각의 가격이 정해져 있는 경우는 그 가격에 따른다.

(8) 탈부착용 부속물이 손상된 경우

탈부착용 부속물(털, 칼라, 모자 등)이 손상된 경우는 동 부속물만을 대상으로 배상액을 결정한다. 단, 부속물이 해당 의류의 기능 발휘에 없어서는 안 될 필수적인 경우(방한복의 모자 등)에는 의류 전체를 기준으로 배상액을 산정한다.

3. 세탁 사고물의 처리

(1) 세탁물 클레임 처리
① 세탁물 수령 시 작성된 세탁물 수령증을 확인하여, 사전에 보풀 등 이상 유무를 확인한다.
② 세탁물 인수증에 의뢰 받은 세탁물에 하자가 없는 것으로 파악되었을 경우는 원인을 분석하여 고객에게 설명한다.
③ 세탁물 하자 원인 파악 및 설명
　㉠ 구입일자, 구입가격, 세탁 의뢰일자 확인 : 세탁물 인수증에서 고객이 세탁을 의뢰한 일자(인수일)를 확인하고, 정확한 배상액 산정을 위해 해당 의류의 구입 연월과 구입가격을 확인한다.
　㉡ 품목별 내용 연수 확인 : 품목별 평균 내용 연수표에서 해당 내용을 찾는다.
　㉢ 세탁업 기준 배상 비율 확인 : 의류 구매일로부터 의뢰일까지 착용 일수를 계산하여 배상 비율을 확인한다.
　㉣ 배상액 산정 : 파악된 배상 비율과 의류 구매 가격을 곱하여 배상액을 계산한다.

[품목별 평균 내용 연수(소비자분쟁해결기준 별표 2)]

분류	품목	소재	용도	상품 예	내연수
외의류	신사 정장	모, 모혼방, 견, 기타	하복 춘추복 동복		3 4 4
	코트			오버코트 레인코트	4
	여성 정장	모, 모혼방, 견, 기타	하복 춘추복 동복		3 4 4
	스커트, 바지, 재킷, 점퍼	모, 모혼방, 견, 기타	하복 춘추복 동복	타이트스커트, 플레어스커트, 치마바지(큐롯, 점퍼스커트), 바지, 슬랙스, 단탈롱, 팬츠류	3 4 4
	스포츠웨어			트레이닝웨어, 스포츠용 유니폼, 수영복	3
	셔츠류			면셔츠, T셔츠, 남방, 폴로셔츠, 와이셔츠	2
	블라우스	견 기 타			3 2
	스웨터			스웨터, 카디건	3
	청바지	일 반 특수워싱*			4 3
	제 복	작업복 사무복 학생복			2 2 3
한복류	치마, 저고리, 바지, 마고자, 조끼, 두루마기	견, 빌로드, 기타			4

분류	품목	소재	용도	상품 예	내연수
실내 장식류	카펫	모			6
		기타			5
가방류	가죽 가방	가죽, 인조가죽 등			3
	일반 가방	천 등			2
양장 용품	스카프	견, 모			3
		기타			2
	머플러				3
	넥타이				2
속옷	파운데이션, 란제리, 내복				2
피혁 제품	외의	돈피, 파충류			3
		기타			5
	기타				3
	인조피혁				3
실내 장식품	모포	모			5
		기타			4
	소파	천연피혁			5
		기타			3
	커튼		춘하용		2
			추동용		3
침구류	이불, 요, 침대커버				3
신발류	가죽류 및 특수소재			가죽구두, 등산화(경등산화 제외) 등	3
	일반 신발류			운동화, 고무신 등	1
모자					1
모피 제품	외의	토끼털			3
		기타			5
	기타				3

* 특수워싱 : 본래 제조된 원단 상태가 아니라 인위적으로 외형을 가공(샌드가공, 스톤워싱, 표백제 등 약품처리 가공 등)한 상태의 소재를 말함

(2) 클레임 제품 심의 신청

① 고객과 세탁소가 세탁 서비스 클레임과 관련한 분쟁에서 합의에 이르지 못한 경우는 심의 기관에 클레임 제품의 심의를 의뢰한다.
② 한국소비자원 등 클레임 제품의 심의를 의뢰할 기관을 선택한다.
③ 선택한 기관의 심의 신청 절차를 확인한다.
④ 선택한 기관의 심의 신청서를 작성하여 제출한다.

(3) 클레임 예방책 수립

① 자주 발생하는 클레임 유형 및 원인을 분석한다.
② 빈번한 클레임 유형 및 원인을 바탕으로 예방 항목을 도출한다.
③ 도출한 예방 항목을 바탕으로 체크리스트를 만들어 작성한다.
④ 작성한 체크리스트를 활용하여 클레임 예방을 위한 활동을 적절하게 수행하는지 평가한다.
⑤ 부족한 부분은 보완 또는 개선한다.

적중예상문제

01 다음 중 영업장 경영 환경 분석에 대한 설명으로 옳지 않은 것은?

① 경영 환경은 내부 환경과 외부 환경으로 구분할 수 있다.
② 세탁 업종의 경우는 국내외 환경을 분석하는 것이 타당할 것이다.
③ 경쟁점 분석에서는 경쟁자의 종류, 목표, 현재 경영 전략, 경쟁점의 장단점, 경영자 등을 분석한다.
④ 내부 환경 분석 요인으로는 기술, 설비, 대상 고객, 외부 위탁 등이 있다.

해설
거시적 환경은 크게 보면 일반적으로 국제 환경까지 포함되지만, 마을 단위의 지역을 중심으로 운영되는 세탁 업종의 경우는 국내 환경에 국한하여 분석하는 것이 타당할 것이다.

02 화재 발생 시 소화기를 사용하는 방법으로 옳지 않은 것은?

① 화재의 종류에 맞는 소화기를 사용한다.
② 가급적 화점 가까이 접근하여 사용한다.
③ 비로 쓸듯이 골고루 뿌린다.
④ 바람을 마주보고 소화기를 사용한다.

해설
④ 바람을 등지고 서서 호스를 불 쪽으로 향하게 한다.

03 화공약품을 사용할 때의 안전수칙으로 옳지 않은 것은?

① 유독성 약품을 사용할 때는 환기가 잘되는 곳에 바람을 등지고 작업한다.
② 피부에 상처가 있을 때는 위생용 장갑을 끼고 사용한다.
③ 약품의 보관 장소는 직사광선이 있는 곳이어야 한다.
④ 인화성 약품 세제를 사용할 때는 화기를 조심한다.

해설
③ 약품은 서늘하고 건조한 장소에 보관한다.

04 의류, 기타 섬유제품이나 피혁제품 등을 세탁하는 영업은?

① 세탁업
② 제조업
③ 판매업
④ 건물위생관리업

해설
정의(공중위생관리법 제2조제1항제6호)
세탁업 : 의류 기타 섬유제품이나 피혁제품 등을 세탁하는 영업을 말한다.

05 다음 중 마케팅믹스에 대한 설명으로 옳지 않은 것은?

① 마케팅믹스는 마케팅 수단들이 적절하게 결합 또는 조화되어 있는 상태를 말한다.
② 마케팅믹스의 구성요소는 제품(Product), 장소(Place), 가격(Price), 촉진(Promotion) 등 4P를 의미한다.
③ 고객 리스트에서 주민등록번호는 철저히 관리하여 유출되지 않게 해야 한다.
④ 고객 정보는 전용 정보 시스템이 없을 경우에는 일반적으로 수치 계산 프로그램을 이용하여 작성한다.

> 해설

고객 리스트는 개인정보가 유출되지 않도록 파일에 반드시 비밀번호를 설정해 놓도록 하고, 주민등록번호는 수집하지 않아야 한다.

06 공중위생관리법의 궁극적인 목적에 해당하는 것은?

① 국민의 건강증진에 기여
② 위생관리 서비스 향상에 노력
③ 종사자의 기술수준 향상
④ 종사자의 복리증진

> 해설

목적(공중위생관리법 제1조)
이 법은 공중이 이용하는 영업의 위생관리 등에 관한 사항을 규정함으로써 위생수준을 향상시켜 국민의 건강증진에 기여함을 목적으로 한다.

07 세탁업자가 신고를 하지 않고 영업소의 명칭 및 상호 또는 영업장 면적의 3분의 1 이상을 변경한 경우 1차 위반 시 행정처분기준은?

① 경고 또는 개선명령
② 영업정지 15일
③ 영업정지 1월
④ 영업장 폐쇄명령

> 해설

행정처분기준(공중위생관리법 시행규칙 별표 7)
세탁업자가 신고를 하지 않고 영업소의 명칭 및 상호 또는 영업장 면적의 3분의 1 이상을 변경한 경우
• 1차 위반 : 경고 또는 개선명령
• 2차 위반 : 영업정지 15일
• 3차 위반 : 영업정지 1월
• 4차 이상 위반 : 영업장 폐쇄명령

08 세탁업의 신고를 한 자가 폐업신고 시 세탁업을 폐업한 날로부터 며칠 이내에 신고하여야 하는가?

① 5일 이내   ② 10일 이내
③ 20일 이내 ④ 1월 이내

> 해설

공중위생영업의 신고 및 폐업신고(공중위생관리법 제3조제2항)
공중위생영업의 신고를 한 자(공중위생영업자)는 공중위생영업을 폐업한 날부터 20일 이내에 시장·군수·구청장에게 신고하여야 한다. 다만, 제11조에 따른 영업정지 등의 기간 중에는 폐업신고를 할 수 없다.

정답 5 ③ 6 ① 7 ① 8 ③

09 다음 중 세탁업에 대한 설명으로 옳은 것은?

① 세탁업의 영업소는 신고 없이 이전할 수 있다.
② 세탁업의 영업소를 이전하는 경우에는 시장·군수·구청장에게 변경신고를 하여야 한다.
③ 세탁업의 변경신고를 하려는 자는 필요한 서류 없이 신고할 수 있다.
④ 세탁업소의 세탁기를 교체한 경우에도 신고하여야 한다.

> **해설**
> 공중위생영업의 신고 및 폐업신고(공중위생관리법 제3조 제1항)
> 공중위생영업을 하고자 하는 자는 공중위생영업의 종류별로 보건복지부령이 정하는 시설 및 설비를 갖추고 시장·군수·구청장에게 신고하여야 한다. 보건복지부령이 정하는 중요 사항을 변경하고자 하는 때에도 또한 같다.
> 보건복지부령이 정하는 중요사항(공중위생관리법 시행규칙 제3조의2제1항)
> • 영업소의 명칭 또는 상호
> • 영업소의 주소
> • 신고한 영업장 면적의 3분의 1 이상의 증감
> • 대표자의 성명 또는 생년월일

10 세탁업을 개설하려면 시설 및 설비를 갖추어 누구에게 신청하여야 하는가?

① 보건복지부장관
② 시·도지사
③ 시장·군수·구청장
④ 환경부장관

11 다음 중 공중위생관리법이 규정하는 공중위생영업에 해당하지 않는 것은?

① 숙박업   ② 세탁업
③ 미용업   ④ 식품접객업

> **해설**
> 정의(공중위생관리법 제2조제1항제1호)
> "공중위생영업"이라 함은 다수인을 대상으로 위생관리서비스를 제공하는 영업으로서 숙박업·목욕장업·이용업·미용업·세탁업·건물위생관리업을 말한다.

12 세탁영업 승계를 신고할 때는 어느 영이 정하는 바에 따라야 하는가?

① 대통령령
② 도지사령
③ 보건복지부령
④ 국무총리령

> **해설**
> 공중위생영업의 승계(공중위생관리법 제3조의2제4항)
> 공중위생영업자의 지위를 승계한 자는 1월 이내에 보건복지부령이 정하는 바에 따라 시장·군수 또는 구청장에게 신고하여야 한다.

정답 9 ② 10 ③ 11 ④ 12 ③

13 공중위생관리법에 규정한 세탁물 관리 사고로 인한 분쟁을 조정할 수 있는 곳은?

① 소상공인지원센터
② 공정거래위원회
③ 세탁업자단체
④ 시·군·구청

해설
세탁물관리 사고로 인한 분쟁의 조정(공중위생관리법 시행령 제10조)
규정에 의하여 설립된 세탁업자단체는 그 정관이 정하는 바에 의하여 세탁업자와 소비자 간의 분쟁 조정을 위하여 노력하여야 한다.

14 신고를 하지 않고 영업소의 소재지를 변경한 경우 행정처분기준(1차 위반)은?

① 영업정지 5일
② 영업정지 15일
③ 영업정지 1월
④ 영업장 폐쇄명령

해설
행정처분기준(공중위생관리법 시행규칙 별표 7)
신고를 하지 않고 영업소의 소재지를 변경한 경우
• 1차 위반 : 영업정지 1월
• 2차 위반 : 영업정지 2월
• 3차 위반 : 영업장 폐쇄명령

15 공중위생관리법상 위생교육을 받아야 하는 자의 위생교육의 방법·절차 기타 필요한 사항은 어느 영으로 정하는가?

① 대통령령
② 보건복지부령
③ 행정안전부령
④ 고용노동부령

해설
위생교육(공중위생관리법 제17조제5항)
위생교육의 방법·절차 등에 관하여 필요한 사항은 보건복지부령으로 정한다.

16 다음 중 세탁업과 관련한 위생교육에 대한 설명으로 옳지 않은 것은?

① 위생교육의 내용은 「공중위생관리법」 및 관련 법규, 소양교육, 기술교육 그 밖에 공중위생에 관하여 필요한 내용으로 한다.
② 위생교육은 집합교육과 온라인 교육을 병행하여 실시하되, 교육시간은 3시간으로 한다.
③ 위생교육을 실시하는 단체는 보건복지부장관이 고시한다.
④ 위생교육을 받은 자가 위생교육을 받은 날부터 2년 이내에 위생교육을 받은 업종과 같은 업종의 영업을 할 경우에도 해당 영업에 대한 위생교육을 다시 받아야 한다.

해설
위생교육(공중위생관리법 시행규칙 제23조제7항)
위생교육을 받은 자가 위생교육을 받은 날부터 2년 이내에 위생교육을 받은 업종과 같은 업종의 영업을 하려는 경우에는 해당 영업에 대한 위생교육을 받은 것으로 본다.
① 공중위생관리법 시행규칙 제23조제2항
② 공중위생관리법 시행규칙 제23조제1항
③ 공중위생관리법 시행규칙 제23조제8항

정답 13 ③ 14 ③ 15 ② 16 ④

17 공중위생영업자가 받아야 할 연간 위생교육시간은?

① 1시간 ② 2시간
③ 3시간 ④ 4시간

해설
위생교육(공중위생관리법 시행규칙 제23조제1항)
위생교육은 집합교육과 온라인 교육을 병행하여 실시하되, 교육시간은 3시간으로 한다.

18 드라이클리닝용 세탁기의 유기용제 누출 및 세탁물에 사용된 세제나 유기용제 또는 얼룩 제거 약제가 남거나 좀이나 곰팡이 등이 생성된 경우의 행정처분기준(1차 위반 시)은?

① 개선명령 ② 경고
③ 영업정지 ④ 영업장 폐쇄명령

해설
행정처분기준(공중위생관리법 시행규칙 별표 7)
드라이클리닝용 세탁기의 유기용제 누출 및 세탁물에 사용된 세제·유기용제 또는 얼룩 제거 약제가 남거나 좀이나 곰팡이 등이 생성된 경우
- 1차 위반 : 경고
- 2차 위반 : 영업정지 5일
- 3차 위반 : 영업정지 10일
- 4차 이상 위반 : 영업장 폐쇄명령

19 다음 중 세탁업의 신고를 할 수 없는 경우에 해당하는 것은?

① 세탁업의 폐쇄명령을 받은 후 6개월이 지나지 않은 장소에서 다시 세탁업을 하고자 하는 경우
② 신축 건축물을 임차하여 세탁업에 적합한 시설 및 설비를 갖춘 경우
③ 세탁업의 폐쇄명령을 받은 후 3년이 지난 자가 다시 세탁업을 하고자 하는 경우
④ 호텔에서 투숙객의 의복 등을 세탁하기 위하여 세탁소를 개설하고자 하는 경우

해설
같은 종류의 영업 금지(공중위생관리법 제11조의4제1항)
공중위생관리법 제5조, 「성매매알선 등 행위의 처벌에 관한 법률」, 「아동·청소년의 성보호에 관한 법률」, 「풍속영업의 규제에 관한 법률」, 「청소년 보호법」 또는 「마약류 관리에 관한 법률」을 위반하여 폐쇄명령을 받은 자(법인인 경우에는 그 대표자를 포함한다)는 그 폐쇄명령을 받은 후 2년이 경과하지 않는 때에는 같은 종류의 영업을 할 수 없다.

20 공중위생영업자는 영업소 폐쇄명령이 있은 후 몇 개월이 경과하지 아니 할 때 그 폐쇄명령이 이루어진 영업장소에서 같은 종류의 영업을 할 수 없는가?

① 1개월 ② 3개월
③ 6개월 ④ 12개월

해설
같은 종류의 영업 금지(공중위생관리법 제11조의4제4항)
「성매매알선 등 행위의 처벌에 관한 법률」 등 외의 법률의 위반으로 폐쇄명령이 있은 후 6개월이 경과하지 않는 때에는 누구든지 그 폐쇄명령이 이루어진 영업장소에서 같은 종류의 영업을 할 수 없다.

정답 17 ③ 18 ② 19 ① 20 ③

21 세탁업주가 영업소 폐쇄명령을 받고도 계속하여 영업을 할 때, 관계공무원으로 하여금 해당 영업소를 폐쇄하기 위한 조치사항으로 옳지 않은 것은?

① 해당 영업소의 간판 기타 영업표지물의 제거
② 영업을 위하여 필수불가결한 기구 또는 시설물을 사용할 수 없게 하는 봉인
③ 영업소에 고객이 출입할 수 없도록 출입문에 지켜 서 있는 행위
④ 해당 영업소가 위법한 영업소임을 알리는 게시물 등의 부착

해설
공중위생영업소의 폐쇄 등(공중위생관리법 제11조제6항)
시장·군수·구청장은 공중위생영업자가 영업소 폐쇄명령을 받고도 계속하여 영업을 하는 때에는 관계공무원으로 하여금 해당 영업소를 폐쇄하기 위하여 다음의 조치를 하게 할 수 있다. 신고를 하지 아니하고 공중위생영업을 하는 경우에도 또한 같다.
- 해당 영업소의 간판 기타 영업표지물의 제거
- 해당 영업소가 위법한 영업소임을 알리는 게시물 등의 부착
- 영업을 위하여 필수불가결한 기구 또는 시설물을 사용할 수 없게 하는 봉인

22 공중위생감시원의 자격, 임명, 업무범위 등은 다음 중 어느 영으로 정하는가?

① 도지사
② 보건복지부
③ 시장·군수
④ 대통령령

해설
공중위생감시원(공중위생관리법 제15조제2항)
공중위생감시원의 자격·임명·업무범위 기타 필요한 사항은 대통령령으로 정한다.

23 다음 중 명예공중위생감시원의 업무가 아닌 것은?

① 공중위생감시원이 행하는 검사대상물의 수거 지원
② 법령 위반행위에 대한 신고 및 자료 제공
③ 공중위생관리업무와 관련하여 따로 부여받은 업무
④ 공중위생영업 관련 시설 및 설비의 위생상태 확인·검사

해설
명예공중위생감시원의 업무(공중위생관리법 시행령 제9조의2제2항)
- 공중위생감시원이 행하는 검사대상물의 수거 지원
- 법령 위반행위에 대한 신고 및 자료 제공
- 그 밖에 공중위생에 관한 홍보·계몽 등 공중위생관리업무와 관련하여 시·도지사가 따로 정하여 부여하는 업무

24 공중위생관리법 규정에 의한 세탁업소의 시설 및 설비기준이 적합하지 아니하였을 때 그 시설 및 설비의 개선을 명할 수 있는 자가 아닌 것은?

① 구청장
② 관할 시장
③ 군수
④ 보건복지부장관

해설
개선기간(공중위생관리법 시행규칙 제17조제1항)
법 제10조에 따라 시·도지사 또는 시장·군수·구청장은 공중위생영업자에게 법 제3조제1항 및 법 제4조의 위반사항에 대한 개선을 명하려는 때에는 위반사항의 개선에 소요되는 기간 등을 고려하여 즉시 그 개선을 명하거나 6개월의 범위에서 기간을 정하여 개선을 명하여야 한다.

정답 21 ③ 22 ④ 23 ④ 24 ④

25 세탁업자가 준수하여야 할 위생관리기준으로 옳지 않은 것은?

① 드라이클리닝용 세탁기는 유기용제의 누출이 없도록 항상 점검하여야 한다.
② 세탁물에는 세탁물 처리에 사용된 세제·유기용제 또는 얼룩 제거 약제가 남지 않도록 해야 한다.
③ 출입·검사 등의 기록부를 영업소 밖에 비치하여야 한다.
④ 업소에 보관 중인 세탁물에 좀이나 곰팡이 등이 생성되지 않도록 위생적으로 관리하여야 한다.

해설
세탁업자가 준수하여야 하는 위생관리기준(공중위생관리법 시행규칙 별표 4)
- 드라이클리닝용 세탁기는 유기용제의 누출이 없도록 항상 점검하여야 하고, 사용 중에 누출되지 아니하도록 하여야 한다.
- 세탁물에는 세탁물의 처리에 사용된 세제·유기용제 또는 얼룩 제거 약제가 남지 아니하도록 하여야 한다.
- 세탁업자는 업소에 보관 중인 세탁물에 좀이나 곰팡이 등이 생성되지 않도록 위생적으로 관리하여야 한다.

26 다음 중 위생지도 및 개선명령을 할 수 없는 자는?

① 구청장　　② 군 수
③ 시 장　　④ 보건복지부장관

해설
위생지도 및 개선명령(공중위생관리법 제10조)
시·도지사 또는 시장·군수·구청장은 다음의 어느 하나에 해당하는 자에 대하여 보건복지부령으로 정하는 바에 따라 기간을 정하여 그 개선을 명할 수 있다.
- 공중위생영업의 종류별 시설 및 설비기준을 위반한 공중위생영업자
- 규정에 의한 위생관리의무 등을 위반한 공중위생영업자
  ※ 위생관리의무 등에서 준수사항으로 변경된다. [시행일 : 2025. 4. 23.]

27 공중위생영업을 하고자 하는 자가 보건복지부령이 정하는 중요 사항을 변경신고하지 않았을 때의 벌칙은?

① 1년 이하의 징역 또는 300만원 이하의 벌금
② 6월 이하의 징역 또는 500만원 이하의 벌금
③ 1년 이하의 징역 또는 1천만원 이하의 벌금
④ 1년 이하의 징역 또는 500만원 이하의 벌금

해설
6월 이하의 징역 또는 500만원 이하의 벌금(공중위생관리법 제20조제3항)
- 공중위생영업 변경신고를 하지 아니한 자
- 공중위생영업자의 지위를 승계한 자로서 규정에 의한 신고를 하지 아니한 자
- 건전한 영업질서를 위하여 공중위생영업자가 준수하여야 할 사항을 준수하지 아니한 자

28 대통령령이 정하는 바에 의거하여 관계 전문기관 등에 그 업무의 일부를 위탁할 수 있는 자는?

① 구청장　　② 군 수
③ 시 장　　④ 보건복지부장관

해설
위임 및 위탁(공중위생관리법 제18조)
- 보건복지부장관은 이 법에 의한 권한의 일부를 대통령령이 정하는 바에 의하여 시·도지사 또는 시장·군수·구청장에게 위임할 수 있다.
- 보건복지부장관은 대통령령이 정하는 바에 의하여 관계 전문기관에 그 업무의 일부를 위탁할 수 있다.

정답 25 ③　26 ④　27 ②　28 ④

29 관계공무원의 출입·검사를 거부·방해하거나 기피한 경우 2차 위반 시 행정처분기준은?

① 영업정지 10일
② 영업정지 20일
③ 영업정지 1개월
④ 영업장 폐쇄명령

> **해설**
> 행정처분기준(공중위생관리법 시행규칙 별표 7)
> 법 제9조에 따른 보고를 하지 않거나 거짓으로 보고한 경우 또는 관계공무원의 출입·검사 또는 공중위생영업 장부 또는 서류의 열람을 거부·방해하거나 기피한 경우
> • 1차 위반 : 영업정지 10일
> • 2차 위반 : 영업정지 20일
> • 3차 위반 : 영업정지 1월
> • 4차 이상 위반 : 영업장 폐쇄명령

30 세탁업을 하는 자는 세제를 사용함에 있어서 국민건강에 유해한 물질이 발생되지 아니하도록 기계 및 설비를 안전하게 관리하여야 한다. 이와 같은 위생관리의무를 지키지 않는 자에 대한 과태료 처분으로 옳은 것은?

① 개선명령 또는 70만원 이하의 과태료
② 100만원 이하의 과태료
③ 200만원 이하의 과태료
④ 300만원 이하의 과태료

> **해설**
> 과태료(공중위생관리법 제22조제2호)
> 다음의 어느 하나에 해당하는 자는 200만원 이하의 과태료에 처한다.
> • 세탁업소의 위생관리 의무를 지키지 않는 자
> • 위생교육을 받지 않는 자

31 공중위생관리법상 과징금 산정기준으로 옳은 것은?

① 영업정지 1월은 30일로 계산한다.
② 영업정지 5일당 과징금의 금액을 곱하여 얻은 금액으로 한다.
③ 과징금 부과기준이 되는 매출금액은 업주가 산출한다.
④ 처분일이 속한 연도의 전년도 2년간의 총 매출금액을 말한다.

> **해설**
> 과징금 일반기준(공중위생관리법 시행령 별표 1)
> • 영업정지 1개월은 30일을 기준으로 한다.
> • 위반행위의 종별에 따른 과징금의 금액은 영업정지 기간에 산정한 영업정지 1일당 과징금의 금액을 곱하여 얻은 금액으로 한다. 다만, 과징금 산정금액이 1억원을 넘는 경우에는 1억원으로 한다.
> • 1일당 과징금 금액은 위반행위를 한 공중위생영업자의 연간 총매출액을 기준으로 산출한다.
> • 연간 총매출액은 처분일이 속한 연도의 전년도의 1년간 총매출액을 기준으로 한다.

32 다음 중 의료기관(병원) 세탁물 취급에 대하여 옳게 설명한 것은?

① 일반 세탁물과 같이 취급한다.
② 의료기관의 세탁물은 시설 기준에 맞는 세탁물 처리시설에서 자체 처리하여야 한다.
③ 세탁업 개설 신고필증이 있으면 된다.
④ 소독만 자주하면 괜찮다.

> **해설**
> 세탁물의 처리(의료기관세탁물 관리규칙 제4조제1항)
> 의료기관은 다음의 어느 하나의 방법으로 세탁물을 처리하여야 한다.
> • 시설 기준에 맞는 세탁물 처리시설에서 자체 처리
> • 처리업자에게 위탁 처리

정답 29 ② 30 ③ 31 ① 32 ②

33 세탁업자가 고객으로부터 세탁물을 인수할 때 기재해야 할 내용으로 적절하지 않은 것은?

① 세탁업자의 상호
② 고객의 성명
③ 피해 발생 시 손해배상기준
④ 세탁기능사 자격증

해설
인수증과 약관의 교부(세탁업 표준약관 제2조제1항)
세탁업자는 고객으로부터 세탁물을 인수할 때 다음의 내용을 기재한 인수증을 작성하여 고객에게 교부하여야 한다.
• 세탁업자의 상호, 주소 및 전화번호
• 고객의 성명, 주소 및 전화번호
• 세탁물 인수일
• 세탁완성 예정일
• 세탁물의 구입가격 및 구입일(구입가격이 20만원 이상의 제품의 경우)
• 세탁물의 품명, 수량 및 세탁요금
• 피해 발생 시 손해배상기준
• 기타 사항(세탁물 보관료, 세탁물의 하자유무, 특약사항 등)

34 다음 중 작업장에 가장 적합한 실내 습도는?

① 35±5RH%
② 45±5RH%
③ 55±5RH%
④ 65±5RH%

해설
보통 실내온도를 22~25℃로 유지한다고 할 때 적정한 실내 습도는 40~50RH%, 즉 45±5RH%이다.

35 다음 중 세탁물 클레임 처리에 대한 설명으로 옳지 않은 것은?

① 세탁물 인수증에 의뢰 받은 세탁물에 하자가 없는 것으로 파악되었을 경우는 원인을 분석하여 고객에게 설명한다.
② 세탁물 하자 원인 파악 및 설명을 위해 구입일자, 구입가격, 세탁의뢰 일자 등을 확인한다.
③ 고객과 세탁소가 세탁 서비스 클레임과 관련한 분쟁에서 합의에 이르지 못한 경우는 법원에 소송을 제기한다.
④ 클레임 예방책 수립을 위해 빈번한 클레임 유형, 원인을 바탕으로 예방 항목을 도출한다.

해설
고객과 세탁소가 세탁 서비스 클레임과 관련한 분쟁에서 합의에 이르지 못한 경우에는 심의 기관에 클레임 제품의 심의를 의뢰한다.

부록

과년도 + 최근 기출복원문제

2014~2016년	과년도 기출문제
2017~2023년	과년도 기출복원문제
2024년	최근 기출복원문제

합격의 공식 시대에듀 www.sdedu.co.kr

2014년 제1회 과년도 기출문제

01 다음 중 오염이 쉽게 되고 오염 제거가 가장 어려운 섬유는?
① 비스코스레이온 ② 양 모
③ 나일론 ④ 비닐론

해설
오염되기 쉬운 섬유 순서
비스코스레이온 → 마 → 아세테이트 → 면 → 비닐론 → 실크(견) → 나일론 → 양모

02 세정액의 청정화 방법에 해당되지 않는 것은?
① 여 과 ② 흡 착
③ 증 류 ④ 흡 수

해설
세정액의 청정화 방법에는 여과, 흡착 및 증류 등이 있다.

03 다음 중 유용성 오점에 대한 설명으로 옳은 것은?
① 매연, 점토 등 유기성의 먼지 등을 말한다.
② 유기용제에 녹으나 물에는 녹지 않는다.
③ 물에 용해된 물질에 의하여 생긴 오점이다.
④ 유기용제와 물에 녹지 않는다.

해설
유용성 오염
• 유성 오점에는 광물성의 유분, 동·식물유의 지방산 등이 있다.
• 발생 원인으로 인체, 외기, 자동차의 배기가스나 기름진 음식물이 있다.

04 보일러의 운전 중 고장 원인이 아닌 것은?
① 점화 작동 중 수면계에 수위가 나타나지 않는다.
② 스팀에 물이 섞여 나오지 않는다.
③ 본체에서 증기나 물이 샌다.
④ 작동 중 불이 꺼지며 2~3회 운전 시 정상 가동된다.

해설
② 증기(스팀)에 물이 섞여 나오면 고장 원인이다.

정답 1 ① 2 ④ 3 ② 4 ②

05 계면활성제의 성질이 아닌 것은?

① 한 개의 분자 내에 친수기와 친유기를 가진다.
② 물과 공기 등에 흡착하여 경계면에 계면장력을 증가시킨다.
③ 작물의 습윤효과를 향상시킨다.
④ 작물의 약제에 침투효과를 증가시킨다.

해설
② 물과 공기 등에 흡착하여 경계면에 계면장력을 저하시킨다.

06 오점이 잘 제거되는 섬유의 순서부터 나열한 것은?

① 마 → 견 → 양모 → 면
② 마 → 견 → 면 → 양모
③ 양모 → 면 → 견 → 마
④ 양모 → 면 → 마 → 견

해설
오점이 잘 제거되는 섬유의 순서
양모 → 나일론 → 비닐론 → 아세테이트 → 면 → 레이온 → 마 → 견(비단)

07 클리닝의 효과를 일반적인 효과와 기술적인 효과로 구분할 때 일반적인 효과에 해당하는 것은?

① 세탁물의 내구성을 유지하게 한다.
② 오염물의 종류와 발생 원인을 작업 전에 숙지한다.
③ 오염물을 완전하게 제거한다.
④ 오점 제거 방법을 분류한다.

해설
클리닝의 일반적인 효과
• 오점을 제거하여 위생수준을 향상시킨다.
• 세탁물에 대한 내구성을 유지시킨다.
• 고급의류는 패션성을 보전한다.

08 다음 중 대전방지 가공을 필요로 하는 섬유는?

① 양 모   ② 폴리에스터
③ 견   ④ 면

해설
대전방지 가공은 합성섬유를 착용했을 때 정전기의 발생을 방지하기 위한 가공이다.

정답 5 ② 6 ④ 7 ① 8 ②

09 게이지의 압력이 5kg/cm²인 보일러의 절대압력(kg/cm²)은?

① 5   ② 6
③ 10 ④ 50

> **해설**
> 절대압력 = 게이지압력 + 1
>   = 5 + 1
>   = 6kg/cm²

10 다음 오점의 분류에서 와인이 해당하는 오점은?

① 수용성 오점   ② 불용성 오점
③ 유용성 오점   ④ 복합성 오점

> **해설**
> 수용성 오점의 종류 : 술, 간장, 과즙, 겨자, 곰팡이, 구토물, 과자, 땀, 배설물, 설탕, 소스, 아이스크림, 케첩, 커피 등

11 표백의 효과가 아닌 것은?

① 살균효과를 높인다.
② 산화 변질된 얼룩을 제거한다.
③ 섬유의 황변과 회색화를 방지한다.
④ 유성 오점과 철분 등을 쉽게 제거한다.

> **해설**
> 표백은 유색물질을 화학적으로 파괴시켜 색소를 제거하는 것이다.

12 다음 중 직물의 방충 가공에 사용하는 가공제는?

① 알레스린   ② 과산화수소
③ 콘스타치   ④ 초산비닐

> **해설**
> 방충 가공 가공제 : 알레스린, 가드나, 인디고 염료 등

13 보일러에서 0℃의 물 1cc를 1℃ 올리는 데 필요한 열량은?

① 10cal   ② 5cal
③ 2cal   ④ 1cal

정답   9 ②   10 ①   11 ④   12 ①   13 ④

14 계면활성제의 종류 중 세척력이 약해 대전방지제로 사용하는 것은?

① 음이온계 계면활성제
② 양이온계 계면활성제
③ 비이온계 계면활성제
④ 양성계 계면활성제

> 해설
> 양이온계 계면활성제는 세척력이 작아 세제보다는 섬유유연제, 대전방지제, 발수제 등으로 사용된다.

15 석유계 용제의 장점으로 틀린 것은?

① 세정 시간이 짧다.
② 기계부식에 안전하다.
③ 독성이 약하고 값이 싸다.
④ 약하고 섬세한 의류에 적당하다.

> 해설
> ① 세정력이 약해서 세정 시간이 길다.

16 용해력 비중이 크므로 세정 시간이 짧고, 상압으로 증류할 수 있는 용제는?

① 퍼클로로에틸렌
② 삼염화에탄
③ 아이소프로필알코올
④ 사염화탄소

> 해설
> **퍼클로로에틸렌 용제의 특징**
> • 세정액 온도는 35℃를 넘지 않도록 하고, 텀블러의 건조 온도는 60℃ 이하로 한다.
> • 세척력이 석유계 용제에 비해 우수하다.
> • 용제가 무거워 세정 중에 두들기는 힘이 강하다.
> • 세정 시간은 7분 이내가 적합하다.

17 방충제로서 효력이 가장 빠르고 살충력이 강한 것은?

① 파라핀
② 파라다이클로로벤젠
③ 나프탈렌
④ 장 뇌

> 해설
> **파라다이클로로벤젠** : 상온에서의 승화 정도가 장뇌, 나프탈렌보다 매우 크기 때문에 방충제로 사용되며 살충효과도 크다.

정답 14 ② 15 ① 16 ① 17 ②

18 오점의 부착 상태 중 화학섬유에 먼지가 부착하는 경우에 해당하는 것은?

① 유지 결합에 의한 부착
② 분자 간 인력에 의한 부착
③ 정전기에 의한 부착
④ 기계적 부착

해설
정전기에 의한 부착은 오염 입자와 섬유가 서로 다른 대전성(+, -로 나타나는 전기적 성질)을 띠고 있을 때 오염 입자가 섬유에 부착하는 것이다.
예 화학섬유에 먼지가 부착한다.

19 다음 중 수관보일러에 해당되는 형식이 아닌 것은?

① 자연순환식　② 강제순환식
③ 관류식　　　④ 노통연관식

해설
보일러의 분류
• 원통보일러의 형식 : 입식보일러, 노통보일러, 연관보일러, 노통연관보일러
• 수관보일러의 형식 : 자연순환식, 강제순환식, 관류식

20 드라이클리닝에서 수용성 오존의 세척력을 보완하고 재오염을 방지하기 위해 용제에 첨가하는 것은?

① 산　　　　② 알칼리
③ 드라이소프　④ 합성세제

21 형태안정성과 방충성 등은 의복의 기능 중 어디에 포함되는가?

① 위생상의 성능　② 실용적인 성능
③ 감각적 성능　　④ 관리적 성능

해설
의복의 기능
• 위생적인 성능 : 더위와 추위로부터 몸을 보호하는 기능
  예 보온성, 열전도성, 대전성, 함기성, 통기성, 흡수성
• 실용적인 성능 : 빈부의 차별없이 누구나 이용 가능하고 편리한 기능
  예 내구성, 내마모성, 내열성
• 감각적인 성능 : 장식성, 감각성의 기능
• 관리적인 성능 : 장기간 보관 시 형태를 흐트리지 않고 좀이나 곰팡이가 발생하지 않는 기능
  예 형태안정성, 방충성 등

22 생산성과 제품의 질 향상을 위해 환경에 적합한 적정 조명 중 가장 높은 조명 강도가 필요한 곳은?

① 사무실　　② 저장창고
③ 휴게실　　④ 화장실

정답 18 ③ 19 ④ 20 ③ 21 ④ 22 ①

23 세탁 방법 중 계면활성제가 첨가된 유기용제에 물이 가용화되면 수용성 오점을 제거하는 데 보다 좋은 효과를 나타내는 것은?

① 차지법
② 검화법
③ 석회소다법
④ 형광증백 방법

해설
차지법은 용제에 소프와 함께 소량의 물을 첨가하여 세정하는 방법이다.

24 얼룩빼기 방법 중 물리적 얼룩빼기 방법이 아닌 것은?

① 표백제법
② 분산법
③ 기계적 힘을 이용하는 방법
④ 흡착법

해설
얼룩빼기 방법
• 물리적 조작 : 기계적 힘(스팀 건, 스패튤러, 솔 등)을 이용하는 방법으로 분산법, 흡착법 등이 있다.
• 화학적 조작 : 표백제법, 알칼리법, 효소법 등이 있다.

25 다림질의 3대 요소가 아닌 것은?

① 온 도
② 압 력
③ 수 분
④ 시 간

해설
다림질의 3대 요소 : 온도(열), 압력, 수분(습도)

26 마무리 작업의 주의사항으로 틀린 것은?

① 섬유의 적정 온도보다 다리미 온도가 높으면 황변이 일어날 수 있다.
② 진한 색상의 의복은 섬유 소재에 관계없이 천을 덮고 다리는 것이 좋다.
③ 표면 처리되지 않은 피혁제품의 스팀 처리는 절대 금지해야 한다.
④ 편성물은 신축성이 좋아 인체프레스기를 사용하여야 한다.

해설
④ 편성물은 인체프레스기를 사용하면 회복 불가 정도로 늘어진다.

27 드라이클리닝의 처리 공정 중 전 처리에 대한 설명으로 옳은 것은?

① 전 처리는 용제를 조정하는 공정이다.
② 일반적으로 스프레이법과 브러싱법이 있다.
③ 본 세탁에서 쉽게 제거되는 오점의 처리공정이다.
④ 브러싱할 때는 옷감의 털이 다소 일어나더라도 상관없다.

해설
전 처리
세정에서 제거하기 어려운 오점과 얼룩을 쉽게 제거하기 위하여 세정에 앞서 하는 처리과정으로 일반적으로 브러싱법과 스프레이법이 있다.

정답 23 ① 24 ① 25 ④ 26 ④ 27 ②

28 드라이클리닝의 장점이 아닌 것은?

① 기름얼룩 제거가 쉽다.
② 이염이 되지 않는다.
③ 용제가 저가이다.
④ 형태 변화가 적다.

해설
드라이클리닝의 단점으로 용제가 비싸고, 독성과 가연성의 문제가 있다.

29 다음 중 웨트클리닝을 해야 하는 것이 아닌 것은?

① 합성피혁제품
② 안료 염색된 의복
③ 고무를 입힌 의복
④ 슈트나 한복

해설
④ 슈트나 한복은 드라이 클리닝 대상이다.

30 론드리 공정 중 산욕의 주의사항이 아닌 것은?

① 식물성 섬유는 산에 약하므로 산은 적당하게 사용한다.
② 온도는 상온에서 20~30분간 처리한다.
③ 산을 넣을 때 직접 천에 닿지 않도록 한다.
④ 온도를 올리면 산의 작용이 상승하므로 온도는 너무 올리지 않는다.

해설
② 온도는 40℃ 이하에서 3~4분간 처리한다.

31 드라이클리닝 기계에 대한 설명 중 옳은 것은?

① 합성용제용 기계는 완전 방폭형 구조여야 한다.
② 용제를 청정, 회수, 재사용할 수 있어야 한다.
③ 석유계 용제용 기계는 용제의 누출을 적게 해야 한다.
④ 용제 회수율이 낮고 부식이 잘되는 재질이어야 한다.

해설
드라이클리닝 기계는 청정, 회수, 재사용할 수 있는 구조로 되어 있다.

32 드라이클리닝의 세정 공정 중 매회 세정 때마다 세정액을 교체하여 세탁하는 방법은?

① 차지시스템(Charge System)
② 배치시스템(Batch System)
③ 논차지시스템(Non-charge System)
④ 배치-차지시스템(Batch Charge System)

해설
② 배치시스템은 일명 모음세탁이라고도 한다.

정답 28 ③ 29 ④ 30 ② 31 ② 32 ②

33 우리나라가 사용하는 경도 표시법은?

① 미국식 ② 영국식
③ 러시아식 ④ 독일식

해설
경도표시법은 영국식, 프랑스식, 독일식 등이 있으나 우리나라는 독일식을 사용하고 있다.

34 론드리의 세탁 순서로 옳은 것은?

① 애벌빨래 → 본 빨래 → 표백 처리 → 헹굼 → 산욕 → 풀 먹임 → 탈수 → 건조
② 애벌빨래 → 본 빨래 → 헹굼 → 산욕 → 표백 처리 → 풀 먹임 → 탈수 → 건조
③ 애벌빨래 → 헹굼 → 본 빨래 → 산욕 → 표백 처리 → 풀 먹임 → 탈수 → 건조
④ 애벌빨래 → 헹굼 → 본 빨래 → 산욕 → 풀 먹임 → 표백 처리 → 탈수 → 건조

35 론드리의 장점으로 틀린 것은?

① 세탁 온도가 높아 세탁 효과가 좋다.
② 알칼리제를 사용하므로 오점이 잘 빠진다.
③ 표백이나 풀 먹임이 효과적이며 용이하다.
④ 마무리 시간이 짧다.

해설
④ 론드리는 마무리에 상당한 시간과 기술이 필요하다는 것이 단점이다.

36 섬유를 불꽃에 넣었을 때 녹으면서 서서히 타면서 약간 달콤한 냄새가 나는 섬유는?

① 면 ② 마
③ 비스코스레이온 ④ 폴리에스터

해설
폴리에스터는 연소 시 달콤한 냄새가 나며 녹으면서 검은 그을음을 내며 탄다. 면, 마, 비스코스레이온은 연소 시 종이 태우는 냄새가 난다.

37 폴리우레탄계 섬유에 해당하는 것은?

① 나일론 ② 스판덱스
③ 비닐론 ④ 사 란

해설
폴리우레탄을 주성분으로 하고 고무와 같이 신축성이 큰 섬유를 스판덱스라고 부른다.

정답: 33 ④ 34 ① 35 ④ 36 ④ 37 ②

38 다음 중 양모섬유만이 가지고 있는 성질은?
① 흡습성 ② 축융성
③ 대전성 ④ 탄 성

해설
축융성 : 모직물을 비누용액, 산성용액 및 뜨거운 물에서 비벼주면 섬유가 서로 엉켜서 굳어지는 현상

39 가죽의 처리 공정을 순서대로 나열한 것은?
① 물에 침지 → 산에 담그기 → 제육 → 석회 침지 → 분할 → 때 빼기 → 탈회 및 효소분해 → 탈모 → 유성
② 물에 침지 → 제육 → 탈모 → 석회 침지 → 분할 → 때 빼기 → 탈회 및 효소분해 → 산에 담그기 → 유성
③ 물에 침지 → 제육 → 석회 침지 → 산에 담그기 → 분할 → 때 빼기 → 탈회 및 효소 분해 → 탈모 → 유성
④ 물에 침지 → 산에 담그기 → 제육 → 석회 침지 → 분할 → 탈모 → 탈회 및 효소분해 → 때 빼기 → 유성

40 천연피혁에 대한 설명 중 틀린 것은?
① 스킨(Skin)은 작은 동물의 원피이다.
② 하이드(Hide)는 큰 동물의 원피이다.
③ 진피는 동물 가죽의 맨 아랫부분으로 동물 몸체의 근육과 껍질을 연결해 주는 부분이다.
④ 표피는 피부 표면을 보호해 준다.

해설
진디는 가죽에서 표피층 아랫부분으로 원피 두께의 50% 이상을 차지하며 제혁작업 후 최종까지 남아서 피혁이 되는 중요한 부분이다.

41 견섬유의 구조 및 화학적 조성에 대한 설명 중 틀린 것은?
① 단면은 삼각형인 2개의 피브로인과 그 주위를 세리신이 감싸고 있다.
② 다른 섬유에 비하여 내일광성이 좋다.
③ 견사로 누에고치 6~7개에서 뽑아낸 실을 합한 것이다.
④ 물세탁 시 세제로는 중성세제를 사용한다.

해설
견섬유는 일광에 약하여 직사광선에 오랜 시간 노출되면 황변되고 강도가 눈에 띄게 약해진다.

정답 38 ② 39 ② 40 ③ 41 ②

42 다음 중 인조섬유가 아닌 것은?

① 재생섬유 ② 합성섬유
③ 무기섬유 ④ 셀룰로스섬유

해설
셀룰로스섬유는 식물성 섬유로 면, 마 등이 있다.

43 원단을 사용하여 제조 또는 가공한 섬유상품의 품질 표시사항이 아닌 것은?

① 섬유의 혼용률
② 길이 또는 중량
③ 취급상의 주의
④ 번수 또는 데니어

해설
섬유상품(의류)의 품질 표시사항
- 섬유의 조성 또는 혼용률
- 제조자명 또는 수입자명
- 제조국명
- 제조연월, 최초 판매시즌, 로트번호, 제품의 스타일번호, 바코드번호, QR코드 등의 어느 하나 또는 수입연월(수입제품에 한함) 표시
- 치수(권장)
- 취급상 주의사항
- 표시자 주소 및 전화번호

44 합성섬유에 대한 설명 중 틀린 것은?

① 해충, 곰팡이에 저항성이 강하다.
② 흡습성이 적다.
③ 정전기 발생이 많다.
④ 합성섬유의 원료는 주로 목재펄프를 사용한다.

해설
- 합성섬유는 석탄, 천연가스 등을 원료로 한 화학 공업에서 얻어지는 섬유를 말한다.
- 재생섬유는 목재펄프 중에서도 α-셀룰로스 성분이 많은 용해펄프나 린터펄프를 원료로 한다.

45 경사와 위사를 각각 3올 이상으로 교착시켜 완전 조직을 구성하며, 조직점이 빗금 방향으로 연속되어 나타나는 조직은?

① 평 직 ② 능 직
③ 수자직 ④ 여 직

46 아세테이트섬유의 염색에 가장 적합한 염료는?

① 직접염료 ② 황화염료
③ 분산염료 ④ 반응성염료

해설
분산염료는 폴리에스터, 아세테이트섬유의 염색에 가장 많이 사용되고 있는 염료이다.

정답 42 ④ 43 ④ 44 ④ 45 ② 46 ③

47 다음 기호의 설명으로 틀린 것은?

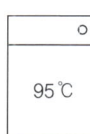

① 물의 온도 95℃를 표준으로 세탁할 수 있다.
② 세탁기로 세탁할 수 있다.
③ 손세탁이 가능하다.
④ 세제 종류에 제한을 받는다.

> **해설**
> ④ 세제 종류에 제한 받지 않는다.
> ※ 저자 의견 : 한국산업표준(KS K 0021) 개정으로 문제의 기호 정의는 "물의 온도 최대 95℃에서 세탁기로 일반세탁할 수 있다. 세제 종류에 제한받지 않는다."로 변경되었다. 출제 당시 정답은 ④번이었으나, 현재는 성립하지 않는 문제이다.

48 가죽 처리 공정에서 석회 침지에 해당하는 것은?

① 가죽제품이 깨끗하고 염색이 잘 되게 은면에 남아 있는 모근, 지방 또는 상피층의 분해물을 제거하는 것이다.
② 석회에 담그기가 끝난 제품은 알칼리가 높아 가죽재료로 사용하기에 부적당하므로 산, 산성염 등으로 중화시키는 것이다.
③ 가죽의 촉감 향상을 위하여 털과 표피층, 불필요한 단백질, 지방과 기름 등을 제거하는 것이다.
④ 산을 가하여 산성화하여 가죽을 부드럽게 하는 것이다.

> **해설**
> ① 때 빼기
> ② 회분 빼기
> ④ 산에 담그기

49 견섬유의 성질에 대한 설명으로 옳은 것은?

① 가늘고 길며 탄성이 약하고, 단섬유이다.
② 레질리언스가 양모섬유보다 우수하다.
③ 장시간 보존 중에 습기 등으로 누렇게 변한다.
④ 아름다운 광택과 부드러우며 알칼리에 강하다.

> **해설**
> ① 천연섬유 중 가장 길이가 길고, 강도가 우수한 편이며 신도는 양털보다 약하다.
> ② 탄성회복률은 양모 다음으로 우수하다.
> ④ 산에는 강한 편이나, 알칼리에 약해서 강한 알칼리에 의하여 쉽게 손상된다.

50 다음 중 거품이 잘 생기지 않는 비누는?

① 라우르산 비누
② 미리스트산 비누
③ 올레산 비누
④ 스테아르산 비누

> **해설**
> 스테아르산 비누는 물에 잘 녹지 않고 거품이 잘 발생하지 않는다.

51 다음 중 피복재료와 만들어진 제품의 사용 용도의 관계가 틀린 것은?

① 나일론 – 스타킹
② 아크릴 – 모포
③ 폴리프로필렌 – 속옷
④ 비스코스레이온 – 안감

> **해설**
> 폴리프로필렌은 흡습성이 작아 속옷으로 적합하지 않다.

정답 47 정답없음 48 ③ 49 ③ 50 ④ 51 ③

52 다음 중 재생 단백질섬유에 해당하는 것은?

① 비스코스레이온   ② 카세인
③ 아세테이트   ④ 폴리에스터

해설
재생섬유
- 셀룰로스계 : 비스코스레이온, 폴리노직레이온, 구리암모늄레이온 등
- 단백질계 : 카세인섬유 등
- 기타 : 고무섬유, 알긴산섬유 등

반합성섬유 셀룰로스계 : 아세테이트, 트라이아세테이트 등

53 피혁의 세탁 방법에 대한 설명으로 틀린 것은?

① 치수 변화를 최소화하기 위해서 가능한 물세탁을 한다.
② 염료가 용출되어 색상이 변할 수 있으므로 짧은 시간에 세탁을 마쳐야 한다.
③ 탈지성이 적은 석유계 용제를 사용하는 것이 좋다.
④ 세탁하면 원래의 품질보다 떨어지게 되므로 사용 중 청결을 유지하도록 관리하는 것이 좋다.

해설
가죽세탁은 드라이클리닝하여야 하며 물세탁 시에는 수축과 물 빠짐 현상이 발생하므로 주의하여야 한다.

54 다음 중 평직의 특성으로 옳은 것은?

① 직물이 조밀하고 최소 3올 이상으로 만들어진다.
② 실용적인 옷감으로 사용되고 광목, 옥양목, 포플린 등이 있다.
③ 유연하여 겉 옷감으로 사용되고 데님, 개버딘, 서지 등이 있다.
④ 신축성이 좋고 구김이 생기지 않는다.

해설
평 직
- 경사와 위사가 한 올씩 상하 교대로 교차되어 있다.
- 구김이 쉽게 생긴다.

55 섬유제품의 취급에 대한 표시기호 중 '물세탁은 안 된다.'에 해당하는 것은?

① 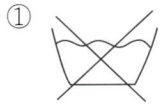   ②

③    ④

해설
세탁기호

기 호	기호의 정의
95℃	물의 온도 최대 95℃에서 세탁기로 일반 세탁할 수 있다. 세제 종류에 제한받지 않는다.
	다림질을 하면 안 된다.
	짜면 안 된다.

정답 52 ② 53 ① 54 ② 55 ①

56 공중위생영업자가 폐업신고를 하고자 할 때 영업폐업신고서를 누구에게 제출하여야 하는가?

① 대통령 ② 보건복지부장관
③ 시·도지사 ④ 시장·군수·구청장

해설
공중위생영업의 폐업신고(공중위생관리법 시행규칙 제3조의3제1항)
폐업신고를 하려는 자는 신고서(전자문서로 된 신고서를 포함한다)를 시장·군수·구청장에게 제출해야 한다.

57 공중위생감시원의 자격·임명·업무범위 기타 필요한 사항은 어느 영으로 정하는가?

① 시·도지사령 ② 보건복지부령
③ 국무총리령 ④ 대통령령

해설
공중위생감시원(공중위생관리법 제15조제2항)
공중위생감시원의 자격·임명·업무범위 기타 필요한 사항은 대통령령으로 정한다.

58 세제를 사용하는 세탁용 기계의 안전관리를 위하여 밀폐형이거나 용제회수기가 부착된 세탁용 기계를 사용하지 아니한 경우 2차 위반 시 행정처분기준은?

① 개선명령 ② 영업정지 5일
③ 영업정지 10일 ④ 영업장 폐쇄명령

해설
행정처분기준(공중위생관리법 시행규칙 별표 7)
세제를 사용하는 세탁용 기계의 안전관리를 위하여 밀폐형이나 용제회수기가 부착된 세탁용 기계 또는 회수건조기가 부착된 세탁용 기계를 사용하지 아니한 경우
• 1차 위반 : 개선명령
• 2차 위반 : 영업정지 5일
• 3차 위반 : 영업정지 10일
• 4차 이상 위반 : 영업장 폐쇄명령

59 공중위생영업자의 지위를 승계한 자가 보건복지부령이 정하는 바에 따라 시장·군수 또는 구청장에게 신고하여야 할 기간은?

① 1일 이내 ② 7일 이내
③ 1월 이내 ④ 3월 이내

해설
공중위생영업의 승계(공중위생관리법 제3조의2제4항)
공중위생영업자의 지위를 승계한 자는 1월 이내에 보건복지부령이 정하는 바에 따라 시장·군수 또는 구청장에게 신고하여야 한다.

60 공중위생관리법이 규정하고 있는 세탁업의 정의로 옳은 것은?

① 세제를 사용하여 의류를 깨끗이 세탁하는 영업
② 의류 기타 섬유제품이나 피혁제품 등을 세탁하는 영업
③ 용제를 사용하여 고객이 맡긴 의류를 청결하게 하는 영업
④ 피혁제품을 용제만을 사용하여 끝손질 작업하거나 세탁하는 영업

해설
정의(공중위생관리법 제2조제1항제6호)
"세탁업"이라 함은 의류 기타 섬유제품이나 피혁제품 등을 세탁하는 영업을 말한다.

정답 56 ④ 57 ④ 58 ② 59 ③ 60 ②

과년도 기출문제

01 오점 제거 방법 중 클리닝으로 제거할 수 있는 가장 적합한 방법은?
① 표백제로 제거 ② 물세탁으로 제거
③ 털어서 제거 ④ 세제로 제거

해설
오점 제거 방법 중 클리닝으로 제거할 수 있는 가장 적합한 방법은 세제로 제거하는 것이다.

02 부착에 의한 재오염에 대한 설명 중 옳은 것은?
① 본래 용제가 더러우면 세정의 종료 시에도 용제의 청정화가 불충분하므로 건조하여 용제를 증발시켜도 그 더러움이 섬유에 부착되는 오염이다.
② 용제 중의 더러움이 정전기 등의 인력과 섬유 표면의 점착력 등에 의하여 섬유에 부착되는 오염이다.
③ 세정액 중에 잔존해 있는 염료가 섬유에 흡착하는 오염이다.
④ 섬유 표면의 가공제가 용제에 의하여 연화되어 표면이 점착성이 되어 여기에 접촉된 더러움의 입자가 섬유에 부착되는 오염이다.

해설
재오염의 원인
• 부착 : 용제 청정의 불충분으로 인함
• 흡착 : 정전기 및 섬유 표면의 가공제, 가용제에 의함
• 염착 : 용탈한 염료가 다시 섬유에 염착

03 방오 가공의 목적으로 옳은 것은?
① 땀이 옷에 스며들지 못하게 하는 가공이다.
② 바람을 막아주는 가공이다.
③ 오염을 방지하는 가공이다.
④ 세탁 시 수축을 방지하는 가공이다.

해설
방오 가공 : 오염을 막고 때가 직물 내부로 침투하는 것을 방지 또는 쉽게 제거할 수 있도록 하는 가공

04 재오염률이 양호한 기준은?
① 1% 이내 ② 2% 이내
③ 3% 이내 ④ 5% 이내

해설
재오염률이 3% 이내이면 양호, 5% 이상은 불량이다.

1 ④ 2 ① 3 ③ 4 ③

05 다음 중 오염이 가장 잘 되는 섬유는?

① 면
② 레이온
③ 아세테이트
④ 양모

해설
오염되기 쉬운 섬유 순서
비스코스레이온 → 마 → 아세테이트 → 면 → 비닐론 → 실크(견) → 나일론 → 양모

07 오점의 분류 중 혈액, 술, 우유 등이 해당하는 것은?

① 수용성 오점
② 유용성 오점
③ 불용성 오점
④ 고체 오점

해설
오염의 분류

분류	내용
수용성 오염	간장, 겨자, 달걀, 우유, 곰팡이, 과자, 구토물, 땀, 배설물, 설탕, 소스, 술, 혈액, 아이스크림, 커피, 케첩 등
유용성 오염	구두약, 기계유, 그리스, 껌, 니스, 락카, 버터, 식용유, 양초, 왁스, 인주, 페인트, 화장품 등
불용성 오염 (고체 오점)	매연, 석그, 시멘트, 유기성 먼지, 점토, 흙, 먹물 등

06 재오염에 대한 설명 중 틀린 것은?

① 의류가 세정과정에서 용제 중에 분산된 더러움이 의류에 다시 부착되는 것이다.
② 용제의 청정화가 불충분하므로 건조 후에도 섬유에 더러움이 붙어 있는 것이다.
③ 물에 젖은 섬유는 드라이클리닝 용제 속에서 부분적으로 얼룩이 생길 수 있다.
④ 재오염된 세탁물은 소프(Soap)를 사용하여도 복원할 수 없다.

해설
재오염된 세탁물은 소프를 사용하여 복원할 수 있다.

08 계면활성제의 역할에 대한 설명 중 틀린 것은?

① 물에 용해되면 물의 표면장력을 증가시켜 준다.
② 친수기와 친유기를 함께 가지고 있다.
③ 직물에 묻은 오염물질을 유화·분산시킨다.
④ 기포성을 증가시키고 세척작용을 향상시킨다.

해설
계면활성제는 물과 공기 등에 흡착하여 경계면에 계면장력을 저하시킨다.

정답 5 ② 6 ④ 7 ① 8 ①

09 용제 관리의 목적이 아닌 것은?

① 직물의 습윤효과를 향상시킨다.
② 물품을 상하지 않게 한다.
③ 재오염을 방지한다.
④ 세정효과를 높인다.

해설
재오염 방지 및 세정력 향상을 위해 용제를 깨끗이 하고, 소프 및 수분의 적정 농도를 유지해야 한다.

10 보일러의 고장 원인이 아닌 것은?

① 수면계에 수위가 나타나지 않는다.
② 본체에서 증기나 물이 샌다.
③ 증기에 물이 섞여 나오지 않는다.
④ 작동 중 불이 꺼진다.

해설
③ 증기에 물이 섞여 나온다.

11 클리닝의 효과를 일반적인 효과와 기술적인 효과로 구분할 때 일반적인 효과가 아닌 것은?

① 오점 제거로 위생수준 유지
② 의류에 번질 우려가 있는 오점 제거
③ 세탁물의 내구성 유지
④ 고급 의류의 패션성 보전

해설
②는 기술적인 효과에 속한다.

12 계면활성제의 HLB가 13~15인 것의 용도로 가장 적합한 것은?

① 소포제
② 드라이클리닝용 세제
③ 세탁용 세제
④ 침윤제

해설
계면활성제와 HLB

HLB	용 도
1~3	소포제
3~4	드라이클리닝용 세제
4~8	유화제(기름 속에 물 분산)
8~13	유화제(물속에 기름 분산)
13~15	세탁용 세제
15~18	가용화(물속에 기름 분산)

9 ① 10 ③ 11 ② 12 ③

13 세탁용 보일러의 증기압력과 온도로 옳은 것은?

① 증기압 2.0kg/cm², 온도 99.1℃
② 증기압 3.0kg/cm², 온도 119.6℃
③ 증기압 4.0kg/cm², 온도 142.9℃
④ 증기압 6.0kg/cm², 온도 151.1℃

해설

세탁용 보일러의 증기압과 증기의 온도

압력(kg/cm²)	온도(℃)	압력(kg/cm²)	온도(℃)
1.0	99.1	6.0	158.1
2.0	119.6	7.0	164.2
3.0	132.9	8.0	169.6
4.0	142.9	9.0	174.5
5.0	151.1	10.0	179.0

14 풀새 가공에 대한 설명 중 틀린 것은?

① 세탁 후 옷에 풀을 먹이면 부착된 오점이 용이하게 떨어지지 않는다.
② 세탁 후 옷에 풀을 먹이면 옷감에 힘을 주어 팽팽하게 하고 내구성을 부여한다.
③ 세탁 후 옷에 풀을 먹이면 형태를 유지하게 되고 세탁 시에는 더러움이 잘 빠지게 된다.
④ 풀감의 종류에는 면, 마직물에는 녹말풀, 합성직물이나 기타 직물에는 CMC(카복시메틸셀룰로스)나 PVA(폴리비닐알코올) 풀감이 사용된다.

해설

① 부착된 오점을 세탁에서 쉽게 떨어지도록 한다(세척효과를 향상).

15 다음 중 산화표백제에 해당하는 것은?

① 아황산
② 아황산나트륨
③ 과산화수소
④ 하이드로설파이드

해설

표백제의 종류
- 산화표백제
  - 염소계 : 석회분, 차아염소산나트륨, 아염소산나트륨 등
  - 산소계(과산화물계) : 과산화수소, 과붕산나트륨, 과탄산나트륨, 과망가니즈산칼륨 등
- 환원표백제 : 아황산수소나트륨, 아황산가스, 하이드로설파이드 등

16 세척력이 작아 세제로는 사용되지 아니하나 섬유의 유연제, 대전방지제, 발수제 등에 사용하는 계면활성제는?

① 음이온계 계면활성제
② 양이온계 계면활성제
③ 양쪽성계 계면활성제
④ 비이온계 계면활성제

해설

① 음이온계 계면활성제 : 계면활성제가 물에 용해되었을 때 해리되며 세제로 가장 많이 사용
③ 양쪽성계 계면활성제 : 알칼리성 용액에서는 음이온으로, 산성용액에서는 양이온으로 작용
④ 비이온계 계면활성제 : 직물의 유연제, 칼슘비누 분산제로 사용

정답 13 ③ 14 ① 15 ③ 16 ②

17 세제 중에 표백제가 배합된 것이 있는데 여기에 사용되는 표백제는?

① 과탄산나트륨   ② 과산화수소
③ 황산   ④ 셀룰로스

해설
분말 세제에 첨가되는 표백제로 과붕산나트륨이나 과탄산나트륨이 주로 쓰인다.

20 다음 중 흡착제이면서 탈산력이 뛰어난 청정제는?

① 활성탄소   ② 실리카겔
③ 활성백토   ④ 알루미나겔

해설
흡착제이면서 탈산력이 뛰어난 청정제에는 알루미나겔, 경질토 등이 있다.

18 드라이클리닝용 용제의 구비조건이 아닌 것은?

① 부식성과 독성이 적을 것
② 인화점이 낮고 휘발성일 것
③ 건조가 쉽고 세탁 후 냄새가 없을 것
④ 증류나 흡착에 의한 정제가 쉽고 분해되지 않을 것

해설
② 인화점이 높거나 불연성이어야 한다.

21 양모, 견, 아세테이트 등의 섬유에 알맞게 수용액을 중성이 되게 만든 세제는?

① 약알칼리성 세제
② 저포성 세제
③ 경질 세제
④ 농축 세제

해설
중성세제(경질 세제) : 고급 황산 에스터염이나 비이온계 계면활성제에 중성 조제를 배합하여 만든 세제이다(pH 7 내외). 모, 견, 나일론, 아세테이트 등의 세탁에 적당하다.

19 재오염의 원인 형태가 아닌 것은?

① 열   ② 염착
③ 흡착   ④ 부착

해설
재오염의 원인은 염착, 흡착, 부착 등의 형태로 나타난다.

22 드라이클리닝 마무리 기계 중 인체프레스가 해당하는 형태는?

① 포머형　　② 프레스형
③ 스팀형　　④ 시저스형

해설
인체프레스 : 의복을 기계에 입혀 증기를 안쪽에서부터 분출시켜 의복을 부드럽게 하고, 열풍으로 건조시키면서 포대를 부풀려 주름을 편다.
세탁 후 마무리하는 기계
- 프레스형 : 만능프레스(주로 모직물), 오프셋프레스(실크, 얇은 직물)
- 포머형 : 인체프레스(상의, 코트), 팬츠 토퍼(하의)
- 스팀형 : 스팀터널(상의-편성물, 코트), 스팀박스(상의, 코트)

23 기름얼룩을 제거하는 데 가장 적합하지 않은 것은?

① 휘발유　　② 석 유
③ 암모니아　　④ 벤 젠

해설
벤젠, 휘발유, 석유벤진 등은 기름얼룩을 제거하는 데 사용된다.

24 개방형 드라이클리닝 기계에서 인화방지를 위해 반드시 요구되는 것은?

① 재생 장치　　② 차입관
③ 버튼 장치　　④ 방폭형 구조

해설
인화 위험으로 방폭구조이며 용제청정장치가 필요하다.

25 론드리의 장점으로 틀린 것은?

① 세탁 온도가 낮아 세탁 효과가 좋다.
② 알칼리제를 사용하므로 오점이 잘 빠진다.
③ 표백이나 플 먹임이 효과적이며 용이하다.
④ 헹굼의 수량이 적어 절수가 된다.

해설
① 세탁 온도가 높아 세탁 효과가 좋다.

26 얼룩빼기 방법 중 화학적 얼룩빼기 방법이 아닌 것은?

① 표백제법　　② 효소법
③ 분산법　　④ 산 법

해설
얼룩빼기 방법
- 물리적 조작 : 기계적 힘(스팀 건, 스패튤러, 솔 등)을 이용하는 방법으로 분산법, 흡착법 등이 있다.
- 화학적 조작 : 표백제법, 알칼리법, 효소법 등이 있다.

정답 22 ① 23 ③ 24 ④ 25 ① 26 ③

27 드라이클리닝의 전 처리 공정에 대한 설명 중 틀린 것은?

① 브러싱액을 묻힌 브러시로 얼룩 있는 곳을 두드려 더러움을 분산시키는 법을 브러싱법이라 한다.
② 세정에서 제거하기 어려운 오점을 쉽게 제거되도록 세정 전에 처리하는 과정이다.
③ 더러운 곳에 처리액을 뿌려 오점을 풀리게 하거나 뜨게 한 후 기계에 넣어 오점을 제거하는 방법을 스프레이법이라 한다.
④ 수용성 오점은 전 처리를 하지 않은 그대로 넣어도 오점 제거가 된다.

> **해설**
> 수용성 얼룩은 전혀 제거되지 않기 때문에 드라이클리닝하기 전에 수용성 얼룩 제거를 위한 전 처리 작업을 한 다음 드라이클리닝을 한다.

28 황변 발생의 주요 원인이 아닌 것은?

① 일 광   ② 습 기
③ 압 력   ④ 온 도

> **해설**
> 황변이라 함은 섬유가 약품의 작용이나 일광의 노출 등에 의해 황색으로 변하는 것으로 일광, 습기, 온도 등에 큰 영향을 받는다.

29 다음 중 적정 다림질 온도가 가장 낮은 섬유는?

① 아세테이트   ② 양 모
③ 면   ④ 마

> **해설**
> **섬유별 다림질 적정 온도**
> • 합성섬유, 아세테이트 : 100~200℃
> • 견 : 120~130℃
> • 레이온 : 130~140℃
> • 모 : 130~150℃
> • 면 : 180~200℃
> • 마 : 180~210℃

30 다음 중 드라이클리닝 마무리 기계가 아닌 것은?

① 만능프레스기
② 스팀박스
③ 몸통프레스기
④ 팬츠 토퍼

> **해설**
> 몸통프레스기는 와이셔츠 프레스기에 속한다.

정답: 27 ④ 28 ③ 29 ① 30 ③

31 론드리에 대한 설명 중 틀린 것은?

① 모직물이나 견직물로 된 백색 세탁물의 백도를 회복하기 위한 세탁이다.
② 와셔 내부 드럼의 회전속도는 세탁 효과에 크게 영향을 미친다.
③ 와셔(Washer)는 원통형이므로 물품이 상하지 않는다.
④ 고온세탁의 세제는 비누가 적당하다.

해설
① 면, 마직물로 된 백색 세탁물의 백도를 회복하기 위한 고온세탁 방법이다.

32 웨트클리닝에 대한 설명 중 틀린 것은?

① 일반적으로 행해지는 세탁 방법으로 불가능한 의류는 웨트클리닝을 해야 한다.
② 대상품에 따라 기계 또는 손으로 작업을 한다.
③ 장시간 작업을 해야 세탁물에 손상을 주지 않는다.
④ 풍부한 경험과 기술을 필요로 하는 고급 세탁 방법이다.

해설
대상품에 따라 기계 또는 손으로 작업을 하게 되는데 어느 방법을 택하든 간에 물품을 적신 후, 단시간 내에 끝내야만 세탁물에 손상을 주지 않는다.

33 다음 중 세탁소의 활동에서 조도 범위(KS A 3011)가 다른 하나는?

① 검 량   ② 다림질
③ 세 탁   ④ 분 류

해설
세탁소의 활동에서 조도 범위(KS A 3011)

세탁소	조도분류
검량(계량)	F
다림질	F
분류	G
세 탁	F
세탁기 프레스 마무리 작업	G
표 만들기, 표지 부착	F

34 론드리 건조 시 주의점에 대한 설명으로 틀린 것은?

① 배기구는 자주 청소하여야 건조효율을 높일 수 있다.
② 늘어나거나 수축될 우려가 있는 섬유는 자연건조를 시킨다.
③ 비닐론제품은 젖은 채로 다림질하지 않도록 한다.
④ 화학섬유는 90℃ 이상의 고온으로 건조시킨다.

해설
화학섬유의 경우는 수축·황변되기 쉬우므로 60℃ 이하에서 건조시킨다.

정답 31 ① 32 ③ 33 ④ 34 ④

35 다림질의 3대 요소가 아닌 것은?
① 온 도 ② 압 력
③ 시 간 ④ 수 분

해설
다림질의 3대 요소 : 온도(열), 압력, 수분(습도)

36 인조피혁을 만들기 위해 주로 사용된 수지는?
① 폴리우레탄수지
② 폴리아크릴수지
③ 폴리에스터수지
④ 아크릴수지

해설
인조피혁은 면이나 인조섬유로 된 직물 위에 염화비닐수지나 폴리우레탄수지를 코팅한 것이다.

37 편성물의 장점이 아닌 것은?
① 함기량이 많아 가볍고 따뜻하다.
② 필링이 생기기 쉽다.
③ 신축성이 좋고 구김이 생기지 않는다.
④ 유연하다.

해설
② 단점으로 마찰에 의한 필링이 발생한다.

38 면섬유의 온도별 열에 의한 변화가 틀린 것은?
① 100℃ 정도에서 수분을 잃게 된다.
② 160℃에서 탈수작용이 일어난다.
③ 250℃에서 분해하기 시작한다.
④ 320℃에서 연소하기 시작한다.

해설
③ 180~250℃ : 섬유는 탄화하여 갈색으로 변한다.

39 다음 중 실로 만들어진 피륙이 아닌 것은?
① 직 물 ② 편성물
③ 레이스 ④ 부직포

해설
부직포는 섬유를 얇은 시트상으로 만들어 접착제, 열융착, 바늘 등에 의해 접착시켜서 만든 옷감이다.

정답 35 ③ 36 ① 37 ② 38 ③ 39 ④

40 모시섬유가 여름 한복감으로 가장 적합한 이유에 해당하는 것은?

① 구김이 생기지 않는다.
② 탄성이 좋다.
③ 열전도가 좋다.
④ 레질리언스가 좋다.

해설
모시는 섬세하고 우아하며 섬유 자체의 열전도가 좋아서 여름철 한복감으로 많이 이용되고 있다.

41 아마섬유의 성질 중 틀린 것은?

① 강직하며 열전도성이 좋고 촉감이 차다.
② 레질리언스가 좋지 못하여 구김이 잘 생긴다.
③ 짙은 알칼리 및 강한 표백에 의하여 섬유 속이 단섬유로 해리된다.
④ 염색성은 면섬유와 같으나 염색속도는 면섬유보다 빠르다.

해설
④ 염색성은 면과 같으나, 분자배향이 잘 되어 있어 염색속도는 면보다 느리다.

42 나일론에 대한 설명 중 틀린 것은?

① 너무 유연하여 형체유지 능력이 부족하다.
② 흡습성이 작아 빨래가 쉽게 마른다.
③ 일광에 대한 내구성이 면섬유보다 좋다.
④ 150℃ 이상의 온도에서 장시간 방치하면 황색으로 변한다.

해설
나일론은 내일광성이 불량하여 직사광선을 쬐면 급속히 강도가 저하한다.

43 견섬유에 해당하는 단백질은?

① 카세인　　② 케라틴
③ 피브로인　　④ 콜라겐

해설
단백질 주성분 섬유
• 카세인 : 재생 단백질섬유
• 케라틴 : 양모
• 피브로인 : 견
• 콜라겐 : 피혁

44 웨일 방향의 신축성이 좋아서 아기들의 옷에 이용되는 위편성물 조직은?

① 평편　　② 고무편
③ 터크(Tuck)편　　④ 펄(Purl)편

해설
위편성물의 용도
• 평편 : 양말, 스웨터, 셔츠 등
• 고무편 : 스웨터, 셔츠의 목 아랫단, 장갑의 손목부분, 허리단 등
• 터크편 : 기본 조직의 편목 중에서 2개의 편목길이 이상으로 길게 루프를 형성하는 편목
• 펄편 : 유아복, 목도리 등

45 다음 중 습윤 시 강도가 증가하는 섬유는?
① 양 모
② 나일론
③ 견
④ 면

해설
면섬유는 수분을 흡수하면 강도가 증가한다.

46 파스너의 취급에 대한 설명 중 틀린 것은?
① 클리닝 및 프레스할 때에는 파스너를 열어 놓은 상태에서 한다.
② 슬라이더의 손잡이를 정상으로 해 놓고 프레스 한다.
③ 슬라이더에 직접 다림질을 하지 않는다.
④ 프레스 온도는 130℃ 이하로 유지한다.

해설
클리닝 및 프레스할 때에는 파스너(지퍼)를 잠근 상태에서 한다.

47 다음 중 분산염료를 사용하여 염색하는 섬유는?
① 양 모
② 면
③ 나일론
④ 폴리에스터

해설
• 폴리에스터, 아세테이트 : 분산염료
• 양모, 견, 나일론 : 산성염료

48 처리시간이 짧고, 부드럽고, 원하는 색으로 염색할 수 있어 의복 재료로 가장 적합한 가죽을 다루는 방법은?
① 타닌법
② 명반법
③ 기름법
④ 크로뮴법(크롬법)

정답 45 ④ 46 ① 47 ④ 48 ④

49 다음 중 경사와 위사가 직각으로 교차하여 이루어진 형태는?

① 경편성물
② 위편성물
③ 직 물
④ 부직포

[해설]
직물 : 세로방향의 실(경사)과 가로방향의 실(위사)이 직각으로 교차하여 이루어진 형태 또는 위사와 경사를 조합해서 만든 천(피륙)

50 다음 중 평직의 특징에 해당하는 것은?

① 3올 이상의 날실과 씨실로 구성되어 있다.
② 사문직이라고도 한다.
③ 부드럽고 구김이 잘 가지 않는다.
④ 직물조직 중에서 가장 간단한 조직이다.

[해설]
평직의 특징
• 날실과 씨실이 한 올씩 교대로 교차된 간단한 조직이다.
• 구김이 쉽게 생긴다.
• 광목, 옥양목 등이 평직물의 대표적인 것이다.

51 성인 남자 긴 소매 드레스 셔츠의 염색견뢰도 중 마찰견뢰도의 기준으로 옳은 것은?(단, KS K 7801 기준)

① 건 – 3급 이상, 습 – 3급 이상
② 건 – 3급 이상, 습 – 4급 이상
③ 건 – 4급 이상, 습 – 3급 이상
④ 건 – 4급 이상, 습 – 4급 이상

52 다음 중 공정수분율이 가장 높은 섬유는?

① 면
② 양 모
③ 아 마
④ 견

[해설]
공정수분율(KS K 0301)
양모(18.25%) > 레이온(13%) > 아마, 견(12%) > 면(8.5%) > 아세테이트(6.5%) > 나일론(4.5%) > 0·크릴(2%) > 폴리에스터(0.4%)

[정답] 49 ③ 50 ④ 51 ③ 52 ②

53 양모, 면, 마 그리고 레이온 등과 혼방하여 강도, 내추성 그리고 의복의 형체안정성을 향상시키고, 흡습성, 보온성 등의 결점을 보완해 주는 가장 적합한 스테이플섬유는?

① 스판덱스 ② 아크릴
③ 폴리에스터 ④ 나일론

54 물에 잘 녹으며 중성 또는 약산성에서 단백질섬유에 잘 염착되고 아크릴섬유에도 염착되는 염료는?

① 염기성염료 ② 직접염료
③ 분산염료 ④ 산화염료

> **해설**
> 염료의 분류
>
> | 염 료 | 주요 적용 섬유류 |
> |---|---|
> | 염기성염료 | 아크릴, 단백질계 |
> | 직접염료 | 셀룰로스, 재생셀룰로스 |
> | 분산염료 | 폴리에스터, 폴리아마이드, 아크릴 |
> | 산화염료 | 셀룰로스 |

55 다음 중 2% 신장 시 탄성회복률이 가장 우수한 섬유는?

① 면 ② 아 마
③ 양 모 ④ 레이온

> **해설**
> 양모는 2% 신장 시 99% 회복하며, 탄성이 천연섬유 중 가장 우수하여 형태안정성과 방추성이 좋다.

56 위생교육 실시단체의 장은 위생교육 수료증 교부대장 등 교육에 대한 기록을 몇 년 이상 보관·관리하여야 하는가?

① 1년 이상 ② 2년 이상
③ 3년 이상 ④ 4년 이상

> **해설**
> 위생교육(공중위생관리법 시행규칙 제23조제10항)
> 위생교육 실시단체의 장은 위생교육을 수료한 자에게 수료증을 교부하고, 교육실시 결과를 교육 후 1개월 이내에 시장·군수·구청장에게 통보하여야 하며, 수료증 교부대장 등 교육에 관한 기록을 2년 이상 보관·관리하여야 한다.

정답 53 ③ 54 ① 55 ③ 56 ②

57 공중위생영업의 변경신고에서 보건복지부령이 정하는 중요사항 중 틀린 것은?

① 영업소의 소재지
② 영업소의 명칭 또는 상호
③ 법인의 경우 대표자의 성명
④ 신고한 영업장 면적의 4분의 1 이상의 증감

해설
변경신고(공중위생관리법 시행규칙 제3조의2제1항)
"보건복지부령이 정하는 중요사항"이란 다음의 사항을 말한다.
• 영업소의 명칭 또는 상호
• 영업소의 주소
• 신고한 영업장 면적의 3분의 1 이상의 증감
• 대표자의 성명 또는 생년월일

58 공중위생감시원의 업무범위가 아닌 것은?

① 영업자준수사항 이행여부의 확인
② 위생지도 및 개선명령 이행여부의 확인
③ 공중이용시설의 위생관리상태의 확인·검사
④ 세탁업표준약관 이행여부의 확인

해설
공중위생감시원의 업무범위(공중위생관리법 시행령 제9조)
• 시설 및 설비의 확인
• 공중위생영업 관련 시설 및 설비의 위생상태 확인·검사, 공중위생영업자의 위생관리의무 및 영업자준수사항 이행여부의 확인
• 위생지도 및 개선명령 이행여부의 확인
• 공중위생영업소의 영업의 정지, 일부 시설의 사용중지 또는 영업소 폐쇄명령 이행여부의 확인
• 위생교육 이행여부의 확인
※ ③은 해당 법 개정으로 삭제되었다.

59 세탁업자가 1차 위반 시 행정처분기준이 경고가 아닌 것은?

① 드라이클리닝용 세탁기의 유기용제 누출 및 세탁물에 사용된 세제·유기용제 또는 얼룩 제거 약제가 남거나 좀이나 곰팡이 등이 생성된 경우
② 개선명령을 이행하지 않은 경우
③ 관계공무원의 출입·검사를 거부·방해하거나 기피한 경우
④ 위생교육을 받지 않은 경우

해설
행정처분기준(공중위생관리법 시행규칙 별표 7)
법 제9조에 따른 보고를 하지 않거나 거짓으로 보고한 경우 또는 관계공무원의 출입·검사 또는 공중위생영업 장부 또는 서류의 열람을 거부·방해하거나 기피한 경우
• 1차 위반 : 영업정지 10일
※ ④는 해당 법 개정으로 삭제되었다.

60 세탁업자가 처리용량의 합계가 30kg 이상의 세탁용 기계를 설치하는 경우에만 사용해야 하는 용제는?

① 퍼클로로에틸렌
② 석유계 용제
③ 불소계 용제
④ 트라이클로로에탄

해설
세제의 종류 등(공중위생관리법 시행규칙 제6조)
세탁업자가 퍼클로로에틸렌, 트라이클로르에탄, 불소계 용제, 석유계 용제를 사용하는 경우 국민건강에 유해한 물질이 발생되지 아니하도록 세탁물의 건조 시 용제를 회수할 수 있는 세탁용 기계를 설치·사용하거나 세탁물의 건조 시 용제를 회수할 수 있는 기계 또는 설비를 세탁용 기계와 별도로 설치·사용하여야 한다. 다만, 세탁업자가 석유계 용제를 사용하는 경우에는 처리용량의 합계가 30kg 이상의 세탁용 기계를 설치한 경우만 허당한다.

정답 57 ④ 58 ④ 59 ③ 60 ②

과년도 기출문제

01 다음 중 유용성 오점이 아닌 것은?
① 땀 ② 니 스
③ 인 주 ④ 식용유

해설
오염의 분류

분 류	내 용
수용성 오염	간장, 겨자, 달걀, 우유, 곰팡이, 과자, 구토물, 땀, 배설물, 설탕, 소스, 술, 혈액, 아이스크림, 커피, 케첩 등
유용성 오염	구두약, 기계유, 그리스, 껌, 니스, 락카, 버터, 식용유, 양초, 왁스, 인주, 페인트, 화장품 등
불용성 오염 (고체 오점)	매연, 석고, 시멘트, 유기성 먼지, 점토, 먹물, 흙 등

02 드라이클리닝용 유지용제의 세척력을 결정해 주는 것이 아닌 것은?
① 표백력 ② 용해력
③ 표면장력 ④ 용제의 비중

해설
용제의 세척력을 결정하는 요인
- 용해력 : KB값(카우리부탄올가, Kauri Butanol Value ; KBV)이 결정한다.
- 표면장력 : 용제의 표면장력이 작을수록 침투력이 좋아서 세척력이 좋아진다.
- 용제의 비중 : 비중이 무거울수록 세척력이 커진다.

03 합성세제의 특성 중 틀린 것은?
① 세탁 시 센물을 사용해도 무방하다.
② 산성 또는 알칼리성에도 사용이 가능하다.
③ 용해가 빠르고 헹구기 쉽다.
④ 단열성이 높은 장치에 사용한다.

해설
④ 단열성이 높은 장치에 사용하는 것은 불소계 용제(F-113)의 특성이다.

04 다음 중 친수성의 특성에 따라 구분된 계면활성제가 아닌 것은?
① 음이온계 계면활성제
② 비음양계 계면활성제
③ 양이온계 계면활성제
④ 양성계 계면활성제

해설
계면활성제는 그 친수성의 특성에 따라 음이온계, 양이온계, 양성계 및 비이온계로 나눌 수 있다.

1 ① 2 ① 3 ④ 4 ②

05 다음 중 클리닝의 일반적인 공정에서 가장 먼저 실시하는 것은?

① 접수 점검 ② 마 킹
③ 대분류 ④ 포켓 청소

> **해설**
> **클리닝의 공정 순서**
> 접수 점검 → 마킹 → 대분류 → 포켓 청소 → 세분류 → 얼룩빼기(전 처리) → 클리닝(세정) → 얼룩빼기(후처리) → 마무리 → 최종 점검 → 포장

06 클리닝의 정의로 옳은 것은?

① 용제만으로 수용성 오점만을 제거하는 것이다.
② 얼룩만을 빼기 위한 특수한 기술이다.
③ 용제 또는 세제를 사용하여 의류, 기타 섬유제품과 피혁제품을 원형대로 세탁하는 것이다.
④ 세제를 이용하여 표백하는 것이다.

07 클리닝에 있어서 재오염을 방지하기 위한 조치가 아닌 것은?

① 세탁물을 진한 색과 연한 색으로 구별하여 세탁한다.
② 세정 시간을 적절히 사용한다.
③ 용제의 순환을 좋게 하고 용제를 깨끗이 한다.
④ 재오염된 세탁물은 왁스를 사용하여 복원시킨다.

> **해설**
> 재오염된 세탁물은 소프를 사용하여 복원할 수 있다.

08 방충제의 종류 중 방향족 탄화수소 화합물로 살충력은 크지 않으나 벌레가 그 냄새를 기피하게 되어 방충효과가 있는 것은?

① 나프탈렌 ② 실리카겔
③ 파라핀 ④ 장 뇌

정답 5 ① 6 ③ 7 ④ 8 ①

09 무색이고 독특한 냄새가 나며 카우리부탄올값(KBV)이 90인 드라이클리닝 용제는?

① 삼염화에탄
② 염불화탄화수소
③ 퍼클로로에틸렌
④ 사염화탄소

해설
퍼클로로에틸렌(사염화에틸렌)
- 현재 가장 많이 사용되고 있는 드라이클리닝 용제 중 하나로, 무색이고 독특한 냄새를 가진 액체이며, 끓는점 121℃, 비중 1.623인 불연성 액체이다.
- 용해능력은 온화(옷감을 상하게 하지 않는)한 편이지만 석유계 용제에 비해 용해력과 비중이 커서 섬세한 고급 옷의 클리닝에는 맞지 않는다.
- 독성은 삼화에틸렌(할로겐화탄화수소 용제)과 비슷하지만 휘발성이 작아 삼염화에틸렌보다 취급이 용이하고, 비점이 낮으며 불연성이어서 증류에 의한 정제가 쉽다.
- 최근 독성과 환경오염이 문제가 되어 기피되고 있다.

10 다음 중 산화표백제에 해당하는 것은?

① 차아염소산나트륨
② 아황산가스
③ 하이드로설파이드
④ 암모니아

해설
표백제의 종류
- 산화표백제
  - 염소계 : 석회분, 차아염소산나트륨, 아염소산나트륨 등
  - 과산화물계 : 과산화수소, 과붕산나트륨, 과탄산나트륨, 과망가니즈산칼륨 등
- 환원표백제 : 아황산수소나트륨, 아황산가스, 하이드로설파이드 등
※ 암모니아는 알칼리제이다.

11 워싱 서비스(Washing Service)의 가장 중요한 포인트에 해당하는 것은?

① 오점 제거
② 내구성 유지
③ 가치보전
④ 패션성 보전

해설
워싱 서비스는 의류를 중심으로 한 대상품의 가치보전과 기능 회복이 중요한 포인트이다.

12 다음 중 수질오염의 원인에 가장 큰 비중을 차지하는 것은?

① 공장폐수
② 식품폐수
③ 생활하수
④ 농·축산폐수

해설
생활하수가 수질을 악화시키는 주원인임을 알고도 경제성이 없다는 이유로 하수종말 처리시설을 설치하지 않는 것이 더 큰 문제이다.

13 원통보일러의 형식이 아닌 것은?

① 입 식
② 노통식
③ 연관식
④ 관류식

해설
보일러의 분류
- 원통보일러의 형식 : 입식보일러, 노통보일러, 연관보일러, 노통연관보일러
- 수관보일러의 형식 : 자연순환식, 강제순환식, 관류식

14 작물의 불순물을 알칼리로 제거한 다음 섬유에 남아 있는 천연 색소를 분해하여 작물을 보다 희게 만드는 공정은?

① 정련   ② 표백
③ 푸새   ④ 형광

15 다음의 표면반사율로 계산된 세척률은?

- 원포의 표면반사율 : 80%
- 세탁 전 오염포의 표면반사율 : 30%
- 세탁 후 오염포의 표면반사율 : 60%

① 20%   ② 50%
③ 60%   ④ 167%

해설

$$세척력(\%) = \frac{(세척\ 후\ 반사율 - 세척\ 전\ 반사율)}{(백포반사율 - 세척\ 전\ 반사율)} \times 100$$

$$= \frac{(60-30)}{(80-30)} \times 100 = 60\%$$

16 세정액 청정장치의 종류 중 오염이 심한 용제의 청정에 가장 적합한 것은?

① 증류식   ② 필터식
③ 청정통식   ④ 카트리지식

해설
더러움이 심한 용제의 청정통식으로는 증류식 방법이 이상적이다.

17 다음 중 의복의 재가공 종류에 해당되지 않는 것은?

① 방수 가공   ② 방오 가공
③ 대전방지 가공   ④ 방사 가공

해설
① 방수 가공 : 섬유제품이 물에 젖거나 침투 흡수하는 것을 방지하는 가공
② 방오 가공 : 섬유 표면에 더러움이 타지 않도록 하는 가공이며 동시에 일단 부착된 더러움을 섬유와의 친화력을 약하게 함으로써 세탁으로 깨끗이 떨어지도록 하는 가공
③ 대전방지 가공 : 합성섬유를 착용했을 때 정전기가 일어나 착용감이 저하되고 오점이 쉽게 부착되는 것을 방지하는 가공

18 드라이클리닝 용제의 조건으로 거리가 먼 것은?

① 기계의 부식성이나 독성이 적을 것
② 인화점이 낮고 가연성일 것
③ 의류품을 상하게 하지 않을 것
④ 건조가 쉽고 냄새가 남지 않을 것

해설
드라이클리닝 용제의 조건
- 오구를 용해, 분산하는 능력이 클 것
- 표면장력이 작을 것
- 섬유 및 염료를 용해 또는 손상하지 말 것
- 비중이 클 것
- 독성이 없거나 적을 것
- 드라이클리닝 장치를 부식하지 않을 것
- 인화점이 높고 불연성일 것

정답 14 ② 15 ③ 16 ① 17 ④ 18 ②

19 셀룰로스섬유의 표백에 가장 적합한 표백제는?

① 차아염소산나트륨
② 과산화수소
③ 과탄산나트륨
④ 과붕산나트륨

해설
차아염소산나트륨은 여러 가지 색소를 지우는 데 사용하나 양모와 견에는 사용할 수 없다.

20 석유계 용제의 장점이 아닌 것은?

① 세정 시간이 짧다.
② 기계부식에 안전하다.
③ 독성이 약하고 값이 싸다.
④ 섬세한 의류에 적합하다.

해설
석유계 용제는 세정 시간이 길고 인화점이 낮아 화재의 위험성이 있다.

21 드라이클리닝의 전 처리에 대한 설명 중 틀린 것은?

① 와셔의 세정액은 소프가 충분하게 보충되어서 뜬 오점을 잘 분산되는 상태로 한다.
② 세정공정에서 제거하기 어려운 오점을 쉽게 제거하도록 세정 전에 처리하는 과정이다.
③ 전 처리액으로 인한 염료의 흐름이나 수축이 없음을 확인한 다음 석유계 용제를 사용해야 한다.
④ 브러싱법은 더러운 곳에 처리액을 뿌려 오점을 풀리게 하거나 또는 뜨게 한 후 와셔에 넣어 오점을 제거하는 방법이다.

해설
브러싱액을 묻힌 브러시로 얼룩 있는 곳을 두드려 더러움을 분산시키는 법을 브러싱법이라 한다.

22 론드리용 기계 중 와셔(Washer)의 용도로 가장 적합한 것은?

① 본 빨래   ② 탈 수
③ 건 조   ④ 다림질

해설
본 빨래는 세탁물의 종류와 성질에 따라 섬유가 손상되지 않도록 와셔(Washer)에서 온수 알칼리제를 섞어 세정하는 작업이다.

정답 19 ① 20 ① 21 ④ 22 ①

23 드라이클리닝의 세정 공정 중 매회의 세정 때마다 세정액을 교체하여 새로이 씻는 방법은?

① 배치시스템
② 차지시스템
③ 배치-차지시스템
④ 논차지시스템

해설
② 차지시스템 : 소프(Soap)를 첨가한 세정액을 필터와 와셔 간을 순환시켜 오점을 제거하면서 세정한다.
③ 배치-차지시스템 : 세정 후 헹굼단계에서 소프가 용제로 희석될 때 일어나기 쉬운 재오염을 방지하기 위한 시스템이다.
④ 논차지시스템 : 소프를 첨가하지 않고 용제만으로 세탁하는 방식으로 헹구기에 주로 응용된다.

24 다림질의 3대 요소가 아닌 것은?

① 온도
② 수분
③ 압력
④ 전기

해설
다림질의 3대 요소 : 온도(열), 압력, 수분(습도)

25 스포팅 머신(Spoting Machine)에 대한 설명 중 틀린 것은?

① 공기의 압력과 스팀을 이용하여 오점을 불어 제거하는 기계이다.
② 색상에 대하여 안정성이 높다.
③ 오점 처리시간을 단축시킨다.
④ 오점은 잘 제거되나 얼룩은 그대로 남는다.

해설
스포팅 머신은 얼룩 제거 능력이 탁월하다.

26 초산 셀룰로스를 잘 용해시키므로 아세테이트섬유에는 절대로 사용해서는 안 되는 유기용제는?

① 휘발유
② 석유
③ 아세톤
④ 벤젠

해설
아세테이트는 아세톤에 용해된다.

27 드라이클리닝 마무리 기계의 형식이 아닌 것은?

① 캐비닛형
② 프레스형
③ 프머형
④ 스팀형

해설
드라이클리닝 마무리 기계의 형식
• 포머형 : 인체프레스
• 프레스형 : 만능프레스
• 스팀형 : 스팀터널, 스팀박스

정답 23 ① 24 ④ 25 ④ 26 ③ 27 ①

28 우리나라가 사용하고 있는 경도의 표시 방식은?

① 미국식 ② 프랑스식
③ 영국식 ④ 독일식

해설
독일식 표현법에서는 1L의 물속에 산화칼슘이 10mg 함유되어 있는 경우를 1의 경도로 한다. 미국식은 칼슘이온을 탄산칼슘으로 환산하여 ppm으로 나타낸다.

29 드라이클리닝의 세정 공정 중 차지시스템에 대한 설명으로 옳은 것은?

① 용제 중에 소량의 물을 첨가하는 것이다.
② 여러 개의 용제탱크가 필요하다.
③ 지방산 등 용제에 의해 용해되는 간단한 오점만 제거된다.
④ 소프를 첨가하지 아니하고 용제만으로 세탁하는 방식이다.

해설
차지법은 용제에 소프와 함께 소량의 물을 첨가하여 세정하는 방법으로 계면활성제가 첨가된 유기용제에 물이 가용화되면 수용성 오점을 제거하는 데 보다 좋은 효과를 나타낸다.

30 물의 특성에 대한 설명 중 틀린 것은?

① 용해성이 우수하다.
② 비열·증발열이 크다.
③ 인화성이 없다.
④ 섬유의 변형이 없다.

해설
친수성 섬유는 물에서 팽윤하여 신장되거나 수축하는 등의 변형이 일어난다.

31 곰팡이가 발육이 가능한 온도와 습도로 가장 적합한 것은?

① 온도 0~10℃, 습도 20% 이상
② 온도 15~40℃, 습도 20% 이상
③ 온도 30~50℃, 습도 50% 이상
④ 온도 50~70℃, 습도 50% 이상

해설
곰팡이의 생육 가능 온도는 0~40℃이나 최적 생육 온도는 25~28℃이다.

28 ④ 29 ① 30 ④ 31 ②

32 웨트클리닝에 대한 설명 중 틀린 것은?

① 일반적으로 행해지는 세탁 방법으로 불가능한 의류는 웨트클리닝을 해야 한다.
② 세탁 전에 색 빠짐, 형태 변형, 수축성 여부를 조사한다.
③ 장시간 세탁을 해야 세탁 효과가 좋다.
④ 풍부한 경험과 기술을 필요로 하는 고급 세탁 방법이다.

해설
웨트클리닝은 드라이클리닝을 하는 데 어려움이 있는 의류를 손빨래를 원칙으로 물품을 손상하지 않고, 가볍게 처리하는 세탁 작업이다.

33 세탁 효과도 좋고 노력이 적게 들어 청바지 등 두꺼운 옷과 기계세탁에서 상하기 쉬운 세탁물에 적합한 손빨래 방법은?

① 두들겨 빨기
② 흔들어 빨기
③ 솔로 빨기
④ 눌러 빨기

해설
손빨래 방법

두들겨 빨기	• 손빨래 중 세탁 효과가 가장 좋고 노력이 적게 든다. • 면직물, 마직물 등 습윤강도가 크고 형태가 변하지 않는 직물과 삶아 빠는 세탁물에 적당하다.
흔들어 빨기	• 세탁물을 세제 용액에 담그고 좌우 또는 상하로 흔들어 용액을 유동시켜 세탁하는 방법이다. • 세액이 세탁물에 대해서 평행으로 이동하므로 세탁 효과는 좋지 못하지만 옷감의 손상이 적다. • 손세탁 방법 중에서 모직이나 편성물 또는 실크 등의 의류를 손상하지 않게 세탁하는 방법이다.
눌러 빨기	• 양손으로 가볍게 세탁물을 누르면서 빠는 방식으로 세탁 효과도 좋고 섬유 손상도 적다. • 양모, 울, 실크, 견, 아세테이트, 레이온직물 등의 세탁에 적합하다.

34 다음 중 드라이클리닝이 가능한 것은?

① 고무를 입힌 제품
② 염료가 빠져 용제를 오염시킬 수 있는 제품
③ 소수성 합성섬유제품
④ 합성수지제품

해설
드라이클리닝으로 손상이 가장 적은 대상품은 모직물, 소수성(물에 대하여 친화력을 갖지 않는 성질) 합성섬유, 견직물류이다.

35 론드리 공정 중 풀 먹임의 효과는?

① 천을 광택 있게, 팽팽하게 한다.
② 천의 황변을 방지하고 얼룩을 제거한다.
③ 천에 남아 있는 알칼리를 중화시킨다.
④ 의류를 희게 한다.

해설
풀 먹임의 효과
• 천을 희고, 광택 있고, 팽팽하게 한다.
• 오염을 방지하고, 세탁 효과를 좋게 한다.
• 천의 촉감을 변화하고 나구성을 좋게 한다.
• 부착된 오점을 세탁에서 용이하게 떨어지도록 한다.

정답 32 ③ 33 ③ 34 ③ 35 ①

36. 어느 방향에 대해서도 신축성이 없고, 형이 변형되는 일이 적은 것이 특징이며 짜거나 뜨지 않고 섬유를 천 상태로 만든 것은?

① 펠트
② 부직포
③ 레이스
④ 편성물

해설
① 펠트 : 실을 거치지 아니하고 직접 섬유가 엉켜서 천의 형태로 만들어진 것으로 보온성과 탄력성이 좋으나 마찰에 약하여 내구성이 떨어진다.
③ 레이스 : 바늘 또는 보빈 등의 기구를 사용하여 실을 엮거나 꼬아서 만든 무늬 있는 천이다.
④ 편성물 : 한 가닥 또는 여러 가닥의 실로 고리 모양의 편환(Loop)을 만들어서 이것을 상하와 좌우로 얽어서 만든 천이다.

37. 3대 합성섬유에 해당되지 않는 것은?

① 나일론
② 스판덱스
③ 아크릴
④ 폴리에스터

해설
합성섬유
- 축합중합체 섬유 : 분자 간 결합 시 작은 분자가 제거되는 축합반응으로 형성
  - 폴리아마이드계 : 나일론 6, 나일론 66, 아라마이드(Aramide)
  - 폴리에스터계 : 폴리에스터
  - 폴리우레탄 : 스판덱스(Spandex)
- 부가중합체 섬유 : 단위체를 직접 가하는 부가반응으로 형성
  - 폴리에틸렌계 : 폴리에틸렌
  - 폴리염화비닐계 : PVC
  - 폴리염화비닐라이덴계 : 폴리염화비닐라이덴
  - 폴리플루오르에틸렌계 : 폴리플루오르에틸렌
  - 폴리비닐알코올계 : 비닐론, PVA
  - 폴리아트릴로나이트릴계 : 아크릴, 모다크릴
  - 폴리프로필렌계 : 폴리프로필렌

38. 실을 용도에 따라 분류할 때 해당되지 않는 것은?

① 수편사
② 자수사
③ 장식사
④ 혼방사

해설
④ 혼방사는 텍스타일 원료에 의한 분류에 해당한다.
실의 용도에 의한 분류
- 포용 : 직사, 니트사, 레이스사 등
- 봉제용 : 미싱사, 수편사 등
- 수예용 : 수편사, 수예레이스사, 자수사 등

39. 품질표시에 표시하지 않아도 되는 것은?

① 조성 표시
② 취급 표시
③ 가공 표시
④ 염료 표시

해설
섬유상품(의류)의 품질 표시사항
- 섬유의 조성 또는 혼용률
  - 겉감
  - 안감
  - 충전재(충전재를 사용한 제품에 한함)
- 제조자명 또는 수입자명
- 제조국명
- 제조연월, 최초 판매시즌, 로트번호, 제품의 스타일번호, 바코드번호, QR코드 등의 어느 하나 또는 수입연월(수입제품에 한함) 표시
- 치수(권장)
- 취급상 주의사항
- 표시자 주소 및 전화번호

정답 36 ② 37 ② 38 ④ 39 ④

40 섬유제품 품질표시 중 성분 표시에 대한 설명으로 틀린 것은?

① 의류제품에 사용된 섬유의 성분과 혼용률을 표기해야 한다.
② 의류제품에 사용된 섬유 제조 국가명을 표기해야 한다.
③ 원단에 가공을 실시한 제품의 경우는 가공의 종류와 취급 시 주의사항을 표기해야 한다.
④ 두 종류 이상의 섬유가 혼방된 경우에는 혼용률이 큰 것부터 차례로 표기한다.

> **해설**
> ② 의류제품을 제조한 국가명을 표기해야 한다. 제조국은 제조자가 속한 국가를 말하며, 여러 제조자가 포함된 경우에는 제품의 기능을 부여한 자가 속한 국가명을 쓰고, 국내에서 제조된 경우에는 한국산 등으로 소비자가 알 수 있게 표기한다.

41 일광견뢰도의 판정에서 가장 좋은 등급은?

① 1급　　② 3급
③ 5급　　④ 8급

> **해설**
> **일광견뢰도의 등급 평어**
>
> | 일광견뢰도 등급 | 평 어 |
> |---|---|
> | 1 | 최하(Very Poor) |
> | 2 | 하(Poor) |
> | 3 | 가(Fair) |
> | 4 | 양(Fair Good) |
> | 5 | 미(Good) |
> | 6 | 우(Very Good) |
> | 7 | 수(Excellent) |
> | 8 | 최상(Outstanding) |

42 단추의 종류에 대한 설명 중 틀린 것은?

① 폴리에스터 단추는 열과 드라이클리닝에 강하다.
② 나일론 단추는 다양한 색상과 형태로 만들 수 있다.
③ 나무 단추는 여러 종류의 나무로 만들며, 가볍고 열과 수분에 강하다.
④ 금속 단추는 놋쇠, 니켈, 알루미늄을 조각하거나 압형하여 만든다.

> **해설**
> 나무 단추는 나무의 특성으로 인해 무게가 가벼운 장점이 있으나 열과 수분에 약하다.

43 세탁견뢰도의 판정 등급으로 옳은 것은?

① 1~3급　　② 1~5급
③ 1~8급　　④ 1~10급

> **해설**
> **세탁견뢰도의 등급 평어**
>
> | 세탁견뢰도 등급 | 견뢰도 평어 | 세탁 시험편의 변·퇴색 또는 시험용 백면포의 오염 |
> |---|---|---|
> | 1 | 가 | 심하다. |
> | 2 | 양 | 다소 심하다. |
> | 3 | 미 | 분명하다. |
> | 4 | 우 | 약간 눈에 띈다. |
> | 5 | 수 | 눈에 띄지 않는다. |

정답 40 ② 41 ④ 42 ③ 43 ②

44 다음 중 인조섬유에 해당되지 않는 것은?

① 재생섬유   ② 합성섬유
③ 무기섬유   ④ 광물성 섬유

해설
섬유의 분류
- 천연섬유 : 식물성(셀룰로스) 섬유, 동물성(단백질) 섬유, 광물성 섬유
- 인조섬유 : 재생섬유, 반합성섬유, 합성섬유

45 견의 특성에 대한 설명으로 옳은 것은?

① 광택과 촉감은 합성섬유 다음으로 우수하다.
② 물세탁 시 반드시 경수를 사용하여야 한다.
③ 다른 섬유에 비하여 일광에 강하다.
④ 석유계 드라이클리닝이 가장 안전하다.

해설
물세탁에 의해 광택이 감소하기 때문에 드라이클리닝을 하는 것이 안전하며, 물세탁을 할 때에는 중성세제를 사용하고, 35℃ 이하의 물에서 가볍게 주물러 빨아야 한다.

46 편성물의 특성에 대한 설명 중 틀린 것은?

① 신축성이 좋고 구김이 생기지 않는다.
② 함기량이 많아 가볍고 따뜻하다.
③ 필링이 생기기 쉽다.
④ 마찰에 의해 표면의 형태 변화가 없다.

해설
편성물은 일반적으로 신축성, 보온성, 유연성이 좋은 대신 형태안정성, 마찰저항성 등 내구력이 직물에 비하여 떨어진다.

47 아세테이트섬유에 대한 설명으로 옳은 것은?

① 세탁 처리 시 85℃ 이상에서 행하여야 한다.
② 물세탁에 의해 손상되기 쉬우므로 드라이클리닝하는 것이 안전하다.
③ 일광에 장시간 노출시켜도 상해가 없다.
④ 산과 알칼리에 처리해도 상해가 없다.

해설
물세탁은 아세테이트제품을 손상시킨다.

48 혼방직물이나 교직물을 염색할 때 섬유의 종류에 따른 염색성의 차를 이용하여 각각 다른 색으로 염색할 수 있는 염색 방법은?

① 크로스(Cross) 염색
② 서모졸(Thermosol) 염색
③ 원료염색
④ 사염색

해설
② 서모졸(Thermosol) 염색 : 직물을 염액(염료, 분산제, 호료 등의 용액)에 침지하고 건조한 다음, 서모졸 장치 내에서 180~220℃에서 30~60초 동안 처리하여 염료를 고착시킨 후 세척한다.
③ 원료염색 : 방적하지 않은 단섬유의 상태로 염색하는 것이다.
④ 사염색 : 실의 상태로 염색하는 것이다.

정답 44 ④ 45 ④ 46 ④ 47 ② 48 ①

49 염색에 대한 설명 중 틀린 것은?

① 의류 전체를 세탁할 필요가 없는 부분의 얼룩이 있을 때에는 염색한다.
② 염색이 되려면 염색 용액 중의 염료가 섬유 표면에 흡착되고, 섬유 내부로 침투·확산되어서 염착이 되는 것이다.
③ 염색은 전체를 동일한 색상으로 물들이는 침염이 있다.
④ 직물에 안료를 사용하여 부분적으로 여러 색상으로 무늬, 모양을 나타낸 것이 날염이다.

해설
염색법
- 침염법 : 실이나 직물을 염료용액에 담가 열을 가하고 전체를 동일한 색상으로 물들이는 것이다.
- 날염법 : 직물에 염료 또는 안료를 사용하여 부분적으로 여러 가지 색상으로 무늬, 모양을 나타내는 것이다.

50 다음 중 습윤하면 강도가 낮아지는 섬유는?

① 면
② 폴리에스터
③ 아 마
④ 비스코스레이온

해설
비스코스레이온섬유는 물에 잠기면 팽윤하여 강력이 저하한다.

51 다음 중 식물성 섬유가 아닌 것은?

① 면
② 모 시
③ 아 마
④ 비스코스레이온

해설
비스코스레이온은 인조섬유 중 재생섬유이다.

52 폴리아크릴섬유와 양모섬유가 혼방된 직물에 가장 많이 사용하는 염색방법으로 옳은 것은?

① 분산염료로 염색 후 배트염료로 염색한다.
② 분산염료로 염색 후 황화염료로 염색한다.
③ 염기성염료로 염색 후 직접염료로 염색한다.
④ 염기성염료로 염색 후 산성염료로 염색한다.

정답 49 ① 50 ④ 51 ④ 52 ④

53 능직의 특성에 대한 설명 중 틀린 것은?

① 조직이 치밀하여 구김이 잘 생긴다.
② 표면결이 고운 직물을 만들 수 있다.
③ 평직보다 마찰에 약하나 광택은 좋다.
④ 대표적인 직물로는 데님(Denim), 개버딘(Gaberdine), 드릴(Drill), 서지(Serge) 등이 있다.

해설

삼원조직의 크기 비교
- 강도 크기 : 평직 > 능직 > 주자직
- 광택 크기 : 주자직 > 능직 > 평직
- 유연성 크기 : 주자직 > 능직 > 평직

능직물의 종류
서지(Serge), 개버딘(Garbardine), 데님(Denim), 치노(Chino), 트윌(Twill), 헤링본(Herringbone), 하운드 투스(Hounds Tooth), 글렌 플레이드(Gren Plaid) 등

55 다음 중 단백질섬유의 염색에 가장 적합한 염료는?

① 산성염료
② 환원염료
③ 황화염료
④ 분산염료

54 모든 섬유에 공통으로 사용하는 공통식 번수는?

① 데니어
② 면번수
③ 미터번수
④ 텍 스

해설

미터번수 : 공통식이라고 하며 모든 섬유에 공통으로 사용한다. 1kg 또는 1g의 실을 km 또는 m수로 표시한다.

56 공중이용시설은 누구의 영으로 정하는가?

① 시·도지사령
② 보건복지부장관령
③ 국무총리령
④ 대통령령

해설

위 내용은 해당 법 개정으로 삭제되었다.

정답 53 ① 54 ③ 55 ① 56 정답없음

57 공중위생관리법에 의한 명령에 위반하여 6월 이내의 기간을 정하여 영업정지명령 또는 일부 시설의 사용중지명령을 받고도 그 기간 중에 영업을 하거나 그 시설을 사용한 자의 벌칙에 해당하는 것은?

① 3년 이하의 징역 또는 1천만원 이하의 벌금
② 1년 이하의 징역 또는 1천만원 이하의 벌금
③ 200만원 이하의 벌금
④ 100만원 이하의 벌금

해설
벌칙(공중위생관리법 제20조제2항)
다음의 어느 하나에 해당하는 자는 1년 이하의 징역 또는 1천만원 이하의 벌금에 처한다.
- 신고를 하지 아니하고 공중위생영업(숙박업은 제외)을 한 자
- 영업정지명령 또는 일부 시설의 사용중지명령을 받고도 그 기간 중에 영업을 하거나 그 시설을 사용한 자 또는 영업소 폐쇄명령을 받고도 계속하여 영업을 한 자

58 공중위생영업의 종류별 시설 및 설비기준의 개별기준 중 세탁업에 해당하는 것으로 옳은 것은?

① 탈의실, 욕실, 욕조 및 샤워기를 설치해야 한다.
② 소독기, 자외선살균기 등 이용기구를 소독하는 장비를 갖추어야 한다.
③ 세탁용약품을 보관할 수 있는 견고한 보관함을 설치하여야 한다.
④ 진공청소기(집수 및 집진용)를 2대 이상 비치하여야 한다.

해설
공중위생영업의 종류별 시설 및 설비기준(공중위생관리법 시행규칙 별표 1)
세탁용약품을 보관할 수 있는 견고한 보관함을 설치하여야 한다. 다만, 세탁용품을 따로 보관할 수 있는 창고 등이 있는 경우에는 그러하지 아니하다.

59 공중위생영업소의 일반적인 위생서비스수준의 평가주기는?

① 1년　　② 2년
③ 5년　　④ 10년

해설
위생서비스수준의 평가(공중위생관리법 시행규칙 제20조)
공중위생영업소의 위생서비스수준 평가는 2년마다 실시하되, 공중위생영업소의 보건·위생관리를 위하여 특히 필요한 경우에는 보건복지부장관이 정하여 고시하는 바에 따라 공중위생영업의 종류 또는 위생관리등급별로 평가주기를 달리할 수 있다.

60 다음 중 위생교육을 실시할 수 있는 단체는?

① 지방자치단체
② 위생 전문단체
③ 세탁업자 지역단체
④ 공중위생 영업자단체

해설
위생교육(공중위생관리법 제17조제4항)
위생교육은 보건복지부장관이 허가한 단체 또는 제16조에 따른 단체가 실시할 수 있다.
공중위생 영업자단체의 설립(공중위생관리법 제16조)
공중위생영업자는 공중위생과 국민보건의 향상을 기하고 그 영업의 건전한 발전을 도모하기 위하여 영업의 종류별로 전국적인 조직을 가지는 영업자단체를 설립할 수 있다.

정답 57 ② 58 ③ 59 ② 60 ④

과년도 기출문제

01 푸새 가공의 효과에 해당하는 것은?
① 천에 남은 알칼리를 중화한다.
② 의류를 살균 소독하는 효과가 있다.
③ 천에 광택을 주고 황변을 방지한다.
④ 내구성을 부여하고 형태를 유지하게 한다.

해설
푸새 가공의 효과 : 옷감에 힘을 주어 팽팽하게 하고, 내구성이 부여된다. 또한 형태 유지가 좋아지며 세탁 시에는 더러움이 잘 빠지게 된다.

02 세정액의 청정장치에 해당되지 않는 것은?
① 필터식   ② 청정통식
③ 증류식   ④ 여과분사식

해설
세정액의 청정장치 : 필터식, 청정통식, 증류식, 카트리지식

03 다음 중 세정률이 가장 높은 섬유는?
① 양 모   ② 나일론
③ 비닐론   ④ 아세테이트

해설
세정률은 양모가 높고 견은 낮다.

04 원통보일러의 형식이 아닌 것은?
① 관류식   ② 연관식
③ 노통식   ④ 입 식

해설
수관보일러의 형식 : 자연순환식, 강제순환식, 관류식

05 펌프 능력이 양호한 상태로 유지되려면 액심도 3까지 도달하는 펌프의 소요시간은?
① 120초 이상   ② 60~120초
③ 45~60초   ④ 45초 이내

해설
액심도 3까지 달하는 시간이 45초 이내이면 양호, 60초 이내이면 불량하다.

정답 1 ④ 2 ④ 3 ① 4 ① 5 ④

06 다음 중 흡착에 의한 재오염이 아닌 것은?

① 정전기 ② 점착
③ 물의 적심 ④ 인공피혁

[해설]
재오염의 원인
- 부착 : 용제의 더러움이 섬유에 부착
- 흡착 : 정전기, 점착, 물의 적심
- 염착 : 용탈한 염료가 다시 섬유에 염착

07 다음 중 청정화 방법이 아닌 것은?

① 여과방법 ② 흡착방법
③ 착색방법 ④ 증류방법

[해설]
세정액의 청정화 방법에는 여과, 흡착 및 증류 등이 있다.

08 일반적으로 오염이 잘 제거되는 섬유의 순서부터 잘 제거되지 않는 섬유로 나열한 것은?

① 양모 → 나일론 → 아세테이트 → 면 → 비스코스레이온 → 견
② 양 → 면 → 나일론 → 아세테이트 → 비스코스레이온 → 견
③ 견 → 아세테이트 → 비스코스레이온 → 면 → 나일론 → 양모
④ 견 → 비스코스레이온 → 면 → 아세테이트 → 나일론 → 양모

[해설]
오점이 잘 제거되는 섬유의 순서 : 양모 → 나일론 → 비닐론 → 아세테이트 → 면 → 레이온 → 마 → 견

09 다음 중 방오 가공의 가공 약제로 사용하는 것은?

① 탄소수지 ② 불소수지
③ 질소수지 ④ 산소수지

[해설]
방오 가공의 방법
- 섬유의 세공을 막는 방법 : Snowtex 등을 사용하여 콜로이드 입자(0.2μ)로 분산시켜 패딩이나 스프레이식으로 섬유이 부착시켜 섬유의 세공을 콜로이드 입자가 매워 평활하게 하는 가공(Oil에 대한 오염방지 능력은 미흡함)
- 섬유를 피막으로 피복하는 방법 : 불소호물로 섬유를 처리하여 섬유 표면에 피막을 형성시켜 오염을 방지하는 방법
- 섬유를 친수화하는 방법 : 소수성 섬유를 친수화 스미텍스수지를 사용하여 친수화하면 정전기를 감소시켜 오염을 지거할 수 있는 가공(Soil Release 가공)

정답 6 ④ 7 ③ 8 ① 9 ②

10 직물의 불순물을 알칼리로 제거한 다음 섬유에 남아 있는 천연 색소를 분해하여 직물을 보다 희게 만드는 가공은?

① 유연 가공
② 표백 가공
③ 방수 가공
④ 형광 가공

> **해설**
> ① 유연 가공 : 섬유의 재가공 시 섬유를 부드럽게 하여 착용감을 높이려는 가공 방법
> ③ 방수 가공 : 섬유제품이 물에 젖거나 침투 흡수하는 것을 방지하는 가공

11 워싱 서비스(Washing Service)의 가장 기본적인 서비스에 해당되는 것은?

① 청결 서비스
② 보전 서비스
③ 패션성 제공
④ 기능성 부여

> **해설**
> 워싱 서비스 : 가장 기본적이고 일반화된 서비스로 의류나 섬유제품의 소재를 청결히 하여 오점 제거와 의류 등의 가치 보전과 기능을 회복하여 재생시켜 주는 것을 말한다.

12 불소계 용제의 특성이 아닌 것은?

① 불연성이다.
② 독성이 강하다.
③ 용해력이 약해 오염 제거가 불충분하다.
④ 비점이 낮아 저온건조가 되며 섬세한 의류에 적합하다.

> **해설**
> ② 독성이 약하다.

13 세탁 시 경수를 사용하는 경우의 세탁 효과로 가장 옳은 것은?

① 용수를 가열하면 철분이 무색으로 되어 세탁 효과를 좋게 한다.
② 표백에서 촉매 역할을 하여 표백효과를 좋게 한다.
③ 섬유의 손상을 방지하며 세탁 효과를 상승시킨다.
④ 비누의 손실이 많아짐은 물론 세탁 효과도 저하시킨다.

> **해설**
> 경수에 포함되어 있는 금속성분은 비누와 결합하여 비누의 성능을 떨어지게 하므로 비누의 손실이 많아짐은 물론 세탁 효과도 저하시킨다.

14 오점의 분류 중 불용성 오점에 해당하는 것은?

① 유성 오점 ② 수용성 오점
③ 특수 오점 ④ 고체 오점

해설
오염의 분류

분류	내용
수용성 오염	간장, 겨자, 달걀, 우유, 곰팡이, 과자, 구토물, 땀, 배설물, 설탕, 소스, 술, 혈액, 아이스크림, 커피, 케첩 등
유용성 오염	구두약, 기계유, 그리스, 껌, 니스, 락카, 버터, 식용유, 양초, 왁스, 인주, 페인트, 화장품 등
불용성 오염 (고체 오점)	매연, 석고, 시멘트, 유기성 먼지, 점토, 흙 등

15 다음 중 용제 관리의 목적이 아닌 것은?

① 재오염을 방지한다.
② 세정효과를 높인다.
③ 마찰을 감소하게 한다.
④ 물품을 상하지 않게 한다.

해설
재오염 방지 및 세정력 향상을 위해 용제를 깨끗이 하고, 소프 및 수분의 적정 농도를 유지해야 한다.

16 클리닝의 공정 중 기호나 성명 등을 종이에 기입하여 세탁물에 부착하는 것은?

① 접수 점검 ② 대분류
③ 얼룩빼기 ④ 마킹

해설
④ 꼬리표(마킹) 부착은 물품의 분실 및 납품에 잘못을 방지하는 중요한 공정이다
② 대분류 : 세탁물의 본체와 부속품을 체크하고 세탁 방법을 분류한다.

17 재오염의 원인에 대한 설명으로 틀린 것은?

① 흡착에 의한 재오염에는 정전기에 의한 것이 있다.
② 세정과정에서 용제 중에 분산된 더러움은 의류에 다시 부착되지 않는다.
③ 용제의 수분이 과다함에 따라 재오염이 발생한다.
④ 물에 젖은 의류는 수분 과다로 수용성 더러움이 흡착된다.

해설
세정과정에서 용제 중에 분산된 더러움이 피세탁물에 다시 부착되어 흰색이나 연한 색 물이 거무스름한 회색 기미를 띠는 현상을 재오염이라 한다.

정답 14 ④ 15 ③ 16 ④ 17 ②

18 다음 중 오염 부착이 가장 빠른 섬유는?

① 레이온　　② 견
③ 면　　　　④ 마

19 보일러의 절대압력이 6kg/cm² 일 때 게이지압력은?

① 1kg/cm²　　② 3kg/cm²
③ 5kg/cm²　　④ 6kg/cm²

해설
게이지압력 = 절대압력 − 1
　　　　　 = 6 − 1
　　　　　 = 5kg/cm²

20 보일러의 절대압력이 2kg/cm² 일 때 수증기의 온도는?

① 85.5℃　　② 100℃
③ 119.6℃　　④ 151.1℃

해설
증기압과 증기의 온도

압력(kg/cm²)	온도(℃)	압력(kg/cm²)	온도(℃)
1.0	99.1	6.0	158.1
2.0	119.6	7.0	164.2
3.0	132.9	8.0	169.6
4.0	142.9	9.0	174.5
5.0	151.1	10.0	179.0

21 세탁용수로 사용하는 물의 장점이 아닌 것은?

① 표면장력이 크다.
② 풍부하고 값이 싸다.
③ 용해성이 우수하다.
④ 비열이 크다.

해설
물은 높은 표면장력을 가지고 있어, 습윤현상은 계면활성제에 의해 표면장력이 낮아져야만 일어난다. 세탁 시 표면장력이 너무 큰 것은 물의 단점이다.

22 준밀폐형 세정기(콜드머신)에 대한 설명으로 옳은 것은?

① 개방형 세탁기이다.
② 세정만 가능하고 탈액은 되지 않는다.
③ 석유계 용제를 사용하는 자동 기계이며 세정과 탈액이 가능하다.
④ 세정, 탈액, 건조까지 연속적으로 처리되는 기밀구조로 되어 있다.

해설
준밀폐형 세정기(콜드머신)
- 석유계 용제를 사용하는 자동 기계이며 세정과 탈액이 가능하다.
- 용제청정장치로는 카트리지 필터를 장착한 것과 활성탄과 종이 필터를 따로 장치한 것도 있다.
- 기계 제작사별 청정능력의 차이가 크다.
- 용제탱크도 하나보다는 두 개로 분리되어 있는 것이 연한 색상 의류의 재오염 방지에 효과적이다.

23 얼룩빼기의 주의점이 아닌 것은?

① 얼룩은 생긴 즉시 제거해야 한다.
② 얼룩이 주위로 번져 나가지 않도록 한다.
③ 얼룩빼기 시 기계적 힘을 심하게 가하지 말아야 한다.
④ 표백제를 사용할 시는 염색물의 탈색 여부를 사후에 시험해 보아야 한다.

해설
표백제를 사용할 때는 염색물의 탈색 여부를 얼룩빼기 전에 시험해 보아야 한다.

24 다음 중 안전 다림질 온도가 가장 낮은 섬유는?

① 아세테이트   ② 양 모
③ 면   ④ 마

해설
다림질 온도
- 식물성 섬유 > 동물성 섬유 > 재생섬유 > 합성섬유
- 마 > 면 > 모 > 견, 레이온 > 합성섬유

25 다림질의 목적으로 틀린 것은?

① 살균과 소독의 효과를 얻는다.
② 의복에 남아 있는 얼룩을 뺀다.
③ 소재의 주름을 펴서 매끈하게 한다.
④ 디자인 실루엣의 기능을 복원시킨다.

해설
다림질의 목적
- 디자인 실루엣의 기능을 복원시킨다.
- 소재의 주름살을 펴서 매끈하게 한다.
- 의복에 필요한 부분에 주름을 만든다.
- 의복의 솔기 부분과 전체 형태를 바로잡아 외관을 아름답게 한다.
- 옷감의 형태를 바로 잡아 원형으로 회복시킨다.
- 살균과 소독의 효과를 얻는다.
- 스팀은 수분과 열에 의하여 의복 소재에 가소성을 부여한다.

26 화학적 얼룩빼기 방법에 관한 설명이 아닌 것은?

① 과즙, 땀, 기타 산성 얼룩을 알칼리로 용해시켜 제거하는 방법이다.
② 물을 사용하여 얼룩을 용해하고 분리시킨 후 분산된 얼룩을 흡수하여 제거하는 방법이다.
③ 흰색 의류에 생긴 유색물질의 얼룩을 표백제로 제거하는 방법이다.
④ 단백질, 전분 등의 얼룩을 단백질 분해효소들로 제거하는 방법이다.

해설
②는 물리적 얼룩빼기 방법이다.
얼룩빼기 방법
- 물리적 조작 : 기계적 힘을 이용하는 방법(스팀 건, 스패튤러, 솔 등), 분산법, 흡착법
- 화학적 조작 : 표백제법, 알칼리법, 효소법

정답 23 ④ 24 ① 25 ② 26 ②

27 밀폐형 세정기의 특징이 아닌 것은?

① 안전하고 높은 효율의 용제 회수 시스템이다.
② 세정만 가능하고 탈액은 원심 탈수기를 사용해야 한다.
③ 다양한 안전장치가 있다.
④ 운전조작이 다양한 컨트롤 시스템이다.

해설
밀폐형 세정기는 합성용제를 사용하며 세정, 탈액, 건조까지 연속적으로 처리되는 드라이클리닝 기계이다.

28 세탁 중에 세탁물이 엉키지 않고 세탁물의 손상이 비교적 작은 세탁기 방식은?

① 임펠러식　　② 교반봉식
③ 수평 드럼식　④ 수직 드럼식

해설
교반봉식 세탁기
• 장점 : 교반봉이 높이 올라와 있기 때문에 세탁조 내에서 수류의 세기에 차이가 작아 균일한 세탁 효과를 나타내며, 임펠러식 세탁기에 비하여 액비가 적고, 세탁 중 세탁물의 손상과 엉킴이 작다.
• 단점 : 세탁기의 구조가 임펠러식보다는 복잡하여 가격이 비싸다.

29 일반적으로 가장 많이 사용하는 양모직물 양복의 세탁법은?

① 물세탁　　　② 론더링
③ 드라이클리닝　④ 웨트클리닝

해설
드라이클리닝으로 인하여 의류제품의 손상이 가장 적은 것은 모직물, 화학섬유이다.

30 의복의 기능 중 실용적 기능에 해당하는 것은?

① 더위와 추위, 질병 등으로부터 몸을 보호하기 위한 성능이다.
② 사용하기 편리하고 빈부의 차별 없이 이용할 수 있는 성능이다.
③ 장식성, 감각성의 성능을 가지며 외적으로 우아하고 품위 있는 느낌을 갖게 하는 성능이다.
④ 장시간 보관 시 형태를 흩트리지 않고 보관 중 좀이나 곰팡이가 발생하지 않게 하는 성능이다.

해설
의복의 기능
• 위생적인 성능 : 더위와 추위로부터 몸을 보호하는 기능(보온성, 열전도성, 대전성, 함기성, 통기성, 흡수성)
• 실용적인 성능 : 빈부의 차별 없이 누구나 이용 가능하고 편리한 기능(내구성, 내마모성, 내열성)
• 감각적인 성능 : 장식성, 감각성의 기능
• 관리적인 성능 : 장기간 보관 시 형태를 흩트리지 않고 좀이나 곰팡이가 발생하지 않는 기능(형태안정성, 방충성 등)

정답 27 ② 28 ② 29 ③ 30 ②

31 다음 중 모터와 컴프레서에 가장 많이 사용되는 동력원은?

① 휘발유 ② 전 기
③ 석 탄 ④ 가 스

32 론드리 공정 중 황변을 방지하면서 의류를 살균 소독하는 것은?

① 애벌빨래 ② 표 백
③ 풀 먹임 ④ 산 욕

해설
산욕작용의 효과
- 천에 남아 있는 알칼리를 중화한다.
- 의류를 살균, 소독한다.
- 물속의 철분을 녹여 제거한다.
- 천에 광택을 주고 황변을 방지하고, 산가용성의 얼룩을 제거한다.

33 론드리의 특징이 아닌 것은?

① 세탁 온도가 높아 세탁 효과가 크다.
② 마무리에 상당한 시간과 기술을 필요로 한다.
③ 담가서 헹구는 방식이므로 헹굼의 수량이 많아 물의 소요량이 많다.
④ 와셔는 원통형이므로 의류가 상하지 않고 오점이 잘 빠진다.

해설
론드리는 물에 침지하여 헹구는 방식으로 가정용 세탁기에 비해 세제나 물이 절약된다.

34 드라이클리닝의 세정 공정 중 소프를 첨가하지 아니하고 용제만으로 세탁하는 방식으로 지방산 등 용제의 의해 용해되는 간단한 오점만 제거하는 것은?

① 배치시스템(Batch System)
② 배치-차지시스템(Batch-charge System)
③ 논차지시스템(None-charge System)
④ 차지시스템(Charge System)

해설
① 배치시스템 : 드라이클리닝 할 때, 매회의 세정 때마다 세정액을 교체하여 세탁하는 방식
② 배치-차지시스템 : 세정 후 헹굼단계에서 소프가 용제로 희석될 때 일어나기 쉬운 재오염을 방지하기 위한 시스템
④ 차지시스템 : 소프(Soap)를 첨가한 세정액을 필터와 와셔 간을 순환시켜 오점을 제거하면서 씻는 방법

35 기계 마무리의 주의사항으로 틀린 것은?

① 비닐론은 충분히 건조시켜서 마무리한다.
② 다무리할 때 증기를 가하면 수축과 늘어짐의 염려가 있다.
③ 고무벨트를 사용한 바지, 스커트는 다리미로 다무리해도 상관이 없다.
④ 플리츠 가공된 것은 스팀터널이나 스팀박스에 넣으면 주름이 소실될 수도 있다.

해설
③ 고무벨트를 사용한 바지, 스커트는 다리미로 마무리하면 안 된다.

정답 31 ② 32 ④ 33 ③ 34 ③ 35 ③

36 섬유로 된 얇은 피막인 웹(Web)을 접착제, 열융합 접착 및 기타 방염으로 섬유를 고착시킨 것은?

① 브레이드
② 펠트
③ 부직포
④ 편성물

해설
부직포는 섬유에서 실의 공정을 거치지 않고 접착제, 용융접착 또는 기계적(물리적) 방법에 의해 시트상으로 부착한 것이다.

37 섬유의 상품 중 실에 표시하는 품질 표시사항이 아닌 것은?

① 실 가공 여부
② 길이
③ 번수
④ 섬유의 조성

해설
실의 품질 표시사항
- 섬유의 조성 또는 혼용률
- 번수 또는 데니어(가공된 실은 제외)
- 길이 또는 중량
- 제조연월
- 제조자명
- 수입자명(수입품에 한함)
- 주소 및 전화번호(지역번호 포함)
- 제조국명

38 파우더클리닝(Powder Cleaning)을 필요로 하는 섬유는?

① 모피류
② 비스코스레이온
③ 아세테이트
④ 융단

39 다음 중 수분을 흡수하면 강도가 증가하는 섬유는?

① 면
② 아세테이트
③ 비스코스레이온
④ 나일론

해설
면섬유는 수분을 흡수하면 강도가 증가한다.

40 편성물의 장점에 해당되지 않는 성질은?

① 유연성
② 방추성
③ 마찰강도
④ 함기율

해설
편성물 : 세탁 시의 강한 마찰이나 교반 등의 기계적인 힘은 필링과 보풀의 원인이 된다.

정답 36 ③ 37 ① 38 ① 39 ① 40 ③

41 드라이클리닝의 표시기호 중 용제의 종류를 퍼클로로에틸렌 또는 석유계를 사용함을 표시한 것은?

①
②
③
④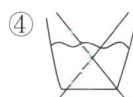

해설
한국산업표준(KS K 0021) 개정으로 문제의 ①의 정의는 "퍼클로로에틸렌, 석유계, 메테인계 및 실리콘계 용제 등 적합한 용제로 일반 드라이클리닝할 수 있다."로 변경되었다.

42 반합성섬유에 해당하는 것은?
① 유기 화합물이 포함되지 않은 섬유
② 천연 고분자물을 용해시켜서 모양을 바꾸어 주고 주된 구성 성분 그대로 재생시킨 섬유
③ 섬유용 천연 고분자 화합물에 어떤 화학기를 결합시켜서 에스터 또는 에터형으로 한 섬유
④ 석유를 증류하여 얻은 원료를 합성하여 중합원료를 얻고 그 중합원료를 중합하여 얻은 고분자를 용융방사한 섬유

해설
반합성섬유 : 재생섬유의 원료인 목재, 펄프, 코튼린터의 제조 도중에 초산을 결합시켜 제조하는데, 완성된 물질은 원래 섬유소와는 별개의 새로운 화합물이 된다.

43 직접날염법의 설명으로 옳은 것은?
① 무늬를 형성시킨 사포를 메운 틀을 직포 위에 놓고 그 위에서 날염호를 스퀴즈로 밀어서 무늬를 날인하는 방법이다.
② 균일하게 염색된 표면에 발염제와 같은 호료를 배합한 것을 날인하고 증기로 쪄서 발염호가 부착된 부분을 탈색해 무늬를 나타내는 방법이다.
③ 염료, 조제 그리고 호료를 배합한 날염호로 직물의 표면에 무늬를 날인한 후 증기로 쪄서 염료를 섬유의 내부까지 침투·염착시키는 방법이다.
④ 직물의 표면에 염료가 침투하지 못하는 방염제로 무늬를 날인한 후에 일반 침염법에 따라 염색하여 방염제가 부착되지 않는 부분만 염색하고 날인된 부분은 희게 남겨두는 방법이다.

해설
① 스크린 날염법
② 발염법
④ 방염법(홀치기)

44 다음 중에서 평직물에 해당되는 것은?
① 공 단　② 광 목
③ 벨 벳　④ 서 지

해설
광목, 옥양목 등이 평직물의 대표적인 것이다.
① 공단 : 주자직
③ 벨벳 : 파일직물
④ 서지 : 능직

정답 41 ① 42 ③ 43 ③ 44 ②

45 레이온섬유 중 2% 신장 후 탄성회복률이 가장 낮은 것은?

① 고습강력레이온
② 구리암모늄레이온
③ 비스코스레이온
④ 폴리노직레이온

해설
구리암모늄레이온은 구리암모니아인견사, 큐프라라고도 한다.

46 마섬유의 특징에 대한 설명 중 틀린 것은?

① 내열성이 좋다.
② 열전도성이 좋다.
③ 일광에 양호하다.
④ 분자배향이 잘 되어 있다.

해설
③ 일광에 쉽게 손상된다.

47 다음 중 식물성 섬유의 주성분에 해당하는 것은?

① 세리신
② 케라틴
③ 셀룰로스
④ 프로테인

해설
식물성 섬유는 셀룰로스를 주성분으로 하고, 분자구조식은 $(C_6H_{10}O_5)_n$이다.

48 다음 중 실을 구성할 수 있는 섬유 중 스테이플(Staple)섬유가 아닌 것은?

① 견
② 마
③ 면
④ 양모

해설
섬유는 길이에 따라 스테이플과 필라멘트로 구분한다.
- 단섬유(Staple Fiber) : 면, 마, 모로 보통 20~100mm의 짧은 길이의 섬유이다.
- 장섬유(Filament Fiber) : 한 가닥, 한 올의 실은 모노필라멘트라 하는데, 보통 직물(패브릭) 니트제품을 만들 때는 몇 가닥의 긴 필라멘트를 합해 한 올의 실을 형성한다. 현재 사용되고 있는 것은 견섬유(실크)와 합성섬유(나일론, 폴리에스터, 아크릴)이다.

정답 45 ② 46 ③ 47 ③ 48 ①

49 가죽 처리 공정 중 가죽의 촉감 향상을 위하여 털과 표피층, 불필요한 단백질, 지방과 기름 등을 제거하는 것은?

① 분 할
② 유 성
③ 제 육
④ 석회 침지

> **해설**
> ① 분할 : 분할기를 사용하여 가죽의 이면을 깎고 두꺼운 가죽은 2층(은면층, 육면층)으로 나누는 것이다.
> ② 유성 : 동물피를 가죽으로 만드는 공정을 말하며 공정이 끝나면 피혁이라고 부르게 된다.
> ③ 제육 : 원피에 붙어 있는 기름 덩어리나 고기를 제거하는 것이다.

50 마섬유의 종류 중 모시섬유에 해당하는 것은?

① 아 마
② 대 마
③ 저 마
④ 황 마

> **해설**
> 모시는 모시풀의 껍질로 짜며 저마라고도 한다.

51 섬유의 분류 중 인조섬유에 해당되지 않는 것은?

① 광물성 섬유
② 무기섬유
③ 재생섬유
④ 합성섬유

> **해설**
> **섬유의 분류**
> • 천연섬유 : 식물성(셀룰로스) 섬유, 동물성(단백질) 섬유, 광물성 섬유
> • 인조섬유 : 재생섬유(무기섬유, 단백질섬유, 레이온류), 반합성섬유, 합성섬유

52 공통식 번수에 해당하는 번수 표시기호는?

① D
② Tex
③ Ne
④ Nm

> **해설**
> 공통식 번수 표시기호 : Nm

정답 49 ④ 50 ③ 51 ① 52 ④

53 다음 중 탄성회복률이 가장 우수한 섬유는?

① 면　　② 아 마
③ 견　　④ 양 모

해설
탄성회복률(섬유가 늘어난 길이에 대한 회복된 길이를 백분율로 표시하는 것)은 천연섬유 중에서 양털이 가장 우수하다.

54 다음과 같은 표시가 된 제품을 드라이클리닝하는 방법은?

① 용제의 종류는 구별하지 않아도 된다.
② 석유를 섞은 물을 조금 넣어 세탁한다.
③ 용제의 종류는 석유계에 한하여 드라이클리닝 할 수 있다.
④ 용제의 종류는 석유계를 제외하고 모두 사용할 수 있다.

해설
한국산업표준(KS K 0021) 개정으로 문제의 기호 정의는 "석유계 용제로 일반 드라이클리닝할 수 있다."로 변경되었다.

55 여러 올의 실을 서로 매든가, 꼬든가 또는 엮거나 얽어서 무늬를 짠 공간이 많고 비쳐 보이는 피륙은?

① 직 물　　② 편성물
③ 레이스　　④ 부직포

56 다음 중 세탁업과 관련한 위생교육에 대한 설명 중 틀린 것은?

① 위생교육의 내용은「공중위생관리법」및 관련 법규, 소양교육, 기술교육 그 밖에 공중위생에 관하여 필요한 내용으로 한다.
② 위생교육은 매년 3시간으로 한다.
③ 위생교육을 실시하는 단체는 보건복지부장관이 고시한다.
④ 위생교육을 받은 자가 위생교육을 받을 날부터 2년 이내에 위생교육을 받은 업종과 같은 업종의 영업을 할 경우에는 해당 영업에 대한 위생교육을 다시 받아야 한다.

해설
위생교육(공중위생관리법 시행규칙 제23조제7항)
위생교육을 받은 자가 위생교육을 받은 날부터 2년 이내에 위생교육을 받은 업종과 같은 업종의 영업을 하려는 경우에는 해당 영업에 대한 위생교육을 받은 것으로 본다.
① 공중위생관리법 시행규칙 제23조제2항
② 공중위생관리법 시행규칙 제23조제1항
③ 공중위생관리법 시행규칙 제23조제8항

정답 53 ④　54 ③　55 ③　56 ④

57 과징금을 부과하는 위반행위의 종별·정도에 따른 과징금의 금액 등에 관하여 필요한 사항은 어느 영으로 정하는가?

① 도지사령
② 보건복지부령
③ 국무총리령
④ 대통령령

해설
과징금처분(공중위생관리법 제11조의2제2항)
과징금을 부과하는 위반행위의 종별·정도 등에 따른 과징금의 금액 등에 관하여 필요한 사항은 대통령령으로 정한다.

58 공중위생감시원을 임명할 수 없는 자는?

① 구청장
② 시 장
③ 특별시장
④ 보건복지부장관

해설
공중위생감시원의 자격 및 임명(공중위생관리법 시행령 제8조제1항)
시·도지사 또는 시장·군수·구청장은 다음의 어느 하나에 해당하는 소속공무원 중에서 공중위생감시원을 임명한다.
- 위생사 또는 환경기사 2급 이상의 자격증이 있는 사람
- 「고등교육법」에 따른 대학에서 화학·화공학·환경공학 또는 위생학 분야를 전공하고 졸업한 사람 또는 법령에 따라 이와 같은 수준 이상의 학력이 있다고 인정되는 사람
- 외국에서 위생사 또는 환경기사의 면허를 받은 사람
- 1년 이상 공중위생 행정에 종사한 경력이 있는 사람

59 드라이클리닝용 세탁기의 유기용제 누출 및 세탁물에 사용된 세제·유기용제 또는 얼룩 제거 약제가 남거나 좀이나 곰팡이 등이 생성된 경우 2차 위반 시 행정처분기준은?

① 개선명령 또는 경고
② 영업정지 5일
③ 영업정지 10일
④ 영업장 폐쇄명령

해설
행정처분기준(공중위생관리법 시행규칙 별표 7)
드라이클리닝용 세탁기의 유기용제 누출 및 세탁물에 사용된 세제·유기용제 또는 얼룩 제거 약제가 남거나 좀이나 곰팡이 등이 생성된 경우
- 1차 위반 : 경고
- 2차 위반 : 영업정지 5일
- 3차 위반 : 영업정지 10일
- 4차 이상 위반 : 영업장 폐쇄명령

60 과징금 선정기준에서 영업정지 1월에 해당하는 기준일은?

① 25일
② 28일
③ 30일
④ 31일

해설
과징금 산정기준(공중위생관리법 시행령 별표 1)
영업정지 1개월은 30일을 기준으로 한다.

2016년 제1회 과년도 기출문제

01 드럼식 세탁기에 가장 적합한 세제는?
① 저포성 세제
② 합성세제
③ 농축 세제
④ 약알칼리성 세제

해설
드럼식 세탁기는 주로 유럽에서 사용하며 액량비가 적고 저포성 세제를 사용하는 세탁기이다.

02 오점의 분류 중 매연, 점토, 유기성 먼지 등이 해당하는 오점은?
① 유용성 오점
② 고체 오점
③ 특수 오점
④ 수용성 오점

해설
오점의 분류

분류	내용
수용성 오점	간장, 겨자, 달걀, 우유, 곰팡이, 과자, 구토물, 땀, 배설물, 설탕, 소스, 술, 혈액, 아이스크림, 커피, 케첩 등
유용성 오점	구두약, 기계유, 그리스, 껌, 니스, 락카, 버터, 식용유, 양초, 왁스, 인주, 페인트, 화장품 등
불용성 오점 (고체 오점)	매연, 석고, 시멘트, 유기성 먼지, 점토, 흙, 먹물 등

03 다음 중 재오염의 원인이 아닌 것은?
① 탈 수
② 부 착
③ 흡 착
④ 염 착

해설
재오염의 원인
• 부착 : 본래 용제가 더러워 용제 청정의 불충분으로 그 더러움이 섬유에 부착하는 것이다.
• 흡착 : 용제 중의 더러움이 정전기 등의 인력과 섬유 표면의 점착력 등에 의하여 섬유에 부착되는 오염이다.
• 염착 : 세정액 중에 잔존해 있는 염료가 섬유에 흡착하는 경우이다.

04 계면활성제의 종류 중 세척력이 작아 세제로는 사용되지 않으나 섬유의 유연제, 대전방지제, 발수제 등으로 사용하는 것은?
① 양성계 계면활성제
② 비이온계 계면활성제
③ 음이온계 계면활성제
④ 양이온계 계면활성제

해설
④ 양이온계 계면활성제 : 세제보다는 섬유의 유연제, 대전방지제, 발수제 등으로 사용한다.
① 양성계 계면활성제 : 세정작용이 있으면서, 피부에 자극이 적어 저자극 샴푸, 베이비 샴푸 등의 화장품을 만들 때 사용한다.
② 비이온계 계면활성제 : 직물의 유연제, 칼슘비누 분산제로 사용한다.
③ 음이온계 계면활성제 : 계면활성제 중 세제로 가장 많이 사용된다.

정답 1 ① 2 ② 3 ① 4 ④

05 세정액의 청정장치 분류에 대한 설명으로 옳은 것은?

① 카트리지식 – 쇠망에 여과제층을 부착시키는 장치이다.
② 청정통식 – 튜브 필터에 열을 통과시키는 장치이다.
③ 필터식 – 겉쪽에는 주름여과지가 있고 속에는 흡착제가 채워져 있다.
④ 증류식 – 오염이 심한 용제 청정에 적합하다.

해설
세정액의 청정장치 분류
- 증류식 : 더러움이 심한 용제의 청정법으로 최적이다.
- 카트리지식 : 흡착제와 용제의 접촉이 길어 청정능력이 높아 가장 많이 사용한다.
- 청정통식 : 여과지와 흡착제가 별도로 되어 있고 여과면적이 넓고 흡착제의 양이 많아 오래 사용한다.
- 필터식 : 펌프 압력으로 튜브의 외부로부터 필터 안으로 들어갈 때 청정화한다.

06 퍼클로로에틸렌 용제에 대한 설명 중 틀린 것은?

① 용해력 비중이 크므로 세정 시간이 짧다.
② 상압으로 증류할 수 있다.
③ 독성이 약하고 기계의 부식에 안전하다.
④ 불연성이므로 화재에 대한 위험은 없다.

해설
퍼클로로에틸렌 용제
불연성으로 상압에서 증류되고 독성이 강하며 용제의 안전성이 낮으므로 열분해하여 기계의 부식이나 의류에 손상을 일으킬 수 있는 드라이클리닝 용제이다.

07 다음 중 용제의 구비조건이 아닌 것은?

① 증류나 흡착에 의한 정제가 쉽고 분해가 될 것
② 세탁 시 피복을 손상시키지 않을 것
③ 기계를 부식시키지 않고 인체에 독성이 없을 것
④ 건조가 쉽고 세탁 후 냄새가 없을 것

해설
① 증류나 흡착에 의한 정제가 쉽고 분해가 어려울 것

08 보일러의 부피를 일정하게 유지하고 증기의 온도를 상승시켰을 때 압력의 변화로 옳은 것은?

① 일정하다.   ② 감소한다.
③ 상승한다.   ④ 압력과 관계없다.

09 계면활성제의 기본적인 성질과 직접 관계하는 작용이 아닌 것은?

① 습윤작용   ② 균염작용
③ 분산작용   ④ 유화작용

해설
계면활성제
- 직접작용 : 습윤, 침투, 유화, 분산, 가용화, 기포, 세척작용
- 간접작용 : 매끄럽게 함, 마찰 감소, 균염, 염료 고착, 대전 방지, 살균, 녹 방지, 발수작용

정답 5 ④ 6 ③ 7 ① 8 ③ 9 ②

10 패션 케어 서비스의 설명으로 가장 옳은 것은?

① 세탁영업에서 일반적으로 행하고 있는 클리닝이다.
② 의류나 섬유제품의 소재를 청결하게만 하는 것이다.
③ 고급품이나 희귀품의 가치와 기능을 유지·관리시키는 서비스이다.
④ 의류를 중심으로 한 대상품의 가치보전과 기능회복이 중요한 포인트이다.

> **해설**
> **패션 케어 서비스**
> • 의류의 세정은 물론 의류를 보다 좋은 상태로 보전하고 그 가치와 기능을 유지토록 제공하는 서비스이다.
> • 고도로 패션 가공되어 재생이 불가능하기 때문에 특별한 취급을 요하는 제품에 대한 서비스로, 고급품이나 희귀품의 가치와 기능성을 유지한다.

11 비누의 특성 중 장점에 해당하는 것은?

① 가수분해되어 유리지방산을 생성한다.
② 세탁 시 센물을 사용하면 반응하여 침전물이 없어진다.
③ 거품이 잘 생기고 헹굴 때는 거품이 사라진다.
④ 산성용액에서 사용할 수 있다.

> **해설**
> **비누의 단점**
> • 산성용액에서 가수분해되어 유리지방산을 생성한다.
> • 경수를 사용하면 금속이온과 결합하여 침전물이 생겨 세척력이 저하된다.
> • 알칼리성을 첨가해야 세탁 효과가 좋다.
> • 동·식물성 유지를 원료로 사용하여 양과 가격에 제한을 받는다.

12 오염의 부착 상태 중 오염의 제거가 곤란하여 반드시 표백제로 분해하여 제거하여야 하는 것은?

① 정전기에 의한 부착
② 유지 결합에 의한 부착
③ 화학 결합에 의한 부착
④ 분자 간 인력에 의한 부착

13 계면활성제의 성질 중 틀린 것은?

① 한 개의 분자 내에 친수기와 친유기를 가진다.
② 물과 공기 등에 흡착하여 계면장력을 향상시킨다.
③ 직물에 약제의 침투효과를 증가시킨다.
④ 기포성을 증가시키고 세척작용을 향상시킨다.

> **해설**
> ② 물과 공기 등에 흡착하여 경계면에 계면장력을 저하시킨다.

정답 10 ③ 11 ③ 12 ③ 13 ②

14 다음 중 방수 가공제에 해당하는 것은?

① 실리카겔 ② 염화칼슘
③ 아크릴수지 ④ 과산화수소

해설
방수 가공제 : 아크릴수지, 폴리우레탄수지, 염화비닐수지, 합성고무 등

15 다음 중 산화표백제가 아닌 것은?

① 아염소산나트륨 ② 과탄산나트륨
③ 과산화수소 ④ 하이드로설파이드

해설
표백제의 종류
- 산화표백제
  - 염소계 : 석회분, 차아염소산나트륨, 아염소산나트륨 등
  - 산소계(과산화물계) : 과산화수소, 과붕산나트륨, 과탄산나트륨, 과망가니즈산칼륨 등
- 환원표백제 : 아황산수소나트륨, 아황산가스, 하이드로설파이드 등

16 용제 공급펌프의 성능을 측정하는 액심도는 외통 반경을 몇 등분한 수치로 나타내는가?

① 3 ② 4
③ 8 ④ 10

해설
액심도(液深度) : 외통 반경을 10등분한 수치

17 게이지압력이 6kg/cm^{2}인 보일러의 압력을 절대압력(kg/cm^2)으로 계산하면 얼마인가?

① 6 ② 7
③ 16 ④ 60

해설
절대압력 = 게이지압력 + 1
       = 6 + 1 = 7kg/cm^2

18 클리닝 서비스 중 일반적인 서비스에 해당하는 것은?

① 워싱 서비스
② 패션 케어 서비스
③ 보전 서비스
④ 특수 서비스

해설
워싱 서비스 : 가장 기본적이고 일반화된 서비스로 의류나 섬유제품의 소재를 청결히 하여 오점 제거와 의류 등의 가치 보전과 기능을 회복하여 재생시켜 주는 것을 말한다.

정답 14 ③ 15 ④ 16 ④ 17 ② 18 ①

19 청정제 중 흡착제이면서 탈산력이 뛰어난 것은?

① 규조토　　② 산성백토
③ 활성백토　④ 경질토

해설
청정제
- 규조토 : 여과력은 우수하나 흡착력이 없고, 탈진효과가 가장 우수하다.
- 산성백토, 활성백토 : 탈색작용이 뛰어나다.

20 이론상으로는 재생이 가능하나 회수노력과 회수경비가 많이 들어 비경제적인 섬유는?

① 면　　　　　② 양 모
③ 비스코스레이온　④ 합성섬유

21 모피류의 세탁에 사용하는 것으로 가장 적합한 것은?

① 물
② 퍼클로로에틸렌(Perchloroethylene)
③ 솔벤트(Solvent)
④ 파우더클리닝(Powder Cleaning)

22 웨트클리닝에서 주의해야 할 점이 아닌 것은?

① 세탁 전에 색빠짐, 형태 변형, 수축성 여부를 조사한다.
② 수축되기 쉬운 것은 치수를 재어 놓는다.
③ 색이 빠지기 쉬운 것은 한 점씩 세탁한다.
④ 핸드백은 용제나 물에 담가 처리한다.

해설
핸드백(합성피혁)은 때가 탄 부분은 젖은 물수건으로 닦아 내거나, 중성세제로 닦는다.

23 세탁 방법에 대한 설명 중 틀린 것은?

① 세탁의 방법에 따라 건식방법, 습식방법으로 구분한다.
② 세탁물의 분류에 따라 혼합세탁, 분류세탁, 부분세탁으로 구분한다.
③ 적은 양을 세탁할 때는 손빨래보다 세탁기를 이용하면 경제적이다.
④ 부분세탁은 세탁물을 분류한 후에 극소 부분의 세탁을 할 필요가 있을 때 그 부분만을 세탁하는 방법이다.

해설
적은 양을 세탁할 때는 세탁기보다 손빨래를 이용하면 경제적이다.

24 다음 중 웨트클리닝 대상품이 아닌 것은?

① 합성피혁제품
② 고무를 입힌 제품
③ 안료염색된 제품
④ 슈트나 한복제품

해설
슈트나 한복은 드라이클리닝 대상이다.

25 혈액이 의류에 묻었을 경우의 얼룩빼는 방법으로 가장 옳은 것은?

① 드라이클리닝하여 물세탁한다.
② 묻은 즉시 찬물로 세탁을 해야 한다.
③ 표백 처리한다.
④ 알코올로 닦아내고 온수에서 세탁한다.

해설
수용성 얼룩 : 커피, 홍차, 술, 간장, 소스, 우유, 혈액, 과일즙 같은 것을 말하며 물로 없앨 수 있다.

26 다림질 방법에 대한 설명 중 틀린 것은?

① 풀먹인 직물을 너무 고온 처리하면 황변할 수 있다.
② 광택을 필요로 하는 옷은 딱딱한 다리미판을 사용한다.
③ 모직물은 위에 덧헝겊을 대고 물을 뿌려 다린다.
④ 혼방직물은 내열성이 높은 섬유를 기준으로 다린다.

해설
혼방직물은 내열성이 낮은 섬유를 기준으로 하여 다린다.

27 다림질 시 주의할 점이 아닌 것은?

① 진한 색상의 의복은 섬유소재에 관계없이 천을 덮고 다린다.
② 표면 처리되지 않은 피혁제품은 스팀을 주는 것을 절대 금지하여야 한다.
③ 다림질은 섬유의 종류와 상관없이 150℃를 유지하는 전기다리미를 사용한다.
④ 다림질은 섬유의 적정 온도보다 높게 하면 의류를 손상시킬 수 있다.

해설
다림질은 섬유의 두께와 종류에 따라 온도 조절을 해야 한다.

28 의복의 기능 중 위생상 성능에 해당되지 않는 성질은?

① 보온성   ② 내마모성
③ 통기성   ④ 흡습성

해설
의복의 위생상 성능 : 보온성, 흡수성, 통기성, 열전도성, 대전성, 함기성

29 세탁에 가장 적합한 pH 농도는?

① pH 5   ② pH 7
③ pH 11   ④ pH 13

해설
세탁에 가장 적절한 알칼리의 농도는 pH 11 정도이다.

30 론드리에 대한 설명 중 틀린 것은?

① 론드리란 알칼리제, 비누 등을 사용하여 온수에서 와셔로 세탁하는 방법이다.
② 론드리의 일반 공정으로 애벌빨래, 본 빨래, 표백, 헹굼, 산욕, 풀 먹임, 탈수, 건조, 마무리 등이 있다.
③ 론드리의 표백제로는 차아염소산나트륨, 과붕산나트륨, 계면활성제를 사용한다.
④ 산욕 처리과정에 있어 황변의 방지와 살균 처리를 하기 위하여 산욕제로는 규불화나트륨을 사용한다.

해설
론드리의 표백제로는 염소계(석회분, 차아염소산나트륨, 아염소산나트륨 등) 표백제를 사용한다.
표백제의 종류
- 산화표백제
  - 염소계 : 석회분, 차아염소산나트륨, 아염소산나트륨 등
  - 산소계 : 과산화수소, 과붕산나트륨, 과탄산나트륨, 과망가니즈산칼륨 등
- 환원표백제 : 아황산수소나트륨, 아황산가스, 하이드로설파이드 등

31 다음 중 세탁의 기본원리에 해당되지 않는 것은?

① 침투작용   ② 흡착작용
③ 이온결합작용   ④ 분산작용

해설
기술적 효과로서의 세탁 작용 : 침투작용, 흡착작용, 분산작용, 유화현탁작용

정답 28 ② 29 ③ 30 ③ 31 ③

32 웨트클리닝의 탈수와 건조에 대한 설명 중 틀린 것은?

① 탈수 시 형의 망가짐에 유의하고 가볍게 원심 탈수한다.
② 늘어날 위험이 있는 것은 둥글게 말아 말린다.
③ 색빠짐의 우려가 있는 것은 타월에 싸서 가볍게 손으로 눌러 짠다.
④ 가급적 자연 건조한다.

[해설]
② 늘어날 염려가 있는 것은 반듯한 곳에 뉘어서 말린다.

33 휘발유, 석유, 벤젠 등의 기름얼룩을 제거하는 데 가장 많이 사용하는 약제는?

① 유기용제　　② 산
③ 알칼리　　　④ 표백제

34 애벌빨래에 대한 설명으로 옳은 것은?

① 알칼리 세제로 오점을 제거한다.
② 전분 풀로 가공된 제품을 애벌빨래하면 전분 풀의 효과를 높일 수 있다.
③ 충분한 세제를 가하지 않아도 재오염될 가능성은 없다.
④ 화학섬유제품은 오염도가 심하므로 애벌빨래를 하는 것이 좋다.

[해설]
② 전분 풀로 가공되어 있는 물품은 애벌빨래하면 전분 풀이 떨어진다.
③ 애벌빨래에 충분한 세제를 가하지 않으면 오히려 재오염될 가능성이 있다.
④ 합성섬유는 애벌빨래 할 필요가 없다.

35 다음 중 콜드머신(Cold Machine)을 필요로 하는 공정은?

① 콜드리　　　② 웨트클리닝
③ 드라이클리닝　④ 얼룩빼기

[해설]
콜드머신은 석유계 용제를 사용하는 드라이클리닝 기계이다.

정답　32 ②　33 ①　34 ①　35 ③

36 나일론의 특성으로 옳은 것은?

① 신도가 낮다.
② 흡습성이 천연섬유에 비하여 높다.
③ 내일광성이 좋다.
④ 열가소성이 좋다.

해설
① 신도가 크다.
② 흡습성이 적어서 빨래가 쉽게 마른다.
③ 내일광성이 매우 약하다.

37 양모섬유에 대한 설명 중 틀린 것은?

① 탄성회복률이 우수하다.
② 일광에 의해 황변되면서 강도가 줄어든다.
③ 열전도율이 작아서 보온성이 좋다.
④ 염색이 어려워 좋은 견뢰도를 얻을 수 없다.

해설
양모섬유에 견뢰도가 양호하고 염색이 잘되는 염료는 산성염료이다.

38 염료분자와 섬유가 반응하여 공유 결합을 형성하는 염료는?

① 직접염료   ② 염기성염료
③ 산성염료   ④ 반응성염료

해설
반응성염료는 셀룰로스섬유와 강한 공유 결합을 이루며, 고착된 뒤에는 얼룩이 수정되지 않으므로 고착되기 전에 염색이 균일하게 되도록 주의해야 한다.

39 의류의 부자재 중 접착 심지에 대한 설명으로 틀린 것은?

① 다리미 또는 프레스 처리만으로 접착시킬 수 있다.
② 봉제방법이 간단하다.
③ 겉감의 신축성을 감소시킬 수 있기 때문에 형태 안정성이 증진된다.
④ 내세탁성이 약하다.

해설
접착 심지는 내세탁성이 매우 우수하다.

40 다음 중 재생섬유에 해당하는 것은?

① 비스코스레이온   ② 스판덱스
③ 아크릴   ④ 나일론

해설
재생섬유
• 셀룰로스계 : 비스코스레이온, 폴리노직레이온, 구리암모늄레이온 등
• 단백질계 : 카세인섬유 등
• 기타 : 고무섬유, 알긴산섬유 등

36 ④ 37 ④ 38 ④ 39 ④ 40 ①

41 광택이 좋고 초기탄성률이 작아서 좋은 드레이프성과 부드러운 촉감을 가지고 있으므로, 여성들과 아동용 옷감으로 사용하고 있는 섬유는?

① 아세테이트   ② 비스코스레이온
③ 아크릴   ④ 폴리에스터

해설
아세테이트는 견과 같은 광택과 촉감을 가지며, 마찰이나 당김에는 약하나 탄성이 풍부하다. 그러나 내열성이 나쁘며, 다리미 얼룩이 잘 남는 단점이 있다

43 가볍고 촉감이 부드러우며, 워시앤드웨어성이 좋고 따뜻하며, 양모보다 가벼워 양모가 사용되던 곳에 많이 사용하고 있는 섬유는?

① 나일론   ② 아크릴
③ 스판덱스   ④ 폴리에스터

해설
아크릴섬유는 벌커성이 있어 보온성이 좋다.

44 섬유의 분류 중 인조섬유에 해당되지 않는 것은?

① 재생섬유   ② 합성섬유
③ 무기섬유   ④ 광물성 섬유

해설
섬유의 분류
• 천연섬유 : 식물성(셀룰로스) 섬유, 동물성(단백질) 섬유, 광물성 섬유
• 인조섬유 : 재생섬유, 반합성섬유, 합성섬유, 무기섬유

42 면섬유의 특성에 대한 설명으로 틀린 것은?

① 비중은 1.54로 비교적 무거운 섬유에 해당된다.
② 산에는 약하나 알칼리에는 강하다.
③ 현미경으로 보면 단면은 다각형이고 중공이 있다.
④ 다림질 온도는 비교적 높은 편이다.

해설
면섬유를 현미경으로 관찰하면 측면은 리본 모양으로 되어 있고 꼬임이 있다. 중앙에는 중공이 있다.

45 아마섬유의 성질을 면섬유와 비교한 설명으로 옳은 것은?

① 아마섬유의 신도는 면섬유보다는 작다.
② 아마섬유의 길이는 면섬유보다는 짧다.
③ 아마섬유의 강도는 면섬유보다는 약하다.
④ 아마섬유의 탄성은 면섬유보다는 크다.

해설
② 아마섬유의 길이는 면섬유보다는 길다.
③ 아마섬유의 강도는 면섬유보다는 크다.
④ 아마섬유의 탄성은 면섬유보다는 낮다.

정답 41 ① 42 ③ 43 ② 44 ④ 45 ①

46 공정수분율이 가장 낮은 섬유는?

① 면
② 비스코스레이온
③ 양 모
④ 폴리에스터

해설
공정수분율(KS K 0301)
양모(18.25%) > 레이온(13%) > 아마, 견(12%) > 면(8.5%) > 아세테이트(6.5%) > 나일론(4.5%) > 아크릴(2%) > 폴리에스터(0.4%)

47 레이스의 특성에 대한 설명으로 틀린 것은?

① 통기성이 좋아 시원한 감을 준다.
② 커튼, 식탁보, 가방, 액세서리 등에 이용된다.
③ 겉모양이 우아하여 부인복에 이용된다.
④ 용융처럼 접착하여 실을 꼬아서 만들어 남성복에 이용된다.

해설
레이스는 여러 올의 실을 엮거나 꼬아서 무늬를 짠 공간이 많고 비쳐 보이는 피륙이다. 모양이 우아하여 옷 장식, 액세서리, 여성복 등에 사용된다.

48 천연모피에 대한 설명으로 옳은 것은?

① 강모는 동물의 수염이나 눈꺼풀 위에 있는 뻣뻣한 털이다.
② 조모는 면모 밑에 있는 짧고 부드러운 털이다.
③ 면모는 몸 전체에 있는 긴 털로서 광택이 있는 털이다.
④ 토끼털은 강하기 때문에 클리닝에서 파손될 위험이 적다.

해설
① 강모는 동물의 입수염, 눈꺼풀 위의 경모를 말한다.
② 조모는 몸에 나 있는 긴 털로 광택이 있고 색채가 풍부한 얼룩무늬 등 동물마다의 특징을 나타낸다.
③ 면모는 조모 밑에 숨어 있는 짧고 부드러운 털을 말한다.
④ 토끼털은 섬유 간의 엉킴성이 적어 단독으로 방적사를 만들 수 없다.

49 섬유와 염료 간의 결합력이 작을 때 우선 섬유와 염료의 양자(兩者)에 결합할 수 있는 약제로 섬유를 처리한 후 염색하는 방법은?

① 환원염법
② 현색염법
③ 매염염법
④ 고착염법

50 다음 중 단백질섬유가 아닌 것은?

① 인피섬유
② 양모섬유
③ 헤어섬유
④ 견섬유

해설
인피섬유는 식물성 섬유로 대마, 아마, 모시 등이 있다.

46 ④ 47 ④ 48 ① 49 ③ 50 ①

51 면 와이셔츠나 블라우스를 희게 하고자 할 때 가정에서 형광증백제를 사용할 수 있는데 그 사용에 대한 설명 중 틀린 것은?

① 먼저 깨끗이 세탁을 한다.
② 산화표백제를 사용하여 표백을 하고 충분히 수세를 한다.
③ 형광증백제로 형광 처리를 한다.
④ 사용하는 형광제의 양을 많이 사용하면 할수록 백도는 증가한다.

해설
형광증백제는 미량으로도 충분한 증백효과를 거둘 수 있다. 만일 증백제의 농도가 어느 한계 이상으로 염착되면 백도는 떨어지게 된다. 이 현상을 농도소광이라고 한다.

52 피혁의 단면구조에 해당되지 않는 것은?

① 중공   ② 표피
③ 진피   ④ 피하조직

해설
원피의 단면구조는 표피층, 진피층, 피하조직이 있다.

53 아세테이트섬유의 염색에 가장 적합한 염료는?

① 산성염료   ② 직접염료
③ 분산염료   ④ 배트염료

해설
분산염료는 폴리에스터, 아세테이트섬유의 염색에 가장 많이 사용되고 있는 염료이다.

54 실의 품질을 표시하는 기준 항목으로만 나열한 것은?

① 섬유의 혼용률, 실의 번수
② 섬유의 가공 방법, 섬유의 지름
③ 섬유의 생산지, 섬유의 너비
④ 섬유의 혼용률, 치수 또는 호수

해설
실의 품질 표시사항
• 섬유의 조성 또는 혼용률
• 번수 또는 데니어(가공된 실은 제외)
• 길이 또는 중량
• 제조연월, 제조자명
• 수입자명(수입품에 한함)
• 주소 및 전화번호(지역번호 포함)
• 제조국명

55 세탁견뢰도에 대한 설명 중 틀린 것은?

① 염색된 옷이 세탁에 견디는 능력을 말한다.
② 세탁으로 인해 옷의 물감이 빠지는 것을 평가한다.
③ 견뢰도 등급 숫자가 높을수록 물감이 잘 빠지고 숫자가 낮을수록 물감이 빠지지 않는다는 것이다.
④ 세탁 의약품 중에는 용해견뢰도가 낮은 의복이 많으므로 주의하여야 한다.

해설
견뢰도 등급 숫자가 낮을수록 물감이 잘 빠지고 숫자가 높을수록 물감이 빠지지 않는다.

정답 51 ④ 52 ① 53 ③ 54 ① 55 ③

56 대통령이 정하는 바에 의하여 과태료를 부과·징수할 수 없는 자는?

① 구청장 ② 군 수
③ 시 장   ④ 보건복지부장관

해설
해당 법 개정으로 과태료는 대통령령으로 정하는 바에 따라 보건복지부장관 또는 시장·군수·구청장이 부과·징수한다(공중위생관리법 제22조제4항).

57 다음 중 위생지도 및 개선명령을 할 수 있는 자는?

① 시 장   ② 행정안전부장관
③ 보건복지부장관 ④ 국무총리

해설
위생지도 및 개선명령(공중위생관리법 제10조)
시·도지사 또는 시장·군수·구청장은 다음의 어느 하나에 해당하는 자에 대하여 보건복지부령으로 정하는 바에 따라 기간을 정하여 그 개선을 명할 수 있다.
- 공중위생영업의 종류별 시설 및 설비기준을 위반한 공중위생영업자
- 위생관리의무 등을 위반한 공중위생영업자
  ※ 위생관리의무 등에서 준수사항으로 변경된다. [시행일 : 2025. 4. 23.]

58 세탁업자가 위생교육을 받지 아니한 때의 1차 행정처분기준은?

① 경 고   ② 영업정지 5일
③ 영업정지 10일 ④ 영업장 폐쇄명령

해설
위 내용은 해당 법 개정으로 삭제되었다.

59 드라이클리닝용 세탁기의 유기용제 누출 및 세탁물에 사용된 세제·유기용제가 남아 있을 경우의 행정처분기준으로 옳은 것은?

① 1차 위반 - 경고
② 2차 위반 - 영업정지 10일
③ 3차 위반 - 영업정지 30일
④ 4차 이상 위반 - 영업정지 1년

해설
행정처분기준(공중위생관리법 시행규칙 별표 7)
드라이클리닝용 세탁기의 유기용제 누출 및 세탁물에 사용된 세제·유기용제 또는 얼룩 제거 약제가 남거나 좀이나 곰팡이 등이 생성된 경우
- 1차 위반 : 경고
- 2차 위반 : 영업정지 5일
- 3차 위반 : 영업정지 10일
- 4차 이상 위반 : 영업장 폐쇄명령

60 다음 중 명예공중위생감시원의 업무가 아닌 것은?

① 공중위생관리 업무와 관련하여 시·도지사가 따로 정하여 부여하는 업무
② 위생지도 및 개선명령 이행여부의 확인
③ 법령 위반행위에 대한 신고 및 자료 제공
④ 공중위생감시원이 행하는 검사대상물의 수거 지원

해설
명예공중위생감시원의 자격 등(공중위생관리법 시행령 제9조의2제2항)
명예공중위생감시원의 업무는 다음과 같다.
- 공중위생감시원이 행하는 검사대상물의 수거지원
- 법령 위반행위에 대한 신고 및 자료 제공
- 그 밖에 공중위생에 관한 홍보·계몽 등 공중위생관리업무와 관련하여 시·도지사가 따로 정하여 부여하는 업무

과년도 기출문제

2016년 제 4 회

01 피복의 오염 부착 상태에 대한 설명 중 틀린 것은?

① 화학 결합에 의한 부착 – 섬유 표면에 오염이 부착된 후 섬유와 오점 간이 결합이 화학 결합하여 부착된 것이다.
② 정전기에 의한 부착 – 오염 입자와 섬유가 서로 다른 대전성(+, -로 나타나는 정전기 성질)을 띠고 있을 때 오염 입자가 섬유에 부착된 것이다.
③ 분자 간 인력에 의한 부착 – 오염물질의 분자와 섬유 분자 간의 인력에 의해서 부착된 것이며, 강한 분자 간의 인력으로 인하여 쉽게 제거되지 아니한다.
④ 유지 결합에 의한 부착 – 으염에 입자가 물의 엷은 막을 통해서 섬유에 부착된 것이다.

해설
유지 결합에 의한 부착 : 고체 입자가 기름의 얇은 막을 통해서 섬유에 부착된 것이며, 휘발성 유기용제나 계면활성제, 알칼리 등으로 제거된다.

02 의류의 푸새 가공에 사용하는 풀에 해당되지 않는 것은?

① 전 분   ② CMC
③ LAS   ④ PVA

해설
풀의 종류로 전분, 덱스트르, CMC, PVA, 알긴산나트륨 등이 있다.

03 섬유에 오염 부착이 잘되는 섬유의 순서대로 나열한 것은?

① 양모 → 나일론 → 레이온 → 아세테이트 → 마 → 견
② 양모 → 아세테이트 → 레이온 → 나일론 → 마 → 견
③ 레이온 → 마 → 아세테이트 → 견 → 나일론 → 양모
④ 레이온 → 견 → 아세테이트 → 마 → 나일론 → 양모

해설
오염되기 쉬운 섬유 순서
비스코스레이온 → 마 → 아세테이트 → 면 → 비닐론 → 실크(견) → 나일론 → 양모

04 청정제 중 다수의 미세한 구멍이 있어 여과력은 좋으나 흡착력이 없는 것은?

① 규조토   ② 실리카겔
③ 산성백토   ④ 활성탄소

해설
① 규조토 : 여과력은 우수하나 흡착력이 없고, 탈진효과가 가장 우수하다.
② 실리카겔 : 탈수, 탈색에 뛰어나다.
③ 산성백토 : 탈색에 뛰어나다.
④ 활성탄소 : 탈색, 탈취에 뛰어나다.

정답 1 ④ 2 ③ 3 ③ 4 ①

05 보일러의 종류 중 원통보일러의 형식이 아닌 것은?

① 노통보일러　② 수관보일러
③ 연관보일러　④ 입식보일러

> **해설**
> 원통보일러의 형식에는 입식보일러, 노통보일러, 연관보일러, 노통연관보일러가 있다.

06 세정액의 청정장치 방식이 아닌 것은?

① 청정통식　② 카트리지식
③ 텀블러식　④ 필터식

> **해설**
> 세정액의 청정장치에는 청정통, 카트리지, 증류기, 필터 등이 있다.

07 다음 오점의 성분 중 충해의 원인이 되는 것은?

① 단백질　② 무기물
③ 염류　　④ 요소

> **해설**
> 충해(벌레 먹음)는 단백질계 섬유(모, 견) 중에서도 모가 압도적으로 많다.

08 다음 중 염소계 표백제 사용에 가장 적합하지 않은 섬유는?

① 면　　② 양모
③ 레이온　④ 폴리에스터

> **해설**
> 염소계 표백제는 단백질섬유(모, 견)나 수지 가공된 면제품을 황변시킨다.

09 비누의 특성 중 장점이 아닌 것은?

① 산성용액에서도 사용할 수 있다.
② 세탁한 직물의 촉감이 양호하다.
③ 합성세제보다 환경을 적게 오염시킨다.
④ 거품이 잘 생기고 헹굴 때에는 거품이 사라진다.

> **해설**
> **비누의 단점**
> • 산성용액에서 가수분해되어 유리지방산을 생성한다.
> • 알칼리성이 첨가되어야 세탁 효과가 좋다.
> • 경수를 사용하면 금속이온과 결합하여 침전물이 생겨 세척력이 저하된다.
> • 동·식물성 유지를 원료로 사용하여 양과 가격에 제한을 받는다.

정답 5 ② 6 ③ 7 ① 8 ② 9 ①

10 다음 중 계면활성제의 성질이 아닌 것은?

① 한 개의 분자 내에 친수기와 친유기를 가진다.
② 분자가 모여 미셀(Micell)을 형성한다.
③ 직물의 습윤효과를 향상시킨다.
④ 물과 공기 등에 흡착하여 계면장력을 향상시킨다.

해설
④ 물과 공기 등에 흡착하여 경계면에 계면장력을 저하시킨다.

11 다음 중 방충제에 해당하는 것은?

① 글리세린   ② 나프탈렌
③ 불화암모늄   ④ 차아염소산나트륨

해설
방충제 : 장뇌, 나프탈렌, 파라다이클로로벤젠 등

12 게이지압력이 4kg/cm² 인 보일러의 압력을 절대압력으로 계산하면?

① 4kg/cm²   ② 5kg/cm²
③ 14kg/cm²   ④ 40kg/cm²

해설
절대압력 = 게이지압력 + 1
= 4 + 1
= 5kg/cm²

13 용제 중에 용해된 더러움, 유지 등이 분해하여 발생하는 지방산 같은 유성 오염물을 제거하기 위하여 사용하는 청정제는?

① 여과제   ② 탈산제
③ 활성백토   ④ 활성탄소

해설
① 여과제는 필터에 부착시켜서 불순물이나 고형 입자를 여과하여 제거하기 위하여 사용한다.
③ 활성백토는 색소·수분·불순물의 흡착력이 크고, 증류에 가까운 효과를 나타낸다.
④ 활성탄소는 색소, 냄새 더러움의 흡착효과가 큰 흡착제이다.

14 다음 중 산화표백제가 아닌 것은?

① 과붕산나트륨   ② 과산화수소
③ 아황산나트륨   ④ 차아염소산나트륨

해설
표백제의 종류
• 산화표백제
 - 염소계 : 석회분, 차아염소산나트륨, 아염소산나트륨 등
 - 산소계(과산화물계) : 과산화수소, 과붕산나트륨, 과탄산나트륨, 과망가니즈산칼륨 등
• 환원표백제 : 아황산수소나트륨, 아황산가스, 하이드로설파이드 등

정답 10 ④ 11 ② 12 ② 13 ② 14 ③

15 계면활성제의 종류 중 비누, 알킬벤젠설폰산염과 같이 세제로 사용하는 것은?

① 비음이온계 계면활성제
② 양성계 계면활성제
③ 양이온계 계면활성제
④ 음이온계 계면활성제

해설
계면활성제 중 음이온계 계면활성제가 세제로 가장 많이 사용된다.

16 다음 용제의 가장 적합한 세정 시간을 옳게 나열한 것은?

① 석유계 용제 - 7초 이내
   퍼클로로에틸렌 - 20~30초
② 석유계 용제 - 20~30초
   퍼클로로에틸렌 - 7초 이내
③ 석유계 용제 - 7분 이내
   퍼클로로에틸렌 - 20~30분
④ 석유계 용제 - 20~30분
   퍼클로로에틸렌 - 7분 이내

해설
- 석유계 용제용 드라이클리닝 : 세탁 온도는 20~30℃를 유지하며 20~30분 동안 세탁한다.
- 퍼클로로에틸렌 용제 : 세정 시간은 되도록 7분 이내로 끝낸다.

17 다음 중 흡착에 의한 재오염의 원인이 아닌 것은?

① 정전기   ② 점 착
③ 물의 적심   ④ 염 착

해설
재오염의 원인

분류	내용
부 착	용제의 더러움이 섬유에 부착
흡 착	물의 적심, 점착, 정전기
염 착	세정액에 남아 있는 염료가 섬유에 흡착

18 세정액의 청정화 방법 중 오염이 심한 용제의 청정에 가장 효과적인 것은?

① 여과방법   ② 증류방법
③ 표백방법   ④ 흡착방법

해설
더러움이 심한 용제의 청정통식으로는 증류식 방법이 이상적이다.

15 ④ 16 ④ 17 ④ 18 ②

19 클리닝 서비스 중 특수 서비스에 해당되는 것은?

① 모제품만 세정하는 서비스
② 웨트클리닝 서비스
③ 워싱(Washing) 서비스
④ 패션 케어(Fashion Care) 서비스

해설
패션 케어 서비스는 클리닝에서 보다 고차원의 기능을 다하는 특수 서비스이다.

20 아크릴수지, 폴리우레탄수지, 염화비닐수지 등의 가공제를 사용하는 가공은?

① 대전방지 가공
② 방수 가공
③ 방오 가공
④ 방축 가공

해설
방수 가공 : 직물이 습윤과 침투에 저항하는 성능을 부여하는 가공 방법

21 다림질의 3대 요소가 아닌 것은?

① 시 간
② 수 분
③ 압 력
④ 온 도

해설
다림질의 3대요소 : 온도(열), 수분(습도), 압력

22 다음 중 화학적 얼룩빼기 방법이 아닌 것은?

① 효소법
② 흡착법
③ 알칼리법
④ 표백제법

해설
얼룩빼기 방법
- 물리적 조작 : 기계적 힘을 이용하는 방법(스팀 건, 스패튤러, 솔 등), 분산법, 흡착법
- 화학적 조작 : 표백제법, 알칼리법, 효소법

23 론드리의 정의에 대한 설명으로 가장 옳은 것은?

① 물로 세탁하는 방법이다.
② 비누를 사용하여 손세탁하는 방법이다.
③ 알칼리제, 비누 등을 사용하여 온수에서 와셔로 세탁하는 가장 세정작용이 강한 방법이다.
④ 알칼리제, 비누 등을 사용하여 찬물에서 세탁하는 방법이다.

해설
론드리
- 면 마직물로 된 백색 세탁물의 백도를 회복하기 위한 고온 세탁 방법이다.
- 론드리의 일반 공정으로 애벌빨래, 본 빨래, 표백, 헹굼, 산욕, 풀 먹임, 탈수, 건조, 마무리 등이 있다.
- 와셔(Washer)는 원통형이므로 물품이 상하지 않는다.
- 고온세탁의 세계는 비누가 적당하다.

정답 19 ④ 20 ② 21 ① 22 ② 23 ③

24 다음 중 유기용제에 가장 약한 섬유는?

① 면 ② 견
③ 나일론 ④ 아세테이트

해설
아세테이트는 아세톤에 용해된다.

25 산욕작용의 효과로 틀린 것은?

① 의류를 살균, 소독한다.
② 천에 남은 알칼리를 중화한다.
③ 천에 광택을 주고 황변을 방지한다.
④ 산가용성 얼룩을 철분으로 변화시켜 물속에 침전시킨다.

해설
④ 산가용성의 얼룩을 제거한다.

26 드라이클리닝 세정 공정 중 소프를 첨가하지 아니하고 용제만으로 세탁하는 방식은?

① 배치-차지시스템
② 배치시스템
③ 차지시스템
④ 논차지시스템

해설
① 배치-차지시스템 : 세정 후 헹굼단계에서 소프가 용제로 희석될 때 일어나기 쉬운 재오염을 방지하기 위한 시스템
② 배치시스템 : 매회의 세정 때마다 세정액을 교체하여 새로이 씻는 방법
③ 차지시스템 : 용제, 계면활성제에 적정량의 물을 첨가 후 세탁하여 친유성, 친수성 오염을 제거하는 방법

27 론드리의 세탁 공정 순서로 옳은 것은?

① 애벌빨래 → 본 빨래 → 표백 → 헹굼 → 산욕 → 풀 먹임 → 탈수 → 건조 → 다림질
② 애벌빨래 → 산욕 → 본 빨래 → 건조 → 표백 → 풀 먹임 → 탈수 → 헹굼 → 다림질
③ 애벌빨래 → 산욕 → 탈수 → 건조 → 헹굼 → 본 빨래 → 표백 → 풀 먹임 → 다림질
④ 애벌빨래 → 헹굼 → 산욕 → 표백 → 본 빨래 → 탈수 → 풀 먹임 → 건조 → 다림질

28 드라이클리닝 용제의 조건으로 옳지 않은 것은?

① 표면장력이 작을 것
② 인화성이 없거나 적을 것
③ 비중이 낮을 것
④ 건조가 쉽고 나쁜 냄새가 남지 않을 것

해설
③ 비중이 클 것

정답 24 ④ 25 ④ 26 ④ 27 ① 28 ③

29 다음 중 웨트클리닝에 적용되는 피복이 아닌 것은?

① 합성피혁제품
② 표면 처리된 피혁
③ 고무를 입힌 제품
④ 면, 마의 고급제품

해설
웨트클리닝은 드라이클리닝이 불가능한 제품(염화비닐 합성피혁, 코팅된 제품, 고무를 입힌 제품, 수지안료 가공제품), 론드리에서 상해가 우려되는 제품을 세척하는 것이다.

30 의복의 기능 중 외관을 형성하는 것이므로 사람에 따라 성능의 요구에는 약간의 차이가 있으며 또 유행에 지배되기 쉬운 것은?

① 감각적 성능
② 위생적 성능
③ 내구적 성능
④ 관리적 성능

해설
의복의 기능 중 감각적인 성능
• 장식성, 감각성의 기능이다.
• 외적으로 우아하고 품위 있는 느낌을 가지게 한다.
• 내적으로 부드럽고 경쾌한 느낌을 준다.
• 색상, 광택, 촉감 등이 있다.

31 다음 중 얼룩빼기의 주의점으로 틀린 것은?

① 얼룩은 생긴 즉시 제거해야 한다.
② 섬유와 얼룩의 종류에 따른 적합한 얼룩빼기 방법을 검토해야 한다.
③ 얼룩빼기 시 심한 기계적 힘을 가하지 말아야 한다.
④ 얼룩빼기 후 뒤처리는 안 해도 섬유에 손상은 없다.

해설
④ 얼룩빼기 후에는 뒤처리를 반드시 행하여 섬유 손상을 방지해야 한다.

32 다음 중 섬유의 다림질 부주의로 나타나는 현상으로 틀린 것은?

① 아세테이트, 비닐론은 고온에서 습기를 주면 광택이 줄어들거나 경화된다.
② 나일론은 160℃ 이상의 높은 온도에서는 순간적으로 녹아 붙으며 용융할 수도 있다.
③ 면, 마의 다림질 적정 온도는 120~150℃이나 그 이상으로 다림질하면 탄화한다.
④ 폴리프로필렌은 140℃ 이상에서는 갑자기 열수축을 일으킬 수도 있으므로 주의해야 한다.

해설
섬유별 다림질 적정 온도
• 합성섬유, 아세테이트 : 100~200℃
• 견 : 120~130℃
• 레이온 : 130~140℃
• 모 : 130~150℃
• 면 : 180~200℃
• 마 : 180~210℃

정답 29 ④ 30 ① 31 ④ 32 ③

33 손빨래방법 중 세탁 효과는 불량하나 옷감의 손상이 적은 것은?

① 흔들어 빨기
② 눌러 빨기
③ 주물러 빨기
④ 두들겨 빨기

해설
흔들어 빨기 : 세탁물을 세제 용액에 담그고 좌우 또는 상하로 흔들어 용액을 유동시켜 세탁하는 방법이다. 세액이 세탁물에 대해서 평행으로 이동하므로 세탁 효과는 좋지 못하지만 옷감의 손상이 적다.

34 드라이클리닝 마무리 기계 중 인체프레스(Body Press)의 설명이 아닌 것은?

① 하의에 적합하다.
② 아크릴제품은 늘어나므로 적합하지 않다.
③ 냉풍을 불어 넣어 의복을 식혀 형태를 고정한다.
④ 의복을 기계에 입혀 증기를 안쪽에서부터 분출시켜 의복을 부드럽게 한다.

해설
인체프레스는 상의, 코트에 적합하다.

35 드라이클리닝 시 세탁물의 상해 예방이 아닌 것은?

① 손상되기 쉬운 세탁물은 반드시 망을 사용한다.
② 용제의 수분을 체크한다.
③ 탈수기 작동 시 덮개보를 사용한다.
④ 건조기의 온도는 가능한 높은 온도에서 사용한다.

해설
④ 건조기 온도를 저온으로 하여 서서히 처리한다.

36 견뢰도 판정 중 세탁견뢰도의 총 등급수는?

① 3   ② 5
③ 8   ④ 10

해설
세탁견뢰도 등급은 1~5급까지 등급이 있는데, 5급이 가장 우수하고 1급이 가장 열등하다.

37 마섬유 중 결정성과 분자의 배향이 가장 발달된 것은?

① 대 마   ② 아 마
③ 저 마   ④ 황 마

해설
저마는 결정성과 배향성이 가장 좋은 섬유이나 탄성회복률이 낮아 구김이 많이 간다.

정답 33 ① 34 ① 35 ④ 36 ② 37 ③

38 가죽 처리 공정 중 부드러운 가죽이 되게 하기 위한 가장 적합한 pH 범위는?

① pH 2.0~3.5
② pH 5.0~6.5
③ pH 7.0~8.5
④ pH 9.0~10.5

39 가죽의 처리 공정을 순서대로 나열한 것은?

① 물에 침지 → 산에 닿그기 → 제육 → 석회 침지 → 분할 → 때 빼기 → 탈회 및 효소분해 → 탈모 → 유성
② 물에 침지 → 산에 닿그기 → 제육 → 석회 침지 → 분할 → 탈모 → 탈회 및 효소분해 → 때 빼기 → 유성
③ 물에 침지 → 제육 → 석회 침지 → 산에 닿그기 → 분할 → 때 빼기 → 탈회 및 효소분해 → 탈모 → 유성
④ 물에 침지 → 제육 → 탈모 → 석회 침지 → 분할 → 때 빼기 → 탈회 및 효소분해 → 산에 닿그기 → 유성

40 다음 중 전기절연성이 가장 좋은 섬유는?
① 양 모
② 면
③ 마
④ 폴리에스터

[해설]
폴리에스터섬유는 산과 열에 잘 견디고 전기 절연성이 뛰어나서 의료용, 절연 재료, 로프류 따위를 만드는 데 쓰인다.

41 가죽 처리 공정 중 원피에 붙어 있는 기름 덩어리나 고기를 제거하는 것은?
① 물에 침지
② 분 할
③ 석회 침지
④ 제 육

[해설]
① 물에 침지 : 원피에 붙은 오물, 소금 등을 씻어내고 가죽 층에 있는 가용성 단백질을 녹여낸 후 원피에 수분을 충분히 흡수하여 생피 상태로 연하게 환원시키는 작업
② 분할 : 분할기를 사용하여 가죽의 이면을 깎고 두꺼운 가죽은 2층(은면층, 육면층)으로 나누는 것
③ 석회 침지 : 가죽의 촉감 향상을 위하여 털과 표피층, 불필요한 단백질, 지방과 기름 등을 제거하는 공정

정답 38 ① 39 ④ 40 ④ 41 ④

42 혼방직물이나 교직물을 염색할 때 섬유의 종류에 따른 염색성의 차이를 이용하여 각기 다른 색으로 염색하는 것은?

① 톱(Top) 염색
② 사염색
③ 크로스(Cross) 염색
④ 서모졸(Thermosol) 염색

해설
① 톱 염색 : 양모 방적 공정 중 소모사 직물용 실의 제조에서 양모를 톱(Top) 상태로 염색하는 방법이다.
② 사염색 : 실의 상태로 염색하는 것이다.
④ 서모졸(Thermosol) 염색 : 직물을 염액(염료, 분산제, 호료 등의 용액)에 침지하고 건조한 다음, 서모졸 장치 내에서 180~220℃에서 30~60초 동안 처리하여 염료를 고착시킨 후 세척한다.

43 다음 기호의 설명으로 틀린 것은?

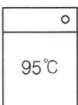

① 물의 온도 95℃를 표준으로 세탁할 수 있다.
② 세탁기로 세탁할 수 있다.
③ 손세탁이 가능하다.
④ 세제 종류에 제한을 받는다.

해설
※ 저자 의견 : 한국산업표준(KS K 0021) 개정으로 문제의 기호 정의는 "물의 온도 최대 95℃에서 세탁기로 일반 세탁할 수 있다. 세제 종류에 제한받지 않는다."로 변경되었다. 출제 당시 정답은 ④번이었으나, 현재는 성립하지 않는 문제이다.

44 부직포의 특성 중 틀린 것은?

① 강직하여 유연성이 부족하다.
② 매끄럽지 못하여 광택도 적고 거칠다.
③ 섬유의 방향성이 규칙하여 끝이 풀리지 않는다.
④ 함기율이 커서 가볍고 보온성이 좋다.

해설
③ 부직포는 방향성이 없다.

45 면섬유의 특성 중 틀린 것은?

① 현미경으로 보면 측면은 리본 모양이다.
② 수분을 흡수하면 강도가 증가한다.
③ 염색성은 양호하다.
④ 산에 강하고 알칼리에는 약하다.

해설
④ 산에는 약하나 알칼리에는 강하다.

46 실의 종류 중 재질에 따른 분류에 해당되지 않는 것은?

① 혼방사
② 교합사
③ 수편사
④ 피복사

해설
수편사는 용도에 의한 분류에 해당한다.

정답 42 ③ 43 정답없음 44 ③ 45 ④ 46 ③

47 면이나 인조섬유로 된 직물 위에 염화비닐수지나 폴리우레탄수지를 코팅한 것은?

① 인조피혁 ② 천연모피
③ 천연피혁 ④ 합성피혁

> **해설**
> 인조피혁
> • 인조피혁은 부직포뿐 아니라 직포로 제조되는 것까지 포함하여 분류된다.
> • 인조피혁은 면이나 인조섬유로 된 직물 위에 염화비닐수지나 폴리우레탄수지를 코팅한 것이다.
> • 초기에 나온 것은 주로 비닐레더라고 하며 면포나 부직포에 염화비닐수지를 코팅한 것이다.

48 섬유의 물세탁 방법에 관한 표시기호에 대한 설명으로 틀린 것은?

① 물의 온도는 30℃를 표준으로 한다.
② 약하게 손세탁할 수 있다.
③ 세탁기로 세탁할 수 있다.
④ 세제는 중성세제를 사용한다.

> **해설**
> ※ 저자 의견 : 한국산업표준(KS K 0021) 개정으로 문제의 기호와 그 정의는 다음과 같이 변경되었다. 출제 당시 정답은 ③번이었으나, 현재는 성립하지 않는 문제이다.
>
>  물의 온도 최대 30℃에서 손으로 매우 약하게 손세탁할 수 있다(세탁기 사용 불가). 세제 종류는 중성 세제를 사용한다.

49 아세테이트섬유의 염색에 가장 적합한 염료는?

① 반응성염료 ② 분산염료
③ 직접염료   ④ 황화염료

> **해설**
> 분산염료는 소수성이므로 소수성 섬유(폴리에스터, 나일론, 아세테이트)에 친화력을 갖는다.

50 다음 천연섬유 중 유일한 필라멘트섬유인 것은?

① 면   ② 마
③ 양모   ④ 견

> **해설**
> 장섬유(Filament Fiber)에는 천연섬유인 견섬유(실크)와 합성섬유(나일론, 폴리에스터, 아크릴)가 있다.

51 다음 중 인조섬유가 아닌 것은?

① 비스코스레이온
② 아세테이트
③ 나일론
④ 석면

> **해설**
> 석면은 천연섬유 중 광물성 섬유이다.

정답 47 ① 48 정답없음 49 ② 50 ④ 51 ④

52 다음 중 합성섬유로 만들어진 실이 아닌 것은?

① 나일론사　② 레이온사
③ 아크릴사　④ 폴리에스터사

해설
비스코스레이온은 인조섬유 중에서 재생섬유에 속한다.

53 다음 중 장식적인 부속품에 해당하는 것은?

① 단추　② 지퍼
③ 비즈　④ 스냅

해설
부속품
- 실용적인 부속품 : 단추, 지퍼, 스냅, 호크 등
- 장식적 부속품 : 비즈, 스팽글 등

54 염색견뢰도에 대한 설명 중 틀린 것은?

① 견뢰도는 염료의 종류에 관계없이 모두 같다.
② 견뢰도 판정은 오염 판정 시 사용하는 표준색표와 비교한다.
③ 견뢰도의 종류에 따라 등급의 수는 다르다.
④ 염색된 옷이 세탁에 견디는 능력을 세탁견뢰도라 한다.

해설
① 견뢰도는 염료의 종류에 따라 각각 다르다.

55 다음 중 수분을 흡수할 때 강도 저하가 가장 심한 섬유는?

① 양 모　② 레이온
③ 나일론　④ 아 마

해설
레이온섬유는 물에 잠기면 팽윤하여 강력이 저하한다.

56 다음 소속 공무원 중 공중위생감시원의 자격이 되지 않는 자는?

① 위생사 또는 환경기사 2급 이상의 자격증이 있는 자
② 3년 이상 공중위생 행정에 종사한 경력이 있는 자
③ 「고등교육법」에 의한 대학에서 환경공학 또는 위생학 분야를 전공하고 졸업한 자
④ 외국에서 공중위생업무에 종사한 경력이 있는 자

해설
공중위생감시원의 자격 및 임명(공중위생관리법 시행령 제8조제1항)
시·도지사 또는 시장·군수·구청장은 다음의 어느 하나에 해당하는 소속 공무원 중에서 공중위생감시원을 임명한다.
- 위생사 또는 환경기사 2급 이상의 자격증이 있는 사람
- 「고등교육법」에 따른 대학에서 화학·화공학·환경공학 또는 위생학 분야를 전공하고 졸업한 사람 또는 법령에 따라 이와 같은 수준 이상의 학력이 있다고 인정되는 사람
- 외국에서 위생사 또는 환경기사의 면허를 받은 사람
- 1년 이상 공중위생 행정에 종사한 경력이 있는 사람

정답 52 ② 53 ③ 54 ① 55 ② 56 ④

57 다음 중 공중위생영업의 종류별 시설 및 설비기준을 규정한 공중위생관리법령은?

① 시행령
② 시행규칙
③ 법률
④ 훈령

해설
공중위생관리법 시행규칙 제2조에서 공중위생영업의 종류별 시설 및 설비기준을 규정하고 있다.

58 세탁업의 경우 신고를 하지 않고 영업소의 소재지를 변경한 경우 1차 위반의 경우에 대한 행정처분기준은?

① 개선명령
② 영업정지 15일
③ 영업정지 2월
④ 영업정지 1월

해설
행정처분기준(공중위생관리법 시행규칙 별표 7)
신고를 하지 않고 영업소의 소재지를 변경한 경우
• 1차 위반 : 영업정지 1월
• 2차 위반 : 영업정지 2월
• 3차 위반 : 영업장 폐쇄명령
※ 해당 법 개정으로 행정처분기준이 영업장 폐쇄명령에서 영업정지 1월로 변경되어 정답을 수정하였습니다.

59 공중위생영업을 하고자 하는 자가 시장·군수·구청장에게 변경신고하지 않아도 되는 것은?

① 영업소의 명칭 또는 상호
② 영업소의 소재지
③ 신고한 영업장 면적의 3분의 1 이상의 증감
④ 연평균 수입의 3분의 1 이상의 증감

해설
공중위생영업의 신고 및 폐업신고(공중위생관리법 제3조제1항, 시행규칙 제3조의2제1항)
공중위생영업을 하고자 하는 자는 공중위생영업의 종류별로 보건복지부령이 정하는 시설 및 설비를 갖추고 시장·군수·구청장(자치구의 구청장)에게 신고하여야 한다. 다음의 보건복지부령이 정하는 중요사항을 변경하고자 하는 때에도 또한 같다.
• 영업소의 명칭 또는 상호
• 영업소의 주소
• 신고한 영업장 면적의 3분의 1 이상의 증감
• 대표자의 성명 또는 생년월일

60 세탁업을 하는 자가 국민건강에 유해한 물질을 발생시키지 않는 세제의 종류와 기계 및 설비를 안전하게 관리하는 위생관리의무 규정에 위반하여 처하는 과태료의 기준은?

① 100만원 이하
② 200만원 이하
③ 300만원 이하
④ 500만원 이하

해설
과태료(공중위생관리법 제22조제2항)
다음의 어느 하나에 해당하는 자는 200만원 이하의 과태료에 처한다.
• 세탁업소의 위생관리 의무를 지키지 아니한 자
• 위생교육을 받지 아니한 자

정답 57 ② 58 ④ 59 ④ 60 ②

2017년 제1회 과년도 기출복원문제

※ 2017년부터는 CBT(컴퓨터 기반 시험)로 진행되어 수험자의 기억에 의해 문제를 복원하였습니다. 실제 시행문제와 일부 상이할 수 있음을 알려드립니다.

01 다음 중 흡착제이면서 탈산력이 뛰어난 청정제는?
① 활성탄소 ② 실리카겔
③ 활성백토 ④ 알루미나겔

해설
알루미나겔은 탈산, 탈취제이다.

02 다음 중 세정률이 가장 높은 섬유는?
① 양 모 ② 면
③ 마   ④ 견

해설
세정률은 양모가 높고 견은 낮다.
오점이 잘 제거되는 순서 : 양모 → 나일론 → 비닐론 → 아세테이트 → 면 → 레이온 → 마 → 견(비단)

03 론드리에서 건조 시 주의점으로 틀린 것은?
① 알칼리제를 사용하므로 오점이 잘 빠진다.
② 표백이나 풀 먹임이 효과적이면 용이하다.
③ 와셔는 원통형이므로 의류가 상하지 않는다.
④ 마무리에 상당한 시간과 기술이 필요 없다.

해설
④ 마무리에 상당한 시간과 기술이 필요하다.

04 다음 중 실을 거치지 않은 피륙은?
① 레이스 ② 직 물
③ 펠 트   ④ 편성물

해설
실을 거치지 않고 바로 만든 옷감으로 펠트, 부직포 등이 있다.

정답 1 ④ 2 ① 3 ④ 4 ③

05 다음 중 웨트클리닝을 하야 하는 의복이 아닌 것은?

① 합성피혁제품
② 고무를 입힌 제품
③ 슈트나 한복
④ 안료염색된 의복

해설
슈트나 한복은 드라이클리닝 대상품이다.

06 평직에 대한 설명으로 옳은 것은?

① 사문직이라고도 한다.
② 조직점이 적어서 유연하다.
③ 경사와 위사가 한 올씩 상하교대로 교차되어 있다.
④ 표면이 매끄럽고 광택이 좋다.

해설
평직은 날실과 씨실의 한 가닥씩 교차로 짜인 아주 간단하고 긴밀한 조직이다.

07 모피와 피혁의 세탁 방법에 대한 설명으로 틀린 것은?

① 피혁류는 드라이클리닝보다 물세탁 하는 것이 적당하다.
② 피혁류는 지방의 보전이 품질보전의 중요한 요령 중의 하나이다.
③ 모피류는 일반 드라이클리닝이 불가능하므로 모피전문 세탁업체에 맡겨야 한다.
④ 모피류는 파우더클리닝으로 한다.

해설
① 피혁류는 드라이클리닝 하여야 하며 물세탁 시에는 수축과 물 빠짐 현상이 발생하므로 주의하여야 한다.

08 폴리에스터섬유의 염색에 가장 많이 사용되고 있는 염료는?

① 직접염료   ② 염기성염료
③ 산성염료   ④ 분산염료

해설
분산염료는 소수성이므로 소수성 섬유(폴리에스터, 나일론, 아세테이트)에 친화력을 갖는다.

09 다음 중 안전 다림질 온도가 가장 높은 섬유는?

① 양 모   ② 아 마
③ 폴리에스터   ④ 견

해설
다림질 온도
• 식물성 섬유 > 동물성 섬유 > 재생섬유 > 합성섬유
• 마 > 면 > 모 > 견, 레이온 > 합성섬유

정답 5 ③ 6 ③ 7 ① 8 ④ 9 ②

10 다음 중 오염의 제거가 가장 어려운 섬유는?

① 양 모
② 아세테이트
③ 견
④ 면

해설
오점이 잘 제거되는 섬유의 순서
양모 → 나일론 → 비닐론 → 아세테이트 → 면 → 레이온 → 마 → 견

11 세탁용 보일러의 증기압력과 온도가 옳은 것은?

① 증기압 $2.0kg/cm^2$, 온도 99.1℃
② 증기압 $3.0kg/cm^2$, 온도 119.6℃
③ 증기압 $4.0kg/cm^2$, 온도 142.9℃
④ 증기압 $6.0kg/cm^2$, 온도 151.1℃

해설
증기압과 증기의 온도

압력(kg/cm^2)	온도(℃)	압력(kg/cm^2)	온도(℃)
1.0	99.1	6.0	158.1
2.0	119.6	7.0	164.2
3.0	132.9	8.0	169.6
4.0	142.9	9.0	174.5
5.0	151.1	10.0	179.0

12 보일러의 고장 원인으로 틀린 것은?

① 수면계에 수위가 나타난다.
② 증기에 물이 섞여 나온다.
③ 작동 중 불이 꺼진다.
④ 본체에서 증기나 물이 샌다.

해설
① 수면계에 수위가 나타나지 않을 경우 고장의 원인이 된다.

13 다음 중 오점 제거방법이 아닌 것은?

① 털어서 제거
② 유기용제로 제거
③ 빛에 의하여 제거
④ 표백제로 제거

14 다음 중 론드리에 대한 설명으로 틀린 것은?

① 알칼리제, 비누 등을 사용하여 온수에서 와셔로 세탁하는 가장 세정작용이 강한 방법이다.
② 론드리 대상품은 직접 살에 닿는 와이셔츠류, 더러움이 비교적 잘 타는 작업복류, 견고한 백색직물 등이다.
③ 세탁 온도가 높아 세탁 효과가 좋다.
④ 수질오염 방지 등 배수시설이 필요 없어 경제적이다.

해설
④ 수질오염 방지를 위한 배수시설이 필요하므로 원가가 높다.

정답 10 ③ 11 ③ 12 ① 13 ③ 14 ④

15 얼룩빼기 방법 중 물리적인 방법이 아닌 것은?

① 기계적인 힘을 이용하는 방법
② 분산법
③ 효소를 사용하는 방법
④ 흡착법

해설
③은 화학적 조작에 속한다.

16 웨트클리닝 처리 방법에 대한 설명 중 틀린 것은?

① 웨트클리닝은 색이 빠지거나 형이 일그러지는 것에 주의해야 한다.
② 처리 방법에는 솔빨래, 손빨래, 기계빨래, 오염을 닦아내는 것 등이 있다.
③ 대상이 되는 의류는 종류가 많고 성질은 다르나 처리 방법은 모두 같다.
④ 마무리 다림질을 생각하여 형의 망가짐에 유의하여야 한다.

해설
웨트클리닝의 대상이 되는 의류는 종류가 많고 성질도 다르므로 처리법도 다르다.

17 섬유가 구비해야 할 조건과 가장 거리가 먼 것은?

① 섬유 상호 간에 포합성이 있어야 한다.
② 굵기가 굵고 균일하여야 한다.
③ 부드러운 성질이 있어야 한다.
④ 탄성과 광택이 우수하여야 한다.

해설
섬유는 굵기가 가늘수록 원사나 직물을 가공하면 더욱 정교하다.

18 다음 중 5% 용액에서 5분 안에 양모섬유를 완전히 용해시키는 것은?

① 암모니아
② 인산나트륨
③ 규산나트륨
④ 수산화나트륨

해설
양모는 수산화나트륨 용액에서 5분 이내에 완전히 용해된다.

19 완성된 의류에 가공을 하여 형태를 고정시키는 방법은?

① 퍼머넌트 프레스 가공
② 샌포라이즈 가공
③ 압축 가공
④ 방오 가공

해설
퍼머넌트 프레스 가공 : 면직물 또는 면과 화학섬유의 혼방직물이나 그 제품에 가열 처리를 하여 항구성이 있는 보형성·방추성·주름유지성 등을 부여하는 가공이다.

정답 15 ③ 16 ③ 17 ② 18 ④ 19 ①

20 다음 중 복합직물이 아닌 것은?

① 퀼트천 ② 본딩직물
③ 이중직 ④ 인조피혁

해설
이중직은 3가지 이상의 종류의 실로 만든다.

21 아마섬유를 면섬유와 비교하였을 때의 성질로서 틀린 것은?

① 강도가 크다.
② 흡습속도가 빠르다.
③ 열전도성이 크다.
④ 탄성이 크다.

해설
마직물은 탄성이 매우 낮아서 구김이 잘 생기고 잘 펴지지 않으며 형태안정성도 좋지 않다.

22 세탁 관련 영업을 하고자 하는 자는 어느 영으로 정하는 시설 및 설비를 갖추어야 하는가?

① 국무총리령 ② 대통령령
③ 보건복지부령 ④ 시·도지사령

해설
공중위생영업의 신고 및 폐업신고(공중위생관리법 제3조 제1항)
공중위생영업을 하고자 하는 자는 공중위생영업의 종류별로 보건복지부령이 정하는 시설 및 설비를 갖추고 시장·군수·구청장(자치구의 구청장에 한한다)에게 신고하여야 한다. 보건복지부령이 정하는 중요사항을 변경하고자 하는 때에도 또한 같다.

23 다음 중 세탁 시 일시적인 대전방지 효과가 있는 것은?

① 차아염소산나트륨
② 과망가니즈산칼륨
③ 이황산수소나트륨
④ 양이온계 계면활성제

해설
양이온계 계면활성제는 세척력이 작아 세제보다는 섬유의 유연제, 대전방지제, 발수제 등으로 사용된다.

24 용제 관리의 목적이 아닌 것은?

① 물품을 상하지 않게 한다.
② 재오염을 방지한다.
③ 세정효과를 높인다.
④ 충분한 양을 항상 확보한다.

25 오염이 잘 제거되는 섬유의 순서로 옳은 것은?

① 견 > 면 > 아세테이트 > 양모
② 양모 > 아세테이트 > 면 > 견
③ 아세테이트 > 양모 > 견 > 면
④ 면 > 견 > 양모 > 아세케이트

해설
오점이 잘 제거되는 섬유의 순서
양모 → 나일론 → 비닐론 → 아세테이트 → 면 → 레이온 → 마 → 견

26 세탁 작용 중에서 유화현탁작용을 가장 옳게 설명한 것은?

① 젖기 쉽게 하는 것
② 오점이 떨어지게 하는 것
③ 세제를 작게 분산시키는 것
④ 오점이 액 중에서 안정화되는 것

해설
① 침투작용, ② 흡착작용, ③ 분산작용

27 다음 중 다림질 기구가 아닌 것은?

① 컴프레서   ② 다리미
③ 다리미판   ④ 베큠프리스대

해설
컴프레서는 공기압축기이다.

28 다음 중 얼룩빼기에서 유기용제를 사용해서는 안 되는 섬유는?

① 폴리비닐알코올   ② 나일론
③ 아세테이트   ④ 폴리에스터

해설
아세케이트는 유기용제인 아세톤에 용해된다.

29 능직물에 해당되지 않는 것은?

① 옥양목   ② 개버딘
③ 진   ④ 서 지

해설
사문직(능직) : 서지, 개버딘, 드릴, 진, 데님, 수라 등

정답 25 ② 26 ④ 27 ① 28 ③ 29 ①

30 섬유상품 중 실에 표시하는 품질 표시사항이 아닌 것은?

① 길이 또는 중량
② 섬유의 조성 또는 혼용률
③ 실 가공 여부
④ 번수 또는 데니어

해설
실의 품질 표시사항
• 섬유의 조성 또는 혼용률
• 번수 또는 데니어(가공된 실은 제외)
• 길이 또는 중량
• 제조연월
• 제조자명
• 수입자명(수입품에 한함)
• 주소 및 전화번호(지역번호 포함)
• 제조국명

31 물에 잘 녹으며 중성 또는 약산성에서 단백질섬유에 잘 염착되고 아크릴섬유에도 염착되는 염료는?

① 염기성염료
② 직접염료
③ 분산염료
④ 산화염료

해설
염료의 분류

염료	주요 적용 섬유류
염기성염료	아크릴, 단백질계
직접염료	셀룰로스, 재생셀룰로스
분산염료	폴리에스테르, 폴리아마이드, 아크릴
산화염료	셀룰로스

32 클리닝에서 사용되고 있는 원통보일러의 형식에 해당되지 않는 것은?

① 폐 열
② 노 통
③ 입 식
④ 연 관

해설
① 폐열보일러는 특수보일러 형식이다.
원통보일러의 형식에는 입식보일러, 노통보일러, 연관보일러, 노통연관보일러가 있다.

33 물리적 얼룩빼기 방법이 아닌 것은?

① 기계적 힘을 이용하는 방법
② 분산법
③ 표백제법
④ 흡착법

해설
③은 화학적 조작에 속한다.

34 드라이클리닝 마무리 기계 중 포머형에 해당되는 것은?

① 만능프레스
② 인체프레스
③ 스팀터널
④ 스팀박스

해설
• 프레스형 : 만능프레스, 오프셋프레스
• 포머형 : 인체프레스, 팬츠토퍼, 퍼프아이론, 스팀보드
• 스팀형 : 스팀터널, 스팀박스

35 론드리용 기계 형태가 아닌 것은?

① 사이드 로딩(Side Lading)형
② 킬달(Kieldahl)형
③ 와셔(Washer)형
④ 엔드 로딩(End Loading)형

36 비스코스레이온의 구조와 성질에 대한 설명 중 틀린 것은?

① 현미경 관찰 시 단면은 톱날 모양이다.
② 정전기가 많이 발생하여 의류의 안감으로 부적합하다.
③ 셀룰로스가 주성분이다.
④ 강도는 면보다 나쁘나 흡습성은 우수하다.

[해설]
비스코스레이온은 정전기가 발생하지 않아 의류의 안감으로 적합하다.

37 공중위생감시원의 자격·임명·업무범위 기타 필요한 사항은 어느 영으로 정하는가?

① 대통령령
② 국무총리령
③ 도지사령
④ 보건복지부장관령

[해설]
공중위생감시원(공중위생관리법 제15조제2항)
공중위생감시원의 자격·임명·업무범위 기타 필요한 사항은 대통령령으로 정한다

38 위생서비스수준의 평가에 대한 설명으로 틀린 것은?

① 시·도지사는 공중위생영업소의 위생관리수준을 향상시키기 위하여 위생서비스평가계획을 수립한다.
② 시장·군수·구청장은 평가계획에 따라 관할 지역별 세부 평가계획을 수립한 후 공중위생영업소의 위생서비스수준을 평가하여야 한다.
③ 위생서비스평가의 주기·방법, 위생관리 등급의 기준 기타 평가에 관하여 필요한 사항은 시·도지사령으로 정한다.
④ 위생서비스평가의 전문성을 높이기 위하여 필요하다고 인정하는 경우에는 관련 전문기관 및 단체로 하여금 위생서비스평가를 실시하게 할 수 있다.

[해설]
위생서비스수준의 평가(공중위생관리법 제13조제4항)
위생서비스평가의 주기·방법, 위생관리등급의 기준 기타 평가에 관하여 필요한 사항은 보건복지부령으로 정한다.
① 공중위생관리법 제13조제1항
② 공중위생관리법 제13조제2항
④ 공중위생관리법 제13조제3항

정답 35 ② 36 ② 37 ① 38 ③

39 드라이클리닝용 유기용제가 갖추어야 할 조건이 아닌 것은?

① 독성이 없거나 적을 것
② 표면장력이 작을 것
③ 인화성이 없거나 적을 것
④ 비중이 작을 것

해설
④ 비중이 클 것

40 게이지의 압력이 6kg/cm² 인 보일러의 절대압력은?

① 4kg/cm²
② 5kg/cm²
③ 6kg/cm²
④ 7kg/cm²

해설
절대압력 = 게이지압력 + 1
= 7kg/cm²

41 다음 중 옷감으로 가장 많이 사용되고 있는 합성섬유는?

① 폴리에스터
② 아크릴
③ 비닐론
④ 폴리프로필렌

해설
폴리에스터섬유는 신도가 작은 편이며, 초기탄성률은 큰 편이므로 나일론보다 면이나 양모와 혼방하기에 유리하며, 일반의복용으로 사용하기에 적합하다.

42 용제의 독성을 나타내는 허용농도(TLV)값이 가장 작은 것은?

① 퍼클로로에틸렌
② 벤젠
③ 1,1,1-트라이클로로에탄
④ 삼염화삼플루오린화에탄

43 용제의 구비조건이 아닌 것은?

① 기계를 부식시키지 않고 인체에 독성이 없을 것
② 건조가 쉽고 세탁 후 냄새가 없을 것
③ 값이 싸고 공급이 안정할 것
④ 인화점이 낮을 것

해설
④ 인화점이 높고 불연성일 것

정답 39 ④ 40 ④ 41 ① 42 ② 43 ④

44 용제의 청정제 중 흡착제가 아닌 것은?

① 알루미나겔
② 실리카겔
③ 산성백토
④ 규조토

해설
규조토는 여과력은 우수하나 흡착력이 없고, 탈진효과가 가장 우수하다.

45 화학적 얼룩빼기 방법에 관한 설명으로 틀린 것은?

① 과즙, 땀, 기타 산성 얼룩을 알칼리로 용해시켜 제거하는 방법이다.
② 물을 사용하여 얼룩을 용해하고 분리시킨 후 분산된 얼룩을 흡수하여 제거하는 방법이다.
③ 흰색 의류에 생긴 유색물질의 얼룩을 표백제로 제거하는 방법이다.
④ 단백질, 전분 등의 얼룩을 단백질 분해효소들로 제거하는 방법이다.

해설
②는 물리적 얼룩빼기 방법이다.

46 「성매매알선 등 행위의 처벌에 관한 법률」 등 외의 법률의 위반으로 폐쇄명령이 있은 후 몇 개월이 경과하지 아니한 때 폐쇄명령이 이루어진 영업장소에서 같은 종류의 영업을 할 수 없는가?

① 6개월
② 3개월
③ 1개월
④ 12개월

해설
같은 종류의 영업 금지(공중위생관리법 제11조의4제4항)
「성매매알선 등 행위의 처벌에 관한 법률」 등 외의 법률의 위반으로 폐쇄명령이 있은 후 6개월이 경과하지 아니한 때에는 누구든지 그 폐쇄명령이 이루어진 영업장소에서 같은 종류의 영업을 할 수 없다.

47 계면활성제와 HLB와 그 용도가 잘못 짝지어진 것은?

① HLB 1~2 - 소포제
② HLB 3~4 - 유화제
③ HLB 7~9 - 침윤제
④ HLB 13~15 - 세탁용 세제

해설
② HLB 3~4 : 드라이클리닝용 세제

정답 44 ④ 45 ② 46 ① 47 ②

48 다음 중 외부에서 펌프 압력에 의해 필터면을 통과하면서 청정화하는 필터는?

① 튜브 필터
② 스프링 필터
③ 특수 필터
④ 리프 필터

해설
리프 필터는 금속테의 양면에 쇠망을 붙인 표면에 여과제 층을 부착시킨 구조이다.

49 다음 중 스프링 필터식 청정장치의 스프링에 부착되어 있는 것은?

① 규조토
② 분말 세제
③ 비닐수지
④ 폴리우레탄

50 비스코스 원액을 일정 온도에서 일정 시간 방치하여 점도를 저하시키는 것은?

① 숙 성   ② 정 제
③ 침 지   ④ 노 성

51 다음 중 세정액의 청정장치에 해당되지 않는 것은?

① 필터식   ② 청정통식
③ 증류식   ④ 여과분사식

해설
세정액의 청정장치 : 필터식, 청정통식, 카트리지식, 증류식

52 다음 중 의복의 기능이 아닌 것은?

① 귀족적인 성능
② 위생적인 성능
③ 감각적인 성능
④ 실용적인 성능

해설
의복의 기능 : 위생상 기능, 실용성 기능, 감각성 기능, 관리성 기능

정답 48 ④ 49 ① 50 ① 51 ④ 52 ①

53 가열하면 특정 온도에서 녹아서 액체가 되는 섬유로만 나열한 것은?

① 아마, 대마
② 나일론, 저마
③ 나일론, 폴리에스터
④ 면, 폴리에스터

해설
합성섬유 중 가열 시 연화되고 용융되는 대표적인 열가소성 섬유로는 폴리에스터, 나일론, 트라이아세테이트 등이 있다.

54 공중위생영업자가 받아야 할 연간 위생 교육시간은?

① 1시간 ② 2시간
③ 3시간 ④ 4시간

해설
위생교육(공중위생관리법 시행규칙 제23조제1항)
위생교육은 집합교육과 온라인 교육을 병행하여 실시하되, 교육시간은 3시간으로 한다.

55 다음 중 공중위생감시원의 업무범위가 아닌 것은?

① 위생지도 및 개선명령 이행여부의 확인
② 영업자의 기술자격 인정 여부
③ 영업자준수사항 이행여부의 확인
④ 위생교육 이행여부의 확인

해설
공중위생감시원의 업무범위(공중위생관리법 시행령 제9조)
공중위생감시원의 업무는 다음과 같다.
• 시설 및 설비의 확인
• 공중위생영업 관련 시설 및 설비의 위생상태 확인·검사, 공중위생영업자의 위생관리의무 및 영업자준수사항 이행여부의 확인
• 위생지도 및 개선명령 이행여부의 확인
• 공중위생영업소의 영업의 정지, 일부 시설의 사용중지 또는 영업소 폐쇄명령 이행여부의 확인
• 위생교육 이행여부의 확인

56 염색견뢰도에 대한 설명 중 틀린 것은?

① 견뢰도는 염료의 종류에 따라 각각 다르다.
② 견뢰도 판정은 오염 판정 시 사용하는 표준색표와 비교한다.
③ 견뢰도의 종류에 관계없이 등급의 수는 모두 5개로 같다.
④ 염색된 옷이 세탁에 견디는 능력을 세탁견뢰도라 한다.

해설
염색견뢰도 결과는 1급에서 5급 사이의 등급으로 표시하며, 일광견뢰도는 평가방법에 차이가 있어 8급까지 표시할 수 있다.

정답 53 ③ 54 ③ 55 ② 56 ③

57 다음 중 부직포의 특성으로 옳은 것은?

① 직물과 파일, 직물과 직물 위에 수지 등을 입혀 특수 목적으로 사용되는 직물이다.
② 함기량이 많으나 내열성, 내구성이 불량하여 주로 심감으로 사용한다.
③ 용도는 실용적인 옷감으로 사용되고 광목, 옥양목, 포플린 등이 있다.
④ 겉모양이 우아하여 부인복에 이용되고 통기성이 좋아 시원한 감을 준다.

해설
부직포는 어느 방향에 대해서도 신축성이 없고, 형이 변형되는 일이 적은 것이 특징이며 짜거나 뜨지 않고 섬유를 천 상태로 만든 것이다.

58 세정액을 교체하여 세탁하는 방법은?

① 차지시스템(Charge System)
② 배치시스템(Batch System)
③ 논차지시스템(Non-charge System)
④ 배치-차지시스템(Batch Charge System)

해설
② 배치시스템은 일명 모음세탁이라고도 한다.

59 다음 중 거품이 잘 생기지 않는 비누는?

① 라우르산 비누
② 미리스트산 비누
③ 올레산 비누
④ 스테아르산 비누

해설
스테아르산 비누는 물에 잘 녹지 않고 거품이 잘 발생하지 않는다.

60 방오 가공의 목적으로 옳은 것은?

① 땀이 옷에 스며들지 못하게 하는 가공이다.
② 바람을 막아주는 가공이다.
③ 오염을 방지하는 가공이다.
④ 세탁 시 수축을 방지하는 가공이다.

해설
방오 가공 : 오염을 막고 때가 직물 내부로 침투하는 것을 방지하며, 오염을 쉽게 제거할 수 있도록 하는 가공이다.

정답 57 ② 58 ② 59 ④ 60 ③

2018년 제1회 과년도 기출복원문제

01 공중위생관리법의 궁극적인 목적에 해당되는 것은?
① 국민의 건강증진에 기여
② 위생관리 서비스 향상에 노력
③ 종사자의 기술수준 향상
④ 종사자의 복리증진

해설
목적(공중위생관리법 제1조)
공중위생관리법은 공중이 이용하는 영업의 위생관리 등에 관한 사항을 규정함으로써 위생수준을 향상시켜 국민의 건강증진에 기여함을 목적으로 한다.

02 다음 중 인조섬유에 속하지 않는 것은?
① 석 면   ② 아세테이트
③ 비스코스레이온 ④ 나일론

해설
① 석면은 자연적으로 생성되며 섬유상 형태를 갖는 규산염 광물류로서 환경부령으로 정하는 물질을 말한다(석면안전관리법 제2조제1호).

03 공중위생영업을 하고자 하는 자가 시장·군수·구청장에게 변경신고하지 않아도 되는 것은?
① 영업소의 명칭 또는 상호
② 영업소의 소재지
③ 신고한 영업장 면적의 3분의 1 이상의 증감
④ 연평균 수입의 3분의 1 이상의 증감

해설
공중위생영업의 신고 및 폐업신고(공중위생관리법 제3조제1항, 시행규칙 제3조의2제1항)
공중위생영업을 하고자 하는 자는 공중위생영업의 종류별로 보건복지부령이 정하는 시설 및 설비를 갖추고 시장·군수·구청장(자치구의 구청장)에게 신고하여야 한다. 다음의 보건복지부령이 정하는 중요사항을 변경하고자 하는 때에도 또한 같다.
• 영업소의 명칭 또는 상호
• 영업소의 주소
• 신고한 영업장 면적의 3분의 1 이상의 증감
• 대표자의 성명 또는 생년월일

04 공중위생영업자에 대한 과징금 징수절차는 무엇으로 정하는가?
① 대통령령   ② 국무총리령
③ 보건복지부령 ④ 행정안전부령

해설
과징금의 부과 및 납부(공중위생관리법 시행령 제7조의3 제8항)
과징금의 징수절차는 보건복지부령으로 정한다.

정답 1 ① 2 ① 3 ④ 4 ③

05 다음 중 명예공중위생감시원의 업무가 아닌 것은?

① 공중위생관리 업무와 관련하여 시·도지사가 따로 정하여 부여하는 업무
② 위생지도 및 개선명령 이행여부의 확인
③ 법령 위반행위에 대한 신고 및 자료 제공
④ 공중위생감시원이 행하는 검사대상물의 수거 지원

해설
명예공중위생감시원의 자격 등(공중위생관리법 시행령 제9조의2제2항)
명예공중위생감시원의 업무는 다음과 같다.
- 공중위생감시원이 행하는 검사대상물의 수거지원
- 법령 위반행위에 대한 신고 및 자료 제공
- 그 밖에 공중위생에 관한 홍보·계몽 등 공중위생관리업무와 관련하여 시·도지사가 따로 정하여 부여하는 업무

06 세탁업자가 처리용량의 합계가 30kg 이상의 세탁용 기계를 설치하는 경우에만 사용해야 하는 용제는?

① 퍼클로로에틸렌   ② 석유계 용제
③ 불소계 용제   ④ 트라이클로로에탄

해설
세제의 종류 등(공중위생관리법 시행규칙 제6조)
세탁업자가 퍼클로로에틸렌, 트라이클로로에탄, 플루오린(불소계) 용제, 석유계 용제를 사용하는 경우 국민건강에 유해한 물질이 발생되지 아니하도록 세탁물의 건조 시 용제를 회수할 수 있는 세탁용 기계를 설치·사용하거나 세탁물의 건조 시 용제를 회수할 수 있는 기계 또는 설비를 세탁용 기계와 별도로 설치·사용하여야 한다. 다만, 세탁업자가 석유계 용제를 사용하는 경우에는 처리용량의 합계가 30kg 이상의 세탁용 기계를 설치한 경우만 해당한다.

07 섬유에 오염 부착이 잘되는 섬유의 순서대로 나열한 것은?

① 양모 → 나일론 → 레이온 → 아세테이트 → 마 → 견
② 양모 → 아세테이트 → 레이온 → 나일론 → 마 → 견
③ 레이온 → 마 → 아세테이트 → 견 → 나일론 → 양모
④ 레이온 → 견 → 아세테이트 → 마 → 나일론 → 양모

해설
오염되기 쉬운 섬유 순서
비스코스레이온 → 마 → 아세테이트 → 면 → 비닐론 → 실크(견) → 나일론 → 양모

08 다음 중 론드리의 세탁 순서가 가장 바르게 된 것은?

① 본 빨래 → 표백 → 헹굼 → 산욕 → 푸새 → 탈수
② 본 빨래 → 헹굼 → 표백 → 산욕 → 푸새 → 탈수
③ 본 빨래 → 표백 → 산욕 → 푸새 → 헹굼 → 탈수
④ 표백 → 본 빨래 → 헹굼 → 산욕 → 탈수 → 푸새

해설
론드리의 세탁 공정
애벌빨래 → 본 빨래 → 표백 → 헹굼 → 산욕 → 푸새(풀먹임) → 탈수 → 건조 → 다림질

5 ② 6 ② 7 ③ 8 ①

09 다음 중 드라이클리닝 공정의 순서로 옳은 것은?

① 헹굼 → 전 처리 → 세척 → 탈액 → 건조
② 헹굼 → 세척 → 전 처리 → 탈액 → 건조
③ 전 처리 → 헹굼 → 세척 → 탈액 → 건조
④ 전 처리 → 세척 → 헹굼 → 탈액 → 건조

10 드라이클리닝 마무리 기계 중 인체프레스가 해당하는 형태는?

① 포머형　　② 프레스형
③ 스팀형　　④ 시저스형

해설
인체프레스는 의복을 기계에 입혀 증기를 안쪽에서부터 분출시켜 의복을 부드럽게 하고, 열풍으로 건조시키면서 포대를 부풀려 주름을 편다.
마무리기계의 종류
- 프레스형 : 만능프레스(주로 모직물), 오프셋프레스(실크, 얇은 직물)
- 포머형 : 인체프레스(상의, 코트), 팬츠토퍼(하의)
- 스팀형 : 스팀터널(상의-편성물, 코트), 스팀박스(상의, 코트)

11 데님직물의 조직에 해당되는 것은?

① 평 직　　② 능 직
③ 수자직　　④ 변화평직

해설
- 사문직(능직) : 서지, 개버딘, 드릴, 진, 데님, 수라 등
- 평직 : 태피터, 옥양목, 포플린 등

12 양모섬유로 만든 코트를 드라이클리닝 할 때의 설명으로 옳은 것은?

① 용제에 수분이 과잉 공급되면 수축과 손상을 받는다.
② 굴로 애벌빨래 후 건식세탁을 한다.
③ 직사광선에 바짝 건조하여야 좋다.
④ 광택, 촉감을 위해 문질러 빤다.

해설
② 양모섬유는 드라이클리닝이 안전하다.
③ 바람이 통하는 그늘에서 건조하여야 좋다.
④ 가볍게 눌러 빠는 정도로 한다.

정답 9 ④　10 ①　11 ②　12 ①

13 다음 중 안전 다림질 온도가 가장 낮은 섬유는?

① 아세테이트
② 양 모
③ 면
④ 마

해설
다림질 온도
- 식물성 섬유 > 동물성 섬유 > 재생섬유 > 합성섬유
- 마 > 면 > 모 > 견, 레이온 > 합성섬유

14 화학적 얼룩빼기 방법이 아닌 것은?

① 효소법
② 흡착법
③ 알칼리법
④ 표백제법

해설
얼룩빼기 방법
- 물리적 조작 : 기계적 힘을 이용하는 방법(스팀 건, 스패튤러, 솔 등), 분산법, 흡착법
- 화학적 조작 : 표백제법, 알칼리법, 효소법

15 화학적 얼룩빼기 방법에 관한 설명으로 틀린 것은?

① 과즙, 땀, 기타 산성 얼룩을 알칼리로 용해시켜 제거하는 방법이다.
② 물을 사용하여 얼룩을 용해하고 분리시킨 후 분산된 얼룩을 흡수하여 제거하는 방법이다.
③ 흰색 의류에 생긴 유색물질의 얼룩을 표백제로 제거하는 방법이다.
④ 단백질, 전분 등의 얼룩을 단백질 분해효소들로 제거하는 방법이다.

해설
②는 물리적 얼룩빼기 방법이다.

16 다음 중 얼룩빼기의 주의점으로 틀린 것은?

① 얼룩은 생긴 즉시 제거해야 한다.
② 섬유와 얼룩의 종류에 따른 적합한 얼룩빼기 방법을 검토해야 한다.
③ 얼룩빼기 시 심한 기계적 힘을 가하지 말아야 한다.
④ 얼룩빼기 후 뒤처리는 안 해도 섬유에 손상은 없다.

해설
④ 얼룩빼기 후에는 뒤처리를 반드시 행하여 섬유 손상을 방지해야 한다.

정답 13 ① 14 ② 15 ② 16 ④

17 비누의 단점이 아닌 것은?

① 가수분해되어 유리지방산을 생성한다.
② 산성용액에서는 사용할 수 없다.
③ 합성세제보다 환경오염이 적다.
④ 알칼리성을 첨가해야만 세탁 효과가 좋다.

해설
③은 비누의 장점이다.

18 비누가 해당되는 계면활성제는?

① 음이온 계면활성제
② 양이온 계면활성제
③ 양면 계면활성제
④ 비이온 계면활성제

해설
비누뿐 아니라 세제로 사용되는 계면활성제는 대부분 음이온 계면활성제이다.

19 워싱 서비스(Washing Service)의 가장 기본적인 서비스에 해당되는 것은?

① 청결 서비스   ② 보전 서비스
③ 패션성 제공   ④ 기능성 부여

해설
워싱 서비스(클리닝 서비스) : 가장 기본적이고 일반화된 서비스로 의류나 섬유제품의 소재를 청결히 하여 오점 제거와 의류 등의 가치보전과 기능을 회복하여 재생시켜 주는 것을 말한다.

20 한국산업표준에서의 정하는 순품 고형 세탁비누의 수분 및 휘발성 물질의 기준량은?

① 30% 이하   ② 35% 이하
③ 87% 이하   ④ 95% 이하

해설
순품 고형 세탁비누의 수분 및 휘발성 물질의 기준량은 30% 이하이다(KS M 2703).

21 불소계(플루오린계) 용제(F-113)의 장점이 아닌 것은?

① 불연성이므로 화재의 위험이 없다.
② 섬세한 의류에 적합하다.
③ 독성이 약하다.
④ 단열성이 높은 기계장치가 필요 없다.

해설
④ 높은 단열성을 요하는 기계장치가 필요하다.

22 다음 중 수용성 오점이 아닌 것은?

① 땀   ② 겨자
③ 왁스   ④ 배설물

해설
수용성 오점 : 땀, 소금 성분, 설탕 성분에 의한 오염으로 물로 제거가 가능하다.

23 클리닝의 정의로 옳은 것은?

① 용제만으로 수용성 오점만을 제거하는 것이다.
② 얼룩만을 빼기 위한 특수한 기술이다.
③ 용제 또는 세제를 사용하여 의류, 기타 섬유제품과 피혁제품을 원형대로 세탁하는 것이다.
④ 세제를 이용하여 표백하는 것이다.

24 론드리의 장점으로 틀린 것은?

① 세탁 온도가 낮아 세탁 효과가 좋다.
② 알칼리제를 사용하므로 오점이 잘 빠진다.
③ 표백이나 풀 먹임이 효과적이며 용이하다.
④ 헹굼수량이 적어 절수가 된다.

해설
① 세탁 온도가 높아 세탁 효과가 좋다.

25 용제의 청정화 방법이 아닌 것은?

① 여과방법   ② 증류방법
③ 흡착방법   ④ 회수방법

해설
세정액의 청정화 방법 : 여과법, 흡착법, 증류법

26 다음 중 재생섬유에 해당하는 것은?

① 비스코스레이온   ② 스판덱스
③ 아크릴   ④ 나일론

해설
재생섬유
- 셀룰로스계 : 비스코스레이온, 폴리노직레이온, 구리암모늄레이온 등
- 단백질계 : 카세인섬유 등
- 기타 : 고무섬유, 알긴산섬유 등

22 ③ 23 ③ 24 ① 25 ④ 26 ①

27 드라이클리닝의 처리공정 중 전 처리에 대한 설명으로 옳은 것은?

① 전 처리는 용제를 조정하는 공정이다.
② 일반적으로 스프레이법과 브러싱법이 있다.
③ 본 세탁에서 쉽게 제거되는 오점의 처리공정을 말한다.
④ 브러싱할 때는 옷감의 털이 다소 일어나더라도 상관없다.

> [해설]
> **전 처리** : 세정에서 제거하기 어려운 오점과 얼룩을 쉽게 제거하기 위하여 세정에 앞서 하는 처리과정으로 일반적으로 브러싱법과 스프레이법이 있다.

28 레이스의 특성에 해당하는 것은?

① 광택이 우아하여 공단에 이용된다.
② 강직하여 유연성이 부족하다.
③ 통기성이 좋아 시원하다.
④ 신축성이 좋고 구김이 생기지 않는다.

> [해설]
> 레이스는 투시무늬를 나타내며 외관이 아름답고 통기성이 우수하다.

29 다음 면 중 가장 우수한 품종은?

① 미국 면   ② 이집트 면
③ 중국 면   ④ 인도 면

> [해설]
> **면의 종류**
>
> | 종류 | 생산지 | 등급 |
> |---|---|---|
> | 해도면 | 카리브해의 여러 섬 | • 최고급 면
• 가늘고 길어 광택이 있다. |
> | 이집트 면 | 나일강 유역 | • 고급 면
• 가늘고 길지만 해도면보다 낮다. |
> | 미국 면
호주 면 | 미국 내륙
호주 | 중급 면 |
> | 인도 면
중국 면 | 인도
중국 | • 저급 면
• 굵고 짧아 탄력이 있다. |

30 다음 중 세정률이 가장 높은 섬유는?

① 양 모   ② 나일론
③ 비닐론   ④ 아세테이트

> [해설]
> 세정률은 양모가 높고 견은 낮다.

정답 27 ② 28 ③ 29 ② 30 ①

31 기술진단의 내용으로 틀린 것은?

① 세탁물의 진단은 고객 앞에서 한다.
② 진단은 고객으로부터 접수 시 한다.
③ 취급표시의 정보를 입수하고 작업자 임의대로 한다.
④ 진단 시 고객으로부터 충분한 정보를 입수하여야 한다.

해설
옷에 부착되어 있는 취급표시의 정보를 숙지해야 하며, 작업자 임의대로 취급하는 것은 금물이다.

33 아세테이트섬유의 특성으로 옳은 것은?

① 물에 대한 친화성이 크다.
② 강산에 강하다.
③ 장기간 일광에 노출하여도 강도에 변함이 없다.
④ 열가소성이 좋다.

해설
① 흡습성이 비스코스레이온과 같이 약해진다.
② 산과 강한 알칼리에 약하다.
③ 장기간 일광에 노출되면 강도가 떨어진다.

34 다음 중 복합직물이 아닌 것은?

① 퀼트천　　② 본딩직물
③ 이중직　　④ 인조피혁

해설
이중직은 3가지 이상의 종류의 실로 만든다.

32 다음 중 물의 장점이 아닌 것은?

① 표면장력이 너무 크다.
② 용해성이 우수하다.
③ 인화성이 없다.
④ 무독·무해하다.

해설
물은 높은 표면장력을 가지고 있어, 습윤현상은 계면활성제에 의해 표면장력이 낮아져야만 일어난다. 세탁 시 표면장력이 너무 큰 것은 물의 단점이다.

35 피복의 오염 부착 상태 종류 중 화학섬유에 먼지가 부착하는 것은?

① 정전기에 의한 부착
② 기계적 부착
③ 화학 결합에 의한 부착
④ 유지 결합에 의한 부착

해설
정전기에 의한 부착 : 오염 입자와 피복의 서로 다른 전기적 성질로 인하여 오염 입자가 섬유에 부착된 상태(화학섬유에 먼지가 부착되거나 오리털이 날아와서 몸에 붙는 것 등)

정답　31 ③　32 ①　33 ④　34 ③　35 ①

36 핫머신이라고 하며 합성용제를 사용하여 세척, 탈액, 건조까지 연속으로 처리되는 세탁기계로 옳은 것은?

① 준 밀폐형 세탁기
② 밀폐형 세탁기
③ 자동 론드리 세탁기
④ 개방형 세탁기

해설
밀폐형 세정기는 합성용제를 사용하며 세정, 탈액, 건조까지 연속적으로 처리되는 드라이클리닝 기계이며, 퍼클로로에틸렌용 기계, 핫머신, 불소계(플루오린계) 용제용 기계라 한다

37 주로 유럽에서 사용되고 있는 형식으로 액량비가 작아야 하고 저포성 세제를 사용하는 세탁기는?

① 교반식 세탁기
② 드럼식 세탁기
③ 이조식 수동세탁기
④ 일조식 전자동세탁기

해설
드럼식 세탁기
- 주로 유럽에서 사용하며 액량비가 적고 저포성 세제를 사용하는 세탁기이다.
- 세탁물이 들어 있는 내통을 세제가 들어 있는 외통 내에서 회전시키며 외통의 회전에 따라 세탁물이 위아래로 움직이면서 세탁한다.
- 물의 양이 많거나 거품이 있으면 세탁에 방해가 된다.

38 다음 중 클리닝 대상품이 아닌 것은?

① 인테리어 제품
② 피 혁
③ 모 피
④ 물세탁

해설
④ 물세탁은 세탁 방법에 해당한다.

39 한 올 또는 여러 올의 실을 바늘로 고리를 만들어 얽어 만든 피륙은?

① 수지직물
② 편성물
③ 평직물
④ 능직물

해설
① 수지직물 : 경위사의 조직점을 비교적 적게 하여 직물의 표면을 경사 또는 위사만 돋보이게 한 직물이며 주자직물이라고도 한다.
③ 평직물 : 직물 조직 중 가장 간단한 조직으로 경사와 위사가 한 올씩 교대로 위로 올라가고, 아래로 내려가는 조직이다.
④ 능직물 : 경사 또는 위사가 2올 또는 그 이상이 계속 업(Up)되거나 다운(Down)되어 조직점이 대각선 방향으로 연결된 선이 나타난 직물의 기본 조직이다.

40 다음 중 계면활성제의 기본적인 성질과 직접 관계하는 작용이 아닌 것은?

① 습윤작용
② 침투작용
③ 유화작용
④ 방수작용

해설
계면활성제
- 직접작용 : 습윤, 침투, 유화, 분산, 가용화, 기포, 세척
- 간접작용 : 매끄럽게 함, 마찰 감소, 균염, 염료 고착, 대전 방지, 살균, 녹 방지, 방수작용

정답 36 ② 37 ② 38 ④ 39 ② 40 ④

41 나일론섬유에 가장 많이 사용하는 염료는?

① 직접염료 ② 산성염료
③ 분산염료 ④ 배트염료

해설
나일론섬유는 동물성 섬유와 같이 아미노기가 있어 산성염료로 염색한다.

42 마섬유의 종류 중 모시가 해당되는 것은?

① 아 마 ② 저 마
③ 대 마 ④ 황 마

해설
저마섬유는 일명 모시라고도 하며, 오래전부터 한복감으로 많이 사용되었다.

43 다음 중 경사와 위사가 직각으로 교차하여 이루어진 형태는?

① 경편성물 ② 위편성물
③ 직 물 ④ 부직포

해설
직물 : 세로방향의 실(경사)과 가로방향의 실(위사)이 직각으로 교차하여 이루어진 형태 또는 위사와 경사를 조합해서 만든 천(피륙)

44 천연피혁에 대한 설명 중 틀린 것은?

① 스킨(Skin)은 작은 동물의 원피이다.
② 하이드(Hide)는 큰 동물의 원피이다.
③ 진피는 동물 가죽의 맨 아랫부분으로 동물 몸체의 근육과 껍질을 연결해 주는 부분이다.
④ 표피는 피부 표면을 보호해 준다.

해설
진피는 가죽에서 표피층 아랫부분으로 원피 두께의 50% 이상을 차지하며 제혁작업 후 최종까지 남아서 피혁이 되는 중요한 부분이다.

45 다음 중 황변 발생의 주요 원인 요소가 아닌 것은?

① 일 광 ② 습 기
③ 압 력 ④ 온 도

해설
황변이라 함은 섬유가 약품의 작용이나 일광의 노출 등에 의해 황색으로 변하는 것으로 일광, 습기, 온도 등에 큰 영향을 받는다.

정답 41 ② 42 ② 43 ③ 44 ③ 45 ③

46 다음 중 세탁의 기본 원리에 해당되지 않는 것은?

① 침투작용 ② 흡착작용
③ 이온결합작용 ④ 분산작용

해설
기술적 효과로서의 세탁 작용 : 침투작용, 흡착작용, 분산작용, 유화현탁작용

47 피혁의 단면구조에 해당되지 않는 것은?

① 중 공 ② 표 피
③ 진 피 ④ 피하조직

해설
중공은 면섬유에 나타나는 것으로, 현미경(검경)으로 보면 단면이 평편하고 중앙은 속이 빈 모양(중공)을 가리킨다.

48 계면활성제의 종류 중 비누, 알킬벤젠설폰산염과 같이 세제로 사용하는 것은?

① 비이온계 계면활성제
② 양성계 계면활성제
③ 양이온계 계면활성제
④ 음이온계 계면활성제

해설
① 비이온계 계면활성제 : 직물의 유연제, 칼슘비누 분산제, 침투제, 섬유 마무리제로 사용
② 양성계 계면활성제 : 저자극 샴푸, 베이비 샴푸 등 피부에 자극이 적은 화장품을 만들 때 사용
③ 양이온계 계면활성제 : 세제보다는 섬유 유연제, 대전방지제, 발수제 등으로 사용

49 다음 중 흡착제이면서 탈산력이 뛰어난 청정제는?

① 활성탄소 ② 실리카겔
③ 활성백토 ④ 알루미나겔

해설
알루미나겔은 탈산, 탈취제이다.

50 면섬유의 정련에 사용할 수 있는 약제로 가장 적당한 것은?

① 수산화나트륨 ② 초 산
③ 질 산 ④ 염 산

해설
면섬유의 정련에 사용하는 약제로 수산화나트륨, 탄산나트륨이 있다.

정답 46 ③ 47 ① 48 ④ 49 ④ 50 ①

51 반합성섬유에 해당하는 것은?

① 유기 화합물이 포함되지 않은 섬유
② 천연 고분자물을 용해시켜서 모양을 바꾸어 주고 주된 구성 성분 그대로 재생시킨 섬유
③ 섬유용 천연 고분자 화합물에 어떤 화학기를 결합시켜서 에스터 또는 에터형으로 한 섬유
④ 석유를 증류하여 얻은 원료를 합성하여 중합원료를 얻고 그 중합 원료를 중합하여 얻은 고분자를 용융방사한 섬유

해설
반합성섬유 : 재생섬유의 원료인 목재 · 펄프 · 코튼린터의 제조 도중에 초산을 결합시켜 제조하는데, 완성된 물질은 원래 섬유소와는 별개의 새로운 화합물이 된다.

52 평직에 대한 설명으로 옳은 것은?

① 사문직이라고도 한다.
② 조직점이 적어서 유연하다.
③ 경사와 위사가 한 올씩 상하교대로 교차되어 있다.
④ 표면이 매끄럽고 광택이 좋다.

해설
평직 : 날실과 씨실이 한 가닥씩 교차로 짜인 아주 간단하고 긴밀한 조직이다.

53 다음 중 장식적인 부속품은?

① 단 추   ② 지 퍼
③ 비 즈   ④ 스 냅

해설
부속품
• 실용적인 부속품 : 단추, 지퍼, 스냅, 호크 등
• 장식적 부속품 : 비즈, 스팽글 등

54 지퍼에 대한 설명으로 틀린 것은?

① 단추 다음으로 많이 사용되는 잠금장치이다.
② 이빨 모양의 금속 또는 플라스틱으로 만들어져 있다.
③ 방모 등의 두꺼운 천에만 다는 흡입장치로 잡아당겨야만 사용된다.
④ 스포츠용품에 사용되는 금속지퍼는 폭이 넓고 단단하다.

55 다음 중 식물성 섬유가 아닌 것은?

① 면   ② 모 시
③ 아 마   ④ 비스코스레이온

해설
비스코스레이온은 인조섬유 중 재생섬유이다.

정답 51 ③ 52 ③ 53 ③ 54 ③ 55 ④

56 아크릴섬유에 대한 설명 중 옳은 것은?

① 탄성회복률이 작아 주름이 잘 생긴다.
② 양모섬유와 같이 가볍고 보온성이 좋다.
③ 진한 산과 알칼리에는 강하나 세탁제에 의해 침해가 크다.
④ 일광에 대한 견뢰도가 약하고 벌레, 곰팡이의 해도 크다.

해설
① 탄성회복률이 우수하여 주름이 생기지 않는다.
③ 산과 알칼리에 대한 내성이 우수하며, 모든 드라이클리닝 용매와 표백제에 안정하다.
④ 모든 섬유 중에서 내일광성이 가장 우수하다.

57 다음 중 마섬유 재킷을 다림질할 때 가장 좋은 것은?

① 스팀다리미 ② 캐비닛형 프레스기
③ 전기다리미 ④ 시트 롤러

해설
마섬유는 열에 강하여 230℃에서도 다림질할 수 있다.

58 다음 중 벨벳(Velvet)제품이 해당되는 제품은?

① 파일제품 ② 부직포제품
③ 편성물제품 ④ 모피제품

해설
파일제품류 : 롱파일 제품, 벨벳제품, 플록가공 제품

59 셀룰로스섬유의 표백에 가장 적합한 표백제는?

① 차아염소산나트륨 ② 과산화수소
③ 과탄산나트륨 ④ 과붕산나트륨

해설
차아염소산나트륨은 여러 가지 색소를 지우는 데 사용하나 양모와 견에는 사용할 수 없다.

60 다음 중 천연섬유에 해당하는 것은?

① 비스코스레이온 ② 캐시미어
③ 나일론 ④ 폴리에스터

해설
캐시미어는 천연섬유 중 동물성 섬유에 해당한다.

정답 56 ② 57 ③ 58 ① 59 ① 60 ②

2019년 제1회 과년도 기출복원문제

01 워싱 서비스(Washing Service)의 가장 기본적인 서비스에 해당되는 것은?
① 청결 서비스
② 보전 서비스
③ 패션성 제공
④ 기능성 부여

해설
워싱 서비스는 단순한 세탁업이 제공하는, 의복 소재를 청결히 하는 서비스이다.

02 클리닝 서비스의 분류에서 패션 케어 서비스의 설명으로 옳지 않은 것은?
① 의류의 세정은 물론 의류를 보다 좋은 상태로 보전하고 그 가치와 기능을 유지하도록 제공하는 서비스이다.
② 섬유제품의 소재를 청결히 해 주는 단순함에서 고차원적인 기능을 다하는 서비스이다.
③ 몸을 보호하는 차원을 넘어 사람의 개성, 인품 등을 표현하게 하는 서비스이다.
④ 의류를 중심으로 한 대상품의 가치 보전과 기능 회복이 중요한 포인트인 서비스이다.

해설
④ 의류를 중심으로 한 대상품의 가치보전과 기능 회복이 중요한 포인트인 서비스는 워싱 서비스이다.

03 유용성 오점을 제거하는 방법이 아닌 것은?
① 석유계 용제 또는 합성용제를 사용한다.
② 일반적으로 묻은 즉시 제거하면 물만으로 제거된다.
③ 오점을 용해시켜 밑의 깔개 천으로 이동시켜 흡수시킨다.
④ 수용성 잔류물은 물과 세제로 처리한다.

해설
②는 수용성 오점 제거 방법이다.

04 피복에 부착되는 오염 중 휘발성 유기용제나 계면활성제, 알칼리 등으로 제거되는 오염 입자의 부착 원인은?
① 분자 간 인력에 의한 부착
② 정전기에 의한 부착
③ 화학 결합에 의한 부착
④ 유지 결합에 의한 부착

해설
유지 결합에 의한 부착은 침투·확산에 의한 부착으로, 오염 입자(고체입자)가 기름의 막을 통해서 섬유에 부착하는 경우를 말하며 휘발성 유기용제나 계면활성제, 알칼리 등으로 제거된다.

정답 1 ① 2 ④ 3 ② 4 ④

05 다음 중 오점 제거가 가장 잘되는 섬유는?

① 면
② 마
③ 폴리에스터
④ 양 모

해설
오점이 잘 제거되는 섬유의 순서 : 양모 → 나일론 → 면 → 마

06 다음 중 세정률이 가장 높은 섬유는?

① 양 모
② 면
③ 마
④ 견

해설
세정률은 양모가 높고 견이 낮다.

07 석유계 용제의 클리닝 처리 방법에 대한 설명으로 틀린 것은?

① 비중이 높아 견과 같이 약하고 섬세한 의류의 드라이클리닝에 적합하다.
② 세정 시간은 소프의 세정작용이 골고루 미치는 20~30분이 적합하다.
③ 온도가 높으면 화재의 위험이 있어 방폭설비를 갖추어야 한다.
④ 가연성이며 용해력이 약하다.

해설
석유계 용제는 비중이 낮고 독성이 약하며 다른 제품에 비하여 저렴하고 자연건조를 할 수 있어 견직한복을 비롯하여 정밀하고 섬세한 고급 의류의 세정 처리에 사용한다.

08 불소계 용제(F-113)의 장점으로 적절하지 않은 것은?

① 불연성이드로 화재의 위험이 없다.
② 섬세한 의류에 적합하다.
③ 독성이 약하다.
④ 단열성이 높은 기계장치가 필요 없다.

해설
④ 높은 단열성을 요하는 기계장치가 필요하다.

09 살충력은 크지 않으나 벌레가 그 냄새를 기피하게 되어 방충효과를 나타내는 방충제는?

① 나프탈렌
② 실리카겔
③ 염화칼슘
④ 과산화수소

해설
(가정용) 방충제에는 장뇌(Camphor), 파라다이클로로벤젠(Paradichlorobenzere), 나프탈렌(Naphthalene) 등이 있다.

정답 5 ④ 6 ① 7 ① 8 ④ 9 ①

10 직물의 수축을 방지하기 위하여 제직 후 수축분을 미리 수축시키는 가공법은?

① 방축 가공 ② 방오 가공
③ 방추 가공 ④ 방수 가공

해설
② 방오 가공 : 오염을 막고 때가 직물 내부로 침투하는 것을 방지하며 오염을 쉽게 제거할 수 있게 하는 가공
③ 방추 가공 : 구김방지 가공으로, 주로 면·마·레이온에 주름이 잘 생기지 않게 하는 가공
④ 방수 가공 : 섬유제품이 물에 젖거나 물 등이 침투·흡수하는 것을 방지하는 가공

11 론드리에 가장 많이 쓰이는 표백제는?

① 과망가니즈산칼륨
② 과산화수소
③ 차아염소산나트륨
④ 하이드로설파이드

해설
론드리에는 염소계 표백제(석회분, 차아염소산나트륨, 아염소산나트륨 등)를 주로 사용한다.

12 클리닝 처리 전 사전진단 사항이 아닌 것은?

① 직물의 조직 ② 가공의 유무
③ 가격 결정   ④ 염색 상태

해설
클리닝 처리를 하기 전에 그 물품의 클리닝성을 구분하여 진단할 필요가 있다. 진단을 위해 섬유의 조직, 가공의 유무, 천의 구조, 조직의 소재, 특수염색 등을 점검해야 한다.

13 섬유의 감별 방법이 아닌 것은?

① 연소에 의한 방법
② 현미경에 의한 방법
③ 용해에 의한 방법
④ 두들기는 방법

해설
섬유의 감별 방법
- 외관 관찰법 : 섬유의 광택, 촉감, 굵기, 길이, 강도, 형태 등을 육안으로 관찰함
- 광학적 방법 : 현미경법, 적외선 흡수 스펙트럼법
- 물리적 방법 : 비중법, 융점 측정법
- 화학적 방법 : 연소시험법, 용해법, 정색법, 염색법 등

14 파일직물에 속하지 않는 것은?

① 코듀로이 ② 벨 벳
③ 타 월   ④ 갑 사

해설
④ 갑사(비단)는 고액상품류에 속한다.
파일제품류 : 롱파일 제품, 벨벳제품, 플록가공 제품

15 세탁물의 상해 방지를 위한 주의사항으로 옳지 않은 것은?

① 용제로부터 생성한 염산 등에 의한 세탁물의 변색이나 취화에 주의한다.
② 모제품은 용제 중의 수분을 많게 하고 장시간 동안 처리한다.
③ 손상되기 쉬운 제품은 뒤집거나 망에 넣어 처리한다.
④ 원심 분리기에 의한 깃, 소매의 파손에 주의한다.

[해설]
② 모직은 수분에 노출되면 장력에 의해 수축된다.

16 우리나라에서 사용하는 경도 방식은?

① 영국식   ② 독일식
③ 미국식   ④ 프랑스식

[해설]
우리나라는 독일식 경도표시법을 사용한다. 독일식 표현법은 1L의 물속에 산화칼슘이 10mg 함유된 경우를 1의 경도로 한다.

17 다음 중 클리닝 방법이 아닌 것은?

① 론드리   ② 웨트클리닝
③ 드라이클리닝   ④ 클레임

[해설]
클레임(Claim) : 공급자에게 이의를 제기하거나 배상을 청구하는 일

18 다음 중 세탁의 원리가 아닌 것은?

① 침 투   ② 흡 착
③ 승 화   ④ 유 화

[해설]
세탁의 원리 : 침투작용, 흡착작용, 분산작용, 유화현탁작용

19 론드리의 세탁 공정 순서로 옳은 것은?

① 애벌빨래 → 본 빨래 → 표백 → 헹굼 → 산욕 → 풀 먹임 → 탈수 → 건조 → 다림질
② 애벌빨래 → 산욕 → 본 빨래 → 건조 → 표백 → 풀 먹임 → 탈수 → 헹굼 → 다림질
③ 애벌빨래 → 산욕 → 탈수 → 건조 → 헹굼 → 본 빨래 → 표백 → 풀 먹임 → 다림질
④ 애벌빨래 → 헹굼 → 산욕 → 표백 → 본 빨래 → 탈수 → 풀 먹임 → 건조 → 다림질

[정답] 15 ② 16 ② 17 ④ 18 ③ 19 ①

20 본 빨래 시 세제의 가장 적합한 욕비는?

① 1 : 1　　　② 1 : 2
③ 1 : 3　　　④ 1 : 4

해설
본 빨래는 세탁물의 종류와 성질에 따라 섬유가 손상되지 않도록 와셔(Washer)에서 온수 알칼리제를 섞어 세정하는 작업으로, 욕비는 1 : 4로 한다.

21 옷의 건조 방법으로 좋지 못한 것은?

① 건조기에서 말린다.
② 공기나 햇볕에서 말린다.
③ 건조실에서 말린다.
④ 세탁기에서 말린다.

22 다음 중 가정에서의 손빨래와 같은 종류의 세탁법은?

① 상업세탁　　② 드라이클리닝
③ 웨트클리닝　　④ 재염색법

해설
웨트클리닝 : 손작업으로 간단하게 세탁하거나 브러시하여 짧은 시간에 약식으로 클리닝하는 방법

23 드라이클리닝의 공정 순서로 옳은 것은?

① 헹굼 → 전 처리 → 세척 → 탈액 → 건조
② 헹굼 → 세척 → 전 처리 → 탈액 → 건조
③ 전 처리 → 헹굼 → 세척 → 탈액 → 건조
④ 전 처리 → 세척 → 헹굼 → 탈액 → 건조

24 다음 중 ( )에 가장 알맞은 것은?

클리닝 시 세탁량은 기계가 세탁할 수 있는 적정량의 ( )% 정도만 넣고 세탁한다.

① 50　　　② 60
③ 80　　　④ 100

25 가정용 세탁기 중 세탁 효과는 크나 세탁물이 쉽게 꼬이고 손상이 비교적 심한 세탁 방식은?

① 와류식 ② 교반식
③ 회전드럼식 ④ 침전식

해설
와류식 세탁기
- 특성 : 세탁조의 회전과 바닥 날개의 회전으로 물이 소용돌이치면서 빨랫감을 세탁한다.
- 장점 : 가격이 싸고, 구조가 간단하 고장이 적으며 세탁 시간이 짧아 전력 소모가 낮다.
- 단점 : 빨랫감이 많이 엉켜서 옷감이 손상될 수 있다.

26 드라이클리닝 공정 중 다음의 설명은 어느 시스템을 나타내는가?

> 솔벤트탱크가 두 개 있는데 하나는 세척제(소프)를 탄 것이고 또 하나는 순수한 솔벤트만 들어있는 세탁기를 말한다. 제1탱크 용제에 첨가된 솔벤트로 클리닝하고, 제2탱크 용제로 헹구어 주는 방식이다.

① 차지시스템 ② 배치시스템
③ 투배치시스템 ④ 논차지시스템

해설
① 차지시스템 : 용제에 소프와 함께 소량의 물을 첨가하여 세정하는 방법으로, 소프를 첨가한 세정액을 필터와 와셔 간을 순환시켜 오점을 제거하면서 세정한다.
② 배치시스템 : 일명 모음세탁이라고도 하며 매회 세정 때마다 세정액을 교체하여 새로이 만들어 씻는 방법으로, 필터순환을 중지하여 세정조 내에서 세탁하는 공정이다.
④ 논차지시스템 : 소프를 첨가하지 않고 용제만으로 세탁하는 방식으로, 헹구기에 주로 응용된다.

27 세탁 방법에 대한 설명 중 틀린 것은?

① 세탁 방법은 크게 건식 방법과 습식 방법으로 나눈다.
② 세탁물의 분류에 따라 혼합세탁, 분류세탁, 부분세탁으로 나눈다.
③ 적은 양을 세탁할 때는 손빨래보다 세탁기를 이용하면 경제적이다.
④ 부분세탁은 세탁물을 분류한 후에 극소 부분의 세탁을 할 필요가 있을 때 그 부분만을 세탁하는 방법이다.

해설
적은 양을 세탁할 때는 세탁기보다 손빨래가 경제적이다.

28 열과 알칼리에 강하고 어떤 세탁 방법도 무난한 직물은?

① 견, 마 ② 아세테이트
③ 모 ④ 견

해설
- 면, 마 : 알칼리에 강하고 산에 약하다.
- 모, 실크 : 알칼리에 약하고 산에 강하다.
- 재생섬유 : 드라이클리닝 또는 손세탁에 적합하고 알칼리와 염소표백에 주의해야 한다.

정답 25 ① 26 ③ 27 ③ 28 ①

29 다음 중 얼룩빼기 약제가 아닌 것은?

① 휘발유
② 아세트산
③ 차아염소산나트륨
④ 녹말풀

해설
녹말풀은 푸새 가공에 쓰인다.

30 다음 중 얼룩빼기를 하기에 적절하지 않은 경우는?

① 옷 전체를 세탁할 필요가 없는 부분 얼룩이 있을 때
② 세탁 시에 다른 부분으로 번질 우려가 있는 얼룩이 있을 때
③ 특이한 얼룩은 없고 옷에서 음식 냄새가 날 때
④ 세탁을 하여도 제거되지 아니한 얼룩이 있을 때

해설
냄새는 세탁으로 제거할 수 있다.

31 드라이클리닝에서 원인을 모르는 얼룩을 제거하려 할 때 가장 먼저 처리할 수 있는 얼룩빼기 약제는?

① 유기용제   ② 수성 세제
③ 산 또는 알칼리   ④ 표백제

해설
유기용제는 벤젠, 휘발유, 석유벤진 등이 있으며 원인 불명의 얼룩 제거 시 가장 먼저 처리할 수 있는 얼룩빼기 약제이다.

32 일광견뢰도가 가장 우수한 등급은?

① 1급   ② 3급
③ 5급   ④ 8급

해설
일광견뢰도 등급은 1~8급으로 표시하며, 1급이 가장 낮은 것이고 8급이 최상이다.

33 다림질의 3대 요소가 아닌 것은?

① 온 도   ② 진 공
③ 압 력   ④ 습 도

해설
다림질의 3대 요소 : 온도(열), 수분(습도), 압력

정답 29 ④ 30 ③ 31 ① 32 ④ 33 ②

34 세탁의 마무리 목적을 설명한 것으로 틀린 것은?

① 옷감의 형태를 바로 잡아 원형으로 회복시킨다.
② 디자인 또는 실루엣의 기능을 회복시킨다.
③ 스팀은 수분과 열에 의하여 의복 소재에 가소성을 제거한다.
④ 살균 및 소독을 한다.

해설
스팀은 수분과 열에 의하여 의복 소재에 가소성을 부여한다.

35 세탁 후 마무리하는 기계가 아닌 것은?

① 만능프레스 ② 인체프레스
③ 팬츠토퍼 ④ 스포팅 머신

해설
스포팅 머신은 공기의 압력과 스팀을 이용하여 오점을 불어서 제거하는 오점 제거 기계이다.

36 화재 발생 시 소화기를 사용하는 방법으로 틀린 것은?

① 화재의 종류에 맞는 소화기를 사용한다.
② 가급적 화점 가까이 접근하여 사용한다.
③ 비로 쓸듯이 골고루 뿌린다.
④ 바람을 마주보고 소화기를 사용한다.

해설
④ 바람을 등지고 서서 호스를 불 쪽으로 향하게 한다.

37 다음의 인피섬유(껍질섬유) 중에서 의복재료로서의 가치가 가장 큰 것은?

① 청 마 ② 대 마
③ 저 마 ④ 황 마

해설
저마섬유는 모시라고도 하며 오래전부터 여름 한복감으로 사용되었다.

38 다음 중 Polyester섬유의 단점으로 옳지 않은 것은?

① 약품에 일반적으로 약하다.
② 염색하기가 까다롭다.
③ 정전기가 잘 발생한다.
④ 땀을 잘 흡수하지 않는다.

해설
폴리에스터섬유는 내약품성이 좋다.

정답 34 ③ 35 ④ 36 ④ 37 ③ 38 ①

39 수축과 황변 방지를 위하여 통풍량을 많이 하고, 저온에 건조시켜야 하는 섬유는?

① 아마 – 대마
② 면 – 마
③ 나일론 – 폴리에스터
④ 양모 – 산양모

해설
나일론은 일광에 약해 강도가 떨어지고 변색된다.

42 탄성회복이 나빠서 구김이 가장 잘 생기는 섬유는?

① 양 모   ② 견
③ 아 마   ④ 나일론

해설
마섬유는 탄성회복률이 매우 낮아 구김이 잘 생기고, 잘 펴지지 않는다.

40 자연계에 있는 생물이나 무생물 중에서 섬유 형태인 것을 채취하여 사용되는 섬유가 아닌 것은?

① 식물성 섬유   ② 동물성 섬유
③ 광물성 섬유   ④ 합성섬유

해설
합성섬유는 석탄, 천연가스 등을 원료로 한 화학 공업에서 얻어지는 섬유를 말한다.

41 일반적인 마섬유의 특성은?

① 강도는 합성섬유보다 크다.
② 신도는 모섬유보다 큰 편이다.
③ 수분 흡습 시 강도가 저하된다.
④ 양도체이므로 시원한 감이 있다.

해설
마섬유는 뻣뻣하고 시원하며, 물에 젖으면 강도가 커지고, 흡습성과 통기성이 좋다.
① 강도는 면보다 크다.
② 신도는 모섬유보다 작은 편이다.
③ 수분 흡습 시 강도가 커진다.

43 합성섬유를 올바르게 설명한 것은?

① 정전기 발생이 쉽고, 흡습성이 작아서 내의로 적합하지 않다.
② 자외선에 강해서 햇빛에 오래 두어도 변색이 없다.
③ 가볍고 열가소성이 없다.
④ 약품, 해충, 곰팡이에 저항성이 없다.

해설
② 일광에 매우 약해서 햇빛에 오래 두면 변색된다.
③ 가볍고 열가소성이 크다.
④ 약품, 해충, 곰팡이에 저항성이 있다.

정답 39 ③ 40 ④ 41 ④ 42 ③ 43 ①

44 비스코스 원액을 일정 온도에서 일정 시간 방치하여 점도를 저하시키는 것은?

① 노 성 ② 숙 성
③ 침 지 ④ 정 제

45 다음 중 무명섬유를 용해할 수 있는 약품으로 가장 적합한 것은?

① 온도 25℃에서 35% 염산
② 온도 25℃에서 100% 아세톤
③ 온도 25℃에서 70% 황산
④ 온도 100℃에서 5% 수산화나트륨

해설
황산, 염산, 질산 등의 극히 묽은 무기산은 냉액일 때는 별 영향이 없으나 가열하거나 처리시간이 길면 섬유가 상한다.

46 면섬유에 대한 설명 중 틀린 것은?

① 셀룰로스를 주성분으로 하고, 분자구조식은 $(C_6H_{10}O_5)_n$이다.
② 섬유의 측면은 투명하고 긴 원통형을 이루고 있다.
③ 품질이 우수한 면일수록 천연 꼬임의 숫자는 많아진다.
④ 단세포 구조로 현미경으로 보면 단면이 평편하고 중앙은 속이 티어있는 모양이다.

해설
면섬유의 측면은 리본 모양의 꼬임을 갖고 있다.

47 다음 중 산에 가장 약한 섬유는?

① 면   ② 양 모
③ 견   ④ 폴리에스터

해설
면은 산에는 약하나 알칼리에는 강하다.

정답 44 ② 45 ③ 46 ② 47 ①

48 실의 굵기를 나타내는 단위로 번수가 있다. 다음 중에서 항중식 번수로 실의 굵기를 표시하는 것은?

① 아세테이트사
② 면 사
③ 나일론사
④ 견 사

해설
항중식 번수법은 면사, 마사, 소모사, 방모사, 혼방사 등의 짧은 방적사에 사용한다.

49 양모섬유의 크림프 및 스케일, 면섬유의 천연꼬임, 아마섬유의 마디에 의해서 향상되는 성질은?

① 방적성
② 탄 성
③ 보온성
④ 드레이프성

해설
천연섬유인 모섬유는 스케일이 있으며, 면에는 꼬임이 있고, 마에는 마디가 있어서 서로 얽히기 쉬우므로 짧은 섬유로 실을 만들 수 있다. 이와 같이 실을 만들 수 있는 성질을 방적성이라고 한다.

50 다음 중 위사와 경사를 조합해서 만든 천(피륙)은?

① 직 물
② 편 물
③ 부직포
④ 접착포

해설
② 편물 : 한 가닥의 실이 고리를 만들어 얽혀 합쳐진 것
③ 부직포 : 제직하지 않고 섬유를 천의 상태로 만드는 것
④ 접착포 : 천과 폼, 천과 천을 접착한 것

51 다음 중 복합천이 아닌 단일천은?

① 퀼트천
② 본딩직물
③ 이중직
④ 인조피혁

해설
이중직은 3가지 이상 종류의 실로 만든다.

52 다음 중 섬유 간의 엉킴성이 작아 단독으로 방적사를 만들 수 없는 섬유는?

① 캐시미어
② 메리노
③ 알파카
④ 토끼털

해설
토끼털 중 피복 재료로 사용되는 것은 주로 앙고라 토끼털이며, 권축과 스케일이 없어서 양모와 혼방하여 방적한다.

정답 48 ② 49 ① 50 ① 51 ③ 52 ④

53 평조직 직물의 특징을 설명한 것은?

① 직물의 겉면과 뒷면에 사문선이 나타난다.
② 다른 조직 직물에 비하여 마찰에는 약하지만 광택은 우수하다.
③ 날실과 씨실의 굴곡이 가장 많으며, 직축률이 가장 크다.
④ 기본 조직의 구성 올 수는 최소 3올이다.

해설
① 직물의 겉과 안의 구분이 없다.
② 다른 조직 직물에 비하여 마찰이 크며 광택이 작다.
④ 날실과 씨실이 한 올씩 교차된 간단한 조직이다.

54 염료에 대한 설명으로 틀린 것은?

① 견뢰도를 좋게 하기 위해서는 직접염료를 사용해야 한다.
② 직접염료는 염색법이 간단하나 색상이 선명하지 않다.
③ 산성염료는 색상이 선명하나 견뢰도가 나쁘다.
④ 적은 양으로도 진한 색으로 염색이 가능하나 견뢰도가 나쁜 것이 염기성염료이다.

해설
직접염료는 견뢰도가 나쁘나 염색법이 간단하여 주로 면섬유의 연한 색에 많이 사용한다.

55 다음 중 셀룰로스계 섬유에 염색이 가장 잘 되는 염료는?

① 직접염료
② 염기성염료
③ 분산염료
④ 산성염료

해설
염기성염료는 아크릴·단백질계, 분산염료는 폴리에스터·폴리아마이드·아크릴, 산성염료는 단백질계·폴리아마이드 섬유에 염색이 가장 잘된다.

56 레이스의 특성에 해당하는 것은?

① 광택이 우아하여 공단에 이용된다.
② 강직하여 유연성이 부족하다.
③ 통기성이 좋아 시원하다.
④ 신축성이 좋고 구김이 생기지 않는다.

해설
레이스는 투시무늬를 나타내며 외관이 아름답고 통기성이 우수하다.

정답 53 ③ 54 ① 55 ① 56 ③

57 부직포 심지의 특성이 아닌 것은?

① 제작 속도가 빠르고 비용이 적게 든다.
② 절단면이 잘 풀리지 않는다.
③ 함기량이 많고 가벼우며, 보온성과 투습성이 크다.
④ 강도가 비교적 작으나 마찰에 강하다.

해설
④ 강도가 비교적 작으나 마찰에 약하다.

58 세탁업을 개설하려면 시설 및 설비를 갖추어 누구에게 신청하여야 하는가?

① 보건복지부장관
② 시·도지사
③ 시장·군수·구청장
④ 환경부장관

해설
공중위생영업의 신고 및 폐업신고(공중위생관리법 제3조 제1항)
공중위생영업을 하고자 하는 자는 공중위생영업의 종류별로 보건복지부령이 정하는 시설 및 설비를 갖추고 시장·군수·구청장에게 신고하여야 한다. 보건복지부령이 정하는 중요사항을 변경하고자 하는 때에도 또한 같다.

59 공중위생관리법상 과징금 산정기준으로 옳은 것은?

① 영업정지 1월은 30일로 계산한다.
② 영업정지 1월은 31일로 계산한다.
③ 과징금 부과기준이 되는 매출금액은 업주가 산출한다.
④ 처분일이 속한 연도의 전년도 2년간의 총매출금액을 말한다.

해설
과징금 일반기준(공중위생관리법 시행령 별표 1)
• 영업정지 1개월은 30일을 기준으로 한다.
• 위반행위의 종별에 따른 과징금의 금액은 영업정지기간에 산정한 영업정지 1일당 과징금의 금액을 곱하여 얻은 금액으로 한다. 다만, 과징금 산정금액이 1억원을 넘는 경우에는 1억원으로 한다.
• 1일당 과징금의 금액은 위반행위를 한 공중위생영업자의 연간 총매출액을 기준으로 산출한다.
• 연간 총매출액은 처분일이 속한 연도의 전년도의 1년간 총매출액을 기준으로 한다. 다만, 신규사업·휴업 등에 따라 1년간 총매출액을 산출할 수 없거나 1년간 매출액을 기준으로 하는 것이 현저히 불합리하다고 인정되는 경우에는 분기별·월별 또는 일별 매출액을 기준으로 연간 총매출액을 환산하여 산출한다.

60 공중위생영업자의 지위를 승계한 자는 며칠 이내에 보건복지부령이 정하는 바에 따라 시장·군수·구청장에게 신고를 해야 하는가?

① 15일
② 20일
③ 25일
④ 30일

해설
공중위생영업의 승계(공중위생관리법 제3조의2제4항)
공중위생영업자의 지위를 승계한 자는 1월 이내에 보건복지부령이 정하는 바에 따라 시장·군수 또는 구청장에게 신고하여야 한다.

정답 57 ④ 58 ③ 59 ① 60 ④

2020년 제1회 과년도 기출복원문제

01 다음 중 워시 앤드 웨어(Wash & Wear)성이 가장 우수한 섬유는?
① 면 ② 양 모
③ 비스코스레이온 ④ 폴리에스터

해설
폴리에스터 섬유는 W&W성이 좋으며 마찰 강도가 높아 내구성이 있다.
W&W(Wash and Wear)성 : 말 그대로 세탁하여 바로 입을 수 있다는 의미를 나타내는 것으로 건조가 빠른 점, 구김이 생기지 않는 점, 세탁에 의한 구김에도 다림질이 필요하지 않고 치수안정성이 좋은 것이 특징이다.

02 다음 중 내일광성이 가장 우수한 섬유는?
① 아크릴 ② 견
③ 아세테이트 ④ 비스코스레이온

해설
아크릴은 일광에 대한 저항력이 가장 우수하여 수천 시간 이상 일광에 노출되어도 강도의 변화가 거의 없다.

03 다음 중 탄력회복률이 가장 높은 섬유는?
① 아 마 ② 양 모
③ 견 ④ 면

해설
탄력회복률(탄성회복률)은 섬유가 늘어난 길이에 대한 회복된 길이를 백분율로 표시한 것으로, 천연섬유 중에서 양털이 가장 우수하다.

04 경수를 연화시키는 방법이 아닌 것은?
① 지거법 ② 퍼뮤티트법
③ 킬레이트화법 ④ 이온교환수지법

해설
경수의 연화
- 경수에 함유된 경도 성분[칼슘(Ca^{2+}), 마그네슘(Mg^{2+})이온]을 침전시키거나, 이온교환을 통해 제거하거나, 킬레이트화하여 연수로 만든다.
- 방법 : 석탄소다연화법, 이온교환수지법, 퍼뮤티트(Permutite)법, 킬레이트화법 등

정답 1 ④ 2 ① 3 ② 4 ①

05 물세탁 시 재오염 원인이 잘못된 것은?

① 부착 – 더러운 용제로 세탁할 때
② 흡착 – 섬유가 마찰에 의해 대전되어 정전기에 의해 더러움이 붙은 경우
③ 염착 – 염색 견뢰도가 높은 경우
④ 점착 – 직물에 가공된 수지의 표면이 용제에 의해 연화되어 점착성이 생겨 더러움이 붙은 경우

해설
염착은 세정액에 염료가 녹아 나와서 다른 섬유에 물이 드는 현상이다. 염색 견뢰도가 낮은 경우, 소핑(Soaping) 처리가 완전하지 못한 직물을 세탁했을 때, 세탁 표시와 다른 세탁을 했을 때 나타난다.

06 고객 관리와 관련한 내용으로 적절하지 않은 것은?

① 세탁물을 점검하면서 발생된 불량 상태는 고객과 서로 확인한다.
② 불가피한 경우 고객의 동의 없이 의류에 표시된 가공 표시와 다른 처리를 할 수 있다.
③ 접수 및 점검을 철저히 하여 고객과의 분쟁을 최소화하여야 한다.
④ 요금을 내는 시기는 고객의 요구에 맞춘다.

해설
의류에 표시된 품질과 클리닝 처리 표시에 따라 하되, 표시와 다른 처리를 할 때는 반드시 고객의 동의를 구해야 한다.

07 론드리 세탁의 대상품이 아닌 것은?

① 와이셔츠　② 타 월
③ 스웨터　　④ 기저귀

해설
론드리 대상품 : 와이셔츠, 블라우스, 작업복, 운동복, 책상보, 시트류, 커버류, 타월, 물수건, 기저귀 등 살에 직접 닿거나 더러움이 부착되기 쉬운 세탁물로 론드리 과정에서 손상되지 않고 견딜 수 있는 튼튼한 직물이어야 한다.

08 쇳물의 얼룩빼기에서 사용하는 용제는?

① 옥살산액　② 초 산
③ 락트산　　④ 암모니아수

해설
옥살산액은 쇳물, 잉크, 땀, 과즙 등의 얼룩을 제거하는 데 사용한다. 섬유를 손상시킬 우려가 있으므로 사용 후에는 암모니아수로 충분히 수세한다.

09 섬유별 특징으로 적절하지 않은 것은?

① 양모 – 보온성이 좋고 곰팡이와 세균에 안정적이다.
② 아크릴 – 주름이 잘 가지 않으며 보풀이 많이 생긴다.
③ 폴리우레탄 – 수명이 짧고 찌든 때가 제거되지 않는다.
④ 폴리에스터 – 구김이 잘 가며 모양 변화가 심한 편이다.

해설
폴리에스터 : 구김이 잘 가지 않으며, 모양 변화가 없다. 오염 제거가 쉽고 가볍고 탄력이 좋다.

정답 5 ③　6 ②　7 ③　8 ①　9 ④

10 얼룩빼기 시 주의사항으로 적절하지 않은 것은?

① 얼룩의 종류, 부착 상태, 섬유의 종류 등을 고려하여 얼룩빼기 방법을 결정한다.
② 약제를 사용하여 수용성 얼룩을 제거한 경우 약품을 젖은 수건으로 두드려 닦아 낸다.
③ 얼룩의 종류를 알 수 없는 경우 분무기로 물을 가볍게 뿌려 종류를 판별한다.
④ 유용성 얼룩은 석유계 또는 합성용제를 사용하여 제거한다.

해설
약제를 사용하여 얼룩을 제거하면 사용한 약품으로 인하여 얼룩 자국이 남을 수 있으므로 수용성 얼룩을 제거하였을 때에는 충분히 수세하고 마른 수건으로 두드려 닦아 낸다.

11 산화표백제에 해당하지 않는 것은?

① 과탄산나트륨
② 차아염소산나트륨
③ 과산화수소
④ 아황산수소나트륨

해설
④ 아황산수소나트륨은 환원표백제에 해당한다.

12 의류 대상품의 가치 보전과 기능 회복이 중요한 서비스는?

① 살균 서비스
② 프레스 서비스
③ 워싱 서비스
④ 패션 케어 서비스

해설
워싱 서비스
• 세탁업이 단순하게 제공하는 서비스로 가장 기본적인 것은 의복 소재를 청결히 하는 것이다.
• 의류를 중심으로 대상품의 가치 보전과 기능 회복이 중요한 클리닝 서비스이다.

13 다음 중 가공제로 아크릴수지, 폴리우레탄수지, 염화비닐수지, 합성고무 등을 쓰는 가공은?

① 대전방지 가공
② 발수 가공
③ 방충 가공
④ 방수 가공

해설
① 대전방지 가공 : 가공제로 양이온 계면활성제를 사용한다.
② 발수 가공 : 가공제로 왁스, 금속비누, 폼알데하이드 화합물, 피리딘, 실리콘계 화합물, 플루오린(불소)계 화합물 등을 사용한다.
③ 방충 가공 : 가공제로 알레스린(Allethrin), 가드나, 인디고 염료 등을 사용한다.

정답 10 ② 11 ④ 12 ③ 13 ④

14 다음 중 불용성 오점은?

① 먹 물 ② 커 피
③ 설 탕 ④ 화장품

해설
불용성 오점은 녹지 않는 오점으로 매연, 토사, 먹물, 먼지 등이 있다. 일반적으로 녹지 않으므로 떼어내거나 밀어내야 한다.
②, ③은 수용성 오점, ④는 유용성 오점이다.

15 해리되지 않는 친수성 계면활성제는?

① 비이온 계면활성제
② 양이온 계면활성제
③ 음이온 계면활성제
④ 양성 계면활성제

해설
비이온 계면활성제는 수산기, 에터기와 같은 해리되지 않은 친수기를 가진 계면활성제이다. 즉, 물에 용해시켰을 때 이온화하지 않는다.

16 계면활성제의 성질로 옳지 않은 것은?

① 분자가 모여서 미셀을 형성한다.
② 표면이나 계면에 흡착하여 표면장력이나 계면장력을 높인다.
③ 한 개의 분자 내에 친수기와 친유기를 동시에 가진다.
④ 직물에 묻은 오염물질을 유화·분산시킨다.

해설
계면활성제는 수용액 중에서 표면이나 계면에 흡착하여 표면장력이나 계면장력을 낮춘다.

17 모 소재 의류의 웨트클리닝 처리 방법으로 옳지 않은 것은?

① 수축률이 심한 니트류는 반드시 치수를 기록해 둔다.
② 형을 다듬고 평평한 곳에 타월을 깔고 널어 말린다.
③ 빨래보다 2배 정도의 상온수에서 눌러 빠는 요령으로 2~3회 헹군다.
④ 스웨터는 액체 세제 원액을 묻혀 약하게 문질러 빤다.

해설
스웨터에 얼룩이 있는 경우, 미지근한 물에 울샴푸를 풀어 가볍게 솔에 묻힌 다음 두드려 빤다. 문지르면 마찰로 인해 늘어짐과 탈색을 초래한다.

18 일반적인 세탁에 가장 좋은 pH는?

① pH 3 ② pH 5
③ pH 11 ④ pH 17

해설
세탁에 가장 적절한 알칼리의 농도는 pH 11 정도이다.

19 다음 중 다림질 온도를 가장 낮게 해야 하는 것은?

① 면
② 모
③ 레이온
④ 폴리에틸렌

해설
다림질 온도 : 마 > 면 > 모 > 견 레이온 > 합성섬유

20 적정 다림질 온도가 가장 낮은 것은?

① 마
② 견
③ 면
④ 모

해설
섬유별 다리미의 적정 온도
- 합성섬유·아세테이트 : 100~200℃
- 견 : 120~130℃
- 레이온 : 130~140℃
- 모 : 130~150℃
- 면 : 180~200℃
- 마 : 180~210℃

21 다음 중 의복의 기능이 아닌 것은?

① 실용적인 성능
② 귀족적인 성능
③ 감각적인 성능
④ 위생적인 성능

해설
의복의 기능 : 위생상 기능, 실용성 기능, 감각성 기능, 관리성 기능

22 다음 중 레이스의 특성이 아닌 것은?

① 여러 올의 실을 엮거나 꼬아서 만든 무늬가 있는 천을 말한다.
② 다공성이고 섬세하며 자수를 놓은 듯한 외관을 나타낸다.
③ 투시무늬를 나타내며 외관이 아름답고 통기성이 우수하다.
④ 의복이나 인테리어 용품의 장식, 운동화 끈 등에 사용한다.

해설
④는 브레이드(Braid)에 대한 설명이다.
레이스(Lace)는 모양이 우아하여 옷 장식, 옷깃, 장갑, 액세서리, 여성복 등에 사용한다.

23 세탁업자가 세탁 처리용량이 30kg 이상의 세탁용 기계를 설치한 경우 사용하는 용제는?

① 퍼클로로에틸렌
② 석유계 용제
③ 트라이클로로에탄
④ 플루오린(불소)계 용제

해설
세제의 종류 등(공중위생관리법 시행규칙 제6조)
세탁업자가 퍼클로로에틸렌, 트라이클로로에탄, 플루오린(불소)계 용제, 석유계 용제를 사용하는 경우 국민건강에 유해한 물질이 발생되지 아니하도록 세탁물의 건조 시 용제를 회수할 수 있는 세탁용 기계를 설치·사용하거나 세탁물의 건즈 시 용제를 회수할 수 있는 기계 또는 설비를 세탁용 기계와 별도로 설치·사용하여야 한다. 다만, 세탁업자가 석유계 용제를 사용하는 경우에는 처리용량의 합계가 30kg 이상의 세탁용 기계를 설치한 경우만 해당한다.

정답 19 ④ 20 ② 21 ② 22 ④ 23 ②

24 다음 중 화학적 얼룩빼기 방법이 아닌 것은?

① 표백제법 ② 알칼리법
③ 효소법   ④ 브러싱법

해설
④ 브러싱법은 물리적 방법에 속한다.

25 용제의 구비조건이 아닌 것은?

① 세탁 시 피복을 손상시키지 않아야 한다.
② 인화점이 높거나 불연성이어야 한다.
③ 증류가 흡착에 의한 정제가 쉽고 잘 분해되어야 한다.
④ 세탁 후 찌꺼기 회수가 쉽고 환경오염을 유발하지 않아야 한다.

해설
용제는 증류나 흡착에 의한 정제가 쉽고 분해가 어려워야 한다.

26 석유계 용제와 퍼클로로에틸렌의 가장 적합한 세정시간은?

① 석유계 용제는 20~30초, 퍼클로로에틸렌은 7초 이내
② 석유계 용제는 7분 이내, 퍼클로로에틸렌은 20~30분
③ 석유계 용제는 20~30분, 퍼클로로에틸렌은 7분 이내
④ 석유계 용제는 7초 이내, 퍼클로로에틸렌은 20~30초

해설
석유계 용제는 20~30℃에서 소프의 세정작용이 골고루 미치는 20~30분 동안 세탁하고 퍼클로로에틸렌은 세정액 온도를 35℃ 이하로 유지하고, 세정 시간은 7분 이내가 적합하다.

27 일반적으로 섬유를 희게 만드는 공정은?

① 푸 새   ② 표 백
③ 정 련   ④ 형 광

해설
표백은 직물의 불순물을 알칼리로 제거한 다음 섬유에 남아 있는 천연 색소를 분해하여 직물을 더욱 희게 만드는 것이다.

정답 24 ④ 25 ③ 26 ③ 27 ②

28 평조직 직물의 특징으로 옳지 않은 것은?

① 날실과 씨실이 한 올씩 상하 교대로 교차되어 있다.
② 표면이 거칠다.
③ 조직의 겉과 뒤가 같다.
④ 구김이 잘 생기지 않는 장점이 있다.

> 해설
> 평조직 직물은 구김이 쉽게 생긴다.

29 합성용제를 사용하며 다양한 안전장치가 있어 높은 효율의 용제회수 시스템으로 구성된 세탁 기계는?

① 밀폐형 세정기
② 준밀폐형 세정기
③ 개방형 세정기
④ 드라이클리닝 기계

> 해설
> **밀폐형 세정기(Hot Machine)**
> 합성용제를 사용하며 세정, 탈액, 건조의 작업을 연속적으로 처리할 수 있는 기밀구조로 되어 있으며, 다양한 안전장치가 있어 안전하고 높은 효율의 용제회수 시스템으로 구성되어 있다. 운전 조작이 다양한 구조이며, 용제 미증기가 발생할 경우 환경오염 발생 및 인체에 위해를 줄 수 있으므로 각별한 주의가 필요하다.

30 섬유의 물세탁 방법에 관한 표시기호에 대한 설명으로 틀린 것은?

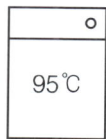

① 물의 온도는 최대 95℃이다.
② 세제의 종류에 제한이 없다.
③ 세탁기로 약하게 세탁할 수 있다.
④ 온도 기호 "℃"는 생략 가능하다.

> 해설
> 물의 온도 최대 95℃에서 세탁기로 일반 세탁할 수 있다. 세제 종류에 제한받지 않는다.

31 아세테이트의 특징으로 옳지 않은 것은?

① 다리미 얼룩이 잘 남는다.
② 곰팡이에 취약해 잘 건조시켜야 한다.
③ 굴에 대한 친화성이 작다.
④ 땀이나 가스에 의해 변색되기 쉽다.

> 해설
> ② 아세테이트는 곰팡이에 안전하다.

32 면섬유의 공정수분율은?

① 0.4%   ② 8.5%
③ 12%   ④ 18.25%

> 해설
> **공정수분율(KS K 0301)** : 양모(18.25%) > 레이온(13%) > 아마, 견(12%) > 면(8.5%) > 아세테이트(6.5%) > 나일론(4.5%) > 아크릴(2%) > 폴리에스터(0.4%)

정답 28 ④ 29 ① 30 ③ 31 ② 32 ②

33 다음 중 가정용 방충제로 사용되지 않는 것은?

① 장뇌(Camphor)
② 나프탈렌(Naphthalene)
③ 파라다이클로로벤젠(Paradichlorobenzene)
④ 오일란(Eulan)

해설
방충 가공은 해충의 피해를 막기 위해 방충제를 처리하는 가공이다. 방충 가공제(가공용)로는 오일란(Eulan), 알레스린(Allethrin), 가드나, 인디고 염료 등이 있으며, 가정용 방충제로는 장뇌(Camphor), 파라다이클로로벤젠(Paradichlorobenzene), 나프탈렌(Naphthalene) 등이 있다.

34 세정 후 반사율 19, 세정 전 반사율 17, 백포 반사율 31일 때, 세척력은 약 몇 %인가?

① 5   ② 14
③ 23   ④ 37

해설
$$\text{세척력(\%)} = \frac{\text{세척 후 반사율} - \text{세척 전 반사율}}{\text{백포반사율} - \text{세척 전 반사율}} \times 100$$
$$= \frac{(19-17)}{(31-17)} \times 100 ≒ 14.28\%$$

35 색 까짐의 원인으로 옳지 않은 것은?

① 알칼리성 세제를 사용하여 세탁을 한 경우
② 얼룩 제거 시 과도하게 기계적인 힘을 가한 경우
③ 강한 약제 사용으로 얼룩을 제거한 경우
④ 의류에서 떨어져 나온 오구들이 다시 세탁물에 부착되는 경우

해설
④는 색상 변화의 원인이다.

36 벨벳제품 공정에 관한 설명 중 옳은 것은?

① 가호 공정 – 벨벳 직물을 만드는 공정
② 전모 공정 – 벨벳의 털을 기준에 맞게 일정하게 자르는 공정
③ 브러시 가공 공정 – 실에 풀 먹임을 하는 공정
④ 제직 공정 – 털을 일정한 방향으로 정렬시키고 세워 주는 공정

해설
① 가호 공정 : 실에 풀 먹임을 하는 공정
③ 브러시 가공 공정 : 털을 일정한 방향으로 정렬시키고 세워 주는 공정
④ 제직 공정 : 벨벳 직물을 만드는 공정

37 껌을 제거하는 방법으로 옳은 것은?

① 냉각하여 굳힌 후 긁어내고, 남은 것은 벤젠이나 아세톤으로 두드려 뺀다.
② 세제 용액 또는 유기용제로 두드려 뺀다.
③ 화학작용으로 다른 색이나 무색으로 변화시켜 제거한다.
④ 물에 적혀 햇볕에 널어놓으면 떨어져 나간다.

해설
껌 제거 시 얼음 넣은 비닐주머니로 냉각하여 굳힌 후 긁어내고 남은 껌은 벤젠이나 아세톤으로 두드려 뺀다.

38 클리닝의 효과가 아닌 것은?

① 대기 중의 오염 방지
② 고급 의류의 패션성 보전
③ 세탁물의 내구성 유지
④ 오점 제거로 위생수준 유지

해설
클리닝의 일반적인 효과
- 오점 제거로 위생수준 유지
- 세탁물의 내구성 유지
- 고급 의류의 패션성 보전

39 다음 중 흡착제이면서 탈산력이 뛰어난 청정제는?

① 실리카겔   ② 활성백토
③ 산성백토   ④ 알루미나겔

해설
탈산력이 큰 청정제에는 알루미나겔, 경질토 등이 있다.

40 드라이클리닝 용제의 청정제 중 활성탄소에 관한 설명으로 옳은 것은?

① 더러움이 심한 용제를 침전법으로 청정화하는 데 적합하다.
② 취급이 간단하여 식품 방습제로 많이 쓰인다.
③ 청정제 중 탈색, 탈색효과가 가장 떨어진다.
④ 대단히 큰 흡착 표면적을 갖고 있어 오염 입자가 작은 것일수록 흡착효과가 크다.

해설
활성탄소
- 색소, 냄새, 더러움의 흡착효과가 크다.
- 제조 과정에 따라 수용성 색소 흡착성 탄소, 유용성 색소 흡착성 탄소로 구분된다.
- 청정제 중 탈색, 탈취효과가 가장 좋다.

41 풀 먹임의 효과로 옳은 것은?

① 천을 희고 광택 있게 한다.
② 의류를 살균·소독한다.
③ 색이 빠지는 것을 방지해 준다.
④ 천에 남아 있는 알칼리를 중화시킨다.

해설
풀 먹임의 효과
- 천을 희고 광택 있게, 팽팽하게 한다.
- 오염을 방지하고 세탁 효과를 좋게 한다.
- 천의 촉감을 변화하고 내구성을 좋게 한다.
- 부착된 오점을 세탁에서 용이하게 떨어지도록 한다.

정답 37 ① 38 ① 39 ④ 40 ④ 41 ①

42 다음에서 설명하는 탈수 방법은?

> 물 빠짐 구멍이 있는 원통에 세탁물을 넣고 고속 회전하여 탈수하는 방법

① 원심 탈수
② 롤러 탈수
③ 비틀어 짜는 탈수
④ 수건으로 흡수하는 탈수

해설
② 롤러 탈수 : 두 개의 고무롤러 사이에 세탁물을 통과시켜 탈수하는 방법으로 옷의 변형과 부속품의 손상이 심하여 현재는 쓰이지 않는다.
③ 비틀어 짜는 탈수 : 양손으로 비틀어 짜는 방법으로 탈수 효과가 작고 옷감의 손상이 심하다.
④ 수건으로 흡수하는 탈수 : 마른 수건으로 세탁물의 수분을 흡수하는 방법으로 탈수 효과도 좋고, 옷감의 손상이 적다.

43 합성섬유를 착용했을 때 정전기의 발생을 방지하기 위한 가공은?

① 방추 가공
② 방수 가공
③ 증백 가공
④ 대전방지 가공

해설
대전방지 가공 : 친수성 화합물을 처리하여 정전기가 축적되지 않도록 하는 가공이다. 친수성 화합물을 처리하여 흡습성을 높여 주는 원리는 방오 가공과 같다.

44 다음 중 웨트클리닝을 해야 하는 의복이 아닌 것은?

① 합성피혁제품
② 고무를 입힌 제품
③ 수지안료 가공제품
④ 스웨이드 점퍼

해설
스웨이드 점퍼는 송아지, 새끼 양의 가죽 뒷면을 부드럽게 가공한 가죽소재로, 드라이클리닝 대상품이다.

45 전기 절연성이 가장 좋은 섬유는?

① 양 모
② 면
③ 마
④ 폴리에스터

해설
폴리에스터섬유는 산과 열에 잘 견디고 전기 절연성이 뛰어나서 의료용, 절연 재료, 로프류 따위를 만드는 데 쓰인다.

46 론드리의 장점으로 옳지 않은 것은?

① 용수를 절약할 수 있다.
② 배수시설이 필요 없어 경제적이다.
③ 알칼리제를 사용하므로 산성 오염이 잘 빠진다.
④ 풀 먹임이 효과적이다.

해설
론드리는 수질오염 방지 등 배수시설이 필요하여 원가가 높다.

정답 42 ① 43 ④ 44 ④ 45 ④ 46 ②

47 매니큐어 등과 같이 물로 제거할 수 없는 오점을 제거하기 위해 사용하는 유기계 화학약품은?

① 아세톤   ② 초산에틸
③ 과탄산나트륨   ④ 염화메틸렌

해설
아세톤은 향을 가진 무색의 휘발성 액체로 물, 알코올, 드라이클리닝 용제에 잘 녹는다. 수지, 페인트, 니스, 접착제, 매니큐어 등과 같이 물에 의해 제거되지 않는 오점 제거용으로 사용된다.

48 다음 중 세정률이 가장 높은 섬유는?

① 견   ② 아세테이트
③ 양모   ④ 레이온

해설
③ 세정률은 양모가 높고 견이 낮다.
오점이 잘 제거되는 순서
양모 → 나일론 → 비닐론 → 아세테이트 → 면 → 레이온 → 마 → 견(비단)

49 론드리에서 건조 시 주의점으로 틀린 것은?

① 화학섬유를 텀블러에서 건조하는 경우 수축, 황변되기 쉬우므로 60℃ 이하에서 건조시킨다.
② 두꺼운 옷감일 때는 그냥 말려 마무리한다.
③ 저온의 경우 회전통에 넣는 양을 많게 한다.
④ 비닐론 제품은 젖은 상태로 다림질하는 것을 피한다.

해설
③ 저온의 경우 회전통어 넣는 양을 적게 한다.

50 다음 중 반합성섬유에 해당하는 것은?

① 아세테이트   ② 폴리에스터
③ 스판덱스   ④ 비닐론

해설
반합성섬유 : 아세테이트, 트라이아세테이트 등(셀룰로스계 섬유)

51 천연동물성 섬유에 대한 세탁 방법으로 틀린 것은?

① 양모직물은 드라이클리닝이 안전하다.
② 견직물은 드라이클리닝이 금지되어 있다.
③ 양모직물은 중성세제를 사용한다.
④ 견직물은 세탁용수를 연수로 사용한다.

해설
견직물은 드라이클리닝이 적합하다.

정답 47 ① 48 ③ 49 ③ 50 ① 51 ②

52 여름에 삼베옷을 입으면 시원한 느낌을 주는 가장 큰 이유는?

① 가볍기 때문
② 흡습성이 크기 때문
③ 열전도성이 좋기 때문
④ 촉감이 까칠하기 때문

해설
삼베옷은 땀을 빨리 흡수하고 건조가 빠르며, 통풍이 잘되고 열전도성이 커서 시원하다.

53 곰팡이 방지방법으로 틀린 것은?

① 옷의 더러움을 깨끗이 없앤다.
② 의류를 충분히 건조시킨다.
③ 비닐포장 내부의 산소를 제거하는 포장법을 이용한다.
④ 보관장소의 온도를 20~30℃ 정도로 유지한다.

해설
곰팡이는 일정한 습도와 온도(20~30℃)에서 단백질이나 전분 등을 양분으로 번식한다.

54 세탁물 소재의 마무리 가공 목적이 아닌 것은?

① 소재의 기능을 보다 더 향상시킨다.
② 소재의 결점을 보완한다.
③ 소재에 새로운 기능을 부여한다.
④ 소재에 영구적인 성능을 위하여 형상을 바꾼다.

해설
마무리 가공으로 의복의 모양을 다듬거나 수축된 것을 바로 잡는다.

55 손빨래 중 세탁 효과가 가장 좋고 노력이 적게 드는 것은?

① 흔들어 빨기   ② 주물러 빨기
③ 두들겨 빨기   ④ 눌러 빨기

해설
두들겨 빨기는 면직물, 마직물 등 습윤강도가 크고 형태가 변하지 않는 직물과 삶아 빠는 세탁물에 적당하다. 손빨래 중 세탁 효과가 가장 좋고 노력이 적게 든다.

56 다음 중 파스너를 취급하는 방법으로 틀린 것은?

① 슬라이더의 손잡이를 정상으로 해 놓고 프레스한다.
② 프레스 온도는 130℃ 이하로 유지한다.
③ 슬라이더에 직접 다림질한다.
④ 프레스 시 파스너를 잠근 상태에서 한다.

해설
③ 슬라이더에 직접 다림질하지 않는다.

정답 52 ③ 53 ④ 54 ④ 55 ③ 56 ③

57 공중위생관리법령 중 공중위생영업의 종류별 시설 및 설비기준을 규정해 놓은 것은?

① 공중위생관리법
② 공중위생관리법 시행령
③ 공중위생관리법 시행규칙
④ 공중위생관리법 규정

해설
공중위생영업의 종류별 시설 및 설비기준은 「공중위생관리법」 시행규칙 [별표 1]에 규정되어 있다.

58 세탁업자가 신고를 하지 않고 영업소의 소재지를 변경한 경우, 1차 위반에 대한 행정처분으로 옳은 것은?

① 영업정지 1월
② 영업정지 2월
③ 영업장 폐쇄명령
④ 개선명령

해설
행정처분기준(공중위생관리법 시행규칙 별표 7)
세탁업에서 신고를 하지 않고 영업소의 소재지를 변경한 경우
• 1차 위반 : 영업정지 1월
• 2차 위반 : 영업정지 2월
• 3차 위반 : 영업장 폐쇄명령

59 공중위생의 관리를 위한 지도, 계몽 등을 행하게 하기 위하여 둘 수 있는 것은?

① 명예공중위생감시원
② 공중위생조사원
③ 공중위생평가단체
④ 공중위생전문교육원

해설
시·도지사는 공중위생의 관리를 위한 지도·계몽 등을 행하게 하기 위하여 명예공중위생감시원을 둘 수 있다(공중위생관리법 제15조의2제1항).

60 공중위생업을 하고자 하는 자가 신고해야 할 대상자가 아닌 것은?

① 도지사
② 시 장
③ 군 수
④ 구청장

해설
공중위생영업의 신고 및 폐업신고(공중위생관리법 제3조 제1항)
공중위생영업을 하고자 하는 자는 공중위생영업의 종류별로 보건복지부령이 정하는 시설 및 설비를 갖추고 시장·군수·구청장에게 신고하여야 한다. 보건복지부령이 정하는 중요사항을 변경하고자 하는 때에도 또한 같다.

정답 57 ③ 58 ① 59 ① 60 ①

2021년 제1회 과년도 기출복원문제

01 유용성 오점이 아닌 것은?
① 곰팡이　② 구두약
③ 화장품　④ 그리스

해설
① 곰팡이는 수용성 오점이다.

02 양이온활성(소프) 세제의 장점으로 적절한 것은?
① 세척력이 우수하다.
② 대전방지 효과 및 유연효과가 우수하다.
③ 음이온활성제와 혼용이 가능하다.
④ 활성제의 소실이 작다.

해설
양이온활성(소프) 세제의 장단점

장 점	단 점
• 대전방지 효과 및 유연효과가 우수하다. • 활성제의 독성작용으로 제균작용을 갖는다.	• 세척력을 기대하기 어렵다. • 활성제가 대부분 섬유에 흡착되어 활성제의 소실이 크다. • 음이온활성제와 혼용이 불가하다.

03 황변의 원인이 아닌 것은?
① 압 력　② 땀
③ 일 광　④ 표백제

해설
황변의 외부적 원인
• 일광 등에 의한 비가역적 황변이 발생한다.
• 세제에 함유된 유리 알칼리나 알칼리염 등 화학적 성분에 의하여 발생한다.
• 표백제에 의하여 발생하고, 특히 환원형 표백제에 의한 발생은 형광염료가 함유된 아크릴계 섬유에서 많이 발생한다.
• 가장 큰 원인은 외부에서 묻은 오염물질(과즙, 음식물, 땀 등 분비물)로 인한 것이다.

04 다음 아세테이트 섬유에 관한 설명 중 틀린 것은?
① 아크릴 섬유 대용으로 개발한 소재이다.
② 목재 펄프를 아세트산으로 처리한 소재이다.
③ 촉감이 부드러우며 광택이 좋다.
④ 여성용 옷감, 양복 안감 등에 주로 사용한다.

해설
② 면섬유나 목재 펄프를 초산으로 처리하여 만든 섬유이다.

정답 1 ① 2 ② 3 ① 4 ②

05 다음 중 세탁 폐기물로 부적합한 것은?

① 청정장치에서 사용한 폐필터
② 폐유기용제
③ 건조기에서 나온 옷감 부스러기
④ 인수일이 되지 않아 고객이 찾아가지 않은 세탁물

해설
세탁 폐기물은 주로 세탁 과정에서 발생한 폐용매와 폐필터 등이며 유기 용제가 주오염원이다.

06 수질오염의 가장 큰 원인은?

① 농·축산업 폐수 ② 생활폐수
③ 식품폐수 ④ 공업폐수

해설
수질오염의 원인
- 생활하수, 산업폐수, 농·축산폐수
- 도로, 야영지, 낚시터, 유원지 등에서 나오는 기름, 분뇨, 음식 찌꺼기, 비닐봉지 등
- 생활하수(가장 큰 비중 차지)

07 다음 중 기술진단의 포인트가 아닌 것은?

① 장식 단추 ② 가공표시
③ 형태 변형 ④ 변퇴색

해설
① 장식 단추는 사무진단에 속한다.

08 웨트클리닝 건조 시 구김이 많이 생기는 의류는 어느 정도 넣는 것이 적절한가?

① 표준 건조 용량과 동일하게
② 표준 건조 용량의 30% 정도
③ 표준 건조 용량의 50% 미만
④ 표준 건조 용량의 80% 미만

해설
웨트클리닝 건조 시 주의점
- 화학 섬유로 된 의류는 낮은 온도에서 건조해야 하는데, 높은 온도에서 장시간 열풍 건조하면 수축현상이 발생한다.
- 구김이 많이 생기는 의류는 표준 건조 용량의 80% 미만으로 넣어서 구김이 덜 생기도록 한다.
- 나일론 및 실크류는 직사광선을 받으면 황변되므로 그늘에서 말려야 한다.

09 론드리의 세탁 순서로 옳은 것은?

① 애벌빨래 → 본 빨래 → 헹굼 → 표백 → 산욕 → 풀 먹임 → 탈수
② 애벌빨래 → 본 빨래 → 표백 → 산욕 → 헹굼 → 풀 먹임 → 탈수
③ 애벌빨래 → 본 빨래 → 표백 → 헹굼 → 풀 먹임 → 산욕 → 탈수
④ 애벌빨래 → 본 빨래 → 표백 → 헹굼 → 산욕 → 풀 먹임 → 탈수

해설
론드리의 세탁 공정 순서
애벌빨래 → 본 빨래 → 표백 → 헹굼 → 산욕 → 풀 먹임 → 탈수 → 건조 → 다림질

정답 5 ④ 6 ② 7 ① 8 ④ 9 ④

10 클리닝에서 더욱 고차원의 기능을 다하는 특수 서비스에 해당하는 것은?

① 프레스 서비스
② 패션 케어 서비스
③ 스팀 서비스
④ 살균 서비스

> **해설**
> 패션 케어 서비스 : 의류의 세정은 물론 의류를 더 좋은 상태로 보전하고 그 가치와 기능을 유지할 수 있도록 제공하는 서비스이다.

11 다음 중 불꽃에도 잘 타지 않는 섬유는?

① 폴리에스터섬유
② 모다아크릴섬유
③ 석면섬유
④ 폴리올레핀섬유

> **해설**
> 석면은 자연적으로 생성되며 섬유상 형태를 갖는 규산염 광물류로서 불꽃 속에서도 잘 타지 않는다.

12 일반적인 손빨래 방법이 아닌 것은?

① 돌려서 빨기
② 두들겨 빨기
③ 주물러 빨기
④ 흔들어 빨기

> **해설**
> 손빨래에는 흔들어 빨기, 주물러 빨기, 두들겨 빨기, 눌러 빨기, 비벼 빨기, 솔로 문질러 빨기, 삶아 빨기 등이 있다.

13 직물의 조직 중 밀도는 가장 높게 할 수 있으나 마찰에 약한 조직은?

① 평 직
② 능 직
③ 주자직
④ 사 직

> **해설**
> 주자직
> • 조직점이 적어서 구김도 덜 생기고 장식효과가 좋다.
> • 실의 굴곡이 가장 적어서 부드럽고 매끄러워 광택이 좋다.
> • 강도, 마찰에 약하여 실용적이지 못하다.

14 명주섬유의 성질 중 가장 옳은 것은?

① 열에 대하여 양털보다는 매우 약하다.
② 단면이 삼각형이고 광택이 우수하다.
③ 흡습성이 불량하여 공정수분율은 2% 정도이다.
④ 섬유장은 긴 편이나 탄성회복률이 매우 불량하다.

> **해설**
> ① 열에 대하여 양털보다는 강하다.
> ③ 흡습성이 좋아 공정수분율은 12%이다.
> ④ 섬유장은 긴 편이나 탄성회복률이 양모 다음으로 우수하다.

정답 10 ② 11 ③ 12 ① 13 ③ 14 ②

15 세탁업 마케팅과 가장 관련이 없는 것은?

① 모든 세대주의 인구통계
② 고객층의 설정
③ 판촉 및 광고
④ 업태와 가격 설정

16 살균위생 가공으로 적합하지 않은 것은?

① 침적법
② 가스봉입법
③ 탈산소법
④ 자외선법

해설
살균위생 가공은 땀에 의한 체취나 세균의 번식을 방지하기 위한 방법이다. 자외선 처리, 탈산소 처리, 가스 처리, 가열 처리 등이 있다.

17 세탁용수에 관한 설명으로 옳지 않은 것은?

① 염색견뢰도가 낮은 견직물은 중화 처리하여 사용한다.
② 경수는 거품이 잘 일지 않고 때도 잘 빠지지 않는다.
③ 표백, 염색은 연수를 사용해야 경제적이다.
④ 경수로 세탁을 하더라도 식초를 넣으면 모든 의류는 변색이 없고 때가 잘 빠진다.

해설
④ 경수에 알칼리(암모니아수나 탄산나트륨)를 가해야 연수로 만들 수 있다.

18 불소(플루오린)계 용제의 특징으로 옳지 않은 것은?

① 불연성이며 독성과 세정력이 약하다.
② 단열성이 높은 기계장치가 필요하다.
③ 매회 사용 시마다 증류가 용이하며 용제 관리가 쉽다.
④ 용해력이 강하고 비점이 높아 고온 건조가 요구된다.

해설
④ 용해력이 약하고 비점이 낮아 저온 건조가 요구된다.

19 자동차의 배기가스에 의해 발생된 오점은?

① 수용성 오점
② 고체 오점
③ 특수 오점
④ 유용성 오점

해설
유용성 오점의 발생 원인으로는 자동차의 배기가스나 기름진 음식물 등이 있다.

정답 15 ① 16 ① 17 ④ 18 ④ 19 ④

20 퍼클로로에틸렌, 석유계, 메테인계 및 실리콘계 용제 등 적합한 용제로 일반 드라이클리닝할 수 있다는 의미의 표시기호는?

① ② ③ ④

> **해설**
>
> | | |
> |---|---|
> | 드라이 석유계 | 석유계 용제로 일반 드라이클리닝할 수 있다. |
> | 드라이 (X) | 드라이클리닝을 하면 안 된다. |
> | 물세탁 (X) | 물세탁을 하면 안 된다. |

21 립스틱 얼룩빼기에 가장 적당한 방법은?
① 유기용제로 두드려 뺀다.
② 뜨거운 물로 씻어낸다.
③ 지우개로 지운다.
④ 찬물로 씻어낸다.

> **해설**
>
> **립스틱 얼룩** : 가벼운 것은 지우개로 지운다. 유기용제로 빨아낸 뒤 세제로 두드리고 색소가 남으면 표백한다.

22 능직물에 해당되지 않는 것은?
① 서 지   ② 개버딘
③ 드 릴   ④ 옥양목

> **해설**
>
> ④ 옥양목은 평직물이다.
> **사문직(능직)** : 서지, 개버딘, 드릴, 진, 데님, 수라 등

23 다음 중 세정률이 가장 좋은 섬유는?
① 양 모   ② 나일론
③ 비닐론   ④ 아세테이트

> **해설**
>
> 세정률은 양모가 높고 견은 낮다.

24 드라이클리닝이 불가능한 것을 세제액으로 적신 후 곧바로 처리하는 고급 세탁 방법은?
① 건식세탁   ② 웨트클리닝
③ 론드리   ④ 스트롱 차지

> **해설**
>
> 웨트클리닝은 드라이클리닝 또는 론드리에서 상해가 우려되는 제품을 중성세제나 양질의 비누를 사용하여 세척하는 것이다.

정답 20 ① 21 ① 22 ④ 23 ① 24 ②

25 아마섬유의 성질 중 옳지 않은 것은?

① 면섬유보다 산에 대한 저항력은 크고, 알칼리에는 손상되기 쉽다.
② 면에 비해 염료의 침투 및 친화력이 작다.
③ 열에 대하여 양도체이므로 열의 전도성이 좋다.
④ 셀룰로스의 사슬분자가 더욱 배향되어 있으므로 면섬유보다 신장도가 크다.

> 해설
> ④ 아마섬유의 신도는 면섬유보다는 작다.

26 쇠(철)의 녹 얼룩빼기어 사용하는 약품은?

① 락트산　　② 옥살산
③ 표백분　　④ 아세트산

> 해설
> 쇠 녹의 얼룩은 옥살산(수산)으로 제거하고, 암모니아수로 헹구어 중화하는 것이 바람직하다.

27 섬유의 굵기를 나타내는 것은?

① 섬 도　　② 권축성
③ 섬유장　　④ 가소성

> 해설
> ② 권축성 : 섬유의 굴곡 형태
> ③ 섬유장 : 섬유의 면적
> ④ 가소성 : 실이나 직물에 어떤 모양을 주고, 일정한 열과 압력을 가하면 그 모양이 그대로 있는 성질

28 클리닝 공정 중 얼룩빼기에서 적절하지 않은 것은?

① 론드리, 웨트클리닝에서의 얼룩빼기는 표백제와 얼룩빼기제를 사용한다.
② 지워지지 않는 얼룩은 불용성 얼룩으로 남겨 둔다.
③ 드라이클리닝에서는 전 처리 후에 클리닝을 한다.
④ 드라이클리닝 후에는 스팀 건에 의해 스포팅 한다.

> 해설
> **불용성 얼룩**
> • 용제로 용해가 안 되는 것을 말한다.
> • 둘, 유기용제, 화학약품에 용해되지 않고 표백도 되지 않는 숯, 먹물 등과 플루오린화수소산(불산)과 수산으로 제거가 가능한 녹, 효소 처리에 의해 가능한 혈액 등 단백질을 함유한 얼룩 등이 있다.

29 용제의 청정화 방법이 아닌 것은?

① 여과방법
② 증류방법
③ 흡착방법
④ 분산방법

> 해설
> 세정액의 청정화 방법 : 여과법, 흡착법, 증류법

정답　25 ④　26 ②　27 ①　28 ②　29 ④

30 온도 85℃ 이상의 뜨거운 물이나 비누액 중에서 천천히 분해되어 섬유의 특성을 잃게 되는 섬유는?

① 비스코스레이온
② 카 폭
③ 아세테이트
④ 폴리에스터

[해설]
아세테이트는 80℃ 이상의 뜨거운 물에서는 침해가 일어난다.

31 중성세제의 가장 적당한 pH는?

① 7
② 9
③ 11
④ 13

[해설]
중성세제의 가장 적당한 pH는 7~8 정도다.

32 합성 심지에 대한 설명으로 틀린 것은?

① 거의 줄지 않을 정도로 내수축성이 우수하다.
② 보강 심지와의 접착성이 좋지 못하다.
③ W&W성이 우수하다.
④ 대전성이 없으므로 때가 잘 타지 않는다.

[해설]
④는 면 심지의 특성이다.

33 다음 중 열가소성이 가장 좋은 섬유는?

① 폴리에스터
② 아크릴
③ 비스코스레이온
④ 스판덱스

[해설]
폴리에스터는 열가소성이 우수하여 열고정 가공제품(주름치마)에 많이 사용한다.

34 용제를 순환시키는 펌프의 능력에서 액심도 3까지 소요되는 양호한 시간은?

① 1분 30초 이상
② 60초 이상
③ 45~60초 이내
④ 45초 이내

[해설]
용제를 순환시키는 펌프의 능력은 액심도 3까지 소요되는 시간을 측정하여 45초 이내이면 양호하고, 60초 이상이면 불량하다.

정답 30 ③ 31 ① 32 ④ 33 ① 34 ④

35 다음 중 론드리의 과정이 아닌 것은?

① 보 관
② 본 세탁
③ 표백 처리
④ 다림질

해설

론드리의 세탁 공정
애벌빨래 → 본 빨래 → 표백 → 헹굼 → 산욕 → 풀 먹임 → 탈수 → 건조 → 다림질

36 웨트클리닝 처리 방법에 대한 설명 중 틀린 것은?

① 웨트클리닝은 색이 빠지거나 형이 일그러지는 것에 주의해야 한다.
② 처리방법에는 솔빨래, 손빨래, 기계빨래, 오염을 닦아내는 것 등이 있다.
③ 대상이 되는 의류는 종류가 많고 성질은 다르나 처리방법은 모두 같다.
④ 마무리 다림질을 생각하여 형의 망가짐에 유의하여야 한다.

해설

웨트클리닝의 대상이 되는 의류는 종류가 많고 성질도 다르므로 처리법도 다르다.

37 다음 중 양모섬유를 용해시키는 용액은?

① 수산화나트륨
② 암모니아
③ 규산나트륨
④ 인산나트륨

해설

양모는 수산화나트륨 용액에서 5분 이내에 완전히 용해된다.

38 부직포의 특성 중 틀린 것은?

① 통기성이 좋다.
② 보온성이 좋다.
③ 유연성이 좋다.
④ 형태안정성이 좋다.

해설

③ 부직포는 유연성이 부족하다.

39 비누가 해당되는 계면활성제는?

① 음이온 계면활성제
② 양이온 계면활성제
③ 양면 계면활성제
④ 비이온 계면활성제

해설

비누뿐 아니라 세제로 사용되는 계면활성제는 대부분 음이온 계면활성제이다.

정답 35 ① 36 ③ 37 ① 38 ③ 39 ①

40 동물성 섬유에 적합한 염료가 아닌 것은?

① 산성 염료 ② 금속착염 염료
③ 황화 염료 ④ 염기성 염료

해설
황화 염료는 강한 알칼리를 사용하므로 알칼리에 강한 면, 마, 레이온, 비닐론 염색에 주로 사용한다.

41 재오염의 원인에 대한 설명으로 틀린 것은?

① 흡착에 의한 재오염에는 정전기에 의한 것이 있다.
② 세정과정에서 용제 중에 용탈한 염료가 섬유에 염착되지 않는다.
③ 용제의 수분이 과다하여 재오염이 발생한다.
④ 물에 젖은 의류는 수분 과다로 수용성 더러움이 흡착된다.

해설
재오염의 원인
- 부착 : 본래 용제가 더러워 용제 청정의 불충분으로 그 더러움이 섬유에 부착
- 흡착 : 용제 중의 더러움이 정전기 등의 인력과 섬유 표면의 점착력 등에 의해 섬유에 부착
- 염착 : 용탈한 염료가 다시 섬유에 염착

42 섬유별 세탁 방법이 옳지 않은 것은?

① 마섬유 - 드라이클리닝을 하여야 한다.
② 아세테이트 - 드라이클리닝을 하여야 한다.
③ 비스코스레이온 - 드라이클리닝을 하여야 한다.
④ 면섬유 - 물세탁과 드라이클리닝을 모두 할 수 있다.

해설
① 마섬유 : 드라이클리닝보다 손세탁이 안전하다.

43 편성물의 장점으로 옳은 것은?

① 코가 풀리면 전선이 생긴다.
② 마찰에 의한 필링이 발생한다.
③ 세탁성은 좋으나 형태가 잘 변한다.
④ 통기성이 좋은 위생적인 옷을 만들 수 있다.

해설
구조의 특성상 편성물의 함기율은 80% 이상으로 일반 직물의 함기율(50~70%)보다 크므로 보온성, 투습성, 통기성이 우수하다.

44 산화표백제가 아닌 것은?

① 석회분
② 차아염소산칼슘
③ 실리카겔
④ 과산화수소

> **해설**
> 실리카겔 : 흡수력이 강한 무색 결정으로 취급이 간단하여 식품 방습제로도 많이 쓰인다. 드라이클리닝 용제 중 탈수 탈색효과가 있다.

45 다림질 후에 바지 주름이 한쪽으로 삐뚤어져 있다면 그 원인은 무엇인가?

① 주머니 다림질이 생략되었기 때문에
② 바지의 다림질 온도가 맞지 않아서
③ 바짓가랑이의 양쪽 봉제선이 불일치하기 때문
④ 물세탁을 하여 바지 길이가 줄었기 때문

46 간단한 염색법으로 염착이 가능하고 분자구조 중에 특수한 반응기를 가지고 있어 알칼리 용액에서 면, 마, 레이온 등의 하이드록시기와 공유결합을 하여 견뢰도가 우수한 염료는?

① 직접 염료
② 배트 염료
③ 반응성 염료
④ 아조 염료

> **해설**
> ① 직접 염료 : 환원제에 탈색되는 종류가 많고 셀룰로스섬유에 염착되며, 중성이나 약산성 용액에서는 동물성 섬유도 염착이 가능하다.
> ② 배트 염료 : 면, 마, 레이온 섬유 등에 환원염법으로 염색되므로 견뢰도가 매우 우수하고 색상도 좋은 편이나 색 맞춤이 어렵다.
> ④ 아조 염료 : 주로 면섬유의 날염에 사용되는데, 먼저 섬유상에 하지제를 흡수시킨 뒤 현색제의 냉액에 커플링하여 발색시켜 염색하는 염료이다.

47 직물에 처리하는 샌포라이징(Sanforizing) 가공의 목적으로 옳은 것은?

① 습기나 물, 세탁 등에 의해 직물이 수축되는 것을 방지하기 위하여
② 사용 중 옷감이 구겨지는 것을 방지하기 위하여
③ 보관 중 섬유제품이 해충에 의해 손상되는 것을 방지하기 위하여
④ 곰팡이의 발생을 방지하기 위하여

> **해설**
> ② 방추 가공, ③ 방충 가공, ④ 방미 가공에 대한 설명이다.

정답 44 ③ 45 ③ 46 ③ 47 ①

48 다음 중 세제에 첨가하는 표백제는?

① 황 산
② 과산화수소
③ 과탄산나트륨
④ 셀룰로스

해설
분말 세제에 첨가하는 표백제로 과붕산나트륨이나 과탄산나트륨이 있다.

49 다음 중 물에 용해했을 때 이온화하지 않는 계면활성제는?

① 비이온 계면활성제
② 양이온 계면활성제
③ 음이온 계면활성제
④ 양성 계면활성제

해설
비이온 계면활성제는 수산기, 에터기와 같은 해리되지 않은 친수기를 가진 계면활성제이다. 즉, 물에 용해시켰을 때 이온화하지 않는다.

50 물속에 용해된 경화염류의 함유량을 표시하는 단위는?

① 농 도   ② 경 도
③ 산 가   ④ 알칼리도

해설
경도 1도는 약 18ppm, 경도 6도를 기준으로 높으면 경수, 낮으면 연수로 분류한다.

51 다림질한 벨벳 바지가 파일이 눕고 번들거리는 현상이 나타나는 원인과 관계없는 것은?

① 다리미의 강한 압력 때문이다.
② 천을 덮고 다리지 않아서이다.
③ 흡입이 너무 강해서이다.
④ 베큠을 끄고 천을 덮고 다려서이다.

해설
④ 베큠은 스팀을 빨아내는 송풍장치이다.

52 다음 중 세탁견뢰도가 가장 우수한 등급은?

① 2급   ② 3급
③ 4급   ④ 5급

해설
세탁견뢰도 등급은 5급이 가장 우수하고 1급이 가장 열등하다.

53 밀폐형 세정기(Hot Machine)에 대한 설명 중 틀린 것은?

① 높은 효율의 용제회수 시스템으로 구성되어 있다.
② 다양한 안전장치가 있다.
③ 세정만 가능하고 탈수는 원심 탈수기를 사용한다.
④ 운전조작이 다양한 컨트롤 시스템이다.

해설
밀폐형 세정기(Hot Machine)는 합성용제용 드라이클리닝 기계로, 합성용제를 사용하여 세정, 탈액, 건조까지 연속 처리한다(일체형).

54 센물을 단물로 바꾸는 방법으로 가정에서 쉽게 할 수 있는 것은?

① 이온교환수지법
② 끓이는 법
③ 산을 가하는 법
④ 알칼리를 가하는 법

해설
경수(센물)를 연수(단물)로 바꾸는 방법
• 끓이는 법
• 이온교환수지법
• 알칼리를 가하는 법

55 다음 중 전기 안전에 대한 설명으로 옳지 않은 것은?

① 전기기구를 안전하게 사용하려면 정격에 맞게 사용해야 한다.
② 한 개의 콘센트에 여러 개의 전기기구를 동시에 연결하여 사용하지 않아야 한다.
③ 젖은 손으로는 전기기구를 만지지 말아야 한다.
④ 소비 전력이 큰 전기기구는 동시에 사용해야 한다.

해설
④ 소비 전력이 큰 전기기구를 동시에 사용하지 말아야 한다.

56 세탁업자와 소비자 간의 세탁물관리 사고로 인한 분쟁 조정을 위하여 노력해야 하는 곳은?

① 세탁업자단체
② 보건복지부
③ 의류제조업단체
④ 세탁기제조업단체

해설
세탁물관리 사고로 인한 분쟁의 조정(공중위생관리법 시행령 제10조)
규정에 의하여 설립된 세탁업자단체는 그 정관이 정하는 바에 의하여 세탁업자와 소비자 간의 분쟁 조정을 위하여 노력하여야 한다.

정답 53 ③ 54 ② 55 ④ 56 ①

57 공중위생영업자의 매년 위생교육시간은?

① 2시간　　② 3시간
③ 6시간　　④ 8시간

> **해설**
> 위생교육(공중위생관리법 시행규칙 제23조제1항)
> 위생교육은 집합교육과 온라인 교육을 병행하여 실시하되, 교육시간은 3시간으로 한다.

58 공중위생영업의 신고 방법 및 절차 등에 관하여 필요한 사항을 정하는 것은?

① 보건복지부령
② 도지사령
③ 대통령령
④ 환경부령

> **해설**
> 공중위생영업의 신고 및 폐업신고(공중위생관리법 제3조제6항)
> 공중위생영업 신고의 방법 및 절차 등에 필요한 사항은 보건복지부령으로 정한다.

59 공중위생감시원이 되기 위해 몇 년 이상 공중위생 행정에 종사해야 하는가?

① 1년　　② 2년
③ 3년　　④ 4년

> **해설**
> 공중위생감시원의 자격 및 임명(공중위생관리법 시행령 제8조제1항)
> 특별시장·광역시장·도지사 또는 시장·군수·구청장은 다음의 어느 하나에 해당하는 소속 공무원 중에서 공중위생감시원을 임명한다.
> - 위생사 또는 환경기사 2급 이상의 자격증이 있는 사람
> - 「고등교육법」에 따른 대학에서 화학·화공학·환경공학 또는 위생학 분야를 전공하고 졸업한 사람 또는 법령에 따라 이와 같은 수준 이상의 학력이 있다고 인정되는 사람
> - 외국에서 위생사 또는 환경기사의 면허를 받은 사람
> - 1년 이상 공중위생 행정에 종사한 경력이 있는 사람

60 공중위생법에 따른 세탁업소의 위생관리 의무를 지키지 아니한 자의 과태료 기준은?

① 30만원 이하
② 50만원 이하
③ 100만원 이하
④ 200만원 이하

> **해설**
> 과태료(공중위생관리법 제22조제2항)
> 다음에 해당하는 자는 200만원 이하의 과태료에 처한다.
> - 세탁업소의 위생관리 의무를 지키지 아니한 자
> - 위생교육을 받지 아니한 자

정답 57 ② 58 ① 59 ① 60 ④

2022년 제1회 과년도 기출복원문제

01 경수를 연화시키는 방법이 아닌 것은?

① 이온교환수지법
② 지거법
③ 퍼뮤티트법
④ 끓이는 방법

> [해설]
> 경수(센물)를 연수(단물)로 바꾸는 방법
> • 끓이는 법
> • 이온교환수지법
> • 알칼리를 가하는 법

02 론드리 세탁 시 첫 번째 헹굼 방법으로 옳은 것은?

① 세탁 온도와 동일한 물로 헹군다.
② 세탁은 뜨거운 물로, 헹굼은 찬물로 한다.
③ 삶은 세탁물을 식히기 위해 찬물로 헹군다.
④ 세탁도 찬물로, 헹굼도 찬물로 한다.

> [해설]
> 론드리 세탁 시 첫 번째 헹굼은 세탁 온도보다 높거나 같게 한다. 만약 세탁 온도보다 낮으면 용해되어 있던 오점이나 비누가 석출되어 재오염된다.

03 다음은 현미경을 통해 섬유를 측면 관찰한 사진이다. 이 중 아마섬유에 해당하는 것은?

① 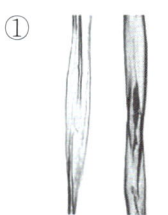 ②

③ 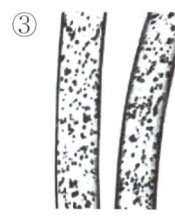 ④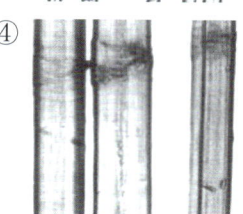

> [해설]
> ④ 아마섬유
> ① 면섬유
> ② 캐시미어
> ③ 아크릴

04 펄세이터(Pulsator)라고도 하며, 세탁조의 회전과 바닥에 있는 날개의 회전으로 물이 소용돌이치면서 세탁하는 기기는?

① 교반식   ② 드럼식
③ 진동식   ④ 와류식

> [해설]
> 와류식(Pulsator Type) 세탁기는 세탁조의 회전과 바닥에 있는 날개의 회전으로 물이 소용돌이치면서 세탁한다. 세탁 효과는 크나, 세탁물이 쉽게 꼬이고 손상이 비교적 심한 단점이 있다.

정답 1 ② 2 ① 3 ④ 4 ④

05 재료의 성분에 따라 벤젠을 묻혀서 닦아 주거나 알코올을 묻혀서 닦아 주면 말끔히 제거할 수 있는 얼룩은?
① 혈 액
② 우 유
③ 접착제
④ 사인펜

해설
유성 사인펜은 벤젠을 묻혀서 닦아 주고, 수성 사인펜은 알코올을 묻혀서 닦아 주면 얼룩이 제거된다.

06 다음 중 흡착제이면서 탈색력이 뛰어난 청정제는?
① 여과제
② 활성탄소
③ 경질토
④ 알루미나겔

해설
활성탄소
• 색소, 냄새, 더러움의 흡착효과가 크다.
• 제조 과정에 따라 수용성 색소 흡착성 탄소, 유용성 색소 흡착성 탄소로 구분된다.
• 청정제 중 탈색, 탈취효과가 가장 좋다.

07 다림질의 3대 요소가 아닌 것은?
① 온 도
② 압 력
③ 시 간
④ 수 분

해설
다림질의 3대 요소 : 온도(열), 수분(습도), 압력

08 탱크에 있는 용제가 펌프 기능이 양호한 액심도 3까지 도달하는 데 걸리는 소요시간은?
① 45초 이내
② 45~60초
③ 60~120초
④ 120초 이상

해설
액심도 3까지 45초 이내에 도달해야 양호하다.

09 우리나라에서 사용하는 경도 방식은?
① 영국식
② 독일식
③ 미국식
④ 프랑스식

해설
우리나라는 독일식 경도표시법을 사용한다. 독일식 표현법은 1L의 물속에 산화칼슘이 10mg 함유된 경우를 1의 경도로 한다.

정답 5 ④ 6 ② 7 ③ 8 ① 9 ②

10 세탁물 접수 시 확인하야 할 사항이 아닌 것은?

① 얼룩의 부착 시기
② 의복의 파손 여부
③ 클리닝의 대상 여부
④ 의복의 잔존가치 여부

해설
④ 의복의 잔존가치 여부가 아니라 마모도를 체크해야 한다.

11 한 올 또는 여러 올의 실을 바늘로 고리를 만들어 얽어 만든 피륙은?

① 부직포
② 레이스
③ 직물
④ 편성물

해설
① 부직포 : 섬유를 얇은 시트 상으로 만들어 접착제, 열융착, 바늘 등에 의해 접착시켜서 만든 옷감
② 레이스 : 바늘 또는 보빈 등의 기구를 사용하여 실을 엮거나 꼬아서 만든 무늬 있는 천
③ 직물 : 위사와 경사를 조합해서 만든 피륙

12 보일러의 운전 중 고장 원인(현상)이 아닌 것은?

① 점화 작동 중 수면계에 수위가 나타나지 않는다.
② 스팀에 물이 섞여 나오지 않는다.
③ 본체에서 증기나 물이 샌다.
④ 작동 중 불이 꺼지며 2~3회 운전 시 정상 가동된다.

해설
② 증기(스팀)에 물이 섞여 나오면 고장 원인이다.

13 다음 중 의복의 기능이 아닌 것은?

① 실용적인 성능
② 위생적인 성능
③ 감각적인 성능
④ 귀족적인 성능

해설
의복의 기능 : 위생상 기능, 실용성 기능, 감각성 기능, 관리성 기능

14 론드리 기계 종류의 설명으로 옳은 것은?

① 텀블러 – 많은 수의 작은 구멍이 있는 내통을 고속으로 회전시켜 물을 털어낸다.
② 원심 탈수기 – 열풍을 불어 넣으면서 내통을 회전시켜서 건조하는 기계이다.
③ 와셔 – 마무리 다림질한 물품을 접어 넣는 기계이다.
④ 면 프레스기 – 캐비닛형과 시즈스형이 있다.

해설
① 텀블러 : 열풍을 불어 넣으면서 내통을 회전시켜서 건조하는 기계
② 원심 탈수기 : 많은 수의 작은 구멍이 있는 내통을 고속으로 회전시켜 물을 털어낸다.
③ 와셔 : 빨래하는 기계(세탁기)

정답 10 ④ 11 ④ 12 ② 13 ④ 14 ④

15 다음 중 개버딘은 어느 직물 조직에 해당되는가?

① 평 직
② 능 직
③ 수자직
④ 익조직

해설
능직의 종류 : 서지, 개버딘, 데님, 진, 치노, 드릴, 수라, 블랭킷 등

16 면섬유의 중공에 대한 설명 중 틀린 것은?

① 미성숙한 섬유에 발달되어 있다.
② 제2차 세포막의 안층이다.
③ 보온성이 좋다.
④ 전기절연성이 크다.

해설
면섬유의 중공은 면화가 개화하기 전에는 원형질이 차 있던 곳으로 건조됨에 따라 공간이 줄어들고 원형질 성분이었던 단백질, 염류, 색소 등이 남아 있어 원면의 누런색의 원인이 된다.

17 다음 중 클리닝 대상품이 아닌 것은?

① 인테리어 제품
② 피 혁
③ 모 피
④ 물세탁

해설
④ 물세탁은 세탁 방법에 해당한다.

18 가죽의 처리 공정을 순서대로 나열한 것은?

① 물에 침지 → 산에 담그기 → 제육 → 석회 침지 → 분할 → 때 빼기 → 탈회 및 효소분해 → 탈모 → 유성
② 물에 침지 → 제육 → 탈모 → 석회 침지 → 분할 → 때 빼기 → 탈회 및 효소분해 → 산에 담그기 → 유성
③ 물에 침지 → 제육 → 석회 침지 → 산에 담그기 → 분할 → 때 빼기 → 탈회 및 효소 분해 → 탈모 → 유성
④ 물에 침지 → 산에 담그기 → 제육 → 석회 침지 → 분할 → 탈모 → 탈회 및 효소분해 → 때 빼기 → 유성

19 드라이클리닝 마무리 기계 중 포머형에 해당되는 것은?

① 만능프레스
② 인체프레스
③ 스팀터널
④ 스팀박스

해설
• 프레스형 : 만능프레스, 오프셋프레스
• 포머형 : 인체프레스, 팬츠토퍼, 퍼프아이론, 스팀보드
• 스팀형 : 스팀터널, 스팀박스

정답 15 ② 16 ① 17 ④ 18 ② 19 ②

20 양모의 축융성을 이용하여 만든 피륙은?

① 부직포   ② 레이스
③ 펠트   ④ 편성물

해설
③ 펠트는 양모섬유의 축융성을 이용하여 제조된다.
축융성 : 모직물을 비누용액, 산성용액 및 뜨거운 물에서 비벼주면 섬유가 서로 엉켜서 굳어지는 현상

21 약한 처리의 물세탁으로 까다로운 의류를 세탁하기 위한 고급 세탁 방법은?

① 드라이클리닝   ② 론드리
③ 와 셔   ④ 웨트클리닝

해설
웨트클리닝 : 일반적으로 행해지는 세탁 방법으로 불가능한 의류를 대상품에 따라 기계 또는 손으로 물품을 적신 후 단시간에 처리해서 세탁물에 손상을 주지 않는 풍부한 경험과 기술을 필요로 하는 고급 세탁 방법이다.

22 실의 번수에 대한 설명으로 틀린 것은?

① 실의 굵기를 나타내는 수치이다.
② 항중식 번수, 항장식 번수, 공통식 번수 등으로 구분하고 있다.
③ 이온교환수지에 실의 굵기를 통과시키는 방법으로 구분한다.
④ 공통식 번수는 필라멘트사, 방적사 모두 사용한다.

23 와류식 세탁기에서 세탁 효율이 최대가 되는 세제의 농도는?

① 0.05%   ② 0.1%
③ 0.2%   ④ 0.3%

해설
와류식 세탁기는 세탁조의 회전과 바닥에 있는 날개의 회전으로 물이 소용돌이치면서 세탁한다.

24 다음 중 드라이클리닝 용제의 특징으로 옳은 것은?

① 석유계 용제 – 기계 부식에 안정하고 비중도 적으며 독성이 약하고 저가이다.
② 불소계 용제 – 저온 건조(50℃ 이하)가 가능하므로 내열성이 낮은 의류도 세탁이 가능하고 저가이다.
③ 퍼클로로에틸렌 – 기름에 대한 용해력이 작고 상압으로 증류할 수 없다.
④ 1,1,1-트라이클로로에탄 – 상압으로 증류되므로 진공 증류가 필요 없고 독성이 없다.

해설
② 불소(플루오린)계 용제 : 저온으로 건조되며 정교하고 섬세한 의류에 적합하며 고가이다.
③ 퍼클로로에틸렌 : 용해력이 석유계 용제에 비하여 크고 상압으로 증류가 가능하다.
④ 1,1,1-트라이클로로에탄 : 매회 증류가 용이하므로 용제 관리가 쉽고 독성이 있다.

정답 20 ③ 21 ④ 22 ③ 23 ③ 24 ①

25 손빨래 방법 중 세탁 효과는 불량하나 옷감의 손상이 적은 것은?

① 흔들어 빨기 ② 눌러 빨기
③ 주물러 빨기 ④ 두들겨 빨기

해설
흔들어 빨기 : 세탁물을 세제 용액에 담고 좌우 또는 상하로 흔들어 용액을 유동시켜 세탁하는 방법이다. 세액이 세탁물에 대해서 평행으로 이동하므로 세탁 효과는 좋지 못하지만 옷감의 손상이 적다.

26 청정제 중 다수의 미세한 구멍이 있어 여과력은 좋으나 흡착력이 없는 것은?

① 규조토   ② 실리카겔
③ 산성백토 ④ 활성탄소

해설
① 규조토 : 여과력은 우수하나 흡착력이 없고, 탈진효과가 가장 우수하다.
② 실리카겔 : 탈수, 탈색에 뛰어나다.
③ 산성백토 : 탈색에 뛰어나다.
④ 활성탄소 : 탈색, 탈취에 뛰어나다.

27 방충제의 종류 중 방향족 탄화수소 화합물로 살충력은 크지 않으나 벌레가 그 냄새를 기피하게 되어 방충효과가 있는 것은?

① 실리카겔 ② 나프탈렌
③ 파라핀   ④ 장 뇌

28 계면활성제의 종류 중 비누, 알킬벤젠설폰산염과 같이 세제로 사용하는 것은?

① 비음이온계 계면활성제
② 양성계 계면활성제
③ 양이온계 계면활성제
④ 음이온계 계면활성제

해설
계면활성제 중 음이온계 계면활성제가 세제로 가장 많이 사용된다.

29 다음 중 전력에 대한 설명으로 옳지 않은 것은?

① 전기제품이 주어진 시간 동안 사용한 전기에너지 전체를 전력량이라 한다.
② 정격전력은 전기기기나 전기장치를 정격출력으로 동작시킬 때의 전류값을 말한다.
③ 규정된 전류의 양을 초과하는 전류를 과부하전류라고 한다.
④ 과부하전류 상태에서는 전기도선을 녹이거나 코일 등에 손상을 준다.

해설
② 정격전류는 전기기기나 전기장치를 정격출력으로 동작시킬 때의 전류값을 말한다.

정답 25 ① 26 ① 27 ② 28 ④ 29 ②

30 석유계 드라이클리닝 세정기의 특징과 가장 관계있는 것은?

① 방폭형 구조
② 차입관
③ 버튼드롭
④ 스팀보드

해설
석유계 용제용은 완전 방폭형 구조여야 한다.

31 다음 중 얼룩빼기 약제가 아닌 것은?

① 휘발유
② 아세트산
③ 차아염소산나트륨
④ 녹말풀

해설
녹말풀은 푸새 가공에 쓰인다.

32 손세탁 중 솔로 문질러 빨기에 적당하지 않은 옷감은?

① 면직물
② 마직물
③ 레이온
④ 인조섬유

해설
레이온은 주물러 빨기나 눌러 빨기에 적당한 옷감이다.

33 다음 중 수용성 오점으로만 묶인 것은?

① 구두약, 구토물, 간장
② 땀, 과즙, 겨자
③ 기계유, 곰팡이, 간장
④ 과즙, 달걀, 니스

해설
오점의 종류
- 유용성 오점 : 구두약, 기계유, 니스 등
- 수용성 오점 : 구토물, 간장, 땀, 과즙, 겨자, 곰팡이, 달걀 등
- 불용성 오점 : 매연, 석고, 시멘트, 유기성 먼지, 점토, 흙 등

34 다음 중 보색에 대한 설명으로 옳지 않은 것은?

① 색상이 연해진 부분이나 없어진 부분에 바탕색과 비교하여 보충해야 할 염료 용액을 조성하여 진하게 한 번만 칠한다.
② 피스기 같은 도구로 염액을 조금씩 뿜어서 최대한 바탕색과 맞도록 염색한다.
③ 섬유를 감별하기 전에 소재의 유지와 호제 및 수지를 제거하고 정색 시험으로 감별할 경우 탈색 또는 표백해야 한다.
④ 소재는 2가지 이상의 시험 방법으로 확인하는 것이 일반적이다.

해설
① 색상이 연해진 부분이나 없어진 부분에 바탕색과 비교하여 보충해야 할 염료 용액을 조성하여 연하게 하여 반복해서 칠한다.

35 다음 중 오염 제거가 가장 까다로운 섬유는?

① 양 모 ② 마
③ 아세테이트 ④ 견

해설
오점이 잘 제거되는 섬유의 순서 : 양모 → 나일론 → 비닐론 → 아세테이트 → 면 → 레이온 → 마 → 견

36 면섬유의 성질로 옳은 것은?

① 산에 강하다.
② 알칼리에 강하다.
③ 탄성이 좋다.
④ 열에 대단히 약하다.

해설
면섬유는 산에는 약하나 알칼리에는 강하고 탄성이 좋지 않아 구김이 잘 생기나 내열성이 우수하여 다림질의 온도가 높다.

37 다음 중 재생섬유의 원료는?

① α-셀룰로스
② β-셀룰로스
③ 헤미셀룰로스
④ 리그노셀룰로스

38 삼각형 모양의 단면을 가지고 있는 섬유는?

① 양 모 ② 면
③ 아 마 ④ 견

해설
견(명주)섬유는 단면이 삼각형 구조인 동물성 섬유로, 광택이 우수하다.

39 다음 그림과 같은 기호로 표시된 제품의 취급방법은?

① 용제의 종류는 석유계를 제외하고는 모두 사용할 수 있다.
② 석유를 섞은 물을 조금 넣어 세탁한다.
③ 석유계 용제로 일반 드라이클리닝할 수 있다.
④ 용제의 종류는 구별하지 않고 석유계를 포함하여 모두 사용할 수 있다.

해설
 석유계 용제로 일반 드라이클리닝할 수 있다.

40 직물의 삼원 조직은?

① 평직, 능직(사문직), 주자직(수자직)
② 평직, 능직(사문직), 사직
③ 주자직(수자직), 능직(사문직), 익조직
④ 평직, 능직(사문직), 평편조직

해설
직물의 조직으로 가장 기본적인 것은 삼원 조직, 즉 평직, 능직(사문직), 주자직(수자직)이다.

41 다음 중 양모섬유를 용해시키는 용액은?

① 수산화나트륨   ② 암모니아
③ 규산나트륨   ④ 인산나트륨

해설
양모는 수산화나트륨 용액에서 5분 이내에 완전히 용해된다.

42 주로 유럽에서 사용되고 있는 형식으로 액량비가 적어야 하고 저포성 세제를 사용하는 세탁기는?

① 교반식 세탁기
② 드럼식 세탁기
③ 이조식 수동세탁기
④ 일조식 전자동세탁기

해설
드럼식 세탁기
• 세탁물이 들어 있는 내통을 세제가 들어 있는 외통 내에서 회전시키며 외통의 회전에 따라 세탁물이 위아래로 움직이면서 세탁한다.
• 물의 양이 많거나 거품이 있으면 세탁에 방해가 된다.

43 보일러의 부피를 일정하게 유지하고 증기의 온도를 상승시켰을 때 압력의 변화는?

① 일정하다.
② 감소한다.
③ 상승한다.
④ 압력과 관계없다.

44 전기에 의한 화재의 주요 원인이 아닌 것은?

① 전선의 합선(단락)에 의한 발화
② 누전에 의한 발화
③ 과전류(과부하)에 의한 발화
④ 용기 교체 작업 중 누설화재

해설
④는 가스화재 원인이다.

정답 40 ① 41 ① 42 ② 43 ③ 44 ④

45 기름에 대한 용해도가 적정하고 안정적이며, 휘발성도 적정하여 드라이클리닝 용제로 널리 사용되는 것은?

① 석유계 용제
② 불소계 용제
③ 퍼클로로에틸렌
④ 트라이클로로에틸렌

해설
석유계 용제
- 탄소수소계 용제 중 드라이클리닝 용제로 가장 많이 사용한다.
- 우리나라에서 기계세탁용 용제로 가장 많이 사용한다.
- 견직 한복을 비롯하여 정밀하고 섬세한 의류 클리닝에 적합하다.

46 다음 중 마섬유 재킷을 다림질할 때 가장 좋은 것은?

① 스팀다리미
② 캐비닛형 프레스기
③ 전기다리미
④ 시트 롤러

해설
전기(건열)다리미
- 순수 전열만 이용하여 열과 압력을 가해 섬유를 부드럽게 하여 형태를 잡는다.
- 표면열이 높아 눌거나 금속광이 생기므로 덮개 천을 사용해야 한다.

47 다음 합성섬유 중 성질이 잘못된 것은?

① 폴리에스터 – 내약품성이 좋다.
② 아크릴 – 내일광성이 좋다.
③ 폴리프로필렌 – 흡습성이 크다.
④ 나일론 – 탄성회복률이 크다.

해설
③ 폴리프로필렌 : 흡습성이 작다.

48 다음 중 수분을 흡수하면 강도가 증가하는 섬유는?

① 면
② 견
③ 나일론
④ 아크릴

해설
면섬유는 흡수성이 좋고 염색이 쉬우나 충해에 약하다.

49 다음 중 (반)합성 섬유에 적합한 염료에 대한 설명으로 옳지 않은 것은?

① 아세테이트나 폴리에스터는 분산염료에 의하여 주로 염색된다.
② 나일론은 산성, 분산, 금속착염, 산성매염 염료 등에 의해 염색된다.
③ 아크릴 섬유는 캐티온, 분산, 산성 염료에 의하여 염착된다.
④ 아세테이트나 폴리에스터에 사용하는 염료를 캐티온(Cation) 염료라고 한다.

> [해설]
> ④ 아크릴 섬유에 사용하는 염료를 캐티온(Cation) 염료라고 한다.

50 직물의 구김을 방지하기 위한 가공은?

① 방오 가공
② 방추 가공
③ 방수 가공
④ 방염 가공

> [해설]
> **방추 가공(구김방지 가공)** : 주로 면, 마, 레이온을 대상으로 주름이 잘 생기지 않도록 하는 가공이다.

51 세탁 후 마무리하는 기계가 아닌 것은?

① 팬츠토퍼
② 인체프레스
③ 스포팅 머신
④ 만능프레스

> [해설]
> 스포팅 머신은 공기의 압력과 스팀을 이용하여 오점을 불어서 제거하는 오점 제거 기계이다.

52 축합중합형 합성섬유가 아닌 것은?

① 나일론
② 아크릴
③ 스판덱스
④ 폴리에스터

> [해설]
> ② 부가중합형에 해당한다.

정답 49 ④ 50 ② 51 ③ 52 ②

53 웨트클리닝 사고를 방지할 수 있는 가장 중요한 방법은?

① 경험자에게 물어본다.
② 고객과 의견을 교환한다.
③ 천이 상하지 않도록 약한 용제를 먼저 쓴다.
④ 내웨트클리닝성 시험을 거친다.

54 세탁물 접수 시 접객 예절로 옳지 않은 것은?

① 고객의 신뢰를 얻기 위해서는 미소 띤 얼굴로 친절하게 맞이해야 한다.
② 고객이 편안하게 느낄 수 있도록 대화하고 고객의 요구사항을 귀담아 들어야 한다.
③ 세탁물의 원상복구와 기능성 향상 등을 알려준다며 고객의 시간을 빼앗지 않아야 한다.
④ 요금을 내는 날을 고객의 요구에 맞추어야 한다.

해설
③ 세탁물 손질법을 알려주거나 세탁물의 원상복구와 기능성 향상법 등에 대해 알려주는 것도 고객의 신뢰를 얻을 수 있는 좋은 방법이다.

55 공중위생감시원의 자격, 임명, 업무범위 기타 필요한 사항은 어느 영으로 정하는가?

① 대통령령
② 국무총리령
③ 도지사령
④ 보건복지부장관령

해설
공중위생감시원(공중위생관리법 제15조제2항)
공중위생감시원의 자격·임명·업무범위 기타 필요한 사항은 대통령령으로 정한다.

56 위생서비스평가의 결과에 따른 위생관리등급별로 영업소에 대한 위생감시를 실시할 때의 기준이 아닌 것은?

① 위생감시의 실시주기
② 위생감시의 실시횟수
③ 위생교육의 실시횟수
④ 영업소에 대한 출입·검사

해설
위생관리등급 공표 등(공중위생관리법 제14조제4항)
시·도지사 또는 시장·군수·구청장은 위생서비스평가의 결과에 따른 위생관리등급별로 영업소에 대한 위생감시를 실시해야 한다. 이 경우 영업소에 대한 출입·검사와 위생감시의 실시주기 및 횟수 등 위생관리등급별 위생감시기준은 보건복지부령으로 정한다.

정답 53 ④ 54 ③ 55 ① 56 ③

57 공중위생영업에 해당하지 않는 것은?

① 세탁업
② 위생관리업
③ 미용업
④ 목욕장업

해설
정의(공중위생관리법 제2조제1항제1호)
공중위생영업이라 함은 다수인을 대상으로 위생관리서비스를 제공하는 영업으로서 숙박업·목욕장업·이용업·미용업·세탁업·건물위생관리업을 말한다.

58 공중위생영업자의 지위를 승계한 후 누구에게 신고해야 하는가?

① 보건복지부장관
② 시·도지사
③ 시장·군수·구청장
④ 세무서장

해설
공중위생영업의 승계(공중위생관리법 제3조의2제4항)
공중위생영업자의 지위를 승계한 자는 1월 이내에 보건복지부령이 정하는 바에 따라 시장·군수 또는 구청장에게 신고하여야 한다.

59 공중위생관리법에 따른 과징금의 부과 및 납부에 대한 설명 중 틀린 것은?

① 통지를 받은 자는 통지를 받은 날부터 20일 이내에 과징금을 시장·군수·구청장이 정하는 수납기관에 납부하여야 한다.
② 과징금의 납부를 받은 수납기관은 영수증을 납부자에게 교부하여야 한다.
③ 과징금의 수납기관은 과징금을 수납한 때에는 지체 없이 그 사실을 시장·군수·구청장에게 통보하여야 한다.
④ 과징금의 징수절차는 대통령령으로 정한다.

해설
과징금의 부과 및 납부(공중위생관리법 시행령 제7조의3 제8항)
과징금의 징수절차는 보건복지부령으로 정한다.

60 공중위생관리법상 위생교육에 포함되지 않는 것은?

① 기술교육
② 시사상식 교육
③ 소양교육
④ 공중위생에 관하여 필요한 내용

해설
위생교육(공중위생관리법 시행규칙 제23조제2항)
위생교육의 내용은 공중위생관리법 및 관련 법규, 소양교육(친절 및 청결에 관한 사항을 포함), 기술교육, 그 밖에 공중위생에 관하여 필요한 내용으로 한다.

정답 57 ② 58 ③ 59 ④ 60 ②

2023년 제1회 과년도 기출복원문제

01 다음 중 얼룩의 식별방법이 아닌 것은?
① 절 단
② pH시험
③ 분 무
④ 확대경

해설
얼룩의 판별 수단
- 외관 : 육안에 의해 색, 형상, 위치 등으로 판별한다.
- pH시험지 : 산성, 알칼리성 여부를 조사한다.
- 분무 : 얼룩 부분을 물로 분무하여 친수성, 친유성 얼룩 여부를 조사한다.
- 확대경 : 볼록렌즈, 라이프스코프, 루페 등으로 관찰한다.

02 공중위생영업소의 위생관리수준을 향상시키기 위하여 위생서비스평가계획을 수립하는 자는?
① 대통령
② 보건복지부장관
③ 시·도지사
④ 공중위생관련협회 또는 단체

해설
위생서비스수준의 평가(공중위생관리법 제13조제1항)
시·도지사는 공중위생영업소(관광숙박업 제외)의 위생관리수준을 향상시키기 위하여 위생서비스평가계획을 수립하여 시장·군수·구청장에게 통보하여야 한다.

03 공중위생영업자가 받아야 하는 연간 위생교육시간은?
① 1시간
② 2시간
③ 3시간
④ 4시간

해설
위생교육(공중위생관리법 시행규칙 제23조제1항)
위생교육은 집합교육과 온라인 교육을 병행하여 실시하되, 교육시간은 3시간으로 한다.

04 영업소 폐쇄명령을 받고도 계속하여 영업을 한 자에 대한 벌칙은 무엇인가?
① 1년 이하의 징역 또는 1천만원 이하의 벌금
② 6월 이하의 징역 또는 500만원 이하의 벌금
③ 300만원 이하의 벌금
④ 100만원 이하의 벌금

해설
벌칙(공중위생관리법 제20조제2항)
다음에 해당하는 자는 1년 이하의 징역 또는 1천만원 이하의 벌금에 처한다.
- 공중위생영업의 신고를 하지 아니하고 공중위생영업(숙박업은 제외)을 한 자
- 영업정지명령 또는 일부 시설의 사용중지명령을 받고도 그 기간 중에 영업을 하거나 그 시설을 사용한 자 또는 영업소 폐쇄명령을 받고도 계속하여 영업을 한 자

정답 1 ① 2 ③ 3 ③ 4 ①

05 합성세제의 특성이 잘못 설명된 것은?

① 용해가 빠르고 헹구기가 쉽다.
② 거품이 잘 생기고, 침투력이 우수하다.
③ 값이 싸고 원료 제한을 받지 않는다.
④ 분말이어서 센물에서는 사용할 수가 없다.

해설
④ LAS계 합성세제는 센물에서 비누보다 세척력이 우수하다.

06 보일러의 압력을 급격하게 올려서는 안 되는 이유로 가장 적당한 것은?

① 보일러 내 물의 순환을 해친다.
② 압력계를 파손한다.
③ 보일러 효율을 저하시킨다.
④ 보일러에 악영향을 주고 파괴의 원인이 된다.

해설
보일러나 노내 벽돌에 악영향을 끼치므로 보일러의 압력을 급격하게 올려서는 안 된다.

07 클리닝 공정 중 얼룩빼기에서 적절하지 않은 것은?

① 론드리, 웨트클리닝에서의 얼룩빼기는 표백제와 얼룩빼기제를 사용한다.
② 지워지지 않는 얼룩은 불용성 얼룩으로 남겨둔다.
③ 드라이클리닝에서는 전 처리 후에 클리닝을 한다.
④ 드라이클리닝 후어는 스팀 건에 의해 스포팅한다.

해설
불용성 오점은 약품에 대한 저항력이 강하여 잘 녹지 않기 때문에 윤활제와 흡착제를 활용하여 섬유와의 결합을 풀어서 없앨 수 있다.

08 다음 중 여과제로 사용되는 탈색제가 아닌 것은?

① 활성탄소 ② 경질토
③ 산성백토 ④ 활성백토

해설
② 경질토 : 탈산, 탈취효과

09 세탁통 가운데 봉이 솟아 있어 세탁물의 엉킴을 방지해 주는 세탁기는?

① 와류식 ② 교반식
③ 회전드럼식 ④ 샤워식

해설
교반식 : 세탁통 가운데 봉이 솟아 있어 세탁물 엉킴을 방지하는 세탁기이다.

정답 5 ④ 6 ④ 7 ② 8 ② 9 ②

10 바지에 대한 설명 중 옳지 않은 것은?

① 개어놓은 바지를 펼쳐서 세탁액에 담가 전체를 눌러 빤다.
② 오점이 심한 부분은 오점 처리를 한 다음 손빨래를 한다.
③ 탈수기에는 여유를 갖게끔 넣는다.
④ 건조는 뒤집어서 양지에서 자연 건조한다.

해설
④ 건조는 뒤집어서 그늘에서 자연 건조한다.

11 파일직물에 속하지 않는 것은?

① 갑 사   ② 타 월
③ 벨 벳   ④ 코듀로이

해설
① 갑사(비단) : 고액상품류

12 소프의 가공제 배합에 쓰이는 물질이 아닌 것은?

① 유연제   ② 형광증백제
③ 무연제   ④ 대전방지제

해설
소프에는 대전방지제, 유연제, 형광증백제 등이 배합된 것이 많다.

13 산욕 시 주의사항으로 옳은 것은?

① 온도를 올리면 산의 작용이 상승하므로 온도를 많이 올려야 한다.
② 어떤 섬유든지 구분할 필요 없이 산을 사용한다.
③ 산욕제로는 표백분을 사용하여 황변을 방지한다.
④ 산을 넣을 때 직접 천에 닿지 않도록 한다.

해설
① 온도를 올리면 산의 작용이 너무 강하므로 온도는 올리지 않는다.
② 식물성 섬유는 산에 약하므로 산을 많이 사용하지 않는다.
③ 산욕제로는 규불화나트륨을 사용한다.

14 살균위생 가공이 반드시 필요하지 않은 제품은?

① 물수건   ② 병원 가운
③ 어린이 점퍼   ④ 아기 기저귀

해설
살균위생 가공은 몸에서 나오는 땀에 의한 체취나 세균의 번식을 방지하기 위한 방법이다.

정답 10 ④ 11 ① 12 ③ 13 ④ 14 ③

15 웨트클리닝의 사고를 방지할 수 있는 가장 중요한 점은?

① 경험자에게 물어본다.
② 고객과 의견을 교환한다.
③ 천이 상하지 않도록 약한 용제를 먼저 쓴다.
④ 내웨트클리닝성 시험을 거치는 일이다.

> [해설]
> 웨트클리닝의 변형은 대체로 드라이클리닝에서 제거하지 못하는 땀이나 얼룩 등 수용성 물질을 제거하기 위해 물을 이용해 세탁하는 과정 중에서 발생한다. 사고를 방지할 수 있는 제일 중요한 방법은 내웨트클리닝성 시험을 거치는 일이다.

16 다음 섬유 중에서 오염이 제일 적게 타는 것은?

① 양 모   ② 면
③ 실 크   ④ 아세테이트

> [해설]
> 오염되기 쉬운 섬유 순서
> 비스코스레이온 → 마 → 아세테이트 → 면 → 비닐론 → 실크(견) → 나일론 → 양모

17 다음 그림에 해당되는 직물조직은?

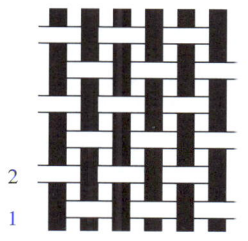

① 평 직   ② 능 직
③ 수자직   ④ 사 직

> [해설]
> 평직은 직물 조직의 겉과 뒤가 같다.

18 다음 중 면 소재에 가장 적당한 다림질 온도는?

① 80℃   ② 130℃
③ 180℃   ④ 250℃

> [해설]
> 식물성 섬유의 다림질 온도
> • 면 : 180~200℃
> • 마 : 180~210℃

19 다음 중 편성포의 특징이 아닌 것은?

① 함기량이 많고 구김이 생기지 않는다.
② 유연하고 신축성이 크다.
③ 강도가 크고 비교적 강직하다.
④ 생산속도가 직물에 비해 빠르다.

> [해설]
> 직물과 편성물 비교
> • 보온성, 탄력성, 흡습성, 함기성, 통기성 : 직물 < 편성물
> • 강도, 형태안정성, 마찰저항성, 내구성 : 직물 > 편성물

정답 15 ④ 16 ① 17 ① 18 ③ 19 ③

20 계면활성제의 역할로 적절하지 않은 것은?

① 기포성을 증가시키고 세척작용을 향상시킨다.
② 물에 용해되면 물의 표면장력을 증가시켜 준다.
③ 친수기와 친유기를 함께 가지고 있다.
④ 직물에 묻은 오염물질을 유화·분산시킨다.

해설
계면활성제는 물과 공기 등에 흡착하여 경계면에 계면(표면) 장력을 저하시킨다.

21 드라이클리닝용 세제가 수분을 가용화하는 힘을 무엇이라고 하는가?

① 세제 농도   ② 산
③ 포수능   ④ 소프 농도

해설
포수능은 용제 중의 수분수용 능력을 의미한다.

22 다음 중 보일러의 정상적인 작동을 위한 주의사항으로 틀린 것은?

① 수위를 일정하게 유지한다.
② 압력을 일정하게 유지한다.
③ 연료를 불완전하게 연소한다.
④ 새는 것을 방지한다.

해설
③ 연료는 완전연소한다.

23 론드리용 기계 중 시트 롤러의 용도는?

① 탈 수   ② 열풍건조
③ 다듬질   ④ 마무리 다림질

해설
시트 롤러 : 시트, 책상보 같은 평편한 직물을 마무리 다림질하는 기계이다.

24 론드리 공정에서 본 빨래에 대한 설명으로 옳지 않은 것은?

① 본 빨래는 1회 처리보다는 2~3회에 걸쳐 처리하는 것이 세정효과가 좋다.
② 그을음의 오점 제거에는 CMC를 0.1%로 하면 좋다.
③ 70℃ 이상에서의 세탁은 섬유가 재오염되기 쉽다.
④ 비누의 농도는 2~3%, 세제의 pH는 4~6으로 유지한다.

해설
비누 농도는 1회 때 0.3%, 2회 때 0.2%, 3회 때 0.1%와 같은 비율로 점차 감소하며, pH는 10~11로 유지한다.

정답 20 ② 21 ③ 22 ③ 23 ④ 24 ④

25 인조피혁을 만들기 위해 주로 사용되는 수지는?

① 폴리우레탄수지
② 아크릴수지
③ 폴리에스터수지
④ 폴리아크릴수지

해설
인조피혁은 면이나 인조섬유로 된 직물 위에 염화비닐수지나 폴리우레탄수지를 코팅한 것이다.

26 오염으로 인한 의복의 변화가 아닌 것은?

① 의복의 미관을 해친다.
② 직물의 오염으로 인해 촉감이 뻣뻣해지고 중량이 증가되어 착용감이 좋지 않다.
③ 흰색 옷의 경우, 오염이 심하면 세탁을 해도 백도가 저하되는 경향이 있다.
④ 함기율은 감소하고 또한 열전도성이 감소되어 옷의 보온성이 좋아진다.

해설
오염으로 인하여 함기율은 감소하고 열전도성이 증가되어 옷의 보온성이 떨어진다.

27 다음은 인조섬유에 불꽃이 닿았을 때 타는 냄새를 설명한 것이다. 잘못 설명한 것은?

① 아세테이트는 식초 냄새가 난다.
② 나일론은 특이한(아마이드) 냄새가 난다.
③ 폴리에스터는 달콤한 냄새가 나며 녹으면서 검은 그을음을 내며 탄다.
④ 비닐론은 종이 타는 냄새가 나며 탁탁 뛰면서 탄다.

해설
④ 비닐론은 특유의 달콤한 냄새가 나며 오그라들며 녹는다.

28 침구류 및 장식품에 대한 설명으로 틀린 것은?

① 침구류라 하면 요, 이불, 베개, 모포, 침대 등을 말한다.
② 침구류는 인체와 직접 접촉되는 것이기 때문에 대부분 드라이클리닝 하여야 위생적인 생활을 할 수 있다.
③ 커튼, 커버, 테이블보 및 각종 수예품 등을 실내장식품이라 한다.
④ 견직물로 된 침구류는 드라이클리닝 한다.

해설
론드리 대상품은 살에 직접 닿는 내의류, 와이셔츠류, 더러움이 쉽게 타는 작업복류, 침구 등 견고한 백색물 등이다.

정답 25 ① 26 ④ 27 ④ 28 ②

29 다음 그림은 섬유의 건조 방법 중 어떠한 방법인가?

① 옷걸이에 걸어 일광에서 자연 건조시킬 것
② 옷걸이에 걸어 그늘에서 자연 건조시킬 것
③ 뉘어서 그늘에서 자연 건조시킬 것
④ 뉘어서 햇빛에서 자연 건조시킬 것

30 의복의 기능 중 위생상 성능이 아닌 것은?
① 더위와 추위로부터 몸을 보호
② 보온성과 열전도성
③ 함기성, 통기성 및 흡수성
④ 형태안정성, 방충성

해설
④ 형태안정성, 방충성은 관리적 성능에 해당한다.

31 웨트클리닝의 탈수와 건조에 대한 설명으로 틀린 것은?
① 건조는 될 수 있는 대로 자연 건조를 한다.
② 형의 망가짐에 상관없이 강하게 원심 탈수한다.
③ 늘어날 위험이 있는 것은 평평한 곳에 뉘어서 말린다.
④ 색빠짐의 우려가 있는 것은 타월에 싸서 가볍게 손으로 눌러 짠다.

해설
② 탈수 시 형의 망가짐에 유의하고 가볍게 원심 탈수한다.

32 한국산업표준에서 정하는 순품 고형 세탁비누의 수분 및 휘발성 물질의 기준량은?
① 30% 이하
② 35% 이하
③ 87% 이하
④ 95% 이하

해설
순품 고형 세탁비누의 수분 및 휘발성 물질의 기준량은 30% 이하이다(KS M 2703).

33 식물성 섬유 중 잎섬유에 해당되는 것은?
① 아 마   ② 마닐라마
③ 대 마   ④ 저 마

해설
잎섬유(엽맥섬유) : 마닐라마, 아바카, 사이잘마 등

정답 29 ② 30 ④ 31 ② 32 ① 33 ②

34 기술진단의 방법으로 틀린 것은?

① 진단은 고객의 앞에서 해야 한다.
② 진단은 물품을 맡았을 때 해야 한다.
③ 진단 시에 고객으로부터 정보를 얻어야 한다.
④ 진단은 될 수 있는 대로 간단히 짧게 하지 않으면 안 된다.

해설
분쟁을 방지하기 위해서도 진단은 고객의 앞에서 반드시 확인하고, 진단 결과를 고객에게 설명해야 한다.

36 폴리에스터섬유의 단점으로 옳지 않은 것은?

① 약품에 일반적으로 약하다.
② 염색하기가 까다롭다.
③ 정전기가 잘 발생한다.
④ 땀을 잘 흡수하지 않는다.

해설
폴리에스터섬유는 내약품성이 좋다.

35 다음의 설명 중 옳은 것은?

① 론드리는 면 또는 마의 백색 세탁물을 50℃ 이상의 높은 온도에서 행하는 세탁법이다.
② 웨트클리닝은 일반적으로 론드리에 비해 세탁물에 많은 상해를 준다.
③ 웨트클리닝은 100℃ 이상의 물을 사용하여 세탁한다.
④ 론드리는 알칼리제나 비누 등을 사용하므로 공해가 크다고 볼 수 있다.

해설
② 웨트클리닝은 드라이클리닝 또는 론드리에서 상해가 우려되는 제품을 세척하는 것이다.
③ 웨트클리닝 세탁 온도는 40℃ 내외가 적합하다.
④ 주로 알칼리제와 비누를 사용하므로 공해가 적다.

37 화공약품을 사용할 때의 안전수칙으로 옳지 않은 것은?

① 유독성 약품을 사용할 때는 환기가 잘되는 곳에 바람을 등지고 작업한다.
② 피부에 상처가 있을 때는 위생용 장갑을 끼고 사용한다.
③ 약품의 보관 장소는 직사광선이 있는 곳이어야 한다.
④ 인화성 약품 세제를 사용할 때는 화기를 조심한다.

해설
③ 약품은 서늘하고 건조한 장소에 보관한다.

정답 34 ④ 35 ① 36 ① 37 ③

38 천의 구조상 수축 신장이 일어나기 쉬우며 조직이 일그러지거나 보풀이 가장 일어나기 쉬운 것은?

① 사문직물
② 편성물
③ 평직물
④ 주자직물

해설
편성물
- 한 가닥 또는 여러 가닥의 실로 고리 모양의 편환(Loop)을 만들어서 이것을 상하와 좌우로 얽어서 만든 천이다.
- 천의 구조상 수축 신장이 일어나기 쉬우며 조직이 일그러지거나 보풀이 가장 잘 일어나기 쉬운 직물이다.

40 피복재료용 섬유의 성질 중 가장 적당한 것은?

① 흡수성이 적은 섬유는 내의용으로 적당하다.
② 일정한 강신도는 없어도 섬유장은 길어야 한다.
③ 나일론은 강도가 적어서 내의용으로 적당하다.
④ 벌크 가공된 아크릴섬유는 보온성이 좋다.

해설
아크릴 섬유
- 제품의 종류에 따라 염색성에 차이가 있다.
- 벌크 가공(섬유를 부풀려 보온성, 신축성을 증가시킨 가공)이 된 아크릴섬유는 레질리언스가 더욱 좋다.
- 적절한 열처리를 하면 그 형체는 상당한 기간 보존된다.

39 부직포 심지의 특성이 아닌 것은?

① 강도가 비교적 작으나 마찰에 강하다.
② 제작 속도가 빠르고 비용이 적게 든다.
③ 세탁에 의해 변하지 않는다.
④ 함기량이 많고 가벼우며, 보온성과 투습성이 크다.

해설
① 강도가 비교적 작으나 마찰에 약하다.

41 양모섬유로 된 내의를 세탁할 때 부주의로 인해서 많이 줄어드는 주된 원인은?

① 양모섬유는 크림프를 갖고 있기 때문이다.
② 양모섬유는 탄성이 좋기 때문이다.
③ 양모섬유는 표피층에 스케일 구조를 가지고 있기 때문이다.
④ 양모섬유는 분자 구조 중 조염결함을 갖고 있기 때문이다.

해설
양모제품을 비누로 세탁을 하면 스케일끼리 서로 물고 엉키어 제품이 줄어든다.

정답 38 ② 39 ① 40 ④ 41 ③

42 다음 중 재생 단백질 섬유는?

① 고무섬유   ② 카세인
③ 아세테이트   ④ 폴리에스터

해설

단백질 주성분 섬유
- 카세인 : 재생 단백질 섬유
- 케라틴 : 양모
- 피브로인 : 견
- 콜라겐 : 피혁

43 다음 중 론드리의 헹굼 방법으로 옳지 않은 것은?

① 같은 양의 물을 3~4회로 나누어 헹구며, 비누와 세제가 섬유에 남지 않도록 몇 차례 씻어낸다.
② 첫 번째 헹굼은 세탁 온도보다 낮은 것이 효과적이다.
③ 헹굼과 헹굼 사이어 탈수를 해 주면 물의 사용량이 절약된다.
④ 수위는 25cm, 시간은 3~5분으로 한다.

해설

② 첫 번째 헹굼에서는 세탁 온도와 같게 한다.

44 유용성 오점의 분류가 아닌 것은?

① 기계유, 식용유, 지방산, 그리스, 왁스 등
② 광유, 지방, 화장품, 지질 등
③ 페인트, 그리스, 왁스, 타르, 피지 등
④ 간장, 과즙, 구토물, 겨자, 곰팡이 등

해설

수용성 오점 : 간장, 과즙, 겨자, 곰팡이, 구토물, 과자, 달걀, 땀, 술, 배설물, 설탕, 소스, 아이스크림, 케첩, 커피

45 견직물은 소프(Soap)가 들어 있지 않은 석유계 용제를 바르고 나서 브러싱해야 한다. 그 이유는 무엇인가?

① 염료의 흐름을 살펴보기 위해서이다.
② 섬유의 수축 상태를 확인하기 위해서이다.
③ 시일의 경과에 따른 황갈색으로의 변색을 막기 위해서이다.
④ 더러움을 잘 분산시키기 위해서이다.

해설

견직물은 시일 경과에 따른 황갈색으로의 변색을 막기 위해 소프가 들어 있지 않은 석유계 용제를 바르고 브러싱을 해야 한다.

46 셀룰로스 직물에 주로 사용되는 표백제는?

① 차아염소산나트륨
② 하이드로설파이드
③ 아황산가스
④ 차아황산나트륨

해설

표백제는 차아염소산나트륨이나 과산화수소를 사용한다.

정답 42 ② 43 ② 44 ④ 45 ③ 46 ①

47 와류식 세탁기에서 세탁 효율이 최대가 되는 세제의 농도는?

① 0.05% ② 0.1%
③ 0.2%   ④ 0.3%

해설
와류식 세탁기는 세탁조의 회전과 바닥에 있는 날개의 회전으로 물이 소용돌이치면서 세탁한다.

48 합성피혁에 대한 설명 중 틀린 것은?

① 초기에 나온 것은 주로 비닐레더라고 하며, 면포나 부직포에 염화비닐수지를 코팅한 것이다.
② 투습성이 있다.
③ 기온이 떨어지면 촉감이 딱딱하고 강도도 떨어진다.
④ 발수성이 없다.

해설
합성피혁은 오염과 방수에 강하지만 마찰력에 약하다.

49 공기 중에서 면섬유에 약간의 강도와 신도의 저하를 일으키기 시작하는 온도는?

① 140℃ ② 180℃
③ 250℃ ④ 320℃

해설
면섬유의 온도에 의한 변화

온도	변화
100~105℃	수분을 방출한다.
110℃	24시간 가열하면 점도가 반으로 떨어진다.
105~140℃	현저한 변화가 없다.
140~160℃	약간의 강도와 신도의 저하를 일으키기 시작한다.
160℃	분자 내 탈수를 일으킨다.
180~250℃	섬유는 탄화하여 갈색으로 변한다.
320~350℃	연소한다.

50 세탁물관리 사고로 인한 분쟁 발생 시 세탁업자와 소비자 간의 분쟁 조정을 위하여 노력하여야 할 기관은?

① 직물 제조회사
② 세탁업자단체
③ 세탁기 제조회사
④ 화공약품 제조회사

해설
세탁물관리 사고로 인한 분쟁의 조정(공중위생관리법 시행령 제10조)
공중위생관리법에 의하여 설립된 세탁업자단체는 그 정관이 정하는 바에 의하여 세탁업자와 소비자 간의 분쟁 조정을 위하여 노력하여야 한다.

정답 47 ③ 48 ④ 49 ① 50 ②

51 합성섬유를 올바르게 설명한 것은?

① 정전기 발생이 쉽고, 흡습성이 작아서 내의로 적합하지 않다.
② 자외선에 강해서 햇빛에 오래 두어도 변색이 없다.
③ 가볍고 열가소성이 없다.
④ 약품, 해충, 곰팡이에 저항성이 없다.

> **해설**
> ② 일광에 매우 약해서 햇빛에 오래 두면 변색된다.
> ③ 가볍고 열가소성이 크다.
> ④ 약품, 해충, 곰팡이에 저항성이 있다.

52 다음 중 친수성의 특성에 따라 구분된 계면활성제가 아닌 것은?

① 음이온계 계면활성제
② 비음양계 계면활성제
③ 양이온계 계면활성제
④ 양성계 계면활성제

> **해설**
> 계면활성제는 그 친수성의 특성에 따라 음이온계, 양이온계, 양성계 및 비이온계로 나눌 수 있다.

53 세탁 후 다림질로 의복의 주름을 잡는 것은 섬유의 어떤 성질을 이용한 것인가?

① 가소성　　② 내열성
③ 흡습성　　④ 신축성

> **해설**
> 가소성은 실이나 직물에 어떤 모양을 주고, 일정한 열과 압력을 가하면 그 모양이 그대로 있는 성질이다.

54 다음 중 불꽃에도 잘 타지 않는 섬유는?

① 석면섬유
② 폴리에스터섬유
③ 폴리올레핀섬유
④ 명주섬유

> **해설**
> 석면은 자연적으로 생성되며 섬유상 형태를 갖는 규산염 광물루로서 불꽃 속에서도 잘 타지 않는다

55 손세탁 중 솔로 문질러 빨기에 적당하지 않은 옷감은?

① 마직물　　② 면직물
③ 아세테이트　　④ 인조섬유

> **해설**
> 아세테이트는 주물러 빨기가 적합하다.

정답 51 ① 52 ② 53 ① 54 ① 55 ③

56 용제 공급펌프의 성능을 측정하는 액심도는 외통 반경을 몇 등분한 수치로 나타내는가?

① 3　　② 4
③ 8　　④ 10

해설
액심도(液深度) : 외통 반경을 10등분한 수치

57 드라이클리닝 마무리 기계의 형식과 종류가 옳게 연결된 것은?

① 스팀형 – 스팀보드
② 프레스형 – 팬츠토퍼
③ 프레스형 – 스팀박스
④ 포머형 – 퍼프아이론

해설
드라이클리닝 마무리 기계
- 프레스형 : 만능프레스, 오프셋프레스
- 포머형 : 인체프레스, 퍼프아이론, 스팀보드, 팬츠토퍼
- 스팀형 : 스팀터널, 스팀박스

58 세탁견뢰도 등급의 평어에서 세탁 시험편의 변·퇴색 또는 시험용 백면포의 오염을 표시하는 것 중 "가"가 의미하는 것은?

① 눈에 띄지 아니한다.
② 분명하다.
③ 약간 눈에 띈다.
④ 심하다.

해설
세탁견뢰도 등급의 평어

세탁견뢰도 등급	견뢰도 평어	세탁 시험편의 변·퇴색 또는 시험용 백면포의 오염
1	가	심하다.
2	양	다소 심하다.
3	미	분명하다.
4	우	약간 눈에 띈다.
5	수	눈에 띄지 않는다.

59 공중위생영업에 해당하지 않는 것은?

① 세탁업　　② 위생관리업
③ 미용업　　④ 목욕장업

해설
"공중위생영업"이라 함은 다수인을 대상으로 위생관리서비스를 제공하는 영업으로서 숙박업·목욕장업·이용업·미용업·세탁업·건물위생관리업을 말한다(공중위생관리법 제2조제1항제1호).

60 다음 중 모터와 컴프레서에 가장 많이 사용되는 동력원은?

① 휘발유　　② 석 탄
③ 가 스　　④ 전 기

해설
보일러 장치 모터와 컴프레서에서 가장 많이 사용되는 동력원은 전기이다.

정답 56 ④　57 ④　58 ④　59 ②　60 ④

2024년 제1회 최근 기출복원문제

01 계면활성제 세정작용의 진행 순서로 옳은 것은?

① 흡착 → 침투 → 습윤 → 기포 → 보호 → 분산
② 흡착 → 침투 → 분산 → 보호 → 기포 → 습윤
③ 습윤 → 침투 → 유화 → 분산 → 기포 → 세척
④ 습윤 → 보호 → 기포 → 침투 → 흡착 → 분산

해설
계면활성제의 세정작용 : 습윤 → 침투 → 흡착 → 분산 → 보호 → 기포

02 비누의 특성 중 장점이 아닌 것은?

① 거품이 잘 생기고 헹굴 때는 거품이 사라진다.
② 세탁한 직물의 촉감이 양호하다.
③ 산성용액에서도 사용할 수 있다.
④ 합성세제보다 환경을 적게 오염시킨다.

해설
③ 산성용액에서는 사용할 수 없다.

03 다음 중 외부에서 펌프 압력에 의해 필터 면을 통과하면서 청정화하는 필터는?

① 튜브 필터
② 스프링 필터
③ 특수 필터
④ 리프 필터

해설
리프 필터는 금속테의 양면에 쇠망을 붙인 표면에 여과제 층을 부착시킨 구조이다.

04 론드리와 가정세탁에 관한 설명으로 잘못된 것은?

① 알칼리제, 비누와 온수로 세탁한다.
② 세제와 물을 사용해서 세탁하는 것을 물세탁이라고 한다.
③ 론드리는 가정세탁에 비하여 물품이 상하지 않고 얼룩이 쉽게 빠진다.
④ 가정세탁 대상품은 와이셔츠, 더러움이 쉽게 타는 작업복류, 견고한 백색물이다.

해설
론드리 대상품은 살에 직접 닿는 내의류, 와이셔츠류, 더러움이 쉽게 타는 작업복류, 침구 등 견고한 백색물 등이다.

정답 1 ③ 2 ③ 3 ④ 4 ④

05 다음 얼룩빼기 방법 중 화학적 방법이 아닌 것은?

① 표백제를 사용하는 방법
② 스팀 건을 사용하는 방법
③ 특수 약품을 사용하는 방법
④ 효소를 사용하는 방법

해설
②는 물리적 방법이다.

06 섬유 제품의 취급에 관한 표시기호의 종류가 아닌 것은?

① 다림질 방법
② 진단 방법
③ 물세탁 방법
④ 짜는 방법

해설
섬유 제품의 취급에 관한 표시기호의 종류(KS K 0021)
- 물세탁 방법
- 산소 또는 염소표백 방법
- 다림질 방법
- 전문적 드라이클리닝 및 웨트클리닝 방법
- 짜는 방법
- 건조 방법

07 얼룩의 성질에 대한 설명으로 옳은 것은?

① 음식물, 술 등은 유기용제에 녹는 얼룩이며, 물에는 녹지 않는다.
② 그을음, 먹, 흙탕물 등은 물에 녹지 않지만 유기용제에는 녹는다.
③ 식용유, 아이섀도는 유기용제에 녹는 얼룩이며, 물에는 녹지 않는다.
④ 쇠의 녹이나 오래된 땀은 유기용제에는 녹지 않지만 소프에는 녹는다.

해설
① 음식물, 술 등은 물에 녹는 수용성 얼룩이다.
② 그을음, 먹, 흙탕물 등은 불용성 얼룩이며, 물, 유기용제, 화학약품에 녹지 않는다.
④ 쇠의 녹이나 오래된 땀은 물, 유기용제, 소프를 사용하여도 지워지지 않는다.

08 현대의 급변화하는 섬유의 다양화에 대응하는 세탁업자의 자세가 아닌 것은?

① 소극적이고 개인주의적 사고방식
② 서비스의 질적 향상 추구
③ 세탁에 대한 바른 지식과 이해 습득
④ 세탁에 관한 끊임없는 연구와 노력

해설
① 급변하는 시장 변화에 대응하기 위한 적극적인 사고방식이 필요하다.

09 섬유의 분류가 잘못된 것은?

① 폴리아마이드계 – 나일론
② 폴리에스터계 – 테릴렌(Terylene)
③ 식물성 섬유 – 면
④ 동물성 섬유 – 마

해설
④ 마는 식물성 섬유이다.

10 다음 내용 중 평직의 특징은?

① 3올 이상의 날실과 씨실로 구성되어 있다.
② 직물의 겉면과 뒷면에 사문선이 나타난다.
③ 부드럽고 구김이 잘 가지 않는다.
④ 삼원조직 중 가장 간단한 조직이다.

해설
평직은 직물조직 중 가장 간단한 조직으로 경사(날실)와 위사(씨실)가 한 올씩 상하 교대로 위로 올라가고, 아래로 내려가는 조직이다.

11 흡착제이면서 탈색력이 뛰어난 청정제가 아닌 것은?

① 활성탄소   ② 실리카겔
③ 규조토   ④ 산성백토

해설
규조토는 여과력은 우수하나 흡착력이 없고, 탈진효과가 가장 우수하다.

12 다음 중 세탁업소의 작업장 환경으로 가장 적합한 곳은?

① 스팀이 충분하여 습도가 높은 곳
② 직사광선이 많이 들어와 밝기가 충분한 곳
③ 전압이 적당하여 기계적 소음이 많은 곳
④ 통풍이 잘되고 조경이 적당한 곳

해설
작업장은 통풍이 잘되고 자연바람이 잘 통하게 한다.

13 마섬유 중 모시는 어디에 해당되는가?

① 아마   ② 저마
③ 대마   ④ 황마

해설
저마섬유는 일명 모시라고도 하며, 오래전부터 한복감으로 많이 사용되었다.

정답 9 ④ 10 ④ 11 ③ 12 ④ 13 ②

14 다음 중 세탁에 적정한 알칼리성 농도로 가장 적합한 것은?

① pH 7 ② pH 9
③ pH 11 ④ pH 14

해설
- 중성세제 : pH 7
- 알칼리성 세제 : pH 10~11

15 의류제품의 필수 품질 표시사항에 속하지 않는 것은?

① 제조국명
② 취급상 주의사항
③ 길이 및 중량
④ 섬유의 혼용률

해설
의류의 품질 표시사항
- 섬유의 조성 또는 혼용률
  - 겉감
  - 안감
  - 충전재(충전재를 사용한 제품에 한함)
- 제조자명 또는 수입자명
- 제조국명
- 제조연월, 최초 판매시즌, 로트번호, 제품의 스타일번호, 바코드번호, QR코드 등의 어느 하나 또는 수입연월(수입제품에 한함) 표시
- 치수(권장)
- 취급상 주의사항
- 표시자 주소 및 전화번호

16 견뢰도에 대한 설명 중 틀린 것은?

① 견뢰도는 염료의 종류에 따라 각각 다르다.
② 염색견뢰도의 오염 판정 시 표준회색 색표와 비교한다.
③ 견뢰도의 종류에 관계없이 등급의 수는 모두 같다.
④ 염색된 옷이 세탁에 견디는 능력을 세탁견뢰도라 한다.

해설
염색견뢰도 결과는 1급에서 5급 사이의 등급으로 표시하며, 일광견뢰도는 평가방법에 차이가 있어 8급까지 표시할 수 있다.

17 물세탁의 기계 마무리에서 주의해야 할 사항으로 적절한 것은?

① 다리미는 과열됨을 방지하기 위하여 실리콘을 바른다.
② 마무리 시 수분이나 증기를 뿌리면 아주 나빠진다.
③ 아세테이트, 아크릴 등은 깔개 천을 사용하는 것이 좋다.
④ 제품의 구성 소재에 따라 마무리 조건에는 큰 차이가 없다.

해설
기계 마무리 시 주의사항
- 비닐론은 충분히 건조시켜서 마무리한다.
- 아세테이트, 아크릴 등은 깔개 천을 사용한다.
- 마무리할 때 증기를 쏘이면 수축과 늘어남의 우려가 있다.
- 다리미에 미끄러움을 주기 위해 다리미 바닥에 실리콘이나 왁스를 칠한다.

정답 14 ③ 15 ③ 16 ③ 17 ③

18 세탁용수에 관한 설명으로 옳지 않은 것은?

① 염색견뢰도가 낮은 견직물은 중화 처리하여 사용한다.
② 경수는 거품이 잘 일지 않고 때도 잘 빠지지 않는다.
③ 표백, 염색은 연수를 사용해야 경제적이다.
④ 경수로 세탁을 하더라도 식초를 넣으면 모든 의류는 변색이 없고 때가 잘 빠진다.

해설
④ 경수에 알칼리(암모니아수나 탄산나트륨)를 가해야 연수로 만들 수 있다.

19 보일러에서 0℃의 물 1mL를 1℃ 올리는 데 필요한 열량은?

① 10cal
② 1cal
③ 2cal
④ 5cal

해설
1cal은 물 1mL의 온도를 1℃만큼 올리는 데 필요한 열량이다.

20 다음 ( ) 안에 들어갈 적절한 말은?

> 세정과정에서 용제 중에 ( )된 더러움이 피세탁물에 다시 부착되어 흰색이나 연한 색 물이 거무스름한 회색 기미를 보이는 현상을 재오염, 역오염, 재부착이라 한다.

① 분 산
② 유화 현탁
③ 침 투
④ 흡 착

해설
분산 : 용액 중에 오점 입자가 균일하게 흩어져 있는 상태

21 면섬유의 중공에 대한 설명으로 옳지 않은 것은?

① 미성숙한 섬유에 발달되어 있다.
② 제2차 세포막의 안층이다.
③ 보온성이 좋다.
④ 전기절연성이 크다.

해설
① 성숙한 섬유에 발달되어 있다.

22 푸새의 효과가 아닌 것은?

① 광택이 난다.
② 오염을 방지한다.
③ 세척효과를 향상시킨다.
④ 구김이 생기지 않는다.

해설
푸새 가공의 효과 : 옷감에 힘을 주어 팽팽하게 하고, 내구성이 부여된다. 또한 형태 유지가 좋아지며 세탁 시에는 더러움이 잘 빠지게 된다.

정답 18 ④ 19 ② 20 ① 21 ① 22 ④

23 원인을 알 수 없는 오점을 제거하려 할 때 다음 중 가장 먼저 처리해야 할 방법은?

① 수성세제 처리
② 표백 처리
③ 유기용제 처리
④ 세정액에 침지

> **해설**
> 원인을 모르는 오점을 제거하려 할 때 가장 먼저 처리해야 할 방법은 유기용제 처리이다.

24 다음 중 해리되지 않은 친수기를 가진 계면활성제는?

① 음이온 계면활성제
② 양이온 계면활성제
③ 양성 계면활성제
④ 비이온 계면활성제

> **해설**
> 비이온 계면활성제는 물에 용해시켰을 때 이온화하지 않는 계면활성제이다.

25 다림질의 목적으로 틀린 것은?

① 디자인 실루엣의 기능을 복원시킨다.
② 살균과 소독의 효과를 얻는다.
③ 소재의 주름을 펴서 매끈하게 한다.
④ 의복에 남아 있는 얼룩을 뺀다.

> **해설**
> 다림질은 의복의 외관을 아름답게 하면서 본연의 기능을 유지시킨다. 또한 고열로 살균과 소독효과가 있다.

26 전문가용 세제로서 동물성 섬유나 가죽 세탁에 주로 사용되는 것은?

① 산성세제   ② 중성세제
③ 저포성 세제   ④ 약알칼리성 세제

> **해설**
> 산성세제는 전문가용 세제로서 동물성 섬유나 가죽 세탁에 주로 사용된다.

27 불만 고객 발생 시 행동요령으로 적절하지 않은 것은?

① 고객의 감정을 상하게 하지 않도록 불만 내용을 끝까지 참고 듣는다.
② 고객의 불만, 불편사항이 더 이상 확대되지 않도록 한다.
③ 불만을 해결하기 어려운 경우 임기응변으로 답변한다.
④ 책임감을 갖고 전화를 받는 사람의 이름을 밝혀 고객을 안심시킨 후 확인 연락을 할 것을 전해 준다.

> **해설**
> 고객의 불만을 해결하기 어려운 경우 적당히 답변하지 말고 확실한 결론을 얻은 후 답변을 해야 한다.

정답 23 ③ 24 ④ 25 ④ 26 ① 27 ③

28 제조 원가를 구성하고 있는 간접 경비가 아닌 것은?

① 보험료　　② 임 금
③ 가스비　　④ 수도·광열비

해설
간접 경비 : 감가상각비, 보험료, 수선비, 가스비, 수도·광열비 등

29 마케팅을 위한 서비스의 특성이 아닌 것은?

① 서비스는 시간이 지나면 소멸된다.
② 서비스는 생산과 소비가 동시에 일어난다.
③ 서비스는 보이지 않는 무형의 가치를 지닌다.
④ 서비스는 모든 사람에게 동일하게 적용되는 일관성이 있다.

해설
서비스는 제공하는 사람, 장소, 시점, 방법에 따라 달라질 수 있다.

30 론드리 세탁 공정에 대한 설명으로 옳지 않은 것은?

① 애벌빨래 – 물이나 알칼리제로 미리 더러움을 제거한다.
② 표백 – 섬유에 남아 있는 색소물질을 제거하여 섬유를 희게 한다.
③ 산욕 – 산욕제로는 규산나트륨을 사용한다.
④ 푸새 – 면직물에는 주로 전분풀을 사용한다.

해설
③ 산욕 : 산욕제로는 규불화나트륨을 사용한다.

31 다음 중 산에 가장 약한 섬유는?

① 면　　② 양 모
③ 견　　④ 폴리에스터

해설
면은 산에는 약하나 알칼리에는 강하다.

32 다음 중 '큐프라'라고 부르는 섬유는?

① 비스코스레이온
② 구리암모늄레이온
③ 폴리노직레이온
④ 아세테이트레이온

해설
구리암모늄레이온은 구리암모니아인견사, 큐프라라고도 한다.

정답　28 ②　29 ④　30 ③　31 ①　32 ②

33 다음 중 의료기관 세탁물 취급에 대하여 옳게 설명한 것은?

① 일반 세탁물과 같이 취급한다.
② 의료기관의 세탁물은 의료 관계 법령에 의하여 별도의 설비를 갖추고 자체 처리하여야 한다.
③ 세탁업 개설 신고필증이 있으면 된다.
④ 소독만 자주 하면 괜찮다.

해설
세탁물의 처리(의료기관세탁물 관리규칙 제4조제1항)
의료기관은 다음의 어느 하나의 방법으로 세탁물을 처리하여야 한다.
• 시설 기준에 맞는 세탁물 처리시설에서 자체 처리
• 처리업자에게 위탁 처리

34 드라이클리닝 기계에 대한 설명으로 적절한 것은?

① 합성용제용 기계는 완전 방폭형 구조여야 한다.
② 용제를 청정, 회수, 재사용할 수 있어야 한다.
③ 기계의 재질은 내부식성이 약해야 한다.
④ 용제회수율이 낮고 부식이 잘되는 재질이어야 한다.

해설
① 석유계 용제용은 완전 방폭형 구조여야 한다.
③ 기계의 재질은 용제의 부식에 견딜 수 있는 재질이어야 한다.
④ 퍼크로 기계는 증류 과정에서 용제회수율이 높은 것이 바람직하다.

35 다음 중 실로 만들어진 피륙이 아닌 것은?

① 브레이드
② 레이스
③ 부직포
④ 편성물

해설
부직포는 실의 공정을 거치지 않고 접착제, 용융접착 또는 기계적(물리적) 방법에 의해 시트상으로 부착한 것이다.

36 세정액의 청정장치에 해당되지 않는 것은?

① 필터식
② 청정통식
③ 증류식
④ 여과분사식

해설
세정액의 청정장치 : 필터식, 청정통식, 카트리지식, 증류식

37 퍼클로로에틸렌에 대한 설명으로 옳지 않은 것은?

① 화재 폭발의 위험이 없다.
② 끓는점이 121℃로 낮아서 증류 정제가 쉽다.
③ 세탁 시간이 짧아서 피혁이나 견직물 클리닝에 좋다.
④ 독성이 커서 밀폐장치가 필요하다.

해설
③ 용해력과 비중이 크므로 정밀하고 섬세한 의류(피혁이나 견직물)에는 적합하지 않은 경우가 있다.

정답 33 ② 34 ② 35 ③ 36 ④ 37 ③

38 다음 오염물 중에서 섬유제품을 가장 많이 손상시키는 것은?

① 땀
② 고체 오염물
③ 세균, 곰팡이
④ 유성 오염물

해설
세균, 곰팡이로 섬유 손상, 광택 저하, 냄새, 오염 등의 피해가 발생한다.

39 다음 표시기호의 의미는?

① 불꽃 접근 시 불길이 옮겨 붙을 가능성이 있다.
② 물세탁 시 녹이 발생할 수 있다.
③ 체질에 따라 피부 알레르기가 발생할 수 있다.
④ 불꽃이 닿았을 때 초산 냄새가 난다.

해설
불꽃 접근 시 불길이 옮겨 붙을 가능성이 있다는 표시이다.

40 다음 중 환원표백제는?

① 과산화수소
② 하이드로설파이드
③ 과붕산나트륨
④ 차아염소산나트륨

해설
환원표백제 : 아황산수소나트륨, 아황산가스, 하이드로설파이드 등

41 마케팅믹스(4P)에 해당하지 않는 것은?

① Point
② Price
③ Place
④ Product

해설
마케팅믹스 4P : 제품(Product), 가격(Price), 유통(Place), 촉진(Promotion)

정답 38 ③ 39 ① 40 ② 41 ①

42 클리닝의 일반적인 효과와 가장 관련이 없는 것은?

① 오점을 제거하여 위생 수준을 향상시킨다.
② 세탁물을 수선하거나 표백효과를 부여한다.
③ 세탁물에 대한 내구성을 유지시킨다.
④ 고급 의류는 패션성을 보전한다.

해설
클리닝의 효과

일반적 효과	• 오점을 제거하여 위생 수준을 향상시킴 • 세탁물에 대한 내구성을 유지시킴 • 고급 의류는 패션성을 보전함
기술적 효과	• 오염의 제거 : 유용성·수용성·고체(불용성) 오염 제거, 특수 오염 제거, 세균·곰팡이의 오염 제거 • 기술적 효과로서의 세탁 작용 : 침투작용, 흡착작용, 분산작용, 유화현탁작용

43 다음 중 평직물이 아닌 것은?

① 개버딘
② 광목
③ 옥양목
④ 포플린

해설
① 개버딘은 능직(사문직)이다.

44 지퍼에 대한 설명으로 틀린 것은?

① 단추 다음으로 많이 사용되는 잠금장치이다.
② 이빨 모양의 금속 또는 플라스틱으로 만들어져 있다.
③ 방모 등의 두꺼운 천에만 다는 흡입장치로 잡아당겨야만 사용된다.
④ 스포츠용품에 사용되는 금속지퍼는 폭이 넓고 단단하다.

해설
단추 다음으로 많이 쓰이는 잠금장치로 다양한 길이의 지퍼가 생산된다. 금속(브라스 또는 니켈) 또는 플라스틱(나일론 또는 폴리에스터)으로 만들어진 이빨이 얇은 테이프에 부착되어 있고 슬라이더가 개폐 동작을 한다.

45 알칼리성 합성세제의 성질이 아닌 것은?

① 변질된 당이나 단백질을 제거한다.
② 유화력, 분산력에 의해 세정을 돕는다.
③ 산성의 오점을 중화하고 산성비누를 생성한다.
④ 경수를 연화시켜 비누 찌꺼기의 생성을 방지한다.

해설
③ 산성의 오점을 중화하고 산성비누 생성을 방지한다.

42 ② 43 ① 44 ③ 45 ③

46 세탁 방법의 표시기호가 규정된 것은?

① 한국산업표준(KS K 0021)
② 소비자분쟁해결기준
③ 세탁업 표준약관
④ 의료기관세탁물 관리규칙

해설
섬유 제품의 취급에 관한 표시기호 및 그 표시 방법(KS K 0021)은 세탁 등의 취급 방법을 알리기 위하여 섬유 제품에 표시하는 기호에 대하여 규정하고 있다.

47 세탁물의 자연 건조에 관한 설명으로 옳지 않은 것은?

① 건조 속도는 기온, 상대습도, 풍속의 영향을 받는다.
② 양모, 견 등은 직사광선에서 건조하는 것이 좋다.
③ 바람이 없을 때는 기온이 높고 습도가 낮을수록 건조가 빠르다.
④ 편성물은 다량의 수분을 흡수하고 있어 줄에 바로 널면 그 무게가 쏠린 쪽으로 늘어나므로 주의한다.

해설
양모, 견, 나일론, 아크릴 등은 직사광선에 의하여 황변되기 쉬우므로 그늘에서 말리는 것이 좋다.

48 셀룰로스섬유의 염색이 불가능한 것은?

① 직접염료
② 분산염료
③ 반응성염료
④ 배트염료

해설
면섬유의 염색에는 직접염료, 배트염료, 반응성염료가 주로 사용된다.

49 나일론섬유의 특성 중 틀린 것은?

① 강도가 크고 마찰에 대한 저항도 크다.
② 비중은 1.14로 양모섬유에 비해 가볍다.
③ 햇빛에 의한 황변이 일어나지 않는다.
④ 흡습성이 낮아서 빨래가 쉽게 마른다.

해설
나일론은 내일광성이 매우 약해 일광에 오래 노출되면 색이 변색되고 강도가 현저히 약해진다.

정답 46 ① 47 ② 48 ② 49 ③

50 양모저지 니트를 나일론 트리코트 니트에 본딩시켜 의류용 원단으로 이용할 때 트리코트의 역할이 아닌 것은?

① 의류의 세탁성을 향상시킨다.
② 부드러움을 느끼게 한다.
③ 옷의 수축을 방지한다.
④ 천의 늘어짐을 방지한다.

해설
트리코트(Tricort)는 얇아도 형태안정성이 좋은 직물로 코가 빠지지 않으며 가로 방향으로 약간의 신축성이 있으며, 다공성이기 때문에 투습과 통기성이 좋고, 부드러우며 구김살이 잘 생기지 않고 가장자리가 풀리지 않는 장점이 있다. 속옷, 잠옷, 결혼예복, 실내복, 안감, 드레스, 가구류에 쓰인다.

51 천연섬유 중 유일한 필라멘트섬유는?

① 면   ② 양모
③ 마   ④ 견

해설
장섬유(Filament Fiber)에는 천연섬유인 견섬유(실크)와 합성섬유(나일론, 폴리에스터, 아크릴)가 있다.

52 부직포의 특성이 아닌 것은?

① 함기량이 많다.
② 절단 부분이 풀리지 않는다.
③ 드레이프성이 부족하다.
④ 방향성이 있다.

해설
④ 방향성이 없다.

53 다림질의 3대 요소에 해당하는 것은?

① 당김
② 늘림
③ 냉각
④ 압력

해설
다림질의 3대 요소 : 온도(열), 수분(습도), 압력

54 세탁견뢰도 시험에 사용하는 시약이 아닌 것은?

① 무수탄산나트륨
② 메타규산나트륨
③ 초산
④ 염화나트륨

해설
염화나트륨(NaCl, 촉염제)과 탄산나트륨(고착제)은 염색견뢰도 시약이다.

55 공중위생관리법상 공중위생영업소의 위생관리 수준을 향상시키기 위하여 위생서비스 평가계획을 수립하는 자는?

① 대통령
② 보건복지부장관
③ 시·도지사
④ 공중위생관련협회 또는 단체

> **해설**
> 위생서비스 수준의 평가(공중위생관리법 제13조제1항)
> 시·도지사는 공중위생영업소(관광숙박업 제외)의 위생관리 수준을 향상시키기 위하여 위생서비스 평가계획을 수립하여 시장·군수·구청장에게 통보하여야 한다.

56 공중위생감시원의 자격이 아닌 것은?

① 위생사 또는 환경기사 2급 이상의 자격이 있는 자
② 대학에서 화학, 화공학, 환경공학 또는 위생학 분야를 전공하고 졸업한 자
③ 외국에서 위생사 또는 환경기사 면허를 받은 자
④ 보건복지부장관이 정하여 고시하는 교육과정을 마친 자

> **해설**
> 공중위생감시원의 자격 및 임명(공중위생관리법 시행령 제8조제1항)
> 시·도지사 또는 시장·군수·구청장은 다음의 어느 하나에 해당하는 소속 공무원 중에서 공중위생감시원을 임명한다.
> • 위생사 또는 환경기사 2급 이상의 자격증이 있는 사람
> • 「고등교육법」에 따른 대학에서 화학·화공학·환경공학 또는 위생학 분야를 전공하고 졸업한 사람 또는 법령에 따라 이와 같은 수준 이상의 학력이 있다고 인정되는 사람
> • 외국에서 위생사 또는 환경기사의 면허를 받은 사람
> • 1년 이상 공중위생 행정에 종사한 경력이 있는 사람

57 드라이클리닝용 세탁기계에서 유기용제가 누출되었을 때 2차 위반 시의 행정처분기준은?

① 개수명령
② 개선명령
③ 영업정지 5일
④ 영업장 폐쇄명령

> **해설**
> 행정처분기준(공중위생관리법 시행규칙 별표 7)
> 드라이클리닝용 세탁기의 유기용제 누출 및 세탁물에 사용된 세제·유기용제 또는 얼룩 제거 약제가 남거나 좀나 곰팡이 등이 생성된 경우
> • 1차 위반 : 경고
> • 2차 위반 : 영업정지 5일
> • 3차 위반 : 영업정지 10일
> • 4차 이상 위반 : 영업장 폐쇄명령

58 다음 중 공중위생관리법 시행규칙은 어느 영으로 정하는가?

① 훈령
② 보건복지부령
③ 국무총리령
④ 대통령령

> **해설**
> 공중위생관리법 시행령은 대통령령으로, 시행규칙은 보건복지부령으로 한다.

정답 55 ③ 56 ④ 57 ③ 58 ②

59 공중위생관리법에서 규정한 세탁물관리 사고로 인한 분쟁을 조정할 수 있는 곳은?

① 소상공인지원센터
② 공정거래위원회
③ 세탁업자단체
④ 시·군·구청

해설
세탁물관리 사고로 인한 분쟁의 조정(공중위생관리법 시행령 제10조)
세탁업자단체는 그 정관이 정하는 바에 의하여 세탁업자와 소비자 간의 분쟁 조정을 위하여 노력하여야 한다.

60 공중위생의 관리를 위한 지도, 계몽 등을 행하게 하기 위하여 둘 수 있는 것은?

① 명예공중위생감시원
② 공중위생조사원
③ 공중위생평가단체
④ 공중위생전문교육원

해설
시·도지사는 공중위생의 관리를 위한 지도·계몽 등을 행하게 하기 위하여 명예공중위생감시원을 둘 수 있다(공중위생관리법 제15조의2).

교육이란 사람이 학교에서 배운 것을 잊어버린 후에 남은 것을 말한다.

– 알버트 아인슈타인 –

참 / 고 / 문 / 헌

- 교육부(2016). **NCS 학습모듈(세탁)**. 교육부·한국직업능력개발원.
- 김인경, 강은란, 윤서용(2019). **패션디자인산업기사 필기 한권으로 끝내기**. 시대고시기획.
- 남윤성(2014). **세탁기능사 필기 실기**. 세진사.
- 이주삼(2010). **새로운 세탁기능사**. 노라노출판.
- 이주삼(2007). **세탁기술**. 노라노패션학원.
- 조성교, 정혜원(2008). **세탁과 염색**. 방송대출판부.

참 / 고 / 사 / 이 / 트

- 몸에 좋은 세탁소 카페_http://cafe.naver.com/ecocleaning/323
- 월간 세탁문화 카페_http://cafe.naver.com/cleaningnews/208
- 한국의류시험연구원_http://www.katri.re.kr
- rokmc9378님의 블로그_http://blog.naver.com/rokmc9378

세탁기능사 필기 한권으로 끝내기

개정11판1쇄 발행	2025년 01월 10일 (인쇄 2024년 11월 06일)
초 판 발 행	2014년 02월 10일 (인쇄 2014년 01월 10일)
발 행 인	박영일
책 임 편 집	이해욱
편 저	최평희
편 집 진 행	윤진영 · 김미애
표지디자인	권은경 · 길전홍선
편집디자인	정경일
발 행 처	(주)시대고시기획
출 판 등 록	제10-1521호
주 소	서울시 마포구 큰우물로 75 [도화동 538 성지 B/D] 9F
전 화	1600-3600
팩 스	02-701-8823
홈 페 이 지	www.sdedu.co.kr
I S B N	979-11-383-8236-6(13570)
정 가	25,000원

※ 저자와의 협의에 의해 인지를 생략합니다.
※ 이 책은 저작권법의 보호를 받는 저작물이므로 동영상 제작 및 무단전재와 배포를 금합니다.
※ 잘못된 책은 구입하신 서점에서 바꾸어 드립니다.

Craftsman Confectionary & Breads Making

제과제빵기능사 합격은 시대에듀가 답이다!

제과제빵기능사 CBT 필기
가장 빠른 합격
- ▶ NCS 기반 최신 출제기준 반영
- ▶ 진통제(진짜 통째로 외워온 문제) 수록
- ▶ 상시복원문제 10회 수록
- ▶ 210×260 / 20,000원

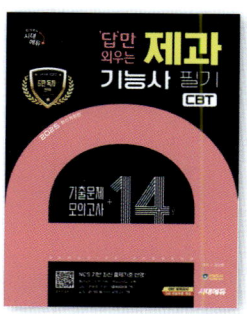

'답'만 외우는 제과기능사 필기
기출문제+모의고사 14회
- ▶ 핵심요약집 빨리보는 간단한 키워드 수록
- ▶ 정답이 한눈에 보이는 기출복원문제 7회
- ▶ 실전처럼 풀어보는 모의고사 7회
- ▶ 190×260 / 17,000원

제과제빵기능사 · 산업기사 필기
한권으로 끝내기
- ▶ 핵심요약집 빨리보는 간단한 키워드 수록
- ▶ 시험에 꼭 나오는 이론과 적중예상문제 수록
- ▶ 과년도+최근 기출복원문제로 꼼꼼한 마무리
- ▶ 190×260 / 22,000원

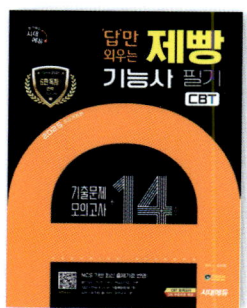

'답'만 외우는 제빵기능사 필기
기출문제+모의고사 14회
- ▶ 핵심요약집 빨리보는 간단한 키워드 수록
- ▶ 정답이 한눈에 보이는 기출복원문제 7회
- ▶ 실전처럼 풀어보는 모의고사 7회
- ▶ 190×260 / 17,000원

제과제빵기능사 실기
통통 튀는 무료 강의
- ▶ 생생한 컬러화보로 담은 제과제빵 레시피
- ▶ 저자 직강 무료 동영상 강의
- ▶ 꼭 알아야 합격할 수 있는 시험장 팁 수록
- ▶ 190×240 / 24,000원

※ 도서의 구성 및 이미지와 가격은 변경될 수 있습니다.

60점만 맞으면 합격!

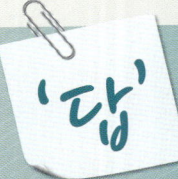만 외우고 한 번에 합격하는

시대에듀
'답'만 외우는 시리즈

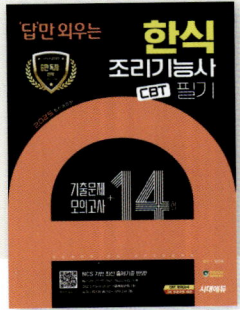

답만 외우는 한식조리기능사

190×260 | 17,000원

답만 외우는 양식조리기능사

190×260 | 15,000원

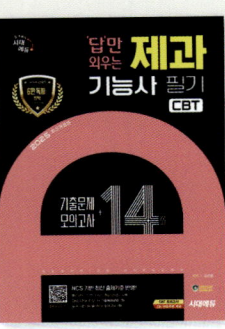

답만 외우는 제과기능사

190×260 | 17,000원

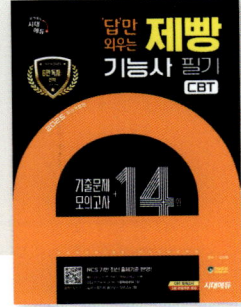

답만 외우는 제빵기능사

190×260 | 17,000원

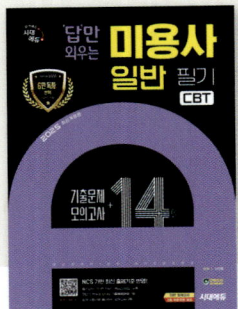

답만 외우는 미용사 일반

190×260 | 23,000원

답만 외우는 미용사 네일

190×260 | 15,000원

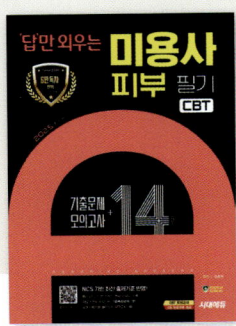

답만 외우는 미용사 피부

190×260 | 20,000원

기출문제 + 모의고사 14회

- **빨리보는 간단한 키워드**
  합격 키워드만 정리한 핵심요약집 빨간키

- **문제를 보면 답이 보이는 기출복원문제**
  문제 풀이와 이론 정리를 동시에

- **해설 없이 풀어보는 모의고사**
  공부한 내용을 한 번 더 확인

- **CBT 모의고사 무료 쿠폰**
  실제 시험처럼 풀어보는 CBT 모의고사

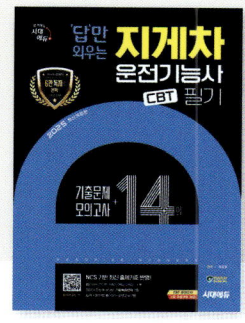

답만 외우는 지게차운전기능사
190×260 | 14,000원

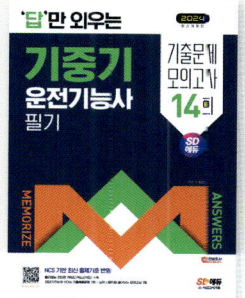

답만 외우는 기중기운전기능사
190×260 | 14,000원

답간 외우는 천공기운전기능사
190×260 | 15,000원

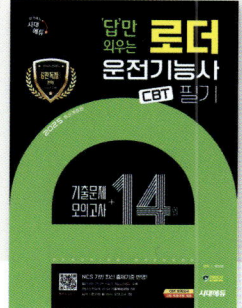

답만 외우는 로더운전기능사
190×260 | 14,000원

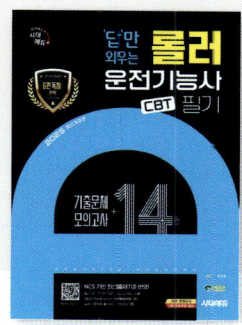

답만 외우는 롤러운전기능사
190×260 | 14,000원

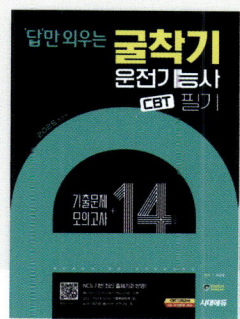

답만 외우는 굴착기운전기능사
190×260 | 14,000원

※ 도서의 이미지와 가격은 변경될 수 있습니다.

전문 바리스타를 꿈꾸는 당신을 위한

합격의 첫걸음

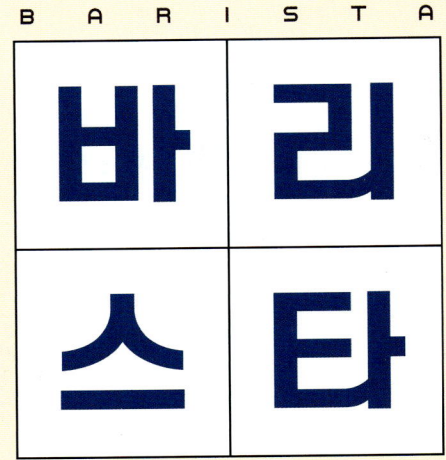

BARISTA
바리스타
자격시험

'답'만 외우는 바리스타 자격시험 시리즈는 여러 바리스타 자격시험 시행처의 출제범위를 꼼꼼히 분석하여 구성하였습니다. 이 한 권으로 다양한 커피협회 시험에 응시 가능하다는 사실! 쉽게 '답'만 외우고 필기시험 합격의 기쁨을 누리시길 바랍니다.

'답'만 외우는
바리스타 자격시험 **1급**
기출예상문제집
류중호 / 17,000원

'답'만 외우는
바리스타 자격시험 **2급**
기출예상문제집
류중호 / 17,000원

※ 표지 이미지와 가격은 변경될 수 있습니다.